贺州语言文化博物馆建设丛书
主编 邓玉荣
副主编 刘宗艳

钟梓强 著

贺州鸬鹚话研究

HEZHOU LUCIHUA YANJIU

世界图书出版公司
广州·上海·西安·北京

图书在版编目（CIP）数据

贺州鸬鹚话研究 / 钟梓强著 . —广州：世界图书出版广东有限公司，2025.2. —ISBN 978-7-5232-1752-8

Ⅰ．H17

中国国家版本馆CIP数据核字第2024BC8685号

书　　名	贺州鸬鹚话研究
	HEZHOU LUCIHUA YANJIU
著　　者	钟梓强
策划编辑	魏志华
责任编辑	李　婷
装帧设计	书窗设计
责任技编	刘上锦
出版发行	世界图书出版有限公司　世界图书出版广东有限公司
地　　址	广州市海珠区新港西路大江冲25号
邮　　编	510300
电　　话	（020）84184026　84453623
网　　址	http://www.gdst.com.cn
邮　　箱	wpc_gdst@163.com
经　　销	新华书店
印　　刷	佛山市浩文彩色印刷有限公司
开　　本	787 mm×1 092 mm　1/16
印　　张	28
字　　数	715千字
版　　次	2025年2月第1版　2025年2月第1次印刷
国际书号	ISBN 978-7-5232-1752-8
定　　价	98.00元

版权所有　翻印必究

（如有印装错误，请与出版社联系）

咨询、投稿：020-34201910　weilai21@126.com

贺江边上的鸬鹚屋

鸬鹚屋黄氏宗祠

平乐县沙子治平村黄复忠保管之《殿揖族谱》传抄本复印件

《殿揖族谱》首页

《殿揖族谱》正文页之一

《黄五桂堂宗支谱》首页

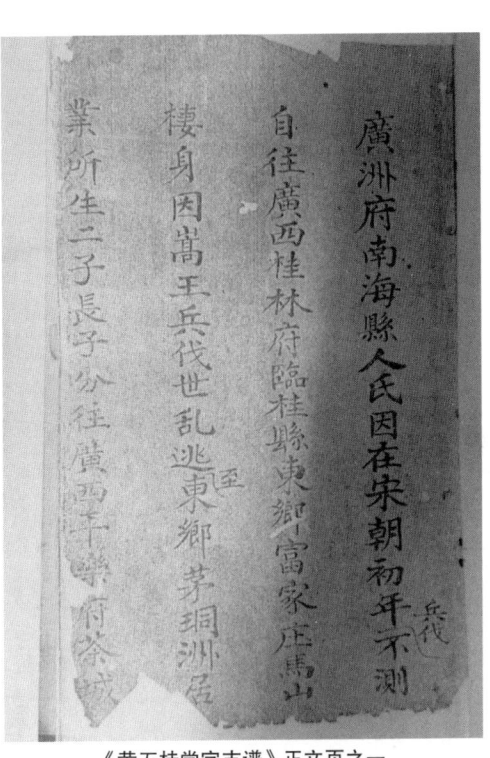

《黄五桂堂宗支谱》正文页之一

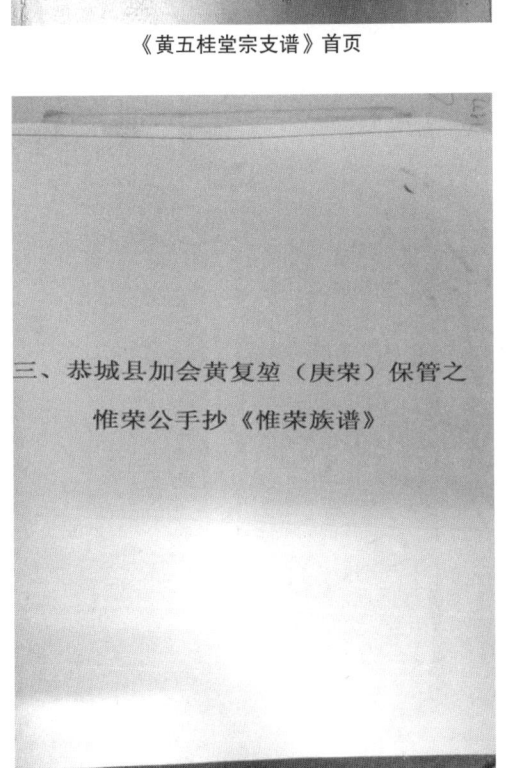

廣洲府南海縣人民因在宋朝初年不測自往廣西桂林府臨桂縣東鄉富家庄馬山樓身因嵩王兵伐世亂逃東鄉茅洞洲居業所生二子長子公往廣西平樂府茶城

三、恭城县加会黄复垫（庚荣）保管之
　　惟荣公手抄《惟荣族谱》

《惟荣族谱》首页

《惟荣族谱》正文页之一

乾隆仁宗弍拾伍年維榮在江西省抄来宗譜

总　序

　　广西壮族自治区是多民族聚居区，有汉、壮、瑶、苗、侗、仫佬、毛南、回、京、水、彝、仡佬等12个民族。广西的汉族和回族使用汉语，包括西南官话、粤语、平话土话、客家话、湘语、闽语，这些汉语方言都有名称各异的次方言。广西的少数民族虽然大都能说汉语及各种汉语方言，但仍有属于自己的民族语言。这些民族语言涉及汉藏语系的所有语族，例如有属于壮侗语族的壮语、侗语、仫佬语、毛南语、拉珈语、水语、仡佬语、茶洞语、布央语、标话；属于苗瑶语族的苗语、勉语、布努语、巴哼语、炯奈语、优诺语；属于藏缅语族的彝语；还有属于南亚语的京语和佤语。上述少数民族语言有些是近年来新发现的，有些还包含不少方言次方言，如壮语有南部方言、北部方言，勉语有金门方言、标敏方言。广西壮族自治区极其丰富的语言资源，成为广西特色文化的载体和津梁，既是不可多得的非物质文化遗产，又是广西独特的地方文化优势所在，还是中华优秀传统文化的重要组成部分。

　　贺州在广西东部，地处湘粤桂三省交界处。秦汉以来，处于都庞岭与萌渚岭之间，连接潇水与贺江的潇贺古道，是北方与岭南的交通要道，也是海上丝绸之路在岭南重要的陆上连接点。在以舟楫为主要交通工具的古代，古道南边的贺州作为交通要冲，商旅骚客、戍边士卒、迁徙流民往来于此。多民族多族群聚居推动湘楚文化、中原文化与百越文化碰撞交融。经千百年的历史沉淀，在这块土地上逐步形成了各种语言与方言。在只有1.18万平方千米的贺州，按照民间通俗的说法，当地有本地话、白话、六州声、铺门话、街话、七都话、八都话、九都话、瑶家话、民家话、百姓话、鸬鹚话、富阳话、正话、五华声、河婆声、长乐音、霸佬话、宝庆话等几十种方言次方言。它们分属《中国语言地图集》（第2版）划分的粤语、客家话、官话、湘语、闽语及平话和土话，另外还有壮语、勉语、标话等3种少数民族语言。丰富的语言方言承载着多姿多彩的地域文化，贺州成了广西乃至全国语言方言生态多样性研究的难得样本，它既是一个自然的语言方言博物馆，又是一个语言研究的"天然实验室"，可为语言史研究提供宝贵的素材。

　　然而近几十年来，语言濒危成了全球大部分语言面临的共同危机，我国的语言方言也不例外，广西贺州不少方言土话也处于濒危的边缘。语言是不可多得的资源，是人类文明的基石、思维交际的工具、文化传承的载体、民族融合的催化剂，语言方言的消失意味着其承载的口传文化的消失。在21世纪初举行的第四届土话平话学术研讨会上，中国社会科学院语言研究所张振兴研究员有感于汉语方言存在的濒危事实，特别是湘粤桂三省区土话平话濒危与消失的情况，强烈呼吁加强土话平话的调查研究，在有条件的地方建设土话平话博物馆。2009年，北京语言大学曹志耘教授也撰文提出要建设语言博物馆。基于贺州丰富的语言资源，在广西壮族自治区语言文字工作委员会的支持下，贺州学院在2014年开始筹建语言博物馆，并于2016年4月正式建成开馆，这是我国最早建立的实体语言博物馆。现在语言博物馆已经成为铸牢中华民族共同体意识研究教育基地、中小学生研学实践教育基地，受到专业人士以及社会各界的广泛欢迎。

语言的存在形式有它的特殊性，语言的馆藏与展陈也应该有它的特殊性。语言博物馆馆藏什么？语言如何展陈？这是摆在我们面前的一个重要课题。建馆伊始，我们的馆藏品以记录语言方言及相关民俗文化的音像制品为主。首先进入馆藏的是历年来贺州学院语言研究团队田野调查得来的第一手资料，既有调查点的纸质记录材料，又有音像材料，还包括与语言有关的各种实物。2012年，广西启动了中国语言资源有声数据库广西库的建设工作；2015年，教育部、国家语言文字工作委员会启动了"中国语言资源保护工程"。贺州学院语言研究团队有幸全程参与了这两项工作，除接受一般调查点的调查任务外，还参与了中国语言资源保护工程的标志性成果《中国语言文化典藏》《中国濒危语言志》的编写工作，这些工作成果自然也成为贺州语言博物馆的主要藏品。

当然，这些成绩还远远不够。因此，我们策划了这套"贺州语言文化博物馆建设丛书"，在广泛田野调查的基础上，选取贺州及周边地区富有特色的语言方言并记录下来，作为馆藏的重要材料。丛书除记录调查点语言方言的语音、词汇、语法外，还注重语言文化的收集与保存，包括民间习俗、歌谣、谚语、故事等长篇语料，特别是把列入各级非物质文化遗产名录以语言为载体传承的项目作为收集的重点，并以纸笔和音像结合的形式记录下来，日后作为丛书出版。这些第一手的语言资料，取之于广袤的田野，录之于民间口头，它们的出版不仅有利于这一区域语言及文化的保存，而且可以作为语言研究的基本材料，还可以作为民族学、社会学、文化学、民俗学、新闻学等其他领域研究者的参考资料。相关教育机构也可以把这些原始材料转化为合适的教材，开展继承中华优秀传统文化的教育活动。

与贺州及周边地区丰富的语言资源相比，我们的技术手段与学术水平是有限的，丛书中倘有不足和错误，敬请读者指正。

是为序。

邓玉荣

2024年6月于贺州

目 录

凡例	1
第一章 导论	1
第一节　地理人口	1
第二节　历史沿革	2
第三节　民族语言和汉语方言	5
一、民族语言概况	5
二、汉语方言概况	6
第四节　鸬鹚话概况及鸬鹚屋村民的语言生活	8
第五节　鸬鹚话与毛村话、八都话、客家话、本地话、白话语音比较	13
一、声母的异同	14
二、韵母的异同	15
三、声调的异同	18
第六节　发音合作人简介	19
第二章 语音	**20**
第一节　语音系统	20
一、声母	20
二、韵母	21
三、声调	22
第二节　声韵调配合关系	22
一、声韵调配合的特点	22
二、单字音表	22
第三节　同音字汇	41
第四节　两字组连读变调	53
第五节　鸬鹚话与中古音的比较	62
一、声母的古今比较	62

  二、韵母的古今比较 …………………………………………… 71
  三、声调的古今比较 …………………………………………… 87
 第六节 鸬鹚话语音与普通话语音的比较 …………………………… 92
  一、声母的比较 ………………………………………………… 92
  二、韵母的比较 ………………………………………………… 98
  三、声调的比较 ……………………………………………… 107

第三章 词汇 …………………………………………………… 112

 第一节 词汇特点 …………………………………………………… 112
  一、词汇的音节数量 ………………………………………… 112
  二、词汇的意义 ……………………………………………… 112
  三、特色词缀 ………………………………………………… 113
  四、地方特色词 ……………………………………………… 114
  五、隐语 ……………………………………………………… 114
 第二节 分类词表 …………………………………………………… 115
  一、天文 ……………………………………………………… 115
  二、地理 ……………………………………………………… 117
  三、时令、时间 ……………………………………………… 119
  四、农业 ……………………………………………………… 121
  五、植物 ……………………………………………………… 123
  六、动物 ……………………………………………………… 126
  七、房舍 ……………………………………………………… 130
  八、器具、用品 ……………………………………………… 131
  九、称谓 ……………………………………………………… 134
  十、亲属 ……………………………………………………… 136
  十一、身体 …………………………………………………… 139
  十二、疾病、医疗 …………………………………………… 142
  十三、服饰鞋袜 ……………………………………………… 144
  十四、饮食 …………………………………………………… 146
  十五、红白大事 ……………………………………………… 149
  十六、日常生活 ……………………………………………… 151
  十七、讼事 …………………………………………………… 154
  十八、交际 …………………………………………………… 155

十九、商业、交通 156
二十、文化教育 158
二十一、文体活动 160
二十二、动作 162
二十三、位置 165
二十四、代词等 166
二十五、形容词 167
二十六、副词、介词等 169
二十七、量词 170
二十八、附加成分 174
二十九、数字等 174
三十、干支 178

第四章 语法 179
第一节 词类（一） 179
一、名词 179
二、动词 186
三、助动词 207
四、特殊量词 218
五、代词 222

第二节 词类（二） 272
一、副词 272
二、介词 327
三、连词 349
四、助词 351
五、语气词 377

第三节 句法特点 379
一、特殊语序 379
二、几种句式的特点 381

第四节 语法例句 397

第五章 语料 406
第一节 俗语 406
第二节 谚语 407

一、食谚	407
二、衣谚	407
三、住谚	407
四、行谚	407
五、言谈谚	408
六、歌笑谚	408
七、哭闹谚	408
八、动物为喻谚	409
九、打骂谚	409
十、和尚谚	409
十一、病谚	409
十二、谦让谚	410
十三、数字谚	410
十四、惊恐谚	410
十五、是非谚	411
十六、时间谚	411
十七、计算谚	411
十八、瓜果谚	411
十九、相对谚	411
二十、天气农谚	411
二十一、其他	412
第三节 歇后语	413
第四节 发音人自由说话	414
一、鸬鹚话介绍	414
二、鸬鹚话骗话	421

主要参考文献 ································ **431**

后　记 ································ **432**

凡 例

1. 繁简字用法。作者叙述和分析的语句，使用国家推行的通用字，记录方言时，音义有区别的字用繁体字与异体字区分。如语音同为"kɔ^{33}"，用"箇"表示指代，用"个"表示量词，用"嗰"表示结构助词和语气词。

2. 字号表示。正文用5号字，随文夹注用5号字下标。例如：阿伯a^{33}pa^{24} 哥哥。

3. "又"的表示。用于单字注释，表示另一读音，并在"又"后注出其他读音。如：季 tʃi^{213}，又 ki^{213}。在鸬鹚话与中古音、鸬鹚话与普通话声韵调的比较中，比较项有差别的，只标注差别项的另一读音；比较项没有差别的，不标注另一读音。例如在声母的比较中，"季"在不同的声母中出现，在"tʃ"声母中标注"季$_{又ki^{213}}$"，在"k"声母中标注"季$_{又tʃi^{213}}$"，在韵母和声调的比较中，因为韵母和声调相同，不再标另一读音。

4. 方框（□）。写不出的字用"□"表示，一个"□"只代表一个字。

5. 替代号（~）。在注文中代替被注的字。例如：陆$_{大~}$。

6. 音标。记录方言用国际音标，声调用数字表示。

7. 方括号（[ ]）。在叙述性文字中加在国际音标外面，如果有几组音标，中间没有汉字的只用一对方括号，各组之间用空格分隔，不加标点。例如：[p t tʃ k]。单排的例子和表格（有线表和无线表）中的音标不用方括号。

8. 竖线。单竖线"|"用于例子之间的分隔。

9. 上标等号（⁼）。写不出的本字用同音字加上标等号表示。例如：喇⁼个$_{这个}$la^{31}kɔ^{213}。

10. 上标短横线（˗）。表示连读字音本调到变调的音高变化。例如：西瓜si^{45}kua$^{45\text{-}22}$。

1

第一章 导论

第一节 地理人口

贺州市位于广西壮族自治区东北部，北纬23°39′0″至25°09′0″，东经111°05′0″至112°03′0″，处于湘、粤、桂三省区的交界地，东与广东省肇庆市、清远市毗邻，北与湖南省永州市相连，历史上有"三省通衢"之称。国道323线和207线贯穿贺州全境，洛湛铁路、广州至贺州和桂林至梧州的高速公路也经过此地。贺州市是湘、黔、桂旅游和货物出海的便捷通道。

贺州市属亚热带季风气候，年均气温20℃，年降水量1500—2000毫米，年无霜期320多天。

贺州市水系发达，珠江的两条支流贯穿贺州市各县区，一条是桂江，自北向南纵贯昭平全境；另一条是贺江，源于富川，流经钟山、平桂、八步，在广东封开注入西江。

贺州市辖八步区、钟山县、昭平县、富川瑶族自治县和平桂管理区，总面积11855平方千米，人口数据来自2010年第六次全国人口普查，见表1。

表1　2010年贺州市人口数据

地区	总人口/万	常住人口/万
全市	223.19	195.41
八步区	66.55	61.35
平桂管理区	42.81	39.20
昭平县	40.22	34.07
钟山县	42.33	35.11
富川瑶族自治县	31.28	25.68

贺州市政府的所在地为八步区。八步区东邻广东省清远市连山壮族瑶族自治县、肇庆市怀集县和封开县，西接昭平县和钟山县，南与广西壮族自治区梧州市的苍梧县交界，北与富川瑶族自治县和湖南省永州市江华瑶族自治县毗邻。八步区是湘南、桂东和粤西北边陲县公路交通枢纽，距广西首府南宁公路里程565千米，东抵广东广

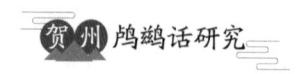

州公路里程340千米，西达广西柳州市公路里程301千米，南至梧州市公路里程170千米，北距桂林市公路里程216千米。水路运输由八步区沿贺江经广东封开县江口镇进入西江直达梧州市和广州市。

第二节 历史沿革

表2 贺州市建置沿革表

历史时期		建置名称	隶属	附注
汉		临贺县	苍梧郡	元鼎六年（公元前111年），汉武帝始设临贺县，今八步区北部，县治今贺街镇
		封阳县		元鼎六年（公元前111年）汉武帝始设封阳县，今八步区南部，县治今铺门镇
三国吴		临贺县	临贺郡	黄武五年（226年）置，郡治今贺街镇；分出今八步区东北部的桂岭、开山、大宁等镇置建兴县，县治今桂岭镇
		封阳县		
		建兴县		
晋	西晋	临贺县	临贺郡	西晋太康（280—289年），改建兴县为兴安县
		封阳县		
		兴安县		
	南朝宋	临贺县	临庆国	南朝宋泰始六年（470年），改临贺郡为临庆国，治临贺县
		封阳县		
		兴安县		
	南朝齐	临贺县	临贺郡	齐建元二年（480年），恢复临贺郡名。南朝宋分出封阳县一部分（即今广东省封开县和怀集县西部）置开建等县，封阳县仍属于临贺郡
		封阳县		
		兴安县		
		开建县		
	南朝梁	临贺县	临贺郡	梁分出临贺县（今之昭平县地）置龙平、豪静等县，又再分出临贺县西部置荡山县，县治今公会镇，属临贺郡
		封阳县		
		兴安县		
		开建县		
		龙平县		
		豪静县		
		荡山县		

续表

历史时期	建置名称	隶属	附注
隋	临贺县 封阳县 桂岭县 开建县 龙平县 豪静县 荡山县	贺州	开皇九年（589年），废临贺郡置贺州，始有贺州的称谓。开皇十八年（598年），改兴安县为桂岭县
	桂岭县	熙平郡	大业初年（605年），废贺州，桂岭县改属熙平郡，封阳县改属苍梧郡，合临贺、荡山、富川三县为贺川县，属始安郡
	封阳县	苍梧郡	
	贺川县	始安郡	
唐	临贺县 封阳县 桂岭县 富川县	贺州、临贺郡	武德四年（621年），复置贺州，治所临贺县，恢复临贺县，与封阳、桂岭、富川同属贺州。 天宝元年（742年），改贺州为临贺郡。乾元元年（758年），又改临贺郡为贺州
五代	临贺县 封阳县 桂岭县 富川县	贺州	后梁开平二年（908年），楚王马殷攻占昭、贺等州，贺州属楚。 后汉乾祐元年（948年），贺州归南汉
宋	临贺县 桂岭县	贺州	开宝四年（971年），太祖划封阳县、荡山县入临贺县为乡，临贺县、桂岭县均属贺州
元	临贺县 富川县 怀集县	贺州	元末划桂岭县入临贺县，时贺州领临贺县、富川、怀集三县
明	贺州	浔州府	洪武二年（1369年）九月，划临贺县入贺州，属浔州府
	贺县	平乐府	洪武十年（1377年）五月，撤贺州，改称贺县，此为贺县之名始，治今贺街镇，改属平乐府。万历五年（1577年），分贺县西境小部分即樊家三屯入昭平县
清	贺县	平乐府	光绪三十二年（1906年），分贺县下六里地之一部置信都厅，治所今铺门镇，属平乐府

3

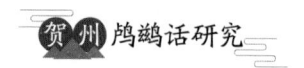

续表

历史时期	建置名称	隶属	附注
中华民国	贺县	平乐府	民国元年（1912年），改信都厅为信都镇，治今铺门镇中华村，与贺县同属广西平乐府
	贺县	漓江道、桂林道	民国2年（1913年）废府设道，贺县属漓江道，信都属郁江道。民国3年（1914年）6月，此二道分别易名为桂林道和苍梧道，贺县属桂林道，信都属苍梧道
	贺县	平乐民团区	民国8年（1919年）信都县治迁信都镇。民国15年（1926年）废道。民国19年（1930年）设民团区，贺县属平乐民团区，区治所初在平乐，后迁至贺县八步；信都县属苍梧民团区
	贺县	平乐专区第一区	民国23年（1934年）实行行政监督制度，设立平乐行政监察区。民国38年（1949年）改为第一专区，同年10月受桂东军政区统辖，贺县、信都两县均属平乐专区第一区。平乐区第一区行政监察专员公署和桂东军政司令部都设在八步
1949—1958年	贺县	平乐专区	1949年11月21日贺县解放，属治八步的平乐专区。1951年8月，平乐专署迁平乐。同月，信都并入贺县，县治仍在贺街镇。1952年9月，县治迁八步镇
1958—1970年	贺县	梧州专区	1958年7月，撤销平乐专区，贺县属梧州专区。1970年梧州专区改称梧州地区，贺县仍属之
1970—1997年	贺县	梧州地区	
1997—2002年	贺州市 钟山县 昭平县 富川县	贺州地区	1997年2月27日，国务院批准撤销贺县设立贺州市，同年5月15日正式挂牌成立。同时将梧州地区更名为贺州地区。地区驻地从梧州市搬迁到贺州市八步镇。贺州地区辖贺州市、钟山县、昭平县和富川瑶族自治县
2002—2007年	八步区 钟山县 昭平县 富川县	贺州市	2002年7月，经国务院批准，撤销贺州地区，新设立地级贺州市，下辖八步区（原贺县）、钟山县、昭平县和富川瑶族自治县
2007—2016年	八步区 平桂管理区 钟山县 昭平县 富川县	贺州市	2007年9月19日，经广西壮族自治区人民政府批准，在原中央直属企业平桂矿务局的基础上成立平桂管理区。平桂管理区属于贺州市的一个派出机构，是县处级的行政管理单位

续表

历史时期	建置名称	隶属	附注
2016年	八步区 平桂区 钟山县 昭平县 富川县	贺州市	2016年，成立平桂区

第三节 民族语言和汉语方言

一、民族语言概况

贺州市居住着汉、瑶、壮、苗、侗等18个民族的20多个族群，这些不同的民族和不同族群的人，基本上都操不同的语言和汉语方言。少数民族语言主要有壮语、勉语和标话3种，汉语方言则复杂多样、名称各异，属于粤语的有六州声、广宁话、开建话、封开话、怀集话、白话、铺门话、本地话、寨上话、连滩话、街话；属于桂北平话的有"瑶话"、七都话、八都话、八都半话、九都话、梧州话、鸬鹚话；属于闽语的有霸佬话；属于湘语的有宝庆话、湖广话；属于官话的有富阳话、街上话、桂柳话；客家话内部又分长乐声、五华声、河婆声。

贺州的少数民族语言和汉语方言的来源与分布跟其族群的来源与分布关系密切，大致情况如下：

贺州壮族起源于明朝。明朝洪武四年南岭发生大藤峡瑶族起义，前后持续近百年。明朝统治者为了平息瑶族起义，征调了大量的俍兵（当时壮族土司组建的地方武装），在贺州地区屯军，并开垦种地维持生活。这些俍兵与周边民族通婚，他们的后代就是贺州的壮族。贺州的壮族人口约5.6万人，分布在昭平县的文竹镇、富罗镇、昭平镇、黄姚镇、凤凰镇、五将镇、马江镇、木格镇和走马乡；富川县的富阳镇、城北镇、古城镇、莲山镇、白沙镇和柳家乡；钟山县的燕塘镇和清塘镇；八步区的贺街镇、八步镇和南乡镇。

贺州瑶族源于宋元时期从湖南迁入贺州的瑶族人。富川是贺州瑶族人口最多的县。据富川当地瑶族部分姓氏族谱祖先源流记载，瑶族祖先从"黔中五溪"[杜氏《通典·边防总序》："长沙、黔中五溪皆蛮夷也（一辰溪，二酉溪，三巫溪，四武溪，五沅溪）。秦昭王使将伐楚，略取蛮夷，置黔中郡。"（今湖南怀化市以南40千米

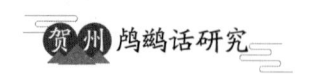

的黔城等地）] 开始陆续迁入富川。明代瑶族大量迁入贺州，形成了过山瑶、平地瑶和土瑶3个支系。

贺州的瑶族主要分布在贺州市各县区，人口16万多人。瑶族有自己的语言，瑶语属汉藏语系瑶语族瑶语支。瑶族语言使用情况比较复杂，一半以上的人说"勉语"，属苗瑶语族瑶语支；有五分之二的人说"布努语"，属苗语支；还有一部分人说"拉珈语"，属壮侗语族。贺州瑶族说的是"勉语"。贺州瑶族主要分布在昭平县的文竹镇、富罗镇、仙回乡、走马乡；富川县的富阳镇、城北镇、朝东镇、柳家乡；钟山县的两安乡；八步区的贺街镇、步头镇、莲塘镇、大宁镇、桂岭镇、仁义镇、里松镇、开山镇、黄洞乡；平桂管理区的黄田镇、鹅塘镇、沙田镇、公会镇、大平乡、水口乡。

标话是汉藏语系侗台语族侗水语支的一种少数民族语言。贺州标话是怀集诗洞人迁居到贺州沙田后形成的，贺州的诗洞人现在分布在贺州市平桂管理区沙田镇的芳林、大盘、桥头、桂山4个村委会，人口近1000人，还会说标话的有600多人，是贺州典型的濒危语言。

二、汉语方言概况

1. 客家话

贺州人使用较多的汉语方言主要有客家话和白话。相传杨姓的客家人在元末就从广东嘉应州迁到广西钟山县公安镇，后再迁到公会镇。大多数客家人主要是在清代从广东迁入，如邹姓的客家人是在乾隆二年（1737年）从广东揭西迁入，芳林黄姓的客家人是在乾隆二十四年（1759年）从广东兴宁迁入，公会谢姓的客家人是在道光三年（1823年）从广东揭阳迁入。客家话在贺州各县区都有分布，八步区和平桂管理区除铺门镇、南乡镇之外，其他乡镇都有，主要分布在公会、莲塘、沙田、桂岭、黄田等镇。

2. 白话

白话是粤语的别称。八步区和平桂管理区的白话是广府粤语，讲白话的人来源较为多样。

一是广东移民。湖南永州有水路到达长江水系，而永州又有多条道路可通往富川，再由富川沿贺江可直下广州，因此贺江成为湖广通商的一条重要通道。富川一带自古土地肥沃，水源充裕，并因物产丰富、一马平川而得名，因此很早就有广东客商来贺州做贸易并定居于此。早期贺县县治在贺街镇，贺街镇是富江和桂岭水两江汇流之地，各地物产到此集中，再转运到广东。贺街镇上的贸易商多是广东广府人。还有一部分广东移民是在日本侵华战争期间，由于广东各地陆续沦陷而举家迁入避难。当时来贺县避难的人后来多数都回去了，例如在八步的李济深、何香凝、马师曾、红线女，在黄姚的欧阳予倩、千家驹等，也有部分人从此留在贺县定居。

二是船民。贺江古称封水，它有两个源头，其一是富江，源于富川县，流经贺州统称为临水；其二是桂岭水，经桂岭至贺街流入贺江，统称为贺水。临贺两水交汇后才称为贺江。贺江自北向南流经八步区的贺街、信都、铺门三镇，一直到广东封开县的南丰、大玉口、都平、白垢、大洲四镇，在封开县城江口镇注入西江。贺江全长433千米，流域面积11536平方千米，是西江最大的支流之一。

据原贺县水运公司史料记载，过去贺江航运很繁忙，有500多家船户从事水上运输，主要航线有：八步至广东都城（郁南）、西南（三水）、佛山、清远、惠州、河源；八步至西湾（平桂）、羊头、钟山、古城（富川）和贺街至信都。八步至广东航线的民船称为下河船，八步至古城航线的民船称为上河船。下河船主要来自广东的佛山、南丰、肇庆、封开、东莞、河源和广西的八步、贺街、信都、铺门等地，上河船主要来自西湾、羊头、钟山、古城等地。此外还有来自荔浦的民船，它们主要走大宁至贺街航线。

因为来源地不同，贺江船民使用的方言复杂多样，主要有粤语、铺门话、鸬鹚话、古城话、桂柳话等。

早在光绪年间贺江就有民船同业团体，称为"合意堂"。后来在民国年间，改称为"贺县民船公会"。新中国成立初期成立了"贺江民船运输业同业公会"。从清朝末年到20世纪末，贺江民船基本上都是在统一管理下营运的，经过几个世纪的变迁，出于生产生活的需要，他们使用的方言完全统一为粤语。

船民在贺江各个埠头都有分布，在八步区主要居住在贺江南岸，以前叫"航运社"、现在叫江南东路的地方。

船民说的粤语接近广州音，他们迁入贺州的时间不长，多数只有两三代而已。

三是矿业人。贺州采矿历史可追溯到汉代，汉书就有临贺郡产锡矿的记载，采矿业于民国时期达到鼎盛。桂系军阀统一广西后即在贺县大规模开矿，吸引各地的商人在贺县及附近的西湾、水岩坝、新路等地从事采矿业，招募了大批矿工，鼎盛时期有矿工3万多人。这些矿工来自全国各地，部分是当地招募，部分是矿主的同乡，其中以广西容县来的工人最多，达数千之众，因此至今许多矿区人说的粤语还带有容县口音。

属于粤语的六州声、广宁话、开建话、封开话、怀集话、白话、铺门话、本地

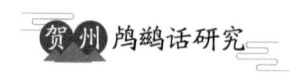

话、寨上话、连滩话、街话分布在八步区、平桂管理区和昭平县。

此外，属于桂北平话的"瑶话"、七都话、八都话、八都半话、九都话、梧州话、鸬鹚话分布在钟山县、富川县和八步区；属于闽语的霸佬话分布在八步区信都镇；属于湘语的宝庆话、湖广话分布在富川县、钟山县、八步区等地；属于官话的有富阳话、街上话、桂柳话分布在富川县、八步区贺街镇、钟山县和平桂管理区。

使用其他方言土语的族群来源多与此相似，不一而足。

可以认为，贺州市这种多民族、多族群、多语言、多方言局面的形成与贺州市历史上的战争、迁徙移民、开发等重大事件有密切关系。

第四节　鸬鹚话概况及鸬鹚屋村民的语言生活

鸬鹚话是居住在贺江及其支流两岸的部分居民所使用的方言。据2001年版的《贺州市志》记载，鸬鹚屋村民的先人以养鸬鹚捕鱼为业，鸬鹚话因此而得名。

鸬鹚屋是广西贺州市八步镇厦良村委下属的一个自然村，位于贺州市近郊贺江南岸边上，距市中心约5千米。根据《贺州市志》记载：鸬鹚屋村民的先人从福建迁居广东，宋末因兵戈扰攘，又从广东南海县迁居广西桂林府灵川县大圩镇毛村，于清朝末年来到贺州。

关于灵川县大圩镇毛村村民的来源，据鸬鹚屋村民提供的《黄五桂堂宗支谱》序言记载：广州府南海县人氏，因在宋朝初年兵伐不测，自往广西桂林府临桂县（1954年6月，灵川县与临桂县合并为一县，称临桂县，属桂林专区。1961年6月，复置灵川县。大圩镇毛村今属灵川县。）东乡富家庄马山栖身。因嵩王兵伐，世乱逃至东乡茅垌洲居业，所生二子，长子分往广西平乐府茶城县白洋背，土名黄猺；次子随父，后生四子在茅垌洲，改名茅村（应为"毛村"），耕种为业。分作四房，自始至今，年湮百代。

平乐县沙子治平村黄复忠保管之《殿揖族谱》传抄复印本有类似记载：世传宗谱（指《殿揖族谱》）吾祖黄东进传下，始祖由官氏太祖夫人发脉十世祖黄东进公，广东广州府南海县珠玑行（应为"珠玑巷"）人，因在宋朝初年兵伐不测，世乱人烟走散，百处立业，东进公同郑、马、丁三姓人一同自往广西省桂林府临贵（应为"临桂"）县东乡龙门马山胆富家庄栖身。因嵩王征伐，乱世出逃苗洞州，立住（下文《唯荣族谱》用"柱"）为业。

恭城县加会黄复堃（庚荣）保管之惟荣公手抄《惟荣族谱》也有类似记载：吾祖发枝脉（应为"支脉"）以来，以圣朝建立太庙，世传宗谱……吾祖传黄冬进原籍广东省广州府南海县珠枝行（可能为"珠玑巷"之误）人氏，因在宋朝初年兵伐不测，世乱人烟走散，黄冬进全（应为"同"字）郑、马、丁（共）四人乙（应为"一"字）同走上广西省桂林府临桂县东乡龙门马山胆富家庄栖身，因嵩宗君征伐，世乱避至东乡新立苗洞州，立居柱（上文《殿揖族谱》用"住"）为业，多年人烟可（应为"兴"字）旺。父子不睦，子出龙门自立黄龙庙、黄龙天后圣母宫……郑、马、丁三姓后代衰弱……冬进丁多人旺，郑、马、丁三姓后代（原文无"郑、马、丁三姓后代"，据文意加）伴其黄姓为业，以后个何（"个何"二字疑是笔误多写）人丁可（应为"兴"）旺，乙概任于（原文如此，据文意应为"一概任随于"）黄姓，乙（应为"一"字）脉以后丁多人旺（原文无"旺"字，据文意加），重起立祖庙，各房分居，各立宗祠，另改村名以土名，改（应为"将"字）村名改为东乡毛村……四房分枝河下捕鱼为业。大房自祖黄姓，二房自祖郑姓，三房自祖马姓，厎房自祖丁姓……大房分往平乐府茶城县白羊大山背黄瑶洞，黄瑶河捕鱼为业；二房分往阳朔县下边前江河捕鱼为业；三房分往荔浦县河捕鱼为业；厎房分往马岭河捕鱼为业。

据鸬鹚屋老村民讲，他们宗族字辈排行有诗曰："彩林尚朝庭，云集启祥星；富贵昌荣日，万代永长青。"乾隆年间，"尚"字辈堂叔曾祖黄尚均和黄尚德（1740年生人）堂兄弟两人，在20来岁的时候带一支人经桂江、西江溯贺江来到贺县，在贺江、富江以捕鱼为生，从那时到现在已繁衍到了"昌"字辈这一代。《贺州市志》记载，从毛村过来的这一拨人于1851年在今贺街镇长利村大洲尾贺江边定居建寨。以后又从大洲尾分出两支，溯江而上，一支到今莲塘镇古柏村居住，另一支到今八步镇厦良村上岸居住，成为现在的鸬鹚屋。大洲尾距古柏村水路约15千米，古柏村距鸬鹚屋水路约25千米。民国初年，一部分人又从这一带迁到了信都的墟镇和农村。贺州市境内至今还完整保留并使用鸬鹚话的村落唯有八步镇厦良村鸬鹚屋一处，其余原使用鸬鹚话的村落和散居的人口，已不再说鸬鹚话而改说当地其他方言了。

鸬鹚屋的语言环境十分复杂。在行政上，鸬鹚屋归八步镇厦良村委会管辖。厦良村委会管辖5个自然村：曾屋、新曾屋、鸬鹚屋、点灯寨和厦良村，总户数1028户（2009年数据，下同），总人口3534人。鸬鹚屋西边与曾屋相连，旧宅相距只有二三十米，近年新建的房屋已连成一片；东边离厦良村约1000米，再往东约4000米是点灯寨，南边离新曾屋约500米，新曾屋住户是近几十年从曾屋搬迁过去的。5个自然村说3种方言，鸬鹚屋说鸬鹚话；曾屋、新曾屋和厦良村说八都话；点灯寨大部分人说八都话，少部分人说客家话。此外，鸬鹚屋西边约400米外的大薛屋说客家话。鸬鹚屋与贺江相隔的北岸约1000米外是三加村的老曾屋，南岸的曾屋是从北岸迁来的。北岸老曾屋说八都话，再往北是多种方言与普通话混杂使用的市区。

除曾屋一部分村民外，周边村子的村民基本上听不懂鸬鹚话，而鸬鹚屋村民多数能说八都话、客家话、本地话、白话、桂柳话中的一种或几种方言。鸬鹚屋村民外出交流时都不说鸬鹚话，周边相当一部分居民甚至不知道当地还有一种根本听不懂的鸬鹚话。贺州市的鸬鹚话是一种孤岛方言，也是一种典型的濒危方言。

鸬鹚屋现有86户人家，黄姓85户，蒋姓1户；常住村民324人，其中男性167人，女性157人，黄姓村民235人，非黄姓村民89人。非黄姓村民全部是外来人口，其中嫁入的妇女88人，随母回迁男子1人。在这89个外来人口中，88人为汉族，1人为苗族，他们的姓氏构成复杂，89人共有40个姓氏。嫁入的妇女主要来自附近的乡镇（莲塘、黄田、鹅塘、沙田、贺街、公会、桂岭等）和毗邻的厦良村及点灯寨，另外还有3人来自钟山县，湖南省麻阳、江华和道县各1人。外来人口使用的方言有客家话、八都话、本地话、湘南土话等。

鸬鹚屋村民在上岸定居以前一直维系着同姓通婚的传统（黄姓后代很多是由郑、马、丁三姓改来的，表面上是同姓通婚，实际上是不同姓的），语言生活方面保持着高度统一和稳定的局面。自鸬鹚屋村民上岸定居200多年以来[①]，他们一直是一个内部相对封闭的社会群体。最近几十年，随着社会的日益开放，鸬鹚屋村民与使用别种方言的人群频繁交往，最突出的表现就是开始与外姓人通婚。虽然他们在村里和家里始终把鸬鹚话作为日常生活的第一交际用语，也能够很快地同化嫁入或迁入本村的其他方言使用者，使其他方言使用者改用鸬鹚话来交谈，但与周边其他方言的使用者相比，鸬鹚话的使用者始终"寡不敌众"，不可避免地要受到周边汉语方言和普通话的影响渗透，因此高度统一和稳定的局面难以为继。特别是近几年来，一部分从外地嫁入的妇女坚持使用自己的方言，出现了家庭内部双方言甚至多方言共存的现象；一些低龄的人群在与外界交往时也开始自觉地转用普通话。因为鸬鹚屋村民的婚姻嫁娶不再限于本村之内，所以由妇女用鸬鹚话传承歌谣和故事的传统已经丢失。时至今天，村中已经鲜少有人能用鸬鹚话吟唱儿歌和讲故事。

[①] 据鸬鹚屋村民讲，他们在贺州上岸定居的时间大约在1760年。而据2001年版的《贺州市志》记载，鸬鹚屋村民是1851年在贺街镇长利村大洲尾贺江边定居建寨的，之后才从大洲尾分出两支，分别到莲塘镇古柏村和八步镇厦良村鸬鹚屋定居的。另外一个情况可以推测鸬鹚屋村民上岸定居应晚于光绪十五年（1889年）：在穿过鸬鹚屋村子的道路旁边有一座大薛屋客家人的祖坟，墓碑记载的下葬时间为光绪十五年九月，坟墓离鸬鹚屋村民家门口不到30米。如果是鸬鹚屋村民先在此地定居，大薛屋客家人的祖坟不可能葬在鸬鹚屋村民的门前，由此推断大薛屋客家人祖坟下葬在先，鸬鹚屋村民上岸定居在后。这个时间也与《贺州市志》记载的时间比较相符。

鸬鹚话在使用人口少、周边语言环境极为复杂的条件下长期地流传下来，不能不说是一个奇迹。这既显示出鸬鹚话顽强的生命力，又体现了鸬鹚屋村民对母语的忠诚热爱。笔者从年龄、性别、社会接触面、方言影响力、文化程度、语言态度等方面对鸬鹚屋村民的语言生活做了较为深入的调查，了解他们家庭内部语言使用的具体情况，总结出以下一些影响鸬鹚屋村民语言生活的因素。

1. 年龄和性别

鸬鹚屋除了未学会说话的婴儿之外，98%的村民都能熟练掌握鸬鹚话，唯有新近嫁入的妇女不会说或说不好。可见年龄和性别并不影响鸬鹚话使用。不论男女老少，只要生活在鸬鹚屋，都能够说一口流利的鸬鹚话。

2. 社会接触面和方言影响力

鸬鹚屋是典型的多方言并存并用的社区。除鸬鹚话之外，村民们还掌握一种或一种以上的其他方言。

30岁以上、50岁以下的鸬鹚屋村民，不论男女都会说八都话和客家话，16至30岁的男性能100%掌握八都话和客家话，女性对上述方言的掌握率也达到80%。究其原因，一是鸬鹚屋被八都话从东、西、南三面包围，八都话村民与鸬鹚屋村民关系最密切，接触最频繁，学习起来最容易，毫无疑问八都话成为鸬鹚屋村民第一"外方言"；二是客家话是八步镇，乃至周边莲塘、黄田、鹅塘、沙田、贺街、公会、桂岭等镇的强势方言，在当地社会交往中使用最多，人们能熟练说客家话也是理所当然的。

本地话、白话和桂柳话的掌握情况在不同年龄和性别方面有比较明显的差异，30岁以上人群明显强于30岁或30岁以下人群，男性明显强于女性。造成这种情况的原因，主要是职业的不同。鸬鹚屋30岁以上的男性村民主要在城区从事建筑、搬运、屠宰等工作，与各种方言的人群接触，学习说本地话、白话和桂柳话的机会多；而30岁以下男性，尤其是没有工作的男青年，学习说本地话、白话和桂柳话的机会相对就少一些，能熟练说本地话、白话和桂柳话的比例也小一些。鸬鹚屋的女性村民主要从事家庭种植、养殖工作，与各种方言的人群接触较少，能说本地话、白话和桂柳话的人也相对要少。

3. 文化程度

在文化程度方面，鸬鹚屋村民文化水平整体偏低，直到2005年才出现第一个大学生。在鸬鹚屋常住成年村民当中，文化程度影响语言使用的状况不明显，村内交流一律使用鸬鹚话，村外的社会交往看对象而定，尽量使用交际对象所熟悉的方言。16岁以下的学生都能说比较流利的普通话，他们与村外伙伴交往时，一般都使用普

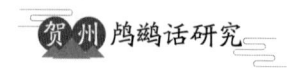

通话交谈。这种现象与其他方言地区极为相似,"普通话是随着时间的推移、由城区向乡村逐步普及的"。在鸬鹚屋村民中,文化程度只决定掌握普通话的熟练程度,对其他方言并没有明显的影响。

4. 语言态度

鸬鹚屋村民在语言态度上具有对内忠诚、对外宽容的两面性。不管是原住村民,还是嫁入妇女,他们对自己的母语表现出绝对的忠诚与热爱,对别种方言也表现出相当宽容的态度。在对普通话的使用问题上,虽然有少数村民认为学习普通话没有用,但都是很少外出的老年人,所以,他们的观点并不影响村民接受普通话的整体观念。

鸬鹚屋村民语言态度的两面性,主要表现在两个方面:一方面,鸬鹚屋村民对其他方言的语言态度比较宽容,家庭成员能使用嫁入妇女的方言与之交谈。鸬鹚屋86户家庭的嫁入妇女都是非鸬鹚话使用者,在还没有学会说鸬鹚话之前,半数以上家庭的家人使用嫁入妇女的方言与之进行交谈,其中以客家话最多。鸬鹚屋与曾屋相连,最近的两户家庭只有一墙之隔,在地理上两个村子实际已经连成一片,两村的村民生活得很融洽,两村的小孩上同一所学校,大人小孩经常互相串门。鸬鹚屋村民到曾屋串门,不管大人还是小孩,一般使用八都话,曾屋村民到鸬鹚屋串门,小半数人会使用鸬鹚话。当他们在交谈中出现表达障碍时,会交错使用两种方言。这种语言生活景象,体现了他们,尤其是鸬鹚屋村民已经把方便交际作为语言的第一用途,而不是首先考虑是否使用自己的方言。

还有一个饶有兴味的现象,即鸬鹚屋的老人去世后,因为本村没有道士,只能请说其他方言的道士来做道场,一般是请说客家话的道士用客家话做道场。这个现象极典型地体现了鸬鹚屋村民宽容的语言态度。

另一方面,由于鸬鹚屋是一个村民居住比较集中的小自然村,鸬鹚话具有强大的凝聚力和生命力。嫁入两年的不少妇女,与家庭其他成员进行交谈时,都不再用自己的母语方言,而改说鸬鹚话。在厦良村委会管辖的5个自然村中八都话是使用人口最多的方言,使用者占总人口的90%,曾屋224人全部都说八都话。通过与鸬鹚屋村民的长期交往,曾屋村民有三分之二的人能听懂鸬鹚话,有三分之一的人能说鸬鹚话。原来在鸬鹚屋有一户蒋姓的外姓人家。蒋某本是厦良村人,说八都话。土地改革时随父亲被下放到鸬鹚屋,学会说鸬鹚话,后来娶了个说钟山土话的妻子。在鸬鹚屋生活了30多年,一家人都学会说鸬鹚话了。改革开放以后,蒋某得到平反,全家迁回厦良村居住,但户口还留在鸬鹚屋,经常与鸬鹚屋村民来往。现在蒋某家庭语言使用的情况是:家庭成员内部使用八都话,与鸬鹚屋村民交往时使用鸬鹩话。

当然，也有不少嫁入妇女即使听得懂、会说鸪鹩话，在与家人交谈时也坚持使用自己的方言。与鸪鹩屋相隔一条小溪、距离约400米的大薛屋，那里的村民去市区要经过鸪鹩屋，他们有一座祖坟就葬在鸪鹩屋村民门前的路边上，但是他们跟鸪鹩屋村民交往时只用客家话。大薛屋村民长期以来既不愿说鸪鹩话，也听不懂鸪鹩话，更不会说鸪鹩话。这是强势方言排挤弱势方言的典型现象。

鸪鹩屋村民语言生活的两面性说明了这样一个问题：客家话是八步镇及周边乡镇的强势方言，八都话、本地话、白话是离鸪鹩话最近的成片的方言，它们直接影响了鸪鹩屋村民的语言生活状况。而鸪鹩屋村民居住地较为集中，使得内部语言鸪鹩话仍然能够保持着高度的统一性，并且能够使将近40%的外来人口在语言使用上"入乡随俗"。这是强势方言与弱势方言形成了暂时相持的局面。

一种方言的存在与发展，自然与它的历史、自然环境和使用它的成员的语言态度有关。从鸪鹩话这一个案看，上述几个方面的因素都起了重要的作用。但是，别种方言的渗透，特别是强势方言的渗透，对弱势方言，尤其对濒危方言的存在和发展有什么影响？是弱势方言依靠使用者对母语的忠诚而顽强生存下去，还是强势方言把弱势方言吞并？结果暂时还无法看到。鸪鹩屋村的地理环境正在发生急剧的变化，村民的语言生活状况也受到前所未有的影响。当下，鸪鹩屋周边的土地已列入市区的规划范围，并开始了大规模的建设，距鸪鹩屋约600米的贺州新汽车客运站已完工启用，紧邻鸪鹩屋正规划建设一批现代化建筑，鸪鹩屋将成为城中村。鸪鹩话的语言环境将产生前所未有的突变，在现代化进程日益加速的环境下，鸪鹩话能否继续保存下去，还能保存多久？这是一个值得观察与研究的具有标本意义的濒危方言发展问题。

第五节　鸪鹩话与毛村话、八都话、客家话、本地话、白话语音比较

毛村话音系选自白云2007年出版的《广西疍家话语音研究》，例字选自白云2005年发表的《灵川县大圩镇毛村话语音》；八都话材料选自麦耘2008年发表的《广西八步鹅塘"八都话"音系》；客家话材料选自邓玉荣1996年发表的《广西贺县（莲塘）客家话音系》；本地话材料选自黄群2006年发表的《贺州市贺街本地话同音字汇》；白话为笔者母语，所举例字为笔者注音。

13

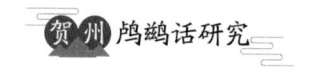

一、声母的异同

（一）古全浊声母字

古全浊声母鸬鹚话、毛村话今读清音，而塞音和塞擦音是否送气不以声调、声纽为分化条件；古全浊声母八都话今读清音，塞音和塞擦音一般读不送气，少数古全浊入声字读送气；古全浊声母客家话不论平仄今逢塞音、塞擦音大都读送气清音声母；古全浊声母本地话今读清音，塞音、塞擦音绝大部分不送气；古全浊声母白话今读清音，塞音、塞擦音平上送气，去入不送气。比较以下读音。

表3 鸬鹚话、毛村话、八都话、客家话、本地话、白话的古全浊声母读音比较表

例字	鸬鹚话	毛村话	八都话	客家话	本地话	白话
爬平	pɔ²²	po³³	pɪːa³³	pʰa³²³	pa¹³²	pʰa²¹
谱上	pʰu³³	pʰu³³	pʰu³⁵	pʰu³¹	pʰu⁵⁵	pʰou³⁵
头平	ta²²	ta³³	tau³³	tʰeu³²³	tou¹³²	tʰɐu²¹
桶上	tʰø³³	tʰɯŋ⁴⁴	tʰɪːaŋ³⁵	tʰoŋ³¹	tʰuŋ⁵⁵	tʰuŋ³⁵
旗平	tʃʰi²²	tɕʰi³³	ki³³	ki³²³	ki¹³²	kʰei²¹
就去	tsʰiu⁵³	tsiu⁵³	seu³¹	tsiu⁵²	θou²¹³	tsɐu²¹
舅上	tʃʰiu⁵³	tɕʰu³³	ky¹³	kʰiu³⁵	tsou²⁴	kʰɐu²³
财平	tsʰø²²	tsʰɤ³³	sai³³	tsʰoi³²³	θœ¹³²	tsʰoi²¹
草上	tsʰau³³	tsʰau⁴⁴	tʰeu³⁵	tsʰau³¹	tʰu⁵⁵	tsʰou³⁵
办去	pæ⁵³	pan⁵³	pe³¹	pʰan⁵²	pan²¹³	pan²²
八入	pɔ²⁴	po³⁵	pai⁴²	pat¹	pat⁵	pat³
代去	tø⁵³	tɤ²⁴	tai³¹	tʰoi⁵²	tœ²¹³	toi²²
特入	tɔ⁵³	tʰɤ³³	tʰə⁴²	tʰet⁵	tok²³	tɐk²
记去	ki²¹³	tɕi²⁴	ki⁵³	ki⁵²	ki³⁵	kei³³
吉入	tʃi²⁴	tɕi³⁵	kɪːə⁴²	kit¹	tsot⁵	kɐt⁵
接入	tsie²⁴	tsie³⁵	tɪːə⁴²	tsiap¹	tip⁵	tsip³

（二）部分古知组、庄组、章组、精组声母读音

鸬鹚话有两套塞擦音和擦音，精组读[ts tsʰ s]，知三文读、知二、章组和庄组读[tʃ tʃʰ ʃ]，知三白读如端组[t]，但知章读塞擦音的字有少数混同精组；毛村话有两套塞擦音和擦音，大体上精组读[ts tsʰ s]，知照读[tɕ tɕʰ ɕ]，知照部分混同精组；八都话知庄章合流为[tʃ tʃʰ ʃ]，精母白读为[t]，少量庄组字读如精组；客家话古精组庄组绝大部分字今读[ts tsʰ s]，古知组章组绝大部分字今读[tʃ tʃʰ ʃ]，有少部分字例外；

本地话知照合流读[ts tsʰ s]；白话古精组与知照合流，读为[ts tsʰ s]。比较以下读音。

表4　鸬鹚话、毛村话、八都话、客家话、本地话、白话的知庄章精组声母读音比较表

例字	鸬鹚话	毛村话	八都话	客家话	本地话	白话
浊 知二	tʃʰo²⁴ᐟ⁵³	tɕʰo⁵³	tʃʰeu⁵⁵	tʃok¹	sœk²³	tsuk²
虫 知三	toŋ²²	tioŋ³³	tʰʊːəi⁵⁵	tʃʰoŋ³²³	suŋ¹³²	tsʰuŋ²¹
肠 知三	tʃʰoŋ⁵³	tɕʰoŋ⁵³	ʃoŋ³³	tʃʰoŋ²¹³	siaŋ¹³²	tsʰœŋ²¹
镇 知三	tʃin²¹³	tɕeŋ²⁴	tʃiŋ⁵³	tʃin⁵²	tson³⁵	tsɐn³³
山 庄	ʃæ⁴⁵	ɕan⁵⁵	ʃo⁵⁵	san³⁵	san⁵³	san⁵³
事 庄	sɿ⁵³	sɿ⁵³	sɿ³¹	sɿ⁵²	si²¹³	si²²
册 庄	tʃʰa²⁴	tɕʰa³⁵	tʃʰa⁴²	tsʰak¹	tsʰak⁵	tsʰak³
蒸 章	tʃeŋ⁴⁵	tɕeŋ⁵⁵	tʃiŋ⁵⁵	tʃiŋ³⁵	tseŋ⁵³	tseŋ⁵³
朱 章	tʃy⁴⁵	tɕu⁵⁵	tʃy⁵⁵	tʃu³⁵	tsy⁵³	tsy⁵³
三 精	sæ⁴⁵	san⁵⁵	so⁵⁵	sam³⁵	θam⁵³	sam⁵³

（三）尖团问题

鸬鹚话、毛村话、八都话分尖团。比较以下读音。

表5　鸬鹚话、毛村话、八都话、客家话、本地话、白话的尖团读音读音比较表

例字	鸬鹚话	毛村话	八都话	客家话	本地话	白话
箭 精	tsie²¹³	tsie²⁴	te⁵³	tsen⁵²	tin³⁵	tsin³³
剑 见	tʃie²¹³	tɕie²⁴	ke⁵³	kiam⁵²	kim³⁵	kim³³
秦 从	tsʰin²²	tsʰin³³	tiŋ³³	tʃʰin²¹³	θon¹³²	tsʰɐn²¹
琴 群	tʃʰin²²	tɕʰin³³	kiŋ³³	kʰim²¹³	tsom¹³²	kʰɐm²¹
西 心	si⁴⁵	si⁵⁵	si⁵⁵	si³⁵	θoi⁵³	sɐi⁵³
希 晓	ʃi⁴⁵	ɕi⁵⁵	xi⁵⁵	ʃi³⁵	hi⁵³	hei⁵³
需 精	sy⁴⁵	sy⁵⁵	sʊːəi⁵⁵	si³⁵	θy⁵³	sœy⁵³
墟 见	xy⁴⁵	hi⁵⁵	xy³⁵	ʃi³⁵	hy⁵³	hœy⁵³

二、韵母的异同

（一）古阳声韵今读

山咸两摄舒声字，鼻音韵尾在鸬鹚话中脱落，全读阴声韵，通宕臻摄也有部分字读阴声韵；山摄撮口呼鼻音韵尾在毛村话中脱落，主要元音鼻化，其余保留[n ŋ]

鼻音韵尾；古阳声韵在八都话读[ŋ]尾，山咸梗三摄读开音节；古咸深两摄平上去声在客家话绝大部分字今读[m]韵尾，山臻曾三摄读[n]韵尾；本地话和白话保留[m n ŋ]三个鼻音韵尾。比较以下读音。

表6 鸬鹚话、毛村话、八都话、客家话、本地话、白话的古阳声韵读音比较表

例字	鸬鹚话	毛村话	八都话	客家话	本地话	白话
风 通合三	fø⁴⁵	fuŋ⁵⁵	fi:aŋ⁵⁵	foŋ³⁵	huŋ⁵³	fuŋ⁵³
让 宕开三	ȵiæ⁵³	ȵian⁵³	ȵi:əŋ³¹	ŋɔŋ⁵²	ŋaŋ²¹³	jœŋ²²
半 山合一	pæ²¹³	pan²⁴	pəŋ⁵³	pan⁵²	pun³⁵	pun³³
男 咸开一	næ²²	nan³³	no³³	nam³²³	nam¹³²	nam²¹
园 山合三	ye²²	yẽ³³	jy:ə³³	ien³²³	yn¹³²	jyn²¹
跟 臻开一	kø⁴⁵/tʃin⁴⁵	kuŋ⁵⁵	kɪ:aŋ⁵⁵	kien³⁵	kon⁵³	kɐn⁵³
灯 曾开一	leŋ⁴⁵	teŋ⁵⁵	lɪ:aŋ⁵⁵	ten³⁵	loŋ⁵³	tɐŋ⁵³
床 宕开三	tʃʰɔŋ²²	tɕʰoŋ³³	tʃən³³	tsʰɔŋ³²³	sœŋ¹³²	tsʰoŋ²¹
病 梗开三	peŋ⁵³	peŋ⁵³	pɣ:ə³¹	pʰiaŋ⁵²	peŋ²¹³	peŋ²²
江 江开二	kɔŋ⁴⁵	koŋ⁵⁵	kɪ:aŋ⁵⁵	kɔŋ³⁵	kœŋ¹³²	koŋ²¹
龙 通合三	lɔŋ²²	lioŋ³³	liŋ⁵⁵	loŋ³²³	luŋ¹³²	luŋ²¹
贫 臻开二	peŋ²²/pin²²	peŋ³³	piŋ³³	pʰin³²³	pon¹³²	pʰɐn²¹
迎 梗开二	in²²/ieŋ²²	—	jiŋ³³	ŋaŋ³²³	ŋeŋ¹³²	jiŋ²¹
心 深开二	sin⁴⁵	siŋ⁵⁵	siŋ⁵⁵	sim³⁵	θom⁵³	sɐm⁵³
婚 臻合一	fin⁴⁵	fiŋ⁵⁵	fi:aŋ⁵⁵	fun³⁵	fon⁵³	fɐn⁵³

（二）假摄开口二、三等字今读

假摄开口二等字鸬鹚话今读[a ɔ]，三等字今读[a ia ie]；假摄开口二等字毛村话今读[a o]，三等字今读[a ia]；假摄开口二等字八都话今读[a]，三等字今读[ɪ:a]；假摄开口二等字客家话今读[a]，三等字今读[a ia]；假摄开口二等字本地话今读[a]，三等字今读[e]；假摄开口二等字白话今读[a]，三等字今读[e]。比较以下读音。

表7 鸬鹚话、毛村话、八都话、客家话、本地话、白话的假摄开口二、三等读音比较表

例字	鸬鹚话	毛村话	八都话	客家话	本地话	白话
吓 假开二	xa²⁴	ha³⁵	xa⁴²	hak¹	hak⁵	hak³
茶 假开二	tʃʰɔ²²	tɕo³³	tʃa³³	tsʰa³²³	sa¹³²	tsʰa²¹
马 假开二	mɔ³¹	mo²¹	ma¹³	ma³⁵	ma²⁴	ma²³
牙 假开二	ŋɔ²²	ŋo³³	ŋa³³	ŋa³²³	ŋa¹³²	ŋa²¹
哑 假开二	ɔ³³	o⁴⁴	a³⁵	a³¹	a⁵⁵	a³⁵

续表

例字	鸬鹚话	毛村话	八都话	客家话	本地话	白话
家假开二	kɔ⁴⁵/ka⁴⁵	ko⁵⁵	ka⁵⁵	ka³⁵	ka⁵³	ka⁵³
车假开三	tʃʰa⁴⁵	tɕʰa⁵⁵	tʃʰɪːa⁵⁵	tʃʰa³⁵	tsʰe⁵³	tsʰe⁵³
社假开三	ʃa⁵³	ɕa⁵³	ʃɪːa¹³	ʃa³⁵	se²⁴	se²³
借假开三	tsie²¹³	tsia²⁴	tɪːa⁵³	tsia⁵²	te³⁵	tse³³
夜假开三	ia⁵³	ia²⁴	jɪːa³¹	ia⁵²	e²¹³	je²²

（三）古入声韵的走向

鸬鹚话没有古入声韵[p t k]3个塞音韵尾，只有少数几个字读喉塞音韵尾；毛村话、八都话古入声韵全读开音节无任何塞音韵尾，八都话带嘎裂声性；客家话、本地话、白话保留较齐整的古入声韵塞音韵尾[p t k]。比较以下读音。

表8 鸬鹚话、毛村话、八都话、客家话、本地话、白话的入声韵读音比较表

例字	鸬鹚话	毛村话	八都话	客家话	本地话	白话
得	la²⁴	ta³⁵	leu⁴²	tet¹	lok⁵	tɐk⁵
急	tʃi²⁴	tɕi³⁵	kɪːə²¹²	kit¹	tsop⁵	kɐp⁵
笔	pi²⁴	pi³⁵	pəi⁴²	pit¹	pot⁵	pɐt⁵
白	pa⁵³	pa⁵³	pʰa⁵⁵	pʰak⁵	pak²³	pak²
立	li²⁴	li³⁵	ləi²¹²	lip⁵	lop²³	lɐp²
八	pɔ²⁴	po³⁵	pai⁴²	pat¹	pat⁵	pat³
石	ʃai⁵³	ɕai⁵³	ʃɪːa²¹²	ʃak⁵	sek²³	sɐk²
铁	tʰie²⁴	tʰie³⁵	tʰai⁴²	tʰet¹	tʰit⁵	tʰit³
节	tsie²⁴	tsie³⁵	tɪːə⁴²	tset¹	tit⁵	tsit³
壳	kʰɔ²⁴	kʰo³⁵	fu⁴²	hɔk¹	hœk⁵	hok³
割	kua²⁴	kua³⁵	kʊːə⁴²	kot¹	kœt⁵	kot³
毒	tø⁵³	tɤ⁵³	tʰau⁵⁵	tʰok⁵	tuk²³	tuk²
活	xɔ⁵³	ho³³	wʊːə²¹²	fat⁵	ut²³	wut²
药	iɔ²⁴	io³⁵	jeu²¹²	jɔk⁵	iak²³	jœk²
出	tʃʰy²⁴	tɕʰy³⁵	ʃui⁴²	tʃʰut¹	tsʰot⁵	tsʰɐt⁵
月	ŋø²⁴	ŋɤ⁵³	ɲʏːə²¹²	ŋet⁵	ɲyt²³	jyt²
滴	teʔ²	ti²⁴	lai⁵³	tʰit⁵	tek²³	tek²
敌	teʔ²	ti³⁵	tʰɪːa⁵⁵	tʰit⁵	tek²³	tek²

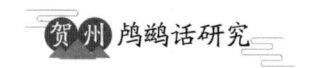

三、声调的异同

古平、上、去三个声调鸬鹚话大体按声母的清浊分成阴阳两个小类，清音声母读阴调类，浊音声母读阳调类，保留入声，入声不依声母清浊为条件分为两类；入声毛村话依声母清浊分阴阳，浊声大多归阳去；古四声八都话基本上按古声母清浊各分阴阳，古全浊声母上声字大多读阳上，有一小批古浊声母入声字读阴平，少数古清声母入声字读阴去，有一小批古全浊声母入声字读为阴平；古平声客家话清声母字读阴平，浊声母字大部分读阳平，有少数次浊声母字读阴平，古上声清声母字绝大部分今仍读上声，少数字今读阴平，古次浊上声部分字今仍读上声，古去声绝大部分字今仍读去声，极少数清声母字今读上声，古入声清声母字今读阴入，全浊声母字今读阳入；古平上去入四个声调本地话基本上按古声母的清浊各分阴阳两类；古平、上、去三个声调白话按声母的清浊分成阴阳，入声为上入、中入、下入三分。比较以下读音。

表9 鸬鹚话、毛村话、八都话、客家话、本地话、白话的声调读音比较表

古声调	古声母清浊	例字	鸬鹚话	毛村话	八都话	客家话	本地话	白话
平	清	刀朱山天开千	阴平45	阴平55	阴平55	阴平35	阴平53	阴平55
	浊	田床门牛龙云	阳平22	阳平33	阳平33	阳平213	阳平132	阳平21
上	清	古火水品土口	阴上33	阴上44	阴上35	上声31	阴上55	阴上35
	次浊	网五耳老染女	阳上31	阳上21	阳上13		阳上24	阳上23
	全浊	旱厚近坐在断				阴平35		
		妇父	阳去53			去声52		
		后		阳去53	阳去31			阳去22
去	清	富四照晒快寸	阴去213	阴去24	阴去53		阴去35	阴去33
	浊	步事鼻豆汗射烂问尿二让硬	阳去53	阳去53	阳去31		阳去213	阳去22
入	清	北福哭七曲骨	入声甲24	入声35	阴入42	阴入1	阴入5	上入5
		八国杀铁尺拆						中入3
		节洁						
	浊	碟舌力热月乐	阳去53	阳去53	阳入212	阳入5	阳入23	下入2
		敌	入声乙2	入声35	阴平55			
	清	滴嫡		阴去24	阴去53	阴入1	阴入5	

18

第六节　发音合作人简介

本书鸬鹚话调查发音合作人：

黄山，男，1958年生，高中毕业，村委会主任，会说鸬鹚话、八都话、客家话、本地话、白话、官话多种方言。

黄子春，男，1952年生，高中毕业入伍，当过7年志愿兵，复员后担任过厦良村委会主任，会说鸬鹚话、八都话、客家话、本地话、白话、官话多种方言。

黄星记，男，1955年生，高小毕业，环卫站退休干部，会说鸬鹚话、八都话、客家话、本地话、白话、官话多种方言。本书音频发音人。

第二章 语音

第一节 语音系统

一、声母

（一）声母22个，包括零声母

表1　鸬鹚话声母表

p	pʰ	m	f	v
t	tʰ	n		l
ts	tsʰ		s	
tʃ	tʃʰ	ȵ	ʃ	
k	kʰ	ŋ	x	
				∅
				j

说明：
① [ts tsʰ s]与[tʃ tʃʰ ʃ]对立，具有区别意义的作用。[tʃ tʃʰ ʃ]的发音接近[tɕ tɕʰ ɕ]。
② 零声母音节带喉塞音成分。

（二）声母例字

表2　鸬鹚话声母例字表

声母	例字	声母	例字
p	八半壁布白鼻平朋玻嫖	s	私送三仙俗字媳师事诗
pʰ	怕舖片匹判谱跑佩辅捧	tʃ	张中桌阵装烛砖九脚杰
m	买米门木蚊网问擘瘰外	tʃʰ	茶陈抽床初春出吃旧穷
f	飞斧纺蜂坟饭壶回火花	ȵ	让弱热染业严爪黏酿猫
v	温煨稳葨窝文闻卧芫横	ʃ	生数双石水蛇喜香熊溪
t	大塘头田旦滴虫住驻捶	k	工军举街果古赶具棍捐
tʰ	他偷天土塔梯炭挑涛艇	kʰ	开客困柜跪拳扛况箍槛
n	男年暖农尿验燃粘橹瓢	ŋ	鹅牙月牛眼轭挨逆软蚜
l	罗乱冷店跌灯多竹胀鸟	x	鞋鹹害海黑血放酵厦墟
ts	井节桨左疾又tsʰi²⁴智责邹芝知	∅	爱王夜二人禾黄玉瓦舞
tsʰ	次秋草菜七静自坐燥词	j	辱褥营育映

二、韵母

（一）韵母35个

表3　鸬鹚话韵母表

ɿ	a	æ	ɔ		ø	ai	au		ən	aŋ	eŋ	ɔŋ	et	eʔ	ɔʔ	n
i	ia	iæ	iɔ		ie		iau	iu	iui	in	iaŋ		iɔŋ			
u	ua	uæ				uai			ui		uaŋ					
y					ye					yn						

说明：
① [eŋ et eʔ]里的[e]实际是[e]和[ɛ]之间的[ɛ]。
② 元音[ɔ]实际音值偏高。
③ [ai]韵与辅音声母相拼时发音接近[ɐi]，因与[ai]无对立关系，统一记为[ai]。

（二）韵母例字

表4　鸬鹚话韵母例字表

韵母	例字	韵母	例字
ɿ	紫次字四死做助智事诗	iau	猫爪绕
i	鼻衣亿脊夕立低世吉实	iu	臭牛有周笑条吊料六竹
u	布土粗族粥骨不火禾富	iui	蕊乳 又y³¹
y	举虑书煮水吹菊玉岁出	ui	杯每椪碑美泪龟位围胃
a	蛇花白鞋狗头法大得滑	ən	笨恩钝拸 又lən²¹³ 炖
ia	夜野黏爷也惹椰	in	本粪近门金深枕形迎菱
ua	瓜瓦挂快抓割挖呕耍蛤	yn	春军困云顺准裙运旬孕
æ	板反叹三男胆账掌厂窗	aŋ	彭盲猛亨绷棚庞胖蟒莽
iæ	娘香桨墙让养粮想羊胀	iaŋ	僵疆强雾腔
uæ	短乱算官款完晚万甘柑	uaŋ	匡筐框眶汪
ɔ	坐浊落脚茶国梳照脱鸭	eŋ	病耕井冰灯蒸贫宾蚣拚
iɔ	腰妖姚摇要药弱跃约柚	ɔŋ	龙虫农糖黄孙仓讲江嗅
ie	变节田建点甜写蜜涩吃	iɔŋ	绒融茸拥壅容溶庸勇用
ye	冤元远原圆院软铅越粤	et	凸 □xet⁵³ 打~啾；打喷嚏
ø	煤财船血东哭吞屋兄朋	eʔ	敌滴嘀涤笛狄 又tiʔ²⁴ 荻
ai	爱害坏北色尺石益栗	ɔʔ	□pɔʔ²⁴⁵ ~芽；种子发芽 □kɔʔ⁵³ ~~；蜗牛
uai	拐衰帅率 ~领 乖怪	n	五入日银午认韧蚁 又ŋæ³³ 鱼吴
au	宝草刀咬毛浮谋邹雹郝		

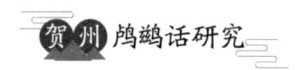

三、声调

（一）单字调8个

表5　鸬鹚话声调表

阴平45	阴上33	阴去213	入声甲24
阳平22	阳上31	阳去53	入声乙2

（二）声调例字

表6　鸬鹚话声调例字表

声调	例字	声调	例字
阴平	刀飞花千村吞光摸庸冲	阴上	饱手井胆土口访统鸟艇
阳平	薯皮陈船禾来鹅门嫖堤	阳上	坐厚是动买礼远企不好﹈坏
阴去	布做拜爱醋菜痛听任具	入声甲	八福哭七铁祝药杀辣夕
阳去	白步自豆路二问戚﹈tsʰai24旦烛	入声乙	敌滴嫡涤笛狄﹈tiʰ荻

第二节　声韵调配合关系

一、声韵调配合的特点

鸬鹚话单音节有3400多个，声韵调的配合有如下规律：

（1）唇音声母[p pʰ m f]不与撮口呼韵母[y ye yn]相拼，与合口呼韵母相拼限于[u ui]。

（2）只有一个舌尖韵母[ɿ]，舌尖韵母[ɿ]不拼[tʃ tʃʰ ʃ]声母。

（3）鼻音[n]自成音节。

（4）韵母[et]和带喉塞音韵尾的韵母[eʔ ɔʔ]只有少数几个口语音节。

（5）入声无塞音韵尾音节。

（6）入声乙只有舌尖中声母[t]与喉塞音韵尾的韵母[eʔ]拼合的音节。

二、单字音表

单字音表的编排，以韵母为经，以声母为纬，以声调为目，一个音节只收一个单字。有特殊情形的单字用黑体字表示，在表后面作出简明注释。写不出的字用带圈数字表示，在表后面注音并作出简明注释，并与黑体字一起按出现的先后排列。

表7 单字音表

声母	ๅ 阴平45	ๅ 阳平22	ๅ 阴上33	ๅ 阳上31	ๅ 阴去213	ๅ 阳去53	ๅ 入声甲24	i 阴平45	i 阳平22	i 阴上33	i 阳上31	i 阴去213	i 阳去53	i 入声甲24	u 阴平45	u 阳平22	u 阴上33	u 阳上31	u 阴去213	u 阳去53	u 入声甲24
p								蓖	皮	比	**被**	闭	鼻	笔	葡	补	不	布	步	瀑
pʰ								批		彼		屁	**僻**	**匹**	铺	蒲	谱		舖		扑
m								眯	眉	米		秘	**汤**	密		模		母		墓	
f								飞	肥	匪		费			肤	壶	虎		富	父	袱
t									堤	**仔**		地	**的**		图	度	肚		渡		
tʰ									梯	体		替	**剔**	惕		土		兔		突	
n									泥	你	①		逆			奴		橹		怒	
l								低	梨	底	李		利	粒	**都**	卢	赌	房		路	督
v																					
ts	资		紫	做						挤		际	**绩**		租		组				足
tsʰ		瓷	此	岂	次	自		妻	齐			砌	**席**	七	粗			醋	族		促
s	丝		死	四	字			西		洗		细	**习**	析	苏			素	续		俗
tʃ								枝		指	志	**执**	吉				锄			**烛**	粥
tʃʰ								**欺**₁	期	齿	是	气	侄				楚	**贮**		助	触
ɲ																					
ʃ								尸	时	屎	市	示	室				**数**₁		**数**₂	竖	叔
k								讥		鬼	**记**		及		姑		鼓		固		骨
kʰ								**欺**₂	麒	企	去	跪			箍		苦		库		酷
ŋ																					
x																					
∅								医	姨	椅	耳	意	二	一	乌	禾		武		雾	
j																					辱

▼ 表7注：

被 pi³¹　~子　　　　　　　匹 pʰi²⁴　一~马

僻 pʰi⁵³　又 pʰi²⁴　　　　汤 mi⁵³　~水：潜水

仔 ti³³　　名词后缀
的 ti²⁴　　目～。又 teʔ²
剔 tʰi⁵³　　又 tʰi²⁴
① ni²¹³　　蒂
绩 tsi²⁴　　又 tsai⁵³
席 tsʰi⁵³　　酒～
习 si⁵³　　又 si²⁴
执 tʃi⁵³　　又 tʃi²⁴，又 tʃai²⁴
欺₁ tʃʰi⁴⁵　　又 kʰi⁴⁵
记 ki²¹³　　又 tʃi²¹³
及 ki²⁴　　又 tʃi²⁴
欺₂ kʰi⁴⁵　　又 tʃʰi⁴⁵
企 kʰi³¹　　又 tʃʰi³³
去 kʰi²¹³　　除～
意 i²¹³　　生～

蒲 pʰu²²　　又 pu²²
扑 pʰu²⁴　　又 pʰø²⁴
模 mu⁴⁵　　～板
度 tu³³　　阿～：这里
肚 tu³¹　　～腹
都 lu⁴⁵　　首～
族 tsʰu⁵³　　家～
续 su⁵³　　继～｜手～
烛 tʃu⁵³　　又 tʃu²⁴
贮 tʃʰu³¹　　收集、积累；整理、清理
助 tʃu⁵³　　又 tsʰŋ⁵³
数₁ ʃu³³　　～一～
数₂ ʃu²¹³　　～目
竖 ʃu⁵³　　又 ʃy⁵³

表8　单字音表

声母	韵母														
	y					a					ia				
	阴平 45	阳平 22	阴上 33	阳上 31	阴去 213	阳去 53	入声甲 24	阴平 45	阳平 22	阴上 33	阳上 31	阴去 213	阳去 53	入声甲 24
p								叭	牌	摆	怀₁	拜	白	百					怀₂		
pʰ										振		派	魄	拍							
m								埋	玛	买		卖	脉								
f								花	华			化	罚	法							
t	锤	柱	坠	驻				头					豆								
tʰ								偷		敨		透									
n	猪		女							㧬	②		捹								
l	驴		吕	坠	虑	①		搂	楼	斗	喇	鬥	赖	德							
v																					

续表

声母	韵母 y 阴平45	阳平22	阴上33	阳上31	阴去213	阳去53	入声甲24	a 阴平45	阳平22	阴上33	阳上31	阴去213	阳去53	入声甲24	ia 阴平45	阳平22	阴上33	阳上31	阴去213	阳去53	入声甲24
ts		嘴	醉				卒			走			责								
tsʰ	催	徐	取		脆	聚		猜		踩			凑								
s	鬚				岁	序	续			撒			嗽								
tʃ	朱		煮		蛀		橘	遮		蔗			鹧 债	摘							
tʃʰ	吹	厨	处₁		处₂		出	车		柴			厕 寨	册							
n̠															黏		惹				一
ʃ	书	薯	水		税	睡	术	馊		蛇		捨	晒 社								
k	居		举		锯		剧	沟		狗			够	隔							
kʰ	趋	渠	去				屈	揩		口			扣	客 ③ 额							
ŋ								挨		摧											
x	墟							哈		猴			厚	齁	後 吓						
0	淤	渔	雨		饫	遇	役	鸦		阿			矮	沤		爷		野			夜
j																					

▼ 表8注：

坠 ty²¹³　~落
驴 ly²²　又 lu²²
坠 tsy²¹³　头往下坠
① ly²⁴　~人：蜇人
卒 tsy²⁴　士 ~
聚 tsʰy⁵³　又 tsy²¹³
续 sy²⁴　继 ~。又 su⁵³
处₁ tsʰy³³　~理
处₂ tsʰy²¹³　~长
去 kʰy²¹³　离 ~。又 kʰy²¹³
淤 y⁴⁵　埋土
饫 y²¹³　吃腻了；喂小孩吃饭
役 y²⁴　又 y⁵³

怀₁ pa³¹　~得 la³¹：没有。又 pia³¹
振 pʰa³³　两臂平伸两手伸直的长度
魄 pʰa⁵³　又 pʰa²⁴
玛 ma³³　阿 ~：父亲
华 fa²²　中 ~
化 fa²¹³　又 fa⁵³
姆 na³³　曾祖母
② na³¹　提醒语气
捺 na⁵³　又 nɔ²⁴
猜 tsʰa⁴⁵　又 tsʰai⁴⁵
车 tʃʰa⁴⁵　汽 ~
捨 ʃa³³　大 ~：大方
③ ŋa⁵³　挨着；挨上去来回摩擦止痒

哈 xa⁴⁵　～气
齁 xa²¹³　曳～：气喘
吓 xa²⁴　～人
鸦 a⁴⁵　又ɔ⁴⁵

阿 a²²　～姨
怀₂ pia³¹　没有。又pa³¹
惹 ȵia³³　又ia³¹
一 ȵia²⁴　～啲（啲）：一点儿。又ȵie²⁴

表9　单字音表

声母	韵母 ua						æ						iæ					
	阴平 45	阳平 22	阴上 33	阳上 31	阴去 213	阳去 53	入声甲 24	阴平 45	阳平 22	阴上 33	阳上 31	阴去 213	阳去 53	入声甲 24	阴平 45	阳平 22	阴上 33	阳上 31	阴去 213	阳去 53	入声甲 24
p								般	盘	板		半	办								
pʰ								潘				判							④		
m								**扳**	瞒	满			慢								
f								翻	凡	反		旱	贩 饭								
t									潭	淡		蛋			长				⑤	丈	
tʰ								滩		坦		叹	**弹**								
n								喃	南				难		娘						
l								丹	拦	胆	懒	**担**	烂		⑥	梁	辆	两	涨	谅	
v																					
ts									釭			赞			浆		桨			酱	
tsʰ								餐	残	惨		灿	暂		枪	墙	抢		呛	匠	
s								三		伞		散			镶		想		泻	**像**	泄
tʃ		①	抓					张		掌		账									
tʃʰ								窗	常	厂		唱	杖								
ȵ																			酿		
ʃ		耍			刷			山	裳	闪	赏	**项**			香		响		向₁	向₂	
k	瓜		寡		卦	刮		监		赶		鉴									
kʰ	夸		垮	②	块	**阔**		悭	钳	砍		**看**	③								
ŋ								**啱**	颜	眼₁	眼₂	雁	岸								
x									寒		喊	汉	焊								
∅		洼	呕	**瓦**		划 挖		安				案			秧 羊		养		样		
j																					

▼表9注：

① tʃua³³ ～筋：精瘦
② kʰua³¹ 一～米：一把米｜～子：竹耙｜
　　　　　～痒：抓痒
阔 kʰua²⁴ 开～。又 kʰɔ²⁴
瓦 ua³¹ 砖～
划 ua⁵³ ～桨
扳 mæ⁴⁵ 扳动
旱 fæ³¹ 又 xæ³¹
弹 tʰæ⁵³ 用手指弹
难 næ⁵³ 灾～
担 læ²¹³ ～子
项 ʃæ⁵³ 又 xɔŋ⁵³
看 kʰæ²¹³ ～见

③ kʰæ⁵³ ～过去：跨过去
啱 ŋæ⁴⁵ 刚刚；刚好
眼₁ ŋæ³³ ～子：窟窿
眼₂ ŋæ³¹ ～睛
岸 ŋæ⁵³ 又 æ²¹³
④ pʰiæ³³ 脚瘸
长 tiæ²² ～短
⑤ tiæ²¹³ 掂；提
丈 tiæ⁵³ ～夫｜～量
⑥ liæ⁴⁵ 得到好处
像 siæ⁵³ ～章
向₁ ʃiæ²¹³ 又 ʃiæ⁵³
向₂ ʃiæ⁵³ 又 ʃiæ²¹³

表10　单字音表

声母	韵母																
	uæ						ɔ						iɔ					
	阴平 45	阳平 22	阴上 33	阳上 31	阴去 213	阳去 53	入声甲 24	阴平 45	阳平 22	阴上 33	阳上 31	阴去 213	阳去 53	入声甲 24	阴平 45	阳平 22	阴上 33	阳上 31	阴去 213	阳去 53	入声甲 24
pʰ								鵚				破		朴							
m								摸	麻		马		孖 骂	袜							
f														佛							
t		团		断		段		都	驼		舵		达	夺							
tʰ								他			妥			塔							
n				暖				挼	挪				糯	纳							
l	端	銮	短	卵		乱		多	罗	打	攞	癞	乐	搭							
v								莴					卧								
ts	钻		①	钻						左			作								
tsʰ								搓			坐		错 杂	擦							
s	酸	饡	蒜					蓑			锁		塑 萨	索							

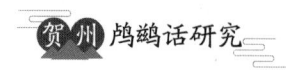

续表

声母	韵母															
	uæ					ɔ					iɔ				
	阴平 45	阳平 22	阴上 33	阳上 31	阴去 213	阳去 53	入声甲 24	阴平 45	阳平 22	阴上 33	阳上 31	阴去 213	阳去 53	入声甲 24	阴平 45	阳平 22	阴上 33	阳上 31	阴去 213	阳去 53	入声甲 24
tʃ				篆	赚₁			渣		缴		照	桌	脚							
tʃʰ					赚₂			初	茶	巧		撮	宅	插							
ȵ																	桅			弱	
ʃ		囝						烧	韶	少₁	傻	少₂	勺	杀							
k	官		管		惯			歌	果	个		角		国							
kʰ	宽		款					科	可			课₁	课₂	壳							
ŋ									牙	我			饿	腭							
x								虾	河	伙		下	货	贺						睄	
∅	湾	完	碗		晚	万				屙	哑	哦		鸭	腰	姚	扰	舀	耀	柚	药
j																					

▼表10注：

端 luæ⁴⁵ 又 tuæ⁴⁵   撮 lɔ³¹ ~吃：讨吃
钻 tsuæ⁴⁵ ~洞   乐 lɔ⁵³ 快~|音~。又 lɔ²⁴
①tsuæ³³ 近~：东西集中成一堆   作 tsɔ²⁴ 工~
钻 tsuæ²¹³ ~头   萨 sɔ⁵³ 菩~
簪 suæ³³ 鱼笱   索 sɔ²⁴ 绳~
赚₁ tʃuæ⁵³ 又 tʃʰuæ⁵³   桌 tʃɔ⁵³ 又 tʃɔ²⁴
赚₂ tʃʰuæ⁵³ 又 tʃuæ⁵³   韶 ʃɔ²² 又 ʃau²²
宽 kʰuæ⁴⁵ ~容   少₁ ʃɔ³³ 多~
把 pɔ³³ 一大~|射~：打把   少₂ ʃɔ²¹³ ~年
拔 pɔ⁵³ 又 pa⁵³   角 kɔ⁵³ 八~
瓿 pʰɔ⁴⁵ 棵   课₁ kʰɔ²¹³ 又 kʰɔ⁵³
孖 mɔ²¹³ ~带子：背带   课₂ kʰɔ⁵³ 又 kʰɔ²¹³
佛 fɔ⁵³ 又 fø²⁴   伙 xɔ³³ ~计
都 tɔ⁴⁵ ~是   下 xɔ³¹ ~贱|~等
舵 tɔ³³ ~尾子：船舵   桅 ȵiɔ²² ~仔：小桨

表11 单字音表

声母	韵母 ie 阴平45	阳平22	阴上33	阳上31	阴去213	阳去53	入声甲24	ye 阴平45	阳平22	阴上33	阳上31	阴去213	阳去53	入声甲24	ø 阴平45	阳平22	阴上33	阳上31	阴去213	阳去53	入声甲24
p	鞭	**便**₁	扁	辫	变	**便**₂	鳖									赔	⑩	倍		屏	
pʰ	偏				片		**撇**								**塎**		捧		佩		仆
m	咩	绵	①	免		面	篾								**糜**	梅	懵			梦	
f			②				③								丰	逢	讽			凤	福
t		田		姐		电									同		动		对		独
tʰ	天		④	⑤			铁								通	苔	桶		痛	**太**	
n	拈	年	撚	⑥		念	聂								⑪	脓			⑫	内	
l	颠	莲	典	⑦	店	链	裂								冬	来	懂	**箦**	带	⑬	掠
v																煨					
ts	尖		剪		箭		节								**尊**		总		**最**		
tsʰ	千	钱	浅		贱		窃								葱	财	睬	在	菜	罪	
s	先		写		线		泄								松	旋	选		碎	**旋**	雪
tʃ	毡		者		剑		结								砖	**转**					
tʃʰ		**藜**	⑧		件		吃								穿	豺	遣		串		掘
ȵ		**研**	严	染		**热**	业														
ʃ	掀	贤	险	善	扇	县	协								喧	船	**拟**			熟	缩
k		艰		俭	见										工	公	捲		**盖**		榖
kʰ	牵	**乾**			欠										开	权	犬	⑭	劝	**菌**	哭
ŋ																憝	软		愿		月
x															兄	红	海			恨	血
ø	烟	盐	演	厌	宴		业	鸳	元	⑨	远	怨	院	越		⑮		薤			屋
j																					

▼ 表11注：

便₁pie²² ~宜

便₂pie⁵³ 方~

撇pʰie²⁴ ~捺

咩mie⁴⁵ 疑问语气词

①mie³³ 苦~屎：一种小鳊鱼

②fie³¹ lie³¹ ~：不修边幅

③fie⁵³ 狐~：狐臭

姐tie²¹³ ~妹

④tʰie³¹　~~鸟：喜鹊
⑤tʰie²¹³　好动
⑥nie³¹　提醒语气
⑦lie³¹　~fie³¹：不修边幅
漦 tʃʰie²²　口痰
⑧tʃʰie³³　~仔：镯子
研 ȵie⁴⁵　~究
热 ȵie⁵³　又 ȵie²⁴
业 ȵie²⁴　又 ie²⁴
乾 kʰie²²　~坤
业 ie²⁴　又 ȵie²⁴
⑨ye³³　慢慢地插过去
⑩pø³¹　阿~：叔祖母
屏 pø⁵³　躲藏
墥 pʰø⁴⁵　~尘：灰尘；红薯、芋头等很粉
仆 pʰø²⁴　~倒：跌倒
糜 mø⁴⁵　木头等霉烂
讽 fø³³　又 fɔŋ³³
对 tø²¹³　又 lø²¹³
太 tʰø⁵³　~过分

⑪nø⁴⁵　痒感
脓 nø²²　又 nɔŋ²²
⑫nø²¹³　疲劳
箦 lø³³　木箱
⑬lø⁵³　追赶
尊 tsø⁴⁵　又 tsyn⁴⁵
最 tsø²¹³　又 tsu²¹³，又 tsy²¹³
旋 sø²²　~涡
旋 sø⁵³　~毛
转 tʃø³³　~身
掫 ʃø⁵³　推
公 kø²²　叔祖父
盖 kø²¹³　~仔：盖子
⑭kʰø³¹　盖
菌 kʰø⁵³　~仔：食用菌 | 上毛白~：醭
戇 ŋø³³　笨，傻
软 ŋø³¹　又 ye³¹
月 ŋø²⁴　又 ŋø⁵³
恨 xø⁵³　极想得到
⑮ø³¹　拥抱；捂

表12　单字音表

声母	韵母																	
	ai						uai						au					
	阴平45	阳平22	阴上33	阳上31	阴去213	阳去53	入声甲24	阴平45	阳平22	阴上33	阳上31	阴去213	阳去53	入声甲24	阴平45	阳平22	阴上33	阳上31	阴去213	阳去53	入声甲24
p	踔		①	②	稗		北								包	袍	饱	抱	报	雹	
pʰ					劈		匹								抛	跑			炮	泡	
m	③		④				墨								踃	毛	⑪	亩	⑫	帽	
f	怀				坏										⑬	浮	否				
t					直										桃					稻	

30

续表

声母	韵母 ai 阴平45	阳平22	阴上33	阳上31	阴去213	阳去53	入声甲24	uai 阴平45	阳平22	阴上33	阳上31	阴去213	阳去53	入声甲24	au 阴平45	阳平22	阴上33	阳上31	阴去213	阳去53	入声甲24
tʰ							踢								涛		讨		套		
n			乃		⑤												恼			闹	
l	薀				力	曆									刀	捞	岛	老	到	涝	
v																					
ts	灾		宰				籍								邹		早		灶		
tsʰ	猜				贼										操	曹	草		燥	造	
s					惜	塞									臊		嫂		扫		
tʃ	斋				制	织									昭		找		罩		
tʃʰ	差				蛰	尺									抄	炒				召	
ȵ																					
ʃ	噻		⑥		石	色						帅			稍	韶			潲		
k	阶		改		计	击		乖		拐		怪			交		绞	搞	告		
kʰ			凯		契	⑦	级								敲		考		靠		
ŋ																熬		咬	傲		
x			蟹		害	黑									睺	豪	郝		孝	号	
∅	哀				爱	易	益					喂			欧		拗	藕	奥		
j			⑧		⑨	⑩															

▼表12注：

踣pai⁴⁵ 受伤

①pai³¹ 倒霉

②pai²¹³ 堵；围菜园

稗pai⁵³ 又pa⁵³

劈pʰai⁵³ 又pʰai²⁴

匹pʰai²⁴ 一~布

③mai⁴⁵ □~仔：鸡巴（男阴）；鸡鸡

（赤子阴）

④mai³³ 歪

直tai⁵³ ~走

⑤nai²¹³ 船或竹簰连在一起或靠岸系稳

薀lai⁴⁵ 最小，含轻视义

籍tsai²⁴ 又tsi²⁴

猜tsʰai⁴⁵ 又tsʰa⁴⁵

31

惜 sai⁵³　　又 si²⁴
斋 tʃai⁴⁵　　聊 ~
制 tʃai²¹³　　又 tʃi²¹³
差 tʃʰai⁴⁵　　出 ~
毊 ʃai⁴⁵　　浪费
⑥ ʃai³¹　　殴打
计 kai²¹³　　会 ~
击 kai²⁴　　又 tʃi²⁴
⑦ kʰai⁵³　　极度疲劳
级 kʰai²⁴　　又 tʃi²⁴
易 ai⁵³　　交 ~
⑧ jai³³　　烂饭
⑨ jai³¹　　次等
⑩ jai⁵³　　交合
喂 uai⁵³　　叹词

炮 pʰau²¹³　　枪 ~
泡 pʰau⁵³　　~ 沫
跍 mau⁴⁵　　蹲
⑪ mau³³　　~ pi³³tʃi²¹³：麻雀
亩 mau³¹　　又 mu³¹
⑫ mau²¹³　　猪拱泥（少用）
⑬ mau⁴⁵　　油炸
昭 tʃau⁴⁵　　又 tʃɔ⁴⁵
找 tʃau³³　　~ 钱（退回多余的钱）
召 tʃʰau⁵³　　号 ~
韶 ʃau²²　　又 ʃɔ²²
敲 kʰau⁴⁵　　~ 色子：打色子
熬 ŋau²²　　~ 夜
睺 xau⁴⁵　　~ 住：看住|~ 上：看上
号 xau⁵³　　口 ~

表13　单字音表

声母	韵母														
	iau					iu					iui				
	阴平45	阳平22	阴上33	阳上31	阴去213	阳去53	入声甲24	阴平45	阳平22	阴上33	阳上31	阴去213	阳去53	入声甲24	阴平45	阳平22	阴上33	阳上31	阴去213	阳去53	入声甲24
p								标	嫖	表	冇			①							
pʰ								飘			票										
m								②	苗	秒	庙										
f											③										
t								雕	条		调										
tʰ										挑	跳										
n								④		扭	尿										
l								溜	流	鸟	柳	钓	六	竹							
v																					
ts								蕉		酒	醮										

续表

声母	韵母															
	iau						iu						iui					
	阴平45	阳平22	阴上33	阳上31	阴去213	阳去53	入声甲24	阴平45	阳平22	阴上33	阳上31	阴去213	阳去53	入声甲24	阴平45	阳平22	阴上33	阳上31	阴去213	阳去53	入声甲24
tsʰ								秋	囚			袖									
s								消		小		笑									
tʃ								州		九	灸	救	皱₁								
tʃʰ								抽	球	丑		臭	舅								
ȵ	猫	爪											皱₂						蕊		
ʃ								收		手		兽	受								
k								骄				究									
kʰ																					
ŋ									牛												
x																					
∅		绕						优	油	有		幼	又						乳		
j																					

▼表13注：

爪 ȵiau³³　又 tʃau³³　　　　　　　　　醮 tsiu²¹³　打~：道士做道场

①piu⁵³　猪拱泥（常用）　　　　　　　　小 siu³³　~说

②miu⁴⁵　叫猫回来　　　　　　　　　　皱₁tʃiu⁵³　~纹

③fiu⁵³　吹~~：吹口哨　　　　　　　　皱₂ȵiu²¹³　~眉头

调 tiu⁵³　~动　　　　　　　　　　　　兽 ʃiu²¹³　~医

挑 tʰiu³³　~战｜~动　　　　　　　　　究 kiu²¹³　研~

④niu⁴⁵　很黏稠　　　　　　　　　　　幼 iu²¹³　颗粒非常细

竹 liu²⁴　~仔：竹子　　　　　　　　　乳 iui³¹　又 ȵiui³¹，又 y³¹

33

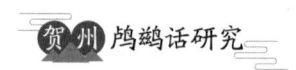

表14　单字音表

声母	韵母 ui 阴平45	阳平22	阴上33	阳上31	阴去213	阳去53	入声甲24	ən 阴平45	阳平22	阴上33	阳上31	阴去213	阳去53	入声甲24	in 阴平45	阳平22	阴上33	阳上31	阴去213	阳去53	入声甲24
p	杯											笨			奔	盆	本			**并**	
pʰ												炖						品		喷	
m			美												④	门		蚊	沓	问	
f	**恢**	回	悔												婚	坟	粉		粪	份	
t																沉					
tʰ																					
n																			**恁**		
l	① 雷		垒		泪										⑤	林			⑥	令	
v															瘟	文	稳				
ts												②			津				进		
tsʰ															侵	秦			**亲**	尽	
s	虽														新		笋		信		
tʃ															针		紧		镇		
tʃʰ															钦	勤			**近**	趁	揿
ȵ																					
ʃ															身	神	婶			**盛**	
k	龟		**癸**		桂										今					近	
kʰ	规	葵	**癸**		愧										襟	岑					
ŋ												③									
x																					
∅	威	围	委		味										因	人	引		印	**任**	
j																					

▼ 表14注：

　　恢 fui⁴⁵　　又 fø⁴⁵　　　　　　① lui⁴⁵　　套在牲口嘴上的罩

　　回 fui²²　　又 fø²²　　　　　　**癸** kui³³　　又 kʰui³³

癸 kʰui³³　　又 kui³³

②tsʰən³¹　　ŋən³¹ ~：啰嗦

③ŋən³¹　　~ tsʰən³¹：啰嗦

并 pin²¹³　　又 peŋ²¹³

④min⁴⁵　　~仔：鱼篓儿

沊 min²¹³　　水~仔：泉眼

恁 nin³³　　思考，想

⑤lin⁴⁵　　~~转：团团转

⑥lin²¹³　　扔进水里

令 lin⁵³　　又 leŋ⁵³

近 tʃʰin³¹　　远~

盛 ʃin⁵³　　又 ʃeŋ²¹³

今 kin⁴⁵　　又 tʃʰin⁴⁵

近 kin⁵³　　~视

任 in⁵³　　~务

表15　单字音表

声母	韵母																		
^	yn						aŋ						iaŋ						
^	阴平 45	阳平 22	阴上 33	阳上 31	阴去 213	阳去 53	入声甲 24	阴平 45	阳平 22	阴上 33	阳上 31	阴去 213	阳去 53	入声甲 24	阴平 45	阳平 22	阴上 33	阳上 31	阴去 213	阳去 53	入声甲 24
p								绷	彭												
pʰ								乓				胖			③						
m									盲	蜢											
f																					
t	敦																				
tʰ																					
n																					
l	伦		论																	靓	
v																					
ts	尊		俊																		
tsʰ																					
s		旬	迅																		
tʃ		准																			
tʃʰ	春	纯	蠢																		
ȵ																					
ʃ	熏	唇	慎	顺																	

续表

声母	韵母														
	yn					aŋ					iaŋ				
	阴平 45	阳平 22	阴上 33	阳上 31	阳去 213	阴去 53	入声甲 24	阴平 45	阳平 22	阴上 33	阳上 31	阳去 213	阴去 53	入声甲 24
k	军	滚		棍				耿				①		
kʰ	坤	裙	捆	困								疆	强	弶
ŋ											②			
x								亨						
∅		云	允	闰 运										
j														

▼ 表15注：

伦 lyn²² 又 lin²²

论 lyn⁵³ 理~

尊 tsyn⁴⁵ 又 tsø⁴⁵

迅 syn²¹³ 又 sin²¹³

纯 tʃʰyn²² 又 ʃyn²²

闰 yn²¹³ 又 yn⁵³

① kaŋ²⁴ ~酒：斟酒

② ŋaŋ²⁴ 用力敲打；鼻公~：鼻子不通气，发音不清

③ pʰiaŋ⁴⁵ 打耳光

靓 liaŋ⁵³ 好；漂亮

表16 单字音表

声母	韵母														
	uaŋ					eŋ					ɔŋ				
	阴平 45	阳平 22	阴上 33	阳上 31	阳去 213	阴去 53	入声甲 24	阴平 45	阳平 22	阴上 33	阳上 31	阳去 213	阴去 53	入声甲 24
p								兵	平	饼	柄	病		帮	旁	榜		谤
pʰ												拼		榜	⑨			碰
m								名		尾	①	命		矇	忙	⑩	网	望
f					②							揈		荒		防	访

36

续表

声母	韵母																		
	uaŋ						eŋ						ɔŋ						
	阴平 45	阳平 22	阴上 33	阳上 31	阴去 213	阳去 53	入声甲 24	阴平 45	阳平 22	阴上 33	阳上 31	阴去 213	阳去 53	入声甲 24	阴平 45	阳平 22	阴上 33	阳上 31	阴去 213	阳去 53	入声甲 24
t									停			定			虫		**重**		栋	
tʰ								厅	艇		听	③			汤				烫	
n								**咛**₌	能		④				**燶**	浓			嫩	
l								灯	灵	顶	冷	凳	另	⑤	**窿**	狼	党	朗	**当**	浪
										横₁			**横**₂		翁					
ts								精		井									**纵**	
tsʰ								清	层	请		静							寸	
s								星		醒		姓	胜							
tʃ								蒸		整		政	证		装		肿		众	
tʃʰ								**称**	橙	⑥	**靖**₌	秤	郑		疮	穷	创	闯	撞	肠
ȵ																				
ʃ								生	成	省		圣	剩		双	雄	爽			嗅
k								耕		景		敬			光		讲		杠	共₁
kʰ	筐							轻	⑦	肯		庆	⑧		扛	狂	孔	⑪	矿	共₂
ŋ													硬						昂	
x								**兴**₁	衡	很		**兴**₂	恨		**慌**	航			放	巷
∅	汪							恩	赢	影		**应**	映₁		王		柱	往	⑫	旺
j									营				映₂							

▼表16注:

① meŋ²¹³ ~口:碗碟的缺口 ④ neŋ²¹³ 用针线缝起来
② feŋ⁴⁵ ~开:掀开 ⑤ leŋ²⁴ 陡
撛 feŋ²¹³ 甩 **横**₁veŋ²² ~竖
③ tʰeŋ²⁴ 石级 **横**₂veŋ⁵³ 横樽儿
咛₌ neŋ⁴⁵ ~个:谁,哪个;拿 证 tʃeŋ⁵³ 又 tʃeŋ²¹³

称 tʃʰeŋ⁴⁵	~呼
靖 tʃʰeŋ³¹	~藕⁼啢:等一会儿
省 ʃeŋ³³	~份
⑦ kʰeŋ²²	油、血凝结
⑧ kʰeŋ⁵³	扔、甩
兴₁ xeŋ⁴⁵	~起
兴₂ xeŋ²¹³	高~
恨 xeŋ⁵³	仇~
应 eŋ²¹³	答~∣响~
映₁ eŋ⁵³	反~
映₂ jeŋ⁵³	~山红
⑨ pʰoŋ²²	鸡~~：鸡嗉

⑥ tʃʰeŋ³³ keŋ³³ ~：整齐

矇 moŋ⁴⁵	又 mø²²
⑩ moŋ³³	没有牙齿咀嚼食物
重 toŋ³¹	~量
栋 toŋ⁵³	又 tø⁵³，又 loŋ⁵³
燶 noŋ⁴⁵	食物焦煳
当 loŋ²¹³	~铺∣上~
纵 tsoŋ⁵³	~队
共₁ koŋ⁵³	~产党
⑪ kʰoŋ³¹	人撞着物
共₂ kʰoŋ⁵³	总~
慌 xoŋ⁴⁵	又 foŋ⁴⁵
⑫ oŋ²¹³	两畦之间的地沟

表17　单字音表

声母	韵母																		
	iɔŋ						et						eʔ					
	阴平 45	阳平 22	阴上 33	阳上 31	阴去 213	阳去 53	入声甲 24	阴平 45	阳平 22	阴上 33	阳上 31	阴去 213	阳去 53	入声乙 2	阴平 45	阳平 22	阴上 33	阳上 31	阴去 213	阳去 53	入声乙 2
p																					
pʰ																					
m																					
f																					
t													凸							敌	
tʰ																					
n																					
l																				叻	
v																					
ts																					
tsʰ																					
s																					

续表

声母	韵母																
	iɔŋ						et					eʔ				
	阴平 45	阳平 22	阴上 33	阳上 31	阴去 213	阳去 53	入声甲 24	阴平 45	阳平 22	阴上 33	阳上 31	阴去 213	阳去 53	入声乙 2	阴平 45	阳平 22	阴上 33	阳上 31	阴去 213	阳去 53	入声乙 2
tʃ																	
tʃʰ																	
ȵ	①	醲	毥														
ʃ																	
k																	
kʰ																	
ŋ																	
x													②				
∅	拥	容	踊		永	用											
j																	

▼表17注：

① ȵiɔŋ^{45}　蹾　　　　　　　　　② xet^{53}　打~啾：打喷嚏
醲 ȵiɔŋ^{22}　酒烟茶等味浓　　　　叻 leʔ^{53}　聪明、能干

表18　单字音表

声母	韵母											
	ɔʔ						n					
	阴平 45	阳平 22	阴上 33	阳上 31	阴去 213	阳去 53	入声乙 2	阴平 45	阳平 22	阴上 33	阳上 31	阴去 213	阳去 53	入声乙 2
p	①				②								
pʰ													
m													
f													

续表

声母	韵母												
	ɔʔ							n					
	阴平 45	阳平 22	阴上 33	阳上 31	阴去 213	阳去 53	入声乙 2	阴平 45	阳平 22	阴上 33	阳上 31	阴去 213	阳去 53	入声乙 2
t														
tʰ														
n														
l														
ts														
tsʰ														
s														
tʃ														
tʃʰ														
ȵ														
ʃ														
k					③									
kʰ														
ŋ														
x														
Ø								银		五	韧	认	日	
j														

▼表18注：

①pɔʔ⁴⁵ ～芽：种子发芽　　　③kɔʔ⁵³ ～～：蜗牛

②pɔʔ⁵³ 亲吻；鱼～：鱼鳔

第三节 同音字汇

同音字汇表有几点说明：①同音字汇表共收单字约3400个（不包括有音无字的音节）。②同音字汇表按韵母排列，一韵之内再按声母排列，一声之内按声调阴平、阳平、阴上、阳上、阴去、阳去、入声甲、入声乙排列。③写不出的字用"□"表示。④释义、举例在单字右下角用下标字标出。⑤举例中用下标"~"表示所释字，写不出的字不再用"□"表示，直接标写读音。⑥有异读的字在单字右下角用小字标明"又某音"。

ɿ

ts [45]技~能之芝知~音姿资滋[33]只~有子姊梓紫□牛~lui⁴⁵：牛笼嘴[213]做智

tsʰ [22]词祠饲瓷辞慈磁雌鹚[33]耻又tʃʰi³³此[213]次刺~刀赐[53]助又tʃʰu⁵³自

s [45]师诗狮施措~[33]驶又ʃi³³死祀[213]四肆[53]士仕氏事侍柿巳寺字㭟

i

p [45]卑蓖纰[22]皮枇疲琵脾□鼻~：鼻涕[33]比鄙□mau³³~tʃi²³³：麻雀[31]被~子[213]庇贝宝闭痹臂[53]备被~动鼻币毙蔽弊篦避[24]笔必毕弼滗去渣~碧壁又pai²⁴璧

pʰ [45]剺削皮批坯砖~[33]彼[213]屁[53]僻又pʰi²⁴[24]匹~马辟僻又pʰi⁵³

m [45]眯[22]眉楣弥阿~陀佛迷谜~语|~猜~[31]米[213]秘[53]汤~水：潜水[24]密蜜~蜂

f [45]飞妃非挥辉徽~安[22]肥[33]匪翡毁[213]肺废费痱

t [22]迟堤提题蹄[33]哋我~：我们啲喇=~：这些|一~：一点点仔名词后缀[53]逮又tø⁵³地弟兄~帝~国主义递第隶又li⁵³的目~。又teʔ²狄又teʔ²

tʰ [45]梯锑[33]体[213]剃替[53]剔又tʰi²⁴[24]剔又tʰi⁵⁵惕

n [22]尼泥倪又i²²[31]你[213]□蒂[53]逆腻

l [45]低璃[22]帝皇~厘狸离梨犁黎篱[33]抵底牴[31]礼李里又ly³¹理裹鲤[53]厉丽励利例隶又ti⁵³荔莉痢立~春[24]立站~粒

ts [33]挤[213]际剂济祭[24]积~累缉即集~体辑脊又tsai²⁴绩又tsai²⁴

tsʰ [45]妻凄[22]齐脐[213]砌似相~[53]席酒~[24]疾又tsai²⁴籍又tsai²⁴七漆

s [45]西犀[33]洗[213]细婿又sy²¹³[53]习又si²⁴[24]夕昔析息休~悉惜熄习又si⁵³袭媳童养~。又sai²⁴

tʃ [45]肌又ki⁴⁵鸡~鸭基又ki⁴⁵箕稽技~术支枝知~识肢脂胭[33]几~个纪又ki³³妓止旨址纸指趾[213]忌季又ki²¹³既又ki²¹³继又ki²¹³寄又ki²¹³至志制又tʃai²¹³治致痔痣置稚雉誌□~nie²²：蜻蜓计伙~记又ki²¹³执又tʃai²⁴[24]击又kai²⁴激及又ki²⁴吉级又kʰai²⁴极急棘汁植又tʃai²⁴殖又tʃai²⁴质又tʃai²⁴

tʃʰ	[45]欺又kʰi45[22]池驰持期其又kʰi奇又kʰi22歧骑又kʰi31棋又tshi31旗鳍[33]齿耻又tsʰɿ33岂企又tʃi31启起始[31]是[213]翅气弃汽器[53]佢	t	[22]图徒途涂屠[33]度阿~:这里[31]肚~腹[53]杜度湿~渡镀
		tʰ	[33]土[213]吐~口水兔[24]突
		n	[22]奴[31]檽努~力[53]怒
ʃ	[45]尸施~工希牺稀溪熙~嘻~皮笑脸嬉[22]十~五时匙[33]史使驶又sɿ33屎喜[213]繫~联市世势试逝誓戏系係[53]湿又ʃi²⁴十~五实拾又ʃi²⁴示视豉[24]失湿又ʃi⁵³蚀式饰适室释吸拾又ʃi⁵³	l	[45]都首~噜打呼[22]卢芦庐炉鸬驴又ly22[33]堵~车赌肚~猪~□糊~仔米糊[31]卤房鲁[53]陆大~录赂鹿禄路鹭露[24]督
		ts	[45]租[33]阻又tsø33组祖最又tsø213又tsy213[24]足族民~
k	[45]讥饥机~器肌又tʃi45基又tʃi45几~茶苴□~子:栀子[33]轨诡鬼己~利~纪又tʃi33杞[213]贵又kui213记又tʃi213季又tʃi213既又tʃi213继又tʃi213寄又tʃi213鳜又kui213[24]及又tʃi24	tsʰ	[45]粗[213]醋[53]族家~|宗~[24]促□~布:送去办丧事的布
		s	[45]苏[213]诉素[53]续继~|手~[24]俗肃速粟宿
		tʃ	[53]烛又tʃu24[24]粥轴竹腐~烛又tʃu53祝筑
kʰ	[45]欺又tʃʰi45[22]奇又tʃʰi22其又tʃʰi骑又tʃʰi31棋又tʃʰi麒[31]企又tʃʰi31[53]柜跪	tʃʰ	[22]锄[33]础楚[31]贮~收集、积累、整理、清理[53]助又tsʰɿ53[24]畜牲~触蓄~电瓶
ø	[45]衣医依[22]儿~童节~托~所而倪又ni22霓~虹灯仪宜姨移遗疑[33]已以椅[31]耳饵议会~[213]意~生[53]二贰亿义忆艺议~论亦异译易~容疫谊[24]一乙	ʃ	[33]数~~[213]数~目[53]赎又tʃø53竖又ʃy53[24]叔~佐属家~束
		k	[45]戈又kø45估孤姑菇辜锅鸪[33]古股牯鼓[213]固故顾雇过~去[24]谷山~骨局厅~焗□寒毛~:寒毛
		kʰ	[45]箍枯窟[33]苦[213]库裤[24]酷
u		ø	[45]乌污巫诬捂[22]禾鬍无梧[31]武舞鹉[53]恶厌~勿戊务物误悟雾
p	[22]葡蒲又pʰu22[33]补[31]不卟这~:这么[213]布佈怖[53]步部埠簿[24]瀑	j	[24]辱育又y53褥被~:被里
pʰ	[45]铺~设[22]蒲又pu22[33]捕辅浦普谱[213]舖店~[24]扑又pʰø24		**y**
m	[22]模~板[31]母亩又mau31[213]慕[53]沐募幕墓睦□~量:估量	t	[22]捶锤槌[31]柱[213]坠[53]住驻
		n	[45]猪[31]女
f	[45]夫~妻肤麸敷俘乎呼[22]扶芙符狐胡~壶葫湖蝴糊[33]抚斧府俯腑腐豆~|~败虎浒火伙~计[213]付又fu213副~手赋傅富户戽[53]父付又fu213负妇附驸副~棚果核互护腐~竹[24]伏又fø24服又fø53又复腹腹[24]袱	l	[22]驴又lu22[31]里又li31吕旅铝屡履[213]坠头往下坠[53]律虑率效绿~色滤[24]□~人:蜇人

42

ts	[33]嘴 [213]聚 又tsʰy⁵³ 最 又tsø²¹³、又 tsu²¹³ 醉 [24]卒ᵗ~	pʰ	[33]振两臂平伸两手伸直的长度[213]派[53]魄 又pʰa²⁴ [24]拍柏 又pa⁵³、又pa²⁴ 魄 又pʰa⁵³
tsʰ	[45]崔催蛆[22]随徐[33]取娶[213]脆悴粹翠趣[53]聚又tsy²¹³	m	[22]埋[33]玛阿~:父亲[31]买㞒 玛:叔叔 [53]卖[24]擘麦脉
s	[45]荽荽 须需鬚[213]嗾鸡 岁遂叙婿 又sɿ²¹³ [53]隧序绪续继~、又su⁵³	f	[45]花[22]华ᵥ~[213]化又fa⁵³[53]罚 划ᵢ~猾滑化又fa²¹³ 画话[24]发出~乏伐 阀筏法
tʃ	[45]朱珠诸硃追锥~ᵧ[33]主煮[213]俱乐部注著蛀铸註贅[24]橘	t	[22]逃 又tau²² 头投[53]大~ₙ豆痘
tʃʰ	[45]吹炊[22]除厨储~备[33]处~理[213]处~长睏[24]出	tʰ	[45]偷[33]敨~气[213]透
		n	[53]捺 又nɔ²⁴
ʃ	[45]书殊舒输虚嘘[22]薯[33]暑署鼠水许又xy³³[213]税[53]畜~牧瑞述又fu⁵³树竖又fu⁵³睡[24]术怵白~述又fu²¹³	l	[45]拉拖~机楼口口水仔~:围嘴儿[22]楼[33]斗哪蚪抖[31]喇叭~个:这个~下:现在得怀~:没有[213]鬥[53]赖陋漏濑擸得晓~:知道[24]得得到,给德瘌
		ts	[33]走[24]则责
k	[45]车~马炮拘居[33]矩举[213]巨句拒具据距惧锯[24]鞠~躬局~部菊又kø²⁴剧	tsʰ	[45]猜 又tsʰai⁴⁵[33]采 又tsʰø³³彩~色。又tsʰø²⁴踩[213]凑
kʰ	[45]区~地驱趋[22]渠[213]去 又kʰi²¹³ [24]屈曲歌~	s	[33]㪗抖[213]赛嗽
x	[45]墟	tʃ	[45]斋打~。又tʃai⁴⁵遮[22]蔗[213]鹧~鸪[53]债[24]肉择泽 又tʃa²⁴、又tʃa²⁴摘窄
ø	[45]淤埋土[22]如儒於于余姓鱼~虾馀多~娱渔愉愚[31]乳 又n.iui³¹、又y³¹与给~宇羽雨禹语[213]饫吃腻了、喂小孩吃饭[53]役又y⁵³玉芋郁又ju²⁴狱浴预域欲遇喻御寓裕誉豫育 又ju²⁴役 又y⁵³郁	tʃʰ	[45]差~别|~错车汽[22]柴苴[213]厕[53]寨[24]册侧测策拆坼暴~泽又tʃa²⁴、又tʃa²⁴
		ʃ	[45]筛奢赊馊[22]蛇[33]捨大~:大方[213]晒瘦只用于人[53]舍宿~社射駷嫖~:嫖妓麝
	a	k	[45]勾~销沟钩家自~:自己街[33]狗解~开口抬~子:翻跟头;倒立[213]界鍩锯堺坡构购够介芥疥届戒械又xa⁵³垢[24]革阁格隔嗝膈
p	[45]巴~结芭蕉笆篱吧酒。又pɔ⁴⁵叭喇~[22]排牌簰筏[33]把~茶喝了摆靶[31]怀~得:没有。又pia³¹[213]拜[53]拔[24]罢白柏松~:地名|~树。又pa²⁴败稗又pai⁵³掅扌伯~公:曾祖父[24]百柏又pa⁵³伯兄长。又pai⁵³口眼瞌,困了	kʰ	[45]揩~油:抹去油污抠[33]卡口[213]扣寇[24]克刻客

43

ŋ	[45]挨~近[22]捱~打伢~仔崽:婴儿[53]□挨着;挨上去来回摩擦止痒[24]额轭握把~呃骗		呼~患
		t	[22]缠弹~琴坛谈痰谭潭檀罎[31]淡[53]旦但诞弹子~蛋
x	[45]哈~气[22]侯喉猴鞋[31]厚[213]齁曳~:气喘[53]后又xai53後候械又kaʔ213[24]吓~人核~心|~武器:审~,~对	tʰ	[45]贪摊滩瘫[33]坦毯[213]叹炭探[53]弹用手指~
ø	[45]鸦又ɔ45[22]阿~亮[33]矮[213]沤怄	n	[45]喃[22]男南难~易[53]难灾~
		l	[45]丹担~任单~独耽篮菜[22]兰拦栏蓝篮~球[33]胆疸榄□舔[31]览揽懒[213]担~子[53]缆烂滥□调皮
ia			
p	[31]怀没有。又paʔ31		
ȵ	[22]黏[33]惹又ia31	ts	[45]籼簪[213]赞
	[24]一~哟(哟):一点儿。又~nie24哟(哟):一点儿。	tsʰ	[45]参~加餐[22]残蚕惭[33]惨[213]灿瓒[53]暂錾
ø	[22]爷[31]惹又nia33椰~树也野[53]夜	s	[45]三[33]伞[213]散解~
ua		tʃ	[45]姜董张章樟[33]盏展长生~涨~价掌斩[213]佔战仗打~帐账障湛
tʃ	[33]□~筋:精瘦[31]抓		
ʃ	[33]耍[24]刷印~。又tʃʰɔ24□抽打	tʃʰ	[45]昌又tʃɔ45窗掺[22]禅蝉尝又ʃæ22常偿又ʃæ22场[33]产铲厂[213]倡唱[53]站车~丈~人佬:岳父杖
k	[45]瓜[33]寡[213]卦挂褂[24]割刮蛤青蛙括		
kʰ	[45]夸跨[33]垮[31]□~米:一把米~子:竹耙|~痒:抓痒[213]会~计块快筷[24]阔开~。又kʰɔ24	ʃ	[45]山伤商[22]尝又tʃʰæ22偿又tʃʰæ22裳[33]闪[31]陕赏上~去[53]上~面尚~项又xɔŋ22
		k	[45]尴~尬奸~诈间中~姦~淫监铜疳[33]赶敢感橄栋柬减简碱[213]幹~部间~开舰鉴
ø	[45]洼蛙~泳娃[33]呕~吐[31]瓦砖~[53]划~浆[24]挖		
		kʰ	[45]悭吝啬[22]刊钳又tʃʰie22[33]坎砍槛[213]看~见[53]□~过去:跨过去|一~:一作,一虎口
æ			
p	[45]班般颁斑搬癍[22]盘[33]扳~手:名词板版[213]半伴又pʰæ213[53]办拌涆烂~泥:烂泥瓣扮	ŋ	[45]啱刚刚,刚好[22]癌岩研碾颜[33]眼~子:窟隆蚁又nʔ31□tʃʰenʔ31~哟:等一会儿藕又au31[31]眼~睛[213]雁[53]岸又æ213
pʰ	[45]番~禺潘攀[213]伴又pʰæ213判盼叛襻		
m	[45]扮~动[22]蛮瞒[31]满[53]馒鳗漫慢	x	[22]还~是函韩寒鹹~鱼闲咸~丰[31]罕喊[213]汉翰人名用字[53]焊憾苋限□用力压
f	[45]番翻~翻欢[22]帆凡矾烦繁含环又uæ22[33]反返缓[31]旱又xæ213[213]贩唤叫动物回来[53]犯饭泛范範汗幻换唤	ø	[45]安庵鞍鹌[213]岸又ŋæ53按案暗晏

44

第一章 语音

iæ

pʰ	[33]□脚瘸
t	[22]长~短[213]□掂;提[53]丈~夫│~量□拿;捡
n	[22]娘 tʃiæ213tʃiæ213~:蜻蜓
l	[45]□得到好处[22]良凉梁粮粱量丈~[33]辆两斤~[31]两~斤[213]涨~大胀膨[53]亮谅量肚~
ts	[45]将~来浆[33]奖桨蒋[213]将~领酱
tsʰ	[45]枪[22]墙祥[33]抢~夺[213]呛□植物根系伸过界[53]匠象~像相~
s	[45]相互~厢湘箱镶[33]想写[213]相~貌泻卸[53]象~气像~章橡~胶树[24]泻
ȵ	[53]酿让
ʃ	[45]乡香[33]享响[213]向又ʃiæ53[53]向又ʃiæ213
∅	[45]央殃鸯秧□用锹挖泥出来[22]扬羊阳杨疡洋[31]仰~起头养痒[53]样

uæ

t	[45]端又luæ45[22]团糰[31]断~绝[53]段缎锻
n	[31]暖
l	[45]端又tuæ45[22]鸾銮圞圆形[33]短[31]卵[53]乱
ts	[45]钻~洞[33]□近~;东西集中成一堆[213]钻~头
s	[45]酸[33]簒鱼筌[213]蒜算
tʃ	[213]篆[53]赚~钱,又tʃuæ53
tʃʰ	[53]赚~钱,又tʃuæ53
ʃ	[45]闩拴栓□猛力投标杆
k	[45]甘~草肝心~柑杆干~燥关观~官棺

冠鸡~竿钓~[33]秆馆管□鱼~:鱼鳍翅~:翅膀[213]观~道贯冠~军惯灌罐

| kʰ | [45]宽~容[33]款 |
| ∅ | [45]弯湾[22]还~东西丸完玩顽环又fæ22[33]豌碗腕[31]挽晚[53]万 |

ɔ

p	[45]巴~掌疤吧~酒,又pa45波玻菠[22]杷爬~墙钯耙琶婆菩[33]把~大~靶射~:打靶[213]霸壩播簸~箕[53]拔又pa53薄厚~[24]八拨钵剥~削驳~船泊勃博脖~头;肩膀
pʰ	[45]雹棵坡山~[213]怕破[24]迫泼朴
m	[45]摸魔孖双~:双生么嚒[22]麻痳模~范摩~托车磨~刀蘑[31]马码蚂~蟥[213]孖~带子;背带[53]骂没~收磨~石茉棉~絮;棉花[24]膜抹末沫莫漠袜
f	[53]佛又fɔ24
t	[45]都~是[22]驼砣[33]舵~尾仔;船舵[53]达夺又tɔ22堕惰跺沓特[24]夺又tɔ53
tʰ	[45]他她它拖[33]妥椭[24]塌塔托託脱
n	[45]捼揉搓[22]挪[53]那诺糯又nɔ24糯[24]纳捼~诺又nɔ53
l	[45]多啰囉~嗦[22]罗萝脶锣箩骡螺[33]打朵耳~倒助词,相当于普通话的动态助词"着"[31]攞~吃;讨吃[213]癞罅缝隙[53]乐快~|音~,又lɔ53络骆[24]搭答~应垃腊蜡辣烙乐快~|音~,又lɔ53洛络骆又lɔ53落捋略
v	[45]莴窝蜂~煤~[213]卧

45

ts	[33]左[24]雀作ェ~	ø	[45]阿~斗凹屙丫~头鸦又a⁴⁵[33]哑[31]哦[24]龌~龊压押鸭恶~人
tsʰ	[45]搓[31]坐[213]挫措锉错~误[53]杂凿~子座~一~山[24]擦昨撮		
s	[45]唆教~犯梭蓑[33]所琐锁[213]塑[53]萨菩~絮棉~:棉花[24]撒~种索绳削剥	iɔ	
		ȵ	[22]桡~仔:小桨[24]虐又iɔ²⁴弱
tʃ	[45]朝~气娇渣楂招又tʃau⁴⁵昭又tʃau召~集[33]缴阻又tsu³³饺~子:馄饨[213]叫用于动物诈炸~弹|爆榨照[53]桌又tʃɔ²⁴脚紮着~落捉桌又tʃɔ⁵³酌灼~半筒子:拔火罐子啄眨	ø	[45]妖腰邀要~求[22]尧姚窑谣摇~下来遥鹞纸~仔:风筝[33]扰[31]舀[213]要重~耀[53]柚约又iɔ²⁴虐又ȵiɔ²⁴若药约又iɔ⁵³跃
tʃʰ	[45]叉钗初[22]茶查搽朝~代嘲潮乔侨桥荞[33]巧[213]权汊岔跷窍翘撬[53]龀~龊轿闸宅着~急浊~铡[24]插察戳泽又tʃa²⁴,又tʃa³³浊又tʃɔ⁵³刷印~,又ʃua²⁴	ie	
		p	[45]边编又pʰie⁴⁵鞭[22]便~宜[33]贬扁匾阿仔~:萤火虫[53]便~方~辨又pie²¹³辩又pie⁵³别区~|分~。又pie²⁴鳖别区~|分~。又pie⁵³[31]辫[213]变辨又pie⁵³辩又pie⁵³□女阴
ʃ	[45]沙~石纱砂痧杉衫烧梳疏蔬嗦[22]韶又ʃau²²[33]少~多~[31]傻[213]少~年邵~绍又ʃau²¹³[53]圾勺硕晓~得:知道~学~校煤水煮肇[24]杀煞朔嗍	pʰ	[45]编又pie⁴⁵偏篇[213]遍片骗[24]撇~捺
		m	[45]咩疑问语气词[22]眠绵棉~花[33]□苦~屎:一种小蝙鱼[31]免勉缅~甸[53]面麵[24]蜜~糖灭蔑篾瘪凹陷;子实不饱满
k	[45]戈又ku⁴⁵歌加枷家~庭傢嘉哥鹆~:乌鸦[33]果裹贾姓假~箇~个:那个嗰结构助词,相当于普通话的结构助词"的"[213]个价驾架嫁假~期[53]角八~□阿仔pie²¹³~:萤火虫[24]鸽葛各郭国挟裌~衣夹~板甲匣角廓侠峡铗火~:火钳	f	[31]□lie³¹~:不修边幅[53]□狐~:狐臭
		t	[22]田甜填[213]姐~妹[53]电垫奠殿谍叠碟蝶
		tʰ	[45]天添掭[31]□~鸟:喜鹊[213]□好动[24]帖服~|请~|字~贴粘~铁
kʰ	[45]科揩蚵[33]颗可[213]课又kʰɔ⁵³[53]课又kʰɔ²¹³[24]霍~乱。又xɔ³³藿~香觉~悟自~壳扩阔开~。又kʰua²⁴廓却确	n	[45]呢疑问语气拈粘□~哟:怎么[22]年鲇燃又ie³³[33]撵撚[31]□提醒语气[53]念验[24]聂蘖又nie²⁴,又ie²⁴
ŋ	[22]俄鹅蛾牙芽蚜衙[31]我[53]饿[24]腭鳄岳	l	[45]癫颠[22]连涟怜帘莲联廉鲢镰[33]典点~火~头~名|一~钟[31]□~fie³¹:不修边幅[213]店楝苦~树~地:人在地上滚,一般指小孩撒泼[53]练炼恋殓链列又lie²⁴烈又lie²⁴[24]跌列又lie⁵³烈又lie⁵³劣猎裂
x	[45]虾[22]合~作何和~气河荷~花[33]伙~计[31]下~贱~等[213]货[53]盒贺鹤活~生~或获祸厦大~侠峡辖霞人名用字下~去夏春~学~习[24]瞎		

46

第一章 语音

ts	[45]尖煎[33]剪姐~夫[213]荐推~溅箭借[24]接节捷截	ø	
tsʰ	[45]歼笺千迁签韆~鞦~籤筥斜[22]前钱潜邪斜[33]践浅且[53]贱妾谢[24]切~开窃	p	[22]崩掉下来陪培赔朋棚又paŋ²²鹏篷 [31]□阿~:叔祖母[213]揹贝背姓后~倍辈 [53]背~书庘躲藏
s	[45]仙先鲜~花。又sø⁴⁵些[33]鲜朝~。又sø³³癣写[213]线泻卸羡[24]泄	pʰ	[45]塳~尘:灰尘;红薯、芋头等很粉[33]捧又pʰø³¹ [213]佩配[24]扑又pʰu²⁴仆~倒:跌倒
tʃ	[45]坚又kie⁴⁵兼又kie⁴⁵毡占~卦[33]茧跧者[213]剑这[24]揭劫杰洁结涩哲折~断 打~摺浙蜇	m	[45]糜木头等霉烂[22]玫枚莓梅脢媒煤霉 曚又mɔŋ⁴⁵[33]懵[53]妹孟又mɔŋ⁵³梦木目 牧慕外又ŋø⁵³□金~婆:蟾蜍
tʃʰ	[22]黎口痰钳又kʰæ⁴⁵[33]□~仔:镯子[53]件□稠[24]彻撤吃	f	[45]丰风枫封疯峰锋蜂灰恢又fui⁴⁵ [22]冯逢蓬缝回一~|~信。又fui²²[33]讽 又fɔŋ⁵³凤奉俸服又fø²², 又fu²⁴汇会开~ 不~绘惠彙慧彗[24]佛又fø⁵³伏又fu²⁴幅福 复又fu²⁴腹又fu²⁴複~杂覆
ȵ	[45]研~究[22]严[31]染[53]热又nie²⁴孼又nie²⁴, 又ȵie²⁴搦拿热又ȵie⁵³业又ȵie²⁴□~令:闪电 一~哟:一点儿。又~ȵia²⁴哟(哦):一点儿。	t	[22]臺戏~同桐铜童筒苘[31]动[213]对又tø²¹³逮又tiˀ⁵³代贷待怠袋栋又tɔŋ⁵³洞用于地名戤~子:柱子;竖起来毒独读队跺又tɔ⁵³□叫人站着不动
ʃ	[45]掀[22]贤弦嫌[33]显险蚬蚌[31]善[213]搧扇骟[53]鳝舌又ʃie²⁴摄~影。又ʃie²⁴县现宪~法献折~本[24]设涉干~协穴~位:风水好的位置摄~影。又ʃie²⁴舌又ʃie⁵³	tʰ	[45]胎通推吞[22]苔青~[33]统捅桶腿[213]太~公态泰痛退蜕蝉~[53]太~过分
k	[45]坚又tʃie⁴⁵艰兼又tʃie⁴⁵[33]俭检嘅用在句末,相当于现代汉语的动态助词"了"。用在定语后,相当于现代汉语的结构助词"的"。[213]见建健键	n	[45]□痒感[22]脓又nɔŋ²²[213]□疲劳;困[53]奈耐内□(农田、木头等)渗水不易干
kʰ	[45]牵谦[22]乾~坤[213]欠歉	l	[45]东冬堆[22]来咙胧聋笼鸡~。又lɔŋ²²礧[33]董懂朵~一花[31]籞木箱[213]带戴掉~头对又tø²¹³兑碓转轮~子[53]□追赶[24]掠
ø	[45]胭烟庵腌~咸菜[22]然燃又nie²²延言炎沿盐阎檐[33]厣田螺盖;痂[掩演[213]厌艳宴谚堰燕~子椰~子[53]叶又ie²⁴页又ie²⁴曳撕扯砚[24]腌~肉业又ȵie²⁴叶又ie⁵³页又ie⁵³孼又nie²⁴, 又ȵie²⁴	v	[45]煨
		ts	[45]尊又tsyn⁴⁵遵又tsyn⁴⁵[33]总~共崽儿子。又tsai³³[213]再粽最又tsu²¹³, 又tsy²¹³
ye		tsʰ	[45]葱聪[22]才材财裁存全泉[33]采又tsʰa⁶⁵彩好~睬[31]在[213]菜蔡窜[53]绝罪
ø	[45]鸳冤渊~手脚麻木的感觉[22]铅元园员袁原圆援缘猿源[33]□慢慢地捅过去[31]阮软又ŋø³¹远[213]怨[53]院[24]阅越粤		

47

s	[45]腮鳃鬆~紧鲜~花。又sie⁴⁵宣[22]旋~涡[33]损鲜朝~。又sie³³选[213]讼宋送诵颂碎[53]戌又sø⁵³旋~毛薛又sø⁵³[24]膝戌又sø⁵³薛又sø⁵³雪
tʃ	[45]专砖[33]转~身
tʃʰ	[45]川穿[22]豺传~送[33]遣[213]串[53]传~记掘
ʃ	[45]喧[22]船玄悬[33]抐推[53]赎又fu⁵³熟[24]虱说小~缩~石：磁铁
k	[45]跟工弓又koŋ⁴⁵公爷爷功又koŋ⁴⁵攻又koŋ⁴⁵宫又koŋ⁴⁵躬又koŋ⁴⁵捐鹃[22]公叔祖父[33]卷试~捲~起[213]盖~仔：盖子劵[24]榖菊又ky²⁴
kʰ	[45]开空~军圈[22]权拳□刺：动词[33]犬[31]□盖[213]空~缺~有~劝[53]菌~仔：食用菌~上毛白~：醒□个~两个：个把两个[24]决诀哭缺
ŋ	[33]戆笨，傻[31]软又ye³¹蔫[53]外又mø⁵³愿月又ŋø²⁴□~声：猪叫声[24]月又ŋø⁵³
x	[45]轰又xeŋ⁴⁵兄[22]痕又xen²²红宏虹洪鸿[33]海[53]恨极想得到[24]穴~位：中医学术语血
Ø	[31]□拥抱；捂[213]薅[24]屋

ai

p	[45]足荜受伤[31]□倒霉[213]□堵：围菜园[53]稗又pa⁵³[24]北逼壁又pi²⁴伯~爷：伯父
pʰ	[53]劈又pʰai²⁴[24]劈又pʰai⁵³匹一~布
m	[45]□~仔：鸡巴（男阴）；鸡鸡（赤子阴）[33]□歪，斜[24]墨默
f	[22]怀淮槐~树□翻找[53]坏
t	[53]直~走□死
tʰ	[24]踢
n	[31]乃奶牛~[213]□船或竹排连在一起或靠岸系稳
l	[45]蕴最小，含轻视义[53]勒肋~棚骨：肋骨。又lai²⁴力历栗□脖子上长出的肿瘤[24]曆肋~棚骨：肋骨。又lai⁵³□鼻公~：鼻子不灵（嗅觉不灵）
ts	[45]灾[33]宰崽薀~：小孩儿。又tsø²⁴载[24]积~血疾又tsʰi²⁴集人名用字辑又tsi²⁴籍又tsʰi²⁴迹绩又tsi²⁴鲫脊又tsi²⁴
tsʰ	[45]猜又tsʰai⁴⁵[53]戚又tsʰai²⁴席主~蓆贼[24]戚又tsʰai⁵³
s	[53]惜又si²⁴[24]塞锡息利~。又si²⁴媳童养~。又si²⁴曾孙
tʃ	[45]斋聊~[213]帜制又tʃi²¹³製[24]侧织隻一~执又tʃi⁵³、又tʃi⁵³直一~职植又tʃi⁵³殖又tʃi⁵³质又tʃi²⁴
tʃʰ	[45]差出~[53]蛰[24]尺~寸赤~牛：黄牛值班
ʃ	[45]唯浪费[31]□殴打[53]石识又ʃai²⁴食粮~[24]色识又ʃai⁵³
k	[45]该机火~：打火机佳阶皆鸡松~：松球[33]改解~放[213]尬尴~计会~髻偈倾~：聊天[24]击又tʃi²⁴
kʰ	[33]凯楷[213]溉概契~约[53]□极度疲劳[24]级又tʃi²⁴
x	[31]蟹老~壳：螃蟹□在[53]亥害后又xa⁵³眉女阴[24]黑
Ø	[45]哀埃~唉声叹气[213]爱[53]易交~[24]益
j	[33]□烂饭[31]□次等[53]□交合

uai

ʃ	[213]率~领帅
k	[45]乖[33]拐[213]怪
Ø	[53]喂叹词

48

au

p	[45]包胞煲_{电饭}~[22]刨~_{木头}袍□~ʃɔŋ²²:蜘蛛[33]饱宝保堡[31]抱[213]报豹暴爆曝~_光[53]鉋菢~_{鸡仔}:孵小鸡鲍刨~_刀
pʰ	[45]抛脬_尿~:膀胱□_{口水仔}~:围嘴儿[33]跑[213]炮枪瀹淹泡[53]泡~_沫
m	[45]跅蹒[22]毛矛茅锚秞谋[33]□~pi³³tʃi²¹³:麻雀[31]卯某牡亩又mu³¹[213]□_{猪用嘴拱泥(少用)}[53]茂冒贸帽貌
f	[45]□_{油炸}[22]浮[33]否
t	[22]逃又ta²²桃陶萄淘~_金绹_{捆绑}[53]导~_领盗悼道稻
tʰ	[45]涛[33]讨[213]套
n	[31]恼脑[53]闹
l	[45]刀叨㞌[22]捞劳牢痨唠[33]导~_向岛捣倒_打~[31]老佬[213]倒~_水到[53]涝
ts	[45]遭糟邹[33]早枣蚤_狗~:跳蚤澡[213]灶
tsʰ	[45]操嘈[22]曹槽[33]草[213]糙燥躁噪[53]造
s	[45]骚臊[33]嫂[213]扫
tʃ	[45]昭又tʃu⁴⁵招又tʃu²²[33]找~_{钱(退回多余的钱)}爪又niau³³[213]罩
tʃʰ	[45]抄钞[33]吵炒赵[53]召号兆_{人名用字}□_{小孩特别调皮}
ʃ	[45]稍又ʃiu⁴⁵筲[22]韶又ʃu²²[213]邵又ʃu²¹³绍又ʃu¹³哨潲校~_学效
k	[45]高膏_牙~篙糕交郊胶菱[33]稿饺_水~:饺子狡绞搅[31]搞嘐~_砖—一块砖[213]告觉_睡较~_计教校~_对
kʰ	[45]敲~_{色子}:打色子[33]考拷烤烧~□_{大卵}~:疝气[213]铐靠
ŋ	[22]肴熬~_夜[31]偶_配~又au³¹咬[213]傲
x	[45]膮_{看住}:看上蒿[22]毫豪壕_战~淘~_米[31]好~_坏郝[213]好~_喜耗酵孝[53]号□浩
∅	[45]欧_姓殴鸥区_姓[33]袄拗[31]偶又ŋau³¹藕又ŋæ³³[213]坳奥澳

iau

ȵ	[22]猫[33]爪又tʃau³³□抓挠
∅	[31]绕

iu

p	[45]标彪瀌[22]嫖瓢[33]表錶[31]冇_{没有}[53]□_{猪用嘴拱泥(常用)}
pʰ	[45]漂~_流飘[213]漂~_白票
m	[45]□_{叫猫回来}[22]苗描[31]秒渺[53]妙庙谬
f	[53]□_吹~~:吹口哨
t	[45]刁貂雕[22]条调~_味[53]调~_动着~_冷不~:不用,不必
tʰ	[33]挑~_战㈱~_动䩍交换[213]跳
n	[45]□_{很粘稠}[33]扭纽[53]尿
l	[45]溜□~_{时头明}:早上[22]辽疗聊𣎴~僚嘹鹩~_哥:乌鸦撩燎镣刘留流琉硫馏_蒸~_水榴寮[33]瞭鸟了_{语气词}[31]了~_解柳[213]吊钓调_曲~[53]料廖六[24]绿~_豆竹~_仔:竹子
ts	[45]椒焦蕉[33]酒[213]醮_打~:道士做道场
tsʰ	[45]锹_铁~秋鳅鞦~_韆[22]囚[53]噍就袖
s	[45]肖逍消宵萧硝销箫霄休修[33]小~_说[213]笑秀绣

49

tʃ	[45]纠~纷鸠舟州周洲[33]九久韭[31]灸[213]究~竟救咒宙又tʃiu⁵³[53]皱~纹
tʃʰ	[45]超抽丘姓邱[22]仇~绸酬愁筹求球[33]丑醜[213]臭骤[53]旧舅宙又tʃiu²¹³
ȵ	[213]皱~眉头
ʃ	[45]鞘刀~稍又ʃau⁴⁵收搜[33]手守首朽[213]兽~医[53]寿受授售
k	[45]骄[213]究~研
ŋ	[22]牛
∅	[45]优忧幽[22]柔尤由邮油鱿游[31]友有酉[213]幼颗粒非常细[53]又右幼~儿园 佑祐诱釉

iui

ȵ	[31]蕊
∅	[31]乳又iui³¹,又y³¹

ui

p	[45]杯悲碑
m	[31]每美
f	[45]恢又fø⁴⁵[22]回又fø²²[33]悔
l	[45]□套在牲口嘴上的罩,猪~仔:猪笼;用笼子套牲畜[22]雷擂[31]垒累积~[53]泪类累连~ 鐹铜钱
s	[45]虽
ʃ	[45]衰
k	[45]归龟闺[33]癸又kʰui³³[213]瑰贵又ki²¹³ 桂鳜又ki²¹³
kʰ	[45]规亏盔[22]槐人名用字奎逵葵魁[33]癸又kui³³[213]溃愧
∅	[45]威微[22]茴~香危为作~违围桅唯惟维[31]伟苇纬委萎[53]为~什么伪卫未位味畏胃谓猬慰魏

ən

p	[31]笨
t	[31]炖又ləŋ²¹³炖钝
tsʰ	[31]□ŋən³¹~:啰嗦
ŋ	[31]□~tsʰən³¹:啰嗦

in

p	[45]奔~跑锛宾又peŋ⁴⁵彬滨哈尔~槟~榔[22]盆溢水满出来贫又peŋ²²频[33]本[213]并又peŋ²¹³
pʰ	[33]品[213]喷
m	[45]□~仔:鱼篓儿[22]门们民明人名用字鸣又meŋ²²螟三化~[31]皿~字底抿敏蚊[213]杏水~仔:泉眼[53]闷问
f	[45]分~开芬吩纷昏~暗荤婚[22]坟魂[33]粉[213]奋粪愤混[53]分本~份
t	[22]沉
n	[33]恁思考□~仔:蚊子叮起的泡
l	[45]□~转:团团转[22]棱邻又leŋ²²林临淋磷又leŋ²²鳞伶又leŋ²²菱仑昆~伦又lyn²²轮[213]□扔进水里[53]令又leŋ⁵³
v	[45]温瘟[22]文纹炆闻芜[33]稳
ts	[45]津晶又tseŋ⁴⁵樽[213]进浸
tsʰ	[45]侵亲~人[22]秦[213]亲~家[53]儘尽
s	[45]心芯辛新薪[33]笋榫[213]信讯迅又syn²¹³
tʃ	[45]根~树~巾斤今又kin⁴⁵金筋贞又tʃeŋ⁴⁵针珍真砧臻征又tʃeŋ⁴⁵筝又tʃeŋ⁴⁵荆[33]仅~kyn³³紧锦谨诊枕疹[213]禁又ken²¹³圳阵振震镇
tʃʰ	[45]钦~差[22]臣~功[尘陈城又tʃeŋ²²芹琴勤[31]近远[213]趁[53]揿

第一章 语音

ʃ	[45]参ᴀ森申伸身深欣[22]辰晨神刑形型[33]沈审婶蟫蚯蚓[53]甚又ʃen²¹³盛又ʃen²¹³幸荣肫鸟类的胃		**iaŋ**
		pʰ	[45]□打耳光
k	[45]今又tɕin⁴⁵[53]近ᴀ视	l	[53]靓好；漂亮
kʰ	[45]襟[22]岑禽擒	v	[45]汪姓
ø	[45]因阴荫音姻英ᴀ雄莺婴缨樱鹦应ᴀ该[22]人壬仁仍吟淫寅迎盈银ᴀ行|ᴀ耳[31]忍引隐瘾颖[213]任姓印[53]任ᴀ务	kʰ	[45]僵疆腔[22]强[33]勥勉ᴀ
			uaŋ
		kʰ	[45]匡筐框眶
			eŋ
	yn	p	[45]崩宾又pin⁴⁵冰兵乒[22]贫又pin²²平评坪苹凭屏瓶萍[33]丙秉饼[213]柄并又pin²¹³[53]病
t	[45]敦伦ᴀ		
l	[22]伦又lin²²崙[53]论理ᴀ	pʰ	[213]拚ᴀ命拼聘
ts	[45]尊又tsø⁴⁵遵又tsø⁴⁵[213]俊	m	[22]名明ᴀ白鸣又min²²[33]□萝ᴀ头；萝卜[31]尾[213]□ᴀ口；碗碟的缺口钝[53]命
s	[22]旬巡询循[213]迅又sin²¹³		
tʃ	[33]准準	f	[45]□ᴀ开；掀开[213]擤甩
tʃʰ	[45]春椿[22]纯又tʃyn²²鹑[33]蠢	t	[22]腾藤廷亭庭停[53]澄ᴀ清邓订定锭
ʃ	[45]勋熏薰[22]唇纯又tʃyn²²醇[213]慎[53]顺训		
		tʰ	[45]厅厛=个：别人，人家[33]挺艇[213]听ᴀ见|ᴀ从[24]□石级
k	[45]军均君钧[33]滚仅又tɕin³³[213]棍		
kʰ	[45]坤昆崑[22]裙群[33]捆[213]菌细ᴀ困	n	[45]咛=个：谁，哪个；拿[22]能宁[213]□用针线缝起来
ø	[22]晕云匀耘[31]允[213]闰又yn⁵³润[53]闰又yn²¹³润孕运韵	l	[45]灯登丁叮蚊子咬疔钉铁ᴀ瞪[22]邻又lin²²磷又lin²²伶又lin²²灵铃零龄[33]等戥顶鼎领ᴀ棉衣：一件棉衣[31]冷岭领[213]凳[53]另令又lin⁵³[24]□陡
	aŋ		
p	[45]绷[22]庞彭棚又pø²²膨		
pʰ	[45]乓[213]胖	v	[22]横横向[53]横横樽儿
m	[22]盲[33]莽蟒蜢ᴀ蚱：蚂蚱	ts	[45]曾姓晶又tsin⁴⁵睛精僧唐ᴀ增憎罾[33]井
k	[33]耿[24]□ᴀ酒：斟酒		
ŋ	[24]□用力敲打；鼻公ᴀ：鼻子不通气，发音不清	tsʰ	[45]青清[22]层曾ᴀ经情晴[33]请[53]静赠净
x	[45]亨哼		
		s	[45]星猩腥[33]醒[213]性姓[53]胜

51

tʃ	[45]贞又tʃin45侦争征又tʃin45筝又tʃin45蒸踭正~月徵~求[33]拯整□扌;正在[213]正公~证又tʃen53政症[53]证又tʃen213		[33]仿访纺讽又fø33谎
		t	[22]虫唐堂棠塘糖[31]重~量□捅[53]栋又tø53又tɔŋ53
tʃʰ	[45]称~呼[22]程橙埕[33]□kɛn33~:整齐[31]靖靖=~藕~|哟;等一会儿[213]称~心撑支~瞠睁秤掌椅子~儿[53]撑~口謦舌:打哈欠郑姓□:触电反应的动作或像触电反应的动作	tʰ	[45]汤[213]烫
		n	[45]爊食物糊焦[22]农浓脓又nø22瓤囊□哄小孩[53]禳氇嫩
ʃ	[45]升生声牲笙甥[22]成诚承城乘加减~除[33]省~份[213]甚又ʃin53鉎圣胜负盛又ʃin53擤~鼻pi22~鼻鼻涕[53]渗剩	l	[45]当应~敦人名用字墩草~:蒲团窿[22]郎狼廊榔龙隆笼鸡~。又lɔ22[33]挡党荡~口;漱口垄~断[31]朗拢□用肘或膝撞[213]当~铺|上~扽又tɔŋ31[53]浪论不~弄晾栋又tø53、又tɔŋ53
k	[45]根~本庚耕更~改|打~京经惊梗蚣蜈~:蜈蚣羹[33]梗颈景警□又tʃen33:整齐[213]更~加劲~敌|干~禁又tʃin213竞竟敬境镜	v	[45]翁
		ts	[45]赃宗综棕踪鬃[213]葬纵放~[53]纵~横
kʰ	[45]坑轻倾~偈:聊天[22]□油、血凝结[33]肯恳垦顷[213]哽庆[53]□扔,甩	tsʰ	[45]仓苍~梧舱匆村[22]藏隐~从跟~丛松~树[213]寸[53]藏西~脏五~
ŋ	[53]硬	s	[45]桑丧~婚孙[22]鬆痴呆[213]丧~失
x	[45]兴~起[22]行~为痕又xø22衡[33]很杏[213]兴高~幸~福[53]恨仇~	tʃ	[45]中~间忠终盅钟衷锺妆桩装[33]肿种~子[213]中打~种~树仲又tʃoŋ213众壮
ø	[45]恩英人名用字鹰[22]赢[33]影[213]应答~响[53]映反~		
j	[22]营[53]映~山红	tʃʰ	[45]昌又tʃʰæ45冲充春疮衝~锋[22]床穹琼重~新[33]创~造|~伤□:赘|:罗嗦[31]闯[213]衬仲又tʃʰoŋ213[53]肠揰撞击状仗炮~:鞭炮□~辈:辈份相同
	ɔŋ		
p	[45]邦帮浜□把衣服上的脏物在别的东西上擦干净;~皮:鐾刀布[22]旁□鸭~~:腿肚子[33]绑榜[53]谤诽□~~墙:一堵墙	ʃ	[45]双霜凶~吉兇~恶匈~牙利胸[22]雄熊□pau22~:蜘蛛[33]爽[213]嗅
pʰ	[45]耪四方形的锄头;用这种锄头除草[22]□鸡~~:鸡嗉[53]碰	k	[45]冈井~缸肛纲缸岗弓又kø45功又kø45攻又kø45宫~恭躬又kø45供~养|~应光江[33]港龚巩拱广讲[213]钢杠供上~降下~[53]共~产党供口~
m	[45]矇又mɔ22芒~果[22]芒~种忙氓茫蒙盟朦亡[22]□没有牙齿咀嚼食物[31]网[53]孟又mɔ53妄忘望		
f	[45]方芳荒慌又xɔŋ45[22]坊街~防妨防房	kʰ	[45]康糠扛[22]狂[33]孔恐[31]□人撞着物[213]抗炕烘烤控旷况矿[53]共总~

52

ŋ	[31]昂	x	[53]□打~秋：打喷嚏
x	[45]轰又xoŋ45慌又foŋ45[22]行银~杭航[213]放[53]项又fæ53巷		**eʔ**
		t	[2]的目~。又ti24滴狄又ti24荻敌笛涤嫡
ø	[22]皇黄凰隍蟥蚂~簧王[33]枉[31]往[213]□两畦之间的地沟[53]旺	l	[53]叻聪明；能干
			ɔʔ
	ŋɕi	p	[45]□~芽：种子发芽；亲吻[53]□鱼：鱼鳔
ȵ	[45]□蹲[22]釅酒烟茶等味浓[33]氄~毛	k	[53]□~~：蜗牛
ø	[45]拥庸雍~正壅埋土[22]戎茸荣绒容蓉溶榕熔镕融[33]勇~敢踊[31]永咏泳勇人名用字涌[53]用		**n**
		ø	[22]吴蜈~蚣蛇：蜈蚣银~仔：银子鱼鳙~。又y22[31]五午伍蚁又ŋæ33[213]韧□倔劈[53]认[24]日入
	et		
t	[2]凸		

第四节 两字组连读变调

本节的两字组变调规律指的是一般的两字组变调，名词、形容词重叠式的连读一般不受此规律约束。鸬鹚话8个单字调，除入声乙很少词语之外，其他7个调构成两字组共有49种组合格式。两字组连读只有后字变调，前字不变调。变调规律简单，不管前字是何种调类，后字变调后调值一律为[22]。其规律是：

1. 阴平[45]在阴平[45]、阳平[22]、阳去[53]后面多数情况不变调，少数变为阳平[22]

例如：

阴平[45]+阴平[45]

沙滩ʃɑ45tʰæ45　　　　春天tʃʰyn45tʰie45　　　　秋天tsʰiu45tʰie45　　　　春分tʃʰyn45fin45

秋分tsʰiu45fin45　　　春耕tʃʰyn45keŋ45　　　香瓜ʃiæ45kua45　　　香菇ʃiæ45ku45

鸡冠tʃi45kuæ45　　　风箱fø45siæ45　　　灯心leŋ45sin45　　　穿针tʃʰø45tʃʰin45

医生i45ʃeŋ45　　　丝瓜sɿ45kua45-22　　　冬瓜lø45kua45-22　　　西瓜si45kua45-22

阳平[22]+阴平[45]

臺风tø22fø45　　　晴天tsʰeŋ22tʰie45　　　年初nie22tʃʰɔ45　　　洋葱iæ22tsʰø45

梅花mø22fa45　　　荷花xɔ22fa45　　　螺蛳lɔ22sɿ45　　　床单tʃʰoŋ22læ45

茶杯tʃʰɑ22pui45　　　钱包tsʰie22pau45　　　长工tiæ22kø45　　　厨师tʃʰy22sɿ45

53

镰刀 lie²²lau⁴⁵⁻²²　　　胡椒 fu²²tsiu⁴⁵⁻²²　　　泥鳅 ni²²tsʰiu⁴⁵⁻²²　　　楼梯 la²²tʰi⁴⁵⁻²²

阳去[53]+阴平[45]

顺风 ʃyn⁵³fø⁴⁵　　　夏天 xɔ⁵³tʰie⁴⁵　　　立春 li⁵³tʃʰyn⁴⁵　　　厯书 lai⁵³ʃy⁴⁵
月初 ŋø⁵³tʃʰø⁴⁵　　　夏收 xɔ⁵³ʃiu⁴⁵　　　树枝 ʃy⁵³tʃi⁴⁵　　　木瓜 mø⁵³kua⁴⁵
路边 lu⁵³pie⁴⁵　　　右边 iu⁵³pie⁴⁵　　　藏青 tsʰɔŋ⁵³tsʰeŋ⁴⁵　　　第三 ti⁵³sæ⁴⁵
石灰 ʃai⁵³fø⁴⁵⁻²²　　　地方 ti⁵³fɔŋ⁴⁵⁻²²　　　荔枝 li⁵³tʃi⁴⁵⁻²²　　　学生 ʃɔ⁵³ʃeŋ⁴⁵⁻²²

2. 阴去[213]在阴平[45]、阳平[22]、阴上[33]、阳去[53]后面多数情况不变调，少数情况变读为阳平[22]

例如：

阴平[45]+阴去[213]

霜降 ʃɔŋ⁴⁵kɔŋ²¹³　　　冬至 lø⁴⁵tʃi²¹³　　　香信 ʃiæ⁴⁵sin²¹³　　　家具 kɔ⁴⁵ky²¹³
灯罩 leŋ⁴⁵tʃau²¹³　　　诬告 u⁴⁵kau²¹³　　　捐税 kø⁴⁵ʃy²¹³　　　交际 kau⁴⁵tsi²¹³
开价 kʰø⁴⁵kɔ²¹³　　　收账 ʃiu⁴⁵tʃæ²¹³　　　收据 ʃiu⁴⁵ky²¹³　　　相信 siæ⁴⁵sin²¹³
生气 ʃeŋ⁴⁵tʃʰi²¹³　　　三个 sæ⁴⁵kɔ²¹³　　　菠菜 pɔ⁴⁵tsʰø²¹³⁻²²　　　师傅 sʅ⁴⁵fu²¹³⁻²²

阳平[22]+阴去[213]

城市 ʃeŋ²²ʃi²¹³　　　油菜 iu²²tsʰø²¹³　　　门背 min²²pø²¹³　　　门扇 min²²ʃie²¹³
堂姐 tɔŋ²²tie²¹³　　　原告 ye²²kau²¹³　　　人证 in²²tʃeŋ²¹³　　　传票 tʃʰø²²pʰiu²¹³
回拜 fø²²pa²¹³　　　粮店 liæ²²lie²¹³　　　煤铺 mø²²pʰu²¹³　　　还价 uæ²²kɔ²¹³
捶背 ty²²pø²¹³　　　嫌弃 ʃie²²tʃʰi²¹³　　　芹菜 tʃʰin²²tsʰø²¹³⁻²²　　　寒假 xæ²²kɔ²¹³⁻²²

阴上[33]+阴去[213]

炒菜 tʃʰau³³tsʰø²¹³　　　煮菜 tʃy³³tsʰø²¹³　　　审案 ʃin³³æ²¹³　　　伙计 fu³³tʃi²¹³
手铐 ʃiu³³kʰau²¹³　　　广告 kɔŋ³³kau²¹³　　　请假 tsʰeŋ³³kɔ²¹³　　　考试 kʰau³³ʃi²¹³
讨厌 tʰau³³ie²¹³　　　反正 fæ³³tʃeŋ²¹³　　　寡妇 kua³³fu²¹³　　　小贩 siu³³fæ²¹³
手臂 ʃiu³³pi²¹³　　　手背 ʃiu³³pø²¹³　　　口臭 kʰɔ³³tʃʰiu²¹³　　　韭菜 tʃiu³³tsʰø²¹³⁻²²

阳去[53]+阴去[213]

夏至 xɔ⁵³tʃi²¹³　　　月半 ŋø⁵³pæ²¹³　　　被告 pi⁵³kau²¹³　　　物证 u⁵³tʃeŋ²¹³
地契 ti⁵³kʰai²¹³　　　饭店 fæ⁵³lie²¹³　　　路费 lu⁵³fi²¹³　　　烂账 læ⁵³tʃæ²¹³
学校 ʃɔ⁵³ʃau²¹³　　　学费 ʃɔ⁵³fi²¹³　　　大戏 ta⁵³ʃi²¹³　　　遇见 y⁵³kie²¹³
害怕 xai⁵³pʰɔ²¹³　　　妒忌 tu⁵³tʃi²¹³　　　第四 ti⁵³sʅ²¹³　　　白菜 pa⁵³tsʰø²¹³⁻²²

3. 入声甲 [24] 在阳平 [22]、阴上 [33]、入声甲 [24] 后面多数情况不变调，数词"一"在入声甲的量词前变为阳平 [22]

例如：

阳平 [22]+ 入声甲 [24]

荷叶 xɔ²²ie²⁴	毛笔 mau²²pi²⁴	磨墨 mɔ²²mai²⁴	男客 næ²²kʰa²⁴
牛轭 ŋiu²²ŋa²⁴	陪客 pø²²kʰa²⁴	前日 tsʰie²²n.²⁴	荞麦 tʃʰɔ²²ma²⁴
停业 teŋ²²n.ie²⁴	成日 ʃeŋ²²n.²⁴	茶托 tʃʰɔ²²tʰɔ²⁴	合叶 xɔ²²ie²⁴
喉结 xa²²ʃie²⁴	长袜 tiæ²²mɔ²⁴	零吃 leŋ²²tʃʰie²⁴ 零食	排骨 pa²²ku²⁴

阴上 [33]+ 入声甲 [24]

影壁 eŋ³³pai²⁴	卷尺 kø³³tʃʰai²⁴	警察 keŋ³³tʃʰɔ²⁴	请客 tsʰeŋ³³kʰa²⁴
请帖 tsʰeŋ³³tʰie²⁴	粉笔 fin³³pi²⁴	倒立 lau³³li²⁴	选择 sø³³tʃa²⁴
保释 pau³³ʃi²⁴	短袜 luæ³³mɔ²⁴	海蜇 xø³³tsie²⁴	纸紮 tʃi³³tʃɔ²⁴
钮扣 n.iu³³kʰa²⁴	体育 tʰi³³ju²⁴	彩笔 tsʰø³³pi²⁴	小雪 siu³³sø²⁴

入声甲 [24]+ 入声甲 [24]

落雪 lɔ²⁴sø²⁴	节日 tsie²⁴n.²⁴	屋脊 ø²⁴tsai²⁴	曲尺 kʰy²⁴tʃʰai²⁴
墨汁 mai²⁴tʃi²⁴	毕业 pi²⁴n.ie²⁴	着急 tʃɔ²⁴tʃi²⁴	缺德 kʰø²⁴la²⁴
吃药 tʃʰie²⁴iɔ²⁴	烙铁 lɔ²⁴tʰie²⁴	出血 tʃʰy²⁴xø²⁴	末伏 mɔ²⁴fu²⁴⁻²²
一服 i²⁴⁻²²fu²⁴	一笔 i²⁴⁻²²pi²⁴	一桌 i²⁴⁻²²tʃɔ²⁴	一百 i²⁴⁻²²pa²⁴

4. 其余两字组合一律不变调；但也可以看做是变调

例如：

阴平 [45]+ 阳平 [22]

山头 ʃæ⁴⁵ta²²	清明 tsʰeŋ⁴⁵meŋ²²	今年 tʃin⁴⁵n.ie²²	中旬 tʃɔŋ⁴⁵tsʰin²²
施肥 sɿ⁴⁵fi²²	菠萝 pɔ⁴⁵lɔ²²	山羊 ʃæ⁴⁵iæ²²	金鱼 tʃin⁴⁵y²²
厢房 siæ⁴⁵fɔŋ²²	窗臺 tʃʰæ⁴⁵tø²²	蒸笼 tʃeŋ⁴⁵lɔŋ²²	钉锤 leŋ⁴⁵ty²²
灯油 leŋ⁴⁵iu²²	灯笼 leŋ⁴⁵lø²²	浆糊 tsiæ⁴⁵fu²²	工人 kø⁴⁵in²²

阴平 [45]+ 阴上 [33]

清水 tsʰeŋ⁴⁵fy³³	鬆土 sø⁴⁵tʰu³³	冬笋 lø⁴⁵sin³³	瓜果 kua⁴⁵kɔ³³
芒果 mɔŋ⁴⁵kɔ³³	砧板 tʃin⁴⁵pæ³³	拖把 tʰɔ⁴⁵pa³³	灯盏 leŋ⁴⁵tʃæ³³
灯草 leŋ⁴⁵tsʰau³³	针嘴 tʃin⁴⁵tsy³³	烧火 ʃɔ⁴⁵fu³³	冤柱 ye⁴⁵ɔŋ³³
亏本 kʰui⁴⁵pin³³	张口 tʃæ⁴⁵kʰa³³	伸手 ʃin⁴⁵ʃiu³³	开水 kʰø⁴⁵fy³³

阴平[45]+阳上[31]

天旱 tʰie⁴⁵fæ³¹　　花蕊 fa⁴⁵ȵiui³¹　　鹦鹉 in⁴⁵u³¹　　虾米 xɔ⁴⁵mi³¹

孙女 sɔŋ⁴⁵ny³¹　　装傻 tʃɔŋ⁴⁵ʃɔ³¹　　鸡眼 tʃi⁴⁵ŋæ³¹　　猜码 tsʰa⁴⁵mɔ³¹

清淡 tsʰeŋ⁴⁵tæ³¹　　轻重 kʰeŋ⁴⁵tɔŋ³¹　　偷马 tʰa⁴⁵mɔ³¹　　天冷 tʰie⁴⁵leŋ³¹

遮雨 tʃa⁴⁵y³¹　　公里 kø⁴⁵ly³¹　　经理 keŋ⁴⁵li³¹　　风雨 fø⁴⁵y³¹

阴平[45]+阳去[53]

正月 tʃeŋ⁴⁵ŋø⁵³　　葱白 tsʰø⁴⁵pa⁵³　　针鼻 tʃin⁴⁵pi⁵³　　交代 kau⁴⁵tø⁵³

招待 tʃɔ⁴⁵tø⁵³　　公道 kø⁴⁵tau⁵³　　公路 kø⁴⁵lu⁵³　　飞象 fi⁴⁵tʃʰiæ⁵³

花旦 fa⁴⁵tæ⁵³　　耕地 keŋ⁴⁵ti⁵³　　迁就 tsʰie⁴⁵tʃʰiu⁵³　　天上 tʰie⁴⁵ʃæ⁵³

山上 ʃæ⁴⁵ʃæ⁵³　　山后 ʃæ⁴⁵xa⁵³　　舒服 ʃy⁴⁵fø⁵³　　初二 tʃʰɔ⁴⁵i⁵³

阴平[45]+入声甲[24]

山脚 ʃæ⁴⁵tʃɔ²⁴　　山谷 ʃæ⁴⁵ku²⁴　　今日 tʃin⁴⁵n²⁴　　墟日 xy⁴⁵n²⁴

桑叶 sɔŋ⁴⁵ie²⁴　　金橘 tʃin⁴⁵tʃy²⁴　　蜂蜜 fø⁴⁵mi²⁴　　厅屋 tʰeŋ⁴⁵ø²⁴

工作 kø⁴⁵tsɔ²⁴　　巴结 pa⁴⁵tʃie²⁴　　开业 kʰø⁴⁵ȵie²⁴　　京剧 keŋ⁴⁵ky²⁴

收拾 ʃiu⁴⁵ʃi²⁴　　西北 si⁴⁵pai²⁴　　初一 tʃʰɔ⁴⁵i²⁴　　初伏 tʃʰɔ⁴⁵fu²⁴⁻²²

阳平[22]+阳平[22]

城门 ʃeŋ²²min²²　　厨房 tʃʰy²²fɔŋ²²　　狐狸 fu²²li²²　　糊涂 fu²²tu²²

鹧鹈 lu²²tsʰŋ²²　　绵羊 mie²²iæ²²　　明年 meŋ²²nie²²　　男人 næ²²in²²

农民 nɔŋ²²min²²　　枇杷 pi²²pɔ²²　　平房 peŋ²²fɔŋ²²　　桐油 tø²²iu²²

围墙 ui²²tsʰiæ²²　　阳台 iæ²²tø²²　　鱼鳞 y²²lin²²　　银河 in²²xɔ²²

阳平[22]+阴上[33]

凉水 liæ²²ʃy³³　　年底 nie²²li³³　　苹果 peŋ²²kɔ³³　　牛牯 ŋiu²²ku³³

猴子 xa²²tsŋ³³　　蚕屎 tsʰæ²²ʃi³³　　楼底 la²²li³³　　楼板 la²²pæ³³

柴草 tʃʰa²²tsʰau³³　　桐子 tø²²tsŋ³³　　盘点 pæ²²lie³³　　银纸 n²²tʃi³³

凉爽 liæ²²ʃɔŋ³³　　洪水 xø²²ʃy³³　　牙齿 ŋɔ²²tʃʰi³³　　黄海 ɔŋ²²xø³³

阳平[22]+阳上[31]

淋雨 lin²²y³¹　　渔网 y²²mɔŋ³¹　　来往 lø²²ɔŋ³¹　　游泳 iu²²iɔŋ³¹

银耳 in²²i³¹　　牛马 ŋiu²²mɔ³¹　　词语 tsʰŋ²²y³¹　　防老 fɔŋ²²lau³¹

合拢 xɔ²²lɔŋ³¹　　骑马 kʰi²²mɔ³¹　　人老 in²²lau³¹　　男女 næ²²ny³¹

羊奶 iæ²²nai³¹　　杨柳 iæ²²liu³¹　　传染 tʃʰø²²ȵie³¹　　行动 xeŋ²²tø³¹

阳平 [22]+ 阳去 [53]

寒露 xæ²²lu⁵³	粮食 liæ²²ʃai⁵³	黄豆 ɔŋ²²ta⁵³	松树 tshɔŋ²²ʃy⁵³
杨树 iæ²²ʃy⁵³	蝴蝶 fu²²tie⁵³	楼上 la²²ʃæ⁵³	同学 tø²²ʃɔ⁵³
和尚 xɔ²²ʃæ⁵³	还愿 uæ²²ŋø⁵³	民事 min²²sŋ⁵³	连累 lie²²lui⁵³
行贿 xeŋ²²fø⁵³	逃学 tau²²ʃɔ⁵³	墙上 tshiæ²²ʃæ⁵³	难受 næ²²ʃiu⁵³

阴上 [33]+ 阴平 [45]

水坑 ʃy³³kheŋ⁴⁵	水车 ʃy³³tʃha⁴⁵	酒杯 tsiu³³pui⁴⁵	短工 luæ³³kø⁴⁵
管家 kuæ³³kɔ⁴⁵	表兄 piu³³xeŋ⁴⁵	煮汤 tʃy³³thɔŋ⁴⁵	酒窝 tsiu³³vɔ⁴⁵
点灯 lie³³leŋ⁴⁵	赶墟 kæ³³xy⁴⁵	火车 fu³³tʃha⁴⁵	主张 tʃy³³tʃæ⁴⁵
喜欢 ʃi³³fæ⁴⁵	几多 tʃi³³lɔ⁴⁵	顶风 leŋ³³fø⁴⁵	水缸 ʃy³³kɔŋ⁴⁵⁻²²

阴上 [33]+ 阳平 [22]

锁匙 sɔ³³ʃi²²	水塘 ʃy³³tɔŋ²²	韭黄 tʃiu³³ɔŋ²²	水牛 ʃy³³ŋiu²²
枕头 tʃin³³ta²²	火盆 fu³³pin²²	火柴 fu³³tʃha²²	水壶 ʃy³³fu²²
酒壶 tsiu³³fu²²	砍头 khæ³³ta²²	本钱 pin³³tshie²²	讲壹 kɔŋ³³tø²²
演员 ie³³ye²²	点头 lie³³ta²²	浅黄 tshie³³ɔŋ²²	水田 ʃy³³tie²²

阴上 [33]+ 阴上 [33]

水桶 ʃy³³thø³³	水果 ʃy³³kɔ³³	土狗 thu³³ka³³	手纸 ʃiu³³tʃi³³
土匪 thu³³fi³³	洗手 si³³ʃiu³³	洗澡 si³³tsau³³	取保 tshy³³pau³³
保本 pau³³pin³³	起草 tʃhi³³tshau³³	草稿 tshau³³kau³³	举手 ky³³ʃiu³³
摆手 pa³³ʃiu³³	顶嘴 leŋ³³tsy³³	狗蚤 ka³³tsau³³⁻²²	考场 khau³³tʃhæ³³⁻²²

阴上 [33]+ 阳上 [31]

小米 siu³³mi³¹	早米 tsau³³mi³¹	洗米 si³³mi³¹	小满 siu³³mæ³¹
狗耳 ka³³i³¹	古老 ku³³lau³¹	表裹 piu³³li³¹	保暖 pau³³nuæ³¹
海马 xø³³mɔ³¹	早晚 tsau³³uæ³¹	手软 ʃiu³³ye³¹	宝马 pau³³mɔ³¹
手痒 ʃiu³³iæ³¹	喜雨 ʃi³³y³¹	走远 tsa³³ye³¹	哑语 ɔ³³y³¹

阴上 [33] + 阳去 [53]

早糙 tsau³³tshau⁵³	豌豆 uæ³³ta⁵³	砍树 khæ³³ʃy⁵³	草席 tshau³³tshai⁵³
拐杖 kuai³³tʃhæ⁵³	许愿 xy³³ŋø⁵³	煮饭 tʃy³³fæ⁵³	酒席 tsiu³³tshai⁵³
讲话 kɔŋ³³fa⁵³	走路 tsa³³lu⁵³	口供 kha³³kɔŋ⁵³	写字 sie³³sŋ⁵³
体育 thi³³y⁵³	感谢 kæ³³tshie⁵³	以上 i³³⁻⁴⁵ʃæ⁵³	以后 i³³⁻⁴⁵xa⁵³

57

阳上[31] + 阴平[45]

晚秋 uæ³¹tsʰiu⁴⁵	野鸡 ia³¹tʃi⁴⁵	舀汤 iɔ³¹tʰɔŋ⁴⁵	满分 mæ³¹fin⁴⁵
武生 u³¹ʃeŋ⁴⁵	老三 lau³¹sæ⁴⁵	五官 n³¹kuæ⁴⁵	眼眶 ŋæ³¹kʰɔŋ⁴⁵
雨衣 y³¹i⁴⁵	晚餐 uæ³¹tsʰæ⁴⁵	米汤 mi³¹tʰɔŋ⁴⁵	老生 lau³¹ʃeŋ⁴⁵
野花 ia³¹fa⁴⁵	冷天 leŋ³¹tæ⁴⁵	是非 ʃi³¹fi⁴⁵	眼睛 ŋæ³¹tseŋ⁴⁵⁻²²

阳上[31] + 阳平[22]

蚂蟥 mɔ³¹ɔŋ²²	马栏 mɔ³¹læ²²	女人 ny³¹in²²	坐堂 tsʰɔ³¹tɔŋ²²
坐牢 tsʰɔ³¹lau²²	下棋 xɔ³¹tʃʰi²²	眼红 ŋæ³¹xø²²	里头 ly³¹ta²²
五十 n³¹ʃi²²	米虫 mi³¹tɔŋ²²	不平 pu³¹peŋ²²	下来 xɔ³¹lɔ²²
眼皮 ŋæ³¹pi²²	耳聋 i³¹lø²²	米糊 mi³¹fu²²	老人 lau³¹in²²

阳上[31] + 阴上[33]

暖水 nuæ³¹ʃy³³	雨水 y³¹ʃy³³	下种 xɔ³¹tʃɔŋ³³	老虎 lau³¹fu³³
老板 lau³¹pæ³³	荞崽 iæ³¹tsø³³	辫仔 pie³¹ti³³	努嘴 nu³¹tsy³³
动手 tø³¹ʃiu³³	耳朵 i³¹lɔ³³	不懂 pu³¹lø³³	不管 pu³¹kuæ³³
上火 ʃæ³¹fu³³	老九 lau³¹tʃiu³³	米粉 mi³¹fin³³	重点 tɔŋ³¹lie³³

阳上[31] + 阳上[31]

老五 lau³¹n³¹	不是 pu³¹tʃʰi³¹	不在 pu³¹tsʰø³¹	两亩 liæ³¹mau³¹
不笨 pu³¹pən³¹	两耳 liæ³¹i³¹	马尾 mɔ³¹meŋ³¹	有雨 iu³¹y³¹
远近 ye³¹tʃʰin³¹	买米 ma³¹mi³¹	动武 tø³¹u³¹	我有 ŋɔ³¹iu³¹
好近 xau³¹tʃʰin³¹	美好 mui³¹xau³¹	永远 iɔŋ³¹ye³¹	美女 mui³¹ny³¹

阳上[31] + 阴去[213]

不要 pu³¹iɔ²¹³	瓦碎 ua³¹sø²¹³	晚辈 uæ³¹pø²¹³	女婿 ny³¹si²¹³
上诉 ʃæ³¹su²¹³	上菜 ʃæ³¹tsʰø²¹³	眼看 ŋæ³¹kʰæ²¹³	老四 lau³¹sŋ²¹³
五个 n³¹kɔ²¹³	上去 ʃæ³¹kʰi²¹³	马褂 mɔ³¹kua²¹³	眼镜 ŋæ³¹keŋ²¹³
两担 liæ³¹læ²¹³	野菜 ia³¹tsʰø²¹³	好意 xau³¹i²¹³	买菜 ma³¹tsʰø²¹³

阳上[31] + 阳去[53]

旱地 fæ³¹ti⁵³	晚糙 uæ³¹tsʰau⁵³	柳树 liu³¹ʃy⁵³	瓦匠 ua³¹tsʰiæ⁵³
舀饭 iɔ³¹fæ⁵³	下地 xɔ³¹ti⁵³	不服 pu³¹fø⁵³	上任 ʃæ³¹in⁵³
礼物 li³¹u⁵³	旅社 ly³¹ʃa⁵³	上课 ʃæ³¹kʰɔ⁵³	下课 xɔ³¹kʰɔ⁵³
老旦 lau³¹tæ⁵³	五号 n³¹xau⁵³	老大 lau³¹ta⁵³	老六 lau³¹liu⁵³

阳上 [31] + 入声甲 [24]

上卒 ʃæ³¹tsy²⁴　　每月 mui³¹ŋø²⁴　　五穀 n³¹kø²⁴　　野鸭 ia³¹ɔ²⁴

女客 ny³¹kʰa²⁴　　老八 lau³¹pɔ²⁴　　藕色 au³¹ʃai²⁴　　每日 mui³¹n²⁴

满月 mæ³¹ŋø²⁴　　不得 pu³¹la²⁴　　抓药 tʃua³¹iɔ²⁴　　买药 ma³¹iɔ²⁴

上药 ʃæ³¹iɔ²⁴　　坐月 tsʰɔ³¹ŋø²⁴　　养鸭 iæ³¹ɔ²⁴　　在屋 tsʰø³¹ø²⁴

阴去 [213] + 阴平 [45]

桂花 kui²¹³fa⁴⁵　　菜刀 tsʰø²¹³lau⁴⁵　　气灯 tʃʰi²¹³leŋ⁴⁵　　探监 tʰæ²¹³kæ⁴⁵

干杯 kæ²¹³pui⁴⁵　　汽车 tʃʰi²¹³tʃʰa⁴⁵　　跳高 tʰiu²¹³kau⁴⁵　　撑腰 tʃʰeŋ²¹³iɔ⁴⁵

放心 xɔŋ²¹³sin⁴⁵　　嫁妆 kɔ²¹³tʃɔŋ⁴⁵　　唱歌 tʃʰæ²¹³kɔ⁴⁵　　雇工 ku²¹³kø⁴⁵

簸箕 pɔ²¹³tʃi⁴⁵⁻²²　　鹧鸪 tʃa²¹³ku⁴⁵⁻²²　　粪坑 fin²¹³kʰeŋ⁴⁵⁻²²　　剃刀 tʰi²¹³lau⁴⁵⁻²²

阴去 [213] + 阳平 [22]

汽油 tʃʰi²¹³iu²²　　拜年 pa²¹³nie²²　　粪肥 fin²¹³fi²²　　化肥 fa²¹³fi²²

蒜头 suæ²¹³ta²²　　臭虫 tʃʰiu²¹³tɔŋ²²　　正门 tʃeŋ²¹³min²²　　跳神 tʰiu²¹³ʃin²²

退堂 tʰø²¹³tɔŋ²²　　过堂 ku²¹³tɔŋ²²　　证人 tʃeŋ²¹³in²²　　看人 kʰæ²¹³in²² 去看望人

剃头 tʰi²¹³ta²²　　账房 tʃæ²¹³fɔŋ²²　　算盘 suæ²¹³pæ²²　　戏臺 ʃi²¹³tø²²

阴去 [213] + 阴上 [33]

灌水 kuæ²¹³ʃy³³　　燕子 ie²¹³tsɿ³³　　炕火 kʰɔŋ²¹³fu³³ 烤火　　案卷 æ²¹³kø³³

拜访 pa²¹³fɔŋ³³　　劝酒 kʰø²¹³tsiu³³　　跳板 tʰiu²¹³pæ³³　　课本 kʰɔ²¹³pin³³

镇纸 tʃin²¹³tʃɿ³³　　报考 pau²¹³kʰau³³　　细楷 si²¹³kʰai³³　　要紧 iɔ²¹³tʃin³³

闭嘴 pi²¹³tsy³³　　屁股 pʰi²¹³ku³³　　中暑 tʃɔŋ²¹³ʃy³³　　市长 ʃi²¹³tʃæ³³

阴去 [213] + 阳上 [31]

暴雨 pau²¹³y³¹　　糙米 tsʰau²¹³mi³¹　　送礼 sø²¹³li³¹　　跳远 tʰiu²¹³ye³¹

跳舞 tʰiu²¹³u³¹　　最近 tsø²¹³tʃin³¹　　战友 tʃæ²¹³iu³¹　　变动 pie²¹³tø³¹

贵重 ki²¹³tɔŋ³¹　　送礼 sø²¹³li³¹　　半亩 pæ²¹³mau³¹　　靠近 kʰau²¹³tʃin³¹

细雨 si²¹³y³¹　　带领 lø²¹³leŋ³¹　　变好 pie²¹³xau³¹　　暗语 æ²¹³y³¹

阴去 [213] + 阴去 [213]

税契 ʃy²¹³kʰai²¹³　　布店 pu²¹³lie²¹³　　当铺 lɔŋ²¹³pʰu²¹³　　欠账 kʰie²¹³tʃæ²¹³

要账 iɔ²¹³tʃæ²¹³　　怄气 a²¹³tʃʰi²¹³　　四个 sɿ²¹³kɔ²¹³　　种菜 tʃɔŋ²¹³tsʰø²¹³

唱戏 tʃʰæ²¹³ʃi²¹³　　素菜 su²¹³tsʰø²¹³　　带孝 lø²¹³xau²¹³　　送葬 sø²¹³tsɔŋ²¹³

半个 pæ²¹³kɔ²¹³　　破布 pʰɔ²¹³pu²¹³　　正气 tʃeŋ²¹³tʃʰi²¹³　　放假 xɔŋ²¹³kɔ²¹³⁻²²

59

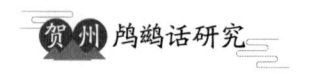

阴去[213] + 阳去[53]

细路 si²¹³lu⁵³ 小路	扫地 sau²¹³ti⁵³	种树 tʃɔŋ²¹³ʃy⁵³	算命 suæ²¹³meŋ⁵³
散步 sæ²¹³pu⁵³	告状 kau²¹³tʃʰɔŋ⁵³	故犯 ku²¹³fæ⁵³	告示 kau²¹³ʃi⁵³
卸任 sie²¹³in⁵³	铺面 pʰu²¹³mie⁵³	放学 xɔŋ²¹³ʃ⁵³	戏院 ʃi²¹³ye⁵³
挂念 kua²¹³nie⁵³	背后 pø²¹³xa⁵³	羡慕 sie²¹³mu⁵³	干部 kæ²¹³pu⁵³

阴去[213] + 入声甲[24]

半日 pæ²¹³n²⁴	顾客 ku²¹³kʰa²⁴	对质 lø²¹³tʃi²⁴	做客 tsɿ²¹³kʰa²⁴
送客 sø²¹³kʰa²⁴	教室 kau²¹³ʃi²⁴	钢笔 kɔŋ²¹³pi²⁴	戏剧 ʃi²¹³ky²⁴
爱惜 ai²¹³si²⁴	去湿 kʰy²¹³ʃi²⁴	做七 tsɿ²¹³tsʰi²⁴	市尺 ʃi²¹³tʃʰai²⁴
教育 kau²¹³ju²⁴	汉族 xæ²¹³tsu²⁴	性急 seŋ²¹³tʃi²⁴	晒穀 ʃa²¹³kø²⁴

阳去[53] + 阳平[22]

石头 ʃai⁵³ta²²	烂泥 læ⁵³ni²²	后年 xai⁵³nie²²	上旬 ʃæ⁵³tsʰin²²
下旬 xɔ⁵³tsʰin²²	磨盘 mɔ⁵³pæ²²	芋头 y⁵³ta²²	树林 ʃy⁵³lin²²
骆驼 lɔ⁵³tɔ²²	后门 xa⁵³min²²	面盆 mie⁵³pin²²	内行 nø⁵³xɔŋ²²
学徒 xɔ⁵³tu²²	拔河 pɔ⁵³xɔ²²	外头 mø⁵³ta²²	大门 ta⁵³min²²

阳去[53] + 阴上[33]

浊水 tʃʰɔ⁵³ʃy³³	热水 ȵie⁵³ʃy³³	大暑 ta⁵³ʃy³³	月底 ŋø⁵³li³³
院子 ye⁵³tsɿ³³	稗子 pa⁵³tsɿ³³	尿桶 niu⁵³tʰø³³	饭桶 fæ⁵³tʰø³³
状纸 tʃʰɔŋ⁵³tʃi³³	逮捕 ti⁵³pʰu³³	罚款 fa⁵³kʰuæ³³	渡口 tu⁵³kʰa³³
大楷 ta⁵³kʰai³³	白子 pa⁵³tsɿ³³	汤水 mi⁵³ʃy³³	受苦 ʃiu⁵³kʰu³³

阳去[53] + 阳上[31]

大雨 ta⁵³y³¹	白米 pa⁵³mi³¹	侄女 tʃʰi⁵³ny³¹	罢免 pa⁵³mie³¹
附近 fu⁵³tʃʰin³¹	第五 ti⁵³n³¹	木耳 mø⁵³i³¹	定礼 teŋ⁵³li³¹
实在 ʃi⁵³tsʰø³¹	妇女 fu⁵³ny³¹	父母 fu⁵³mu³¹	道理 tau⁵³li³¹
代理 tø⁵³li³¹	号码 xau⁵³mɔ³¹	病重 peŋ⁵³tɔŋ³¹	糯米 nɔ⁵³mi³¹⁻²²

阳去[53] + 阳去[53]

大路 ta⁵³lu⁵³	白露 pa⁵³lu⁵³	闰月 yn⁵³ŋø⁵³	石磨 ʃai⁵³mɔ⁵³
木匠 mø⁵³tsʰiæ⁵³	犯罪 fæ⁵³tsʰø⁵³	受贿 ʃiu⁵³fø⁵³	命令 meŋ⁵³leŋ⁵³
字号 sɿ⁵³xau⁵³	义学 i⁵³ʃɔ⁵³	认得 n⁵³la⁵³	料定 liu⁵³teŋ⁵³
路上 lu⁵³ʃæ⁵³	热闹 ȵie⁵³nau⁵³	第二 ti⁵³i⁵³	地上 ti⁵³ʃæ⁵³⁻²²

阳去[53] + 入声甲[24]

大雪 ta⁵³sø²⁴　　　后日 xai⁵³n²⁴　　　白鸽 pa⁵³kɔ²⁴　　　犯法 fæ⁵³fa²⁴

待客 tø⁵³kʰa²⁴　　　利息 li⁵³sai²⁴　　　字帖 sɿ⁵³tʰie²⁴　　　话剧 fa⁵³ky²⁴

跺脚 tø⁵³tʃ²⁴　　　第一 ti⁵³i²⁴　　　大麦 ta⁵³ma²⁴　　　自杀 tsʰɿ⁵³ʃ²⁴

认识 n⁵³ʃai²⁴　　　肋骨 lai⁵³ku²⁴　　　号脉 xau⁵³ma²⁴　　　线袜 sie⁵³mɔ²⁴

入声甲[24]+阴平[45]

落霜 lɔ²⁴ʃɔŋ⁴⁵　　　立秋 li²⁴tsʰiu⁴⁵　　　立冬 li²⁴lø⁴⁵　　　插秧 tʃʰɔ²⁴iæ⁴⁵

辣椒 lɔ²⁴tsiu⁴⁵　　　篾青 mie²⁴tsʰeŋ⁴⁵　　　菊花 kø²⁴fa⁴⁵　　　蜜蜂 mi²⁴fø⁴⁵

吃烟 tʃʰie²⁴ie⁴⁵ 抽烟　　擦身 tsʰɔ²⁴ʃin⁴⁵ 擦澡　　押金 ɔ²⁴tʃin⁴⁵　　　客车 kʰa²⁴tʃʰa⁴⁵

伏天 fø²⁴tʰie⁴⁵　　　竹篙 liu²⁴kau⁴⁵⁻²²　　一包 i²⁴⁻²²pau⁴⁵　　一千 i²⁴⁻²²tsʰie⁴⁵

入声甲[24] + 阳平[22]

积肥 tsi²⁴fi²²　　　篾黄 mie²⁴ŋ²²　　　核桃 xai²⁴tau²²　　　墨鱼 mai²⁴n²²

竹床 liu²⁴tʃʰɔŋ²²　　客人 kʰa²⁴in²²　　　脱鞋 tʰɔ²⁴xa²²　　　吃茶 tʃʰie²⁴tʃʰa²² 喝茶

墨臺 mai²⁴tø²²　　　足球 tsu²⁴tʃʰiu²²　　八十 pɔ²⁴ʃi²²　　　入场 n²⁴tʃʰæ²²

日头 n²⁴ta²² 白天　　入来 n²⁴lø²²　　　一盘 i²⁴⁻²²pæ²²　　一条 i²⁴⁻²²tiu²²

入声甲[24] + 阴上[33]

屋顶 ø²⁴leŋ³³　　　墨斗 mai²⁴la³³　　　吃酒 tʃʰie²⁴tsiu³³ 喝酒　落枕 lɔ²⁴tʃin³³

插嘴 tʃʰɔ²⁴tsy³³　　刮板 kua²⁴pæ³³　　　铁轨 tʰie²⁴ki³³　　　黑板 xai²⁴pæ³³

拍手 pʰa²⁴ʃiu³³　　踢腿 tʰai²⁴tʰø³³　　脚底 tʃɔ²⁴li³³　　　失火 ʃi²⁴fu³³

竹板 liu²⁴pæ³³　　　一顶 i²⁴⁻²²leŋ³³　　一桶 i²⁴⁻²²tʰø³³　　一碗 i²⁴⁻²²uæ³³

入声甲[24] + 阳上[31]

穀雨 kø²⁴y³¹　　　发冷 fa²⁴leŋ³¹　　　落雨 lɔ²⁴y³¹　　　扣眼 kʰa²¹³ŋæ³¹

发动 fa²⁴tø³¹　　　脚痒 tʃɔ²⁴iæ³¹　　　瞎眼 xɔ²⁴ŋæ³¹　　　肉痒 tʃa²⁴iæ³¹

竹马 liu²⁴mɔ³¹　　　八里 pɔ²⁴ly³¹　　　黑眼 xai²⁴ŋæ³³　　　出动 tʃʰy²⁴tø³¹

服软 fu²⁴ye³¹　　　吃奶 tʃʰie²⁴nai³¹　　一下 i²⁴⁻²²xɔ³¹　　一眼 i²⁴⁻²²ŋæ³¹

入声甲[24] + 阴去[213]

穀串 kø²⁴tʃʰø²¹³ 稻穗　抹布 mɔ²⁴pu²¹³　　择菜 tʃa²⁴tsʰø²¹³　　夹菜 kɔ²⁴tsʰø²¹³ 搛菜

纳税 nɔ²⁴fy²¹³　　　执照 tʃai²⁴tʃø²¹³　　答应 lɔ²⁴eŋ²¹³　　　肉舖 tʃa²⁴pʰu²¹³

出账 tʃʰy²⁴tʃæ²¹³　　发票 fa²⁴pʰiu²¹³　　八个 pɔ²⁴kɔ²¹³　　出嫁 tʃʰy²⁴kɔ²¹³

折扣 tʃie²⁴kʰa²¹³　　脚背 tʃɔ²⁴pø²¹³　　药片 iɔ²⁴pʰie²¹³　　一半 i²⁴⁻²²pæ²¹³

61

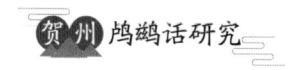

入声甲[24] + 阳去[53]

月份 ŋø²⁴fin⁵³   垃圾 lɔ²⁴ʃɔ⁵³   黑豆 xai²⁴ta⁵³   八角 pɔ²⁴kɔ⁵³
竹蓆 liu²⁴tsʰai⁵³   蜡烛 lɔ²⁴tʃu⁵³   铁匠 tʰie²⁴tsʰiæ⁵³   测字 tʃʰa²⁴sʅ⁵³
吃饭 tʃʰie²⁴fæ⁵³   发梦 fa²⁴mø⁵³ 做梦   入席 n²⁴tsʰai⁵³   铁路 tʰie²⁴lu⁵³
墨盒 mai²⁴xɔ⁵³   屋上 ø²⁴ʃæ⁵³ 家里   一碟 i²⁴⁻²²tie⁵³   一号 i²⁴⁻²²xau⁵³

第五节　鸬鹚话与中古音的比较

一、声母的古今比较

表19　鸬鹚话古今声母比较表

	清		全浊		次浊		清		全浊	
帮组	帮 p		滂 pʰ		並 p		明 m			
非组	非 f		敷 f		奉 f		微 m ø			
端泥组	端 l t		透 tʰ		定 t		泥 n 娘 nȵ		来 l	
精组	精 ts tsʰ s		清 tsʰ		从 ts tsʰ				心 s tsʰ		邪 tsʰ s	
知组	知 tʃ l		彻 tʃʰ		澄 tʃ tʃʰ t							
庄组	庄 tʃ		初 tʃʰ		崇 tʃʰ				生 ʃ			
章组	章 tʃ		昌 tʃʰ		船 ʃ				书 ʃ		禅 ʃ tʃʰ	
日母					日 ø nȵ					
见晓组	见 k kʰ tʃ		溪 kʰ tʃʰ		群 k kʰ tʃ tʃʰ		疑 ŋ ø n nȵ		晓 f ʃ x		匣 f ʃ x ø	
影组	影 ø j v ŋ				云 ø 以 j ø					

（1）帮母读[p]：八叭巴芭疤笆把霸壩百柏又pʰa²⁴摆拜扳班般颁斑搬板版半扮邦帮浜绑榜谤包胞饱宝保堡报豹爆杯卑揹悲碑北贝背辈奔本崩绷逼比笔鄙必毕闭庇荜痹滗碧蔽壁擘臂边编又pʰie²⁴鞭贬扁匾变标彪瀌表錶鳖别宾彬滨槟冰兵丙秉柄饼并拨波钵剥菠播伯驳博簸补不布佈钯。少数读[pʰ]：追柏又pa⁵³、又pa²⁴彼编又pie⁴⁵遍辟谱。读[m]：秘扳~动擘。

（2）滂母读[pʰ]：番~禺怕拍派潘攀判盼胖拋脬泡滼炮配喷批坯劈匹屁僻偏篇片骗漂飘撇拚拼品聘坡泼破魄扑铺仆朴浦普舖襆。少数读[p]：吧玻怖纰嫖。个别读[m]：瘪。

62

（3）並母读[p]：拔罢白败稗瓣办伴又pʰæ²¹³拌涰瓣雹薄抱菢鲍暴备倍被笨鼻币毙弼弊箅避便辨辩辫屏病泊勃步部埠簿杷爬耙琶排牌簰盘庞旁刨袍陪培赔盆澎朋彭棚蓬鹏篷膨皮枇疲琵脾瓢贫频平评坪苹凭屏瓶萍婆菩葡蒲又pʰu²²瀑曝。少数读[pʰ]：伴又pæ²¹³捕叛跑佩蒲又pu²²。

（4）明母读[m]：汨妈麻痲马码蚂骂埋买麦卖脉蛮馒瞒满漫慢芒忙盲氓茫莽蟒毛矛茅锚猫卯茂冒贸帽貌没收玫枚眉莓梅霉媒楣煤霉每美妹门闷蒙盟朦矇猛蜢懵孟梦眯弥迷谜糜米密蜜眠绵棉免勉缅面麵苗描秒渺妙庙灭蔑篾民皿抿敏名明鸣螟命谬模模膜摩磨蘑魔抹末茉沫莫漠墨默谋某母牡亩木目牧沐募睦墓么咩。个别读[ȵ]：猫；读[∅]：戊。

（5）非母读[f]：发法反返贩方坊肪飞非匪废痱分吩粉奋粪风枫封疯讽否夫肤幅福斧府俯腑付复赋傅富腹複。个别读[x]：放。

（6）敷母读[f]：番翻泛芳妨仿访纺妃肺费芬纷丰峰锋蜂麸敷俘抚副覆。个别读[pʰ]：捧。

（7）奉母读[f]：乏伐罚阀筏帆凡矾烦繁犯饭范範防房肥翡分坟份愤冯逢缝凤奉俸佛伏扶芙服浮符腐父负妇驸袱。个别读[pʰ]：辅。

（8）微母部分读[m]：鳗袜亡网妄忘望尾蚊问。部分读[∅]：挽晚万微未味巫诬无武鹉舞勿务物雾。少数读[v]：文纹闻。

（9）端母大部分读[l]：搭答带戴丹担单耽胆疸当挡党刀叨岛捣倒到得德扽又tən³¹灯登等戥凳低抵底骶帝皇~颠癫典点店吊钓丁叮疔顶鼎钉东冬董懂都首~斗門督堵赌肚端短堆对碓墩多朵打。小部分读[t]：旦的目~扽又ləŋ²¹³堤滴嫡帝国主义刁貂雕订栋又ləŋ⁵³都~是锻敦刴妒。

（10）透母读[tʰ]：他它塌塔胎太态泰贪摊滩瘫坦毯叹炭探汤烫讨套剔梯踢体剃惕替天添跳帖贴铁厅听通统捅桶痛偷敨斢透土吐兔推腿退蜕吞托拖託脱妥椭。个别读[t]：贷踩。

（11）定母读[t]：澄达大逮代待怠袋但诞淡弹子~弹琴~蛋导领~盗悼道稻邓狄获敌笛涤地弟递第电垫奠殿谍叠碟蝶定锭动洞戚豆痘毒独读杜肚度渡镀段断缎队炖钝盾夺舵堕惰沓臺坛谈痰谭潭檀罎唐堂棠塘糖逃桃陶萄淘~金绚特腾藤提题蹄田甜填条调~动调~味廷亭庭停同茼桐铜童筒头投图徒途涂屠团糰驼砣疼凸。少数读[tʰ]：弹用手指弹苔涛锑挑挺艇突；读[l]：荡导向~掉头~兑调曲~。个别读[x]：淘~米。

（12）泥母读[n]：那纳捺乃奶奈耐男南难恼脑闹内嫩能尼泥你腻拈年鲇撵撚念娘尿聂宁扭纽农浓脓奴努怒暖挪诺糯女捼囊。个别读[l]：哪鸟；读[ȵ]：酿。

（13）娘母读[ȵ]：黏醾搦。个别读[n]：呢粘。

（14）来母读[l]：垃拉喇腊蜡痢辣来赖濑癞兰拦栏蓝篮览揽缆榄懒烂滥郎狼廊榔朗浪捞劳牢痨老唠烙涝乐勒了雷垒肋泪类累擂镭棱冷厘狸离梨犁璃黎篱礼李里理裹鲤力历厉立丽励利例隶﹨又li⁵³荔栗粒痢曆连怜帘莲联廉鲢镰练炼恋殓楝链良凉梁粮粱两亮谅辆量辽疗聊僚嘹鹩料廖瞭撩燎镣列劣烈猎裂邻林临淋磷鳞伶灵铃菱零龄岭领另令溜刘留流琉硫馏榴柳六龙咙胧聋笼隆窿拢垄楼搂陋漏卢芦庐炉鸬卤虏鲁陆录赂鹿禄路鹭露鸾銮圞卵乱掠仑伦轮崙论理﹨|不﹨。啰罗萝脶锣箩骡螺攞洛络骆落囉驴吕捋旅铝屡褛履律虑率绿滤略弄礌。个别读[t]：隶﹨又li⁵³；读[n]：橹。

（15）精母多读[ts]：曾姓积即挤脊际迹济祭绩鲫尖煎剪溅箭将浆奖桨蒋酱椒焦蕉醮接节姐借津进浸晶睛精井酒俊雀灾宰崽再赞遭糟早枣蚤澡灶则增憎罾姿资滋子姊梓紫总粽走租足卒组祖钻嘴最醉尊遵樽左作做簪赃葬宗综粽踪鬃纵。少数读[tsʰ]：挫奸笺儘娶瀿躁；读[s]：询簪媳。个别读[t]：姐﹨妹。

（16）清母多读[tsʰ]：仓苍舱匆村寸擦猜采彩踩菜蔡参餐惨灿操糙草雌此次刺葱聪凑粗促醋窜崔催脆翠搓措锉错七妻凄戚漆砌千迁签韆籤浅枪抢呛锹切且妾窃笪侵亲青清请秋鳅鞦蛆取趣撮。个别读[ts]：缉；读[kʰ]：趋。

（17）从母多读[tsʰ]：才材财裁残蚕惭曹嘈槽层曾瓷慈磁鹚悴存疾﹨又tsai²⁴籍﹨又tsai²⁴贱践匠噍尽净静就聚﹨又tsy²¹³绝齐脐前钱潜墙秦情晴全泉杂在暂凿造贼赠自族罪坐座昨藏从丛脏。少数读[ts]：疾﹨又tsʰi²¹³集辑籍﹨又tsʰi²¹³剂荐捷截聚﹨又tsʰy⁵³族。个别读[l]：靓；读[s]：字荸。

（18）心母多读[s]：撒萨腮塞鳃赛三伞散骚扫嫂臊胜司丝私思斯死四肆鬆宋送擞嗽苏诉肃素速粟嗦塑酸蒜算虽荽岁碎损笋榫唆梭蓑索琐锁西昔析息悉惜犀锡熄膝洗细仙先鲜线相厢湘箱镶想肖道消宵萧硝销箫霄小笑些写泄泻卸心芯辛新薪信星猩腥醒性姓修宿秀绣戌须需鬚婿宣选癣削薛雪讯迅絮桑丧伈孙。少数读[tsʰ]：赐粹燥噪。个别读[ts]：僧唐~籼米。

（19）邪母部分读[tsʰ]：词祠辞囚似饲随席蓆祥象大~像相~邪斜谢袖徐松~树。部分读[s]：巳寺祀讼诵颂俗遂隧夕习袭象气~像章~橡序叙绪续旋旬巡循。

（20）知母多读[tʃ]：朝气~摘展战张长生~涨帐账罩哲着贞珍砧镇知徵致置中忠衷竹著筑註转桩追桌啄。少数读[l]：涨大~胀竹仔:竹子转圈；读[tʃʰ]：嘲站车~贮；读[t]：着被驻。个别读[n]：猪。[ŋ]韵字读[ts]：知~智。

（21）彻母读[tʃʰ]：拆超彻坼撤趁撑瞠掌耻﹨又tsʰɿ³³抽丑畜椿戳蓄~电池。个别读[tʃ]：侦。[ŋ]韵字读[tsʰ]：耻﹨又tʃʰi³³。

（22）澄母多读[tʃ]：茶搽肠场朝~代潮尘陈程橙池驰持冲绸筹除厨储传送~泽﹨又tʃa²⁴宅丈夫~仗炮~：鞭炮杖召兆赵蛰着急~郑侄值仲重新~宙﹨又tʃiu²¹³赚﹨又tʃuæ⁵⁵浊。少数部分读[t]：

缠沉迟虫锤长_短_丈_量直_走重_量住柱坠槌；读[tʃ]：择泽又tʃa²⁴，又tʃɔ²²仗打_阵直_治痔稚雉仲又tʃɔŋ²¹⁵轴宙又tʃiu⁵³赚又tʃuæ⁵⁵篆湛。个别读[ʃ]：尤肇；读[l]：莉坠头往下坠。

（23）庄母读[tʃ]：侧紮渣楂诈炸榨斋窄债盏找臻争筝皱_纹抓妆庄装壮捉阻又tsu³³斩眨。少数读[ts]：责邹阻又ʃɔ³³。个别读[n]：皱_眉头。

（24）初母读[tʃʰ]：册厕测策叉权插察汉岔差钗铲抄钞吵炒衬初础楚疮窗闯创龊。

（25）崇母读[tʃʰ]：查柴豺愁锄床闸铡寨骤助又tsʰu³⁵状。个别读[ʃ]：煤水煮；读[kʰ]：岑。[ŋ]韵字读[tsʰ]：助又tsʰu⁵³；读[s]：士仕事柿。

（26）生母读[ʃ]：参人_率_领_鞘色森杀沙纱砂痧傻煞筛晒山杉衫稍筲哨潲渗生牲笙甥鉎省虱史使驶_瘦梳疏蔬数刷耍衰帅闩拴栓双霜爽朔馊搜嗍缩。[ŋ]韵字读[s]：师狮驶又ʃ₁蛳所。个别读[tʃ]：涩；读[tʃʰ]：产；读[x]：厦大_。

（27）章母读[tʃ]：毡佔章樟掌障招昭召照遮折摺者浙蔗鹧针真诊枕疹圳振震征蒸拯整正证政症支汁枝肢织脂隻执职止旨址纸指趾至志帜制质痣製誌终盅钟锺肿种众舟州周洲粥咒朱珠诸硃烛主煮注祝蛀铸专砖赘准準酌锥灼。个别读[ʃ]：属肫；读[t]：捶。[ŋ]韵字读[ts]：之芝只。

（28）昌母读[tʃʰ]：昌厂倡唱车汽_称秤尺齿赤充衝撞醜臭出处触川穿串吹炊春蠢揰。

（29）船母读[ʃ]：乘船唇舌蛇射麝神剩实食蚀示赎术述顺。

（30）书母读[ʃ]：搧闪陕扇骗伤商赏烧少奢赊舍捨设骒摄申伸身深沈审婶升声圣胜尸失施_工湿识屎世式势饰试适室释收手守首书叔舒输暑鼠束水税说小_。个别读[n]：怹；读[tʃʰ]：春始。[ŋ]韵字读[s]：诗施_措。

（31）禅母大部分读[ʃ]：尝又tʃʰæ²²偿又tʃʰɔ²²辰晨成诚承城竖纯又ʃyn²²醇瑞善鳝上尚裳勺韶邵绍社涉甚慎盛十石时拾市视逝誓匙寿受授售殊熟署薯树竖睡硕折。部分读[tʃʰ]：禅蝉尝又ʃæ²²常偿又ʃɔ²²臣仇_报酬纯又ʃyn²²是。个别读[tʃ]：植殖。[ŋ]韵字读[s]：氏侍。

（32）日母大部分读[ø]：儿而耳饵二贰然燃又nie²²扰绕惹又nia³³人壬仁忍认任韧仍日戎茸绒柔如儒乳又niui³¹入软又nø⁰闰润若。部分读[n]：染乳又iui³¹又y³¹让桡惹又ia³³热蕊蕊弱。小部分读[j]：辱褥。个别读[ŋ]：软又ye³¹。

例外："燃又ie²²瓤"读[n]，"肉"读[tʃ]。

（33）见母大部分读[k]：车_马炮尬该改盖甘肝柑竿尴杆秆敢感橄干幹冈肛纲钢缸岗港杠高膏篙糕搞稿告戈膈鸽割歌哥革阁格隔嗝葛个各箇根_本跟庚耕耿梗更工弓公功攻宫恭蚣躬龚巩拱贡供勾沟钩狗构购够估孤姑鸪菇辜古谷股骨牯鼓毂固故顾雇瓜刮寡卦挂褂乖拐怪关观官棺馆管贯冠惯灌罐光广归龟轨闺瑰诡鬼贵桂鳜滚郭锅国果裹

65

过蛤讥击又tʃi24 饥机火~：打火机 肌又tʃi45 鸡松~：松果 基又tʃie45 几~乎 已 计会~ 记又tʃi213 纪又tʃi45 季又tʃi213 既又tʃi213 继又tʃi213 寄又tʃi213 髻加佳枷家傢袷嘉夹甲贾假价驾架嫁奸坚又tʃie 间艰姦监兼又tʃi45 栋柬检减 简碱见建锏鉴江讲降交茭郊骄胶角饺水~：饺子 狡绞搅觉睡~ 较教阶皆街解开 |~放 介戒芥 届界堺疥劲京经惊粳颈景警径竟敬境镜究研~ 拘居鞠菊矩举句据锯鹃卷捲军均君钧括 校对~ 苣铗垢疳。小部分读 [kʰ]：溉概哽篦规癸会计~级又tʃi45 僵疆觉自~|~悟 决诀扛矿愧昆 崑襟。还有部分读 [tʃ]：根树~击又kai24 肌又ki45 鸡鸭基又ki45 箕稽激吉级 急棘几多~计伙 ~ 纪又ki33 季又ki45 既又ki33 继又ki213 寄又ki213 坚又kie33 兼又kie45 茧趼剑姜薑娇饺子~ 馄饨脚缴叫揭劫洁结 巾斤今又kin45 金筋紧锦谨禁又ken213 纠鸠究~竟 九久灸韭救俱橘。个别读 [l]：簀；读 [tʃʰ]： 荞；读 [x]：酵。

（34）溪母大部分读 [kʰ]：开揩凯楷刊坎砍看康糠抗炕考拷烤铐靠科颗壳搕可克 刻客课肯垦恳坑空孔恐控抠口扣寇枯哭窟苦库裤酷夸垮跨块快筷宽款匡筐旷框眶亏 盔奎魁坤捆困扩阔廓欺又tʃʰi45 企又tʃʰi55 契牵悭谦欠歉腔敲轻倾顷庆区驱屈曲去圈劝缺却腔 确犬。小部分读 [tʃʰ]：吃欺又kʰi45 岂企又kʰi55 启起气弃汽器遣跷巧窍撬钦揿丘邱。个别读 [k]：杞券；读 [f]：恢；读 [m]：杏；读 [ʃ]：溪；读 [x]：墟。

（35）群母部分读 [kʰ]：共总~ 柜跪菌狂逵葵其又tʃʰi22 奇又tʃʰi22 骑又tʃʰi22 棋又tʃʰi22 麒钳又tʃʰie22 乾 强勥禽擒渠权拳裙群。小部分读 [k]：赶共产党~及又tʃi33 俭健键仅又tʃin33 近竞局巨拒具剧距 惧。还有部分读 [tʃʰ]：件轿近旧舅掘期其又kʰi24 奇又kʰi24 歧骑又kʰi24 棋又kʰi24 旗鳍钳又kʰæ22 乔侨桥 翘茄芹琴勤穷琼求球。还有部分读 [tʃ]：及又ki24 极技~术 忌妓杰仅又kyn33。个别读 [ʃ]：扱。[ŋ] 韵字读 [ts]：技能~。

（36）疑母大部分读 [ŋ]：捱癌岸又æ213 昂熬傲俄鹅蛾额饿腭鳄牛偶又au31 藕又au31 外又mø31 我牙芽衙岩研颜眼雁咬蚁又n31 硬愿月岳。还有读 [Ø]：岸又æ53 倪又ni22 霓虐又nio24 偶又ŋau31 藕又ŋæ33 阮瓦砖~玩顽危桅伪魏吴梧蜈五午伍误悟言谚仰尧业又nie24 仪宜疑蚁又ŋ33 义艺议 谊吟银迎鱼娱渔愚语玉狱遇御寓元原源砚。小部分读 [n]：倪又ji22 逆孽又nie24, 又ie24 验。还 有读 [n̩]：孽又nie24, 又ie24 虐又io24 严研究~业又ie24。个别读 [pʰ]：堽；读 [m]：外又mø33；读 [tʃ]： 这；读 [ʃ]：圾；读 [v]：卧芫。

（37）晓母大部分读 [x]：哈海罕喊汉蒿好郝耗黑亨哼轰慌又foŋ45 伙货虾瞎吓孝兴兄 血𩒹。部分读 [ʃ]：畜吸希牺稀熙嘻嬉喜戏掀显险蚬蚬宪献乡香享响向晓欣馨鼻涕~ 凶 兇匈胸休朽嗅虚嘘许喧勋熏薰训。小部分读 [f]：呼虎浒冔花化欢唤荒慌又xoŋ45 谎灰挥 辉徽悔毁昏荤婚火伙擤扔~。还有读 [kʰ]：霍藿况。个别读 [l]：罅；读 [ŋ]：戆迓。

（38）匣母大部分读 [x]：还是~ 亥害函韩寒焊翰憾行杭航毫豪壕号浩合何和河荷核 盒贺鹤痕恨衡红宏虹洪鸿侯喉猴睺后厚後候活或获祸鹹侠峡辖霞下夏闲咸苋限项又fæ53 巷鞋械又ka213 蟹穴位~：中医学术语 学习~。还有小部分读 [ʃ]：繋系係贤弦嫌县现项又xoŋ53 校效协刑形型幸玄悬穴~位:风水好的位置学~校;读[f]:含汗旱霰乎狐胡壶葫湖蝴糊互户护划华猾滑画话怀淮槐坏环~ua²²缓幻换患回汇会绘惠慧混魂;读[ø]:还~东西禾髇划环~fæ²²皇黄凰隍蝗簧茴丸完蠓;少数读[k]:棍舰挟械~xa⁵³;读[kʰ]:槐槛溃;读[v]:横~向横~樽儿。

（39）影母大部分读[ø]:阿哀埃唉矮爱安庵鞍按案暗凹袄坳奥澳肭恶恩拗汹欧殴鸥呕怄区挖洼蛙~泳娃弯湾豌碗腕汪枉往威委萎畏慰薳醒乌污屋丫压押鸭哑胭烟阉腌厣掩厌晏宴堰燕央殃鸯秧妖腰邀要一衣医依乙椅亿忆益意因阴荫音姻隐瘾印英~雄莺婴缨樱鹦鹰影应映~反拥雍壅优忧幽幼於淤饫郁鸳冤渊怨约鸦恶。小部分读[v]:煨温瘟炆稳翁莴窝;读[ŋ]:挨轭握呃~骗。个别读[j]:映~山红。

（40）云母部分读[ø]:荣王旺为违围伟苇纬卫位胃谓猬炎永咏泳尤邮友有又右佑祐于宇羽雨禹芋域园员袁圆援猿远院越粤晕云耘运韵。个别读[ʃ]:雄熊。

（41）以母字大部分读[ø]:铅容蓉溶榕熔融唯惟维延沿盐阎檐演艳扬羊阳杨疡洋养痒样姚窑谣摇遥舀药耀椰爷也野叶~nie²⁴页曳夜姨移遗已以亦异役译易疫淫寅引盈赢颖庸勇涌踊用由油游酉柚诱釉余馀愉与育~ju²⁴浴预欲喻裕誉豫缘阅跃匀允孕。小部分读[j]:营育~y⁵³。个别读[k]:捐。

从今读来看：

p——帮：八叭巴芭疤笆把霸壩百柏~pʰa²²摆拜扳班般颁斑搬板版半扮邦帮浜绑榜谤包胞饱宝保堡报豹爆杯卑揹悲碑北贝背辈奔本崩绷逼比笔鄙必毕闭庇蓖痹滗碧蔽壁璧臂边编~pie⁴⁵鞭贬扁匾变标彪滮表錶鳖别宾彬滨槟冰兵丙秉柄饼并拨波钵剥菠播伯驳博簸补不布佈钯靶。滂：吧玻怖纰嫖。並：拔罢白败稗瘢办伴~pʰæ²¹³拌涊瓣雹薄抱菢鲍暴备倍被笨鼻币毙弼弊篦避便辨辩辫庳病泊勃步部埠簿杷爬耙琶排牌箪盘庞旁刨袍陪培赔盆溢朋彭棚蓬鹏篷膨皮枇疲琵脾瓢贫频平评坪苹凭屏瓶萍婆菩葡蒲~pʰu²²瀑曝脖伾。

pʰ——帮：迫柏~pa⁵³,~pa²⁴彼编~pie⁴⁵遍辟谱。滂：番~禹怕拍派潘攀判盼胖抛脬泡滫炮配喷批坯劈匹屁僻偏篇片骗漂飘撇拚拼品聘坡泼破魄扑铺仆朴浦普舖襻。並：伴~pæ²¹³捕叛跑佩蒲~pu²²。敷：捧。奉：辅。疑：崷。

m——帮：扳~动擘秘。明：抹妈麻痳马码蚂骂埋买麦卖脉蛮馒瞒满漫慢芒忙盲氓茫莽蟒毛矛茅锚秫卯茂冒贸帽貌没~收玫枚眉莓梅脢媒楣煤霉每美妹门闷蒙盟朦曚猛蜢懵孟梦眯弥迷谜糜米密蜜眠绵棉免勉缅面麵苗描秒渺妙庙灭蔑篾民皿抿敏名明鸣螟命谬摸模膜摩磨蘑魔抹末茉沫莫漠墨默谋某母牡亩木目牧沐募睦墓么咩玛。微：鳗袜亡网妄忘蚊问。精：仔~双生。溪：杏~泉眼。疑：外~nø⁵³。

f——非：发法反返贩方坊肪飞非匪废痱分吩粉奋粪风枫封疯讽否夫肤幅福斧府俯腑付复赋傅富腹複。敷：番~~翻泛芳妨仿访纺妃肺费芬纷丰峰锋蜂麸敷俘抚副奉：乏伐罚阀筏帆凡矾烦繁犯饭范範防房肥翡分坟份愤冯逢缝凤奉俸佛伏扶芙服浮符腐父负妇附驸袱。溪：恢。晓：呼虎浒戽花化欢唤荒慌~xoŋ45谎灰挥辉徽悔毁昏荤婚火伙擤~鼻涕。匣：含汗旱覈乎狐胡壶葫湖蝴糊互户护划华猾滑画话怀淮槐坏环~uæ22缓幻换患回汇会绘惠慧混魂。

t——端：旦的目拯~loŋ211堤滴嫡帝~国主义刁貂雕订栋~loŋ53都~是锻敦剁妒。透：贷跺。定：澄达大逮代待怠袋但诞淡弹蛋导盗悼道稻邓狄获敌笛涤地弟递第电垫奠殿谍叠碟蝶定锭动洞峒豆痘毒独读杜肚度渡镀段断缎队炖钝盾夺舵堕惰沓臺坛谈痰谭潭檀罎唐堂棠塘糖逃桃陶萄淘绹特腾藤提题蹄田甜填条调廷亭庭停同苘桐铜童筒头投图徒途涂屠团糯驼砣疼凸。来：隶~li53。精：姐~妹。知：着被驻。澄：缠沉迟虫锤长~短丈~夫直~重重~量住柱坠槌。章：捶。

tʰ——透：他它塌塔胎太态泰贪摊滩瘫坦毯叹炭探汤烫讨套剔梯踢体剃惕替天添跳帖贴铁厅听通统捅桶痛偷敆氃透土吐兔推腿退蜕吞托拖託脱妥椭。定：弹用手指~苔涛锑挑挺艇突。

n——泥：那纳捺乃奶奈耐男南难恼脑闹内嫩能尼泥你腻拈年鲇撵撚念娘尿聂宁扭纽钮农浓脓奴努怒暖挪诺糯女搂囊。来：橹。娘：呢粘喃。日：燃~ie22瓤。疑：倪~i22逆孽~nie24，~ie24验。知：猪。书：恁。

l——端：搭答带戴丹担单~独耽胆疸当挡党刀叨岛捣倒到得德拯~təŋ31灯登等戥凳低抵底牴帝皇巅癫典点店吊钓丁叮疔顶鼎钉东冬董懂都首斗鬥督堵赌肚猪端短堆对碓墩多朵蚪打抖。定：荡导向掉~跌兑调曲~。泥：哪鸟~雀。来：垃拉喇腊蜡痢辣来赖獭癞兰拦栏蓝篮览揽缆榄懒烂滥郎狼廊榔朗浪捞劳牢痨老唠涝乐勒了~解雷垒肋泪类累擂镭棱冷厘狸离梨犁璃黎篱礼李里理裹鲤力历厉立丽励利例隶~ti53荔栗粒痢曆连怜帘莲联廉鲢镰练炼恋殮楝链良凉梁粮粱两亮谅辆量辽疗聊僚嘹鹩料廖瞭撩燎镣列劣烈猎裂邻林临淋磷鳞伶灵铃菱零龄岭领另令溜刘留流琉硫馏榴柳六龙咙胧聋笼隆窿拢垄楼搂陋漏卢芦庐炉鸬卤房鲁陆录赂鹿禄路鹭露鸾銮圞卵乱掠仑伦轮崙论理~|不~啰罗脶锣箩骡螺攞洛络骆落囉驴吕捋旅铝屡褛履律虑率效~绿滤略弄礌寮裸晾。知：涨~大胀竹~仔竹子转轮子~。澄：莉瞪坠头往下坠。见：簝木箱。晓：罅。

v——微：文纹闻。匣：横~向横樽儿~。疑：卧芜。影：煨温瘟炆稳翁苪窝。

ts——精：曾积即挤脊际迹济祭绩鲫尖煎剪溅箭将浆奖桨蒋酱椒焦蕉醮接节姐~夫借津进浸晶睛精井酒俊雀灾宰崽再赞遭糟早枣蚤澡灶则增憎罾姿资滋子姊梓紫总粽走租足卒组祖钻嘴最醉尊遵樽左作做簪载。清：缉。从：疾~tsʰi24集辑籍~tsʰi24剂荐捷截聚~tsʰy53族。心：僧唐~籼~来。知：知~音智。庄：责邹阳~tʃ53。章：之芝只~有。群：技~能。

第一章　语音

tsʰ——精：挫歼笺儩娶瓒躁。清：仓苍舱匆村寸擦猜采彩睬踩菜蔡参餐惨灿操糙草雌此次刺葱聪凑粗促醋崒崔催脆翠搓措锉错七妻凄戚漆砌千迁签辔筌浅枪抢呛锹切且妾窃筌侵亲青清请秋鳅鞦蛆取趣撮。从：才材财裁残蚕惭曹嘈槽层曾瓷慈磁鹚悴存疾_又tsai²⁴籍_又tsai²⁴贱践匠噍尽净静就聚_又tsy²¹³绝齐脐前钱潜墙秦情晴全泉杂在暂凿造贼赠自族_崇_罪坐座_一_山昨藏_隐_藏_西_从丛脏錾。心：赐粹燥噪。邪：词祠辞囚似饲随席荨祥象_大_像_相_邪斜谢袖徐松_树_。彻：耻又tʃʰi³³。崇：助又tʃu⁵³。

s——精：询簪媳。从：字悴。心：撒萨腮塞鳃赛三伞散骚扫嫂臊胜司丝私思斯死四肆鬆宋送擞嗽苏诉肃素速粟嗦塑酸蒜算虽荽岁碎损笋榫唆梭蓑索琐锁西昔析息悉惜犀锡熄膝洗细仙先鲜线相厢湘箱镶想肖逍消宵萧硝销箫霄小_说_笑些写泄泻卸心芯辛新薪信星猩腥醒性姓修宿秀绣戌须需鬚婿宣选癣削薛雪讯迅絮桑丧偬孙。邪：巳寺祀讼诵颂俗遂隧夕习袭象_气_像_章_橡序叙绪续旋旬巡循。崇：士仕事柿。生：师狮蛳驶又ʃi³³所。书：诗施_措_。禅：氏侍。

tʃ——知：朝_气_摘展战张长_涨_涨帐账罩哲着贞珍砧镇知_识_徵致置中忠衷竹著筑註转桩追桌啄蜇。彻：侦。澄：择泽又tʃʰa²⁴,又tʃʰa²⁴仗阵直_一_治痔稚雉仲轴宙又tʃiu⁵³赚又tʃʰuæ⁵³篆湛。庄：侧紫渣楂诈炸榨斋窄债盏找臻争筝皱_纹_抓妆庄装壮捉阻又tsu³³斩眨。生：涩。章：毡佔章樟掌障招昭召_集_照遮折_断_摺者浙蔗鹧针真诊枕疹圳振震征蒸拯整正证政症支汁枝肢织脂隻执职止旨址纸指趾至志帜制质痣製誌终盅钟锺肿种众舟州周洲粥咒朱珠诸硃烛主煮注祝蛀铸专砖赘准準酌锥灼占隻。禅：植殖。见：根_树_击又kai²⁴肌又ki⁴⁵鸡_鸭_基又ki⁴⁵箕稽激吉级又kʰi⁴⁵急棘几计纪又ki³³季又ki²¹³既又ki²¹³继又ki²¹³寄又ki²¹³坚kie⁴⁵兼又kie⁴⁵茧趼剑姜薑娇饺脚缴叫揭劫洁结巾斤今又kin⁴⁵金筋紧锦谨禁又ken²¹³纠鸠究_竟_九久灸韭救俱橘荆。群：及又ki²¹³极技_术_忌妓杰。疑：这。日：肉。

tʃʰ——知：嘲站_车_贮。彻：拆超彻坼撤趁撑瞠掌耻又tsʰi³³抽丑畜椿戳蓄。澄：茶搽肠场朝_代_潮尘陈程橙池驰持冲绸筹除厨储传泽又tʃa²⁴宅丈仗杖召兆赵蛰着_急_郑侄值仲重宙又tʃiu²¹³赚又tʃʰuæ⁵³浊。初：册厕测策叉权插察汉岔差钗铲抄钞吵炒衬初础楚疮窗闯创龊。崇：查柴豺愁锄床闸铡寨骤助又tʃʰ⁵³状。生：产。昌：昌厂倡唱车_称秤尺齿赤充衝捶醜臭出处触川穿串吹炊春蠢撑。书：春始。禅：禅蝉尝又ʃæ²⁴常偿又ʃæ²⁴臣仇_报_酬纯又ʃyn²²是鹑。见：荞。溪：吃欺又kʰi⁴⁵岂企kʰi³³启起气弃汽器遣跷巧窍撬钦揿丘邱眍。群：件轿近旧舅掘期其又kʰi²⁴奇又kʰi²⁴歧骑棋又kʰi²⁴旗鳍钳又kʰæ²⁴乔侨桥翘茄芹琴勤穷琼求球。

ȵ——明：猫。泥：酿。娘：黏酿搦_拿_。庄：皱_眉头_爪。日：染让桡惹_热羶蕊弱。疑：孽又nie²⁴又ie²⁴虐又io²⁴严研_究_业又ie²⁴。

ʃ——澄：肇尤。崇：煤_水煮_。生：参_人_率_领_鞘色森杀沙纱砂痧傻煞筛晒山杉衫稍

69

箵哨潲渗生牲笙甥鉎省虱史使驶~ʂʅ³³ 瘦梳疏蔬数刷耍衰帅闩拴栓双霜爽朔馊搜嗖缩。章：属朒。船：乘船唇舌蛇射麝神剩实食蚀示赎术述顺。书：搧闪陕扇骟伤商赏烧少~多~少~年 奢赊舍捨设骣摄申伸身深沈审婶升声圣胜尸失施~工 湿识屎世式势饰试适室释收手守首书叔舒输暑鼠束水税说~小~。禅：尝~又 tʂæ²² 偿~又 tʂæ²² 辰晨成诚承城豉纯醇瑞善鳝上尚裳勺韶邵绍社涉甚慎盛十石时拾市视逝誓匙寿受授售殊熟署薯树竖睡硕折~本。溪：溪。群：叹~推。疑：坂。晓：畜吸希牺稀熙嘻嬉喜戏掀显险蚬蚬宪献乡香享响向晓欣撺~鼻涕 凶兄匈胸休朽嗅虚嘘许喧勋熏薰训。匣：繁系係贤弦嫌县现项~又 xɔx⁵³ 校~学 效协刑形型幸玄悬穴~位：风水好的位置 学~校。云：雄熊。

k——见：车~马炮 尬该改盖甘肝柑竿尴杆秆敢感橄干~旱 干冈肛纲钢缸岗港杠高膏篙糕搞稿告戈膈鸽割歌哥革阁格隔嗝葛个各筒根~本 跟庚耕耿梗更工弓公功攻宫恭蚣躬龚巩拱贡供勾沟钩狗构购够估孤姑鸪菇辜古谷股骨牯鼓穀固故顾雇瓜刮寡卦挂褂乖拐怪关观官棺馆管贯冠惯灌罐光广归龟轨闺瑰诡鬼贵桂鳜滚郭锅国果裹过蛤讥击~又 tʂi²⁴ 饥机肌~又 tʂi⁴⁵ 鸡松：松球 基~又 tʂi⁴⁵ 几~茶 己计会~记~又 tʂi¹³ 纪~季~又 tʂi²¹³ 既继寄髻加佳枷家傢袈嘉夹甲贾假价驾架嫁奸坚~又 tʂi⁴⁵ 间艰奸监兼~又 tʂi⁴⁵ 拣柬检减简碱见建铜鉴江讲降交茭郊骄胶角饺~水~饺子 狡绞搅觉~睡 较计 教阶皆街解~开｜放 介戒芥届界堺疥今~又 tʂin⁴⁵ 劲禁~又 tʂin²¹³ 京经惊粳颈景警径竟敬境镜究~研 拘居鞠菊矩举句据锯鹃卷捲军均君钧括校苴铗垢痏校~对 溪：杞券。群：赶共~产党 及~又 tʂi²⁴ 俭健键仅~又 tʂin³³ 近~视 竞局巨拒具剧距惧。匣：棍挟舰械~又 xa⁵³。以：捐。

kʰ——清：趋。崇：岑。见：溉概哽篦揆癸会~计级~又 tʂi⁴⁵ 僵疆觉~悟 决诀扛矿愧昆崑襟。溪：开揩凯楷刊坎砍看康糠抗炕考拷烤铐靠科颗壳搕可克刻客课肯垦恳坑空孔恐控抠口扣寇枯哭窟苦库裤酷夸垮跨块快筷宽款匡筐旷框眍亏盔魁坤捆困扩阔廓欺~又 tʂi⁴⁵ 企~又 tʂi⁴⁵ 契牵悭谦欠歉腔敲轻倾顷庆区驱屈曲去圈劝缺却腔确犬蝌。群：共~总~柜跪菌~食用 狂逵葵其~又 tʂi²² 奇~又 tʂi²² 骑~又 tʂi²² 棋~又 tʂi²² 麒钳~又 tʂie⁴⁵ 乾强雩禽擒渠权拳裙群。晓：霍藿况。匣：槐~人名用字 槛溃。

ŋ——日：软~又 ye³¹。疑：捱癌岸~又 ŋæ²¹³ 昂熬~汤 傲俄鹅蛾额饿腭鳄牛偶~又 au³¹ 藕~又 au³¹ 外~又 mø²⁷ 我牙芽衙岩研~碾 颜眼~睛眼 窟隆 雁咬蚁~又 n³¹ 硬愿月岳。晓：戆蚜。影：挨轭握呃骗。

x——非：放。定：淘~米。生：厦~大~。见：酵。溪：墟。晓：哈~气海罕喊汉蒿好~坏 好~喜 郝耗黑亨哼轰夠慌~又 fəŋ⁴⁵ 伙~食 货虾瞎吓~一跳 孝兴~起 兴~高 兄血。匣：还~是 亥害函韩寒焊翰憾行~银 行~为 杭航毫豪壕号~码 浩合何和河荷核盒贺鹤痕恨衡红宏虹洪鸿侯喉猴瞴后厚後候活或获祸鹹侠峡辖霞下~底 下~去 夏闲咸苋限项~又 ʂ⁵³ 巷鞋械~又 ka²¹³ 蟹穴~位：中医学术语 学~习 杏很。

ø——明：戊。微：挽晚微未味勿物巫诬无武鹉舞务雾万。日：戎绒入惹~又 nia³³ 壬任然燃又nie22软又ŋø31若柔如儒乳又niui31人仁忍韧仍而儿耳二贰饵日茸闻润扰绕认任姓。**疑**：迎岸又ŋæ53偶又ŋau31藕又ŋau33玩桅艺五午伍瓦砖吴梧蜈误悟倪又ni22霓吟阮顽魏谚尧仰虐又nio24业又nie24鱼渔娱愚语遇寓御言元原源银疑危仪宜蚁又ŋɔ33伪义议谊玉狱砚捂。**匣**：禾丸完茴划鬍还~东西~环又fæ22皇黄凰隍蝗簧蟥。**影**：爱阿屙英莺樱鹦影安鞍按案奥袄恩欧鸥殴沤晏腌暗丫哑乌污恶阴音荫婴缨哀埃~及~唉庵威衣依畏慰屋郁益压押鸭矮柱往凹坳隐瘾映幽优忧幼於淤饫因姻印鹰应医萎亿忆委椅意~生~乙澳拗怄区蕹一鸦恶鹌胭烟宴燕妖腰邀要~求~要~重~腌腌~咸菜~腌~肉~厣掩厌央殃鸯秧约堰拥雍壅碗腕弯湾汪挖呕洼蛙~泳~娃豌渊鸳冤怨。**云**：卫违围伟苇纬胃谓猬云耘晕运韵王旺尤邮友有又右佑祐于宇羽雨禹芋为~作~域位为~什么~荣永咏泳炎远员圆院园袁援猿越粤。**以**：颖淫盈赢育又ju24亦役译疫由油游西诱釉余馀愉与喻裕预誉寅引孕移唯惟维姨遗已以异易浴欲匀允豫融曳椰爷也野夜延沿演姚窑谣摇遥舀耀盐阎檐艳扬羊阳杨疡洋养痒样药跃叶又nie24页用柚容蓉溶榕熔庸勇涌踊鹞铅缘阅。

j——**日**：辱褥。**影**：映~山红~。**以**：营育又y53。

二、韵母的古今比较

表20 鸬鹚话古今韵母比较表

声韵	一等			二等			
	帮系	端系	见系	帮系	泥组	知庄组	见系
果开		ɔ a	ɔ				
果合	ɔ	ɔ ø	ɔ u				
假开	a			ɔ a		ɔ a	ɔ
假合						ɔ ua	ua
遇合	u ɔ	u ɔ	u n				
蟹开	i ø	ø	ai ø	a ai	ai	a ai ɔ ø	a ai
蟹合	ø ui	ø	ø ui ua				ua uai
止开							
止合							
效开	au	au a	au	au	au	au ui ɔ au	au
流开	au u	a	a	a			
咸开舒		æ	æ uæ	æ		ɔ æ uæ	æ
咸合舒							

71

续表

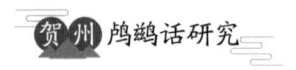

声韵	一等			二等			
	帮系	端系	见系	帮系	泥组	知庄组	见系
深开舒							
山开舒		æ	æ uæ	æ		æ uæ	æ ie
山合舒	æ eŋ	uæ	uæ	æ		uæ	uæ
臻开舒		ø	eŋ in ø				
臻合舒	in ən	ən ue	yn y				
宕开舒	ɔŋ aŋ	ɔŋ	ɔŋ	ɔŋ			
宕合舒			ɔŋ				
江开舒				aŋ ɔŋ	ɔŋ	ɔŋ æ	ɔŋ iaŋ
曾开舒	ø eŋ	eŋ	eŋ				
曾合舒							
梗开舒				aŋ ɔŋ ø	eŋ	eŋ in	eŋ aŋ
梗合舒							ɔŋ
通合舒	ø ɔŋ	ø ɔŋ	ø n ɔŋ				ɔŋ
咸开入		ɔ	ɔ ua			ɔ	ɔ
咸合入							
深开入							
山开入		ɔ	ɔ ua	a ɔ		ɔ	
山合入	ɔ	ɔ	ɔ ua			ɔ ua	ua
臻开入							
臻合入	ɔ	u	u				
宕开入	ɔ	ɔ	a				
宕合入			ɔ				
江开入				ɔ au	ie	ɔ	ɔ au
曾开入	ai	a ɔ	a				
曾合入			ɔ				
梗开入				a ɔ		a ɔ	a
梗合入							
通合入	ø u	ø u	ø u				

续表

		三四等						声韵
帮系	端组	泥组	精组	庄组	知章组	日母	见系	
							a	果开
								果合
a			ie		ie a		ia	假开
								假合
		y u ui	y	ɔ u ŋ	y u	y iui	y i n	遇合
ia ie	i	i	i y		i ai		i ai	蟹开
			y		y		ui i	蟹合
i ui ø	i	i y	ɿ i	ɿ ia ie	ɿ i ai	i	i n æ ai	止开
		ui	y ui	uai ui	y i ui	i ui iui	ui i	止合
iu au iau	iu ø	iu	iu	au	ɔ au iu	i ɔ iau	ɔ ɔ iu	效开
iu au		iu	iu	iu a au	iu	iu	iu	流开
ie	ie	ie	ie		æ	ie	ie æ	咸开舒
								咸合舒
in		in	in	in eŋ	in eŋ	in	in eŋ	深开舒
ie æ ɔ	ie eŋ	ie	ie ø æ	ie æ	ie	ie	ie æ ø	山开舒
		ie	ø		ø uæ	ø ye	ø ye yn in	山合舒
in eŋ ai		in eŋ ai	in	in ɔŋ	in eŋ yn ai	in n	in yn n	臻开舒
		in yn	in yn ø		yn in	yn	yn ø	臻合舒
		iæ	iæ	ɔŋ	æ iæ ɔŋ	iæ ɔŋ	iaŋ æ iæ ø	宕开舒
							uaŋ ɔŋ	宕合舒
								江开舒
eŋ		in			eŋ	in n		曾开舒
								曾合舒
eŋ in ɔŋ ø	eŋ	eŋ in	eŋ in iaŋ		eŋ in		eŋ in	梗开舒
							eŋ ɔŋ	梗合舒
ø		ɔŋ ŋ	ɔŋ ø		ɔŋ	iɔŋ	ɔŋ ø	通合舒
	ie	ie	ie		ie		ie ɔ	咸开入

73

续表

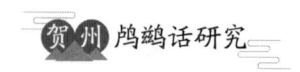

三四等									声韵
帮系	端组	泥组	精组	庄组	知章组	日母	见系	
a								咸合入
		i	i ai	ie	i ai	n	i ai ɔ	深开入
ie ɔ	ie et	ie	ie ø		ie a	ie	ie	山开入
		ie	ø		ø ɔ		ø	山合入
i ie ai		ai	i ai ø	ø	i ai n	n	i	臻开入
u		y	ø		y		y	臻合入
		ø ɔ	ɔ		ɔ	iɔ	ɔ iɔ	宕开入
								宕合入
								江开入
ai		ai	i ai	a ia	i ai		i	曾开入
								曾合入
ie ai	ie ʔ ai	ai	i ai		i ai ɔ		i ai a y	梗开入
								梗合入
ø u		u iu y	u y	ø u	u ø yiu	ua	y ø u	通合入

（1）果开一等大部分读 [ɔ]：阿~斗迫搓多舵屙俄鹅蛾饿歌哥个箇何河荷贺可啰罗锣箩攞那挪他它拖驼我左。小部分读 [a]：阿~哥大~小哪。

果开三等读 [a]：茄。

果合一等大部分读 [ɔ]：波玻菠播簸挫锉朵~耳剁堕惰跺~又 tø53 戈又 ku45 果裹和货祸科颗课脶骡螺囉摩磨~刀磨石魔糯坡婆破唆梭蓑琐锁砣妥椭捼卧坐座莴窝么蝌裸。小部分读 [u]：戈又 kɔ45 锅过禾火伙~计；读 [ø]：朵~花跺~又 tɔ53。

（2）假开二等大部分读 [a]：巴~掌疤把~刀霸壩吧~酒又 pa45 又权茶搭汊岔加枷家~具傢嘉贾假价驾架嫁搭麻嫲马码蚂骂杷爬钯耙琶怕沙纱砂痧厦大虾霞下夏罅丫牙芽蚜衙哑渣楂诈炸榨鸦又 kɔ45。小部分读 [a]：芭笆把~茶喝了吧~酒又 pɔ45 差~别错家自~自己妈吓~跳鸦又 kɔ45 玛阿~父亲。

假开三等一部分读 [a]：巴~结车汽奢赊蛇舍捨社射駛麝遮蔗鹧。一部分读 [ie]：姐借且笡些邪斜写泻卸谢椰~子者。小部分读 [ia]：椰~树爷也野夜惹。

假合二等部分读 [a]：花划华中~化；读 [ua]：瓜寡划夸垮跨洼蛙~泳耍瓦砖~。个别读 [ɔ]：傻。

（3）遇合一等大部分读 [u]：补捕布步佈怖部埠簿粗醋都_首_堵赌杜肚_猪~_肚_腹~_度渡镀恶估孤姑鸪菇辜箍古股牯鼓固故顾雇乎呼狐胡壶葫湖蝴糊鬍虎浒互户护戽枯苦库裤卢芦炉鸬卤虏鲁橹赂路鹭露模募墓奴努怒铺葡蒲浦普谱舖苏诉素图徒途涂屠土吐兔乌污梧误悟租组祖妒捂。小部分读 [ɔ]：措错都_是_萝模_范_蘑菩塑。疑母字读 [n]：吴蜈五午伍。个别读 [ŋ]：做；读 [ø]：埕；读 [y]：嗦_鸡_。

遇合三等大部分读 [y]：车_马炮_除厨储处_理处_所_拘居矩举巨句拒具据距惧锯聚驴_又lu²²_吕旅铝屡虑滤女区驱蛆趋渠取娶去趣如儒乳_又iui³¹_女_又niui³¹_书殊舒输暑署鼠薯树竖_又fu⁵³_须虚墟需嘘鬚徐许序叙绪於淤于余鱼馀娱渔愉愚与宇羽雨禹语芋饫预遇喻御寓裕誉豫朱珠诸硃猪主煮住注驻柱著蛀铸註；读 [u]：锄础楚夫肤麸敷扶芙俘符抚斧府俯辅腑腐父付附赋傅庐驴_又ly²²_竖_又fy⁵³_数_目数~~_巫诬无武鹉舞务雾助_又tsʰu⁵³_贮阻_又tʃ³³_。小部分读 [ɔ]：初梳疏蔬所阻_又tsu³³_絮。个别读 [ŋ]：助_又tʃʰu⁵³_；读 [i]：去_除~_苣；读 [iui]：乳_又y³¹_；读 [n]：鱼_鳜~_|_鲤~_草~_。

（4）蟹开一等大部分读 [ø]：贝_姓_才材财裁采_又tsʰa³³_彩_好~_睬菜蔡逮_又tʃ⁵³_代带贷待怠袋戴盖海开来奈耐腮鳃胎苔臺太态泰崽_又tsai³³_再在。小部分读 [ai]：哀埃_及~_唉爱猜_又tsʰa⁴⁵_该改溉概亥害凯乃灾宰崽_又tsø³³_；读 [a]：猜_又tsʰai⁴⁵_采_又tsʰø³³_彩_色~_又tsʰø³³_踩赖濑赛。个别读 [ɔ]：癞；读 [i]：贝_宝~_。

蟹开二等大部分读 [a]：稗_又pai³³_挨捱矮罢摆败拜柴街介戒芥届界塍解_开~_疥揩埋买卖排牌簰派筛晒鞋械斋债寨呃_骗~_。小部分读 [ai]：稗_又pa⁵³_尬皆楷佳阶奶解_放~_蟹_老~壳_:_螃蟹_差_出~斋聊~_。个别读 [ɔ]：钗查；读 [ø]：豺。

蟹开三等读 [i]：币毙弊艺际祭厉励例世势逝誓制_又tʃai²¹³_。个别读 [ie]：曳；读 [ai]：制_又tʃ²¹³_製。

蟹开四等大部分读 [i]：闭蓖蔽逮_又tø⁵³_低堤抵底牴弟帝递第鸡_鸭~_稽挤计剂济继繋犁黎礼丽隶荔睐迷谜米泥倪霓批妻凄齐启砌梯锑提题蹄体剃替西犀溪洗系细係婿_又sy²¹³_。小部分读 [ai]：鸡_松~：松果_计_会~_髻契。个别读 [y]：婿_又si²¹³_；读 [in]：杏。

蟹合一等大部分读 [ø]：揹背倍辈堆队对兑碓灰恢_又fui⁴⁵_回_又fui²¹³_汇会_开~_绘玫枚莓梅脢媒煤妹内陪培赔佩配碎推腿退蜕外煨最_又tsu²¹³_，_又tsy²¹³_罪礤。小部分读 [ui]：杯瑰回_又fø²²_茴恢_又fø⁴⁵_悔盔魁溃雷擂鐩每桅；读 [y]：崔催最_又tsø²¹³_,_又tsu²¹³_。个别读 [ua]：会_~计_；读 [i]：坏。

蟹合二等部分读 [ai]：怀淮槐_树~_坏；读 [ua]：卦挂褂块快筷；读 [uai]：乖拐怪。个别读 [a]：畫话；读 [ui]：槐_人名用字_。

蟹合三等读 [i]：废肺鱖_又kui²¹³_；读 [y]：脆税岁赘；读 [ui]：卫鳜_又ki²¹³_。

蟹合四等读 [ui]：闺桂奎；读 [ø]：惠慧。

（5）止开三等大部分读[i]：卑备被被鼻比彼鄙痹箅避池驰迟持齿耻~又tsʰi³³敉翅地儿而耳饵二贰讥饥机肌基箕几己记纪忌妓既寄厘狸离梨璃篱李理裹鲤利莉痢眉楣秘尼你腻纰皮枇疲琵脾屁期欺其奇歧骑棋旗鳍麒岂企杞起气弃汽器尸施~T时史使始驶~又sʰi³³屎示市似试视是匙希牺稀熙嘻嬉喜戏衣医依仪宜姨移疑已以椅义议仪异易谊意支枝知~识肢脂止旨址纸指趾至志治致痔痣置稚雉誌。小部分读[ɿ]：词祠瓷辞慈磁雌鹚此次刺~刀赐技师诗狮施措~驶~又ʃi士氏仕事侍柿司丝私思斯蛳死巳四寺祀饲肆之只芝知~音智姿资滋子姊梓紫自字牸；读[ie]：黎昵哖；读[ai]：机火~ ；打火机易交~帜；读[ui]：悲碑美；读[a]：厕怀~又pia³¹；读[y]：里~li³¹履；读[ø]：霉糜。个别读[æ]：蚁~又n³¹；读[ɔ]：孖；读[ia]：怀~又pa³¹；读[n]：蚁~又ŋæ³³。

止合三等部分读[ui]：归龟规癸贵~又ki²¹³亏逵葵愧垒泪类累积~累连~衰虽危威微为行~为~什么违围唯惟维伟伪苇纬委萎未位味畏胃谓猬慰魏；读[i]：飞妃非肥匪翡费痱轨诡鬼柜贵~又kui²¹³跪挥辉徽毁季遗；读[y]：吹炊捶锤悴粹翠瑞水睡荽随遂隧追坠头往下坠~坠下~嘴醉槌锥；读[uai]：帅率~领。个别读[en]：尾；读[iui]：蕊。

（6）效开一等读[au]：熬袄傲奥澳宝保堡报抱菢暴操糙曹嘈槽草刀叨导岛捣倒打~倒~到车盗悼道稻高膏篙糕稿告蒿毫豪壕好~坏好爱~号耗浩考拷烤铐靠捞牢痨老唠涝毛冒帽恼脑袍曝骚扫嫂臊涛逃~又ta²²桃陶萄淘绦讨套遭糟早枣蚤澡灶造燥躁噪。个别读[a]：逃~又tau²²。

效开二等大部分读[au]：坳包胞饱豹鲍爆抄钞吵炒搞交茭郊胶狡绞搅觉较教酵茅锚卯貌闹拗抛脬刨~仔刨~地跑泡漉炮敲稍~又ʃiu⁴⁵筲哨潲孝校学~校对~效肴咬罩。小部分读[ɔ]：凹嘲巧。个别读[iu]：稍~又ʃau⁴⁵鞘；读[iau]：爪；读[ua]：抓。

效开三等部分读[iu]：标瀌表錶超骄椒焦蕉噍醮疗燎苗描秒渺妙庙漂~流漂~亮飘瓢锹肖逍消宵硝销霄小~说笑；读[ɔ]：朝~气朝~代潮娇轿乔侨桥翘烧韶~又ʃau⁴⁵少~多少~年邵~又ʃau²¹³绍~又ʃau⁴⁵招~又tʃau²¹³昭~又tʃau⁴⁵~集照肇荞；读[ci]：桡扰妖腰邀姚窑谣摇遥舀要~求要~重耀鹞；读[au]：镐韶~又ʃ邵~又ʃau²¹³绍~又ʃau²¹³招~又ʃau⁴⁵找~钱(退回多余的钱)召号~兆赵。个别读[iau]：猫绕。

效开四等大部分读[iu]：刁貂雕吊钓了~解辽聊僚嘹鹩料廖瞭撩镣鸟尿嫖挑条调~味调~动调曲跳萧箫寮。小部分读[ɔ]：缴叫跷窍撬晓~得；读[i]：尧；读[ø]：掉~头。

（7）流开一等大部分读[a]：凑斗豆鬭痘勾沟钩狗构购够侯喉猴后厚後候鲎抠口扣寇楼搂陋漏沤怄擞嗽偷头投敨透走蚪垢抖。小部分读[au]：瞀耧茂贸某牡宙~又mu³¹欧殴鸥偶藕~又ŋæ³³区~姓。个别读[iu]：斟；读[æ]：藕~又au³¹；读[ua]：呕~吐。明母字读[u]：母宙~又mau³¹戊。

流开三等大部分读[iu]：彪抽仇~报~绸酬愁筹丑醜臭纠鸠究九久灸韭酒旧救就舅溜刘留流琉硫馏榴柳谬牛扭纽钮丘邱秋鳅鞦囚求球柔收手守首寿受授售搜休修朽秀袖绣优忧幽尤由邮油游友有酉又右幼佑祐诱釉舟州周洲咒宙皱骤。小部分读[au]：否浮矛谋邹；读[a]：馊瘦。非组字读[u]：负妇副~一手套副~业富。个别读[ɔi]：柚；读[ɔŋ]：嗅；读[y]：畜~牧。

（8）咸开一等舒声读[æ]：庵暗参蚕惭惨担~任担~子耽胆淡敢感橄含函喊憾坎砍篮籃览揽缆榄滥男南三贪谈痰谭潭罎毯探暂鹌鹌痦簪。个别读[uæ]：甘柑。

咸开二等舒声读[æ]：癌涊尴监减碱鹹舰鉴槛咸岩湛斩喃；读[ɔ]：衫杉。个别读[uæ]：赚。

咸开三等舒声读[æ]：钳又tʃʰieʔ²²闪陕佔。个别读[ia]：黏。

咸开四等舒声读[ie]：贬尖奸俭检剑帘廉镰殓签钳又kʰæ²²潜籤欠染险阉腌~肉腌~咸菜严炎盐阎檐掩厌艳验粘占点店兼拈鲇念谦歉添甜嫌餍。

咸合三等舒声读[æ]：帆凡犯泛范範。

（9）深开三等舒声大部分读[in]：参~人岑沉今金锦浸禁又ken²¹³林临淋品钦侵琴禽揿擒壬任~务任~姓森深沈审恁婶甚又fen²¹³心芯阴荫音吟淫针砧枕襟。小部分读[eŋ]：禁又tʃin²¹³渗甚又fin²¹³。

（10）山开一等舒声大部分读[æ]：安鞍岸按案般搬瘢半伴拌餐残灿丹单~独疸旦但诞弹~琴弹~子弹用手指弹蛋番幹韩寒罕汉汗旱焊翰欢缓换唤刊看兰拦栏懒烂馒瞒满漫难~困难~灾潘盘判叛伞散摊滩瘫坛檀坦叹炭赞瓒。小部分读[uæ]：肝竿杆秆干。

山开二等舒声读[æ]：扳~手班颁斑板版办伴瓣扮产铲还环又uæ²²幻患奸间~中间~隔姦拣柬简铜蛮慢攀盼悭山闲苋限颜眼~睛眼~窟窿晏雁盏襻。个别读[ie]：艰。

山开三等舒声大部分读[ie]：编鞭变便~宜便~辨辩煎剪件建贱健践溅键箭连联鲢绵棉~花免勉缅面偏篇骗迁韆钱乾浅然燃搧扇善骟鳝仙掀鲜~花又sø⁴⁵鲜~朝又sø³³线宪献癣延言演谚堰毡。小部分读[æ]：扳~动禅缠蝉赶展战站~车籼；读[ø]：遣鲜~花又sie⁴⁵鲜~朝又sie³³。个别读[ɔ]：棉~絮：棉花。

山开四等舒声读[ie]：边扁匾遍辇颠癫典电垫奠殿坚笺茧趼见荐怜莲练炼楝链眠麵年撵撚片千牵前天田填先贤弦显蚬现胭烟研~究宴燕砚。个别读[in]：炫；读[æ]：研~碾。

山合一等舒声部分读[æ]：般搬瘢半伴拌番欢缓换唤馒瞒满漫潘盘判叛；部分读[uæ]：端短段断缎锻观~参观~道官棺馆管贯冠~鸡冠~军灌罐宽款鸾銮圈卵乱暖酸蒜算团糰豌丸完玩碗腕簪钻~洞钻~头。个别读[eŋ]：捵；读[ø]：窜。

山合二等舒声大部分读[uæ]：关惯还~东西环又fæ²²弯湾闩拴栓顽。小部分读[æ]：

77

伴还~是环又uæ²²幻患。

山合三等舒声部分读[ø]：川穿传~送传~记船串捐卷捲圈权全泉拳劝券软又ye³¹宣喧旋~毛旋~转选愿专砖转；部分读[ye]：铅阮软又ŋø³¹鸳冤元园员袁原圆援缘猿源远怨院；部分读[æ]：番翻矾烦繁反返饭贩鳗。小部分读[uæ]：挽晚万篡；读[ie]：恋沿。个别读[in]：芫。

山合四等舒声读[ø]：鹃玄悬犬。个别读[ie]：县；读[ye]：渊。

（11）臻开一等舒声部分读[eŋ]：恩根~本痕又xø²²恨仇~垦恳。部分读[ø]：跟痕恨极想得到吞。个别读[in]：根树~。

臻开三等舒声大部分读[in]：彬槟臣尘辰陈晨趁巾斤津筋仅又kyn³³紧谨儘尽进近远~近~视邻又lɛn²²磷又lɛn²²鳞民抿敏贫又pɛn²²频亲人亲~家芹秦勤人仁忍申伸身神蠕辛欣新薪信讯因姻银~行~耳寅引隐瘾印珍真臻诊疹圳阵振震镇。小部分读[eŋ]：宾pin⁴⁵邻~lin²²磷又lin²²贫又pin²²；读[ai]：栗匹~布质又tʃi²⁴；读[n]：认韧银~仔:银子；读[yn]：仅又tʃin³³慎；个别读[ɔŋ]：衬。

臻合一等舒声部分读[ne]：笨扽~滚⁴²¹³炖钝；读[in]：奔本昏婚混魂门闷喷盆溢温瘟稳樽；读[yn]：敦盾矛滚棍坤昆崑捆困崙论~理尊又tsø⁴⁵；读[ɔŋ]：墩村寸扽又tən³¹存孙论不~嫩；读[ø]：存损尊又tsyn⁴⁵个别读[y]：睏。

臻合三等舒声部分读[in]：分~开分本~芬吩纷坟粉份奋粪愤荤仑伦又lyn²²轮笋榫文纹闻蚊问迅又syn²¹³朒；读[yn]：春椿纯唇醇蠢军均君钧菌细俊伦又lin²²裙群闱润顺勋熏薰旬巡询循训迅又sin²¹³晕云匀耘允运韵准準遵又tsø⁴⁵鹑；读[ø]：遵又tsyn⁴⁵菌食用~。

（12）宕开一等舒声大部分读[ɔŋ]：昂帮榜谤仓苍舱藏当应~当~舖挡党荡冈纲钢缸岗行银~杭航康糠抗炕郎狼廊榔朗浪芒忙茫旁桑丧~事丧~失汤唐堂棠塘糖烫赃脏葬囊。小部分读[aŋ]：莽蟒。

宕开三等舒声大部分读[iæ]：将~来将~领浆奖桨蒋匠酱良凉梁粮粱两~斤两斤亮谅辆量丈~量数~娘酿枪墙抢呛让乡相互~相~貌香厢湘箱镶祥享响想向象大~象气~像~章像相~橡央殃鸯秧扬羊阳杨疡洋仰养痒样长~短涨丈~量胀；读[æ]：昌又tʃəŋ⁴⁵尝常偿厂场倡唱姜薑伤商赏上~去上~面尚裳张章樟长涨掌丈~仗杖帐账障；读[ɔŋ]：昌又tʃəŋ⁴⁵肠疮床闯创瓢霜爽仗~炮妆庄装壮状晾。小部分读[iaŋ]：僵疆强雱。个别读[ø]：扠推。

宕合一等舒声读[ɔŋ]：光广旷荒慌谎皇黄凰隍蝗簧蟥。个别读[uaŋ]：汪。

宕合三等舒声大部分读[ɔŋ]：方坊芳防妨肪房仿访纺放狂况亡王网枉往妄忘旺望。小部分读[uaŋ]：匡筐框眶。

（13）江开二等舒声大部分读[ɔŋ]：邦绑肛港杠江讲降扛腔双项又ʃæ³³巷桩。小部分读[aŋ]：庞胖；读[æ]：窗项又xɔŋ⁵³；个别读[iaŋ]：腔。

（14）曾开一等舒声大部分读[eŋ]：崩~山~层曾姓曾~经澄灯登等戥邓凳肯能僧腾藤增憎罾赠疼。小部分读[ø]：崩~掉下来朋鹏。个别读[in]：棱。

曾开三等舒声大部分读[eŋ]：冰称~呼称~心承乘秤凭升胜剩兴~起兴高鹰应~答蒸拯证症徵瞪。小部分读[in]：菱仍应~该。个别读[yn]：孕；读[n]：认。

（15）梗开二等舒声大部分读[eŋ]：撑瞠橙掌庚耕哽梗更~换更~加行衡粳坑冷生牲笙甥鉎省㨃扔幸~福硬争筝又tʃin⁴⁵杏；读[aŋ]：绷耿亨哼盲猛蜢彭棚又pø²²膨。小部分读[ɔŋ]：浜呡孟又mø⁵³；读[in]：莺樱鹦筝又tʃin⁴⁵；读[ø]：孟又mɔŋ²²棚又pan²²。个别读[ɔ]：打。

梗开三等舒声大部分读[eŋ]：兵丙秉柄饼并又pin²¹³病成诚城程劲京惊晶又tsin⁴⁵睛精井颈景警净竞竟敬静境镜岭领令又lin⁵³名明~白鸣又min²²命聘平评坪苹轻清情晴请庆声圣盛又ʃin⁵³㨃性姓英人名用字赢影映反~映~山红贞又tʃin⁴⁵侦征又tʃin⁴⁵整正~月正~直郑政。小部分读[in]：并又pen²¹³晶又tsen⁴⁵令又len⁵³皿明英~鸣又men²²盛又tʃen²¹³幸英~雄婴缨迎盈贞又tʃen⁴⁵征又tʃen⁴⁵荆。个别读[ɔŋ]：盟；读[iaŋ]：靓；读[ø]：屏。

梗开四等舒声大部分读[eŋ]：丁叮疗顶鼎订钉定锭经径伶又lin²²灵铃零龄另宁拼屏瓶萍青胜厅听廷亭庭停挺艇星猩腥醒。小部分读[in]：伶又len²²螟刑形型。

梗合二等舒声读[eŋ]：横~竖横~樽儿；读[ɔŋ]：轰又xø⁴⁵矿；读[ø]：轰又xø⁴⁵宏。

梗合三等舒声读[iŋ]：荣永咏泳；读[eŋ]：倾顷营。个别读[ɔŋ]：琼；读[in]：颖；读[ø]：兄。

（16）通合一等舒声部分读[ø]：葱聪东冬董懂动栋又tɔʔ⁵³又lɔŋ²²洞戚戆工公爷爷；办~公叔祖父功又kɔŋ⁴⁵攻又kɔŋ⁴⁵篝红虹洪鸿空~军空~缺|得咙胧聋笼瞢又mɔŋ²²懵脓又nøŋ²²蓬篷鬆宋送通同茼桐铜童统捅桶筒痛总粽；读[ɔŋ]：匆丛栋又tø⁵³功又kø⁴⁵攻又kø⁴⁵贡孔控笼拢蒙朦矇又mø²²农脓又nø²²弄翁宗综棕鬃。个别读[eŋ]：蚣。

通合三等舒声部分读[ɔŋ]：冲充春衝虫捶从讽又fø⁴⁵弓又kø⁴⁵宫又kø⁴⁵恭躬又kø⁴⁵龚巩拱共~产党共~总供~应供上~恐龙隆窿垄浓穷松俶凶兇匈胸雄熊中~间中~打~忠终盅钟衷锺肿种~子种~树仲众重~新重~量摐踪纵放~纵~横；读[iŋ]：醲戎茸绒容蓉溶榕熔融氄拥庸雍壅勇勇涌踊用；读[ø]：丰风枫封疯峰锋蜂冯逢缝讽又fø³³凤奉俸弓又kø⁴⁵宫又kø⁴⁵躬又kø⁴⁵梦捧讼诵颂蘸。

（17）咸开一等入声读[ɔ]：搭答~应塌塔鸽腊蜡纳合盒垃沓杂。个别读[a]：拉拖~机；读[ua]：蛤。

咸开二等入声读[ɔ]：插甲夹峡袷压押鸭闸煠水煮眨。

咸开三等入声读[ie]：接劫捷猎聂妾涉摄业叶页摺。

咸开四等入声读[e]：叠碟蝶谍帖服|请|字贴粘协；读[ɔ]：挟~菜侠挟。

咸合三等入声读[a]：法乏。

79

（18）深开三等入声大部分读[i]：缉及级﹍又kʰai24急集辑﹍又tʃai24立粒湿十拾吸习袭汁执﹍又tʃai24。小部分读[ai]：集﹍人名用字辑﹍又tʃi24级﹍又tʃi24蛰执﹍又tʃi53、又tʃi24。个别读[ɔ]：圾；读[ie]：涩；读[n]：入。

（19）山开一等入声读[ɔ]：达擦葛捺﹍又na53撒萨辣；读[a]：喇瘌捺﹍又nɔ24；读[ua]：割。
山开二等入声大部分读[ɔ]：八拔﹍又pa53瞎辖察铡杀煞粲。个别读[a]：叭拔﹍又pɔ53。
山开三等入声大部分读[ie]：鳖别彻撤揭杰列烈裂灭孽热舌设泄折﹍打折﹍本哲浙蜇。个别读[ø]：薛。
山开四等入声读[ie]：跌节洁结截蔑篾撇切窃铁蹩。个别读[et]：凸。
山合一等入声读[ɔ]：拨钵夺活阔﹍绰捋抹末茉沫泼脱撮；读[ua]：括阔﹍开﹍。
山合二等入声读[ua]：刮刷挖；读[a]：滑猾。
山合三等入声部分读[a]：发伐罚阀筏；读[ø]：绝掘说﹍小﹍雪月；读[ye]：阅越粤。个别读[ɔ]：袜；读[ie]：劣。
山合四等入声读[ø]：决诀缺穴﹍位﹍中医学术语血；读[ie]：穴﹍位﹍风水好的位置。

（20）臻开三等入声大部分读[i]：笔必毕弼淠汔吉疾﹍又tsai24密蜜﹍蜂匹﹍一﹍马七漆失实室悉一乙侄质﹍又tʃai24。小部分读[ai]：栗疾﹍又tsʰi24匹﹍布质﹍又tʃi24；读[ø]：虱膝。个别读[ie]：蜜﹍糖；读[n]：日。
臻合一等入声读[u]：骨窟榾﹍果核突；读[ɔ]：勃脖没﹍收。个别读[y]：卒。
臻合三等入声读[y]：屈律率﹍效出术尤述橘；读[u]：不勿物；读[ø]：佛﹍又fɔ53戌。

（21）宕开一等入声读[ɔ]：薄泊博膊鳄各鹤烙乐洛络骆落摸膜莫漠诺索托託凿作恶﹍霸昨。个别读[a]：阁；读[au]：郝。
宕开三等入声部分读[ɔ]：脚却雀削略着﹍落着﹍急勺酌灼；读[iɔ]：虐若弱药约跃。个别读[ø]：掠。
宕合一等入声读[ɔ]：郭扩廓霍藿。

（22）江开二等入声读[ɔ]：剥﹍削驳戳龊角饺觉﹍悟/自壳朴确朔啁龌学岳捉桌浊啄；读[au]：雹饺﹍水﹍/饺子。个别读[ie]：搦拿；读[a]：握。

（23）曾开一等入声部分读[ai]：北黑勒肋墨默塞贼；读[a]：得德克刻则。个别读[ɔ]：特。
曾开三等入声部分读[ai]：逼侧鲫力色识食息﹍利织直值职植﹍又tʃi24殖﹍又tʃi24媳﹍童养﹍又si24；读[i]：极即棘蚀式饰息﹍休熄亿忆植﹍又tʃai24殖﹍又tʃai24媳﹍童养﹍又sai24。个别读[a]：测。
曾合一等入声读[ɔ]：国或。
曾合三等入声读[y]：域。

（24）梗开二等入声读[a]：白百柏伯擘册策拆坼额轭膈革格隔嗝核客麦脉拍魄﹍气

80

魄魂、责择泽又tʃa²⁴摘窄；读[ɔ]：泽又tʃa²⁴、又tʃa²⁴宅。个别读[ai]：伯大~；读[u]：覈果子核。

梗开三等入声部分读[i]：碧璧辟僻脊又tsai²⁴逆积~累籍又tsai²⁴适释夕昔惜又sai⁵³席酒~亦译；读[ai]：赤尺~寸积血迹石惜又si²⁴蓆席主~易交隻。个别读[ɔ]：硕；读[y]：剧。

梗开四等入声部分读[eʔ]：的目~、又ti²⁴滴狄又ti²⁴荻敌笛涤嫡；读[ai]：壁又pi²⁴击又tʃi²⁴绩又tsi²⁴歷曆劈戚踢锡；读[i]：壁又pai²⁴的目~、又teʔ²狄又teʔ²击又kai²⁴激绩又tsai²⁴剔惕析。个别读[ie]：吃。

梗合二等入声读[ɔ]：获。

梗合三等入声读[y]：役疫。

（25）通合一等入声部分读[ø]：毒独读穀哭木扑又pʰu²⁴仆屋；读[u]：督谷酷鹿禄沐扑又pʰø²⁴瀑速族。

通合三等入声大部分读[u]：畜牲触促伏又fø²⁴服又fø⁵³、又fø²⁴复又fø²⁴腹又fø²⁴袱局厅~陆大~录睦辱叔赎又fø⁵³属束俗肃粟宿续继~、~手育又y⁵³粥轴竹腐烛祝筑足褥蓄~电池。小部分读[y]：局~部菊又kø²⁴鞠绿~色曲续继~、又su⁵³玉狱郁育又ju²⁴浴欲；读[ø]：伏又fu²⁴服又fu²⁴幅福复又fu²⁴腹又fu²⁴複覆菊又ky²⁴目牧赎又fu⁵³熟缩；读[iu]：六绿~豆~仔:竹子。个别读[a]：肉。

从今读来看：

ɿ——止开三支：雌此刺~刀赐技~能施措~氏斯知~音智紫。脂：瓷次师狮侍私螄死四肆姿资姊自。之：耻又tʃʰi²⁴词祠辞慈磁鹚诗驶又ʃi³³士仕事柿司丝思巳寺祀饲之芝滋子梓字牸。遇合一模：做。遇合三鱼：助又tʃʰu⁵³。

i——遇合三鱼：去除、苴。蟹开一泰：贝宝~。开三祭：币毙弊际祭厉励例世势逝誓艺制又tʃai²¹³。开四齐：闭蓖递又tø⁵³低堤抵底牴弟帝~国主、帝~皇递第鸡~鸭稽挤计伙~剂济继繫犂黎礼丽隶荔睥迷谜米泥倪霓批妻凄齐启砌梯锑提题蹄体剃替西犀溪洗系细係婿又sy²¹³。合一灰：坏。合三废：肺废。合三月：鳜又kui²¹³。止开三支：卑被~子被~动彼避池驰豉翅儿妓寄离璃篱皮疲脾奇歧骑企施工~是匙牺戏仪宜移椅义议会~议论~易容~谊支枝知~识肢脂纸。脂：备鼻比鄙痹箅迟地二贰肌梨利痢眉楣秘尼腻纰枇琵屁鳍弃器尸屍示视近~姨旨指至致稚雉。之：持齿耻又tʃʰi⁵³而耳饵基箕己记纪忌厘狸李理里鲤你期欺其棋旗麒杞起时史使始驶又ʃi⁵³市似试熙嬉喜医疑已以异意止址趾志治痔痣置誌。微：讥饥机~器几茶既岂气汽希稀衣依。合三支：诡跪毁。脂：轨柜季遗。微：飞妃非肥匪翡费痱鬼贵又kui²¹³挥辉。深开三缉：缉及级又kʰai²⁴急集辑又tʃai²⁴立~正立~春粒湿十拾吸习袭汁执又tʃai²⁴。臻开三质：笔必毕弼滗泬吉疾又tsai²⁴密蜜~蜂匹~~马七漆失实室悉一乙侄质又tʃai²⁴。曾开三职：极即棘蚀式饰息熄亿忆植又tʃai²⁴殖又tʃai²⁴媳童养~、又sai²⁴。梗开三陌：碧逆。昔：璧积~累籍又tsai²⁴脊又tsai²⁴辟僻适释夕昔惜又sai⁵³席酒~亦译疫。开四锡：壁又pai²⁴的目~、又teʔ²狄又teʔ²击又kai²⁴激绩又tsai²⁴剔惕析。

u——果合一戈：戈又kɔ⁴⁵锅过禾火伙～食。遇合一模：补捕布步佈怖部埠簿粗醋都堵赌杜肚～猪～肚～仔：肚子度渡镀恶～厌佔孤姑鸪菇辜箍古股牯鼓固故顾雇乎呼狐胡壶葫湖蝴糊鬍虎浒互户护戽枯苦库裤卢芦炉鸬卤房鲁橹赂路鹭露模募墓奴努怒铺葡蒲浦普谱舖苏诉素图徒途涂屠土吐～口水兔乌污梧误悟租祖妒捂。合三鱼：锄庐础楚驴又ly²²助又tsʰɿ⁵³贮阻又tʃɿ³³。虞：夫肤麸敷扶芙俘符抚斧府俯辅腑腐腐父付附驸赋傅竖又fy⁵³数～～数～目巫诬无武鹉舞务雾。流开一侯：母戊亩又mau³¹。开三尤：负妇副富。臻合一没：骨窟突。合三物：不勿物。通合一沃：督酷。屋：谷鹿禄沐扑又pʰɔ²⁴瀑速族民～族宗～。合三屋：畜牲～伏又fɔ²⁴服又fɔ⁵³，又fɔ²⁴复又fɔ⁵³腹又fɔ⁵³袱陆大～睦叔肃宿育又sɔ⁵³粥轴竹腐～祝筑蓄～电池烛：触促局厅～录赎又fɔ⁵³属束俗粟续继～，又sy²⁴续～手。烛足辱褥。梗开二麦：覈果核。

y——遇合一暮：嗉鸡～。遇合三鱼：车～马炮除储处～理处～所居举巨拒据距锯驴又lu²²吕旅铝虑滤女蛆渠去如书舒暑署鼠薯虚墟嘘徐许序叙绪於淤余鱼～虾馀渔与语预御誉豫诸煮著。虞：厨拘矩句具俱惧聚屡区～地驱趋取娶趣儒乳又iui³¹，又niui³¹殊输树竖又fu⁵³须需鬚于娱愉愚宇羽雨禹芋遇喻寓裕朱珠硃猪主住注驻柱蛀铸註。蟹开四霁：婿又si²¹³。合一灰：崔催。泰：最又tsø²¹³，又tsu²¹³合三祭：脆税岁赘。止开三之：里又li³¹脂：履。合三支：吹炊捶瑞睡随嘴牛～liu⁴⁵：牛笼嘴。脂：锤悴粹翠水荽遂隧追坠头往下坠坠耳醉槌锥。臻合一没：卒焗。合三术：出律率效～术尤述橘。物：屈。曾合三职：域。梗开三陌：剧。昔：役。通合三屋：鞠菊又kø²⁴郁育又ju²⁴。烛：局～部曲续继～，又su³¹绿～色玉狱浴欲。

a——果开一歌：阿～哥大哪。开三戈：茄。假开一麻：靶。开二麻：芭笆吧酒～，又pa⁴⁵差～别把～茶喝了妈玛阿～：父亲家自～：自己哈～气吓～一跳鸦又ɔ⁴⁵。开三麻：巴～结车汽～奢赊蛇舍捨社射骚麝遮蔗鹧。合二麻：花划计～华中～化。蟹开一咍：彩～色，又tsʰø⁴⁵猜又tsʰai⁴⁵采又tsʰø³³踩赛。泰：赖濑。开二佳：捱矮罢摆稗又pai⁵³柴街解～买卖牌簰派筛晒鞋债。皆：挨拜介戒芥届界堺疥揩埋排械斋掐～，打斋呃欺骗。夬：败寨。合二佳：画。夬：话。效开一豪：逃又tau²²。流开一侯：凑斗豆鬥痘勾沟钩狗构购够侯喉猴后厚後候齁抠口扣寇楼陋漏沤怄擞嗽偷头投敨透走蚪垢抖。模：搂。开三尤：馊瘦。咸开一合：拉拖～机。合三乏：乏法。山开一曷：喇瘌捋。开二黠：叭拔又pɔ⁵³。合二黠：滑猾。合三月：发伐罚阀筏。宕开一铎：阁。江开二觉：握。曾开一德：得德克刻则。开三职：测。梗开二麦：擘册策轭膈革隔嗝核麦脉责摘。陌：白百柏伯阿～，兄长伯～公：曾祖父拆坼额格客拍魄～魂魄～气择泽又tʃɔ²⁴窄。

ia——假开三麻：惹椰～树爷也野夜。咸开三盐：黏。止开三脂：怀又pa³¹。

ua——假合二麻：瓜寡划～桨夸垮耍洼蛙～泳瓦砖。蟹开二佳：娃。蟹合一泰：会～计。合二佳：卦挂褂。皆：块。夬：快筷。效开二肴：抓。流开一侯：呕。咸开一合：蛤青蛙。山开一曷：割。合一末：括阔开～。合二鎋：刮刷。黠：挖。

第一章　语音

æ——止开三支：蚁_又n³¹。流开一侯：藕。咸开一谈：惭担_任担_子胆淡敢橄喊蓝篮_菜篮_球览揽缆榄滥三谈痰毯暂錾痒。覃：庵暗参蚕惨耽感含函憾坎砍男南贪谭潭罎探鹌簪。开二咸：癌尴减碱鹹咸湛斩喃。衔：涎监舰鉴槛岩。开三盐：钳_又kʰæ²²闪陕佔。合三凡：帆凡犯泛范範。山开一寒：安鞍岸按案餐残灿丹单_独疸旦但诞弹_琴弹_子弹用手指弹蛋干韩寒罕汉汗旱焊翰刊看_见兰拦栏懒烂难_困难_灾伞散摊滩瘫坛檀坦叹炭赞瓒。开二山：办瓣扮产铲间_中间_隔拣柬简盼山闲苋悭限眼_睛眼_窟窿盏。删：扳_手扳_动班颁斑板版奸姦铜蛮慢攀颜晏雁襻。开三仙：禅缠蝉展战站籼。元：赶。开四先：研_碾。合一桓：般搬瘢半伴拌番欢缓换唤馒瞒满漫潘盘判叛。合二山：幻。删：还_是环_又uæ²²患。合三元：番_翻_翻矾烦繁反返饭贩鳗。宕开三阳：昌_又tʃʰɔŋ⁴⁵尝常偿厂场倡唱姜畺伤商赏上_去上_面尚裳张章樟长_省涨掌丈_夫仗_打杖帐账障。江开二江：窗项_又xɔŋ⁵³。

iæ——宕开三阳：将_来将_领浆奖桨蒋匠酱良凉梁粮粱两_斤两_斤亮谅辆量_丈量_数娘酿枪墙抢呛让乡相_互相_貌香厢湘箱镶祥享响想向象_大象_气像_章像_相橡央殃鸯秧扬羊阳杨疡洋仰养痒样长_短涨丈_量胀。

uæ——咸开一谈：甘柑。开二咸：赚。山开一寒：肝竿杆秆干。合一桓：端短段断缎锻观_参观_道官棺馆管贯冠_鸡冠_军灌罐宽款鸳鋬圈卵乱暖酸蒜算团糰豌丸完玩碗腕簪钻_洞钻_头。合二山：顽。删：关惯还_东西环_又fæ²²闩拴栓弯湾。合三仙：篆。元：挽晚万。

ɔ——果开一歌：阿_斗搓多驼屙俄鹅蛾饿歌哥个箇何河荷贺可啰_唆罗锣箩攞那挪他它拖驼我左。合一戈：波玻菠播簸挫锉朵_耳剁堕惰跺_又tø⁵³戈_又ku⁴⁵果裹和伙_计货祸科颗课腘骡螺囉摩磨_刀磨_石魔糯坡婆破唆梭蓑琐锁砣妥椭捼卧坐座_一山荽窝么蝌裸。假开二麻：巴_掌疤把_一菜霸壩吧_酒_又pa²²又权茶搽汊岔加枷家_具傢嘉贾假_真假_放价驾架嫁搭麻麻马码蚂骂杷爬钯琶怕沙纱砂痧厦_大虾霞下_去下_等夏罅丫牙芽蚜衙哑渣楂诈炸榨鸦_又a⁴⁵合二麻：傻。遇合一模：措错都_萝模_范蘑菩塑。合三鱼：初梳疏蔬所阻_又tsu³³絮。蟹开一泰：癞。蟹开二佳：查钗。止开三之：孖_双生|~带子：背带。效开二肴：凹嘲巧。开三宵：朝_气朝_代潮娇轿乔侨桥翘烧韶_又tʃau²²少多_少_年邵_又tʃau²¹³绍_又tʃau²¹³招_又tʃau⁴⁵昭_又tʃau⁴⁵召_集照肇荞。开四萧：缴叫窍撬晓。肴：跷_二郎腿。咸开一合：搭答_应鸽合盒纳垃沓杂。盍：腊蜡塌塔。开二洽：插袷夹峡闸煤_水煮眨。狎：甲压押鸭。开二咸：杉衔：衫。开四帖：挟侠铗。深开三缉：圾。山开一曷：擦达葛捺_又na⁵³辣撒萨。开二黠：八察杀煞紥。鎋：拔_又paᵋ¹瞎辖铡。开四仙：棉_絮：棉花。合一末：拨钵夺活阔阔绰捋抹末茉沫泼脱撮。合三月：袜。臻合一没：勃没_收头_肩膀。合三物：佛_又fɵ²⁴宕开一铎：薄泊博膊鳄各鹤烙乐洛络骆落摸膜莫漠诺索托託凿作恶_人咋。开三药：

83

脚略却雀勺削~剥~着~落着~急酌灼。合一铎：郭霍霍扩廓。江开二觉：剥~削~驳戳龊角饺~子~馄饨觉~悟~壳朴确朔嘲醒学~校学~徒岳捉桌浊啄。曾开一德：特。合一德：国或。梗开二陌：泽 又 tʃaʔ³²，又 tʰaʔ³²宅。开二庚：打。开三昔：硕。合二麦：获。

　　iɛ——效开三宵：桡扰妖腰邀姚窑谣摇遥舀耀鹞要~求要~重~。开四萧：尧。流开三尤：柚。宕开三药：虐若弱药约跃。

　　ie——假开三麻：姐~妹姐~夫借且苴些邪斜写泻卸谢椰~子者。蟹开三祭：曳。止开三之：漦咩 疑问语气词。脂：呢 语气词。咸开三严：剑欠严。盐：贬尖歼俭检帘廉镰殓签钳 又 kʰæ²²潜籤染险阉腌~咸菜腌~肉炎盐阎檐掩厌艳验粘~贴占~卦业：劫业。叶：接捷猎聂妾涉摄叶页摺。开四添：点店念拈鲇兼谦歉添甜嫌。盐：厣。帖：谍叠碟蝶帖~请~贴粘~。协。深开三缉：涩。山开二山：艰。开三仙：编鞭变便~宜便~方~辨辩煎剪件贱践溅箭连联鲢绵棉~花免勉缅面偏篇骗迁鞭钱乾~坤浅然燃掮扇善骟鳝仙鲜~花，又 sø⁴⁵鲜~朝~，又 sø³³线癣延演谚毡。薛：鳖别彻撤杰列烈裂孽热舌设泄折~断折~本哲浙蜇。元：建健键掀献宪言堰。月：揭。开四先：边扁匾遍辫颠癫典电垫奠殿坚笺茧趼见荐怜莲练炼楝链眠麵年撵撚片千牵前天田填先贤弦显蚬现胭烟研~究宴燕~子砚。屑：跌节洁结截蔑篾瘪撇切窃铁。合三仙：恋沿。薛：劣。合四先：县。屑：穴~位~风水好的位置。臻开三质：蜜~糖。江开二：搦拿。梗开四锡：吃。

　　ye——山合三仙：铅软 又 ŋø³¹员圆缘院。薛：阅。元：阮鸳冤元园袁原援猿源远怨。月：越粤。合四先：渊。

　　ø——果合一戈：朵~花跺 又 tɔ³³。遇合一模：逢。蟹开一咍：才材财裁采 又 tsʰa³³彩~色。又 tsʰa³³彩好。睬菜逮 又 ti⁵³代贷待怠袋戴海开来耐腮鳃胎苔臺态崽 又 tsai³³再在。泰：贝~姓蔡带盖奈太泰。蟹开二皆：豺。合一灰：揹~书背~后~倍辈堆队对碓灰恢 又 fui⁴⁵回 又 fui²²汇玫枚莓梅腜媒煤妹内陪培赔佩配碎推腿退煨罪磪。泰：兑会~绘蜕外最 又 tsu²¹³，又 tsy²¹³合四齐：惠慧。止开三齐：糜 木头等霉烂。脂：霉。效开四萧：掉~头。山开三仙：遭鲜~花，又 sie⁴⁵鲜~朝~，又 sie³³。合一桓：窜。合三仙：川穿传~达传~记船串捐卷捲圈权全泉拳软 又 ye³¹宣旋旋选专砖转~来~去转~身。薛：绝说~小~雪。元：劝券喧愿。月：掘月。合四先：鹃玄悬犬。屑：决诀缺穴~位~中医学术语血。臻开一痕：跟痕 又 xen²²恨~极想得到吞。开三栉：虱。质：膝。合一魂：存损尊 又 tsyn⁴⁵合三物：佛 又 fɔ⁵³谆：菌食用~遵 又 tsyn⁵³。术：戌。宕开三药：掠。阳：抓~推~。曾开一登：崩掉~下来朋鹏。梗开二庚：孟 又 mɔŋ⁵³。耕：棚 又 paŋ²²。梗开三青：屏躲藏。合二耕：轰 又 xɔŋ²²宏。合三庚：兄。通合一东：葱聪东董懂动栋~栋 又 tɔŋ²²，又 lɔŋ²²洞戙戆工公~办公~叔祖父功攻 又 kɔŋ⁴⁵篢 木箱红虹洪鸿空~天空~有 咙胧聋笼~鸡 又 mɔŋ²²朦蓬篷送通同茼桐铜童捅桶筒痛总粽。冬：冬脓 又 nɔŋ²²鬆宋统。沃：毒。屋：独读縠哭木扑 又 pʰu²⁴仆屋。合三东：丰风枫疯冯讽 又 fɔŋ³³凤弓 又 kɔŋ⁴⁵宫躬 又 kɔŋ⁴⁵梦。屋：伏 又 fu²⁴

服ㄡfu24幅福复ㄡfu24腹ㄡfu24複覆菊ㄡky24目牧熟缩。锺：封峰锋蜂逢缝奉俸捧讼诵颂蕹。烛：赎ㄡfu53。

ai——蟹开一咍：哀埃唉爱猜ㄡtsʰa45该改溉概亥凯乃灾宰崽ㄡtsø33。泰：害。开二佳：稗ㄡpa53差~出~佳解~放奶蟹。皆：尬阶皆楷斋聊~。开三祭：制ㄡtʃi213製。开四齐：鸡松~：松球计髻契。合二皆：怀淮槐~树坏。止开三微：机火~：打火机之：帜。深开三缉：级ㄡtʃi24集人名用字辑ㄡtʃi24蛰执ㄡtʃi53,ㄡtʃi24。臻开三质：疾ㄡtsʰi24栗匹~布质ㄡtʃi24。曾开一德：北黑勒肋墨默塞贼。开三职：逼侧鲫力色识食息织直值职植ㄡtʃi24殖媳童养~。ㄡsi24梗开二陌：伯爷~：伯父。开三昔：尺赤积~血籍ㄡtsʰi24迹石惜ㄡsi24席主蓆易交益隻。开三锡：壁ㄡpi24击ㄡtʃi24绩ㄡtsi24歷曆劈戚踢锡。

uai——蟹合二佳：拐。皆：乖怪妖~。止合三脂：率~领帅。

au——效开一豪：熬~汤袄傲奥澳宝保堡报抱苞暴操糙曹嘈槽草刀叨导领~导向~岛捣倒打~倒~水到盗悼道稻高膏篙糕稿告蒿毫豪壕好~坏好喜号耗浩考拷烤铐靠捞劳牢痨老唠涝毛冒帽恼脑袍曝骚扫嫂臊涛逃ㄡta22桃陶萄淘~金淘~米绹讨套遭糟早枣蚤澡灶造燥躁噪。开二肴：坳包胞饱豹鲍爆抄钞吵炒搞交茭郊胶狡绞搅觉睡~较教酵茅锚卯貌闹拗抛脬刨~仔刨子刨~地跑泡潲炮敲稍ㄡʃiu45筲哨淆孝校学~校~对效肴咬罩。开三宵：秞韶ㄡʃɔ22邵ㄡʃɔ213绍ㄡʃɔ213招昭ㄡtʃɔ45召兆赵。肴：找~钱（退回多余的钱）。流开一侯：眸看住；看上楼茂贸某牡亩ㄡmu31欧殴鸥偶藕ㄡŋæ33区姓。开三尤：否浮矛谋邹。宕开一铎：郝。江开二觉：雹饺水~：饺子。

iau——效开二肴：爪。开三宵：猫绕。

iu——遇合三鱼：着被。效开二肴：鞘稍ㄡʃau45。开三宵：标瀌表錶超骄椒焦蕉噍醮疗燎苗描秒渺妙庙漂~漂~流亮飘瓢锹肖遨消宵硝销霄小~说笑。开四萧：刁貂雕吊钓了~解辽聊僚嘹鹩料廖瞭撩镣鸟尿挑条调~味调~动调曲跳萧箫寮箾。宵：嫖。流开一侯：黝交换。开三幽：彪谬幽幼颗粒非常细幼~儿园。尤：抽仇报绸酬愁筹丑醜臭纠鸠究研~究~竟九久灸韭酒旧救就舅溜刘留流琉硫馏榴柳牛扭纽钮丘邱秋鳅鞦囚求球柔收手守首寿受授售搜休修朽秀袖绣优忧尤由邮油游友有酉又右佑祐诱釉舟州周洲咒宙皱骤。通合三屋：六竹~仔：竹子烛：绿~豆。

iui——遇合三虞：乳ㄡy31。止合三支：蕊。

ui——蟹合一灰：杯瑰恢ㄡfø45回ㄡfø22茴悔盔魁溃雷擂鐐铜钱每桅。合二皆：槐人名用字合三祭：卫鳜ㄡki213。合四齐：闺桂奎。止开三支：碑。脂：悲美。合三微：归贵ㄡki213威微违围伟苇纬未味畏胃谓猬慰魏。支：规亏累~积累连危为作~为~什么伪委萎。脂：龟癸逵葵愧垒泪类衰虽唯惟维位。

ən——臻合一魂：笨拵ㄡləŋ213炖钝。

in——蟹开四齐：杏。深开三侵：参人~岑沉今金锦浸禁又keŋ²¹³林临淋品钦侵琴禽揿擒壬任~务任姓森深沈审恁想~思考婶甚又feŋ²¹³心芯阴荫音吟浔针砧枕襟。山开四先：炆。山合三元：芫。臻开一痕：根树~。开三欣：近远~近~视蟫。殷：斤筋谨芹欣勤隐瘾。真：彬槟臣尘辰陈晨趁巾津仅又kyn³³紧儘尽进邻又leŋ²²磷又leŋ²²鳞民抿敏贫又peŋ²²频亲~人亲~家秦人仁忍申伸身神辛新薪信讯因姻银~行|~仔：银子寅引印珍真臻诊疹阵振震镇。开四真：宾又peŋ⁴⁵滨哈尔。合一魂：奔本昏婚混魂门闷喷盆溢温瘟稳樽。合三文：分~开分~本。芬吩纷坟粉份奋粪愤荤文纹闻蚊问。谆：仑伦又lyn²²轮笋榫迅又syŋ²²肫。曾开一登：棱。开三蒸：菱仍应~该。梗开二耕：莺樱鹦筝又tfeŋ²²。开三庚：皿明英~鸣又meŋ²²英~雄迎荆。耕：幸荣~。清：并又peŋ²¹³晶又tseŋ⁴⁵令又leŋ⁵³盛又feŋ²¹³婴缨盈贞又tfeŋ⁴⁵征又tfeŋ⁴⁵。开四青：伶又leŋ²²螟刑形型。梗合三清：颖。

yn——臻开三真：仅又tfin³³慎。谆：圳。合一魂：敦滚棍坤昆崑捆困崙论理~尊又tsø⁴⁵。合三文：军君裙群勋熏薰训晕云耘运韵。谆：春椿纯唇醇蠢盾均钧菌细~俊伦又lin²²闰润顺旬巡询循迅又sin²¹³匀允准準遵又tsø⁴⁵鹑。曾开三蒸：孕。

aŋ——宕开一唐：莽蟒。江开二江：庞胖。梗开二庚：亨哼盲猛彭膨。耕：绷耕棚又pø²²。辛：蜢。

iaŋ——宕开三阳：僵疆强勥。江开二江：腔。梗开三清：靓。

uaŋ——宕合一唐：汪。合三阳：匡筐框眶。

eŋ——止合三微：尾。深开三侵：禁又tfin²¹³甚又fin²¹³渗。山合一桓：拚。臻开一痕：恩根~本痕又xø²²恨仇~垦恳很。开三真：宾又pin⁴⁵邻又lin²²磷又lin²²贫又pin²²。曾开一登：崩层曾姓曾~经澄灯登等戥邓凳肯能僧腾藤增憎罾赠疼。开三蒸：冰称~呼称~心承乘秤凭升胜剩兴~起兴~高鹰应~答。蒸拯证症徵瞪。梗开二庚：撑支~撑~口擘舌打呵欠瞠掌庚哽梗更~换更~加行~为衡粳坑冷生牲笙甥省擤扔硬杏。耕：橙耕幸~福争筝又tfeŋ⁴⁵。辛：鉎。开三庚：兵丙柄病京惊景警竞竟敬境镜明~白鸣又min²²命平评坪苹庆英人名用字影映反~映山红。清：饼并又pin²¹³成诚城程劲晶又tsin⁴⁵睛精井颈净静岭领令又lin²²名聘轻清情晴请声圣盛又fin⁵³性姓赢贞又tfin⁴⁵侦征又tfin⁴⁵整正~月正~反郑政。辛：秉擤鼻涕。开四青：丁叮疔顶鼎订钉定锭经径伶又lin²²灵铃零龄另宁拼屏瓶萍青胜厅听廷亭庭停挺艇星猩腥醒。合二庚：横~向横横樽儿。合三清：倾顷营。通合一东：蚣。

ɔŋ——流开三尤：嗅。臻开三真：衬。合一魂：村寸扽又tən³¹墩论不~嫩孙。宕开一唐：昂帮榜谤仓苍舱藏隐~藏西当应~当~铺挡党荡冈纲钢缸岗行~银~杭航康糠抗炕烘烤郎狼廊榔朗浪芒~果芒~种忙茫旁桑丧事~丧~失汤唐堂棠塘糖烫赃脏葬囊。开二唐：磅。开三阳：昌又tʃʰø⁴⁵肠疮床闯创疮霜爽仗~炮鞭~炮妆庄装壮状晾。合一唐：光广荒慌皇黄凰隍蝗簧谎旷螃。合三阳：方坊街~芳防妨肪房仿访纺放狂况亡王网枉往妄忘旺望。

江开二江：邦绑肛港杠江讲降扛腔双项_{又ʃæ⁵³}巷桩。梗开二庚：孟_{又mø⁵³}。耕：浜_{沙家~}氓。开三庚：盟。合二庚：轰_{又xø⁴⁵}矿。合三清：琼。通开三东：隆。合一东：匆丛栋_{又tø⁵³}功_{又kø⁴⁵}攻_{又kø⁴⁵}贡孔控笼拢蒙朦曚_{又mø²²}弄翁棕鬃。冬：农脓_{又nø²²}宗综。合三东：冲充虫讽_{又fø³³}弓_{又kø⁴⁵}宫躬_{又kø⁴⁵}隆穷雄熊中_{~间中打}忠终衷仲众。江：撞。锺：春衝撞从恭龚巩拱共_{~产党共总}共_{~供应}供_{~上}恐龙垄浓松怂凶兇匈胸盅钟锺肿种种重_{~新重~量}踪纵_{~横}纵_{~放}。

iɐŋ——梗合三庚：荣永咏泳。通合三东：戎绒融。锺：醲茸容蓉溶榕熔氄拥庸雍壅勇涌踊用。

ɔŋ——宕合一唐：汪。合三阳：往。通合一东：翁。

et——山开四屑：凸。

eʔ——梗开四锡：的_{目~}。_{又ti²⁴}滴狄_{又ti²⁴}获敌笛嫡涤。

n̩——遇合一模：吴蜈五午伍。合三鱼：鱼_{鱥~}。止开三支：蚁_{又ŋæ³³}。深开三缉：入。臻开三真：认韧银_{~仔：银子}。质：日。

三、声调的古今比较

表21　古今声调比较表

今调 古调	平		上		去		入	
	清	浊	清	浊	清	浊	清	浊
阴平	+							
阳平		+						
阴上			+					
阳上				+				
阴去					+	+		
阳去				+		+	+	+
阴入甲							+	+
阴入乙								+

1. 古平声清声母字在鸬鹚话中读阴平[45]

例如：阿_{~斗}哀埃唉挨安庵鞍凹巴芭疤笆扳_{~动}班般颁斑搬邦帮浜包胞杯卑悲碑奔崩_{~绷}绷蓙边编鞭标彪濒宾彬滨槟冰兵波玻参曾朝_{~气车}车_{马炮}春丹担_{~任}单_{~独}耽当_{~应}刀叨灯登低颠癫刁貂雕丁叮疔钉东冬都_{首~都}_{~是}端堆敦墩多屙恩方坊飞非分_{~开}吩风枫封

疯夫肤该甘肝柑竿尴杆干冈肛纲缸岗高膏篙糕戈歌哥根~树~根~本跟庚耕更工弓公功攻宫恭蚣躬供~应勾沟钩孤姑鸪菇辜箍瓜乖关观~参官棺冠光归龟规闺锅哈亨哼轰呼花欢荒慌灰挥辉徽昏荤婚讥饥机~器机~火~:打火机肌鸡~鸭鸡松~:松球基箕加佳枷家~庭家~自~:自己傢嘉尖奸歼坚间~中艰奸监兼笺煎江将~来姜浆僵薑疆交茭郊娇骄胶椒焦蕉阶皆街巾斤~两今金津筋京经惊晶睛粳精纠鸠拘居鹃军均君钧扛昆崑欧鸥鞘腮鳃三桑丧~事骚臊森僧沙纱砂痧筛山杉衫伤商烧筲奢赊申伸身深升生声牲笙甥尸师诗狮施收书梳舒疏输蔬衰闩拴栓双霜司丝私思斯狮鬆馊搜苏酸虽荽孙唆梭蓑洼蛙娃弯湾汪威煨温瘟翁乌污西希牺稀犀熙嘻嬉虾仙先掀鲜~花乡相~互香厢湘箱镶逍消宵萧硝销箫霄些心芯辛欣新薪星猩腥兴~起凶兄兇匈胸休修须虚需嘘鬚宣喧勋熏薰丫胭烟阉腌央殃鸯秧妖腰邀幺~求衣医依因阴音姻英莺婴缨樱鹦鹰应拥雍壅优忧幽淤鸳冤渊灾赃遭糟增憎罾渣楂斋毡张章樟招昭召遮贞针珍真砧臻争征筝蒸正之支芝枝知~识知~音肢脂徵中~间忠终盅钟衷锺舟州周洲朱珠诸硃猪专砖妆庄桩装追仔姿资滋宗棕踪鬃邹租钻尊遵锥籾鸦莴窝吧~酒玻猜参~加餐仓苍舱操叉差钗昌抄钞超车~汽~称~呼充衝抽初川穿疮窗吹炊春椿匆葱聪粗崔催村搓番~禺番~~翻芳妃芬纷丰峰锋蜂麸敷俘恢开揩康糠科坑空~天抠枯夸跨宽匡筐框眶亏盔坤潘攀抛脬泡批纰坯偏篇漂~流飘坡铺妻凄欺千迁牵悭谦签韆籤枪腔锹敲钦侵亲~人青轻倾清丘邱秋鳅鞦区~地区~姓驱蛆趋圈腔他它胎贪摊滩瘫汤梯天添厅通偷推吞拖溪墟侦。

例外："阿~哥崩掉下来嘲堤公~伯~:叔祖父钯俶炆询於漦雌妨肪刊奎嫖"读阳平[22]；"扳~手龚豌"读阴上[33]；"菱抓"读阳上[31]；"坳钢杠瑰俱怄搧銾蕹仔~带子:背带纵放~撑瞠拚~命拼跷~二郎腿撬"读阴去[213]；"胜朒磅撑~口臂舌:打哈欠"读阳去[53]。

2. 古平声浊声母字在鸪鹆话中读阳平[22]

例如：便~宜才材财裁残惭藏~隐曹槽岑层曾~经茶查搽柴豺禅缠蝉尝常偿场朝~代潮臣尘辰沉陈晨成诚承城乘程橙池驰迟持虫仇~报绸酬愁筹除厨锄储传~达船床锤纯唇醇词祠瓷辞慈磁鹚从丛存弹~琴帆凡矾烦繁防房肥坟冯逢缝扶芙浮符还~原还~是含函韩寒行~银~行~为杭航毫豪壕禾何和河荷痕横衡红宏虹洪鸿侯喉猴狐胡壶葫湖蝴糊鬍华怀淮槐环皇黄凰隍蝗簧回茴魂馘狂逵葵魁杷爬琶排牌簰盘庞旁刨袍陪培赔盆滋朋彭棚蓬鹏篷膨皮枇疲琵脾瓢贫频平评坪苹凭屏瓶萍婆菩葡蒲期齐其奇歧脐骑棋旗鳍麒前钱钳乾潜强墙乔侨桥茄芹秦琴禽勤擒情晴穷琼囚求球渠权全泉拳裙群裳韶蛇神时匙松随苔臺坛谈痰谭潭檀罈唐堂棠塘糖逃桃陶萄淘~金淘~米绹腾藤提题蹄田甜填条调~味廷亭庭停同茼桐铜童筒头投图徒途涂屠团糰驼砣丸完闲贤弦咸嫌祥邪斜鞋刑形型徐玄悬旋旬巡循肴长~短重~新槌疼蟆捱癌熬~汤俄鹅蛾儿而来兰拦栏蓝篮~球郎狼廊榔捞劳牢痨唠雷擂棱厘狸离梨犁黎篱连怜帘莲联廉鲢镰良凉梁粮粱量~丈辽聊僚嘹鹩撩燎镣

邻林临淋磷鳞伶灵铃菱零龄刘留流琉硫榴龙咙胧聋笼~鸡~笼~罩~隆楼卢芦庐炉鸬鸾銮圝仑伦轮崙罗萝脶锣箩骡螺驴麻痳埋蛮瞒芒~种~忙盲氓茫猫毛矛茅锚秲玫枚眉莓梅脢媒楣煤霉门蒙盟朦矇又moŋ45 弥迷眠绵棉~絮:棉花苗描民名明~英~明~白~鸣螟模~板~模~范~摩磨~刀~磨谋男南难能尼泥倪霓年鲇黏娘宁牛农浓脓醲奴挪铅然燃瓤桡人壬仁仍戎茸荣绒容蓉溶榕熔融柔如儒顽亡王危为~行~违围桅唯惟维文纹闻无吴梧蜈雄熊牙芽蚜衙延严言岩炎沿研~碾盐阎颜檐扬羊阳杨疡洋尧姚窑谣摇遥爷仪宜姨移遗疑吟银~子|~耳淫寅迎盈营赢尤由邮油游于余鱼~虾鱼~鳓馀娱渔愉愚元芫园员袁原圆援缘猿源云匀耘囊礴。

例外："瘢嘈冲蒿眸乎殊涛锑捐篮~菜~璃窿搂啰囉楼妈芒~果~朦又mo22 縻魔呢拈微矮巫诬研~究~庸粘喃"读阴平[45]；"赶跑"读阴上[33]；"昂簮蚊桠~树~"读阳上[31]；"翘任~姓~椰~子~"读阴去[213]；"肠划~计~划~浆莉刨~仔:刨子霞馒棉~花~"读阳去[53]。

3. 古上声清声母字在鸬鹚话中读阴上[33]

例如：矮袄把~握~把~一~菜~摆板版绑榜饱宝保堡本比彼鄙贬扁匾表錶丙秉饼补产胆疸挡党岛捣倒~打~等戳抵底砥典点顶鼎董懂斗堵赌肚~猪~短朵~耳~朵~一~花~反返匪粉否斧府俯腑改秆敢感橄港稿耿梗巩拱狗古股牯鼓寡拐馆管广轨诡鬼癸滚果裹海虎浒谎悔毁火伙~食伙~计~几已挤纪贾假~真~拣柬茧检趼减剪简碱讲奖桨蒋狡绞搅缴姐~夫~解~开|~放~紧锦谨井颈景警九久韭酒矩举捲拗呕谱伞嫂闪少~捨沈审怎婶省史使始驶屎手守首暑鼠数耍爽水死搋损笋榫所琐锁碗枉稳洗喜鲜~朝~显险蚬蠡享响想小~说~写醒朽许选癣哑厣掩椅影宰崽早枣蚤澡盏展长涨掌找者诊枕疹拯整只止旨址纸指趾肿种~类~主煮转准準子姊梓紫总走阻组祖簪嘴左斩采彩睬踩惨草铲厂吵炒齿耻丑醜础楚处~理~蠢此仿纺抚凯楷坎砍槛考拷烤颗可肯垦恳孔恐口苦垮款捆捧品浦普岂企又kʰi31 杞启起浅遣抢巧且顷请取娶坦毯讨体捅桶敞斛土腿妥椭犬。

例外："搞罕喊好~坏~灸傻陕赏往委隐瘾贮闯企又tʃʰi31"读阳上[31]；"估几~茶~殴樽苴"读阴平[45]；"捶"读阳平[22]；"哽怪~妖~姐~妹~境矿撵~鼻涕~歉去~离~"读阴去[213]；"儘骖晓着~被~踩"读阳去[53]。

4. 古上声浊声母字在鸬鹚话中读阳上[31]

例如：抱被~子~笨辫动肚~仔:肚子~断炖盾舵旱厚近~远~善上~去~是下~去~蟹在重~量~柱坐耳览揽懒朗老了~解~垒累冷礼李里理裹鲤两~斤~岭领柳拢卤虏鲁橹卵擂吕旅履马码蚂买满莽蟒卯每美猛米免勉缅秒渺皿抿敏某母牡亩乃奶恼脑你努暖女偶藕又au31 染绕惹又nia33 忍乳阮软蕊瓦~砖~挽晚网伟苇尾我五午伍武鹉舞眼仰养痒咬舀也野蚁又ŋæ33 引颖永勇涌友有西与宇羽雨禹语远允。

例外："荡辅腐缓妓俭践雳巳祀抆挑挺艇赵榄两~斤~瞭垄蜢懵哪撑撚鸟扭纽钮藕又au31 扰惹又ia31 蕊眼~窟窿~演已以蚁又ŋ31 勇~敢~踊"读阴上[33]；"技~能|~术~眯埪么咩"读阴平

[45];"靡蘼苇"读阳平[22];"伴倍辨又pie辩又pie愤户混舰键巨拒距聚又tsʰy³菌细绍市似幸福叙痔篆湛杏"读阴去[213];"罢拌鲍辨又pie²¹³辩又pie²¹³部簿待怠诞道稻弟锭杜堕惰犯范範奉腐竹父负妇跪亥浩后後汇祸件尽静舅聚又tsy²¹³菌食用鳝社士氏仕柿受竖限项象大象气像章像相橡幸荣序绪造丈量丈夫杖兆肇罪诱"读阳去[53]。

5. 古去声清声母字在鸬鹚话中读阴去[213]

例如：爱按案暗奥澳霸壩拜半报豹爆揹贝背后辈闭痹臂变遍柄并播簸布佈翅赐粹挫带戴担子当舖倒下到扽又tən³¹凳店吊钓鬥对碓贩放废痱奋粪付又fu⁵³赋傅富尬盖溉概幹告个更贡供构购够固故顾雇卦挂褂观贯冠军惯灌罐贵桂鳜过汉好爱耗戽化又fa⁵³唤会计货计际季济既继祭寄髻假期价驾架嫁间隔见建剑溅鉴箭将领酱叫觉睡较教书醉醮介戒芥届界堺疥借进劲浸禁径竟敬镜究救句据锯俊况愧率秘沤赛散丧失扫晒扇骟少哨潲圣胜世势试瘦数帅税四肆宋送嗽诉素嗦塑蒜算岁碎戏细罅线相向孝校对笑泻卸信兴高性姓秀绣嗅婿讯迅厌晏宴堰燕子要重意印应幼怨再赞瓒葬灶燥躁诈炸榨佔战涨帐账胀障照罩鹧圳振震镇正反证政症至志帜制致智痣置製誌中打种树众咒皱眉头注著蛀铸註转壮赘粽钻最醉做噪怖菜蔡灿糙厕权汉岔倡唱衬趁称心秤掌臭处所串次刺刀凑醋窜脆翠寸措锉错肺费副看见抗炕铐靠课又kʰə⁵³空闲控扣寇库裤块快筷旷困怕派判盼胖潽炮枪配喷屁片骗漂聘破舖气弃汽契砌器欠呛窍亲家庆去除趣劝券太公态泰叹炭探烫套剃替跳听痛透吐口水兔退蜕。

例外："扮谤背通蔽旦帝国主义订栋锻刹恶厌付又fu²¹³化又fa²¹³唤畜牧厦舍渗畏慰宪献训映反映山红幼儿园债站车皱纹驻纵横絮捆贷泛副业课又kʰə²¹³揪太过分"读阳去[53];"铜稍肖荫综撘筲"读阴平[45];"帝皇蔗"读阳平[22];"箇讽戆卷腕创造访统"读阴上[33];"扽又ləŋ³¹"读阳上[31];"吓跳呃骗"读入声甲[24]。

6. 古去声浊声母字在鸬鹚话中读阳去[53]

例如：败稗办涝瓣菝备被动鼻币毙弊箆避便方屏病步埠藏西澄豉传记大逮代袋但弹子弹用手指弹蛋导领盗悼邓地递第电垫奠殿定洞戙豆痘度渡镀段缎队饭分本份凤俸附驸共产党共总柜害汗焊憾号贺恨仇恨极想得到横横樽儿候互护画话坏幻换患会议绘惠慧贱匠轿噍近视净旧就瑞上面尚射麝盛又ʃeŋ⁵³剩示事侍视寿授售树睡顺寺隧调动下面夏苋县现巷械又ka²¹³谢袖旋暂脏赠寨仗召号郑宙又tʃiu⁵³助住赚状揣自字牸座山靓岸又æ²¹³饿二贰赖濑缆烂滥浪涝泪类累镙厉丽励利例隶荔痢练炼恋殓链亮谅量数料廖另令陋漏赂路鹭露乱论理虑滤骂卖鳗漫慢茂冒贸帽貌妹闷孟梦面麵妙庙命谬磨石募墓那奈耐难灾闹内嫩腻念酿尿弄怒糯让认任务闰润外万妄忘旺望为什伪卫未位味胃谓猬魏问戊务误悟雾验样曳夜义艺议异易容谊硬用又右佑柚祐釉芋预遇喻御寓裕誉豫院愿孕运韵砚。

例外:"暴悴掉~头兑棍翰忌剂繋荐健竞具惧溃叛佩曝邵甚慎盛又ʃin⁵³逝誓讼诵颂遂系係校~学效械又xa⁵³仗~打阵治稚雉仲宙又ʧiu⁵³骤坠耳~坠头往下坠岸又ŋæ⁵³傲癫楝韧卧艳谚雁耀饫这"读阴去[213];"溜"读阴平[45];"耙薯饲疗馏谜玩晕"读阳平[22];"捕导~向~翡仅署辆"读阴上[33];"淡钝饵铝屡纬议咏泳"读阳上[31]。

7.古入声清声母字在鸬鹚话中读入声甲[24]

例如:八百柏又paˀ⁵³北逼笔必毕滗碧壁璧鳖别又pieˀ⁵³拨钵剥~削伯兄长伯~爷:伯父驳博擘侧搭答~应得德的目~又teˀ²督轭发法幅福复腹複膈鸽割革阁格隔嗝葛各谷骨榖刮郭国蛤黑霍藿击积激吉级即急棘脊迹绩鲫袂夹甲角脚觉接揭节劫洁结鞠菊决诀括辟迫雀撒塞色涩杀煞设摄又ʃieˀ失虱湿又ʃiˀ识又ʃaiˀ⁵³式饰适室释叔属束刷说~小朔肃速粟嗍缩索挖握龌屋吸昔析息休~息利~悉惜又saiˀ锡熄膝瞎泄宿戌又sø⁵³削~剥薛~雪血压押鸭腌一乙益郁约又yˀ⁵³则责絮摘窄折哲摺浙着~落汁织隻执又ʧiˀ⁵³职质粥竹烛又ʧuˀ⁵³祝筑捉桌又ʧyˀ⁵³酌足卒作媳灼铩恶~人啄眨擦册测策插察拆彻坼撤吃尺赤出畜~牲触戳促覆缉壳克刻客哭酷扩阔~绰阔开廊拍劈又phaiˀ匹~马匹~~布僻撇泼魄~气扑仆朴七漆切窃屈曲缺却确塌塔踢又thiˀ踢惕帖贴铁托託脱蓄~电池瘪。

部分读阳去[53]:柏又pa²⁴,又pha²⁴别又pie²⁴伯~公:曾祖父角~萨摄又ʃie²⁴湿又ʃai²⁴识又ʃai²⁴惜又si²⁴戌又sø²⁴薛又sø²⁴亿忆郁又y²⁴约又yo²⁴执又ʧi²⁴,又ʧi²⁴烛又ʧu²⁴桌又ʧy²⁴踶劈又phai²⁴僻魄~魂戚又tshai²⁴妾剔又thi²⁴。

例外:"的目~。~滴嫡"又ti²读入声乙[2];"窟"读阴平[45];"郝"读阳上[31]。

8.古入声浊声母字在鸬鹚话中大多数读入声甲[24]

例如:弼泊勃狄又teˀ²跌夺又tʃo⁵³乏伐阀筏佛又fʃ⁵³伏服又fø⁵³祓核及极疾集辑籍挟杰捷截局厅~局部~剧瀑舌涉拾又ʧiˀ⁵³蚀术秫述俗突夕习又siˀ⁵³袭协续继~|手~又su⁵³穴择泽铡直~~值植殖轴浊又ʧo⁵³族民昨脖额腭鳄垃腊蜡癞辣烙乐又lo⁵³肋~立~正粒曆列又lie⁵³劣烈又lie⁵³猎裂掠洛络又lo²⁴骆又lo²⁴落掳绿~略麦脉密蜜~蜂蜜~糖灭蔑篾膜抹末沫莫漠墨默纳捺又na²⁴聂孽虐诺又nɔ²⁴搦热又nie²⁴日肉辱入若弱袜药业叶又ie⁵³页又ie⁵³役又y⁵³育又y⁵³月又ŋø²⁴岳阅跃越粤褥。

读阳去[53]:拔白雹薄达谍叠碟蝶毒独读夺又tiˀ²罚佛~服又fø⁵³,又fu²⁴盒覈鹤猾滑活或获垃掘勺舌十~五~~又si²⁴石实拾又ʧiˀ⁵³食赎熟述硕沓特习又si²⁴席酒~席主~蓆侠峡辖续继~又sy²⁴学~校学~徒杂凿贼闸煤宅折蛰着~急直~走侄浊又tʃo⁵³族~宗汤乐又lo²⁴勒肋又lai²⁴力歷立~春栗列又lie²⁴烈又lie²⁴六陆录鹿禄络~骆又lo²⁴律率~效绿~色没茉木目牧沐睦捺又nɔ²⁴逆诺又nɔ²⁴热又nie²⁴勿物叶又ie²⁴,又nie²⁴页又ie²⁴亦役亦译易~疫玉育狱浴域欲月又ŋ²⁴。

例外:"狄又tiˀ²获敌笛涤"读入声乙[2];"拉拖~机摸"读阴平[45];"合十五~~又si⁵³读阳平[22];"喇"读阳上[31]。

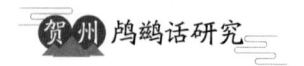

第六节　鸬鹚话语音与普通话语音的比较

鸬鹚话属桂北土话，在语音上与属北方方言的普通话差别很大，比较如下：

一、声母的比较

鸬鹚话有声母21个（包括零声母），普通话有声母22个（包括零声母）。鸬鹚话与普通话音值大致相同的声母有[p pʰ m f t tʰ n l k kʰ x ∅]。鸬鹚话有[ȵ ŋ j v]声母，普通话没有。鸬鹚话只有两套塞擦音[ts tsʰ s]和[tʃ tʃʰ ʃ]，普通话有三套塞擦音，所辖的字也有部分不同。普通话的4个卷舌声母[tʂ tʂʰ ʂ ʐ]是鸬鹚话所没有的。下面从每个声母所辖字的情况进行具体比较，可以进一步看出两种话更多的差异。比较时，先列普通话声母，再列鸬鹚话声母，最后是例字。

表22　鸬鹚话与普通话的声母比较

普通话	鸬鹚话	例字
p	p	八叭巴芭疤笆拔把~握把~菜罢霸壩吧~酒白百柏又pʰa²摆败拜稗扳~手班般颁斑搬瘢板版办半伴又pʰæ²⁴拌湴瓣扮邦帮浜绑榜谤磅包胞煲雹薄饱宝保堡报抱豹苞鲍暴爆杯卑揹悲碑北贝备背~诵背后倍被~子被~辈奔本笨崩绷逼鼻比笔鄙币必毕闭庇毙弼蓖痹滗碧蔽弊筚壁避璧臂边编又pie⁴⁵鞭贬扁匾变便~辨辩辫标彪瀌表錶鳖别宾彬滨哈尔~槟冰兵丙秉柄饼并屏病拨波玻钵剥菠播伯兄长~伯~公~曾祖父伯~爷~伯父驳泊勃博簸补不布步佈怖部埠簿耙曝脖怀靶
	pʰ	柏又pa⁵³又pa²⁴伴又pæ²¹³彼编又pie⁴⁵遍捕辟振
	m	扳~动擘瘪
pʰ	pʰ	番~禺怕拍派潘攀判盼叛乓榜胖抛脬跑泡渝炮佩配喷埄捧碰批坯劈匹~马匹~~布屁僻偏篇片骗漂~流漂~亮飘票撇拚拼品聘坡泼迫破魄~魂魄~气扑铺仆蒲又pu²²朴浦普谱舖襻
	p	便~宜掊打杷爬钯琶排牌簰盘庞旁刨~仔刨~地袍陪培赔盆溢朋彭棚蓬鹏篷膨纰皮枇疲琵脾嫖瓢贫频乒平评坪苹凭屏瓶菩婆菩葡蒲又pʰu²瀑
m	m	汤妈麻痲马码蚂骂埋买麦卖脉蛮馒瞒虋鳗满漫慢芒~果芒~种忙盲氓茫莽蟒毛矛茅锚蓩卯茂冒贸帽貌没~收玫枚眉莓梅脢媒楣煤霉每美妹门闷杏们蒙盟朦矇猛蜢懵孟梦眯弥迷谜糜米秘密蜜~蜂蜜眠绵棉免勉缅面麵苗描秒渺妙庙灭蔑篾民皿抿敏名明英~明~鸣螟命谬摸模~板模~范膜摩磨~刀磨~石蘑魔抹末茉沫莫漠墨默谋踎某母牡亩木目牧沐募睦墓孖双生~孖~带子背带马咩玛阿~~父亲嚤
	ȵ	猫

续表

普通话	鸬鹚话	例字
f	f	发乏伐罚阀筏法帆番~翻~凡矾烦繁反返犯饭泛范販範方坊~街~芳防妨肪房仿访纺飞妃非肥匪翡肺废费痱分~开~分~本~芬吩纷坟粉份奋粪愤丰风枫封疯峰锋蜂冯逢缝讽凤奉俸佛肤欸敷伏扶芙服俘浮符幅福抚斧府俯腑腐~豆~腐~竹~父付负妇附驸复副赋傅富腹袱複覆
	pʰ	辅
	x	放
t	t	澄达大逮代贷待怠袋旦但诞淡弹~子~蛋导~领~盗悼道稻的~目~扽~又tən²³³~邓堤滴狄获敌笛涤嫡地弟帝~国主~递第电垫奠殿刁貂雕谍叠碟蝶订定锭动栋~又tən⁵³~洞崠都~是~豆痘毒独读杜肚~腹~度渡镀段断缎锻队敦炖钝夺剁舵堕悖跺沓调~动~哒炉
	l	搭答~应~带戴丹担~任~担~子~单~独~耽胆疸当~应~当~翩~挡党荡刀叨叮~向~岛捣倒~打~倒~车~到得德扽~又tən³¹~灯登等戥凳低抵底牴帝~皇~颠癫典点店吊钓掉~头~跌丁叮疔顶鼎钉东冬董懂都~首~斗鬥督堵赌肚~猪~端短堆对墩多朵~耳~朵~花~调~曲~蚪打瞪抖栋~又tœ⁵³、又tən⁵³~
tʰ	tʰ	弹用手指弹他它塌塔胎苔太~过分~太~公~态泰贪摊滩瘫坦毯叹炭探汤烫涛讨套剔梯锑踢体剃惕替天添挑跳帖贴铁厅听挺艇通统捅桶痛偷敨斵透突土吐~口水~兔推腿退蜕吞托拖託脱妥椭捋
	t	弹~琴~臺坛谈痰谭潭檀罈唐堂棠塘糖逃桃陶萄淘~金~绚特腾藤提题蹄田甜填条调~味~廷亭庭停同峒桐铜童筒头投图徒途涂屠团糰驼砣疼凸
	x	淘~米~
n	n	腩那纳捺乃奶奈耐男南难~困~难~灾~糯恼脑闹呢内嫩能尼泥倪~又ni²²~你逆腻拈年鲇䘆撚念娘尿聂孽~又nie²⁴、又ie²⁴~宁扭纽钮农浓脓燶奴努怒暖挪诺糯女粘囊喃
	l	哪穤鸟弄
	nᵦ	黏酿孽~又nie²⁴、又ie²⁴~釀虐~又iɔ²⁴~搦
	ŋ	牛
	∅	倪~又ni²²~霓虐~又niɔ²⁴~
l	l	簀木箱垃拉~拖~机~喇腊蜡瘌辣来赖濑癞兰拦栏蓝篮~菜~篮~球~览揽缆榄懒烂滥郎狼廊榔朗浪捞劳牢痨老佬唠烙涝乐勒了~解~了~助词~雷垒肋泪类累擂镭棱冷厘狸离梨犁璃黎篱礼李里理裹鲤力歷厉立~正立~春~励利例隶~又ti⁵³~荔莉栗粒瘌曆连怜帘莲联廉鲢镰练炼恋殓栋链良凉梁粮樑两~斤~两~尺~亮谅辆量~丈~量~数~辽疗聊僚嘹鹩料廖瞭撩燎镣列劣烈猎裂邻林临淋磷鳞伶灵铃菱零龄岭领另令溜刘留流琉硫馏榴柳六龙咙胧聋笼笼隆窿拢垄楼搂陋漏卢芦庐炉鸬卤卤鲁陆录赂鹿禄路鹭露鸾銮圈卵乱掠仑伦轮崙论~理~不~啰罗萝脶锣箩骡螺攞洛络骆骡落囉驴吕捋旅铝屡褛履律虑率~效~绿~色~绿~豆~滤略磟靓寮裸瞭噜叻
	t	隶~又li⁵³~
	n	櫓

续表

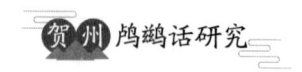

普通话	鸬鹚话	例字
k	k	尬该改鐦盖甘肝柑竿尴杆秆赶敢感橄干幹冈肛纲钢缸岗港杠高膏篙糕搞稿告膈鸽割戈歌哥革阁格隔嗝葛个各箇根~本跟庚耕耿梗更~换更~加工弓公~办公~伯功攻宫恭蚣躬龚巩拱共~产党贡供~应供~上勾沟钩狗构购够估孤姑鸪菇辜古谷股骨牯鼓毂固故顾雇瓜刮寡卦挂褂乖拐怪关观~参观~道官棺馆管贯冠~鸡冠~军惯灌罐光广归龟轨闺瑰诡鬼贵桂鳜滚棍郭锅国果裹过咽垢疳
	kʰ	溉概哽共~总籁规癸柜扛
	ŋ	憨
	tʃ	根~树~
kʰ	kʰ	会~计开揩凯楷刊坎砍槛看康糠抗炕烘烤考拷烤铐靠科颗壳搕可克刻客课肯垦恳坑空~天空~闲孔恐控抠口扣寇枯哭窟苦库裤酷夸垮跨块快筷宽款匡筐狂旷况矿框眶亏盔奎逵葵魁溃愧坤昆崑捆困扩阔~绰阔~开廓蚵
	k	括
	pʰ	翕粿
	tʃʰ	睏
x	x	哈~气还~是海亥害函韩寒罕喊汉焊翰憾行~银杭航蒿毫豪壕好~坏好~爱郝号□耗浩合何和河荷核盒贺鹤黑痕恨~仇恨~极想想到亨哼衡轰红宏虹洪鸿侯喉猴睺后厚候鼽慌又fəŋ45活伙~计或货获祸很
	f	含汗旱雾乎呼狐胡壶葫湖蝴糊虎浒互户护戽花划~华~中猾滑化画话怀淮槐坏欢环又xuæ22缓幻换唤患荒慌又xɔŋ45谎灰挥恢辉徽回悔毁汇会~开绘惠慧昏荤婚混魂火伙~食
	v	横~竖横横樽儿
	k	蛤青蛙
	kʰ	霍藿槐人名用字
	∅	还~东西禾髯划~桨环又fæ22皇黄凰隍蝗簧苘蟥
tɕ	k	车~马炮讥击又tʃi24饥机~器机~火打火机肌又tʃin35鸡松~松球基又tʃi45及几~茶己计~划记又tʃi213纪又tʃi45季又tʃi35既~继~寄~tʃi213髻加佳枷家自~自家~庭袂嘉夹甲贾假~真假~期价驾架嫁奸坚间~中间~隔艰奸兼监又tʃie45栋柬检减简碱见建舰铜鉴键江讲降交茭郊骄胶角~落角~八饺水~饺子狡绞搅觉~较教阶街解~开~放介戒芥届界堺疥今又tʃin35仅又tʃin213近~视劲禁京经惊梗颈景警径竞竟敬境镜究拘居鞠厅~局~部菊矩举巨句拒具剧据距惧锯捐鹃卷捲军均君钧校~对苣铗焗

94

续表

普通话	鸬鹚话	例字
	k^h	级 又 $tʃi^{24}$ 僵 疆 觉 ~悟 决 诀 菌 ~细 菌 食用~ 襟
	x	酵
	t	姐 ~妹
	ts	积 ~累 积 ~血 缉 即 疾 又 $tsʰi^{24}$ 集 ~体 集 人名用字 辑 籍 又 $tsʰi^{24}$ 挤 脊 技 际 剂 迹 济 祭 绩 鲫 尖 煎 剪 荐 溅 箭 将 ~来 将 ~领 浆 奖 桨 蒋 酱 椒 焦 蕉 醮 接 节 捷 截 姐 ~夫 借 津 浸 晶 晴 精 井 酒 聚 又 $tsʰy^{53}$ 俊
	ts^h	歼 笺 贱 践 匠 噍 儘 尽 净 静 就 聚 又 tsy^{24} 绝
	tʃ	击 又 kai^{24} 肌 又 ki^{45} 鸡 ~鸭 基 箕 稽 激 及 又 ki^{24} 吉 级 又 $kʰai^{24}$ 极 急 棘 几 ~个 计 伙 纪 ~律 技 忌 妓 季 又 ki^{213} 既 又 ki^{213} 继 又 ki^{45} 寄 又 ki^{213} 坚 又 kie^{45} 兼 又 kie^{45} 茧 趼 剑 姜 薑 娇 饺 ~子 馄饨 脚 缴 叫 揭 劫 杰 洁 结 巾 斤 今 又 kin^{45} 金 筋 仅 又 kyn^{213} 紧 锦 谨 禁 又 ken^{213} 纠 鸠 究 九 久 灸 韭 救 俱 橘 荆
	$tʃ^h$	件 轿 近 ~远 旧 舅 掘
	ʃ	圾
	k	杞 券
	k^h	卡 欺 又 $tʃi^{45}$ 其 又 $tʃi^{22}$ 奇 又 $tʃi^{22}$ 骑 又 $tʃi^{22}$ 棋 又 $tʃi^{22}$ 麒 企 又 $tʃi^{45}$ 契 牵 悭 谦 钳 又 $tʃie^{22}$ 乾 欠 歉 腔 强 劈 敲 禽 擒 轻 倾 顷 庆 区 ~地 驱 屈 趋 渠 曲 去 ~除 去 ~离 圈 权 拳 劝 缺 却 腔 确 裙 群 犬
$tɕ^h$	x	眉 女阴
	ts	雀 麻~；麻将
	ts^h	七 妻 凄 戚 漆 齐 脐 砌 千 迁 签 韆 前 钱 潜 籤 浅 枪 墙 抢 呛 锹 切 且 妾 窃 笡 侵 亲 ~人 亲 ~家 秦 青 清 情 晴 请 秋 鳅 鞦 囚 蛆 取 娶 趣 全 泉
	$tʃ^h$	期 欺 又 $tʃʰi^{45}$ 其 又 $tʃʰi^{22}$ 奇 又 $kʰi^{22}$ 歧 骑 又 $tʃʰi^{22}$ 棋 又 $tʃʰi^{22}$ 旗 鳍 岂 企 又 $tʃʰi^{31}$ 启 起 气 弃 汽 器 钳 又 $kʰæ^{22}$ 遣 跷 乔 侨 桥 巧 窍 翘 撬 茄 钦 芹 琴 勤 揿 穷 琼 丘 邱 求 球 荞
	∅	铅
	s	夕 西 昔 析 息 ~休 息 ~利 悉 惜 犀 锡 熄 膝 习 袭 洗 细 仙 先 鲜 线 相 ~互 相 ~貌 厢 湘 箱 镶 想 象 气~ 像 ~章 橡 肖 逍 消 宵 萧 硝 销 箫 霄 小 ~说 笑 些 写 泄 泻 卸 心 芯 辛 新 薪 信 星 猩 腥 醒 性 姓 修 秀 绣 戌 须 需 鬚 序 叙 绪 续 婿 宣 旋 ~毛 旋 ~转 选 癣 削 薛 雪 旬 巡 询 循 讯 迅 絮 媳
ɕ	ʃ	繁 畜 ~牧 吸 希 牺 稀 溪 熙 嘻 嬉 喜 戏 系 係 掀 贤 弦 嫌 显 险 蚬 蟓 县 现 宪 献 乡 香 享 响 向 项 又 $xɔŋ^{213}$ 晓 校 ~学 效 协 欣 刑 形 型 擤 鼻涕 幸 ~福 幸 ~荣 凶 兇 匈 胸 雄 熊 休 朽 嗅 虚 嘘 许 喧 玄 悬 穴 ~位；风水好的位置 学 ~校 勋 熏 薰 训
	ts	籼
	ts^h	席 酒~ 席 ~主 蓆 祥 象 大~ 像 ~相 邪 斜 谢 袖 徐
	$tʃ^h$	蓄 ~电池
	f	攉 扔
	l	罅

95

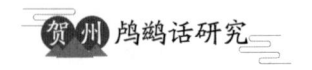

续表

普通话	鸬鹚话	例字
	k	挟~菜械又xa⁵³
	x	行~为鹹虾瞎侠峡辖霞下~去下~面吓~一跳夏闲咸苋限项又ʃæ³³巷孝鞋械又ka²¹³蟹兴~起兴~高兄墟穴~位:中医学术语学~徒血杏
tʂ	tʃ	朝~气择渣楂诈炸榨斋打~斋聊~摘窄债毡盏展佔战张章樟长~省涨掌仗帐账障招昭找~钱(退回多余的钱)召~集照罩遮折哲摺者这浙蔗鹧着贞针侦珍真砧臻诊枕疹圳阵振震镇争征筝蒸踭拯整正~月正~反证政症支汁枝知~识肢织脂隻执直~职植殖止旨址纸指趾徵至志帜制质治致痔痣置稚雉製誌中~间中~打~忠终盅钟衷锤肿种~类种~树仲众舟州周洲粥轴咒宙又tʃiu²¹¹皱~纹朱珠诸硃竹烛主煮注祝著蛀铸筑註抓专砖转~身赚又tʃuæ⁵³篆妆庄桩装壮追赘准準捉桌酌锥湛斩灼啄眨蚩占
	ts	之只~有芝知~音智
	tʃʰ	传~记闸铡宅寨站丈~夫杖召~兆赵蛰着~急郑侄值仲宙又tʃiu²¹¹骤助又tsʰ⁵³贮赚又tʃuæ⁵³状揸浊
	tsʰ	助又tʃu⁵³
	ʃ	属术煤水煮肇朏
	t	丈~量着被直~走重~量住驻柱坠~耳~
	n	猪
	l	胀涨~大竹~仔:竹子转~轮子坠~头往下坠
	ȵ	皱~眉头爪
tʂʰ	tʃʰ	叉权插茶查搽察汉岔差拆钗柴豺禅蝉产铲昌肠尝又ʃæ²²常偿又ʃæ²²厂场倡唱抄钞超朝~代嘲潮吵炒车汽~彻坼撤臣尘陈衬趁称~呼称~心撑~金撑~口攀舌:打哈欠瞠程橙秤掌吃池驰持漦尺齿耻又tsʰi³³赤翅冲充春衝揰抽仇~绸酬愁筹丑醜臭出初除厨锄础储楚处~理处~所畜触川穿传~达串疮窗床闯创~造吹炊春椿纯又ʃyn²²蠢戳踅重~新鹑掺埕
	tsʰ	耻又tʃʰi³³
	ʃ	尝又tʃæ²²偿又tʃæ²²辰晨成诚承城乘豉船纯又ʃyn²²唇醇
	t	缠沉迟虫捶锤槌长~短
ʂ	ʃ	参~人率鞘杀沙纱砂痧傻煞筛晒山杉衫搧闪陕扇善骟鳝伤商赏上~去上~面尚裳烧稍筲勺韶少~多少~年邵绍哨潲奢赊舌蛇舍捨设社射涉骚摄麝申伸身深神沈审婶甚渗慎升生声牲笙甥甡圣胜盛剩尸失虱施~湿十石时识实拾食蚀史使驶又sï³³屎世市式势饰试视适室逝释誓匙收手守首寿受授售书叔殊梳舒疏输蔬赎熟暑署鼠薯术束述树竖数~数~目刷耍衰帅闩拴栓双霜爽水税睡顺说~小朔硕折~本

96

续表

普通话	鸬鹚话	例字
	s	胜师诗狮施_措~驶_又ʃi³³士氏仕事侍柿
	tʃʰ	始是
	t	盾
	n	恁
	x	厦_大~
ʐ	n	燃_又ie²²瓤挼
	tʃ	肉
	ʃ	瑞
	nʑ	染让桡惹_又ia³¹热蕊蕊弱
	ŋ	软_又ye³¹
	ø	然燃_又nie²²扰绕惹_又nia³¹人壬仁忍认任_务任_姓韧仍日戎茸荣绒容蓉溶榕熔融柔如儒乳_又niui³¹入阮软_又ŋø³¹闰润若
	j	辱褥
ts	ts	曾姓僧灾宰崽再赞遭糟早枣蚤澡灶则责增憎罾姿资滋子姊梓紫总粽邹走租足卒族_民阻_又tʃɿ⁵²组祖钻_动钻_头嘴最醉尊遵樽左作做簪载赃葬宗综棕踪鬃纵_放~纵_~横
	tʃ	泽_又tʃa²⁴,_又tʃɿ²⁴紮阻_又tsu³³
	tsʰ	杂在暂潜凿造燥躁贼赠自族_宗罪坐座昨噪撮藏_西~脏鏊
	tʃʰ	泽_又tʃa²⁴
	s	字牸簪
tsʰ	tsʰ	擦猜才材财裁采彩睬踩菜蔡参_加餐残蚕惭惨灿操糙曹嘈槽草层曾_经~词祠瓷辞慈磁雌鹚此次刺_刀赐葱聪凑粗促醋窜崔催脆悴粹翠存搓挫措锉错仓苍舱藏_隐匆从丛村寸
	tʃʰ	册厕测策
	tʃ	侧
	kʰ	岑
s	s	撒萨腮塞鳃赛三伞散骚扫嫂臊司丝私思斯螄死巳四寺祀肆鬆讼宋送诵颂擞嗖苏俗诉肃素速粟嗦塑酸蒜算虽荽岁遂碎隧损笋榫唆梭簑所索琐锁宿桑丧_事丧_失忪孙
	ʃ	唯色森扨馊搜嗦嗍缩
	tʃ	涩
	tsʰ	似饲随松

续表

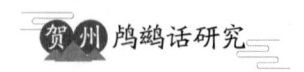

普通话	鸬鹚话	例字
∅	∅	阿哀埃唉矮爱安庵鞍岸_又ŋæ⁵³_按案暗凹袄坳奥澳肮恶_厌_恩儿而耳饵二贰拗沤欧殴鸥呕偶_又ŋau⁵³_藕_又ŋæ⁵³_怄区姓挖洼蛙娃瓦弯湾豌丸完玩顽挽晚碗万腕汪王枉往旺危威微为_行_为_什么_违围桅唯惟维伟伪苇纬委萎卫未位味畏胃谓猬慰魏蕹渥乌污巫诬屋无吴梧蜈五午伍武鹉舞勿戊务物误悟雾丫压押鸭哑胭烟阉腌_咸腌_肉延言炎沿盐阎檐厣掩演厌艳晏宴谚堰燕_子_央殃鸯秧扬阳杨疡洋仰养痒样妖腰邀尧姚窑谣摇遥肴药要_求_要_重_耀椰_椰_子_爷也野业_又nie²⁴_叶_nie²⁴_页曳夜一衣医依仪宜姨移遗疑乙已以蚁_又ŋæ_椅亿义艺忆议亦异役译易_客_易_交_疫益谊意因阴荫音姻吟银_子_耳寅引隐瘾印英_雄_英人名用字莺婴缨樱鹦鹰迎盈赢颖影应_该应_映_反_拥庸雍壅永咏泳勇_敢勇_人名用字涌踊用优忧幽尤由邮油鱿游友有酉又右幼_颗粒非常细幼_儿园佑柚祐诱於淤于余鱼_虾鱼_馀娱渔愉愈与宇羽雨禹语玉芋饫郁育_又ju²⁴_狱浴预域欲遇喻御寓裕誉豫鸳冤渊元园员袁原圆援缘猿源远怨院约阅跃越粤晕云匀耘允孕运韵鸦恶_人_砚鹤鹚捂
	v	煨温瘟文纹炆闻稳翁卧芜芴窝_蜂_煤
	j	营映_山红_育_又y⁵³_
	m	袜外_又ŋø⁵³_亡网妄忘望尾蚊问
	n	验
	ȵ	严研_究_业_又ie²⁴_
	ŋ	挨捱癌岸_又æ³¹_昂熬_汤_傲俄鹅蛾额轭饿腭鳄偶_又au³¹_藕_又au³¹_外_又mø⁵³_我握牙芽蚜衙岩研_碾_唵颜眼_睛_眼_窟窿_雁肴咬蚁_又n³¹_硬愿月岳伢呃_骗_

二、韵母的比较

鸬鹚话有韵母30个，比普通话的39个韵母少。鸬鹚话的[ʔ]韵尾是普通话所没有的。普通话只作叹词的韵母[e]，鸬鹚话自成音节的韵母[n]，没有可对应的比较。下面再从每个韵母所辖字的情况进行具体比较，可以进一步看出两种话的更多差异。比较时，先列普通话韵母，再列鸬鹚话韵母，最后是例字。

表23　鸬鹚话与普通话的韵母比较

普通话	鸬鹚话	例字
ɿ	ɿ	词祠瓷辞慈磁雌鹚此次刺赐司丝私思斯蛳死巳四寺祀饲肆姿资滋子姊梓紫自字籽
	i	似
ʅ	ɿ	耻_又tʃʰɿ²¹_师诗狮施_措_驶_又tʃʰɿ²¹_士氏仕事侍柿之只_有_芝知_音_智
	i	池驰迟持齿耻_又tʃʰɿ²¹_豉翅尸失施_工_湿十时拾蚀史使始驶_又sɿ⁵³_屎示世市式势饰试视_近_是适室逝释誓匙支汁枝知_识_肢脂执_又tʃai²⁴_侄植_又tʃai²⁴_殖_又tʃai²⁴_止旨址纸指趾至志制_又tʃai²¹_质_又tʃai²⁴_治致痔置稚雉誌

98

续表

普通话	鸬鹚话	例字
	ai	尺赤石识食织隻执_又tʃi⁵³_ 又tʃi²⁴ 直值职植_又tʃi²⁴_ 殖_又tʃi²⁴_ 帜制_又tʃi²¹³_ 质_又tʃi²⁴_ 製
	ie	吃謷
	ø	虱
	n	日
i	i	鼻比彼笔鄙币必毕闭庇毙弼蓖痹滗碧蔽弊箅壁_又pai²⁴_ 避璧臂的_目~_ 又te?² 低堤狄_又te?²_ 抵底牴地弟帝_~国主_ 帝_皇~_ 递第汤击_又kai²⁴_ 饥机肌鸡_~鸭_ 积基缉箕稽激及吉级_又kʰai²⁴_ 极即急疾_又tsai²⁴_ 棘集辑_又tʃai²⁴_ 籍_又tsai²⁴_ 几茶 几_个~_ 已挤脊_又tsai²⁴_ 计_伙~_ 记纪技忌际妓季剂济既继祭寄绩_又tsai²⁴_ 繄厘狸离梨犁璃黎篱礼李里_又ly³¹_ 理裹鲤厉立_正~_ 春丽励利例隶荔莉粒痢睐弥迷米密蜜_~蜂_ 尼泥倪霓你逆腻批纰坯皮疲琵脾匹_~马_ 屁辟僻七妻凄欺漆齐其奇歧脐骑棋旗鳍麒岂企杞启起气弃汽砌器剔梯锑提题蹄体_~育_ 剃惕替夕西吸希昔析牺息悉惜_又sai⁵³_ 稀犀溪熙熄嘻嬉习席_酒~_ 袭洗喜戏系细係一衣医依仪宜姨移遗疑乙以椅亿义艺议议亦异译易_~疫谊意媳_童养~_ 又sai⁵³ 咝啦
	ai	逼壁_又pi²⁴_ 击_又tʃi²⁴_ 机_火~：打火机_ 鸡_松球：松球_ 积_血~_ 级_又tʃi²⁴_ 疾_又tʃi⁵³_ 集_人名用字_ 辑_又tsʰi²⁴_ 籍_又tsʰi²⁴_ 脊_又tsi²⁴_ 计_会~_ 迹绩_又tsi²⁴_ 鲫暨力历栗曆劈匹_~布_ 戚契屐踢息利_~惜_ 又si²⁴ 锡席_主~_ 蓆易_交~_ 益媳_童养~_ 又si²⁴
	e?	的_目~_ 又ti²⁴ 滴狄_又ti²⁴_ 获敌笛涤嫡
	ɿ	技_~能_
	y	里_又li³¹_ 役
	a	怀_又pia³¹_
	æ	蚁_又n³¹_
	ɔ	圾
	ø	糜_木头等霉烂_ 膝
	ia	怀_又pa³¹_
	ie	蜜_~糖_
	n	蚁_又ŋæ³³_
u	u	补捕不布步佈怖部埠簿锄础楚畜_牲~_ 触粗促醋都_首~_ 督堵赌杜肚_猪~肚~仔~肚子_ 度渡镀恶_厌~_ 夫肤麸敷伏_又fø²⁴_ 扶芙服_又fø⁵³_ 俘符抚斧府俯辅腑腐_豆~腐~竹_ 父付负妇附驸复_又fø²⁴_ 副赋傅富腹_又fø²⁴_ 袱估孤姑鸬菇辜箍古谷股骨牯鼓固故顾雇乎呼狐胡壶葫湖蝴糊鬍虎浒互户护戽枯窟苦库裤酷卢芦庐炉鸬卤房鲁橹陆录赂鹿禄路鹭露模_~板_ 母亩_又mau³¹_ 沐募睦墓奴努怒扑_又pʰø²⁴_ 铺葡蒲浦普谱舖辱叔赎_又fy⁵³_ 属束竖数_~_ 数_目_ 苏俗诉肃素速粟突图徒途涂屠土吐兔乌污巫诬无梧武鹉舞勿戊物误悟雾宿竹_烛~_ 烛助_又tʃu⁵³_ 贮祝筑租足族_民~族~_ 阻_又tʃu²⁴_ 组祖褥妒噜唔
	y	出除厨储处_理~_ 处_所~_ 如儒乳_又iui³¹_ 又niui³¹ 书殊舒输暑署鼠薯术尤述树竖_又fy⁵³_ 嗪朱珠诸硃猪主煮住注驻柱著蛀铸註卒
	ɔ	初菩朴梳疏蔬塑阻_又tsu³³_

99

续表

普通话	鸬鹚话	例字
	ø	毒独单~读伏又fu24服又fu24幅福复又fu24腹又fu24複覆穀哭木目牧扑又pʰu24仆赎又fu53熟屋
	ɿ	助又tʃu53
	au	浮牡亩又mu31
	iu	竹~子
	iui	乳又y31
	et	凸
	n	入吴蜈五伍午
y	y	车~马咆拘居鞠局~部菊又kɔ24矩举巨句拒具俱剧据距惧锯聚驴又lu22吕旅铝屡履律虑率~效绿滤女区~地驱屈蛆趋渠曲取娶去~离趣畜须虚墟需嘘鬚徐许序叙绪续~继又su53婿又si213於淤于余鱼~虾徐娱渔愉愚与宇羽雨禹语玉芋饫郁育又ju24狱浴预域欲遇喻御寓裕誉豫橘
	i	去除婿又sy213苣
	u	局厅驴又ly22续~继|手育又y53蓄~电池焗
	ɔ	絮
	ø	菊又ky24戌
	au	褛
	iu	绿~豆
	n	鱼鳜~鲤~草~
a	a	阿~爷叭巴~结芭笆拔又pɔ53把~握罢吧酒~。又pɔ45差~别错大~小发乏伐罚阀筏法膈哈~气拉拖~机喇瘌妈乸哪捺又nɔ24玛阿~;父亲靶
	ɔ	阿~斗八巴~掌疤拔又pa53把~菜霸墒吧酒~。又pa53擦叉杈插茶查搽察汉岔搭达答~应垃腊蜡辣麻痳马码蚂骂那纳捺又na53杷爬钯耙琶怕撒萨杀沙纱砂痧傻厦煞他它塌塔查杂桬渣楂闸煠铡诈炸榨孖双生~带子:背带眨打
	ai	尬
	ua	蛤青蛙
ia	ɔ	加枷家~庭傢袂嘉夹甲贾假真~假~期价驾架嫁虾瞎侠峡辖霞下~去~面夏鳝丫压押鸭牙芽蚜衙哑铗鸦又a45
	a	家自~;自己卡吓~—跳伢鸦又ɔ45
	ai	佳人名用字
ua	ua	瓜刮寡卦挂褂划~桨夸垮跨刷耍挖洼蛙娃瓦~砖抓
	a	花划计~华猾滑化画话
	ɔ	袜
	iau	爪

续表

普通话	鸬鹚话	例字
o	ɔ	薄拨波玻钵剥₋削菠播驳泊勃博簸佛又fɔ24没摸模₋范膜摩磨₋刀磨₋石蘑魔抹末茉沫莫漠坡泼婆迫破袜脖嚛
	a	伯兄长擘魄₋魂魄₋气
	ai	墨默
	ø	佛又fɔ53
ou	ɔ	戳龊搓挫措锉错多夺朵₋耳刹舵堕惰跺又tɔ53郭国果裹活伙₋计或货获祸霍藿扩阔₋绰廓啰罗萝脶锣箩骡螺攞洛络骆落囉挪诺糯朔硕唆梭蓑嗍所琐锁托拖託脱驼砣妥椭挼我卧龌着₋落捉桌浊酢左作坐座₋─山灼莴窝昨啄裸撮
	ɹ	做
	u	锅过火伙₋食
	a	握
	ø	朵₋花跺又tɔ53说₋小缩
	ie	搦
	ɔi	若弱
	iu	着被
	ua	括阔₋开
ie	ie	鳖别跌谍叠碟蝶接揭节劫杰洁结捷截姐₋妹姐₋夫借列劣烈猎裂灭蔑篾聂孽撇切且妾窃笡帖贴铁些协邪斜写泄泻卸谢椰业叶页曳瘪哶
	a	街解₋开介戒芥界堺疥茄鞋械
	ia	椰₋树爷也野夜
	ai	阶皆解₋放蟹
	ɔ	挟₋菜
	ø	血
ye	ye	阅越粤
	ɔ	觉₋悟|自略却确削₋剥学₋校学₋徒
	ø	决诀绝掘掠缺薛穴₋位:中医学术语雪月
	ie	穴₋位:风水好的位置
	ɔi	虐约跃
ɣ	a	册厕测策车汽坼得德额轭革阁格隔嗝核克刻客奢赊蛇舍捨社射骕麝则责泽又tʂɿ24遮蔗鹧呃骗
	ɔ	屙俄鹅蛾饿腭鳄鸽戈又ku45歌哥个各箇合何河荷盒贺鹤科颗稞壳掆可课乐特泽又tʂɿa24恶₋人呃蝌

101

续表

普通话	鸬鹚话	例字
	u	戈 $_{又kɔ^{45}}$ 禾稞 $_{果核}$
	ie	彻撤呢热涩舌设涉摄折 $_{~断}$ 折 $_{~本}$ 哲摺者这浙蜇
	ia	惹
	ai	侧勒色垫
	iu	了 $_{助词}$
	ua	割
	eʔ	叻
ɚ	i	儿而耳饵二贰
ai	ai	哀埃唉爱稗 $_{又pa^{45}}$ 伯 $_{~爷;伯父}$ 猜 $_{又tsʰa^{45}}$ 差 $_{~出}$ 该改溉概亥害凯楷薹乃奶塞 嗤灾宰崽 $_{又tsø^{33}}$ 斋载
	a	挨捱矮白百柏摆败拜稗 $_{又paiʔ^{53}}$ 猜 $_{又tsʰai^{45}}$ 采 $_{~彩}$ 彩 $_{~色。又tsʰø^{33}}$ 踩拆柴拍 $_{打}$ 鎃揩赖濑埋买麦 卖脉拍排牌簰派赛筛晒择斋摘窄债寨振斋 $_{揩~;}$ 打斋寨
	ø	才材财裁采 $_{又tsʰø^{33}}$ 彩 $_{好}$ 睬菜蔡豺逮 $_{又ti^{53}}$ 代带贷待息袋戴盖海开来奈耐腮鳃胎苔臺 太 $_{~过分}$ 太 $_{~公}$ 态泰崽 $_{又tsai^{33}}$ 再在
	i	逮 $_{又tø^{53}}$
	ɔ	钗癞宅
	æ	癌还 $_{~是}$
uai	ai	怀淮槐 $_{~树}$ 坏
	ua	会 $_{~计}$ 块快筷
	uai	乖拐怪率 $_{~领}$ 帅
	ui	槐 $_{人名用字}$ 衰
	ø	外
ei	i	卑贝 $_{宝~}$ 备被 $_{~子}$ 被 $_{~动}$ 飞妃非肥匪翡肺废费痱眉楣谜
	ø	揹贝姓背 $_{~诵}$ 背 $_{~后}$ 倍辈玫枚莓梅腜媒煤霉妹内陪培赔佩配礌
	ai	北黑肋贼
	ui	杯悲碑雷垒泪类累 $_{~连}$ 累 $_{~积}$ 擂鎞每美
uei	ui	归龟规闺瑰癸贵 $_{又ki^{213}}$ 桂鳜 $_{又kui^{213}}$ 恢 $_{~复}$ 回 $_{又fø^{22}}$ 茴悔亏盔奎逵葵魁溃愧虽危威微 $_{行~}$ $_{~为}$ $_{~什么}$ 违桅唯惟维伟伪苇纬委萎卫未位味畏胃谓猬慰魏
	i	轨诡鬼柜贵 $_{又kui^{213}}$ 跪鳜 $_{又kui^{213}}$ 挥辉徽毁
	u	最 $_{又tsø^{213},又tsy^{213}}$
	y	吹炊捶锤崔催脆悴粹翠瑞水税睡荽随岁遂隧坠 $_{头往下坠}$ 坠 $_{~耳}$ 赘嘴最 $_{又tsø^{213},又tsu^{213}}$ 醉 槌锥

续表

普通话	鸬鹚话	例字
	ø	堆队对兑碓灰恢 又fui45 回 又fui22 汇会 ~开 绘惠慧碎推腿退蜕煨最 又tsu213, 又tsy213 罪
	iui	蕊
	eŋ	尾
au	ue	熬 ~汤 袄坳傲奥澳包胞煲雹饱宝保堡报抱豹菢鲍暴爆操糙曹嘈槽草抄钞吵炒刀叨 导 ~领 导 ~向 岛捣倒 ~打 倒 ~到 盗悼道稻高膏篙糕搞稿告蒿毫豪壕好 ~坏 好 ~爱 郝号 ~口 耗浩考拷烤铐靠捞劳牢痨老佬唠涝毛矛茅锚牦卯茂冒贸帽貌恼脑闹拗抛脬刨 ~仔 刨 ~子 刨 ~地 袍跑泡淘炮 ~枪 曝骚扫嫂臊稍 又ʃau22 筲韶 又ʃɔ22 邵 又ʃɔ22 绍 又ʃɔ213 哨潲涛逃 又ta22 桃陶 萄淘 ~金 淘 ~米 绚讨套遭糟早枣蚤澡灶造燥躁招 又tʃau45 昭 又tʃɔ22 找 钱（退回多余的钱）召 ~号 ~兆 赵罩噪
	ɔ	凹朝 ~气 朝 ~代 嘲潮烙烧勺韶 又ʃau22 少 ~多 少 ~年 邵 又ʃau213 绍 又ʃau213 凿招 又tʃau45 昭 又tʃau45 召 ~集 照 肇着 ~急
	a	逃 又tau22
	iu	超鞘稍 又ʃau45
	iau	猫绕
	ɔi	桡扰
iau	iu	标彪瀌表錶刁貂雕吊钓骄椒焦蕉噍醮了 ~解 辽疗聊僚嘹鹩料廖瞭撩燎镣苗描秒渺 妙庙鸟尿漂 ~流 漂 ~亮 飘嫖瓢票锹挑条调 ~味 调 ~动 调 ~曲 跳肖逍消宵萧硝销箫霄小 ~说 笑寮
	au	交茭郊胶饺 ~水 饺 ~子 狡绞搅觉 ~睡 较教酵敲孝校 ~对 校 ~效肴咬
	ɔ	娇角 ~落 角 ~八 饺 ~子 馄饨 脚缴叫轿跷乔侨桥巧窍翘撬雀晓荞
	iɔ	妖腰邀尧姚窑谣摇遥舀药要 ~求 要 ~重 耀鹞
	ø	掉 ~头
ou	iu	抽仇 ~报 绸酬愁筹丑醜臭柔收手守首寿受授售搜斛舟州周洲咒宙皱骤
	au	否眸谋踩某欧殴鸥偶藕 又ŋæ33 区 ~姓 邹
	a	凑斗豆鬥痘勾沟钩狗构购够侯喉猴后厚後候齁抠口扣寇楼搂陋漏沤怄肉瘦馊搜 嗽偷头投敨透走蚪垢抖
	u	粥轴
	ɔ	都 ~是
	æ	藕 又au31
	ua	呕
iou	iu	纠鸠究 ~研 究 ~竟 九久灸韭酒旧救就舅溜刘留流琉硫馏榴柳六谬牛扭纽钮邱秋鳅 鞦囚求球休修朽秀袖绣优忧幽尤由邮油鱿游友酉又右幼 颗粒非常细 ~儿园 佑祐诱釉
	ɔi	柚
	ɔŋ	嗅

续表

普通话	鸬鹚话	例字
an	æ	安庵鞍岸按案暗扳~手~扳~动班般颁斑搬瘢板版办半伴拌泮瓣扮参餐残蚕惭惨灿禅缠蝉产铲丹担~任担~子单~独耽胆疸旦但诞淡弹~琴弹~子弹用手指弹蛋帆番~禺番~翻~翻凡矾烦繁反返犯饭泛范贩範尴赶敢感橄幹含函韩寒罕喊汉汗旱焊翰憾刊坎砍槛看兰拦栏蓝篮~菜篮~球览揽缆榄懒烂滥蛮馒瞒鳗满漫慢男南难~困难~灾潘攀盘判盼叛三伞散山闪陕贪摊滩瘫坛谈痰谭潭檀罎坦毯叹炭探暂赞潸盏展佔战站~车湛斩鹐錾疝簪喃襻搀
	uæ	甘肝柑竿杆秆干
	a	扅
	ɔ	衫杉
	ie	然燃染搛扇善骟鳝毡占
	eŋ	拚
ian	ie	边编鞭贬扁匾变便~宣便~方遍辨辩辫颠癫典点电店垫奠殿尖歼坚艰兼笺煎俭茧检趼剪见件建荐贱剑健践溅键箭连怜帘莲联廉鲢镰练炼恋殓楝链脸眠绵棉~花免勉缅面麵拈年鲇撵撚念偏篇片骗千迁牵谦签韂前钱钳~k‘ie²²乾潜簽浅欠歉天添田甜填仙先掀鲜~花。又sø⁴⁵鲜~朝~。又sø³³贤弦嫌显险蚬县现线宪献胭烟阉腌~咸菜腌~肉延严言炎沿研~究盐阎檐厣掩演厌艳宴谚堰燕~子粘砚搌
	æ	奸间~中~间~隔姦监拣柬减简碱鹻舰铜鉴悭钳~tʃ‘ie²²闲咸莧限岩研~礶崦颜眼~睛眼~窟窿晏雁籼
	ø	遣鲜~花。又sie⁴⁵鲜~朝~。又sie³³
	ɔ	棉~絮：棉花
	ia	黏
	in	蟺
	ye	铅
uan	æ	欢环~uæ²²缓幻换唤患
	ø	川穿传~达传~记船串窜软~ye²¹专砖转
	uæ	端短段断缎煅关观~参观~道官棺馆管贯冠~鸡冠~军惯灌罐还~东西环~又fæ²²宽款鸾銮圞卵乱暖闩拴栓酸蒜算团槫弯湾豌丸完玩顽挽晚碗万腕赚篹钻~洞钻~头
	ye	阮软~又ŋø³¹
yan	ø	捐鹃卷捲圈权全泉拳劝券宣喧玄悬旋~毛旋~转选愿犬
	ie	癣
	ye	鸳鸳渊元园员袁原圆援缘猿源远怨院
	in	芫

续表

普通话	鸬鹚话	例字
ən	ən	笨拖~ləŋ²¹³
	in	奔本参~人~岑臣尘辰沉陈晨趁分~开分本~芬吩纷坟粉份奋粪愤根~树~门闷杏们喷盆溢人壬仁忍任~务任~姓森申伸身深神沈审恁婶甚~ʃen²¹³贞~ʃen⁴⁵针珍真砧臻诊枕疹阵振震镇朕
	yn	慎圳
	ø	跟痕~xeŋ²²恨极想得到
	eŋ	称~心恩根~本痕~xø²²恨仇肯垦恳甚~ʃin²¹³渗贞~ʃin⁴⁵侦很
	ɔŋ	衬拖~tɔŋ³¹
	n	认韧
in	in	宾~peŋ⁴⁵彬滨巾斤今金津筋仅~kyn³³紧锦谨儩尽进近~视近远浸禁~keŋ²²邻~leŋ²²林临淋磷~leŋ²²鳞民皿抿敏贫~peŋ⁴⁵频品钦侵亲~人芹秦琴禽勤揿擒心芯辛欣新薪信因阴荫音姻吟银~行|耳淫寅引隐瘾印襟
	yn	仅~tʃin³³
	eŋ	宾~piŋ⁴⁵禁~tʃin²¹³邻~lin²²磷~lin²²拼贫~piŋ²²聘
	n	银~仔:银子
uən	ən	炖钝
	in	昏荤婚混魂仑伦~lyn²²轮笋榫温瘟文纹炆闻蚊稳问樽
	yn	春椿纯唇醇蠢敦盾滚棍坤昆崑捆困伦~lin²²崙论理闰润顺准準尊~tsø⁴⁵遵~tsø⁴⁵鹌
	ɔŋ	村寸墩论不~嫩孙
	ø	存损吞尊~tsyn⁴⁵遵~tsyn⁴⁵
	y	睏
yn	yn	军均君钧菌~细俊裙群勋熏薰旬巡询循训迅~sin⁴⁵晕云匀耘允孕运韵
	in	迅~syn²¹³讯
	ø	菌食用菌
aŋ	aŋ	盲莽蟒乓庞胖
	ɔŋ	昂邦帮浜绑榜谤磅仓舱藏~隐~藏西~昌~tʃø⁴⁵肠当~应~当~舖挡党荡方坊~街~芳防妨肪房仿访纺放冈肛纲钢缸岗港杠行~银~杭航康糠扛抗炕烘烤郎狼廊榔朗浪芒~果芒~种忙氓茫褛旁榜瓢桑丧~事丧~失汤唐堂棠塘糖烫赃脏葬嚢
	ia	让长~短丈~量胀涨
	æ	昌~tʃø⁴⁵尝常偿厂场倡唱伤商赏上~去上~面尚裳张章樟长涨掌丈~夫仗杖帐账障
	ø	戆

续表

普通话	鸬鹚话	例字
iaŋ	iæ	将~来将~领浆奖桨蒋匠酱良凉梁粮粱两~斤两斤亮谅辆量~丈量数娘酿枪墙抢呛乡相互~相~貌香厢湘箱镶祥享响想向象大~象气~像~章像~橡央殃鸯秧扬羊阳杨疡洋仰养痒样
	iaŋ	僵疆腔强勇靓
	ɔŋ	江讲降腔项又ʃæ⁵³巷晾
	æ	姜薑项又xɔŋ⁵³
uaŋ	uaŋ	匡筐框眶汪
	ɔŋ	疮床闯创光广荒慌皇黄凰隍蝗簧谎狂旷况矿双霜爽亡王网柱往妄忘旺望妆庄桩装壮状捶蟥
	æ	窗
əŋ	əŋ	崩~塌层曾姓曾~经称~呼撑~伞撑~口擘声打哈欠瞠成诚承城乘程澄橙秤掌灯登等戥邓凳庚耕哽梗更~改更~加横~竖横横儿衡坑冷能僧升生声牲笙甥鉎省圣胜~利胜~任盛又ʃin⁵³剩腾藤增憎曾赠争征又tʃin⁴⁵筝又tʃin⁴⁵蒸拯整正~月正~反证郑政症徵疼蹭埕
	aŋ	绷耿亨哼猛蜢彭棚又pø²²膨
	ɔŋ	讽又fø³³蒙盟朦矇又mø²²孟又mø²²碰
	in	棱仍盛又ʃen²¹³征又tʃen⁴⁵筝又tʃen⁴⁵
	ø	崩掉下来丰风枫封疯峰锋蜂冯逢缝讽又fəŋ³³凤奉俸矇~懵孟又məŋ⁵³梦朋棚又paŋ²²篷蓬鹏篷捧
iŋ	eŋ	冰兵丙秉柄饼并~pin⁴⁵病丁叮疔顶鼎订钉定铤行~为劲京经惊晶~tsin⁴⁵睛粳精井颈景警径净竞竟敬静境镜伶又lin⁴⁵灵铃零龄岭领另令又lin⁴⁵名明~白鸣又min⁴⁵命宁兵平评坪苹凭屏瓶萍青轻倾清情晴顷请庆厅听廷亭庭停挺艇星猩腥醒擤扔~鼻涕兴~起兴~高幸~福性姓英鹰营赢影应~答映反~映山红硬杏
	in	槟并又peŋ²¹³晶又tsen⁴⁵伶又leŋ⁵³菱令又leŋ⁵³明英~鸣又men⁵³螟亲~家刑形型幸~荣英~继莺婴缨樱鹦迎盈颖应~该荆
	ø	屏
uəŋ	ɔŋ	翁
	ø	薐
uŋ	ɔŋ	冲充春衝虫揰匆从丛栋又tø⁵³弓~kø⁴⁵功~kø⁴⁵攻~kø⁴⁵宫~kø⁴⁵恭躬龚巩拱共~产党共总~贡供~应供上~轰又xø⁴⁵孔恐控龙笼隆窿拢垄农浓脓又nø²²燶弄松耸中~间中打~忠终盅钟衷锺肿种~子种~树仲众重~新重~量宗综棕踪鬃纵~横纵~放
	iɔŋ	醵戎茸荣绒容蓉溶榕熔融蘢
	eŋ	蚣

106

续表

普通话	鸬鹚话	例字
yŋ	ø	葱聪东冬董懂动栋～动,～栋洞戙工弓～kɔŋ⁵公～办,～叔祖父功～kɔŋ⁴⁵攻～kɔŋ⁴⁵宫～kɔŋ⁴⁵躬～kɔŋ⁴⁵簟轰～ŋex⁴⁵红宏虹洪鸿空～天,～闲咙胧聋脓～ŋɔŋ²²鬆扨讼宋送诵颂通同茼桐铜童统捅桶筒痛总棕
	uŋ	穷琼凶兇匈胸雄熊
	iɔŋ	拥庸雍壅永咏泳勇～敢勇,人名用字涌踊用
	ø	兄

三、声调的比较

普通话	鸬鹚话	例字
阴平55	阴平45	哀埃唉挨安庵鞍凹叭巴芭疤笆吧～酒,～扳～动班般颁斑搬瘢邦帮浜包胞煲杯卑悲碑奔崩绷边编鞭标彪滮宾彬滨槟冰兵波玻菠猜参～加,参人～餐仓苍舱操曾叉差钗昌抄钞超朝～气车,马炮车汽～称～呼冲充舂衝抽初川穿疮窗吹炊春椿匆葱聪粗崔催村搓丹担～单,独耽当～应刀叨灯低颠癫刁貂雕丁叮疔钉东冬都～首,～是端堆敦墩多屙恩番～禺番,翻翻方坊芳妃非分～开芬吩纷丰风枫封疯峰锋蜂夫肤麸敷该甘肝柑竿尴杆干冈肛纲缸高膏篙糕戈歌哥根～本跟庚耕更～换工弓公功攻宫恭蚣躬供～应勾沟钩孤姑鸪菇辜箍瓜乖关观～参～官棺冠～光归龟规闺锅哈蒿亨哼轰呼花欢荒慌灰挥恢辉徽昏荤婚讥饥机肌鸡基箕稽加佳枷家傢嘉尖奸歼坚间艰姦监兼笺煎江将～来姜浆僵疆交茭郊娇骄胶椒焦蕉阶皆街巾斤金津筋京经惊晶睛粳精纠鸠拘居捐鹃军均钧开揩康糠扛科尻坑空～天抠枯窟夸跨宽匡筐亏盔崑昆崑拉溜啰囉妈眯摸欧殴鸥潘攀乒抛脬泡批纰坯偏篇漂～流飘乒坡铺妻凄欺千迁牵悭谦签䍀篊枪腔锹敲鞘钦侵亲青轻倾清丘邱秋鳅鞦区～别区,姓驱蛆趋圈腔腮噻鳃三桑丧～骚臊森僧沙纱砂痧筛山杉衫伤商烧稍筲奢赊申伸身深升生牲笙甥尸师诗狮施收书殊梳舒疏输蔬衰闩拴栓双霜司丝私思斯蛳鬆馊搜苏酸虽荽孙唆梭蓑嗦他它塌贪摊滩瘫汤梯梯锑天添厅通偷推吞拖洼蛙弯湾汪威煨温瘟翁乌污巫诬西希牺稀犀溪熙嘻嬉虾仙先掀鲜～花乡相～互香厢湘箱镶肖逍消宵萧硝销箫霄些心芯辛欣新薪星猩腥兴～起凶兄兇匈胸休须虚墟需嘘鬚宣喧勋熏薰丫胭烟阉腌～咸菜央殃鸯秧妖腰邀要～求衣医依因阴音姻英莺婴缨樱鹦鹰应～拥庸雍壅优忧幽淤鸳鸳渊灾赃遭糟增憎嘈渣楂毡毡张章樟招昭召遮贞针侦珍真砧臻争征筝蒸睁正～月之支芝枝知肢胝徵中忠终盅钟衷锺舟州周洲朱珠诸硃猪专砖妆庄桩装追仔姿资滋宗棕踪鬃邹租鑽～洞尊遵锥籼鸦莴么咩荆鸻蚺襟疳簪噂噜掺
	阳平22	崩～掉下来雌堤帆公～叔祖父刊捞唠猫期铅松偲危

续表

普通话	鸬鹚话	例字
	阴上33	扳~手龚颗豌振
	阳上31	怀椰~树抓
	阴去213	坳揩播糙撑瞠钢瑰駒究~研~竟拚拼跷~二郎腿搧鍷椰~子仔~带子;背带
	阳去53	拔撑~口譬舌:打哈欠拓圾劈又pʰai24渗湿又tʃi剔又tʃi24惜又si24戍又sø24薛又sø24约又i24肭桌又tʃi24
	阴入甲24	八逼鳖拨钵剥~削擦插拆吃出戳搭答~应跌督发膈鸽割刮郭黑击积~累积~血激夹接揭哭垃捋拍劈又pʰai24泼扑仆七漆切屈缺塞杀煞失虱湿又tʃi24叔刷说~小~嗍缩塌剔又tʃi53踢帖贴突托脱挖吸析息休~息利~悉惜又sai24熄膝瞎戌又sø33削~薛又sø24压押鸭腌~肉一约又tʃi53榨摘汁织隻粥捉桌又tʃi53瘪
	阴入乙2	凸滴
阳平22	阴平45	嘈俘睐篮~菜~璃隆芒曚又mɔŋ22糜魔跖蕴燸逢娃捱研~究啃粘喃
	阳平22	捱癌熬~汤便~宜才材财裁残蚕惭藏~隐曹槽岑层曾~茶查搽柴豺禅缠蝉尝常偿场朝~代嘲潮臣尘辰沉陈晨成诚承城乘程橙池驰迟持黎虫仇绸酬愁筹除厨锄储传~达船床捶锤纯唇醇词祠瓷辞慈磁鹚从丛存弹~琴俄鹅蛾儿而凡矾烦繁防妨肪房肥坟冯逢缝扶芙浮符还~是还~东含函韩寒行~银行~为杭航毫豪壕禾合何和河荷痕横~竖衡红宏虹洪鸿侯喉猴狐胡壶葫湖蝴糊翮华~中怀淮槐环皇黄凰蝗簧回茴魂魆狂奎连葵魁来兰拦栏蓝篮~郎狼廊椰劳牢痨雷擂棱厘狸离梨犁黎篱连怜帘联廉鲢镰良凉梁粮粱量~丈辽疗聊僚嘹鹩撩燎邻林临淋磷鳞伶灵铃菱零龄刘留流琉硫榴龙咙胧聋笼~鸡~笼隆楼卢芦庐炉鸬鸾銮圈仑伦轮崙罗萝脶锣箩骡螺驴麻痳埋蛮瞒芒~神忙盲氓茫毛矛茅锚秸玫枚眉莓梅娒媒楣煤霉门们蒙盟朦曚又mɔŋ45弥迷眠绵棉~花苗描民名明~白明英~鸣蟆模~板模~范摩磨~蘑谋男南难~困能尼泥倪霓年鲇黏娘宁牛农浓脓酿奴挪杷爬钯琶排牌簰盘庞旁刨袍陪培赔盆溢朋彭棚蓬鹏篷膨皮枇疲琵脾嫖瓢贫频平评坪苹凭屏瓶萍婆菩葡蒲齐其奇歧脐骑棋旗鳍麒前钱钳乾潜强墙乔侨桥茄芹秦琴禽勤擒情晴穷琼囚求球渠权全泉拳裙群然燃瓢桡人壬仁仍戎茸荣绒容蓉溶榕熔融柔如儒裳韶蛇神十~五~又si24时匙随苔臺坛谈痰谭潭檀罐唐堂棠塘糖逃桃陶萄淘~金淘~米绚腾藤提题蹄田甜填条调~味廷亭庭停同茼桐铜童筒头投图徒途涂屠团糰驼砣丸完顽亡王为~行违围桅唯惟维文纹炆闻无吴梧蜈闲贤弦咸嫌祥邪斜鞋刑形型雄熊徐玄悬旋旬巡询循牙芽蚜衙延严言岩炎沿研碾盐阎颜檐扬羊阳杨扬洋尧肴姚窑谣摇遥爷仪宜姨移遗疑吟淫寅迎盈营赢尤邮油鱿游於余鱼馀娱渔愉愚元芫园员袁原圆援缘猿源云耘长~短重~新槌伢疼囊礴荞蟥鹑寮埕
	阳上31	昂擢蚊
	阴去213	翘任~姓

108

第一章 语音

续表

普通话	鸬鹚话	例字
	阳去53	白雹薄鼻别 又pie⁵³ 伯_公: 曾祖父 肠达弹用手指弹 谍叠碟蝶毒独读夺 又tɔ⁵³ 罚佛 又fo²⁴, 又fu²⁴ 服 又fo²⁴, 又fu²⁴ 盒覅果子核横樽儿划_计 划_桨 猾滑活绝掘馒棉_絮: 棉花 勺舌十 _五。又si³¹ 石识 又fai²⁴ 实拾 又fi²⁴ 食赎熟沓习 又si³¹ 席 _酒 蓆 _蓆侠峡辖霞人名用字学_校 学_徒 杂凿贼闸煤宅折_本 蛰 _急 着被执 又tʃi²⁴, 又tʃai²⁴ 直_走 侄烛 又tʃu²⁴ 浊 又tʃɔ⁵³ 族宗_
	阴入甲 24	别 又pie⁵³ 伯兄长 驳泊勃博擘察得德狄 又te? 夺 又tɔ⁵³ 额乏伐阀筏佛 又fɔ⁵³ 伏服 又fɔ⁵³ 幅福袱革阁格隔嗝葛国蛤核缉及吉级极即急疾棘集辑籍挟袂觉节劫杰洁结捷截鞠局_厅 局_部 菊决诀壳膜舌识 又fi⁵³ 拾 蚀宿俗昔锡习 又si³¹ 袭协胁责择泽铡折_扣 哲摺着_蓆 执 又tʃi²⁴ 直_值职植殖轴竹_腐 竹_仔: 竹子 烛 又tʃu²⁴ 浊 又tʃɔ⁵³ 酌足卒族_媳灼铗昨啄眨橘脖蜇焗
	阴入乙 2	狄 又ti²⁴ 荻敌笛涤嫡
上声214	阴平45	岗估搂楼榜捂樽
	阳平22	薯
	阴上33	矮袄把_握 把_菜 摆板版绑榜饱宝保堡本比彼鄙贬扁匾表錶丙秉饼补捕采彩睬踩惨草产铲厂吵炒齿耻丑丑醜础楚处_理 蠢此胆疸挡党导_向 岛捣倒_打 等戥抵底邸典点顶鼎董懂斗堵赌肚_猪 短朵耳_朵_花 反返仿访纺匪翡粉讽否抚斧府俯辅腑腐改秆赶敢感橄港耿梗巩拱狗古股牯鼓寡拐馆管广轨诡鬼癸滚果裹海虎浒缓谎悔毁火伙_食伙_几_个 己挤贾假拣柬茧仅紧锦检跣减剪简碱讲奖桨蒋饺子_饺 饺_子 馄饨狡绞搅缴姐_夫 解_放	仅紧锦谨井颈景警九久韭酒矩举髻卡凯楷坎砍槛考拷烤可肯垦恳孔恐口苦垮款捆榄两_斤 瞭垄蜢懵姥哪撵撵鸟扭纽拗呕藕 又au³¹ 跑捧品浦普谱岂企 又kʰi³¹ 杞启起浅遣抢巧且顷请取娶扰惹 又ia³¹ 毹伞嫂嬲闪少_多 捨沈审怂婶省史使始驶屎手守首暑署鼠数_耍爽水死撒损笋榫所琐锁坦毯讨体挑挺艇统捅桶敨黈土腿妥椭碗枉稳洗喜鲜_朝 显险蚬蟬享响想小_说 写醒朽许选癣哑屣掩眼窨隆演已以蚁 又ŋi³¹ 椅影勇_敢 踊宰崽早枣蚤澡盏展省_涨掌找者诊枕疹拯整只止旨址纸趾肿种主煮转准準子姊梓紫总走阻组簪嘴左斩犬爪蚪裸打靶抖很载
	阳上31	闯盾耳饵搞篢罕喊好_坏 郝灸喇揽懒朗老佬了_解 垒累冷礼李里理裹鲤两_斤 岭领柳拢卤虏橹卵吕旅铝屡履马码蚂买牡满莽蟒卯每美猛米免勉缅秒渺皿敏某母牡亩乃奶恼脑你努暖女偶藕 又ŋau³¹ 企 又tʃʰi²⁴ 染惹 又nia³¹ 忍乳阮软蕊傻陕赏瓦_砖 挽晚网往伟苇尾纬委萎我五午伍武鹉舞眼_睛 仰养痒咬崖也野蚁_引隐瘾颖永咏泳勇人名用字涌友有酉与宇羽雨禹语远允咬 又ŋai²⁴
	阴去213	柄鐎哽假_期 姐_妹 铐呛擤_鼻涕
	阳去53	柏 又pa²⁴, 又pʰa²⁴ 豉导 _领 踩腐 _竹肉 八 _儘伪晓
	阴入甲24	百柏 又pa²⁴ 北笔伯_爷: 伯父 尺法谷骨榖脊甲角脚抹匹_马 匹_布 撒朴曲雀辱撒属索塔铁雪血乙窄褥撮
去声51	阴平45	阿_斗 蓖技_能 技_铜搭框眶笕荫综苴占拵瞪
	阳平22	阿_哥 帝_皇 镣馏谜耙饲玩晕蔗鹧

续表

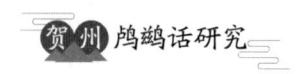

普通话	鸬鹚话	例字
阴上33	创~造荡戆纪妓践卷辆巳祀挝腕赵咃嗰杏筒
阳上31	抱被~子笨辫不淡抌又lɔŋ213动肚断炖钝舵旱厚近~远绕善上~去是下~去蟹议在重~贮柱坐
阴去213	爱岸又næ53按案暗傲奥澳霸壩拜半伴报豹暴爆贝宝~贝姓背后倍辈闭痹臂变遍辨又pie53辩又pie53并簸布佈怖菜蔡灿厕权汊岔倡唱衬趁称~心秤掌翅臭处~所串次刺~刀赐凑醋窜脆悴粹翠寸挫措锉错带戴担~子倒~车到抌又tan31凳店吊钓掉鬥对兑碓贩放肺废费痱奋愤付又fu53副一~手套赋傅富尬盖溉概幹杠告个便~加贡供~上构购够故顾雇卦挂褂怪观~道贯冠~军惯灌罐贵桂鳜棍过汉翰好~爱耗户岸化~唤会混货计~计伙记忌际季剂济既继祭寄髻繫价驾架嫁间见建荐剑健舰溅鉴键箭将降酱叫觉~睡较教~书醉醮介戒芥届界堺疥借进劲浸禁径竞竟敬境镜救句拒具俱据距惧锯聚~菌细~俊看~见抗炕烘烤靠课又kʰɔ53空~闲控扣寇库裤块快筷况矿溃愧困癞楝率~领杏秘沤怄怕派判盼叛胖溉炮佩配喷屁片骗漂~亮票聘破舖曝气弃汽契砌器欠歉窍撬亲庆去~除~去离趣劝券韧赛散丧~失扫晒扇骟少~年邵绍哨潲甚慎圣胜盛又ʃɛn53世市似势试逝誓瘦数帅税四肆讼宋送诵颂嗽诉素嗦塑蒜算岁遂碎太~公态泰叹炭探烫套剃替调~曲跳听痛透吐~口兔退蜕薙卧戏系细係罉线相~貌向孝校~对校~笑效泻卸械又xa53信兴高~幸~福性姓秀绣嗅叙婿讯迅厌艳晏宴谚堰雁燕要~重耀意印应~答幼饫怨再赞瓒葬灶燥躁诈炸榨佔战涨仗打帐账胀障照罩这鹧圳阵振震镇正~反证政症至志帜制治致痔智痣置稚雉製誌中~种~树仲众咒宙又tʃiu53皱~眉骤注著蛀铸註转~来~去篆壮坠耳~坠头往下垂赘纵~粽钻~头最醉做湛噪垢襷瞓
阳去53	岸又æ213罢败稗办拌涎瓣扮谤磅菢鲍备背~通被~动币毙蔽弊箅避便~方辨又pie213辩又pie213屏病步部埠簿藏~西澄撑传~毙大逮代贷待怠袋旦但诞弹~蛋盗悼道稻邓地弟帝~国主义递第电垫奠殿订定锭栋洞陡豆痘杜度渡镀段缎锻队剁堕惰恶厌饿二貮犯饭泛范範~份凤奉俸汤父付又fu213负妇附驸副~业共~产党共~总柜跪亥害汗焊撼号~口浩贺鹤恨极想得到恨~仇后後候互护化又fa213画话坏幻换唤患汇会~开绘惠慧或获祸件贱匠轿噍尽近~净静旧就舅聚又tsy213菌食~用课又kʰɔ213赖濑缆烂滥浪涝乐又lai213勒肋泪类累~鋠力歷厉立~春丽励利例隶荔莉栗痢练炼炝链亮谅量~料廖列又lie213烈又lie213另令六陋漏陆大~录赂鹿禄路鹭露乱论~理~不又lɔ213骆又lɔ213律虑率~绿~色滤骂卖鳗漫慢茂冒贸帽貌没~收妹闷孟梦面麵妙庙命谬磨~石茉木目牧沐募睦墓那捺又nɔ24奈耐难襺闹内嫩逆腻念酿尿弄怒诺又nɔ24糯刨~仔刨子碰僻魄~戚又tsʰai213屌妾揿让热又nie24认任畜瑞闰润萨厦鳝上~面尚舍社射骑摄又ʃɛn213麝胜盛剩士氏示仕事侍视柿寿受授售述树竖睡顺硕寺隧太~过分特调~动外万妄忘旺望为~什么卫未位味畏胃谓猬慰魏问勿戊务物误悟雾下~面夏苋县现限宪项巷象大~象~像~章像相~橡械又ka213谢幸~荣袖序绪续~继又sy213旋~毛训验样叶又ie24或nie24页又ie24曳夜亿义艺忆议亦异役又y213译易~易~疫谊映~反映~山红硬用又右幼佑柚祐诱釉玉芋郁又ju24育又ju24狱浴预域欲遇喻御寓裕誉豫院愿又ŋə24孕运韵暂脏造赠债寨站~车~丈~量丈~夫仗~炮杖召号兆肇郑宙又tʃiu213皱~纹助住驻赚状撞自字牸纵~横罪座絮砚靓妒鏊晾叻

续表

普通话	鸬鹚话	例字
	阴入甲 24	必毕弼滗碧壁璧册侧测策彻圻撤赤畜_牲~触促的_目~。又te?_轭腭鳄复腹複覆各霍藿迹绩鲫剧克刻客酷扩括阔_绵阔开~廊腊蜡瘌辣烙乐又lɔ⁵³肋又lai⁵³立粒曆列又lie⁵³劣烈又lie⁵³猎裂掠洛络又lɔ⁵³骆又lɔ⁵³落绿_豆略麦脉密蜜_蜂蜜_糖灭蔑篾末沫莫漠墨默纳捺又na⁵³聂孽虐诺又nɔ⁵³搦辟僻迫魄瀑窃却确热又nie⁵³日肉入若弱色涩设涉摄又fie⁵³式饰适室释术束述朔肃速粟惕袜握龌吓_一跳泄宿续继~|手~。又su⁵³穴药业叶又ie⁵³页又ie⁵³役又y⁵³益郁又y⁵³育又y⁵³月又ŋø⁵³岳阅跃越粤浙质祝筑作蓄恶_人呃骗
	阴入乙 2	的_目~，又ti²⁴

第三章　词汇

第一节　词汇特点

鸬鹚话与普通话在词汇上的构成特点基本是一致的，但也有自身的方言特色。

一、词汇的音节数量

鸬鹚话词汇的音节数量与普通话相比较，存在以下两个方面不同（下面所举例的词汇，破折号前为普通话，破折号后为鸬鹚话）。

1. 普通话中的一些复合式多音节词，鸬鹚话用单音节词表示。有的用其中的一个语素。

例如：

柜子——柜	沙子——沙	泥土——泥	水塘——塘
木炭——炭	街道——街	大米——米	竹笋——笋
花蕊——蕊	老鹰——鹰	虱子——虱	鱼网——网
住宅——宅	客厅——厅	被子——被	尺子——尺
梳子——梳	扇子——扇	女儿——女	孙子——孙
侄子——侄	袜子——袜	米饭——饭	丢失——失
忘记——忘			

有的换用别的单音节词。例如：

稻子——谷	胡同——巷	中午——晏	早上——朝
青蛙——蛤	蚯蚓——蟮	闪电——令	

2. 普通话中的一些单音节词，鸬鹚话用双音节或多音节表示。

例如：

雷——雷公	露——雾水	洲——沙洲	砖——砖头仔
筐——箩筐	藕——莲藕	莲——莲藕	葱——葱花
梨——沙梨、雪梨	鹤——白鹤	灶——灶头	锅——锅仔
瓢——瓜瓢	额——额头	伞——伞仔	

二、词汇的意义

鸬鹚话中部分词汇的词形跟普通话一样，但意义却存在差异。其差异主要表现在两个方面。

1. 词形相同而词义完全不同

例如："公"指曾祖父。"豆"的含义是指花生或指花生仁。"门扇"是指闩门。"酒杯仔"指的是酒窝。"恼"是恨的意思。"手腕仔"指镯子。"戒子"指针顶儿，普通话的"戒子"在鸬鹚话中叫"戒指仔"。"白菜"是指大白菜，普通话的"白菜"在鸬鹚话中叫黄芽白。"屋"相当于普通话的房子，而"房仔"则相当于普通话的屋子。"汁"指乳房或奶头。

2. 词形相同而词义范围广狭不同

鸬鹚话有些词语的意义范围比普通话要广。例如："脚"指的是整个下肢。"蚊虫仔"兼指苍蝇和蚊子。"肥"既指动物肥，也指人胖。"吃"既可用于"吃饭"，也可说"吃茶喝茶""吃烟抽烟"。"曳"包括拉、扯、拽、拿等意义。"雾"除指雾水外，还指露。"树"既指树木，也指树干。"屁股"除指屁股这个部位之外，还指肛门。"眼红"的意思包括嫉妒、羡慕等义。

有些词语的意义范围比普通话要窄。例如"藏"，普通话有收藏和躲藏两个意思，鸬鹚话仅指躲藏，收藏在鸬鹚话要说成"收……起来"。"瘦"，普通话可以表示人和动物瘦，鸬鹚话仅表人瘦，动物的"瘦"说成"精"。

在鸬鹚话里，一些词语的词义表达方式不同，即通过形象的手段来表义。这些词作用于人的各种感觉，不仅词义通俗易懂，而且还能给人以生动形象之感。例如：

日食——天狗吃热头	月食——天狗吃热仔公
月晕——热仔公担枷	旋风——转鬼头风
蝉蛹——热头下岭	蝉——大头叫
喉结——算盘仔	荸荠——马蹄仔
寒毛——汗水毛	寒毛眼——毛管
盲肠——盆肠	胳肢窝——肢膈
指甲——手指壳	脚趾甲——脚趾壳
打哈欠——撑口	

三、特色词缀

鸬鹚话中部分表示人或动物的名词构成方式较为特别，常常在人和动物名的后边加上语素"佬、娘、牯、公、牸"，以此来表示人或动物的性别。其使用规律是：表示人类男女性别的分别加"佬、娘"，表示动物雄雌的分别加"公、头、牯、娘"，表示尚未生育的雌性家畜的加"牸"。

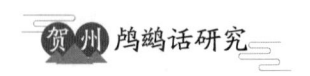

1. 指人

男性加"佬"。例如：寡公佬_单身汉_|丈人佬_岳父_|和尚佬_和尚_|道士佬_道士_|拐子佬_扒手_|光头佬|麻子佬|左手佬|歪嘴佬|木匠佬|拍铁佬_铁匠_|剃头佬|厨房佬|外国佬。

女性加"娘"。例如：妹仔娘_女孩子_|老昏娘家_老太婆_。

2. 指动物

雄性加"公""牯""头"。例如：鸭公_公鸭_|猫仔公_公猫_|马牯_公马_|牛牯_公牛_|阉牯_犍牛_|毛驴牯_公驴_|狗牯_公狗_|猪头_公猪_|生鸡头_公鸡_。

雌性加"娘""艼"。例如：马娘_母马_|牛娘仔_母牛_|毛驴娘_母驴_|猪娘仔_母猪_|狗娘仔_母狗_|猫仔娘_母猫_|鸡娘_母鸡_|鸭娘_母鸭_|牛艼_小母牛_|狗艼_小母狗_|猫仔艼_小母猫_|猪艼_小母猪_。

"公、娘"还分别用来称篾青、篾黄："篾公_篾青_、篾娘_篾黄_。"

四、地方特色词

鸬鹚话有不少具有地方特色的词语，这些词语外地人听起来有些难懂，或者根本不理解其意义。例如：

臊瓜仔 sau⁴⁵kua⁴⁵⁻²²ti³³ 蟑螂

砍头蜢 kʰæ³³ta²²maŋ³³ 螳螂

磨穀虫 mɔ²²kø²⁴tɔŋ²² 花大姐

饭鱼 fæ⁵³y²² 草鱼

熊⁼鱼 ʃɔŋ²²y²² 胖头鱼

死佬转 sɿ³³lau³¹lø²¹³ 鳝鱼

缴仔 tʃɔ³³ti³³ 鱼篓儿

金梦⁼婆 tʃin⁴⁵mø⁵³pɔ²² 蟾蜍

邦⁼皮 pɔŋ⁴⁵pi²² 鐾刀布

豆腐婆 ta⁵³fu³³pɔ²² 婊子

货头 xɔ²¹³ta²² 姘头

姆 na³³ 曾祖母

阿玛 a²²ma³³ 父亲

后弓 xa⁵³kø⁴⁵ 后脑勺子

后缸 xa⁵³kɔŋ⁴⁵ 后脑窝子

鼻公眼 pi⁵³kø⁴⁵næ³³ 鼻孔

耳朵眼 i³¹lɔ³³ŋæ³³ 耳朵眼儿

肚仔眼 tu³¹ti³³ŋæ³³ 肚脐眼

水古冲 ʃy³³ku³³tʃʰɔŋ⁴⁵ 米酒的别称

白纸告状 pa⁵³tʃi³³kau²¹³tʃʰɔŋ⁵³ 讣告

大料 ta⁵³liu⁵³ 棺材

硬壳 ŋeŋ⁵³kʰɔ²⁴ 寿材

夜鼻公 ia⁵³pi⁵³kø⁴⁵ 打呼噜

五、隐语

隐语在鸬鹚话里叫做背话或骗话，它是为了不让外人和本族晚辈及女性听懂的一种词语，只有男性长辈才能掌握，原先在成年男子中普遍使用，近几十年慢慢退出日常生活，目前基本消失，现在只收集到30多个。列举如下：

青竹tsʰeŋ⁴⁵tʃu²⁴ 小白菜
野⁼仔二 ia³¹ti³³i⁵³ 饼
厚⁼仔二 xa³¹ti³³i⁵³ 饭
落生仔lɔ²⁴ʃeŋ⁴⁵⁻²²ti³³ 豆（花生）
杂⁼手tʃʰɔ⁵³ʃiu³³ 鸡、鸡肉
掘⁼仔二 tʃʰø⁵³ti³³i⁵³ 酒
浊⁼仔二 tʃʰɔ²⁴ti³³i⁵³ 米
拍⁼古⁼仔pʰa²⁴ku³³ti³³ 银纸（钱）
阿个草包a²²kɔ²¹³tsʰau³³pau⁴⁵⁻²² 人

皮草pi²²tsʰau³³ 衣裳（上衣）
红皮xø²²pi²² 火烧肉（烧猪肉）
青丝仔tsʰeŋ⁴⁵sɿ⁴⁵ti³³ 烟
扁嘴pie³³tsy³³ 鸭（鸭子）
磅⁼果⁼pɔŋ⁵³kɔ³³ 盐
搞⁼仔二 kau³¹ti³³i⁵³ 鱼
毛瓜mau²²kua⁴⁵ 猪

臭⁼褛⁼子tʃʰiu²¹³lau⁴⁵⁻²²tsɿ³³ 被（被子）
丫⁼仔ɔ⁴⁵ti³³ 秤
地羊仔ti⁵³iæ²²ti³³ 狗
望天mɔŋ⁵³tʰie⁴⁵ 来屋（回家）
卵璃⁼西仔luæ³¹li⁴⁵si⁴⁵ti³³ 鸡蛋
叉子tʃʰɔ⁴⁵tsɿ³³ 裤子
藤⁼子teŋ²²tsɿ³³ 牛肉
阿个独⁼仔二 a²²kɔ²¹³tø⁵³ti³³i⁵³ 人
㦬脚tø⁵³tʃɔ²⁴ 伞仔（伞）；另一说法意思是起身告辞
苦练kʰu³³lie⁵³ 睡觉
蚬壳ʃie³³kʰɔ²⁴ 碗
艇仔仔tʰeŋ³³ti³³ti³³ 调羹（羹匙）
骂⁼罗⁼仔mɔ⁵³lɔ²²ti³³ 油
稀捞子ʃi⁴⁵lau²²tsɿ³³ 粥
丫⁼仔二 ɔ⁴⁵ti³³i⁵³ 猪肉

第二节　分类词表

扫码听录音

说明：①本词汇表收集鸬鹚话常用词汇3000多个，按意义分为30类。②本表所收词条以鸬鹚话词语为词头，词头后注读音，普通话词语或词头的解释列在读音后面。③同一个词头如果在方言中有几种说法，将常用的列在前面，其他说法加"也说"排在后面，不另立词头。例如：篾囊me²⁴nɔŋ²²，也说篾娘me²⁴nia²² 篾黄。④本字不明的，用同音字代替，右上加"⁼"。无同音字可写的，用方框"□"表示。

一、天文

1. 日、月、星

热头 nie⁵³ta²² 太阳
热头照倒嗰地方 nie⁵³ta²²tʃɔ²¹³lɔ³³kɔ³³ti⁵³

fəŋ⁴⁵⁻²² 太阳地儿
向倒热头 ʃiæ⁵³lɔ³³nie⁵³ta²²，也说向阳ʃiæ²¹³iæ²²
热头照不倒嗰地方 nie⁵³ta²²tʃɔ²¹³pu³¹lɔ³³kɔ³³ti⁵³fəŋ⁴⁵⁻²²，也说背阴 pø²¹³in⁴⁵

115

天狗吃热头 tʰie⁴⁵ka³³tʃʰie²⁴ȵie⁵³ta²² 日蚀

热头晒毛 ȵie⁵³ta²²ʃa²¹³mau²²，也说热头朦朦 ȵie⁵³ta²²mɔŋ²²mɔŋ²² 日晕

热头照倒嘅光线 ȵie⁵³ta²²tʃɔ²¹³lɔ³³kɔ³³kɔŋ⁴⁵sie²¹³，也说阳光 iæ²²kɔŋ⁴⁵

热仔公 ȵie⁵³ti³³kø⁴⁵ 月亮

热仔公照倒嘅地方 ȵie⁵³ti³³kø⁴⁵tʃɔ²¹³lɔ³³kɔ³³ti⁵³fɔŋ⁴⁵⁻²² 月亮地儿（月亮照到的地方）

天狗吃月 tʰie⁴⁵ka³³tʃʰie²⁴ŋø²⁴ 月蚀

热仔公担枷 ȵie⁵³ti³³kø⁴⁵læ⁴⁵kɔ⁴⁵，也说热仔公晒毛 ȵie⁵³ti³³kø⁴⁵ʃa²¹³mau²² 月晕

星仔 seŋ⁴⁵ti³³，也说星星 seŋ⁴⁵seŋ⁴⁵

北斗星 pai²⁴la³³seŋ⁴⁵

天光星 tʰie⁴⁵kɔŋ⁴⁵seŋ⁴⁵，也说启明星 tʃʰi³³meŋ²²seŋ⁴⁵

银河 in²²xɔ²²

流星 liu²²seŋ⁴⁵

彗星 fø⁵³seŋ⁴⁵

2. 风、云、雷、雨

风 fø⁴⁵

大风 ta⁵³fø⁴⁵

吹好大嘅风 tʃʰy⁴⁵xau³¹ta⁵³kɔ³³fø⁴⁵，也说大风搅来搅 ta⁵³fø⁴⁵kau³³lø²²kau³³kʰi²¹³、狂风 kʰɔŋ²²fø⁴⁵

臺风 tø²²fø⁴⁵

细风 si²¹³fø⁴⁵ 小风

转头鬼风 lø²¹³ta²²ki³³fø⁴⁵，也说旋风 sø²²fø⁴⁵

顶风 leŋ³³fø⁴⁵

顺风 ʃyn⁵³fø⁴⁵

刮风 kua²⁴fø⁴⁵

停风 teŋ²²fø⁴⁵，也说风停了 fø⁴⁵teŋ²²liu⁵³

云 yn²²

乌云 u⁴⁵yn²²，也说乌天晚地 u⁴⁵tʰie⁴⁵uæ³¹ti⁵³ 黑云

霞 ɔ⁵³

朝霞 tʃɔ⁴⁵xɔ⁵³

晚霞 uæ³¹ɔ⁵³

雷公 lui²²kø⁴⁵，也说雷 lui²²

响雷公 ʃiæ³³lui²²kø⁴⁵，也说拍雷 pa⁵³lui²² 打雷

雷公劈 lui²²kø⁴⁵pʰai⁵³，也说雷拍嘅 lui²²pa⁵³kie³³ 雷打了（大树被~）

令 leŋ⁵³ 闪电（名词）

□令 ȵie²⁴leŋ⁵³，也说闪电 ʃæ³³tie⁵³（动宾）

雨 y³¹

落雨 lɔ²⁴y³¹ 下雨（了）

落零星雨 lɔ²⁴leŋ²²seŋ⁴⁵y³¹ 下起了零星小雨

细雨 si²¹³y³¹ 小雨

毛毛雨 mau²²mau²²y³¹

大雨 ta⁵³y³¹

暴雨 pau²¹³y³¹

连阴雨 lie²²in⁴⁵y³¹

雷阵雨 lui²²tʃin²¹³⁻⁵³y³¹

停雨啰 teŋ²²y³¹lɔ³³，也说雨停啰 y³¹teŋ²²lɔ³³ 雨停了

龙 lɔŋ²²，也说虹 xø²²

着雨淋湿了 tiu⁵³y³¹lin²²ʃi²⁴liu³³，也说淋雨 lin²²y³¹

3. 冰、雪、霜、露

冰 peŋ⁴⁵

冰锥 peŋ⁴⁵tʃui⁴⁵(挂在屋檐下的冰)

结冰 tʃie²⁴peŋ⁴⁵

雹仔 pau⁵³ti³³ 雹子

雪 sø²⁴

落雪 lɔ²⁴sø²⁴ 下雪

棉花雪 mie²²fa⁴⁵sø²⁴，也说鹅毛雪 ŋɔ²²mau²²sø²⁴

鱼眼雪 y²²ŋæ³¹sø²⁴，也说雪珠仔 sø²⁴tʃy⁴⁵ti³³ 雪珠子（米粒状的雪）

雨夹雪 y³¹kɔ²⁴sø²⁴

融雪了 iɔŋ²²sø²⁴liu³³，也说雪融了 sø²⁴iɔŋ²² liu³³ 化雪

露水 lu⁵³ʃy³³，也说露 lu⁵³

落露水 lɔ²⁴lu⁵³ʃy³³，也说下露水 xɔ³¹lu⁵³ʃy³³ 下露

白头霜 pa⁵³ta²²ʃŋ⁴⁵，也说霜 ʃŋ⁴⁵

落霜 lɔ²⁴ʃŋ⁴⁵ 下霜

雾水 u⁵³ʃy³³，也说雾 u⁵³

落雾水 lɔ²⁴u⁵³ʃy³³，也说落雾 lɔ²⁴u⁵³ 下雾

4. 气候

天气 tʰie⁴⁵tʃʰi²¹³(最近~不太好)

出热头 tʃʰy²⁴n̠ie⁵³ta²²，也说晴天 tsʰeŋ²² tʰie⁴⁵

阴天 in⁴⁵tʰie⁴⁵

（天气）热 n̠ie⁵³

（天气）冷 leŋ³¹

热天 n̠ie⁵³tʰie⁴⁵，也说伏天 fø²⁴tʰie⁴⁵

入伏 n²⁴fu²⁴⁻²²

初伏 tʃʰø⁴⁵fu²⁴⁻²²

中伏 tʃɔŋ⁴⁵fu²⁴⁻²²

末伏 mɔ²⁴fu²⁴⁻²²

天旱 tʰie⁴⁵fæ³¹

发大涝 fa²⁴ta⁵³lau⁵³ 涝（了）

二、地理

1. 地

平地 peŋ²²ti⁵³ 平原

旱地 fæ³¹ti⁵³

耕地 keŋ⁴⁵ti⁵³

草地 tsʰau³³ti⁵³

饱水田 pau³³ʃy³³tie²²，也说水田 ʃy³³tie²²

旱田 fæ³¹tie²²

菜园地 tsʰø²¹³ye²²ti⁵³，也说菜地 tsʰø²¹³ti⁵³

荒地 fɔŋ⁴⁵ti⁵³

沙地 ʃɔ⁴⁵ti⁵³，也说沙泥地 ʃɔ⁴⁵ni²²ti⁵³ 沙土地

斜坡地 tsʰie²²pʰɔ⁴⁵ti⁵³，也说坡地 pʰɔ⁴⁵ti⁵³

岭头 leŋ³¹ta²² 山地（山上的农业用地）

滩地 tʰæ⁴⁵ti⁵³

山地 ʃæ⁴⁵ti⁵³

2. 山

山 ʃæ⁴⁵

半山腰 pæ²¹³ʃæ⁴⁵iɔ⁴⁵ 山腰

山脚 ʃæ⁴⁵tʃɔ²⁴

山坳仔 ʃæau²¹³ti³³ 山坳（山间的平地）

山冲 ʃæ⁴⁵tʃʰɔŋ⁴⁵，也说山谷 ʃæ⁴⁵ku²⁴（两山 之间低凹狭窄处）

山涧水 ʃæ⁴⁵kæ⁴⁵ʃy³³ 山涧（两山夹水）

山界 ¯ʃæ⁴⁵ka²¹³，也说山坡 ʃæ⁴⁵pʰɔ⁴⁵

山头 ʃæ⁴⁵ta²² 山的顶部

3. 江、河、湖、海、水

河 xɔ²²

河里头 xɔ²²li³¹ta²² 河里(掉~了)

大江 ta⁵³kɔŋ⁴⁵ 大河

大圳 ta⁵³tʃin²¹³，也说水渠 ʃy³³tʃʰy²²

水沟 ʃy³³ka⁴⁵

细圳 si²¹³tʃin²¹³ 小水沟

湖 fu²²

潭 tæ²²（深的天然的）

塘 tɔŋ²²，也说水塘 ʃy³³tɔŋ²²

水坑 ʃy³³kʰeŋ⁴⁵
海 xø³³
江边 kɔŋ⁴⁵pie⁴⁵，也说河岸 xɔ²²ŋæ⁵³
河堤 xɔ²²ti²²，也说堤 ti²²（沿河或沿海防水的建物）
壩 pɔ²¹³（河中拦水的建筑物）
沙洲地 ʃø⁴⁵tʃiu⁴⁵ti⁵³，也说洲 tʃiu⁴⁵（水中陆地）
河滩 xɔ²²tʰæ⁴⁵，也说滩 tʰæ⁴⁵
水 ʃy³³
清水 tsʰeŋ⁴⁵ʃy³³
浊水 tʃɔ⁵³ʃy³³ 浑水
落雨水 lɔ²⁴y³¹ʃy³³ 雨水
发大水 fa²⁴ta⁵³ʃy³³，也说洪水 xø²²ʃy³³
洪峰 xø²²fø⁴⁵（涨达最高水位的洪水）
沓水 min²¹³ʃy³³，也说泉水 tsʰø²²ʃy³³
冷水 leŋ³¹ʃy³³
凉水 liæ²²ʃy³³
暖水 nuæ³¹ʃy³³ 温水
热水 nie⁵³ʃy³³
开水 kʰø⁴⁵ʃy³³（煮沸的水）

4. 石沙、土块、矿物

石头 ʃai⁵³ta²²
细石头 si²¹³ʃai⁵³ta²² 小石块
石板 ʃai⁵³pæ³³（板状的石块）
马卵牯石 mɔ³¹luæ³¹ku³³ʃai⁵³，也说鹅卵石 ŋɔ²²luæ³¹ʃai⁵³
石灰石 ʃai⁵³fø⁴⁵ʃai⁵³
大理石 ta⁵³li³¹ʃai⁵³
沙 ʃɔ⁴⁵ 沙子
沙仔泥 ʃɔ⁴⁵ti³³ni²² 沙土(含沙很多的土)
沙滩 ʃɔ⁴⁵tʰæ⁴⁵

砖坯 tʃø⁴⁵pʰi⁴⁵，也说模 mu²²
土坯 tu³³pʰi⁴⁵
砖头 tʃø⁴⁵ta²²，也说砖 tʃø⁴⁵
碎砖 sø²¹³tʃø⁴⁵ 不完整的砖，一般小于半块
半截砖 pæ²¹³tsie²⁴tʃø⁴⁵ 半块的砖
泥砖 ni²²tʃø⁴⁵ 泥做的未经烧制的砖，个头比较大
火砖 fu³³tʃø⁴⁵⁻²² 烧制过的砖，相对于泥砖
耐火砖 nø⁵³fu³³tʃø⁴⁵ 耐高温的特制砖
水泥砖 ʃy³³ni²²tʃø⁴⁵ 水泥与沙子做成的砖
青砖 tsʰeŋ⁴⁵tʃø⁴⁵ 青色的火砖，相对于红砖
瓦 ua³¹
瓦碎 ua³¹sø²¹³ 碎瓦
塍尘 pʰø⁴⁵tʃʰin²²，也说灰尘 fø⁴⁵tʃʰin²²
烂泥 læ⁵³ni²²，也说烂湴泥 læ⁵³pæ⁵³ni²²
泥 ni²² 泥土（干的）
金仔 tʃin⁴⁵ti³³ 金（指自然状态下的矿物质，下同）
银仔 n²²ti³³ 银
铜 tø²²
铁 tʰie²⁴
锡 sai²⁴
煤 mø²²
水火油 ʃy³³fu³³iu²²，也说煤油 mø²²iu²²
汽油 tʃʰi²¹³iu²²
石灰 ʃai⁵³fø⁴⁵⁻²²
红毛泥 xø²²mau²²ni²²，也说水泥 ʃy³³ni²²
摄石 ʃie²⁴ʃai⁵³，也说磁铁 tsʰŋ²²tʰie²⁴ 磁石
玉 y⁵³
炭 tʰæ²¹³ 木炭
水炭 ʃy³³tʰæ²¹³ 木柴烧过以后留下的木炭
惊炭 keŋ⁴⁵tʰæ²¹³ 在山上炭窑烧制的木炭

5. 城乡处所

地方 ti⁵³fɔŋ⁴⁵⁻²² 地方（他是什么～人？）

城市 ʃeŋ²²ʃi²¹³（对乡村而言）

城墙 ʃeŋ²²tsʰiæ²²

壕沟 xau²²ka⁴⁵

城里头 ʃeŋ²²ly³¹ta²² 城内

城外头 ʃeŋ²²mø⁵³ta²² 城外

城门 ʃeŋ²²min²²

巷仔 xɔŋ⁵³ti³³，也说巷 xɔŋ⁵³、街巷 ka⁴⁵xɔŋ⁵³ 胡同

农村 nɔŋ²²tsʰɔŋ⁴⁵，也说乡村 ʃiæ⁴⁵tsʰɔŋ⁴⁵（对城市而言）

山沟沟 ʃæ⁴⁵ka⁴⁵ka⁴⁵ 山沟（偏僻的山村）

老屋 lau³¹ø²⁴，也说老家 lau³¹kɔ⁴⁵ 家乡

墟 xy⁴⁵ 集市（农村或小城市中定期买卖货物的市场）

街 ka⁴⁵，也说街道 ka⁴⁵tau⁵³

路 lu⁵³

大路 ta⁵³lu⁵³

细路 si²¹³lu⁵³ 小路

三、时令、时间

1. 季节、节气

春天 tʃʰyn⁴⁵tʰie⁴⁵

夏天 xɔ⁵³tʰie⁴⁵

秋天 tsʰiu⁴⁵tʰie⁴⁵

冬天 lø⁴⁵tʰie⁴⁵

立春 li⁵³tʃʰyn⁴⁵

雨水 y³¹ʃy³³

惊蛰 keŋ⁴⁵tʃʰai⁵³

春分 tʃʰyn⁴⁵fin⁴⁵

清明 tsʰeŋ⁴⁵meŋ²²

谷雨 kø²⁴y³¹

立夏 li²⁴xɔ⁵³

小满 siu³³mæ³¹

芒种 mɔŋ²²tʃɔŋ²¹³

夏至 xɔ⁵³tʃi²¹³

小暑 siu³³ʃy³³

大暑 ta⁵³ʃy³³

立秋 li²⁴tsʰiu⁴⁵

处暑 tʃʰy²¹³ʃy³³

白露 pa⁵³lu⁵³

秋分 tsʰiu⁴⁵fin⁴⁵

寒露 xæ²²lu⁵³

霜降 ʃɔŋ⁴⁵kɔŋ²¹³

立冬 li²⁴lø⁴⁵

小雪 siu³³sø²⁴

大雪 ta⁵³sø²⁴

冬至 lø⁴⁵tʃi²¹³

小寒 siu³³xæ²²

大寒 ta⁵³xæ²²

2. 节日

曆书 lai⁵³ʃy⁴⁵，也说日曆牌 n²⁴lai⁵³pa²²

挂曆 kua²¹³lai⁵³

农曆 nɔŋ²²lai⁵³，也说阴曆 in⁴⁵lai⁵³

公曆 kø⁴⁵lai⁵³，也说阳曆 iæ²²lai⁵³

年三十夜 nie²²sæ⁴⁵ʃi²²ia⁵³ 除夕（农历一年最后一天）

年初一 nie²²tʃʰɔ⁴⁵i²⁴，也说大年初一 ta⁵³nie²²tʃʰɔ⁴⁵i²⁴

拜年 pa²¹³nie²²

元宵节 ye²²siu⁴⁵tsie²⁴，也说正月十五 tʃeŋ⁴⁵ŋø⁵³ʃi⁵³n³¹（农历正月十五）

五月节 nɔ³¹ŋø⁵³tsie²⁴，也说端午节 tuæ⁴⁵nɔ³¹tsie²⁴，五月初五 nɔ³¹ŋø⁵³tʃʰɔ⁴⁵nɔ³¹（农历五月初五）

中秋节 tʃɔŋ⁴⁵tsʰiu⁴⁵tsie²⁴，也说八月十五 pɔ²⁴ŋø⁵³ʃi⁵³nɔ³¹（农历八月十五）

七月七 tsʰi²⁴ŋø⁵³tsʰi²⁴ 七夕（农历七月初七）

七月半 tsʰi²⁴ŋø⁵³pæ²¹³ 中元节（农历七月十五）

重阳节 tʃʰɔŋ²²iæ²²tsie²⁴（农历九月初九）

3. 年

今年 tʃin⁴⁵nie²²

旧年时 tʃʰiu⁵³nie²²ʃi²² 去年

明年 meŋ²²nie²²

前年时 tsʰie²²nie²²ʃi²² 前年

大前年时 ta⁵³tsʰie²²nie²²ʃi²²，也说大前年 ta⁵³tsʰie²²nie²²

往些年 ɔŋ³¹sie⁴⁵⁻²²nie²² 往年（以往的年头）

后年 xai⁵³nie²²

大后年 ta⁵³xai⁵³nie²²

每年 mui³¹nie²²

年初 nie²²tʃʰɔ⁴⁵

年中 nie²²tʃɔŋ⁴⁵

年底 nie²²li³³

上半年 ʃæ⁵³pæ²¹³nie²²

下半年 xɔ⁵³pæ²¹³nie²²

全年 tsʰø²²nie²²，也说整整一年 tʃeŋ³³tʃeŋ³³i²⁴⁻²²nie²² 整年

4. 月

正月 tʃeŋ⁴⁵ŋø⁵³

十二月 ʃi⁵³i⁵³ŋø⁵³ 腊月

闰月 yn⁵³ŋø⁵³

月初 ŋø⁵³tʃʰɔ⁴⁵

月半 ŋø⁵³pæ²¹³

月底 ŋø⁵³li³³

一个月 i²⁴⁻²²kɔ²¹³ŋø⁵³

前个月 tsʰie²²kɔ²¹³ŋø⁵³

上个月 ʃæ⁵³kɔ²¹³ŋø⁵³

喇⁼个月 la³¹kɔ²¹³ŋø⁵³ 这个月

下个月 xɔ⁵³kɔ²¹³ŋø⁵³

每月 mui³¹ŋø²⁴

上旬 ʃæ⁵³tsʰin²²

中旬 tʃɔŋ⁴⁵tsʰin²²

下旬 xɔ⁵³tsʰin²²

大月 ta⁵³ŋø²⁴，也说月大 ŋø⁵³ta⁵³ 大建（农历三十天的月份）

细月 si²¹³ŋø²⁴，也说月细 ŋø⁵³si²¹³ 小建（农历二十九的月份）

5. 日、时

今日 tʃin⁴⁵n²⁴ 今天

昨日 tsʰɔ²⁴⁻²²n²⁴ 昨天

明时 meŋ²²ʃi²² 明天

后日 xai⁵³n²⁴ 后天

大后日 ta⁵³xai⁵³n²⁴ 大后天

前日 tsʰie²²n²⁴ 前天

大那⁼日 ta⁵³nɔ⁵³n²⁴ 大前天

前几日 tsʰie²²tʃi³³n²⁴，也说早几日 tsau³³tʃi³³n²⁴ 前几天

礼拜日 li³¹pa²¹³n²⁴，也说礼拜天 li³¹pa²¹³tʰie⁴⁵ 星期天

一个礼拜 i²⁴⁻²²kɔ²¹³li³¹pa²¹³ 一星期

成日 ʃeŋ²²n²⁴，也说成天 ʃeŋ²²tʰie⁴⁵ 整天

每日 mui³¹n²⁴，也说每天 mui³¹tʰie⁴⁵

十几日（比十天多）ʃi⁵³tʃi³³n²⁴，也说十几天 ʃi⁵³tʃi³³tʰie⁴⁵

上半日 ʃæ⁵³pæ²¹³n²⁴ 午前

下半日 xɔ⁵³pæ²¹³n²⁴ 午后

半日 pæ²¹³n²⁴，也说半天 pæ²¹³tʰie⁴⁵

大半日 ta⁵³pæ²¹³n²⁴，也说大半天 ta⁵³pæ²¹³tʰie⁴⁵

差不多天光 tʃʰa⁴⁵pu³¹lɔ⁴⁵tʰie⁴⁵kɔŋ⁴⁵ 凌晨（天快亮的时候）

溜⁼时头明 liu⁴⁵ʃi²²ta²²meŋ²²，也说清早 tsʰeŋ⁴⁵tsau³³（日出前后的一段时间）

早晨 tsau³³ʃin²²

上晏 ʃæ⁵³æ²¹³ 上午

晏头 æ²¹³ta²² 中午

下晏 xɔ⁵³æ²¹³ 下午

日头 n²⁴ta²² 白天

日头下岭 n²⁴ta²²xɔ⁵³leŋ³¹，也说临夜 lin²²ya⁵³ 黄昏（日落以后星出以前）

夜头 ia⁵³ta²² 夜晚（从天黑到天亮的一段时间）

半夜仔 pæ²¹³ia⁵³ti³³ 半夜

上半夜 ʃæ⁵³pæ²¹³ia⁵³

下半夜 xɔ⁵³pæ²¹³ia⁵³

成夜 seŋ²²ia⁵³，也说整个夜头 tʃeŋ³³kɔ²¹³ia⁵³ta²² 整夜

每夜 mui³¹ia⁵³，也说每一日夜头 mui³¹i²⁴n²⁴ia⁵³ta²² 每天晚上

6. 其他时间概念

年份（指某一年）nie²²fin⁵³

月份（指某一月）ŋø²⁴fin⁵³

日子（指日期）n²⁴tsɿ³³

墟日 xy⁴⁵n²⁴ 集日（有集市的日子）

哪家时候 la³³ka⁴⁵⁻²²ʃi²²xa⁵³ 什么时候（他~来？）

以前 i³³⁻⁴⁵tsʰie²²，也说老时 lau³¹ʃi²² 先前

喇⁼下 la³¹xɔ³¹ 现在

以后 i³³⁻⁴⁵xa⁵³

后来 xa⁵³lø²²（指过去某事之后）

从今以后 tsʰoŋ²²kin⁴⁵i³³⁻⁴⁵xa⁵³，也说从此以后 tsʰoŋ²²tsʰɿ³³i³³⁻⁴⁵xa⁵³（指现在之后）

四、农业

1. 农事

春耕 tʃʰyn⁴⁵keŋ⁴⁵

夏收 xɔ⁵³ʃiu⁴⁵

秋收 tsʰiu⁴⁵ʃiu⁴⁵

早秋 tsau³³tsʰiu⁴⁵

晚秋 uæ³¹tsʰiu⁴⁵

耙地 pɔ²²ti⁵³，也说平地 peŋ²²ti⁵³ 整地

下种 xɔ³¹tʃoŋ³³

插田 tʃʰɔ²⁴tie²²，也说插秧 tʃʰɔ²⁴iæ⁴⁵

曳草 ie⁵³tsʰau³³，也说锄草 tʃʰu²²tsʰau³³ 薅草

谷串 kø²⁴tʃʰø²¹³ 稻穗

割禾 kua²⁴u²² 割稻子

割麦子 kua²⁴ma²⁴tsɿ³³ 割麦

晒谷 ʃa²¹³kø²⁴ 晒稻谷

地堂 ti⁵³toŋ²²，也说院子 ye⁵³tsɿ³³、门坪 min²²peŋ²² 场院

锄地 tʃʰu²²ti⁵³

鬆土 sø⁴⁵tʰu³³

撒肥 so²⁴fi²²，也说施肥 sɿ⁴⁵fi²²

淋粪水 lin²²fin²¹³ʃy³³ 浇粪

淋肥料 lin²²fi²²liu⁵³ 浇肥

粪坑 fin²¹³kʰeŋ⁴⁵⁻²²

积肥 tsi²⁴fi²²，也说堆肥 lø⁴⁵fi²²

丈=粪 tiæ⁵³fin²¹³，也说夹粪 kɔ²⁴fin²¹³ 拾粪

粪肥 fin²¹³fi²²，也说农家肥 nɔŋ²²kɔ⁴⁵fi²²

化肥 fa²¹³fi²²，也说复合肥 fu²⁴xɔ²²fi²²

淋水 lin²²ʃy³³ 浇水

灌水 kuæ²¹³ʃy³³（使水入地）

排水 pa²²ʃy³³，也说放水 xɔŋ²²ʃy³³（使水出地）

掊水 pa⁵³ʃy³³，也说抽水 tʃʰiu⁴⁵ʃy³³ 打水（从井里或河里取水）

2. 农具

水井 ʃy³³tseŋ³³，也说井 tseŋ³³

水桶 ʃy³³tʰø³³（汲水用的木桶）

井索仔 tseŋ³³sɔ²⁴ti³³ 井绳

水车 ʃy³³tʃʰa⁴⁵

马车 mɔ³¹tʃʰa⁴⁵ 马拉的车

牛车 ŋiu²²tʃʰa⁴⁵ 牛拉的车

双轮车 ʃɔŋ⁴⁵lin²²tʃʰa⁴⁵ 两个轮子的板车

牛轭 ŋiu²²ŋa²⁴

牛子□ ŋiu²²tsɿ³³lui⁴⁵ 牛笼嘴

牛鼻圈 ŋiu²²pi⁵³kʰø⁴⁵⁻²⁴，也说牛鼻公环 ŋiu²²pi⁵³kø²²uæ³³ 牛鼻桊儿（穿在牛鼻子里的木棍儿或铁环）

犁 li²²

犁弓 li²²kɔŋ⁴⁵ 犁弯曲部分

犁箭 li²²tsie²¹³ 犁柱

犁身 li²²ʃin⁴⁵

犁把 li²²pɔ³³

犁劈 li²²pʰai⁵³ 犁铧

耙 pɔ²² 聚拢谷物或平土地用的农具

谷仓 kø²⁴tsʰɔŋ⁴⁵ 存放稻谷的仓库

风车 fø⁴⁵tʃʰa⁴⁵ 用来吹去谷粒中的秕子等杂质的农具

大石磨 ta⁵³ʃai⁵³mɔ⁵³，也说石磨 ʃai⁵³mɔ⁵³

磨盘 mɔ⁵³pæ²²

磨手 mɔ⁵³ʃiu³³，也说磨钩 mɔ⁵³ka⁴⁵ 磨把儿

磨芯 mɔ⁵³sin⁴⁵ 磨脐儿（磨扇中心的铁轴）

筛箕 ʃa⁴⁵tʃi⁴⁵⁻²²，也说筛 ʃa⁴⁵ 筛子（筛稻、米用的）

箩斗 lɔ²²la³³ 箩（筛粉末状细物用的器具）

碓 lø²¹³（指整体）

碓槌 lø²¹³ty²² 碓杵

拐仔 kuai³³ti³³ 树杈或竹子做成的钯，一般作晒谷用，也可用作收集树叶、枯草等

钉钯 leŋ⁴⁵pɔ²²，也说铁拐仔 tʰie²⁴kʰua³³ti³³

两头锄 liæ³¹ta²²tʃʰɔ²²，也说十字锄 ʃi²²sɿ⁵³tʃʰɔ²² 镐（用于刨硬地，一头尖形，一头扁小）

锄头 tʃʰɔ²²ta²²

铡刀 tʃʰɔ⁵³lau⁴⁵

镰刀 lie²²lau⁴⁵⁻²²

柴刀 tʃʰa²²lau⁴⁵，也说大刀 ta⁵³lau⁴⁵⁻²² 砍刀（用来劈开或剁断木柴的刀）

锹仔 tsʰiu⁴⁵ti³³ 木锹

铁锹仔 tʰie²⁴tsʰiu⁴⁵ti³³ 铁锹

簸箕 pɔ²¹³tʃi⁴⁵⁻²²（盛粮食用）

垃圾铲 lɔ²⁴ʃɔ⁵³tʃʰæ³³ 撮箕（撮垃圾用）

垃圾 lɔ²⁴ʃɔ⁵³

筐 kʰuaŋ⁴⁵，也说箩筐 lɔ²²kʰuaŋ⁴⁵⁻²²

箩 lɔ²²，也说箩筐 lɔ²²kʰuaŋ⁴⁵⁻²²

担拐 læ²¹³kuai³³ 扁担

担担仔 læ⁴⁵læ²¹³ti³³ 挑担子

竹扫拐仔 liu²¹³sau²¹³kuai³³ti³³ 扫帚（用竹枝扎成，大把）

扫拐仔 sau²¹³kuai³³ti³³ 笤帚

五、植物

1. 农作物

粮食 liæ²²ʃai⁵³

五穀 n³¹kø²⁴

麦子 ma²⁴tsʅ³³ 麦

荞麦 tʃʰɔ²²ma²⁴

麦子梗 ma²⁴tsʅ³³keŋ³³ 麦秸

小米 siu³³mi³¹，也说黄粟 ɔŋ²²su²⁴、狗尾粟 ka³³meŋ³¹su²⁴ 穀子（指植株，子实是小米）

六穀 liu⁵³kø²⁴⁻²² 玉米

高粱 kau⁴⁵liæ²²，也说高粱麦 kau⁴⁵liæ²²ma²⁴

禾 u²²，也说禾苗 u²²miu²² 稻（指植株）

穀 kø²⁴ 稻子（指子实）

早糙 tsau³³tsʰau⁵³ 早稻

晚糙 uæ³¹tsʰau⁵³，也说二糙 i⁵³tsʰau⁵³ 晚稻

稗子 pa⁵³tsʅ³³，也说草子 tsʰau⁵³tsʅ³³

穀□仔 kø²⁴nø²¹³ti³³，也说穀壳仔 kø²⁴kʰɔ²⁴ti³³ 秕子（空的或不饱满的子粒）

米 mi³¹（稻的子实去壳后）

糯米 nɔ⁵³mi³¹⁻²²

米 mi³¹ 大米（相对糯米而言）

洋籼米 iæ²²tsæ⁴⁵mi³¹ 籼米（米粒长而细，黏性小）

早米 tsau³³mi³¹，也说头糙米 ta²²tsʰau⁵³mi³¹

晚糙米 uæ³¹tsʰau⁵³mi³¹，也说二糙米 i⁵³tsʰau⁵³mi³¹ 晚米

糙米 tsʰau²¹³mi³¹（未舂碾过的米）

白米 pa⁵³mi³¹（经过舂碾的米）

棉絮 mɔ⁵³sɔ⁵³⁻²² 棉花

棉絮子 mɔ⁵³sɔ⁵³⁻²²tsʅ³³ 棉花桃儿

麻秆仔 mɔ²²kuæ³³ti³³ 麻秆

苎麻 tʃʰy³³mɔ²²

油麻 iu²²mɔ²² 脂麻（芝麻）

葵花 kʰui²²fa⁴⁵，也说向日葵 ʃiæ²¹³n²⁴kʰui²²

葵瓜子 kʰui²²kua⁴⁵tsʅ³³ 葵花子儿

番薯 fæ⁴⁵ʃy²² 白薯

马铃薯 mɔ³¹leŋ²²ʃy²²

芋头 y⁵³ta²² 芋（指这种植物）

芋头 y⁵³ta²²（芋块茎的总称）

水菇子 ʃy³³ku⁴⁵tsʅ³³ 慈姑

淮山 fai²²fæ⁴⁵，也说山药 fæ⁴⁵iɔ²⁴

莲藕 lie²²ŋæ³³ 藕

莲子 lie²²tsʅ³³（莲蓬的子）

2. 豆类、蔬菜

黄豆 ɔŋ²²ta⁵³

绿豆 liu²⁴ta⁵³

黑豆 xai²⁴ta⁵³

红豆 xø²²ta⁵³ 红小豆

豌豆 uæ³³ta⁵³

豆角仔 ta⁵³kɔ²⁴⁻²²ti³³ 豇豆（细长条的）

毛皮豆 mau²²pi²²ta⁵³，也说树豆 ʃy⁵³ta⁵³ 扁豆

蚕豆 tsʰæ²²ta⁵³

茄仔 tʃʰa²²ti³³ 茄子

黄瓜仔 ɔŋ²²kua⁴⁵⁻²²ti³³ 黄瓜

丝瓜 sʅ⁴⁵kua⁴⁵⁻²²

苦瓜仔 kʰu³³kua⁴⁵⁻²²ti³³ 苦瓜

金瓜 tʃin⁴⁵kua⁴⁵⁻²² 南瓜

冬瓜 lø⁴⁵kua⁴⁵⁻²²

蒲芦瓜 pu²²lu²²kua⁴⁵ 葫芦
葱 tsʰø⁴⁵，也说葱花 tsʰø⁴⁵fa⁴⁵
洋葱 iæ²²tsʰø⁴⁵
葱叶 tsʰø⁴⁵ie²⁴
葱白 tsʰø⁴⁵pa⁵³
蒜 suæ²¹³（指这种植物）
蒜头 suæ²¹³ta²²（蒜的鳞茎，由蒜瓣构成）
蒜梗 suæ²¹³keŋ³³，也说蒜苗 suæ²¹³miu²²（蒜的花茎）
蒜叶 suæ²¹³ie²⁴ 青蒜（嫩的蒜梗和蒜叶）
蒜泥 suæ²¹³ni²²，也说蒜蓉 suæ²¹³iɔŋ²²
韭菜 tʃiu³³tsʰø²¹³⁻²²
韭黄 tʃiu³³ɔŋ²²
苋菜 xæ⁵³tsʰø²¹³⁻²²
白苋菜 pa⁵³xæ⁵³tsʰø²¹³⁻²²
红苋菜 xø²²xæ⁵³tsʰø²¹³⁻²²，也说红背苋菜 xø²²pø²¹³xæ⁵³tsʰø²¹³⁻²²
番鬼茄仔 fæ⁴⁵ki³³tʃʰa²²ti³³ 西红柿
姜 tʃæ⁴⁵
大炮辣 ta⁵³pʰau²¹³lɔ²⁴ 柿子椒
辣椒 lɔ²⁴tsiu⁴⁵
辣椒粉 lɔ²⁴tsiu⁴⁵fin³³ 辣椒面儿
芥菜 ka²¹³tsʰø²¹³⁻²²
胡椒 fu²²tsiu⁴⁵⁻²²
白胡椒 pa⁵³fu²²tsiu⁴⁵⁻²²
胡椒粉 fu²²tsiu⁴⁵⁻²²fin³³ 胡椒面儿
菠菜 pɔ⁴⁵tsʰø²¹³⁻²²
黄芽白 ɔŋ²²ŋɔ²²pa⁵³ 白菜
芥兰包 ka²¹³læ²²pau⁴⁵ 洋白菜（叶子卷成球状的）
条梗白 tiu²²keŋ³³pa⁵³，也说白菜 pa⁵³tsʰø²¹³ 小白菜

莴苣笋 vɔ⁴⁵ki⁴⁵sin³³，也说茭苣笋 kau⁴⁵ki⁴⁵sin³³，也说莴笋 vɔ⁴⁵sin³³（指茎部）
莴笋叶 vɔ⁴⁵sin³³ie²⁴
生菜 ʃeŋ⁴⁵tsʰø²¹³⁻²²
猪婆菜 ny⁴⁵pɔ²²tsʰø²¹³ 莙荙菜
芹菜 tʃʰin²²tsʰø²¹³⁻²²
芫荽 yn²²sy⁴⁵⁻²²
茼蒿菜 tø²²xau⁴⁵⁻²²tsʰø²¹³ 茼蒿
萝葡头 lɔ²²meŋ²²ta²² 萝卜
稇了 mau²²liu³³(萝卜) 糠了
萝葡头缨 lɔ²²meŋ²²ta²²jeŋ⁴⁵ 萝卜缨儿
萝葡头干 lɔ²²meŋ²²ta²²kuæ⁴⁵ 萝卜干儿
红萝葡头 xø²²lɔ²²meŋ²²ta²² 胡萝卜
芥蓝头 ka²¹³læ²²ta²² 苤蓝
茭笋 kau⁴⁵sin³³ 茭白
油菜 iu²²tsʰø²¹³（做蔬菜用）
菜心 tsʰø²¹³sin⁴⁵ 油菜薹
油菜子 iu²²tsʰø²¹³tsʅ³³ 油菜子（榨油用）
蕹菜 ø²¹³tsʰø²¹³⁻²²

3. 树木

树 ʃy⁵³
树林仔 ʃy⁵³lin²²ti³³，也说树林 ʃy⁵³lin²²
树苗 ʃy⁵³miu²²，也说树秧 ʃy⁵³iæ⁴⁵
树幹仔 ʃy⁵³kuæ²¹³ti³³ 树幹
树顶仔 ʃy⁵³leŋ³³ti³³ 树梢
树根 ʃy⁵³tʃin⁴⁵
树叶仔 ʃy⁵³ie²⁴ti³³ 树叶
树枝仔 ʃy⁵³tʃi⁴⁵ti³³，也说树枝 ʃy⁵³tʃi⁴⁵
种树 tʃoŋ²¹³ʃy⁵³（动宾）
砍树 kʰæ³³ʃy⁵³（动宾）
松树 tsʰɔŋ²²ʃy⁵³

124

松毛 tsʰɔŋ²²mau²² 松针
松鸡 tsʰɔŋ²²kai⁴⁵ 松球
松香 tsʰɔŋ²²ʃiæ⁴⁵
杉木树 ʃɔ⁴⁵mø⁵³ʃy⁵³，也说杉木 ʃɔ⁴⁵mø⁵³ 杉树
杉木叶 ʃɔ⁴⁵mø⁵³ie²⁴ 杉针
蚕树 tsʰæ²²ʃy⁵³，也说桑树 sɔŋ⁴⁵ʃy⁵³
桑子 sɔŋ⁴⁵tsɿ³³ 桑葚儿
蚕叶 tsʰæ²²ie²⁴，也说桑叶 sɔŋ⁴⁵ie²⁴
杨树 iæ²²ʃy⁵³
柳树 liu³¹ʃy⁵³
黄荆条 ɔŋ²²tʃin⁴⁵tiu²²，也说老钩刺 lau³¹ka⁴⁵tsʰɿ²¹³ 荆条
桐子树 tø²²tsɿ³³ʃy⁵³，也说桐油树 tø²²iu²²ʃy⁵³
桐子 tø²²tsɿ³³
桐油 tø²²iu²²
苦楝树 kʰu³³lie²¹³⁻²²ʃy⁵³
红豆树 xø²²ta⁵³ʃy⁵³
竹仔 liu²⁴ti³³ 竹子
罗汉竹 lɔ²²xæ²¹³liu²⁴
牛角竹 ŋiu²²kɔ²⁴liu²⁴
大头竹 ta⁵³ta²²liu²⁴
薄皮竹 pɔ⁵³pi²²liu²⁴，也说青皮竹 tsʰeŋ⁴⁵pi²²liu²⁴
毛竹仔 mau²²liu²⁴ti³³ 毛竹
水竹仔 ʃy³³liu²⁴ti³³ 水竹
泥竹仔 ni²²liu²⁴ti³³ 泥竹
刺竹仔 tsʰɿ²¹³liu²⁴ti³³ 刺竹
筋竹仔 tʃin⁴⁵liu²⁴ti³³ 筋竹
竹仔根 liu²⁴ti³³tʃin⁴⁵ 竹根
竹头仔 liu²⁴ta²²ti³³，也说竹头 liu²⁴ta²²
竹尾仔 liu²⁴meŋ³¹ti³³ 竹梢
竹衣仔 liu²⁴i⁴⁵ti³³ 竹子的内膜

竹枝仔 liu²⁴tʃi⁴⁵ti³³ 竹枝
竹筒仔 liu²⁴tø²²ti³³ 竹筒
笋 sin³³ 竹笋
冬笋 lø⁴⁵sin³³
春笋 tʃʰyn⁴⁵sin³³
笋壳仔 sin³³kʰɔ²⁴ti³³，也说竹壳仔 liu²⁴kʰɔ²⁴ti³³ 笋壳
竹篙 liu²⁴kau⁴⁵⁻²² 竹竿儿
竹叶仔 liu²⁴ie²⁴ti³³ 竹叶儿
篾片仔 mie²⁴pʰie²¹³ti³³ 篾片（竹子劈成的薄片）
篾黄 mie²⁴ɔŋ²²，也说篾娘 mie²⁴niæ²²、篾囊 mie²⁴nɔŋ²²
篾青 mie²⁴tsʰeŋ⁴⁵，也说篾公 mie²⁴kø⁴⁵

4. 瓜果

水果 ʃy³³kɔ³³
干果 kuæ⁴⁵kɔ³³
桃仔 tau²²ti³³ 桃
杏 xeŋ³³
李仔 li³¹ti³³ 李子
苹果 peŋ²²kɔ³³
红枣 xø²²tsau³³
梨仔 li²²ti³³ 梨
枇杷 pi²²pɔ²²
柿仔 sɿ⁵³ti³³ 柿子
柿仔饼 sɿ⁵³ti³³peŋ³³ 柿饼
石榴 ʃai⁵³liu²²
柚仔 iɔ⁵³ti³³ 柚子
柑仔 kuæ⁴⁵ti³³ 橘子
细细个嗰柑仔 si²¹³si²¹³kɔ²¹³kɔ³³kuæ⁴⁵ti³³，也说金橘 tʃin⁴⁵tʃy²⁴
厚皮柑 xa³¹pi²²kuæ⁴⁵，也说橙仔 tsʰeŋ²²ti³³

125

木瓜 mø⁵³kua⁴⁵

龙眼 lɔŋ²²ŋæ³¹⁻²²

龙眼肉 lɔŋ²²ŋæ³¹⁻²²tʃa²⁴ 去壳去核的龙眼干

桂圆 kui²¹³ye²² 晒干的龙眼

荔枝 li⁵³tʃi⁴⁵⁻²²

芒果 mɔŋ⁴⁵kɔ³³

菠萝 pɔ⁴⁵lɔ²²

橄榄 kæ³³læ³³

白果 pa⁵³kɔ³³ 银杏

板栗 pæ³³lai⁵³，也说板栗子 pæ³³lai⁵³tsɿ³³ 栗子

核桃 xai²⁴tau²²

锥⁻子 tʃy⁴⁵tsɿ³³ 榛子

西瓜 si⁴⁵kua⁴⁵⁻²²

瓜子 kua⁴⁵tsɿ³³ 瓜子儿

香瓜 ʃiæ⁴⁵kua⁴⁵ 甜瓜

马蹄子 mɔ³¹ti²²tsɿ³³ 荸荠

甘蔗 kuæ⁴⁵tʃa²²

黑甘蔗 xai²⁴kuæ⁴⁵tʃa²² 黑皮甘蔗

糖甘蔗 tɔŋ²²kuæ⁴⁵tʃa²² 绿皮甘蔗

豆 ta⁵³ 花生

豆 ta⁵³，也说豆米 ta⁵³mi³¹ 花生米

豆衣 ta⁵³i⁴⁵ 花生皮（花生米外面的红皮）

豆壳子 ta⁵³kʰɔ²⁴tsɿ³³ 花生壳

5. 花草、菌类

桂花 kui²¹³fa⁴⁵

菊花 kø²⁴fa⁴⁵

梅花 mø²²fa⁴⁵

鸡角花 tʃi⁴⁵kɔ²⁴fa⁴⁵ 鸡冠花

荷花 xɔ²²fa⁴⁵，也说莲藕花 lie²²ŋæ³¹fa⁴⁵

荷叶 xɔ²²ie²⁴，也说莲藕叶 lie²²ŋæ³¹ie²⁴

莲蓬 lie²²fø²²

水仙花 ʃy³³sie⁴⁵fa⁴⁵ 水仙（花）

茉莉花 mɔ⁵³⁻²²li⁵³⁻²²fa⁴⁵

喇叭花 la³¹pa⁴⁵fa⁴⁵ 牵牛花

映山红 jeŋ⁵³⁻²²ʃæ⁴⁵xø²²，也说杜鹃花 tu⁵³kø⁴⁵fa⁴⁵

芙蓉花 fu²²iɔŋ²²fa⁴⁵

万年青 uæ⁵³nie²²tsʰeŋ⁴⁵，四季青 sɿ²¹³ki²¹³tsʰeŋ⁴⁵

仙人掌 sie⁴⁵in²²tʃæ³³

花瓣 fa⁴⁵pæ⁵³

蕊 ȵiui³¹，也说花蕊 fa⁴⁵ȵiui³¹

蓆草 tsʰai⁵³tsʰau³³，也说芦苇 lu²²ui³¹⁻⁵³

香信 ʃiæ⁴⁵sin²¹³，也说香菇 ʃiæ⁴⁵ku⁴⁵

蘑菇 mɔ²²ku⁴⁵

冬菇 lø⁴⁵ku⁴⁵，也说花菇 fa⁴⁵ku⁴⁵

青苔 tsʰeŋ⁴⁵tʰø²²

六、动物

1. 牲畜

头牲 ta²²ʃeŋ⁴⁵，也说牲口 ʃeŋ⁴⁵ka³³

马牯 mɔ³¹ku³³ 公马

马娘仔 mɔ³¹niæ²²ti³³ 母马

阉牯 ie⁴⁵ku³³ 骟马（阉过的马）

牛牯 ŋiu²²ku³³ 公牛

阉牯 ie⁴⁵ku³³ 犍牛（阉过的公牛）

牛娘仔 ŋiu²²niæ²²ti³³ 母牛

牛牸 ŋiu²²sɿ⁵³ 未成年的母牛

赤牛 tʃʰai²⁴ŋiu²²，也说黄牛 ɔŋ²²ŋiu²²

水牛 ʃy³³ŋiu²²

牛仔仔 ŋiu²²ti³³ti³³ 牛犊

驴 ly²²，又 lu²²

公驴 kø⁴⁵ly²²

驴娘仔 lu²²niæ²²ti³³ 母驴

骡子 lɔ²²tsʅ³³

骆驼 lɔ⁵³tɔ²²

绵羊 mie²²iæ²²

山羊 ʃæ⁴⁵iæ²²

羊仔仔 iæ²²ti³³ti³³，也说羊羔 iæ²²kau⁴⁵

狗 ka³³

狗牯 ka³³ku³³，也说公狗仔 kø⁴⁵ka³³ti³³

狗娘仔 ka³³niæ²²ti³³ 母狗

狗牸 ka³³sʅ⁵³ 未成年的母狗

狗仔仔 ka³³ti³³ti³³ 小狗儿（脱奶后的幼犬）

哈吧狗 xa⁴⁵pa⁴⁵ka³³

猫 ɲiau⁴⁵ti³³ 猫

猫仔公 ɲiau⁴⁵ti³³kø⁴⁵ 公猫

猫仔娘 ɲiau⁴⁵ti³³niæ²² 母猫

猫仔牸 ɲiau⁴⁵ti³³sʅ⁵³ 未成年的母猫

猪公 ny⁴⁵kø⁴⁵，也说猪头 ny⁴⁵ta²²

猪种 ny⁴⁵tʃɔŋ³³ 种猪

猪娘仔 ny⁴⁵niæ²²ti³³ 母猪

猪牸 ny⁴⁵sʅ⁵³ 未成年的母猪

猪仔仔 ny⁴⁵ti³³ti³³ 猪崽

阉猪 ie⁴⁵ny⁴⁵ 阉猪（动宾）

兔 tʰu²¹³ 兔子

鸡 tʃi⁴⁵

生鸡头 ʃeŋ⁴⁵tʃi⁴⁵ta²²，也说公鸡 kø⁴⁵tʃi⁴⁵（成年的打鸣的公鸡）

生鸡崽 ʃeŋ⁴⁵tʃi⁴⁵tsø²³ 鸡角（未成年的小公鸡）

骗鸡 ʃie²¹³tʃi⁴⁵，也说阉鸡 ie⁴⁵tʃi⁴⁵（阉过的公鸡）

阉鸡 ie⁴⁵tʃi⁴⁵（动宾）

夹生鸡 kɔ²⁴ʃeŋ⁴⁵tʃi⁴⁵ 没有阉割彻底的公鸡

鸡娘仔 tʃi⁴⁵niæ²²ti³³ 母鸡

赖菢鸡 la⁵³pau⁵³tʃi⁴⁵ 抱窝鸡（正在孵蛋的母鸡）

鸡崽仔 tʃi⁴⁵tsø³³ti³³ 鸡娘（未成年的小母鸡）

鸡仔仔 tʃi⁴⁵ti³³ti³³ 小鸡儿

鸡蛋仔 tʃi⁴⁵tæ⁵³ti³³ 鸡蛋

生蛋仔 ʃeŋ⁴⁵tæ⁵³ti³³ 下蛋

菢 pau⁵³ 孵（～小鸡儿）

鸡冠 tʃi⁴⁵kuæ⁴⁵

鸡爪仔 tʃi⁴⁵ȵiau³³ti³³ 鸡爪子

鸭 ɔ²⁴

鸭公 ɔ²⁴kø⁴⁵ 公鸭

鸭娘 ɔ²⁴niæ²² 母鸭

鸭仔仔 ɔ²⁴ti³³ti³³ 小鸭子

鸭懒 ɔ²⁴lai⁴⁵ 幺鸭

鸭蛋仔 ɔ²⁴tæ⁵³ti³³ 鸭蛋

鹅 ŋɔ²²

鹅仔仔 ŋɔ²²ti³³ti³³ 小鹅儿

野璃═西（野东西）ia³¹li⁴⁵si⁴⁵⁻²² 野兽

狮仔 sʅ⁴⁵ti³³ 狮子

老虎 lau³¹fu³³

老虎娘 lau³¹fu³³niæ²² 母老虎（雌虎）

猴子 xa²²tsʅ³³

熊 ʃɔŋ²²

豹 pau²¹³

狐狸 fu²²li²²

毛狪 mau²²tsʰie²⁴，也说黄鼠狼 ɔŋ²²ʃy³³lɔŋ²²

老鼠仔 lau³¹ʃy³³ti³³ 老鼠

蛇 ʃa²²

四脚蛇 sʅ²¹³tʃɔ²⁴ʃa²² 蜥蜴

2. 鸟、兽

鸟仔仔 liu³³ti³³ti³³ 鸟儿

127

老鸦 lau³¹ɔ⁴⁵，也说乌鸦 u⁴⁵a⁴⁵

□□鸟 tʰie³¹tʰie³¹liu³³，也说屎坑鸟 ʃi³³kʰeŋ⁴⁵liu³³ 喜鹊

毛皮雉 mau³³pi³³tʃɿ²¹³ 麻雀

燕子 ie²¹³tsɿ³³

大雁 ta⁵³ŋæ²¹³ 雁

斑鸠 pæ⁴⁵tʃiu⁴⁵

白鸽 pa⁵³kɔ²⁴ 鸽子

鹌鹑 æ⁴⁵tʃʰyn²²

鹧鸪 tʃa²¹³ku⁴⁵⁻²²

布穀鸟 pu²¹³kø²⁴liu³³

啄木鸟 tʃɔ²⁴mø⁵³liu³³

猫皮头鸟 niau²²pi²²ta²²liu³³，也说猫皮头鹰 niau²²pi²²ta²²eŋ⁴⁵ 猫头鹰

夜鹰 ie⁵³eŋ⁴⁵

鹦鹉 in⁴⁵u³¹

乌鹨 u⁴⁵liu²²，也说鹨哥 liu²²kɔ⁴⁵ 八哥儿

白鹤 pa⁵³xɔ⁵³，也说鹤 xɔ⁵³

鹰 eŋ⁴⁵ 老鹰

野鸡 ia³¹tʃi⁴⁵

野鸭 ia³¹ɔ²⁴

鸬鹚 lu²²tsɿ²²，也说鸬鹚鸟 lu²²tsɿ²²liu³³

鸳鸯 ye⁴⁵iæ⁴⁵

飞鼠 fi⁴⁵ʃy³³ 蝙蝠

翅秆 tʃʰi²¹³kuæ³³ 翅膀

嘴 tsy³³（鸟类之嘴）

鸟仔仔窟 liu³³ti³³ti³³kʰu⁴⁵ 鸟窝

3. 虫类

蚕 tsʰæ²²

蚕茧 tsʰæ²²tʃie³³

热头下岭 nie⁵³ta²²xɔ³¹leŋ³¹ 蚕蛹

蚕屎 tsʰæ²²ʃi³³ 蚕沙（家蚕的屎）

袍=熊= pau²²ʃoŋ²² 蜘蛛

蚁仔 ŋæ³³ti²²，也说蚁蚁仔 n³¹ŋæ³³ti³³ 蚂蚁

草狗 tsʰau³³ka³³ 蝼蛄

土狗 tʰu³³ka³³ti³³，也说䖝虫 ʃɔ⁵³toŋ²² 土鳖（可入药，叫地鳖）

蟮 ʃin³³ 蚯蚓

□□ kɔʔ⁵³kɔʔ⁵³ 蜗牛

屎壳虫 ʃi³³kʰɔ²⁴toŋ²²，也说牛屎虫 ŋiu²²ʃi³³toŋ²² 蜣螂

蜈蚣蛇 n²²keŋ⁴⁵⁻²²ʃa²² 蜈蚣

檐蛇 ie²²ʃa²² 壁虎

狗毛蛆 ka³³mau²²tsʰy⁴⁵，也说毛毛虫 mau²²mau²²toŋ²² 毛虫

米蛆 mi³¹tsʰy⁴⁵，也说米虫 mi³¹toŋ²² 肉虫（米里的米色虫）

蚜虫 ŋɔ²²toŋ²²

蚊虫仔 min³¹toŋ²²ti³³ 苍蝇

蚊虫仔 min³¹toŋ²²ti³³ 蚊子

花蚊虫仔 fa⁴⁵min³¹toŋ²²ti³³ 花脚蚊子

脉蚊 ma²⁴min³¹ 蚊子的一种

虱虫 ʃø⁵³toŋ²² 孑孓

虱仔 ʃø²⁴ti³³，也说虱虫 ʃɔ⁵³toŋ²² 虱子

臭虫 tsʰiu²¹³toŋ²²，也说臭屁虫 tsʰiu²¹³pʰi²¹³toŋ²²

狗蚤 ka³³tsau³³ 跳蚤

牛虻 ŋiu²²ʃø²⁴ 牛虻

灶仔仔 tsau²¹³ti³³ti³³ 蟋蟀

灶仔仔 tsau²¹³ti³³ti³³ 灶蟋蟀（状似蟋蟀，常出没于厨房）

臊寡=仔 sau⁴⁵kua³³ti³³ 蟑螂

大肉蜢 ta⁵³tʃa²⁴maŋ³³，也说蜢牯 maŋ³³ku³³ 蝗虫

砍头蜢 kʰæ³³ta²²maŋ³³ 螳螂

大头叫 ta⁵³ta²²tʃɔ²¹³ 蝉

蜜蜂 mie²⁴fø⁴⁵

龙蜂 lɔŋ²²fø⁴⁵⁻²² 马蜂

蛀⁼人 tʃy²¹³in²²（马蜂）蜇人

龙蜂窟 lɔŋ²²fø⁴⁵kʰu⁴⁵，也说蜂窝 fø⁴⁵vɔ⁴⁵

蜜糖 mie²⁴tɔŋ²²，也说蜂蜜 fø⁴⁵mie²⁴

阿仔别⁼哥 a⁴⁵ti³³pie²⁴kɔ⁴⁵ 萤火虫

臭虫 tʃʰiu²¹³tɔŋ²² 臭大姐

灯蛾 leŋ⁴⁵ŋɔ²²，也说白叶虫 pa⁵³ie²⁴tɔŋ²²

蝴蝶 fu²²tie⁵³

雉⁼雉⁼娘⁼ tʃi²¹³tʃi²¹³niæ²² 蜻蜓

磨穀虫 mɔ²²kø²⁴tɔŋ²²，也说瓢虫 piu²²tɔŋ²² 花大姐（学名"瓢虫"）

4. 鱼虾类

鱼 y²² 鱼儿

鲤瓜仔 li³¹kua⁴⁵⁻²²ti³³ 鲤鱼

鲫鱼仔 tsai²⁴n²²ti³³ 鲫鱼

白鲢 pa⁵³lie²² 鳊鱼

饭鱼 fæ⁵³n²²，也说草鱼 tsʰau³³y²²

鳜鱼 kui²¹³n²²，也说桂花鱼 kui²¹³fa⁴⁵⁻²²y²²

白鳝 pa⁵³ʃie⁵³ 鳗鱼

带鱼 lø²¹³y²²

鲇瓜仔 nie²²kua⁴⁵⁻²²ti³³，也说鲈鱼 lu²²y²²

波⁼鱼 pɔ⁴⁵n²² 黑鱼

墨鱼 mai²⁴n²²

鱿鱼 iu²²n²²

大头鱼 ta²²ta²²y²²，也说熊⁼鱼 ʃŋ²²y²² 胖头鱼

金鱼 tʃin⁴⁵y²²

泥鳅 ni²²tsʰiu⁴⁵⁻²²

黄鳝 ɔŋ²²ʃie⁵³，也说死佬转 sŋ³³lau³¹lø²¹³ 鳝鱼

鱼鳞 y²²lin²²

鱼骨头 y²²ku²⁴ta²² 鱼刺

鱼气泡 y²²tʃʰi²¹³pʰau⁵³，也说鱼□ y²²pɔʔ⁵³ 鱼鳔儿

鱼秆⁼ y²²kuæ³³，也说鱼鳍 y²²tʃʰi²²

鱼腮 y²²sy⁴⁵

鱼蛋仔 y²²tæ⁵³ti³³ 鱼子（鱼的卵）

鱼苗 y²²miu²² 鱼苗儿

钓鱼 liu²¹³y²²

钓竿 liu²¹³kuæ⁴⁵⁻²² 钓鱼竿儿

鱼钩 y²²ka⁴⁵ 钓鱼钩儿

缴子 tʃɔ³³tsŋ³³，也说□仔 min⁴⁵ti³³ 鱼篓儿

渔网 y²²mɔŋ³¹，也说网 mɔŋ³¹

胶丝 kau⁴⁵sŋ⁴⁵ 织渔网的丝线

虾 xɔ⁴⁵

虾仁 xɔ⁴⁵in²²（鲜）虾仁儿

虾米 xɔ⁴⁵mi³¹（干）虾米

龟 kui⁴⁵

團鱼 luæ²²y²²，也说鳖 pie²⁴

老蟹 lau³¹⁻⁴⁵xai³¹，也说老蟹壳 lau³¹⁻⁴⁵xai³¹ kʰɔ²⁴ 螃蟹

蟹黄 xai³¹ɔŋ²²

蛤 kua²⁴ 青蛙

蝌蚪 kʰɔ⁴⁵la³³

金梦⁼婆 tʃin⁴⁵mø⁵³pɔ²² 蟾蜍

蚂蟥 mɔ³¹ɔŋ²² 水蛭

蚬 ʃie³³ 扁螺、蛤蜊

螺蛳 lɔ²²sŋ⁴⁵

蚬壳 ʃie³³kʰɔ²⁴ 蚌

七、房舍

1. 房子

屋 ø^{24}

宅 tʃa^{24}/tʃʰɔ^{53} 住宅

起 tʃʰi^{33}，也说整 tʃeŋ^{33} 造（房子）

屋 ø^{24}（整座）房子

门坪 min^{22}peŋ^{22}，也说 ye^{53}tsŋ^{33} 院子

围墙 ui^{22}tsʰiæ^{22} 院墙

影壁 eŋ^{33}pai^{24}

2. 房屋结构

房间 fɔŋ^{22}kæ^{45}（单间）屋子

外头间 ŋø^{53}ta^{22}kæ^{45}，也说头房 ta^{22}fɔŋ^{22} 外间

里头间 ly^{31}ta^{22}kæ^{45} 里间

正厅屋 tʃeŋ^{213}tʰeŋ^{45}ø^{24}，也说正房 tʃeŋ^{213}fɔŋ^{22}

厢房 siæ^{45}fɔŋ^{22}

厅 tʰeŋ^{45}，也说厅屋 tʰeŋ^{45}ø^{24} 客厅

平房 peŋ^{22}fɔŋ^{22}

楼房 la^{22}fɔŋ^{22}

洋房 iæ^{22}fɔŋ^{22}

楼上 la^{22}ʃæ^{53}

楼底 la^{22}li^{33}

门楼 min^{22}la^{22} 门楼儿（大门上边牌楼式的顶）

楼梯 la^{22}tʰi$^{45-22}$

梯 tʰi^{45}，也说楼梯 la^{22}tʰi$^{45-22}$ 梯子（可移动的）

阳臺 iæ^{22}tø^{22}

阳臺 iæ^{22}tø^{22} 晒台

茅草屋 mau^{22}tsʰau^{33}ø^{24}，也说茅寮仔 mau^{22}liu^{22}ti^{33} 草房（用茅草盖的房子）

屋脊 ø^{24}tsai^{24} 房脊

屋顶 ø^{24}leŋ^{33} 房顶（站在~上）

屋檐 ø^{24}ie^{22} 房檐儿

梁 liæ^{22}

横条 veŋ^{22}tiu^{22} 檩

角子 kɔ^{24}tsŋ^{33} 椽子

柱仔 ty^{31}ti^{33} 柱

石墩 ʃai^{53}lɔŋ^{45} 柱下石

步头 pu^{53}ta^{22} 台阶儿

天花板 tʰie^{45}fa^{45}pæ^{22}，也说天花 tʰie^{45}fa^{45}

正门 tʃeŋ^{213}min^{22}，也说大门 ta^{53}min^{22}

后门 xa^{53}min^{22}

旁门 pɔŋ^{22}min^{22} 边门儿

门槛 min^{22}kʰæ$^{33-53}$ 门坎儿

门背 min^{22}pø^{213}（门扇的后面）

门栓 min^{22}ʃuæ^{45}

门 min^{22}，也说门扇 min^{22}ʃie^{213}

锁 sɔ^{33}

锁匙 sɔ^{33}ʃi^{22} 钥匙

窗子 tʃʰæ^{45}tsŋ^{33}

窗臺 tʃʰæ^{45}tø^{22}

气窗 tʃʰi^{213}tʃʰæ^{45} 门窗上部用来通风换气的小窗

巷仔 xɔŋ^{53}ti^{33}，也说走廊 tsa^{33}lɔŋ^{22}

过道 ku^{213}tau^{53}，也说巷仔 xɔŋ^{53}ti^{33}

巷仔 xɔŋ^{53}ti^{33} 楼道

楼板 la^{22}pæ^{33}

灶门口 tsau^{213}min^{22}kʰa^{33}，也说厨房 tʃʰy^{22}fɔŋ^{22}

灶头 tsau^{213}ta^{22}，也说灶 tsau^{213}

烟通 ie^{45}tʰø^{45} 烟囱（厨房的附属部分）

屎坑 ʃi^{33}kʰeŋ$^{45-22}$，也说厕所 tʃʰa^{213}sɔ^{33}

3. 其他设施

磨房 mɔ⁵³fɔŋ²²

马栏 mɔ³¹læ²² 马棚

牛栏 ŋiu²²læ²² 牛圈

猪栏 ny⁴⁵læ²² 猪圈

猪槽 ny⁴⁵tsʰau²² 猪食槽

羊栏 iæ²²læ²² 羊圈

狗窟 ka³³kʰu⁴⁵，也说狗栏 ka³³læ²² 狗窝

鸡窟 tʃi⁴⁵kʰu⁴⁵，也说鸡栏 tʃi⁴⁵læ²² 鸡窝

鸡笼仔 tʃi⁴⁵lø²²ti³³ 鸡笼

鸡罩仔 tʃi⁴⁵tʃau²¹³ti³³ 鸡罩（竹子编的，罩鸡的器具）

柴草堆 tʃʰa²²tsʰau³³lø⁴⁵

八、器具、用品

1. 一般家具

家具 kɔ⁴⁵ky²¹³

柜 kʰi⁵³

衣柜 i⁴⁵kʰi⁵³

书柜 ʃy⁴⁵kʰi⁵³

碗柜 uæ³³kʰi⁵³

高柜 kau⁴⁵kʰi⁵³ 比人高的衣柜

书架 ʃy⁴⁵kɔ²¹³

桌仔 tʃɔ²⁴ti³³ 桌子

圆桌仔 ye²²tʃɔ²⁴ti³³ 圆桌

四方桌 sɿ²¹³fɔŋ⁴⁵tʃɔ²⁴ 方桌

长桌仔 tiæ²²tʃɔ²⁴ti³³ 条案（一种狭长的桌子）

茶几 tʃʰɔ²²ki⁴⁵

办公桌 pæ⁵³kø⁴⁵tʃɔ²⁴

吃饭桌仔 tʃʰie²⁴fæ⁵³tʃɔ²⁴ti³³ 饭桌

桌仔布 tʃɔ²⁴ti³³pu²¹³ 台布（铺在桌面上的布）

围布 ui²²pu²¹³ 围桌（挂在桌面前面的布）

拖箱 tʰɔ⁴⁵siæ⁴⁵ 抽屉

椅仔 i³³ti³³ 椅子

睡椅 ʃy⁵³i³³ 躺椅

椅仔靠背 i³³ti³³kau²¹³pø²¹³ 椅子背儿

椅仔掌 i³³ti³³tʃʰeŋ²¹³ 椅子掌儿

板凳 pæ³³leŋ²¹³

四方凳 sɿ²¹³fɔŋ⁴⁵leŋ²¹³ 方凳

细板凳 si²¹³pæ³³leŋ²¹³ 小板凳儿

圝凳仔 luæ²²leŋ²¹³ti³³ 小圆凳

高凳仔 kau⁴⁵leŋ²¹³ti³³ 高凳子

摺凳仔 tʃie²⁴leŋ²¹³ti³³ 马扎

草墩 tsʰau³³lɔŋ⁴⁵ 蒲团

2. 卧室用具

床 tʃʰɔŋ²²

床板仔 tʃʰɔŋ²²pæ³³ti³³ 铺板，床铺

棕床 tsɔŋ⁴⁵tʃʰɔŋ²² 棕绷

竹床 liu²⁴tʃʰɔŋ²²

帐仔 tʃæ²¹³ti³³ 帐子

帐仔钩 tʃæ²¹³ti³³kau⁴⁵ 帐钩

帐仔檐 tʃæ²¹³ti³³ie²² 帐檐儿

毡 tʃie⁴⁵ 毡子

被 pi³¹，也说被仔 pi³¹ti³³ 被子

夹被 kɔ²⁴pi³¹ 棉被套

被窟仔 pi³¹kʰu²⁴ti³³ 被窝儿(为睡觉叠成的长筒形的被子)

被肉 pi³¹tʃa²⁴ 被里

被单 pi³¹læ⁴⁵ 被面

棉絮被 mɔ⁵³sɔ⁵³⁻²²pi³¹ 棉花胎(棉被的胎)

床单 tʃʰɔŋ²²læ⁴⁵

垫被 tie⁵³pi³¹⁻²² 褥子

草蓆 tsʰau³³tsʰai⁵³(草编的)

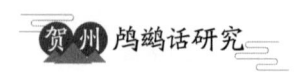

竹蓆 liu²⁴tsʰai⁵³(竹篾编的)
枕头 tʃin³³ta²²
枕头套 tʃin³³ta²²tʰau²¹³ 枕套儿
枕头心 tʃin³³ta²²sin⁴⁵ 枕头心儿
梳妆臺 ʃ⁴⁵tʃɔŋ⁴⁵tø²²
镜仔 keŋ²¹³ti³³ 镜子
手提箱 ʃiu³³ti²²siæ⁴⁵
衣架 i⁴⁵kɔ²¹³(立在地上的)
衣架 i⁴⁵kɔ²¹³，也说晾裳衣架 lɔŋ⁴⁵i⁴⁵ʃæ²² kɔ²¹³
尿桶 niu⁵³tʰø³³
尿壶 niu⁵³fu²² 夜壶

3. 炊事用具

手火炉 ʃiu³³fu³³lu²² 手炉
火盆 fu³³pin²²
暖水壶 nuæ³¹ʃy³³fu²²，也说暖瓶 nuæ³¹peŋ²²
茶壶 tʃʰɔ²²fu²² 暖壶(保暖用的旧式茶壶)
提壶 ti²²fu²² 有提手的水壶
风箱 fø⁴⁵siæ⁴⁵
火铗 fu³³kɔ²⁴，也说火筷子 fu³³kʰua²¹³tsɿ⁵³ 火钳
火铲 fu³³tʃʰæ³³(铲炉灰用的)
柴草 tʃʰa²²tsʰau³³
秆草 kuæ³³tsʰau³³ 稻秆
麦梗仔 ma²⁴keŋ³³ti³³ 麦秸
高粱梗 kau⁴⁵liæ²²keŋ³³ 高粱秆儿
豆藤 ta⁵³teŋ²²，也说黄豆秆 ɔŋ²²ta⁵³kuæ³³ 豆秸
木糠 mø⁵³kʰɔŋ⁴⁵ 锯末
刨花 pau⁵³fa⁴⁵
火柴 fu³³tʃʰa²²
火机 fu³³kai⁴⁵ 打火机

锅仔煤 ku⁴⁵ti³³mø²² 锅烟子
烟通 ie⁴⁵tʰø⁴⁵ 烟筒(移动式煤炉抽风用)
锅仔 ku⁴⁵ti³³ 锅
锑煲 tʰi⁴⁵pau⁴⁵ 铝锅
沙煲 ʃɔ⁴⁵pau⁴⁵ 沙锅
大锅仔 ta⁵³ku⁴⁵ti³³ 大锅
细锅仔 si²¹³ku⁴⁵ti³³ 小锅
锅仔盖 ku⁴⁵ti³³kø²¹³ 锅盖
铲仔 tʃʰæ³³ti³³ 锅铲
水壶 ʃy³³fu²²（烧开水用）
碗 uæ³³（瓷的）
大海碗 ta⁵³xø³³uæ³³ 海碗
茶杯 tʃʰɔ²²pui⁴⁵，也说杯仔 pui⁴⁵ti³³（瓷的带把儿的）
碟仔 tie⁵³ti³³ 碟子
饭瓢仔 fæ⁵³piu²²ti³³，也说饭勺仔 fæ⁵³ʃɔ⁵³ti³³ 饭勺（盛饭用的）
勺 ʃɔ⁵³ 勺子
瓢梗 piu²²keŋ³³ 羹匙（瓷的，小的）
筷子 kʰua²¹³tsɿ³³
筷子筒 kʰua²¹³tsɿ³³tø²² 筷笼（放筷子用的）
茶托 tʃʰɔ²²tʰɔ²⁴
酒杯 tsiu³³pui⁴⁵
盘仔 pæ²²ti³³ 盘子
酒壶 tsiu³³fu²²（茶壶形的）
酒坛仔 tsiu³³tæ²²ti³³ 酒坛子
坛仔 tæ²²ti³³ 坛子
罐仔 kuæ²¹³ti³³ 罐子
瓢仔 piu²²ti³³ 瓢(舀水用的)
瓜瓢 kua⁴⁵piu²² 葫芦壳对半做成的瓢子
捞篱 lau²²li²²⁻⁴⁵
笤箕 ʃau⁴⁵tʃi⁴⁵⁻²²

瓶仔 peŋ²²ti³³，也说樽仔 tsin⁴⁵ti³³ 瓶子
樽仔盖 tsin⁴⁵ti³³kø²¹³ 瓶盖儿
菜刀 tshø²¹³lau⁴⁵，也说薄刀 pɔ⁵³lau⁴⁵
砧板 tʃin⁴⁵pæ³³
面板 mie⁵³pæ³³（做面食用的）
水桶 ʃy³³thø³³（挑水用的）
研船 ŋæ²²ʃø²²(铁制研药材的用具，船形)
饭桶 fæ⁵³thø³³（装饭的桶）
蒸笼 tʃeŋ⁴⁵lɔŋ²²
饼架 peŋ³³kɔ²¹³，也说蒸笼托 tʃeŋ⁴⁵lɔŋ²²thɔ²⁴ 箅子（蒸食物用的）
水缸 ʃy³³kɔŋ⁴⁵⁻²²
潲水缸 ʃau²¹³ʃy³³kɔŋ⁴⁵，也说潲水桶 ʃau²¹³ʃy³³thø³³ 泔水缸
潲水 ʃau²¹³ʃy³³ 泔水
抹布 mɔ²⁴pu²¹³
拖把 thɔ⁴⁵pa³³

4. 工匠用具

刨仔 pau⁵³ti³³ 刨子
大斧 ta⁵³⁻²²fu³³ 斧子
锛子 pin⁴⁵tsɿ³³
锯仔 ky²¹³ti³³ 斧子
凿仔 tshɔ⁵³ti³³ 凿子
尺 tʃhai²⁴ 尺子
角尺 kɔ²⁴tʃhai²⁴，也说曲尺 tʃhai²⁴khy²⁴
摺尺 tʃie²⁴tʃhai²⁴
卷尺 kø³³tʃhai²⁴
墨斗 mai²⁴la³³
墨斗线 mai²⁴la³³sie²¹³，也说墨线 mai²⁴sie²¹³
钉仔 leŋ⁴⁵ti³³ 钉子
铁铗仔 thie²⁴kɔ²²ti³³，也说钳仔 tʃhie²²ti³³ 钳子

老虎铗 lau³¹fu³³kɔ²⁴，也说老虎钳 lau³¹fu³³tʃhie²²（用来起钉子或夹断铁丝）
钉锤 leŋ⁴⁵ty²²，也说铁锤仔 thie²⁴ty²²ti³³
夹仔 kɔ²⁴ti³³ 镊子
索仔 sɔ²⁴ti³³ 绳子
合叶 xɔ²²ie²⁴
砖刀 tʃø⁴⁵lau⁴⁵，也说瓦刀 ua³¹lau⁴⁵
灰匙 fø⁴⁵ʃi²² 抹子
灰板 fø⁴⁵pæ³³ 泥板（瓦工用来盛抹墙物的木板）
灰桶 fø⁴⁵thø³³ 灰兜子
麻娘 mɔ²²niæ²² 麻刀(抹墙用的碎麻,放在泥灰中增加凝聚力)
灰斗 fø⁴⁵la³³ 灰斗子
錾仔 tshæ⁵³ti³³ 錾子
铁枕 thie²⁴tʃin³³ 砧子(打铁时垫铁块用)
剃头刀 thi²¹³ta²²lau⁴⁵⁻²²，也说剃刀 thi²¹³lau⁴⁵⁻²²
飞剪 fi⁴⁵tsie³³ 推子
剪刀 tsie³³lau⁴⁵⁻²²，也说理发剪 li³¹fa²⁴tsie³³
梳 ʃɔ⁴⁵
邦=皮 pɔŋ⁴⁵pi²²，也说磨刀布 mɔ²²lau⁴⁵pu²¹³ 鐾刀布
剃头椅 thi²¹³ta²²i³³ 理发椅
车衣 tʃha⁴⁵i⁴⁵ 缝纫机
剪刀 tsie³³lau⁴⁵⁻²² 剪子
烫斗 thɔŋ²¹³la³³ 熨斗
烙铁 lɔ²⁴thie²⁴
弹棉絮弓 tæ²²mɔ⁵³sɔ⁵³⁻²²kɔŋ⁴⁵ 弓子(弹棉花的工具)
纺车 fɔŋ³³tʃha⁴⁵
织布机 tʃai²⁴pu²¹³ki⁴⁵
梭 sɔ⁴⁵(织布用的)

5. 其他生活用品

璃⁼西仔 li⁴⁵si⁴⁵⁻²²ti³³ 东西

洗面水 si³³mie⁵³ʃy³³ 洗脸水

洗面盆 si³³mie⁵³pin²²，也说脸盆 mie⁵³pin²²

洗面盆架 si³³mie⁵³pin²²kɔ²¹³，也说脸盆架 mie⁵³pin²²kɔ²¹³

洗澡盆 si³³tsau³³pin²² 澡盆

洗澡桶 si³³tsau³³tʰø³³ 洗澡用的桶

香碱 ʃiæ⁴⁵kæ³³ 香皂

洋碱 iæ²²kæ³³ 肥皂

洗衣粉 si³³i⁴⁵fin³³

洗面手巾 si³³mie⁵³ʃiu³³tʃin⁴⁵⁻²²，手巾 ʃiu³³tʃin⁴⁵⁻²² 毛巾

洗脚盆 si³³tʃɔ²⁴pin²² 脚盆（洗脚用的）

抹脚布 mɔ²⁴tʃɔ²⁴pu²¹³，也说擦脚布 tsʰɔ²⁴tʃɔ²⁴pu²¹³

气灯 tʃʰi²¹³leŋ⁴⁵

蜡烛 lɔ²⁴tʃu⁵³

水火油灯 ʃy³³fu⁴⁵iu²²leŋ⁴⁵ 煤油灯（有玻璃罩的）

灯心 leŋ⁴⁵sin⁴⁵

灯罩 leŋ⁴⁵tʃau²¹³，也说灯通 leŋ⁴⁵tʰø⁴⁵

灯盏 leŋ⁴⁵tʃæ³³，也说灯 leŋ⁴⁵

灯草 leŋ⁴⁵tsʰau³³

灯油 leŋ⁴⁵iu²²

灯笼 leŋ⁴⁵lø²²

手提包 ʃiu³³ti²²pau⁴⁵

钱包 tsʰie²²pau⁴⁵，也说荷包 xɔ²²pau⁴⁵

私章 sɿ⁴⁵tʃæ⁴⁵ 图章（私人用的）

望眼镜 mɔŋ⁵³ŋæ³¹keŋ²¹³，也说望远镜 mɔŋ⁵³ye³¹keŋ²¹³

浆糊 tsiæ⁴⁵fu²²

顶指 leŋ³³tʃi³³ 顶针儿

线轴 sie²¹³tʃu²⁴ 线轴儿

针鼻眼 tʃin⁴⁵pi⁵³ŋæ³¹ 针鼻儿（针上引线的孔）

针鼻 tʃin⁴⁵pi⁵³ 针脚

针嘴 tʃin⁴⁵tsy³³ 针尖

针鼻 tʃin⁴⁵pi⁵³ 针脚

穿针 tʃʰø⁴⁵tʃin⁴⁵（动宾）

锥仔 tʃui⁴⁵ti³³ 锥子

挖耳仔 ua²⁴i³¹ti³³，也说耳朵挖 i³¹lɔ³³ua²⁴ 耳挖子

洗衣板 si³³i⁴⁵pæ³³，也说搓衣板 tsʰɔ⁴⁵i⁴⁵pæ³³ 洗衣板儿

衣衫槌 i⁴⁵ʃæ⁴⁵⁻²²ty²²，也说洗衣衫槌 si³³i⁴⁵ʃæ⁴⁵⁻²²ty²² 棒槌（洗衣服用的）

鸡毛扫 tʃi⁴⁵mau²²sau²¹³ 鸡毛掸子

扇 ʃie²¹³ 扇子

葵扇 kʰui²²ʃie²¹³ 蒲扇

拐杖 kuai³³tʃʰæ⁵³（中式的）

拐杖 kuai³³tʃʰæ⁵³ 手杖（西式的）

屙屎纸 ɔ⁴⁵ʃi³³tʃi³³，也说手纸 ʃiu³³tʃi³³

九、称谓

1. 一般称谓

男人 næ²²in²²

女人 ny³¹in²²

伢仔仔 ŋa²²⁻⁵³ti³³ti³³，也说伢仔崽 ŋa²²⁻⁵³ti³³tsø³³⁻⁴⁵ 婴儿（刚生下不久的）

镪崽 lai⁴⁵tsai³³ 小孩儿

镪崽崽 lai⁴⁵tsai³³tsø³³⁻⁴⁵ 男孩儿

妹仔娘 mø⁵³ti³³niæ²² 女孩儿

老人家 lau³¹in²²ka⁴⁵ 老头儿

老鬼 lau³¹ki³³，也说老璃⁼西仔 lau³¹li⁴⁵si⁴⁵⁻²²ti³³ 老头子（带贬意）

老昏娘家 lau³¹fin⁴⁵niæ²²kɔ⁴⁵，也说老婆仔 lau³¹pɔ²²ti³³ 老太婆

后生崽 xa⁵³ʃeŋ⁴⁵⁻²²tsø³³ 小伙子

同学 tø²²ʃɔ⁵³

朋友 pø²²iu³¹⁻²²

城市人 ʃeŋ²²ʃi²¹³in²² 城里人

农村佬 nɔŋ²²tsʰɔŋ⁴⁵lau³¹⁻²² 乡巴佬（带贬意）

农村人 nɔŋ²²tsʰɔŋ⁴⁵in²²，也说农民 nɔŋ²²min²² 乡下人

家上人 kɔ⁴⁵ʃæ⁵³in²²，也说自家人 sɿ⁵³ka⁴⁵⁻²²in²² 一家子（同宗同姓的）

外地人 mø⁵³ti⁵³in²²

本地人 pin³³ti⁵³in²²

外国人 ŋø⁵³kɔ²⁴in²²，也说外国佬 ŋø⁵³kɔ²⁴lau³¹

自家人 tsʰɿ³³ka⁴⁵⁻²²in²² 自己人

外头人 mø⁵³ta²²in²² 外人（不是自己人）

客人 kʰa²⁴in²²

状⁼辈 tʃʰɔŋ⁵³pø²¹³，也说老同 lau³¹tø²² 同庚

在行 tsʰø³¹xɔŋ²²，也说内行 nø⁵³xɔŋ²²

不在行 pu³¹tsʰø³¹xɔŋ²²，也说不老行 pu³¹lau³¹xɔŋ²²、外行 ŋø⁵³xɔŋ²²

半桶水 pæ²¹³tʰø³³ʃy³³ 半瓶醋（比喻性说法）

介绍人 ka²¹³ʃau²¹³in²² 荐头（介绍佣人、奶妈等的介绍人）

寡公佬 kua³³kø⁴⁵lau³¹ 单身汉 læ²¹³ʃin⁴⁵xæ²¹³

老姑婆 lau³¹ku⁴⁵pɔ²²，也说老姑娘 lau³¹ku⁴⁵niæ²²

童养媳 tø²²iæ³¹si²⁴

二婚婆 i⁵³fin⁴⁵pɔ²²，也说二婚头 i⁵³fin⁴⁵ta²²

寡婆仔 kua³³pɔ²²ti³³，也说寡妇 kua³³fu⁵³

老举⁼ lau³¹ky³³，也说豆腐婆 ta⁵³fu³³pɔ²² 婊子

货头 xɔ²¹³ta²²，也说二奶 i⁵³nai³³ 妍头

野崽仔 ia³¹tsø³³ti³³，也说私生子 sɿ⁴⁵ʃeŋ⁴⁵tsɿ³³

劳改头 lau²²kai³³ta²²，也说囚犯 tsʰiu²²fæ⁴⁵

暴发户 pau²¹³fa²⁴fu²¹³ 暴发户儿

厉害鬼 li⁵³xai⁵³ki³³，也说牙擦 ŋa²²tsʰa²⁴、小气鬼 ʃiu³³tʰi²¹³ki³³ 吝啬鬼

败家崽 pa³³kɔ⁴⁵tsø³³ 败家子

叫化仔 tʃɔ²¹³fa²¹³⁻²²ti³³ 乞丐

江湖佬 kɔŋ⁴⁵fu²²lau³¹⁻²² 走江湖的人

骗子 pʰie²¹³tsɿ³³

流氓 liu²²mɔŋ²²

人贩佬 in²²fæ²¹³lau³¹⁻²²，也说骗子 pʰie²¹³tsɿ³³ 拍花子的（专门拐带小孩的）人

土匪 tʰu³³fi³³

强盗 kʰiaŋ²²tau⁵³

贼 tsʰai⁵³

小偷 siu³³tʰa⁴⁵，也说拐仔佬 kuai³³ti³³lau³¹、拐子手 kuai³³tsɿ³³ʃiu³³ 扒手

2. 职业称谓

工作 kø⁴⁵tsɔ²⁴

工人 kø⁴⁵in²²

雇工 ku²¹³kø⁴⁵

长工 tiæ²²kø⁴⁵

短工 luæ³³kø⁴⁵

临时工 leŋ²²ʃi²²kø⁴⁵，也说临工 leŋ²²kø⁴⁵

农民 nɔŋ²²min²²

做买卖嘅tsʅ²¹³ma³¹ma⁵³kɔ³³，也说做生意嘅tsʅ²¹³ʃeŋ⁴⁵i⁵³⁻²²kɔ³³做买卖的

老板 lau³¹pæ³³

东家 lø⁴⁵kɔ⁴⁵

老板娘 lau³¹pæ³³niæ²²

伙计 xɔ³³tʃi²¹³（店员或长工）

学徒 xɔ⁵³tu²²

顾客 ku²¹³kʰa²⁴

小贩 siu³³fæ²¹³，也说摊贩 tʰæ⁴⁵fæ²¹³

先生 sie⁴⁵ʃeŋ⁴⁵（私塾）教书先生

老师 lau³¹sʅ⁴⁵（学校）教员

学生 ʃɔ⁵³ʃeŋ⁴⁵⁻²²

兵 peŋ⁴⁵

警察 keŋ³³tʃʰɔ²⁴

医生 i⁴⁵ʃeŋ⁴⁵

司机 sʅ⁴⁵ki⁴⁵

手艺人 ʃiu³³i⁵³in²²

木匠佬 mø⁵³tsʰiæ⁵³lau³¹⁻²²，也说木工佬 mø⁵³kø⁴⁵lau³¹⁻²²、木匠 mø⁵³tsʰiæ⁵³

水泥工 ʃy³³ni²²kø⁴⁵，也说瓦匠 ua³¹tsʰiæ⁵³（砌墙、抹墙的）

锡匠 sai²⁴tsʰiæ⁵³

掐铁佬 pa⁵³tʰie²⁴lau³¹⁻²²，也说铁匠 tʰie²⁴tsʰiæ⁵³

补锅仔嘅 pu³³kuːi⁴⁵tiːɔ³³ 补锅的

焊锡匠 xæ⁵³sai²⁴tsʰiæ⁵³ 焊洋铁壶的

车衣衫嘅 tʃʰa⁴⁵i⁴⁵ʃæ⁴⁵⁻²²kɔ³³，也说裁缝 tsʰø⁴⁵fɔŋ²² 裁缝（做衣服的）

剃头佬 tʰi²¹³ta²²lau³¹⁻²² 理发员

杀猪佬 ʃɔ²⁴ny⁴⁵lau³¹⁻²²，也说杀牛佬 ʃɔ²⁴ŋiu²²lau³¹⁻²²、屠夫 tu²²fu⁴⁵

搬运工 pæ⁴⁵yn⁵³kø⁴⁵，也说脚夫 tʃɔ²⁴fu⁴⁵（搬运夫的旧称）

搬运工 pæ⁴⁵yn⁵³kø⁴⁵，也说脚夫 tʃɔ²⁴fu⁴⁵挑夫 轿夫 tʃʰɔ⁵³fu⁴⁵

头工佬 ta²²kø²²lau³¹⁻²² 艄工

管家 kuæ³³kɔ⁴⁵

夹本 kɔ²⁴pin³³，也说伙计 xɔ³³tʃi²¹³（合作的人）

厨房佬 tʃʰy²²fɔŋ²²lau³¹⁻²²，也说厨师 tʃʰy²²sʅ⁴⁵

奶妈 nai³¹ma⁴⁵

仆人 pʰø²⁴in²²

丫环 ɔ⁴⁵fæ²² 女仆

丫头 ɔ⁴⁵ta²²，也说丫环 ɔ⁴⁵fæ²²

接生婆 tsie²⁴ʃeŋ⁴⁵pɔ²²

和尚佬 xɔ²²ʃæ⁵³lau³¹⁻²²，也说和尚 xɔ²²ʃæ⁵³

尼姑 ni²²ku⁴⁵

道士佬 tau⁵³sʅ²¹³lau³¹⁻²² 道士（出家的道教徒）

十、亲属

1. 长辈

老前辈 lau³¹tsʰie²²pø²¹³，也说长辈 tʃæ³³pø²¹³

伯公 pa⁵³kø⁴⁵⁻²² 曾祖父

太婆 tʰø²¹³pɔ²² 曾祖母

阿公 a²²kø⁴⁵ 祖父

阿嬷 a²²na³³ 祖母

姐公 tsie³³kø⁴⁵⁻²² 外祖父

姐婆 tsie³³pɔ²² 外祖母

136

阿玛 a²²ma³³，也说伯爷 pai²⁴ia²²、伯伯 pa²⁴⁻²²pa²⁴ 父亲

阿娘 a²²niæ²²，也说阿姺 a²²ʃin³³ 母亲

丈人佬 tʃʰæ⁵³in²²lau³¹⁻²² 岳父

丈人婆 tʃʰæ⁵³in²²pɔ²² 岳母

家公 kɔ⁴⁵kø⁴⁵⁻²² 公公（夫之父）

家婆 kɔ⁴⁵pɔ²² 婆婆（夫之母）

㞑玛 ma³¹ma³³，也说伯爷 pa²⁴ia²²、伯伯 pa²⁴⁻²²pa²⁴ 继父

阿姺 a²²ʃin³³，也说阿嫂 a²²sau³³ 继母

伯爷 pa²⁴ia²²，也说大伯爷 ta⁵³pa²⁴ia²² 伯父

阿娘 a²²niæ²² 伯母

大玛 ta⁵³ma³³ 大伯

二玛 i⁵³ma³³ 二伯

㞑玛 ma³¹ma³³ 叔父

㞑姺 ma³¹ʃin³³ 叔母

舅爷 tʃʰiu⁵³ia²² 舅父

舅母 tʃʰiu⁵³mu³¹⁻²²

大姑 ta⁵³ku⁴⁵，也说阿姑 a²²ku⁴⁵ 姑妈

大姨 ta⁵³i²²，也说阿姨 ɔ²²i²² 姨妈

大姑爷 ta⁵³ku⁴⁵ia²²，也说姑爷 ku⁴⁵ia²² 姑夫

大姨丈 ta⁵³i²²tʃʰæ⁵³，也说阿姨丈 ɔ²²i²²tʃʰæ⁵³ 姨夫

亲家公 tsʰin²¹³kɔ⁴⁵kø⁴⁵，也说亲家爷 tsʰin²¹³kɔ⁴⁵ia²² 姻伯（弟兄的岳父，姐妹的公公）

大姑婆 ta⁵³ku⁴⁵pɔ²²，也说姑婆 ku⁴⁵pɔ²² 姑奶奶（父之姑母）

大姨婆 ta⁵³i²²pɔ²²，也说姨婆 i²²pɔ²² 姨奶奶（父之姨母）

2. 平辈

同辈 tø²²pø²¹³ 平辈

公婆 kø⁴⁵pɔ²²，也说夫妻 fu⁴⁵tsʰi⁴⁵

老公 lau³¹kø⁴⁵⁻²² 夫

老婆 lau³¹pɔ²² 妻

细老婆 si²¹³lau³¹pɔ²² 小老婆

大伯 ta⁵³pa²⁴，也说大伯爷 ta⁵³pa²⁴ia²² 大伯子（夫之兄）

细㞑玛 si²¹³ma³¹ma³³，也说㞑玛 ma³¹ma³³ 小叔子（夫之弟）

大姐 ta⁵³tie²¹³，也说大姑 ta⁵³ku⁴⁵ 大姑子（夫之姐）

细姑 si²¹³ku⁴⁵ 小姑子（夫之妹）

舅 tʃʰiu⁵³ 内兄弟（妻之兄弟）

大舅 ta⁵³tʃʰiu⁵³，也说外家伯爷 ŋø⁵³ka⁴⁵⁻²²pa²⁴ia²² 内兄

细舅 si²¹³tʃʰiu⁵³，也说外家老弟 ŋø⁵³ka⁴⁵⁻²²lau³¹ti⁵³ 内弟

外家姐 ŋø⁵³ka⁴⁵⁻²²tie²¹³，也说阿姐 a²²tie²¹³、大阿姨 ta⁵³ɔ²²i²² 大姨子

外家老妹 ŋø⁵³ka⁴⁵⁻²²lau³¹mø⁵³，也说阿姨崽 ɔ²²i²²tsø³³ 小姨子

兄弟 xø⁴⁵ti⁵³ 弟兄

姊妹 tsɿ³³mø⁵³

阿伯 a²²pa²⁴，也说伯伯 pa²⁴⁻²²pa²⁴ 哥哥

大嫂 ta⁵³sau³³，也说阿嫂 a²²sau³³ 嫂子

老弟 lau³¹ti⁵³⁻²² 弟弟

老弟姺 lau³¹ti⁵³⁻²²ʃin³³ 弟媳

姐姐 tie²¹³tie²¹³，也说大姐 ta⁵³tie²¹³

姐夫 tsie³³fu⁴⁵⁻²²

老妹 lau³¹mø⁵³ 妹妹

妹夫 mø⁵³fu⁴⁵

堂兄弟 tɔŋ²²xø⁴⁵ti⁵³

堂伯伯 tɔŋ²²pa²⁴⁻²²pa²⁴，也说叔伯伯伯 ʃu²⁴pa²⁴pa²⁴⁻²²pa²⁴ 堂兄

叔伯老弟 ʃu²⁴pa²⁴lau³¹ti⁵³，也说堂兄弟 toŋ²²xø⁴⁵ti⁵³ 堂弟

堂姊妹 toŋ²²tsʅ³³mø⁵³

堂姐 toŋ²²tie²¹³，也说叔伯姐姐 ʃu²⁴pa²⁴tie²¹³⁻²²tie²¹³

堂妹 toŋ²²mø⁵³，也说叔伯老妹 ʃu²⁴pa²⁴lau³¹mø⁵³

表兄弟 piu³³xø⁴⁵ti⁵³

表伯 piu³³pa²⁴，也说表兄 piu³³xø⁴⁵

表嫂 piu³³sau³³

表老弟 piu³³lau³¹ti⁵³ 表弟

表姊妹 piu³³tsʅ³³mø⁵³，也说表姐妹 piu³³tsie³³mø⁵³

表姐姐 piu³³tie²¹³tie²¹³⁻²² 表姐

表妹 piu³³mø⁵³

3. 晚辈

晚辈 uæ³¹pø²¹³

崽女 tsø³³ny³¹，也说子女 tsʅ³³ny³¹（儿子和女儿的总称）

崽 tsø³³ 儿子

大崽 ta⁵³tsø³³ 大儿子

细崽 si²¹³tsø³³ 小儿子

孻崽 ma³¹tsø³³ 最小的儿子

养崽 iæ³¹tsø³³ 养子

新妇 sin⁴⁵fu⁵³⁻²² 儿媳妇（儿之妻）

女 ny³¹

女婿 ny³¹si²¹³

孙 soŋ⁴⁵，也说孙崽 soŋ⁴⁵tsø³³ 孙子

孙嫂 soŋ⁴⁵sau³³，也说孙新妇 soŋ⁴⁵sin⁴⁵fu⁵³⁻²² 孙媳妇

孙女 soŋ⁴⁵ny³¹

孙女婿 soŋ⁴⁵ny³¹si²¹³

塞 sai²⁴ 重孙

塞女 sai²⁴ny³¹ 重孙女

外孙崽 mø⁵³soŋ⁴⁵tsø³³ 外孙（女之子）

外孙女 mø⁵³soŋ⁴⁵ny³¹（女之女）

外甥仔 mø⁵³ʃeŋ⁴⁵⁻²²ti³³ 外甥（姐妹之子）

外甥女（姐妹之女）ŋø⁵³ʃeŋ⁴⁵⁻²²ny³¹

侄 tʃʰi⁵³，也说侄崽 tʃʰi⁵³tsø³³ 侄子

侄女 tʃʰi⁵³ny³¹

外家侄崽 mø⁵³kɔ⁴⁵⁻²²tʃʰi⁵³tsø³³ 内侄（妻的兄弟之子）

外家侄女 mø⁵³kɔ⁴⁵⁻²²tʃʰi⁵³ny³¹ 内侄女（妻的兄弟之女）

4. 其他称谓

老襟 lau³¹kʰin⁴⁵ 连襟

亲家 tsʰin²¹³kɔ⁴⁵⁻²² 亲家（子之岳父，女婿之父）

亲家娘 tsʰin²¹³kɔ⁴⁵⁻²²niæ²²，也说亲家婆 tsʰin²¹³kɔ⁴⁵⁻²²pɔ²² 亲家母

亲家爷 tsʰin²¹³kɔ⁴⁵⁻²²ia²²，亲家公 tsʰin²¹³kɔ⁴⁵⁻²²kø⁴⁵ 也说亲家翁 tsʰin²¹³kɔ⁴⁵⁻²²voŋ⁴⁵

亲戚 tsʰin⁴⁵tsʰai⁵³

返头婆 fæ³³ta²²pɔ²² 带犊儿（妇女改嫁带的子女）

男人 næ²²in²² 爷们（男子通称）

女人 ny³¹in²² 娘儿们（妇女通称）

外家 mø⁵³kɔ⁴⁵ 娘家

自家屋 tsʅ⁵³ka⁴⁵⁻²²ø²⁴ 婆家

男方家 næ²²foŋ⁴⁵kɔ⁴⁵ 男家（从外人角度说，婚姻关系中的男方）

女方家 ny³¹foŋ⁴⁵kɔ⁴⁵ 女家（从外人角度说，婚姻关系中的女方）

姐婆屋 tsie³³pɔ²²ø²⁴ 姥姥家

丈人佬屋 tsʰiæ⁵³ŋ²²lau³¹⁻²²ø²⁴ 丈人家

十一、身体

1. 头、颈

头 ta²²

脑瓜仔锄锄 nau³¹kua⁴⁵ti³³tʃʰu²²tʃʰu²² 奔儿头（前额生得向前突）

光头 kɔŋ⁴⁵ta²² 秃头（头发掉光了的头）

光头 kɔŋ⁴⁵ta²² 秃顶（掉了大量头发的头）

头顶 ta²²leŋ³³

后弓 xa⁵³kɔŋ⁴⁵，也说后脑 xa⁵³nau³¹ 后脑勺

颈 keŋ³³

后缸 xa⁵³kɔŋ⁴⁵，也说后脑窝 xa⁵³nau³¹vɔ⁴⁵ 后脑窝子（颈后凹处）

头毛 ta²²mau²² 头发

少年白 ʃɔ³³nie²²pa⁵³ 少白头

脱头毛 tʰɔ²⁴ta²²mau²² 掉头发（动宾）

额头 ŋa²⁴ta²² 额

脑笋 nau³¹sin³³，也说额门 ŋa²⁴min²² 囟门

辫仔 pie³¹ti³³ 辫子

髻仔 kai²¹³ti³³，也说髻 kai²¹³（中老年盘在脑后的鬏）

刘海 liu²²xø³³

面 mie⁵³

面板仔 mie⁵³pæ³³ti³³ 脸蛋儿

面板仔骨 mie⁵³pæ³³ti³³ku²⁴ 颧骨

酒杯仔 tsiu³³pui⁴⁵ti³³，也说酒窝 tsiu³³vɔ⁴⁵

人中 in²²tʃɔŋ⁴⁵

腮袋仔 sy⁴⁵tø⁵³ti³³

眼睛 ŋæ³¹tseŋ⁴⁵⁻²² 眼

眼眶 ŋæ³¹kʰɔŋ⁴⁵

眼仁 ŋæ³¹in²²，眼睛核 ŋæ³¹tseŋ⁴⁵⁻²²fu⁵³，也说眼珠仔 ŋæ³¹tʃy⁴⁵ti³³ 眼珠儿

眼睛反白 ŋæ³¹tseŋ⁴⁵⁻²²fæ³³pa⁵³，也说白眼珠 pa⁵³ŋæ³¹tʃy⁴⁵ 白眼珠儿

黑眼睛 xai²⁴ŋæ³¹tseŋ⁴⁵⁻²² 黑眼珠儿

眼睛核 ŋæ³¹tseŋ⁴⁵⁻²²fu⁵³ 瞳仁儿

眼角 ŋæ³¹kɔ²⁴，也说外眼角 mø⁵³ŋæ³¹kɔ²⁴ 眼角儿（上下眼睑的结合处）

眼角 ŋæ³¹kɔ²⁴，也说内眼角 nø⁵³ŋæ³¹kɔ²⁴ 大眼角（眼角儿靠近鼻子的部位）

眼圈 ŋæ³¹kʰø⁴⁵ 眼圈儿

眼睛水 ŋæ³¹tseŋ⁴⁵⁻²²ʃy³³，也说眼泪水 ŋæ³¹lui⁵³ʃy³³ 眼泪

眼睛屎 ŋæ³¹tseŋ⁴⁵⁻²²ʃi³³ 眼眵

眼睛皮 ŋæ³¹tseŋ⁴⁵⁻²²pi²²，也说眼皮 ŋæ³¹pi²² 眼皮儿

单眼皮 læ⁴⁵ŋæ³¹pi²² 单眼皮儿

双眼皮 ʃɔŋ⁴⁵ŋæ³¹pi²² 双眼皮儿

眼皮毛 ŋæ³¹pi²²mau²² 眼睫毛

眼眉毛 ŋæ³¹mi²²mau²² 眉毛

皱额头 ȵiu²¹³ŋa²⁴ta²² 皱眉头（动宾）

鼻公 pi⁵³kø⁴⁵⁻²² 鼻子

鼻皮 ⁼pi⁵³pi²² 鼻涕（液体）

鼻公屎 pi⁵³kø⁴⁵⁻²²ʃi³³ 干鼻涕（鼻垢）

鼻公眼 pi⁵³kø⁴⁵⁻²²ŋæ³³ 鼻孔

鼻公毛 pi⁵³kø⁴⁵⁻²²mau²² 鼻毛

鼻公头 pi⁵³kø⁴⁵⁻²²ta²²，也说鼻皮⁼尖 pi⁵³pi²²tsie⁴⁵ 鼻子尖儿（鼻子顶端）

鼻公头好利 pi⁵³kø⁴⁵⁻²²ta²²xau³¹li⁵³ 鼻子尖（嗅觉灵敏）

鼻皮=梁 pi⁵³pi²²liæ²²，也说鼻梁 pi⁵³liæ²² 鼻梁儿

酒糟鼻 tsiu³³tsau⁴⁵⁻²²pi⁵³ 酒糟鼻子

嘴 tsy³³

嘴唇皮 tsy³³ʃyn²²pi²²，也说嘴唇 tsy³³ʃyn²² 嘴唇儿

口水仔 kʰa³³ʃy⁵³ti³³ 唾沫

喷口水仔 pʰin²¹³kʰa³³ʃy³³ti³³ 唾沫星儿

清口水仔 tsʰeŋ⁴⁵kʰa³³ʃy³³ti³³ 涎水

舌仔 ʃie⁵³ti³³ 舌头

舌仔苔 ʃie⁵³ti³³tʰø⁴⁵ 舌苔

舌仔头大 ʃie⁵³ti³³ta²²ta⁵³，也说大舌仔头 ta⁵³ʃie⁵³ti³³ta²² 大舌头（口齿不清）

牙齿 ŋɔ²²tʃʰi³³ 牙

门牙 min²²ŋɔ²²

大牙 ta⁵³ŋɔ²²

虎牙 fu³³ŋɔ²²

牙齿垢 ŋɔ²²tʃʰi³³ka²¹³，也说牙积 ŋɔ²²tsai²⁴ 牙垢

牙床 ŋɔ²²tʃʰoŋ²²

蛀牙 tsʰy²¹³ŋɔ²²，也说虫牙 tɔŋ²²ŋɔ²²

耳朵 i³¹lɔ³³

耳朵眼 i³¹lɔ³³ŋæ³³ 耳朵眼儿

耳朵尾 i³¹lɔ³³meŋ³¹ 耳垂

耳朵屎 i³¹lɔ³³ʃi³³ 耳屎

耳聋 i³¹lø²²，也说耳背 i³¹pø²¹³（听不清）

下巴 xɔ⁵³pɔ⁴⁵⁻²²

喉咙头 xa²²lø²²ta²²

喉结 xa²²tʃie²⁴，也说算盘子 suæ²¹³pæ²²tsʅ⁵³

髭须 u²²sy⁴⁵⁻²² 胡子

髭连撒 fu²²lie²²pʰie²⁴ 络腮胡子

八字髭 pɔ²⁴sʅ⁵³fu²² 八字胡子

山羊须 ʃæ⁴⁵iæ²²sy⁴⁵，也说羊毛髭 iæ²²mau²²fu²² 下巴鬚

2. 手、脚、胸、背

脖头 pɔ²⁴ta²² 肩膀

脖头骨 pɔ²⁴ta²²ku²⁴ 肩胛骨

□脖头 mai³³pɔ²⁴ta²² 溜肩膀儿

手臂 ʃiu³³pi²¹³ 胳膊

手踭 ʃiu³³tʃeŋ⁴⁵ 胳膊肘儿

肢膈罅 tʃi⁴⁵ka²⁴lɔ²¹³ 胳肢窝

手腕 ʃiu³³uæ³³ 手腕子

左手 tsɔ³³ʃiu³³

右手 iu⁵³ʃiu³³

手指头 ʃiu³³tʃʅ³³ta²² 手指

手指节 ʃiu³³tʃʅ³³tsie²⁴，也说（指头）关节 kuæ⁴⁵tsie²⁴

手指罅 ʃiu³³tʃʅ³³lɔ²¹³ 手指缝儿

手跰 ʃiu³³tʃie³³ 手跰子

手指头 ʃiu³³tʃʅ³³ta²² 大拇指

二指 i⁵³tʃʅ³³ 食指

中指 tʃoŋ⁴⁵tʃʅ³³

无名指 u²²meŋ²²tʃʅ³³

手指尾 ʃiu³³tʃʅ³³meŋ³¹ 小拇指

手指壳 ʃiu³³tʃʅ³³kʰɔ²⁴ 指甲

手指胴 ʃiu³³tʃʅ³³lɔ²² 手指头肚儿(手指末端有指纹的略微隆起的部分)

拳头 kʰø²²ta²²

手板 ʃiu³³pæ³³，也说手掌 ʃiu³³tʃæ³³

巴掌 pɔ⁴⁵tʃæ³³（打一～）

手心 ʃiu³³sin⁴⁵

手背 ʃiu³³pø²¹³

脚 tʃɔ²⁴，也说腿 tʰø³³（整条腿）

大腿 ta⁵³tʰø³³

大腿罅 ta⁵³tʰø³³lɔ²¹³ 大腿根儿

下五寸 xɔ³¹n³¹tsʰɔŋ²¹³，也说小腿 ʃiu³³tʰø³³

脚囊仔 tʃɔ²⁴nɔŋ²²ti³³，也说脚旁⁼旁⁼ tʃɔ²⁴pɔŋ²²pɔŋ²² 腿肚子

脚腿骨 tʃɔ²⁴tʰø³³ku²⁴ 胫骨（小腿内侧的长骨）

膝头盖 sø²⁴ta²²kø²¹³ 膝盖

襻 nɔŋ⁵³，也说大腿罅 ta⁵³tʰø³³lɔ²¹³ 裆（两条腿的中间）

屁股 pʰi²¹³ku³³

屁股门 pʰi²¹³ku³³min²² 肛门

屁股 pʰi²¹³ku³³，也说屁股肉 pʰi²¹³ku³³tʃa²⁴ 屁股蛋儿

屁股沟 pʰi²¹³ku³³ka⁴⁵ 屁股沟儿

尾骨 meŋ³¹ku²⁴

卵仔 luæ³¹ti³³，也说□仔 mai⁴⁵ti³³ 鸡巴（男阴）

卵仔 luæ³¹ti³³，也说□仔 mai⁴⁵ti³³ 鸡鸡（赤子阴）

鳖⁼ pie²⁴，也说眉 xai⁵³ 女阴

□鳖⁼ jai⁴⁵pie²⁴，也说□眉 jai⁴⁵xai⁵³ 交合

精仔 tseŋ⁴⁵ti³³ 精液

脚坳仔 tʃɔ²⁴au²¹³ti³³ 脚腕子

脚眼 tʃɔ²⁴ŋæ³¹，也说脚眼睛 tʃɔ²⁴ŋæ³¹tseŋ⁴⁵⁻²² 踝子骨

脚 tʃɔ²⁴

打赤脚 lɔ³³tʰai²⁴tʃɔ⁵³ 赤脚

脚背 tʃɔ²⁴pø²¹³

脚板仔 tʃɔ²⁴pæ³³ti³³，也说脚板 tʃɔ²⁴pæ³³ 脚掌

脚心 tʃɔ²⁴sin⁴⁵

脚尖 tʃɔ²⁴tsie⁴⁵

脚趾头 tʃɔ²⁴tʃi³³ta²²

脚趾壳 tʃɔ²⁴tʃi³³kʰɔ²⁴ 脚趾甲

脚踭 tʃɔ²⁴tʃeŋ⁴⁵，也说脚跟 tʃɔ²⁴tʃin⁴⁵ 脚跟（儿）

脚印仔 tʃɔ²⁴in²¹³ti³³ 脚印儿

鸡眼 tʃi⁴⁵ŋæ³¹（一种脚病）

心口头 sin⁴⁵kʰa³³ta²²，也说心口 sin⁴⁵kʰa³³ 心口儿

心口头 sin⁴⁵kʰa³³ta²² 胸脯

肋棚骨 lai⁵³pø²²ku²⁴ 肋骨

汁 tʃi²⁴ 乳房

汁水 tʃi²⁴ʃy³³ 奶汁

肚仔 tu³¹ti³³ 肚子（腹部）

细肚仔 si²¹³tu³¹ti³³，也说小肚 ʃiu³³tu³¹ 小肚子（小腹）

肚仔眼 tu³¹ti³³ŋæ³³ 肚脐眼

腰 iɔ⁴⁵

背 pø²¹³，也说背后 pø²¹³xa⁵³ 脊背

腰骨 iɔ⁴⁵ku²⁴，也说脊梁骨 tsi²⁴liæ²²ku²⁴

3. 其他

身体 ʃin⁴⁵tʰi³³

身材 ʃin⁴⁵tsʰø²²

旋仔 sø⁵³ti³³ 头发旋儿

双毛旋 ʃɔŋ²²mau²²sø⁵³，也说双旋仔 ʃɔŋ²²sø⁵³ti³³ 双旋儿

指纹 tʃi³³vin²²

螺 lɔ²² 斗（圆形的指纹）

粪箕 fin²¹³tʃi⁴⁵⁻²² 箕（簸箕形的指纹）

寒毛骨⁼ xæ²²mau²²ku²⁴ 寒毛

寒毛管 xæ²²mau²²kuæ³³，也说寒毛眼 xæ²²mau²²ŋæ³¹ 寒毛眼儿

痣 tʃi²¹³

骨头 ku²⁴ta²²

141

筋 tʃin⁴⁵

血 xø²⁴

血管 xø²⁴kuæ³³

脉 ma²⁴

五脏 n³¹tsʰɔŋ⁵³

心 sin⁴⁵

肝 kuæ⁴⁵

肺 fi²¹³

胆 læ³³

脾 pi²²

胃 ui⁵³

腰 iɔ⁴⁵肾

肠仔 tʃʰŋ⁵³ti³³ 肠

大肠 ta⁵³tʃʰɔŋ⁵³

细肠 si²¹³tʃʰɔŋ⁵³ 小肠

横肠 veŋ²²tʃʰɔŋ⁵³，也说盲肠 maŋ²²tʃʰæ²²

十二、疾病、医疗

1. 一般用语

病了 peŋ⁵³liu³³

细病 si²¹³peŋ⁵³ 小病

大病 ta⁵³peŋ⁵³，也说重病 tɔŋ³¹peŋ⁵³

病轻一啲了 peŋ⁵³kʰeŋ⁴⁵ȵie²⁴ti²³liu³³ 病轻了

病好嘅了 peŋ⁵³xau³¹kie³³liu³³ 病好了

请医生 tsʰeŋ³³i⁴⁵ʃeŋ⁴⁵

医（病）i⁴⁵

看病 kʰæ²¹³peŋ⁵³

探脉 tʰæ²¹³ma²⁴ 号脉

开药方 kʰø⁴⁵iɔ²⁴fɔŋ⁴⁵ 开药方子

偏方 pʰie⁴⁵fɔŋ⁴⁵ 偏方儿

丈⁼药 tiæ⁵³ma³¹iɔ²⁴，也说抓药 iɔ²⁴tʃua³¹（中药）

买药 ma³¹iɔ²⁴（西药）

药材铺 iɔ²⁴tsʰø²²pʰu²¹³ 药铺（中药）

药房 iɔ²⁴fɔŋ²²（西药）

药引子 iɔ²⁴in³¹tsŋ³³

药罐仔 iɔ²⁴kuæ²¹³ti³³ 药罐子

熬药 ŋau²²iɔ²⁴ 煎药（动宾）

药膏 iɔ²⁴kau⁴⁵（西药）

膏药 kau⁴⁵iɔ²⁴（中药）

药粉 iɔ²⁴fin³³ 药面儿

擦药膏 tsʰɔ²⁴iɔ²⁴kau⁴⁵

敷药 fu⁴⁵iɔ²⁴，也说上药 ʃiæ³¹iɔ²⁴（动宾）

出汗水 tʃʰy²⁴fæ⁵³ʃy³³，也说焗汗水 ku²⁴fæ⁵³ʃy³³ 发汗

去风 kʰi²¹³fø⁴⁵

去火 kʰy²¹³fu³³

去湿 kʰy²¹³ʃi²⁴

去毒 kʰy²¹³tø⁵³

消吃 siu⁴⁵tʃʰie²⁴ 消食

拍针 pa⁵³tʃin⁴⁵ 扎针

灼竹筒仔 tʃɔ²⁴liu²⁴tø²²ti³³，也说拔火罐 pɔ⁵³fu³³kuæ²¹³ 拔火罐子

2. 内科

屙痢肚 ɔ⁴⁵li⁵³tu³¹，也说屙肚仔 ɔ⁴⁵tu³¹ti³³、屙泻 ɔ⁴⁵sie²¹³ 泻肚

发烧 fa²⁴ʃɔ⁴⁵

发冷 fa²⁴leŋ³¹，也说出冷汗 tʃʰy²⁴leŋ³¹fæ⁵³

起毛管 tʃʰi³³mau²²kuæ³³，也说起鸡皮子 tʃʰi³³tʃi⁴⁵pi²²tsŋ³³ 起鸡皮疙瘩

伤风 ʃa⁴⁵fø⁴⁵

嗽 sa²¹³ 咳嗽

曳哈 ⁼ie⁵³xa⁴⁵ 气喘

气管炎 tʃʰi²¹³kuæ³³ie²²

中暑 tʃɔŋ²¹³ʃy³³
上火 ʃæ³¹fu³³
痄积 kæ⁴⁵tsi²⁴ 积滞
肚仔痛 tu³¹ti³³tʰø²¹³ 肚子疼
心口头痛 sin⁴⁵kʰa³³ta²²tʰø²¹³，也说胸口头痛 ʃɔŋ⁴⁵kʰa³³ta²²tʰø²¹³ 胸口疼
头晕 ta²²yn²²
晕车 yn²²tʃʰa⁴⁵，也说昏车 fin⁴⁵tʃʰa⁴⁵
晕船 yn²²ʃø²²，也说昏船 fin⁴⁵ʃø²²
头痛 ta²²tʰø²¹³ 头疼
想呕 siæ³³ua³³，也说反胃 fæ³³ui⁵³，也说恶心 ɔ²⁴sin⁴⁵（要呕吐）
呕了 ua³³liu³³ 吐了（呕吐）
干呕 kuæ⁴⁵ua³³ 干哕

3. 外科

大卵考 ta⁵³luæ³¹kʰau³³ 疝气
屙肠仔头 ɔ⁴⁵tʃʰɔŋ⁵³ti³³ta²² 脱肛
子宫脱落 tsɿ³³kɔŋ⁴⁵tʰo²⁴lo⁵³ 子宫脱垂
打震 lo³³tʃin²¹³ 发疟子（疟疾发作）
霍乱 xɔ²¹³luæ⁵³
水痘 ʃy³³ta⁵³，也说（出）麻疹 mɔ²²tʃin³³
（出）水痘 ʃy³³ta⁵³
（出）天花 tæ⁴⁵fa⁴⁵
种痘 tʃɔŋ²¹³ta⁵³
伤寒 ʃæ⁴⁵xæ²²
黄疸 ɔŋ²²læ³³
肝炎 kuæ⁴⁵ie²²
肺炎 fi²¹³ie²²
胃病 ui⁵³peŋ⁵³
盲肠炎 maŋ²²tʃʰæ²²ie²²
痨病 lau²²peŋ⁵³（中医指结核病）
跌伤 lie²⁴ʃæ⁴⁵

碰伤 pʰɔŋ⁵³⁻²²ʃæ⁴⁵
刮烂皮 kua²⁴læ⁵³pi²² 蹭破皮儿
穿个口仔仔 tʃʰø⁴⁵kɔ²¹³kʰa³³ti³³ti³³ 刺个口子
出血 tʃʰy²²xø²⁴
积血 tsi²⁴xø²⁴ 淤血
红肿 xø²²tʃɔŋ³³
灌脓 kuæ²¹³nɔŋ²² 溃脓
结靥 tʃie²⁴ie³³ 结痂
疤 pɔ⁴⁵
岔腮 tʃʰɔ²¹³sy⁴⁵，也说猪头皮 ny⁴⁵ta²²pi²² 腮腺炎
生疮 ʃeŋ⁴⁵tʃʰɔŋ⁴⁵ 长疮（动宾）
生疔 ʃeŋ⁴⁵leŋ⁴⁵ 长疔（动宾）
痔疮 tʃi²¹³tʃʰɔŋ⁴⁵
疥疮 ka²¹³tʃʰɔŋ⁴⁵
癣 sie³³
痱仔 fi²¹³⁻²²ti³³ 痱子
汗斑 fæ⁵³pæ⁴⁵
趼子 tsie³³tsɿ³³ 瘊子
胎记 tʰø⁴⁵tʃi²¹³ 痦子
蚊虫仔屎 min³¹tɔŋ²²ti³³ʃi³³ 雀斑
青春痘 tsʰeŋ⁴⁵tʃʰyn⁴⁵⁻²²ta⁵³ 粉刺
臭狐□ tʃʰiu²¹³fu²²fie⁵³，也说狐臭 fu²²tʃʰiu²¹³
口臭 kʰa³³tʃʰiu²¹³
大颈泡 ta⁵³keŋ³³pʰau⁴⁵ 大脖子（甲状腺肿大）
鼻公塞 pi⁵³kø⁴⁵⁻²²sai²⁴ 鼻子不灵（嗅觉不灵）
鼻公□ pi⁵³kø⁴⁵⁻²²ŋaŋ²⁴ 齉鼻儿（鼻不通气，发音不清）
龙蜂腰 lɔŋ²²fø⁴⁵iɔ⁴⁵,也说水蛇腰 ʃy³³ʃa²²iɔ⁴⁵
鸭公声 ɔ²⁴kø⁴⁵ʃeŋ⁴⁵，也说大痧喉 ta⁵³ʃɔ⁴⁵xa²² 公鸭嗓儿(嗓音沙哑)

143

鸳鸯眼 ye⁴⁵iæ⁴⁵ŋæ³¹，也说单眼睛 læ⁴⁵ŋæ³¹tseŋ⁴⁵一只眼儿(一只眼睛是瞎的)

近视眼 kʰin⁵³ʃi⁵³ŋæ³¹

远视眼 ye³¹ʃi⁵³ŋæ³¹

老花眼 lau³¹fa⁴⁵ŋæ³¹

大眼泡 ta⁵³ŋæ³¹pʰau⁴⁵鼓眼泡儿

斗鸡眼 la³³tʃi⁴⁵ŋæ³¹斗鸡眼儿(内斜视)

4. 其他

羊吊 iæ²²liu²¹³，也说发羊吊 fa²⁴iæ²²liu²¹³癫痫

惊风（小儿病）keŋ⁴⁵fø⁴⁵，也说吓倒了 xa²⁴lɔ³³liu³³

抽风 tʃʰiu⁴⁵fø⁴⁵，也说抽筋 tʃʰiu⁴⁵tʃin⁴⁵

半边风 pæ²¹³pie⁴⁵fø⁴⁵，也说中风 tʃɔŋ²¹³fø⁴⁵

风瘫 fø⁴⁵tʰæ⁴⁵瘫痪

跛仔 pai⁴⁵ti³³，也说跛脚仔 pai⁴⁵tʃɔ²⁴ti³³瘸子

驼仔 tɔ²²ti³³驼背的人

寒背 xæ²²pø⁵³轻微驼背

镰刀脚 lie²²lau⁴⁵tʃɔ²⁴，也说八字脚 pɔ²⁴sɿ⁵³tʃɔ²⁴

罗扁佬 tɔ²²pie³³lau³³罗锅儿

聋仔 lø²²ti³³聋子

哑仔 ɔ³³ti³³哑巴

结舌 tʃie²⁴ʃie⁵³结巴

瞎仔 xɔ²⁴ti³³瞎子

傻崽 ʃɔ³¹tsø³³，也说癫仔 lie⁴⁵ti³³傻子

跛手仔 pai⁴⁵ʃiu³³ti³³，也说手跛仔 ʃiu³³pai⁴⁵ti³³拐子（手残者）

光头佬 kɔŋ⁴⁵tau²²lau³¹⁻²²秃子（头发脱光的人）

癞痢头 lɔ²¹³li⁵³ta²²

麻仔 mɔ²²ti³³麻子(人出天花会留下的疤痕)

麻仔佬 mɔ²²ti³³lau³¹⁻²²，也说麻仔 mɔ²²ti³³麻子（脸上有麻子的人）

兔唇 tu²¹³ʃyn²²豁唇子

□牙齿 meŋ²¹³ŋɔ²²tʃʰi³³豁牙子

□嘴佬 mai³³tsy³³lau³¹⁻²²嘴巴歪的人

孖指 mɔ⁴⁵tʃi³³六指儿

左手佬 tsɔ³³ʃiu³³lau³¹⁻²²，也说左拐子 tsɔ³³kuai³³tsɿ³³左撇子

十三、服饰鞋袜

1. 服装

衣裳 i⁴⁵ʃæ²²衣服（总称包括内外衣内外裤）

制服 tʃi²¹³fu²⁴

唐装 tɔŋ²²tʃɔŋ⁴⁵

中山装 tʃɔŋ⁴⁵ʃæ⁴⁵⁻²²tʃɔŋ⁴⁵中装

国防装 kɔ²⁴fɔŋ²²tʃɔŋ⁴⁵20世纪60至80年代的军装

西装 si⁴⁵tʃɔŋ⁴⁵

长袍 tiæ²²pau²²，也说长裳 tiæ²²ʃæ²²长衫

马褂 mɔ³¹kua²³马褂儿

旗袍 tʃʰi²²pau²²（女装）

袄仔 au³³ti³³棉衣

袄仔 au³³ti³³棉袄

皮草 pi²²tsʰau³³，也说皮衣 pi²²i⁴⁵皮袄

大楼 ta⁵³lau⁴⁵，也说大衣 ta⁵³i⁴⁵

中楼 tʃɔŋ⁴⁵lau⁴⁵，也说短大衣 luæ³³ta⁵³i⁴⁵

衬衣 tʃʰen²¹³i⁴⁵衬衫

外衣 mø⁵³i⁴⁵

内衣 nø⁵³i⁴⁵

线衣 sie²¹³i⁴⁵针织圆领衫

线褂 sie²¹³kua²¹³，也说背心 pø²¹³sin⁴⁵⁻²² 汗背心

衣裳尾 i⁴⁵ʃæ²²meŋ³¹，也说衣襟 i⁴⁵tʃʰin⁴⁵ 衣襟儿

大襟 ta⁵³tʃʰin⁴⁵

细襟 si²¹³tʃʰin⁴⁵ 小襟

对襟 lø²¹³tʃʰin⁴⁵ 对襟儿

下摆 xɔ⁵³pa³³

衣裳领 i⁴⁵ʃæ²²leŋ³¹ 领子

衣裳袖 i⁴⁵ʃæ²²tsʰiu⁵³ 袖子

长袖 tiæ²²tsʰiu⁵³

短袖 luæ³³tsʰiu⁵³

裙仔 kʰyn²²ti³³ 裙子

裤仔 kʰu²¹³ti³³ 裤子

单裤仔 læ⁴⁵kʰu²¹³ti³³ 单裤

短裤仔 luæ³³kʰu²¹³ti³³（穿在外面的）

折头裤 tʃie²⁴ta²²kʰu²¹³ 裤子（中式的）

包裤仔 pau⁴⁵kʰu²¹³ti³³ 连脚裤

开襟裤 kʰø⁴⁵nɔŋ⁵³kʰu²¹³ 开裆裤

密襟裤 mie²⁴nɔŋ⁵³kʰu²¹³ 死裆裤（相对开裆裤而言）

裤襟 kʰu²¹³nɔŋ⁵³ 裤裆

裤仔头 kʰu²¹³ti³³ta²²，也说裤腰 kʰu²¹³iɔ⁴⁵

裤头带 kʰu²¹³ta²²lø²¹³ 裤腰带

裤仔脚 kʰu²¹³ti³³tʃɔ²⁴ 裤腿儿

袋仔 tø⁵³ti³³ 兜儿（衣服上的口袋）

錶袋 piu³³tø⁵³ 男上衣胸前的外口袋

裤仔袋 kʰu²¹³ti³³tø⁵³，也说插袋 tʃʰɔ²⁴tø⁵³ 裤子左右两边的口袋

屁股头袋 pʰi²¹³ku³³ta²²tø⁵³ 裤子背后的口袋

扣仔 kʰa²¹³ti³³，也说钮扣 niu³³kʰa²¹³（中式的）

布扣仔 pu²¹³kʰa²¹³ ti³³，也说扣公 ⁻kʰa²¹³ kø⁴⁵ 扣襻（中式的）

扣仔 kʰa²¹³ti³³ 扣儿（西式的）

扣仔眼 kʰa²¹³ti³³ŋæ³³，也说扣眼 kʰa²¹³ŋæ³³ 扣眼儿（西式的）

2. 鞋帽

鞋 xa²²

胶鞋 kau⁴⁵xa²²

拖鞋 tʰɔ⁴⁵xa²²

棉鞋 mie²²xa²²

皮鞋 pi²²xa²²

毛拖 mau²²tʰɔ⁴⁵ 毡鞋

布鞋仔 pu²¹³xa²²ti³³ 布鞋

鞋底 xa²²li³³ 鞋底儿

鞋面 xa²²mie⁵³ 鞋帮儿

鞋模仔 xa²²mu²²ti³³ 鞋楦子

鞋拔仔 xa²²pɔ⁵³ti³³ 鞋拔子

水鞋 ʃy³³xa²² 雨鞋（橡胶做的）

板鞋 pæ³³xa²² 木屐

鞋带仔 xa²²lø²¹³ti³³ 鞋带儿

袜 mɔ²⁴

线袜 sie⁵³mɔ²⁴

丝袜 sɿ⁴⁵mɔ²⁴

尼龙袜 ni²²lɔŋ²²mɔ²⁴

长袜 tiæ²²mɔ²⁴

短袜 luæ³³mɔ²⁴

袜带仔 mɔ²⁴lø²¹³⁻²²ti³³ 袜带

包脚布 pau⁴⁵tʃɔ²⁴pu²¹³ 裹脚（旧时妇女裹脚的布）

裹腿布 kɔ³³tʰø³³pu²¹³ 裹腿（军人用的）

帽仔 mau⁵³ti³³ 帽子

皮帽 pi²²mau⁵³

礼帽 li³¹mau⁵³

瓜皮帽 kua⁴⁵pi²²mau⁵³

军帽 kyn⁴⁵mau⁵³

草帽 tsʰau³³mau⁵³

斗衣 la³³i⁴⁵⁻²² 斗笠

帽舌边 mau⁵³ʃie⁵³⁻²²pie⁴⁵，也说帽仔舌 mau⁵³ti³³ʃie⁵³ 帽檐儿

3. 装饰品

首饰 ʃiu³³ʃi²⁴

□仔 tʃʰie³³ti³³，也说手腕仔 ʃiu³³uæ³³ti³³ 镯子

戒指仔 ka²¹³tʃi³³ti³³ 戒指

颈链 keŋ³³lie⁵³ 项链

颈圈 keŋ³³tʃʰø⁴⁵ 项圈

长命锁 tiæ²²meŋ⁵³sɔ³³ 百家锁（小儿佩戴的）

簪仔 tsæ⁴⁵ti³³ 簪子

耳环仔 i³¹uæ²²ti³³ 耳环

胭脂 ie⁴⁵tʃi⁴⁵

粉 fin³³

水粉 ʃy³³fin³³

4. 其他穿戴用品

围裙 ui²²kʰyn²²

口水仔孖 kʰa³³ʃy³³ti³³mɔ⁴⁵ 围嘴儿

尿布 niu⁵³pu²¹³，也说尿片仔 niu⁵³pʰie²¹³⁻²²ti³³

手巾崽 ʃiu³³tʃin⁴⁵tsø³³ 手绢儿

颈巾 keŋ³³tʃin⁴⁵，也说围巾 ui²²tʃin⁴⁵（长条的）

手袜 ʃiu³³mɔ²⁴，也说手套 ʃiu³³tʰau⁵³

胶手袜 kau⁴⁵ʃiu³³mɔ²⁴，也说胶手套 kau⁴⁵ʃiu³³tʰau⁵³

皮手袜 pi²²ʃiu³³mɔ²⁴，也说皮手套 pi²²ʃiu³³tʰau⁵³

眼镜 ŋæ³¹keŋ²¹³

伞仔 sæ³³ti³³ 伞

蓑衣 sɔ⁴⁵i⁴⁵

胶纸 kau⁴⁵tʃi³³ 塑料雨衣

雨衣 y³¹i⁴⁵（新式的）

手錶 ʃiu³³piu³³

十四、饮食

1. 伙食

伙食 fu³³ʃai⁵³

吃饭 tʃʰie²⁴fæ⁵³

早餐 tsau³³tsʰæ⁴⁵，也说早点 tsau³³lie³³、吃朝饭 tʃʰie²⁴tʃɔ⁴⁵fæ⁵³、早饭 tsau³³fæ⁵³

吃晏 tʃʰie²⁴æ²¹³，也说中餐 tʃʰɔŋ⁴⁵tsʰæ⁴⁵ 午饭

吃夜 tʃʰie²⁴ia⁵³，晚餐 uæ³¹tsʰæ⁴⁵ 晚饭

吃消晏 tʃʰie²⁴siu⁴⁵æ²¹³ 打尖（途中吃点东西）

零吃 leŋ²²tʃʰie²⁴ 零食

点心 lie³³sin⁴⁵（糕饼之类食品）

点心 lie³³sin⁴⁵ 茶点

宵夜 siu⁴⁵ia⁵³ 夜宵

吃宵夜 tʃʰie²⁴siu⁴⁵ia⁵³ 消夜（吃夜宵）

2. 米食

饭 fæ⁵³ 米饭

冷饭 leŋ³¹fæ⁵³ 剩饭（吃剩下的饭）

硬饭 ŋeŋ⁵³fæ⁵³，也说冷饭 leŋ³¹fæ⁵³、剩饭 ʃeŋ⁵³fæ⁵³ 现饭（不是本餐新做的饭）

燶了 nɔŋ⁴⁵liu³³（饭）煳了

馊了 ʃa⁴⁵liu³³（饭）馊了

焦皮 tsiu⁴⁵pi²²，也说饭焦 fæ⁵³tsiu⁴⁵ 锅巴

146

粥 tʃu²⁴

米汤 mi³¹tʰɔŋ⁴⁵（煮饭潷出来的）

粥米汤 tʃu²⁴mi³¹tʰɔŋ⁴⁵ 粥水

粥渣 tʃu²⁴tʃɔ⁴⁵ 粥去水后剩下的渣

粥皮仔 tʃu²⁴pi²²ti³³ 粥皮

米水 mi³¹ʃy³³ 洗米水

头道米水 tʰa²²tau⁵³mi³¹ʃy³³ 洗第一回的米水

二道米水 i⁵³tau⁵³mi³¹ʃy³³ 洗第二回的米水

糊肚⁼仔 fu²²lu³³ti³³，也说米糊 mi³¹fu²²（用米磨成的粉做的糊状食物）

粽仔 tsø²¹³ti³³ 粽子

3. 面食

面粉 mie⁵³fin³³

面条 mie⁵³tiu²² 面条儿

面条 mie⁵³tiu²²，也说挂面 kua²¹³mie⁵³（像线状的干面条）

面条 mie⁵³tiu²² 干切面（机制的、宽的干面条）

汤面 tʰɔŋ⁴⁵mie⁵³（带汤的面条）

馒头 mæ⁵³ta²²（没馅的）

包仔 pau⁴⁵ti³³ 包子（有馅的）

油条 iu²²tiu²²

烧饼 ʃɔ⁴⁵peŋ³³

炕饼 kʰɔŋ²¹³peŋ³³ 烙饼(名词)

花卷 fa⁴⁵kø³³ 花卷儿

水饺 ʃy³³kau³³ 饺子（饺子的总称）

饺子 tʃɔ³³tsʅ³³ 馄饨

酿心 niæ⁵³sin⁴⁵，也说馅 xæ⁵³（饺子）馅儿

开心枣 xø⁴⁵sin⁴⁵tsau³³ 烧卖

蛋糕 tæ⁵³kau⁴⁵（老式小圆形的）

元宵 ye²²siu⁴⁵（用干粉淋水反复多次摇成，有馅）

汤圆 tʰɔŋ⁴⁵ye²²（用湿粉团搓成的，有的有馅，有的无馅）

月饼 ŋø²⁴peŋ³³

饼干 peŋ³³kuæ⁴⁵

酒饼 tsiu³³peŋ³³，也说发种 fa²⁴tʃɔŋ³³ 酵子（发酵用的面团）

4. 肉蛋

肉丁 tʃa²⁴leŋ⁴⁵

肉片 tʃa²⁴pʰie²¹³

肉丝 tʃa²⁴sʅ⁴⁵

肉末 tʃa²⁴mɔ²⁴

肉皮仔 tʃa²⁴pi²²ti³³ 肉皮

肘仔 tʃu³¹ti³³ 肘子（猪腿靠近身体的部位）

猪脚 ny⁴⁵tʃɔ²⁴ 猪蹄儿

脢肉 mø²²tʃa²⁴，也说猪背脊 ny⁴⁵pø²¹³⁻²²tsai²⁴ 里脊

脚筋 tʃɔ²⁴tʃin⁴⁵ 蹄筋

牛舌仔 ŋiu²²ʃie⁵³ti³³ 牛舌仔头 ŋiu²²ʃie⁵³ti³³ta²² 牛舌头

猪舌仔 ny⁴⁵ʃie⁵³ti³³ 猪舌头

下水 xɔ⁵³ʃy³³（猪牛羊的内脏）

肺 fi²¹³（猪的）

猪肠仔 ny⁴⁵tʃʰɔŋ⁵³ti³³，也说肠子 tʃʰɔŋ⁵³ti³³（猪的）

排骨 pa²²ku²⁴（猪的）

百叶肚 pa²⁴ie²⁴lu³³，也说毛肚 mau²²lu³³、草肚 tsʰau³³lu³³ 牛肚儿（带毛状物的那种）

牛肚肛 ŋiu²²lu³³kɔŋ⁴⁵，也说牛肚 ŋiu²²lu³³ 牛肚儿（光滑的那种）

猪肝 ny⁴⁵kuæ⁴⁵，也说肝 kuæ⁴⁵（猪的）

猪腰 ny⁴⁵iɔ⁴⁵，也说腰 iɔ⁴⁵ 腰子（猪的）

鸡杂 tʃi⁴⁵tsʰɔ⁵³ 鸡杂儿

鸡菌仔tʃi⁴⁵kʰø⁵³ti³³ 鸡肫

猪血ny⁴⁵xø²⁴

鸡血tʃi⁴⁵xø²⁴

炒鸡蛋仔tʃʰau³³tʃi⁴⁵tæ⁵³ti³³ 炒鸡蛋

煎蛋仔tsie⁴⁵tæ⁵³ti³³

蓑衣蛋sɔ⁴⁵i⁴⁵tæ⁵³，也说荷包蛋xɔ²²pau⁴⁵⁻²²tæ⁵³（油炸的）

水煮蛋ʃy³³tʃy³³tæ⁵³，也说煮鸡蛋仔tʃy³³tʃi⁴⁵tæ⁵³ti³³，煠蛋仔ʃ⁵³tæ⁵³ti³³煮鸡子儿（连壳煮的鸡蛋）

蒸蛋仔tʃeŋ⁴⁵tæ⁵³ti³³，也说芙蓉蛋fu²²iɔŋ²²tæ⁵³蛋羹（加水调匀蒸的）

皮蛋pi²²tæ⁵³，也说松花蛋tsʰɔŋ²²fa⁴⁵tæ⁵³

咸蛋仔xæ²²tæ⁵³ti³³ 咸鸡蛋

咸鸭蛋仔xæ²²ɔ²⁴tæ⁵³ti³³ 咸鸭蛋

封肠fø⁴⁵tʃʰæ²² 香肠

蛋仔汤tæ⁵³ti³³tʰɔŋ⁴⁵，也说鸡蛋汤tʃi⁴⁵tæ⁵³tʰɔŋ⁴⁵

5. 菜

菜tsʰø²¹³（下饭的）

素菜su²¹³tsʰø²¹³

荤菜fin⁴⁵tsʰø²¹³

咸菜xæ²²tsʰø²¹³⁻²²

豆腐ta⁵³fu³³

豆腐皮ta⁵³fu³³pi²²（可以用来做腐竹的）

腐竹fu⁵³tʃu²⁴⁻²²

豆腐皮ta⁵³fu³³pi²² 千张（薄的豆腐干皮）

豆腐干ta⁵³fu³³kuæ⁴⁵ 豆腐干儿

油豆腐iu²²ta⁵³fu³³，也说豆腐罩⁼ta⁵³fu³³tʃau²¹³ 豆腐泡儿

豆腐花ta⁵³fu³³fa²⁴ 豆腐脑儿

豆浆ta⁵³tsiæ⁴⁵

豆腐乳ta⁵³fu³³y³¹

粉丝fin³³sɿ⁴⁵（绿豆做的，细条的）

番薯粉fæ⁴⁵ʃy²²fin³³ 粉条（白薯做的，粗条的）

粉皮fin³³pi²²（绿豆做的，片状的）

凉粉liæ²²fin³³（绿豆做的，凝冻状的）

莲藕粉lie²²ŋæ³¹fin³³ 藕粉

豆豉ta⁵³ʃi⁵³⁻²²

生粉ʃeŋ⁴⁵fin³³ 芡粉

木耳mø⁵³i³¹

银耳in²²i³¹

金针菇tʃin⁴⁵tʃin⁴⁵ku⁴⁵

海参xø³³ʃin⁴⁵

海带xø³³lø²¹³

海蜇xø³³tsie²⁴

味道ui⁵³tau⁵³，也说滋味tsɿ⁴⁵ui⁵³（吃的滋味）

味道ui⁵³tau⁵³，也说气味tʃʰi²¹³ui⁵³（闻的气味）

颜色ŋæ²²ʃai²⁴

6. 油盐作料

肉油tʃa²⁴iu²² 荤油

植物油tʃi²⁴u⁵³iu²²，也说素油su²¹³iu²²

豆油ta⁵³iu²² 花生油

茶油tʃʰɔ²²iu²²

菜子油tsʰø²¹³tsɿ³³iu²²

麻油mo²²iu²²，也说芝麻油tsɿ⁴⁵mo²²iu²² 脂麻油（可以拌凉菜的那种）

盐ie²²

生盐ʃeŋ⁴⁵ie²² 粗盐

熟盐ʃø⁵³ie²²，也说细盐si²¹³ie²² 精盐

豉油ʃi⁵³iu²² 酱油

148

芝麻酱 tsʅ⁴⁵mɔ²²tsiæ²¹³
甜面酱 tie²²mie⁵³tsiæ²¹³
豆豉酱 ta⁵³ʃi⁵³tsiæ²¹³，也说豆瓣酱 ta⁵³pæ⁵³tsiæ²¹³豆瓣儿酱
辣椒酱 lɔ²⁴tsiu⁴⁵tsiæ²¹³辣酱
醋 tsʰu²¹³
料酒 liu⁵³tsiu³³
黄糖 ɔŋ²²tɔŋ²²
红糖 xø²²tɔŋ²²
白糖 pa⁵³tɔŋ²²
冰糖 peŋ⁴⁵tɔŋ²²
糖瓜 tɔŋ²²kua⁴⁵⁻²² 糖块（一块块用纸包装的）
花生糖 fa⁴⁵ʃeŋ⁴⁵tɔŋ²²
麦芽糖 ma²⁴ŋ²²tɔŋ²²
调味品 tiu²²ui⁵³pʰin³³，也说佐料 tsɔ³³liu⁵³作料
八角 pɔ²⁴kɔ⁵³
桂皮 kui²¹³pi²²
花椒 fa⁴⁵tsiu⁴⁵
胡椒粉 fu²²tsiu⁴⁵⁻²²fin³³

7. 烟、茶、酒

烟 ie⁴⁵
烟叶 ie⁴⁵ie²⁴
烟丝 ie⁴⁵sʅ⁴⁵
烟崽 ie⁴⁵tsø³³ 香烟
旱烟 xæ³¹ie⁴⁵，也说生烟 ʃeŋ⁴⁵ie⁴⁵黄烟
水烟筒 ʃy³³ie⁴⁵tø²²，也说水烟袋 ʃy³³ie⁴⁵tø⁵³（铜制的）
烟筒斗 ie⁴⁵tø²²la³³ 旱烟袋（细竹杆儿做的烟具）

烟盒仔 ie⁴⁵xɔ⁵³ti³³ 烟盒
烟筒屎 ie⁴⁵tø²²ʃi³³ 烟油子
烟灰 ie⁴⁵fø⁴⁵
火石 fu³³ʃai⁵³，也说火镰子 fu³³lie²²tsʅ³³
茶 tʃʰɔ²²（沏好的）
茶叶 tʃʰɔ²²ie⁵³
开水 kʰø⁴⁵ʃy³³
泡茶 pʰau²¹³tʃʰɔ²²
充茶 tʃʰɔŋ⁴⁵tʃʰɔ²²，也说泡茶 pau²¹³tʃʰɔ²²沏茶（动宾）
筛茶 ʃa⁴⁵tʃʰɔ²²，也说倒茶 lau²¹³tʃʰɔ²²
高度酒 kau⁴⁵tu⁵³tsiu³³，也说支头酒 tʃi⁴⁵ta²²tsiu³³、白酒 pa⁵³tsiu³³
米酒 mi³¹tsiu³³，也说糯米酒 nɔ⁵³mi³¹tsiu³³、水古冲 ʃy³³ku³³tʃʰɔŋ⁴⁵江米酒
黄酒 ɔŋ²²tsiu³³

十五、红白大事

1. 婚姻、生育

好事 xau³¹sʅ⁵³ 亲事
做媒 tsʅ²¹³mø²²
媒人婆 mø²²in²²pɔ²²，也说介绍人 ka²¹³ʃau²¹³in²²、媒人 mø²²in²²
相亲 siæ⁴⁵tsʰin⁴⁵（男女双方见面，看是否合意）
相貌 siæ²¹³mau⁵³
年龄 nie²²leŋ²²
登记 leŋ⁴⁵ki²¹³ 定婚
过礼 ku²¹³li³¹ 定礼
去日子 kʰi²¹³n²⁴tsʅ³³，也说婚期 fin⁴⁵tʃʰi²²喜期（结婚的日子）

结婚酒 tʃie²⁴fin⁴⁵tsiu³³，也说 ʃi³³tsiu³³ 喜酒

去礼 kʰi²¹³li³¹，也说去嫁妆 kʰi²¹³kɔ²¹³tʃɔŋ⁴⁵、去四味 kʰi²¹³sʅ²¹³ui⁵³ 过嫁妆

讨人 tʰau³³in²²，也说讨老婆 tʰau³³lau³¹pɔ²²（男子）娶亲

嫁老公 kɔ²¹³lau³¹kø⁴⁵⁻²²，也说（女子）出嫁 tʃʰy²⁴kɔ²¹³

嫁女 kɔ²¹³ny³¹ 嫁闺女

结婚 tʃie²⁴fin⁴⁵

轿仔 tʃʰɔ⁵³ti³³ 花轿

拜堂 pa²¹³tɔŋ²²

新娘公 sin⁴⁵niæ²²kø⁴⁵ 新郎

新妇娘 sin⁴⁵fu⁵³⁻²²niæ²² 新娘

新娘房 sin⁴⁵niæ²²fɔŋ²² 新房

交杯酒 kau⁴⁵pui⁴⁵tsiu³³

暖房 nuæ³¹fɔŋ²²

回门 fui²²min²²

二婚 i⁵³fin⁴⁵ 再醮（寡妇再嫁）

弦房 ʃie²²fɔŋ²² 续弦（从男方说）

填房 tie²²fɔŋ²²（从女方说）

二婚婆 i⁵³fin⁴⁵pɔ²² 再嫁的女人

有身上 iu³¹ʃin⁴⁵ʃæ³¹，也说怀孕了 fai²²yn⁵³liu³³

大肚婆 ta⁵³tu³¹pɔ²²，也说孕妇 yn⁵³fu²¹³

早产 tsau³³tʰæ³³ 小产

流产 liu²²tʰæ³³

生穑崽 ʃeŋ⁴⁵lai⁴⁵tsai³³，也说坐月 tsʰɔ³¹ŋø²⁴ 生孩子

接生 tsie²⁴ʃeŋ⁴⁵

接生婆 tsie²⁴ʃeŋ⁴⁵pɔ²²

胎盘 tʰø⁴⁵pæ²²

坐月 tsʰɔ³¹ŋø²⁴ 坐月子

满月 mæ³¹ŋø²⁴

头胎 ta²²tʰø⁴⁵

双胞胎 ʃɔŋ⁴⁵pau⁴⁵tʰø⁴⁵

落胎 lɔ²⁴tʰø⁴⁵ 打胎

吃汁 tʃʰie²⁴tʃi²⁴ 吃奶

汁头 tʃi²⁴ta²² 奶头

瀨尿 la⁵³niu⁵³（小孩子）尿床

2. 寿辰、丧葬

生日 ʃeŋ⁴⁵n²⁴

做生日 tsʅ²¹³ʃeŋ⁴⁵n²⁴

拜寿 pa²¹³ʃiu⁵³，也说做寿 tsʅ²¹³ʃiu⁵³ 祝寿

寿星 ʃiu⁵³seŋ⁴⁵

白事 pa⁵³sʅ⁵³ 丧事

白纸告状 pa⁵³tʃi³³kau²¹³tʃʰɔŋ⁵³ 讣告

奔丧 pin⁴⁵sɔŋ²¹³

死嘅了 sʅ³³kie³³liu³³，也说过身 ku²¹³ʃin⁴⁵

灵床 leŋ²²tʃʰɔŋ²²

棺材 kuæ⁴⁵tsʰø²²，也说大料 ta⁵³liu⁵³

寿材 ʃiu⁵³tsʰø²²，也说硬壳 ŋeŋ⁵³kʰɔ²⁴（生前预制的棺材）

入殓 n²⁴lie⁵³

灵堂 leŋ²²tɔŋ²²

守灵 ʃiu³³leŋ²²

做七 tsʅ²¹³tsʰi²⁴

头七 ta²²tsʰi²⁴ 人去世后的第七天

二七 i⁵³tsʰi²⁴ 人去世后的第十四天

三七 sæ⁴⁵tsʰi²⁴ 人去世后的第二十一天

守孝 ʃiu³³xau²¹³

带孝 lø²¹³xau²¹³

脱孝 tʰø²⁴xau²¹³ 除孝

孝子 xau²¹³tsʅ³³

孝孙 xau²¹³sɔŋ⁴⁵

150

出山 tʃʰy²⁴ʃæ⁴⁵，也说出殡 tʃʰy²⁴peŋ⁴⁵
送葬 sø²¹³tsɔŋ²¹³
纸紮 tʃi³³tʃɔ²⁴
灵屋 leŋ²²ø²⁴纸房子（出殡用的纸扎）
灵马 leŋ²²mɔ³¹纸马（出殡用的纸扎）
钱纸 tsʰie²²tʃi³³纸钱
坟地 fin²²ti⁵³（坟墓所在的地方）
坟头 fin²²ta²²，也说坟墓 fin²²mu⁵³
碑 pui⁴⁵（不单指墓碑）
碑记 pui⁴⁵tʃi²¹³墓碑
拜山 pa²¹³ʃæ⁴⁵上坟
自杀 tsʰn̩⁵³ʃɔ²⁴
跳大江 tʰiu²¹³ta⁵³kɔŋ⁴⁵，也说跳水 tʰiu²¹³ʃy³³
　　投水（自尽）
吊颈 liu²¹³keŋ³³上吊
尸骨 ʃi⁴⁵ku²⁴
金坛仔 tʃin⁴⁵tæ²²ti³³，也说骨灰坛仔 ku²⁴fø⁴⁵
　　tæ²²ti³³骨灰坛子

3. 民间活动

天王老子 tʰie⁴⁵ɔŋ²²lau³¹tsn̩³³，也说老天爷
　　lau³¹tʰie⁴⁵ia²²
灶公大王 tsau²¹³kø⁴⁵ta⁵³ɔŋ²²，也说灶王爷
　　tsau²¹³ɔŋ²²ia²²
佛 fɔ⁵³
菩萨 pɔ²²sɔ⁵³
观音菩萨 kuæ⁴⁵in⁴⁵pɔ²²sɔ⁵³观世音
土地庙 tʰu³³ti⁵³miu⁵³
关帝庙 kuæ⁴⁵li²¹³miu⁵³
城隍庙 ʃeŋ²²ɔŋ²²miu⁵³
阎罗王 ie²²lɔ²²ɔŋ²²阎王
祠堂 tsʰn̩²²tɔŋ²²
神臺 ʃin²²tø²²，也说香案 ʃiæ⁴⁵æ²¹³

上供 sæ⁵³kɔŋ²¹³，也说上香 ʃæ⁵³ʃiæ⁴⁵
蜡烛臺 lɔ²⁴tʃu⁵³tø²²烛臺
蜡烛 lɔ²⁴tʃu⁵³（敬神的那种）
香 ʃiæ⁴⁵线香（敬神的那种）
香炉 ʃiæ⁴⁵lu²²，也说香钵 ʃiæ⁴⁵pɔ²⁴
烧香 ʃɔ⁴⁵ʃiæ⁴⁵（动宾）
签 tsʰie⁴⁵签诗（印有谈吉凶的诗文的纸条）
求签 tʃʰiu²²tsʰie⁴⁵
打卦 lɔ³³kua²¹³
占卦 tʃie⁴⁵kua²¹³珓（占卜用，通常用一正
　　一反两片竹片制成）
阴卦 in⁴⁵kua²¹³阴珓（两面都朝下）
阳卦 iæ²²kua²¹³阳珓（两面都朝上）
圣卦 ʃeŋ²¹³kua²¹³（一正一反）
炮期 pʰau²¹³tʃʰi²²庙会
打醮 lɔ³³tsiu²²，打葬 lɔ³³tsɔŋ⁴⁵做道场
念经 nie⁵³keŋ⁴⁵
测字 tʃʰa²⁴sn̩⁵³
看风水 kʰæ²¹³fø⁴⁵ʃy³³
算命 suæ²¹³meŋ⁵³
算命先生 suæ²¹³meŋ⁵³sie⁴⁵ʃeŋ⁴⁵⁻²²
看相啯 kʰæ²¹³siæ⁵³kɔ³³看相的
问仙婆 min⁵³sie⁴⁵pɔ²²，也说喃嚈婆 næ⁴⁵
　　mɔ⁴⁵pɔ²²、巫婆 u⁴⁵pɔ²²
跳神 tʰiu²¹³ʃin²²
许愿 xy³³ŋø⁵³
还愿 uæ²²ŋø⁵³

十六、日常生活

1. 衣

穿戴 tʃʰø⁴⁵lø²¹³

打扮 lɔ³³pæ⁵³
穿衣裳 tʃʰø⁴⁵i⁴⁵ʃæ²² 穿衣服
脱衣裳 tʰɔ²⁴i⁴⁵ʃæ²² 脱衣服
脱鞋 tʰɔ²⁴xa²²
量衣裳 liæ²²i⁴⁵ʃæ²² 量衣服
做衣裳 tsɿ²¹³i⁴⁵ʃæ²² 做衣服
贴边 tʰie²⁴pie⁴⁵（缝在衣服里子边上的窄条）
滚边 kyn³³pie⁴⁵（在衣服、布鞋等的边缘特别缝制的一种圆棱的边儿）
捆边 kʰyn³³pie⁴⁵，也说结边 tʃie²⁴pie⁴⁵ 缲边儿
鞋襻仔 xa²²pʰæ²¹³ti³³ 鞧鞋帮儿
袙鞋底 pa⁵³xa²²li³³ 纳鞋底子
□扣仔 neŋ²¹³kʰa²¹³ti³³，也说钉扣仔 leŋ⁴⁵ kʰa²¹³ti³³ 钉扣子
绣花 siu²¹³fa⁴⁵ 绣花儿
补衣裳 pu³³i⁴⁵ʃæ²²，也说袙补丁 pa⁵³pu³³ leŋ⁴⁵ 打补丁
洗衣裳 si³³i⁴⁵ʃæ²² 洗衣服
洗一次 si³³i²⁴⁻²²tsɿ²¹³，也说洗一水 si³³i²⁴⁻²² ʃy³³
漂 pʰiu⁴⁵，也说过水 ku²¹³ʃy³³ 敨（投清上）（用清水漂洗）
晒衣裳 ʃa²¹³i⁴⁵ʃæ²² 晒衣服
晾衣裳 lɔŋ⁵³i⁴⁵ʃæ²² 晾衣服
烫衣裳 tʰɔŋ²¹³i⁴⁵ʃæ²² 熨衣服

2. 食

烧火 ʃɔ⁴⁵fu³³ 生火
煮饭 tʃy³³fæ⁵³ 做饭（总称）
洗米 si³³mi³¹
淘米 xau²²mi³¹
捞面 lau²²mie⁵³ 发面 fa²⁴mie⁵³

和面 xɔ²² mie⁵³
搓面 tsʰɔ⁴⁵mie⁵³ 揉面
曳面条 ie⁵³mie⁵³tiu²² 抻面条
蒸馒头 tʃeŋ⁴⁵mæ⁵³ta²²
择菜 tʃa²⁴tsʰø²¹³
煮菜 tʃy³³tsʰø²¹³ 做菜（总称）
炒菜 tʃau³³tsʰø²¹³
煮汤 tʃy³³tʰɔŋ⁴⁵，也说煨汤 vø⁴⁵tʰɔŋ⁴⁵ 做汤
饭煮好了 fæ⁵³tʃy³³xau³¹liu³³，也说饭煮熟了 fæ⁵³tʃy³³ʃø⁵³liu³³ 饭好了（包括饭菜）
（饭）生 ʃeŋ⁴⁵
吃饭 tʃʰie²⁴fæ⁵³，也说开饭 kʰø⁴⁵fæ⁵³
舀饭 iɔ³¹fæ⁵³ 盛饭
夹菜 kɔ²⁴tsʰø²¹³ 搛菜
舀汤 iɔ³¹tʰɔŋ⁴⁵
吃朝饭 tʃʰie²⁴tʃɔ⁴⁵fæ⁵³，也说吃早餐 tʃʰie²⁴tsau³³tsʰæ⁴⁵ 吃早饭
吃晏 tʃʰie²⁴æ²¹³ 吃午饭
吃夜 tʃʰie²⁴ia⁵³ 吃晚饭
吃零吃 tʃʰie²⁴leŋ²²tʃʰie²⁴，也说吃小口 tʃʰie²⁴siu³³kʰa³³ 吃零食
用筷子 iɔŋ⁵³kʰua²¹³tsɿ³³ 使筷子
肉不烂 tʃa²⁴pu³¹læ⁵³
咬不动 ŋau³¹pu³¹tø³¹，也说噍不动 tsʰiu⁵³pu³¹tø³¹ 嚼不动
哽着 kʰeŋ²¹³tiu⁵³，也说哽倒了 kʰeŋ²¹³ lɔ³³liu³³（吃饭）噎住了
袙嗝 pa⁵³ka²⁴ 打嗝儿（吃饱后）
吃胀了 tʃʰie²⁴liæ²¹³liu³³，也说撑颈了 tʃʰeŋ²¹³ keŋ³³liu³³（吃的太多了）撑着了

怀口味 pia³¹kʰa³³ui⁵³ 嘴没味儿
吃茶 tʃʰie²⁴tʃʰɔ²² 喝茶
吃酒 tʃʰie²⁴tsiu³³ 喝酒
吃烟 tʃʰie²⁴ie⁴⁵ 抽烟
饿啰 ŋɔ⁵³lɔ³³ 饿了

3. 住

起身 tʃi³³ʃin⁴⁵ 起床
洗手 si³³ʃiu³³
洗面 si³³mie⁵³ 洗脸
唥口 lɔŋ²²kʰa³³ 漱口
洗牙齿 si³³ŋ²²tʃʰi³³，也说刷牙齿 tʃʰɔ²⁴ŋ²² tʃʰi³³ 刷牙
梳头 ʃɔ⁴⁵ta²²
梳辫仔 ʃɔ⁴⁵pie³¹ti³³ 梳辫子
梳髻 ʃɔ⁴⁵kai²¹³
剪手指壳 tsie³³ʃiu³³tʃi³³kʰɔ²⁴，也说剪指壳 tsie³³tʃi³³kʰɔ²⁴ 剪指甲
挖耳朵屎 ua²⁴i³¹lɔ³³ʃi³³，也说搂耳朵 la⁴⁵i³¹lɔ³³ 掏耳朵
洗澡 si³³tsau³³
擦身 tsʰɔ²⁴ʃin⁴⁵ 擦澡
屙尿 ɔ⁴⁵niu⁵³ 小便（动词）
屙屎 ɔ⁴⁵ʃi³³ 大便（动词）
敨凉 tʰa³³liæ²² 乘凉
晒热头暖 ʃa²¹³ȵie⁵³ta²²nuæ³¹，也说晒热头 ʃa²¹³ȵie⁵³ta²² 晒太阳
炕火 kʰɔŋ²¹³fu³³ 烤火（取暖）
点灯 lie³³leŋ⁴⁵
暗灯 æ²¹³leŋ⁴⁵，也说关灯 kuæ⁴⁵leŋ⁴⁵ 熄灯
敨下 tʰa³³xɔ³¹ 歇歇（休息一会儿）
冲眼睏 tʃʰɔŋ⁴⁵ŋæ³¹y²¹³，也说挰眼睏 pa⁵³ŋæ³¹tʃʰy²¹³ 打盹儿

撑口 tʃʰeŋ²¹³kʰa³³，也说撑口擘舌 tʃʰeŋ²¹³kʰa³³ma²⁴ʃie⁵³、挰哈哈 pa⁵³xa⁴⁵⁻²²xa⁴⁵⁻²² 打哈欠
□啰 nø²¹³lɔ³³ 困了
铺床 pʰu⁴⁵tʃʰɔŋ²²
睡下来 ʃy⁵³xɔ³¹lø²²，也说睡落去 ʃy⁵³lɔ²⁴kʰi²¹³ 躺下
睡眼睏啰 ʃy⁵³ŋæ³¹tʃʰy²¹³lɔ³³ 睡着了
夜鼻公 ia⁵³pi⁵³kø⁴⁵，也说挰呼噜 pa⁵³fu⁴⁵lu⁴⁵ 打呼
睡不眼睏 ʃy⁵³pu³¹ŋæ³¹tʃʰy²¹³ 睡不着
睡晏觉 ʃy⁵³æ²¹³kau²¹³，也说睡午觉 ʃy⁵³n³¹kau²¹³
昂来来睡 ŋɔŋ³¹lø²²lø²²ʃy⁵³，也说昂倒睡 ŋɔŋ³¹lɔ³³ʃy⁵³ 仰面睡
卷来来睡 kø³³lø²²lø²²ʃy⁵³，也说侧倒睡 tʃai²⁴lɔ³³ʃy⁵³ 侧着睡
翻来来睡 fæ⁴⁵lø²²lø²²ʃy⁵³，也说背倒睡 pø⁵³lɔ³³ʃy⁵³ 趴着睡
落枕 lɔ²⁴tʃin³³，也说失枕 ʃi²⁴tʃin³³
抽筋了 tʃʰiu⁴⁵tʃin⁴⁵liu³³
发梦 fa²⁴mø⁵³ 做梦
讲梦话 kɔŋ³³mø⁵³fa⁵³，也说睡梦觉 ʃy⁵³mø⁵³kau²¹³ 说梦话
赖癫 la⁵³lie⁴⁵ 魇住了
熬夜 ŋau²²ia⁵³，也说捱夜 ŋa²²ia⁵³
开夜车 kʰø⁴⁵ia⁵³tʃʰa⁴⁵

4. 行

走路 tsa³³lu⁵³，也说行路 xeŋ²²lu⁵³
做工夫 tsɿ²¹³kø⁴⁵fu⁴⁵ 上工
收工 ʃiu⁴⁵kø⁴⁵
赶墟 kæ³³xy⁴⁵ 赶集（到集市上买卖货物）

走亲戚 tsa³³tsʰin⁴⁵tsʰai⁵³，也说行亲戚 xeŋ²² tsʰin⁴⁵tsʰai⁵³

出去了 tʃʰy²⁴kʰi²¹³⁻²²liu³³，也说出去啰 tʃʰy²⁴kʰi²¹³⁻²²lɔ³³

来屋 lø²²ø²⁴，也说来来了 lø²²⁻²¹³lø²²liu³³ 回家了

行街 xeŋ²²ka⁴⁵ 逛街

走一下 tsa³³i²⁴⁻²²xɔ³¹，也说散步 sæ²¹³pu⁵³

十七、讼事

打官司 lɔ³³kuæ⁴⁵sɿ⁴⁵

告状 kau²¹³tʃʰɔŋ⁵³（动宾）

原告 ye²²kau²¹³

被告 pi⁵³kau²¹³

状纸 tʃʰɔŋ⁵³tʃi⁵³ 状子

坐堂 tsʰɔ³¹tɔŋ²²，也说开庭 kʰø⁴⁵teŋ²²

退堂 tʰø²¹³tɔŋ²²

审案 ʃin³³æ²¹³ 问案

过堂 ku²¹³ttɔŋ²²

证人 tʃeŋ²¹³in²²

人证 in²²tʃeŋ²¹³

物证 u⁵³tʃeŋ²¹³

对证 lø²¹³tʃeŋ²¹³ 对质

刑事 ʃin²²sɿ⁵³

民事 min²²sɿ⁵³

家务事 kɔ⁴⁵u⁵³sɿ⁵³（清官难断～）

律师 ly⁵³sɿ⁴⁵

代书 tø⁵³ʃy⁴⁵（代人写状子的）

服 fø²⁴

不服 pu³¹fø⁵³

上诉 ʃæ³¹su²¹³

宣判 sø⁴⁵pʰæ²¹³

承认 ʃeŋ²²n⁵³，也说招认 tʃau⁴⁵n⁵³

口供 kʰa³³kɔŋ⁵³

讲 kɔŋ³³，也说供 kɔŋ⁵³（～出同谋）

同谋 tø²²mau²²

故犯 ku²¹³fæ⁵³

误犯 u⁵³fæ⁵³

犯法 fæ⁵³fa²⁴

犯罪 fæ⁵³tsʰø⁵³

冤枉 ye⁴⁵ɔŋ³³，也说诬告 u⁴⁵kau²¹³

连累 lie²²lui³¹ 连坐

保释 pau³³ʃi²⁴

取保 tsʰy³³pau³³

逮捕 ti⁵³pʰu³³

押犯人 ɔ²⁴fæ⁵³in²²，也说押解 ɔ²⁴kai³³

囚车 tsʰiu²²tʃʰa⁴⁵

青天老爷 tsʰeŋ⁴⁵tʰie⁴⁵lau³¹ia²²

贪官 tʰæ⁴⁵kuæ⁴⁵，也说赃官 tsɔŋ⁴⁵kuæ⁴⁵

受贿 ʃiu⁵³fø⁵³

行贿 xeŋ²²fø⁵³

罚款 fa⁵³kʰuæ³³

砍头 kʰæ³³ta²²，也说斩首 tʃæ³³ʃiu³³

枪毙 tsʰiæ⁴⁵pi⁵³

砍头靶 kʰæ³³ta²²pa³³ 斩条（插在死囚背后验明正身的木条）

拷拍 kʰau³³pa⁵³ 拷打

掴屁股 pa⁵³pʰi²¹³ku³³ 打屁股（旧时刑罚）

上枷 ʃæ³¹kɔ⁴⁵

手铐 ʃiu³³kʰau²¹³

脚铐 tʃɔ²⁴kʰau²¹³ 脚镣

绹起来 tau²²tʃʰi³³lø²² 绑起来

关起来 kuæ⁴⁵tʃʰi³³lø²² 囚禁起来

坐牢 tsʰɔ³¹lau²²
探监 tʰæ²¹³kæ⁴⁵
逃跑 tau²²pʰau³³ 越狱
立字据 li⁵³sɿ⁵³ky²¹³
签名 tsʰie⁴⁵meŋ²² 画押
按手印 æ²¹³ʃiu³³in²¹³
捐税 kø⁴⁵ʃy²¹³
地租 ti⁵³tsu⁴⁵
地契 ti⁵³kʰai²¹³
税契 ʃy²¹³kʰai²¹³（持契交税盖印，使契有效）
纳税 nɔ²⁴ʃy²¹³
执照 tʃai²⁴tʃɔ²¹³
告示 kau²¹³ʃi⁵³
通知 tʰø⁴⁵tʃi⁴⁵
路条 lu⁵³tiu²²
命令 meŋ⁵³leŋ⁵³
大印 ta⁵³in²¹³，也说公章 kø⁴⁵tʃæ⁴⁵印（官方图章）
私访 sɿ⁴⁵fɔŋ³³，也说微访 ui⁴⁵fɔŋ³³
交代 kau⁴⁵tø⁵³（把经手的事务移交给接替的人）
上任 ʃæ³¹in⁵³
卸任 sie²¹³in⁵³
罢免 pa⁵³mie³¹
案卷 æ²¹³kø³³
传票 tʃʰø²²pʰiu²¹³

十八、交际

交际 kau⁴⁵tsi²¹³，也说应酬 in⁴⁵tʃʰiu²²
来往 lø²²ɔŋ³¹
看人 kʰæ²¹³in²²（去看望人）

拜访 pa²¹³fɔŋ³³
回拜 fø²²pa²¹³
客人 kʰa²⁴in²²
请客 tsʰeŋ³³kʰa²⁴
招待 tʃɔ⁴⁵tø⁵³
男客 næ²²kʰa²⁴
女客 ny³¹kʰa²⁴
送礼 sø²¹³li³¹
礼物 li³¹u⁵³
人情 in²²tsʰeŋ²²
做客 tsɿ²¹³kʰa²⁴
待客 tø⁵³kʰa²⁴
陪客 pø²²kʰa²⁴（动宾）
送客 sø²¹³kʰa²⁴
不送了 pu³¹sø²¹³liu³³，也说不送啰 pu³¹sø²¹³lɔ³³（主人说的客气话）
多谢 lɔ⁴⁵tsʰie⁵³，也说不该 pu³¹kai⁴⁵谢谢
不客气 pu³¹kʰa²⁴tʃʰi²¹³
摆酒席 pa³³tsiu³³tsʰai⁵³
一桌酒席 i²⁴⁻²²tʃɔ²⁴tsiu³³tsʰai⁵³
请帖 tsʰeŋ³³tʰie²⁴
下请帖 xɔ³¹tsʰeŋ³³tʰie²⁴
入席 n²⁴tsʰai⁵³
坐席 tsʰɔ³³tsʰai⁵³
托菜 tʰɔ²⁴tsʰø²¹³，也说上菜 ʃæ³¹tsʰø²¹³
滗酒 pi²⁴tsiu³³ 斟酒
劝酒 kʰø²¹³tsiu³³
碰杯 pʰɔŋ⁵³pui⁴⁵，也说干杯 kæ²¹³pui⁴⁵
猜码 tsʰa⁴⁵mɔ³¹ 行酒令
闹矛盾 nau⁵³mau²²tyn³¹（他们俩人）不和
争架子 tʃeŋ⁴⁵kɔ²¹³tsɿ³³ 吵架

不和 pu³¹xɔ²²

冤家 ye⁴⁵kɔ⁴⁵

不平 pu³¹peŋ²²（路见～）

冤枉 ye⁴⁵ɔŋ³³

插嘴 tʃʰɔ²⁴tsʅ³³

鸡蛋仔里头挑骨头 tʃi⁴⁵tæ⁵³ti³³li³¹ta²²tʰiu³³ ku²⁴ta²² 吹毛求疵

做样子 tsʅ²¹³iæ⁵³tsʅ³³ 做作

摆架子 pa³³kɔ²¹³tsʅ³³

装傻 tʃoŋ⁴⁵ʃa³¹

出洋相 tʃʰy²⁴iæ⁵³siæ²¹³

没面子 mɔ⁵³mie⁵³tsʅ³³ 丢人

讨好 tʰau³³xau³¹，也说巴结 pɔ⁴⁵tʃie²⁴

去屋耍 kʰi²¹³ø²⁴ʃua³³，也说出度跑 tʃʰy²⁴tu⁵³⁻²²pʰau³³ 串门儿

曳近套 ie⁵³tʃʰin³¹tʰau²¹³

看得起 kʰæ²¹³la⁵³tʃʰi³³

看不起 kʰæ²¹³pu³¹tʃʰi³³

夹本 kɔ²⁴pin³³，也说合伙 xɔ²²xɔ³³ 合伙儿

答应 lɔ²⁴eŋ²¹³

不答应 pu³¹lɔ²⁴eŋ²¹³

扨出去 ʃø³³tʃʰy²⁴kʰi²¹³ 撵出去

十九、商业、交通

1. 经商行业

字号 sʅ⁵³xau⁵³

招牌 tʃɔ⁴⁵pa²²

广告 kɔŋ³³kau²¹³

开铺头 kʰø⁴⁵pʰu²¹³ta²²，也说开铺面 kʰø⁴⁵pʰu²¹³mie⁵³、开门面 kʰø⁴⁵min²²mie⁵³

铺面 pʰu²¹³mie⁵³（商店的门面）

摆摊仔仔 pa³³tʰæ⁴⁵ti³³ti³³ 摆摊子

跑单帮 pʰau³³læ⁴⁵pɔŋ²²

做生意 tsʅ²¹³ʃeŋ⁴⁵i²¹³⁻²²

旅社 ly³¹ʃa⁵³ 旅店

饭店 fæ⁵³lie²¹³

去饭店 kʰy²¹³fæ⁵³lie²¹³ 下馆子

布店 pu²¹³lie²¹³，也说布行 pu²¹³xɔŋ²²

百货店 pa²⁴xɔ²¹³lie²¹³

杂货店 tsʰɔ⁵³xɔ²¹³lie²¹³

油盐店 iu²²ie²²lie²¹³

米店 mi³¹lie²¹³，也说粮店 liæ²²lie²¹³

陶瓷店 tau²²tsʰʅ²²lie²¹³ 瓷器店

文具店 vin²²ky²¹³lie²¹³

茶楼 tʃʰɔ²²la²² 茶馆儿

剃头铺 tʰi²¹³ta²²pʰu⁴⁵ 理发店

剃头 tʰi²¹³ta²² 理发

刮面 kua²⁴mie⁵³ 刮脸

剃鬍须 tʰi²¹³u²²sy⁴⁵，也说刮鬍须 kua²⁴u²²sy⁴⁵ 刮胡子

肉铺 tʃa²⁴pʰu⁵³，也说肉行 tʃa²⁴xɔŋ²²

杀猪 ʃa²⁴ny⁴⁵

油店 iu²²lie²¹³ 油坊

作油坊 tsɔ²⁴iu²⁴fɔŋ²² 油坊

当铺 lɔŋ²¹³pʰu²¹³

租屋 tsu⁴⁵ø²⁴ 租房子

当屋 lɔŋ²¹³ø²⁴ 典房子

煤铺 mø²²pʰu²¹³

煤球 mø²²tʰiu²²

蜂窝煤 fø⁴⁵vɔ⁴⁵mø²²

2. 经营、交易

开张 kʰø⁴⁵tʃæ⁴⁵，也说开业 kʰø⁴⁵n̠ie²⁴

停业 teŋ²²n̠ie²⁴

盘点 pæ²²lie³³
柜臺 kʰi⁵³tø²²
开价 kʰø⁴⁵kɔ²¹³
还价 uæ²²kɔ²¹³
（价钱）便宜 pie²²i²²
（价钱）贵 ki²¹³
（价钱）公道 kø⁴⁵tau⁵³
统统要了 tʰø³³tʰø³³iɔ²¹³liu³³，也说剩下啯全部买了 ʃeŋ⁵³xɔ³¹kɔ³³tsʰø²²pu⁵³ma³¹liu³³ 包圆儿（剩下的全部买了）
买卖可以 ma³¹ma⁵³kʰɔ³³i³³，也说买卖好 ma³¹ma⁵³xau³¹
买卖一般 ma³¹ma⁵³i²⁴⁻²²pæ⁴⁵、也说买卖清淡 ma³¹ma⁵³tsʰeŋ⁴⁵tæ³¹、生意淡 ʃeŋ⁴⁵i²¹³tæ³¹
工钱 kø⁴⁵tsʰie²²
本钱 pin³³tsʰie²²
保本 pau³³pin³³
赚钱 tʃʰuæ⁵³tsʰie²²
折本 ʃie⁵³pin³³，也说亏本 kʰui⁴⁵pin³³
路费 lu⁵³fi²¹³
利息 li⁵³sai²⁴
运气好 yn⁵³tʃʰi²¹³xau³¹
差 tʃʰa⁴⁵，也说欠 kʰie²¹³（~他三元钱）
差 tʃʰa⁴⁵（~五角十元，即九元五角）
押金 ɔ²⁴tʃin⁴⁵
欠条 kʰie²¹³tiu²²

3. 账目、度量衡

账房 tʃæ²¹³fɔŋ²²
开销 kʰø⁴⁵siu⁴⁵
收账 ʃiu⁴⁵tʃæ²¹³（记收入的帐）
出账 tʃʰy²⁴tʃæ²¹³（记付出的帐）

欠账 kʰie²¹³tʃæ²¹³
问账 min⁵³tʃæ²¹³
要账 iɔ²¹³tʃæ²¹³
烂账 læ⁵³tʃæ²¹³
水牌 ʃy³³pa²²（临时记账用的木牌或铁牌）
发票 fa²⁴pʰiu²¹³
收据 ʃiu⁴⁵ky²¹³
存款 tsʰø²²kʰuæ³³（存下的钱）
整钱 tʃeŋ³³tsʰie²²
零钱 leŋ²²tsʰie²²
银纸 n²²tʃi³³ 钞票（纸币）
鎯 lui⁵³ 铜板儿
硬币 ŋeŋ⁵³pi⁵³
鎯 lui⁵³，也说光洋 kɔŋ⁴⁵iæ²² 银元
一分纸 i²⁴⁻²²fin⁴⁵tʃi³³ 一分钱
一角纸 i²⁴⁻²²kɔ²⁴tʃi³³ 一角钱
一块钱 i²⁴⁻²²kʰua²¹³tsʰie²²
十块钱 ʃi⁵³kʰua²¹³tsʰie²²
一百块钱 i²⁴⁻²²pa²⁴kʰua²¹³tsʰie²²
一张银纸 i²⁴⁻²²tʃæ⁴⁵n²²tʃi³³ 一张票子（钞票）
一个鎯 i²⁴⁻²²kɔ²¹³lui⁵³，也说一个铜钱 i²⁴⁻²² kɔ²¹³tø²²tsʰie²² 一个铜子儿
一个鎯 i²⁴⁻²²kɔ²¹³lui⁵³，也说一个毫子 i²⁴⁻²² kɔ²¹³xau²²tsʅ³³、一个硬币 i²⁴⁻²²kɔ²¹³ ŋeŋ⁵³pi⁵³
算盘 suæ²¹³pæ²²
天平 tʰie⁴⁵peŋ²²
戥 leŋ³³ 戥子（等子）
厘戥秤 li²²leŋ³³tsʰeŋ²¹³
秤 tsʰʰeŋ²¹³
磅秤 pɔŋ⁵³tsʰʰeŋ²¹³
秤盘 tsʰʰeŋ²¹³pæ²²

秤星 tʃʰeŋ²¹³seŋ⁴⁵ 秤星儿

秤梗 tʃʰeŋ²¹³keŋ³³，也说秤杆 tʃʰeŋ²¹³kuæ⁴⁵⁻²² 秤杆儿

秤钩 tʃʰeŋ²¹³ka⁴⁵ 秤钩子

秤砣 tʃʰeŋ²¹³tɔ²² 秤锤

秤毫 tʃʰeŋ²¹³xau²²

秤先 tʃʰeŋ²¹³sie⁴⁵，也说称倒好先 tʃʰeŋ⁴⁵ lɔ³³xau³¹sie⁴⁵（称物时）称尾高

秤慢 tʃʰeŋ²¹³mæ⁵³，也说称倒好慢 tʃʰeŋ⁴⁵ lɔ³³xau³¹mæ⁵³（称物时）称尾低

刮板 kua²⁴pæ³³（平斗斛的木片）

4. 交通

铁路 tʰie²⁴lu⁵³

铁轨 tʰie²⁴ki³³

火车 fu³³tʃʰa⁴⁵

火车站 fu³³tʃʰa⁴⁵tʃʰæ³³

公路 kø⁴⁵lu⁵³

汽车 tʃʰi²¹³tʃʰa⁴⁵

客车 kʰa²⁴tʃʰa⁴⁵，也说班车 pæ⁴⁵tʃʰa⁴⁵（指汽车的）

货车 xɔ²¹³tʃʰa⁴⁵（指汽车的）

公共汽车 kø⁴⁵kʰɔŋ⁵³tʃʰi²¹³tʃʰa⁴⁵

小轿车 siu³³tʃʰɔ⁵³tʃʰa⁴⁵

小车 siu³³tʃʰa⁴⁵

摩托车 mɔ²²tʰɔ²⁴tʃʰa⁴⁵

三轮车 sæ⁴⁵lin²²tʃʰa⁴⁵（载人的）

双轮车 ʃɔŋ⁴⁵lin²²tʃʰa⁴⁵（拉货的）

单车 læ⁴⁵tʃʰa⁴⁵ 自行车

鸡公车 tʃi⁴⁵kø⁴⁵⁻²²tʃʰa⁴⁵，也说独脚车 tø³³tʃi²⁴tʃʰa⁴⁵

船 ʃø²²（总称）

风篷 fø⁴⁵pø²²，也说帆 fæ²²

篷 pø²²（织竹夹箬覆舟）

桅 ui²²，也说桅杆 ui²²kuæ⁴⁵

舵 tɔ³¹

橹 nu³¹

桡仔 nio²²ti³³，也说桨 tsiæ³³

竹篙 liu²⁴kau⁴⁵⁻²² 篙

跳板 tʰiu²¹³pæ³³（上下船用）

帆船 fæ²²ʃø²²

艇仔仔 tʰeŋ³³ti³³ti³³ 舢板（三板）

渔船 y²²ʃø²²

渡船 tu⁵³ʃø²²

轮船 lin²²ʃø²²，也说火船 fu³³ʃø²²

过渡 ku²¹³tu⁵³ 过摆渡（坐船过河）

撑渡 tʃʰeŋ²¹³tu⁵³ 摆渡

渡口 tu⁵³kʰa³³

二十、文化教育

1. 学校

学校 ʃɔ⁵³ʃau²¹³

读书 tø⁵³ʃy⁴⁵，也说上学 ʃæ³¹ʃɔ⁵³（开始上小学）

去学校 kʰi²¹³ʃɔ⁵³ʃau²¹³，也说去读书 kʰi²¹³tø⁵³ʃy⁴⁵ 上学（去学校上课）

上课 ʃæ³¹kʰɔ⁵³

下课 xɔ³¹kʰɔ⁵³

放学 xɔŋ²¹³ʃɔ⁵³（上完课回家）

放朝饭 xɔŋ²¹³tʃʰɔ⁴⁵fæ⁵³ 中午放学

放夜 xɔŋ²¹³ia⁵³ 傍晚放学

逃跑 tau²²pʰau³³，也说逃学 tau²²ʃɔ⁵³

幼儿园 iu⁵³i²²ye²²（年龄较大）

托儿所 tʰɔ²⁴i²²sɔ³³（年龄较小）

义学 i⁵³ʃɔ⁵³

学堂 ʃɔ⁵³tɔŋ²² 私塾

学费 ʃɔ⁵³fi²¹³

放假 xɔŋ²¹³kɔ²¹³⁻²²

暑假 ʃy³³kɔ²¹³⁻²²

寒假 xæ²²kɔ²¹³⁻²²

请假 tsʰeŋ³³kɔ²¹³

2. 教室、文具

教室 kau²¹³ʃi²⁴

讲臺 kɔŋ³³tø²²

黑板 xai²⁴pæ³³

粉笔 fin³³pi²⁴

黑板擦 xai²⁴pæ³³tsʰɔ²⁴ 板擦儿

点名册 lie³³meŋ²²tʃʰa²⁴

戒尺 ka²¹³tʃʰai²⁴

笔记本 pi²⁴ki²¹³pin³³

书本 ʃy⁴⁵pin³³，也说课本 kʰɔ²¹³pin³³

铅笔 ye²²pi²⁴

胶擦 kau⁴⁵tsʰɔ²⁴ 橡皮

笔刨 pi²⁴pau⁵³，也说笔铅刨 ye²²pi²⁴pau⁵³ 铅笔刀（指旋着削的那种）

圆规 ye²²kʰui⁴⁵

三角板 sæ⁴⁵kɔ²⁴pæ³³

镇纸 tʃin²¹³tʃi³³

作文本 tsɔ²⁴vin²²pin³³

大字本 ta⁵³sʅ⁵³pin³³

描红本 miu²²xɔ²²pin³³ 红模子

钢笔 kɔŋ²¹³pi²⁴

毛笔 mau²²pi²⁴

笔壳 pi²⁴kʰɔ²⁴，也说笔套 pi²⁴tʰau²¹³ 笔帽（保护毛笔头的）

笔筒仔 pi²⁴tø²²ti³³ 笔筒

砚臺 ie⁵³tø²²

墨臺 mai²⁴tø²²

磨墨 mɔ²²mai²⁴ 研墨（动宾）

墨盒 mai²⁴xɔ⁵³ 墨盒儿

墨水 mai²⁴ʃy³³，也说墨汁 mai²⁴tʃi²⁴（毛笔用的）

揿笔 tʰie⁴⁵pi²⁴（动宾）

钢笔水 kɔŋ²¹³⁻²²pi²⁴ʃy³³ 墨水儿（钢笔用的）

书包 ʃy⁴⁵pau⁴⁵

3. 读书、考试

认得字嘅人 n⁵³la²⁴sʅ⁵³kɔ³³in²²，也说读书人 tø⁵³ʃy⁴⁵in²²

认得字嘅人 n⁵³la²⁴sʅ⁵³kɔ³³in²² 识字的

不认得字嘅人 pu³¹n⁵³la²⁴sʅ⁵³kɔ³³in²²，也说文盲 vin²²maŋ²²、瞎眼睛 xɔ²⁴ŋæ³¹tseŋ⁴⁵ 不识字的

读书 tø⁵³ʃy⁴⁵

温书 vin⁴⁵ʃy⁴⁵

背书 pø⁵³ʃy⁴⁵

报考 pau²¹³kʰau³³

考场 kʰau³³tʃʰæ²²

入场 n²⁴tʃʰæ²²（进考场）

考试 kʰau³³ʃi²¹³

试卷 ʃi²¹³kø³³

满分 mæ³¹fin⁴⁵

零分 leŋ²²fin⁴⁵

发榜 fa²⁴pɔŋ³³

公榜 kø⁴⁵pɔŋ³³

头名 ta²²meŋ²²

尾狗仔 meŋ³¹ka⁵³ti³³，也说末名 mɔ²⁴meŋ²²

毕业 pi²⁴ȵie²⁴

文凭 vin²²peŋ²²

159

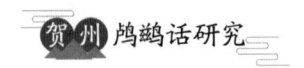

4. 写字

大楷 ta⁵³kʰai³³

细楷 si²¹³kʰai³³

字帖 sɿ⁵³tʰie²⁴

临帖 lin²²tʰie²⁴

涂啰 tu²²lɔ³³ 涂了

写错字 sie³³tsʰɔ²¹³sɿ⁵³ 写白字

写反字 sie³³fæ³³sɿ⁵³ 写鬥字（笔顺不对）

写漏字 sie³³la³³sɿ⁵³，也说漏字 la⁵³sɿ⁵³ 掉字

草稿 tsʰau³³kau³³

拍底稿 pa⁵³li³³kau³³，也说起草稿 tʃʰi³³tsʰau³³kau³³ 起稿子

一点 i²⁴⁻²²lie³³

一横 i²⁴⁻²²veŋ²²

一竖 i²⁴⁻²²ʃy⁵³

一撇 i²⁴⁻²²pʰie²⁴

一捺 i²⁴⁻²²nɔ²⁴

一勾 i²⁴⁻²²ka⁴⁵

一挑 i²⁴⁻²²tʰiu³³

一画 i²⁴⁻²²fa⁵³（王字是四画）

偏旁 pʰie⁴⁵pɔŋ²² 偏旁儿

单人旁 læ⁴⁵in²²pɔŋ²² 立人儿（亻）

双人旁 ʃɔŋ⁴⁵in²²pɔŋ²² 双立人儿（彳）

弯弓张 uæ⁴⁵kɔŋ⁴⁵tʃæ⁴⁵

立早章 li⁵³tsau³³tʃæ⁴⁵

禾旁程 u²²pɔŋ²²tʃʰeŋ²²

四框栏 sɿ²¹³kʰuaŋ⁴⁵læ²² 四框栏儿（囗）

宝盖头 pau³³kø²¹³ta²² 宝盖儿（宀）

光宝头 kɔŋ⁴⁵pau³³ta²² 秃宝盖儿（冖）

竖心旁 ʃy⁵³sin⁴⁵pɔŋ²²（忄）

狗爪旁 ka³³niau³³pɔŋ²² 反犬旁（犭）

单耳旁 læ⁴⁵i³¹pɔŋ²² 单耳刀儿（卩）

双耳旁 ʃɔŋ⁴⁵i³¹pɔŋ²² 双耳刀儿（阝）

反文旁 fæ³³vin²²pɔŋ²²（攵）

斜玉旁 tsʰie²²y⁵³pɔŋ²²

提土旁 ti²²tʰu³³pɔŋ²²

竹字头 liu²⁴sɿ⁵³ta²² 竹字头儿

火字旁 fu³³sɿ⁵³pɔŋ²²

四点底 sɿ²¹³lie³³li³³，也说四点水 sɿ²¹³lie³³ʃy³³ 四点（灬）

三点水 sæ⁴⁵lie³³ʃy³³ 三点水儿（氵）

两点水 liæ³¹lie³³ʃy³³ 两点水儿（冫）

病字头 peŋ⁵³sɿ⁵³ta²²，也说病字旁 peŋ⁵³sɿ⁵³pɔŋ²² 病旁儿（疒）

走字底 tsa³³sɿ⁵³li³³ 走之儿（辶）

绞丝旁 kau³³sɿ⁴⁵pɔŋ²² 绞丝旁（纟）

提手旁 tai²²ʃiu⁴⁵pɔŋ²² 提手旁（扌）

草字头 tsʰau³³sɿ⁵³ta²² 草字头（艹）

二十一、文体活动

1. 游戏、玩具

纸鹞仔 tʃiɔ³³iɔ²²ti³³ 风筝

藏人仔仔 tsʰɔŋ²²in²²ti³³ti³³ 捉迷藏，藏老蒙儿（寻找预先藏匿在某个角落的同伴）

拍燕子 pa⁵³ie²¹³tsɿ³³ 踢毽儿

跳石头仔 tʰiu²¹³ʃai⁵³ta²²ti³³，也说抛石子 pʰau⁴⁵ʃai⁵³tsɿ³³ 抓子儿（用几个小沙包或石子儿，扔起其一，做规定动作后再接住）

弹玻珠 tæ⁵³pɔ⁴⁵tʃy⁴⁵ 弹球儿

撇水撇 pʰie²⁴ʃy³³pʰie²⁴，也说拍水撇 pa⁵³ʃy³³pʰie²⁴ 打水飘儿（在水面上掷瓦片）

160

跳家仔仔 tʰiu²¹³ka⁴⁵ti³³ti³³，也说跳仔 tʰiu²¹³ti³³ 跳房子
挑大索仔 tʰiu³³ta⁵³sɔ²⁴ti³³，也说挑索仔 tʰiu³³sɔ²⁴ti³³ 翻绳（两人轮换翻动手指头上的细绳，变出各种花样）
猜码 tsʰai⁴⁵mɔ³¹ 划拳（喝酒时）
出谜语 tʃʰy²⁴mi²²y³¹
猜古仔仔 tsʰai⁴⁵ku³³ti³³ti³³，也说猜谜 tsʰai⁴⁵mi²² 猜谜儿
牌九 pa²²tʃiu³³
麻雀 mɔ²²tsɔ²⁴，也说麻将 mɔ²²tsiæ⁴⁵
敲色仔 kʰau⁴⁵ʃai²⁴ti³³，也说□色子 kʰeŋ⁴⁵ʃai²⁴tsɿ³³ 掷色子
下注 xɔ³¹tʃy²¹³，也说翻摊 fæ⁴⁵tʰæ⁴⁵ 压宝
炮仗 pʰau²¹³tʃʰɔŋ⁵³ 爆竹
放炮仗 xɔŋ²¹³pʰau²¹³tʃʰɔŋ⁵³ 放鞭炮
烟花 ie⁴⁵fa⁴⁵ 烟火
放花炮 xɔŋ²¹³fa⁴⁵pʰau²¹³
象棋仔 siæ⁵³tʃʰi²²ti³³，也说象棋 siæ⁵³tʃʰi²²
下象棋仔 xɔ³¹siæ⁵³tʃʰi²²ti³³，也说下棋 xɔ³¹tʃʰi²²
将 tsiæ⁵³
帅 ʃuai²¹³
士 sɿ⁵³
象 tʃʰæ⁵³
相 siæ²¹³
车 ky⁴⁵
马 mɔ³¹
炮 pʰau²¹³
兵 peŋ⁴⁵
卒 tsy²⁴
上卒 ʃæ³¹tsy²⁴ 拱卒

上士 ʃæ³¹sɿ⁵³（士走上去）
下士 xɔ³¹sɿ⁵³ 落士（士走下来）
飞象 fi⁴⁵tsʰiæ⁵³
下象 xɔ³¹tsʰiæ⁵³，也说收象 ʃiu⁴⁵tsʰiæ⁵³ 落象
将军 tsiæ⁴⁵kyn⁴⁵
围棋 ui²²tʃʰi²²
黑子 xai²⁴tsɿ³³
白子 pa⁵³tsɿ³³
和棋 xɔ²²tʃʰi²²

2. 体育

曳缆仔 ie⁵³læ⁵³ti³³，也说拔河 pɔ⁵³xɔ²²
游水 iu²²ʃy³³，也说游泳 iu²²iɔŋ³¹
昂倒游 ŋɔŋ³¹lɔ³³iu²²，也说仰泳 iæ³¹iɔŋ³¹
蛙泳 ua⁴⁵iɔŋ³¹
自由泳 tsʰɿ⁵³iu²²iɔŋ³¹
氵水 mi⁵³ʃy³³ 潜水
拍球 pa⁵³tʃʰiu²² 打球
球比赛 tʃʰiu²²pi³³sa²¹³，也说球赛 tʃʰiu²²sa²¹³
乒乓球 peŋ⁴⁵paŋ⁴⁵tʃʰiu²²
篮球 læ²²tʃʰiu²²
排球 pa²²tʃʰiu²²
足球 tsu²⁴tʃʰiu²²
羽毛球 y³¹mau²²tʃʰiu²²
跳远 tʰiu²¹³ye³¹
跳高 tʰiu²¹³kau⁴⁵

3. 武术、舞蹈

拍翻跟仔 pa⁵³fæ⁴⁵kø⁴⁵⁻²²ti³³ 翻跟头（翻一个跟头）
连连拍翻跟仔 lie²²lie²²pa⁵³fæ⁴⁵kø⁴⁵⁻²²ti³³ 打车轮子（连续翻好几个跟头）
拍翻跟仔 pa⁵³fæ⁴⁵kø⁴⁵⁻²²ti³³，也说倒立 lau³³li²⁴

舞狮仔 u³¹sŋ⁴⁵ti³³ 舞狮子
双刀 ʃɔŋ⁴⁵lau⁴⁵ 对刀
耍刀 ʃua³³lau⁴⁵
双枪 ʃɔŋ⁴⁵tsʰiæ⁴⁵
耍枪 ʃua³³tsʰiæ⁴⁵
耍流星 ʃua³³liu²²seŋ⁴⁵
扭秧歌 niu³³iæ⁴⁵kɔ⁴⁵ 扭秧歌儿
跳舞 tʰiu²¹³u³¹

4. 戏剧

木偶戏 mø⁵³au³¹ʃi²¹³
皮影戏 pi²²eŋ³³ʃi²¹³
戏 ʃi²¹³，也说大戏 ta⁵³ʃi²¹³（大型戏曲，角色多，乐器多，演唱内容复杂）
京剧 keŋ⁴⁵ky²⁴
话剧 fa⁵³ky²⁴
大戏院 ta⁵³ʃi²¹³ye⁵³ 戏院
戏臺 ʃi²¹³tø²²
演员 ie³³ye²²
变戏法 pie²¹³ʃi²¹³fa²⁴，也说耍把戏 ʃua³³pa³³ʃi²¹³、魔术 mɔ⁴⁵ʃy²⁴
讲古 kɔŋ³³ku³³ 说书
花面 fa⁴⁵mie⁵³ 花脸
小丑 siu³³tʃʰiu³³
老生 lau³¹ʃeŋ⁴⁵
小生 siu³³ʃeŋ⁴⁵
武生 u³¹ʃeŋ⁴⁵
老旦 lau³¹tæ⁵³
青衣 tsʰeŋ⁴⁵i⁴⁵
花旦 fa⁴⁵tæ⁵³
小旦 siu³³tæ⁵³
跑龙套啊 pʰau³³lɔŋ²²tʰau²¹³kɔ³³ 跑龙套的

二十二、动作

1. 一般动作

立 li²⁴ 站
跍 mau⁴⁵ 蹲
跌倒了 lie²⁴lau³³liu³³
爬起来 pɔ²²tʃʰi²¹³lɔ²²
摆头 pa³³ta²²，也说摇头 iɔ²²ta²²
点头 lie³³ta²²
昂头 ŋɔŋ³¹ta²²，也说抬头 tø²²ta²²
低头 li⁴⁵ta²²
转头 lɔ²¹³ta²² 回头
面扭过去 mie⁵³niu³³ku²¹³kʰi²¹³，也说面转过去 mie⁵³tʃø³³ku²¹³kʰi²¹³ 脸转过去
瞠眼睛 tʃʰeŋ²¹³ŋæ³¹tseŋ⁴⁵⁻²² 睁眼
眼翻 ŋæ³¹fæ⁴⁵，也说瞪眼睛 leŋ⁴⁵ŋæ³¹tseŋ⁴⁵⁻²² 瞪眼
眯眼睛 mi⁴⁵ŋæ³¹tseŋ⁴⁵⁻²² 闭眼
眨眼睛 tʃɔ²⁴ŋæ³¹tseŋ⁴⁵⁻²² 眨眼
遇到 y⁵³lau²¹³，也说遇见 y⁵³kie²¹³、撞见 tʃʰɔŋ⁵³kie²¹³
看 kʰæ²¹³
眼睛乱转 ŋæ³¹tseŋ⁴⁵⁻²²luæ⁵³lø²¹³
流眼睛水 liu²²ŋæ³¹tseŋ⁴⁵⁻²²ʃy³³ 流眼泪
擘嘴 ma²⁴tsy³³，也说张口 tʃæ⁴⁵kʰa³³ 张嘴
抿嘴 min³¹tsy³³，也说闭嘴 pi²¹³tsy³³
撮嘴 tsɔ²⁴tsy³³ 噘嘴
举手 ky³³ʃiu³³
曳手 ie⁵³ʃiu³³ 握手
摆手 pa³³ʃiu³³
□手 kʰeŋ⁵³ʃiu³³，也说撒手 sɔ²⁴ʃiu³³
伸手 ʃin⁴⁵ʃiu³³

162

动手 tø³¹ʃiu³³（只许动口，不许~）
拍手掌 pʰa²⁴ʃiu³³tʃæ³³，也说拍手 pʰa²⁴ʃiu³³
背倒手 pø⁵³lɔ³³ʃiu³³ 背着手儿
挽手 uæ³¹ʃiu³³，也说叉倒手 tʃʰɔ⁴⁵lɔ³³ʃiu³³ 叉着手儿（两手交叉在胸前）
捂手 u⁴⁵ʃiu³³，也说笼倒手 lø²²lɔ³³ʃiu³³ 笼着手（双手交叉伸到袖筒里）
捂倒 u⁴⁵lɔ³³ 捂住
托 tʰɔ²⁴ 搦（用手托着向上）
抱崽屎 pau³¹tsɔ³³ʃi³³，也说抱倒屙屎 pau³¹lɔ³³ɔ⁴⁵ʃi³³ 把屎（抱持小儿双腿哄他大便）
嘘尿 ʃy⁴⁵niu⁵³，也说抱倒屙尿 pau³¹lɔ³³ɔ⁴⁵niu⁵³ 把尿
扶倒 fu²²lɔ³³ 扶着
弹手指仔 tæ⁵³ʃiu³³tʃi³³ti³³，也说弹手指头 tæ⁵³ʃiu³³tʃi³³ta²² 弹指头
抓拳头 tʃua³¹kʰø²²ta²²，也说抓起拳头 tʃua³¹tʃʰi³³kʰø²²ta²² 攥起拳头
跺脚 tø⁵³tʃɔ²⁴
撑起脚 tʃʰeŋ²¹³tʃʰi³³tʃɔ²⁴，也说㩓起脚趾头 tø⁵³tʃʰi³³tʃɔ²⁴ta²² 踮脚
翘二郎脚 tʃʰɔ²¹³i⁵³lɔŋ²²tʃɔ²⁴ 跷二郎腿
缩起脚 ʃɔ²⁴tʃʰi³³tʃɔ²⁴ 蜷腿
撒脚 sa³³tʃɔ²⁴，也说抖脚 la³³tʃɔ²⁴ 抖腿
踢腿 tʰai²⁴tʰø³³ 踢腿
弯腰 uæ⁴⁵iɔ⁴⁵
伸懒腰 ʃin⁴⁵læ³¹iɔ⁴⁵ 伸腰
撑腰 tʃʰeŋ²¹³iɔ⁴⁵（支持）
翘屁股 tʃʰɔ²¹³pʰi²¹³ku³³ 撅屁股
捶背 ty²²pø²¹³
擤 feŋ²¹³ 擤（鼻涕）

嘲鼻皮 ʃɔ²⁴pi⁵³pi²² 吸溜鼻涕
打□秋 lɔ³³xet⁵³tsʰiu⁴⁵ 打喷嚏
嗅 ʃɔŋ²¹³ 闻（用鼻子~）
嫌弃 ʃie²²tʃʰi²¹³
哭 kʰø²⁴
□ kʰeŋ⁵³ 扔（把没用东西~了）
讲 kɔŋ³³ 说
跑 pʰau³³
走 tsa³³，也说行 xeŋ²²
放 xɔŋ²¹³（~在桌上）
充 tʃʰɔŋ⁴⁵，也说掺 tʃʰæ⁴⁵ 搀（酒里~水）
收 ʃiu⁴⁵ 收拾（东西）
选择 sø³³tʃa²⁴
曳起来 ie⁵³tʃʰi³³lø²²，也说□起来 tiæ²¹³tʃʰi³³lø²² 提起（东西）
丈⁻起来 tiæ⁵³tʃʰi³³lø²² 捡起来
擦开 tsʰɔ²⁴kʰø⁴⁵，也说擦嘅掉 tsʰɔ²⁴kie³³tiu²¹³⁻²²
失 ʃi²⁴，也说跌嘅了 lie²⁴kie³³liu³³ 丢失
放 xɔŋ²¹³，也说攡 la 落（因忘记而把东西遗留在某处）
攞见了 lɔ³¹kie²¹³liu³³，也说攞倒了 lɔ³¹lɔ³³liu³³ 找着了
收 ʃiu⁴⁵（把东西）藏（起来）
藏 tsʰɔŋ²²（人）藏（起来）
堆起来 lø⁴⁵tʃʰi³³lø²² 码起来
晓得 ʃɔ⁵³la⁵³ 知道
懂了 lø³³liu³³
会了 fø⁵³liu³³
认得 n⁵³la⁵³
不认得 pu³¹n⁵³la⁵³
识字 ʃai⁵³sɿ⁵³，也说认得字 n⁵³la²⁴⁻²²sɿ⁵³

163

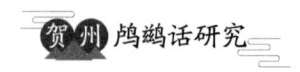

2. 心理活动

想一想 siæ³³i²⁴⁻²²siæ³³ 想想

幕⁼量 mu⁵³liæ²²，也说估量 ku⁴⁵liæ²²

想办法 siæ³³pæ⁵³fa²⁴，也说恁计 nin³³kai²¹³ 想主意

猜 tsʰai⁴⁵ 猜想

算到 suæ²¹³lau²¹³，也说料定 liu⁵³teŋ⁵³

主张 tʃy³³tʃæ⁴⁵

相信 siæ⁴⁵sin²¹³

怀疑 fai²²i²²

想一下 siæ³³i²⁴⁻²²xɔ³¹ 沉思

留神 liu²²ʃin²²，也说注意 tʃy²¹³i²¹³

慌 fɔŋ⁴⁵，也说怕 pʰɔ²¹³、害怕 xai⁵³pʰɔ²¹³

吓着嘅 xa²⁴tiu⁵³kie³³，也说吓倒了 xa²⁴lɔ³³liu³³ 吓着了

急 tʃi²⁴，也说着急 tʃɔ²⁴tʃi²⁴

想 siæ³³，也说挂念 kua²¹³nie⁵³

放心 xɔŋ²¹³sin⁴⁵

希望 ʃi⁴⁵mɔŋ⁵³ 盼望

着不得 tʃɔ⁵³pu³¹la⁵³，也说巴不得 pɔ⁴⁵pu³¹la²⁴

记倒 tʃi²¹³lɔ³³ 记着（不要忘）

忘记啰 mɔŋ⁵³ki²¹³lɔ³³ 忘记了

恁起来了 nin³³tʃʰi³³lø²²liu³³，也说想起来了 siæ³³tʃʰi³³lø²²liu³³

眼红（嫉妒）ŋæ³¹xø²²

讨厌 tʰau³³ie²¹³

恼 nau³¹，也说恨 xø⁵³

眼红 ŋæ³¹xø²²，也说羡慕 sie²¹³mu⁵³

偏心 pʰie⁴⁵sin⁴⁵

眼红 ŋæ³³xø²²，也说妒忌 tu⁵³tʃi²¹³忌妒

怄气 a²¹³tʃʰi²¹³

怨死 ye⁵³sɿ³³，也说好恨 xau³¹xø⁵³ 抱怨

一肚仔火 i²⁴⁻²²tu³¹ti³³fu³³，也说忍得够气 in³¹la²⁴⁻²²ka²¹³⁻⁵³tʃʰi²¹³ 憋气

好热火 xau³¹n̠ie⁵³fu³³，也说发脾气 fa²⁴pi²²tʃʰi²¹³、生气 ʃeŋ⁴⁵tʃʰi²¹³

爱护 ai²¹³fu²¹³，也说（对物）爱惜 ai²¹³si²⁴

好痛 xau³¹tʰø²¹³（对人）疼爱

中意 tʃɔŋ⁴⁵i²¹³，也说喜欢 ʃi³³fæ⁴⁵

多谢 lɔ⁴⁵tsʰie⁵³，也说感谢 kæ³³tsʰie⁵³

赏样 ʃæ³¹iæ⁵³，也说惯世 kuæ²¹³ʃi⁵³ 娇惯

赏样 ʃæ³¹iæ⁵³ 宠爱

迁就 tsʰie⁴⁵tsʰiu⁵³

3. 语言动作

讲话 kɔŋ³³fa⁵³ 说话

吹牛皮 tʃʰy⁴⁵ŋiu²²pi²²，也说倾偈 kʰeŋ⁴⁵kai²¹³、聊天 liu²²tʰie⁴⁵

插嘴 tʃʰɔ²⁴tsy³³ 搭茬儿

不做声 pu³¹tsɿ²¹³ʃeŋ⁴⁵

呃 ŋa²⁴，也说骗 pʰie²¹³（我~你玩的，不是真的）

讲他（她）听 kɔŋ³³tʰɔ⁴⁵⁻²²tʰeŋ²¹³ 告诉

扛杠仔 kʰɔŋ⁴⁵kɔŋ²¹³ti³³，也说扛轿仔 kʰɔŋ⁴⁵tʃɔŋ²³ti³³ 抬杠

顶颈 leŋ³³keŋ³³，也说顶嘴 leŋ³³tsy³³

争交仔 tʃeŋ⁴⁵kau⁴⁵ti³³，也说闹架仔 nau⁵³kɔ²¹³ti³³ 吵架

挶交仔 pa⁵³kau⁴⁵ti³³，也说挶架仔 pa⁵³kɔ²¹³ti³³ 打架

骂 mɔ⁵³（破口大骂）

着骂 tiu⁵³mɔ⁵³ 挨骂

交代 kau⁴⁵tø⁵³，也说讲……听 kɔŋ³³……tʰeŋ²¹³ 嘱咐

164

着讲嘅 tiu⁵³kɔŋ³³kie³³，也说着骂嘅 tiu⁵³mɔ⁵³kie³³挨说（挨批评）

啰嗦 lɔ⁴⁵ʃɔ⁴⁵叨唠

喊 xæ³¹（~他来）

二十三、位置

高头 kau⁴⁵ta²²，也说上面 ʃæ⁵³mie⁵³

低头 li⁴⁵ta²²，也说下面 xɔ³¹mie⁵³

地下 ti⁵³xɔ³¹（当心！别掉~了）

地上 ti⁵³ʃæ⁵³⁻²²（~脏极了）

天上 tʰie⁴⁵ʃæ⁵³

山上 ʃæ⁴⁵ʃæ⁵³

路上 lu⁵³ʃæ⁵³

街上 ka⁴⁵ʃæ⁵³

墙上 tsʰiæ²²ʃæ⁵³

门上 min²²ʃæ⁵³

桌仔上 tʃɔ²⁴ti³³ʃæ⁵³ 桌上

椅仔上 i³³ti³³ʃæ⁵³ 椅子上

旁边上 pɔŋ²²pie⁴⁵⁻²²ʃæ⁵³ 边儿上

里头 ly³¹ta²² 里面

外头 mø⁵³ta²² 外面

手里头 ʃiu³³li³¹ta²² 手里

心里头 sin⁴⁵ly³¹ta²² 心里

野外 ia³¹ŋø⁵³，也说外头 mø⁵³ta²²

大门外头 ta⁵³min²²mø⁵³ta²² 大门外

门外头 min²²mø⁵³ta²²，也说门口 min²²kʰa³³ 门儿外

墙外头 tsʰiæ²²mø⁵³ta²² 墙外

窗子外头 tʃʰæ⁴⁵tsɿ²²mø⁵³ta²² 窗户外头

车上 tʃʰa⁴⁵ʃæ⁵³（~坐着人）

车外头 tʃʰa⁴⁵mø⁵³ta²²（~下着雪）

车前 tʃʰa⁴⁵tsʰie²²

车后 tʃʰa⁴⁵xa⁵³

前边 tsʰie²²pie⁴⁵，也说前面 tsʰie²²mie⁵³

后边 xa⁵³pie⁴⁵，也说背后 pø²¹³xa⁵³、后面 xa⁵³mie⁵³

山前 ʃæ⁴⁵tsʰie²²

山后 ʃæ⁴⁵xa⁵³

屋背后 ø²⁴pø²¹³xa⁵³ 房后

背后 pø²¹³xa⁵³

以前 i³³tsʰie²²

以后 i³³xa⁵³

以上 i³³ʃæ⁵³

以下 i³³xɔ³¹

东 lø⁴⁵

西 si⁴⁵

南 næ²²

北 pai²⁴

东南 lø⁴⁵næ²²

东北 lø⁴⁵pai²⁴

西南 si⁴⁵næ²²

西北 si⁴⁵pai²⁴

路边 lu⁵³pie⁴⁵ 路边儿

床底 tʃʰɔŋ²²li³³ 床底下

楼底 la²²li³³ 楼底下

脚底 tʃɔ²⁴li³³ 脚底下

碗底 uæ³³li³³ 碗底儿（以下三条指器物底部）

锅仔底 ku⁴⁵ti³³li³³ 锅底儿

水缸底 ʃy⁴⁵kɔŋ⁴⁵⁻²²li³³，也说缸底 kɔŋ⁴⁵li³³ 缸底儿

旁边 pɔŋ²²pie⁴⁵⁻²²

邻近 len²²tʃʰin³¹，也说附近 fu⁵³tʃʰin³¹

面前头 mie⁵³tsʰie²²ta²²，也说前面 tsʰie²²mie⁵³、眼前 ŋæ³¹tsʰie²² 跟前儿

哪家地方 la³³ka⁴⁵⁻²²ti⁵³fɔŋ⁴⁵⁻²² 什么地方

左边 tsɔ³³pie⁴⁵

右边 iu⁵³pie⁴⁵

行入去 xeŋ²²nʲ²⁴kʰi²¹³，也说向里头走 ʃiæ⁵³ly³¹ta²²tsa³³ 往里走

行出去 xeŋ²²tʃʰy²⁴kʰi²¹³，也说向外头走 ʃiæ⁵³mø⁵³ta²²tsa³³ 往外走

往东行 ɔŋ³¹lø⁴⁵xeŋ²²，也说向东走 ʃiæ⁵³lø⁴⁵tsa³³ 往东走

往西行 ɔŋ³¹si⁴⁵xeŋ²²，也说向西 ʃiæ⁵³si⁴⁵tsa³³ 往西走

行来来 xeŋ²²lø²²lø²²，也说向来头走 ʃiæ⁵³lø²²ta²²tsa³³ 往回走

往前面行 ɔŋ³¹tsʰie²²mie³³xeŋ²²，也说向前走 ʃiæ⁵³tsʰie²²tsa³³ 往前走

以东 i³¹lø⁴⁵

以西 i³¹si⁴⁵

以南 i³³⁻⁴⁵næ²²

以北 i³³⁻⁴⁵pai²⁴

以内 i³¹nø⁵³

以外 i³¹mø⁵³

以来 i³¹lø²²

之后 tsʅ⁴⁵xa⁵³，也说以后 i³¹xa⁵³

之前 tsʅ⁴⁵tsʰie²²，也说以前 i³³⁻⁴⁵tsʰie²²

之外 tsʅ⁴⁵ŋø⁵³

之内 tsʅ⁴⁵nø⁵³

之间 tsʅ⁴⁵kæ⁴⁵

之上 tsʅ⁴⁵ʃæ³¹

之下 tsʅ⁴⁵xɔ³¹

二十四、代词等

我 ŋɔ³¹

你 ni³¹

他 tʰɔ⁴⁵

我哋 ŋɔ³¹ti³¹ 我们

我哋 ŋɔ³¹ti³¹ 咱们

你哋 ni³¹ti³¹ 你们

他哋 tʰɔ⁴⁵ti³³ 他们

你 ni³¹

他 tʰɔ⁴⁵

我嘅 ŋɔ³¹kɔ³³ 我的

厅=家 tʰeŋ⁴⁵kɔ⁴⁵⁻²² 人家

大齐 ta⁵³tsʰi²² 大家

哼=个 neŋ⁴⁵kɔ²¹³，也说哪个 la³³kɔ²¹³ 谁

喇=个 la³¹kɔ²¹³ 这个

箇个 kɔ³³kɔ²¹³，也说那个 nɔ⁵³kɔ²¹³

哪个 la³³kɔ²¹³

喇=啲 la³¹ti³³ 这些

箇啲 kɔ³³ti³³，也说那啲 nɔ⁵³ti³³ 那些

哪啲 la³³ti³³ 哪些

喇=度 la³¹tu³³ 这里

箇度 kɔ³³tu³³，也说那度 nɔ⁵³tu³³ 那里

哪度 la³³tu³³ 哪里

这卟 tʃie²¹³pu³¹ 这么（高）

这啲 tʃie²¹³ti³³ 这么（做）

这卟 tʃie²¹³pu³¹ 那么（高）

这啲 tʃie²¹³ti³³ 那么（做）

拈=啲 nie⁴⁵ti³³ 怎么（做）

拈=啲 nie⁴⁵ti³³ 怎么（办）

做哪家 tsʅ²¹³la³³ka⁴⁵⁻²² 为什么

哪家 la³³ka⁴⁵⁻²² 什么

几多 tʃi³³lɔ⁴⁵，也说多少 lɔ⁴⁵ʃɔ³³（钱）
几 tʃi³³，也说多 lɔ⁴⁵（久、高、大、厚、重？）
我哋两个 ŋɔ³¹ti³¹liæ³¹kɔ²¹³ 我们俩
我哋两个 ŋɔ³¹ti³¹liæ³¹kɔ²¹³ 咱们俩
你哋两个 ni³¹ti³¹liæ³¹kɔ²¹³ 你们俩
他哋两个 tʰɔ⁴⁵ti³¹liæ³¹kɔ²¹³ 他们俩
两公婆 liæ³¹kø⁴⁵pɔ²² 夫妻俩
两子娘 liæ³¹tsʅ³³niæ²² 娘儿俩（母亲和儿子）
两母女 liæ³¹mu³¹ny³¹ 娘儿俩（母亲和女儿）
两子爷 liæ³¹tsʅ³³ia²² 爷儿俩（父亲和儿子）
两父女 liæ³¹fu⁵³ny³¹ 爷儿俩（父亲和女儿）
两子公 liæ³¹tsʅ³³kø⁴⁵，也说两子孙 liæ³¹tsʅ³³soŋ⁴⁵ 爷孙俩
两侄嫂 liæ³¹tʃi⁵³sau³³，也说两婶母 liæ³¹ʃin³³mu³¹ 妯娌俩
两姑嫂 liæ³¹ku⁴⁵sau³³ 姑嫂俩
两婆媳 liæ³¹pɔ²²sai²⁴ 婆媳俩
两兄弟 liæ³¹xø⁴⁵⁻²²ti⁵³⁻²² 兄弟俩
两兄弟 liæ³¹xø⁴⁵⁻²²ti⁵³⁻²² 哥儿俩
两姐妹 liæ³¹tsie³³mø⁵³，也说两姊妹 liæ³¹tsʅ³³mø⁵³ 姐妹俩
两姊妹 liæ³¹tsʅ³³mø⁵³ 姐儿俩
两姊妹 liæ³¹tsʅ³³mø⁵³，也说两兄妹 liæ³¹xø⁴⁵mø⁵³ 兄妹俩
两姊妹 liæ³¹tsʅ³³mø⁵³，也说两姐弟 liæ³¹tsie³³ti⁵³ 姐弟俩
舅爷同外甥 tʃʰiu⁵³ia²²tø²²ŋø⁵³ʃeŋ⁴⁵，也说两舅甥 liæ³¹tʃʰiu⁵³ʃeŋ⁴⁵ 舅甥俩
两姑侄 liæ³¹ku⁴⁵tʃi⁵³ 姑侄俩
两叔侄 liæ³¹ʃu²⁴tʃi⁵³ 叔侄俩
两师徒 liæ³¹sʅ⁴⁵tu²² 师徒俩

哪个他哋 la³³kɔ²¹³tʰɔ⁴⁵ti³³ 谁们
大众 ta⁵³tʃoŋ²¹³，也说人们 in²²min²²
侄嫂们 tʃʰi⁵³sau³³min²²，也说婶母们 ʃin³³mu³¹min²² 妯娌们
姑嫂们 ku⁴⁵sau³³min²²
师徒们 sʅ⁴⁵tu²²min²²
师生们 sʅ⁴⁵ʃeŋ⁴⁵min²² 先生和学生们
喇"啲道理 la³¹ti³³tau⁵³li³¹ 这些个理儿们
简啲事 kɔ³³ti³³sʅ⁵³ 那些个事儿们
喇"啲桌仔 la³¹ti³³tʃɔ²⁴ti³³ 桌子们
简啲椅仔 kɔ³³ti³³i³³ti³³ 椅子们
一大堆书 i²⁴⁻²²ta⁵³lø⁴⁵ʃy⁴⁵ 书们

二十五、形容词

好 xau³¹（这个比那个~些）
不错 pu³¹tsʰɔ²¹³（颇好之意）
差不多 tʃʰa⁴⁵pu³¹lɔ⁴⁵
不拈"啲 pu³¹nie⁴⁵ti³³ 不怎么样
不顶事 pu³¹leŋ³³sʅ⁵³，也说不害事 pu³¹xai⁵³sʅ⁵³
坏 fai⁵³（不好）
次 tsʰʅ²¹³（人头儿很~；东西很~）
求其 tʃʰiu²²tʃʰi²²，也说凑合 tsʰa²¹³xɔ²²
靓 liaŋ⁵³，也说美 mui³¹
丑 tʃʰiu³³（难看）
要紧 iɔ²¹³tʃin³³
闹热 nau⁵³nie⁵³，也说热闹 nie⁵³nau⁵³
牢固 lau²²ku²¹³，也说坚固 tʃie⁴⁵ku²¹³
硬 ŋeŋ⁵³
软 ŋø³¹
干净 kuæ⁴⁵tsʰeŋ²²
龌龊 ɔ²⁴tʰɔ⁵³ 脏（不干净）

167

咸 xæ²²

淡 tæ³¹（不咸）

香 ʃiæ⁴⁵

臭 tʃʰiu²¹³

酸 suæ⁴⁵

甜 tie²²

苦 kʰu³³

辣 lɔ²⁴

清 tsʰeŋ⁴⁵稀（粥太~了）

件⁼tsʰe⁵³稠（粥太~了）

疏 ʃɔ⁴⁵稀（不稠密）

密 mie²⁴（不稀疏）

肥 fi²²（指动物：鸡很~。指肉：~肉。）

肥 fi²²胖（指人）

瘦 ʃa²¹³（指人）

精 tsʰeŋ⁴⁵瘦（指肉）

舒服 ʃy⁴⁵fø⁵³

难受 næ²²ʃiu⁵³

怕丑 pʰɔ²¹³tʃʰiu³³，也说不好意思 pu³¹xau³¹i²¹³sɿ⁴⁵腼腆

叻 leʔ⁵³，也说乖 kuai⁴⁵（小孩儿真~）

好噪 xau³¹tsʰau²¹³，也说皮 pi²²、调皮 tiu²²pi²²

叻 leʔ⁵³，也说可以 kʰɔ³³i³³（这小伙）真行

不叻 pu³¹leʔ⁵³，也说不得使 pu³¹la²⁴ʃai³¹（那个家伙）不行

坏 fai⁵³，也说缺德 kʰø²⁴la²⁴

精灵 tseŋ⁴⁵leŋ²²，也说好精 xau³¹tseŋ⁴⁵机灵

灵活 leŋ²²xɔ⁵³灵巧（她有一双~的手）

糊涂 fu²²tu²²

死板 sɿ³³pæ³³，也说死心眼 sɿ³³sin⁴⁵ŋæ³¹死心眼儿

脓包 nɔŋ²²pau⁴⁵⁻²²（无用的人）

坏种 fai⁵³tʃɔŋ³³孬种

厉害鬼 li⁵³xai⁵³ki³³，也说小气鬼 siu³³tʃʰi²¹³ki³³吝啬鬼

厉害鬼 li⁵³xai⁵³ki³³，也说小气 siu³³tʃʰi²¹³

捨得 ʃa³³la²⁴，也说大方 ta⁵³fɔŋ⁴⁵

整个 tʃeŋ³³kɔ²¹³整（鸡蛋吃~的）

满 mæ³¹，也说一 i²⁴浑（~身是汗）

拱 kɔŋ³³，也说凸 tet²、突 tʰu²⁴

凹 ɔ⁴⁵

凉静 liæ²²tsʰeŋ⁵³，也说凉爽 liæ²²ʃɔŋ³³凉快

静 tsʰeŋ⁵³，也说清静 tsʰeŋ⁴⁵tsʰeŋ⁵³背静

不稳 pu³¹vin³³活络（活动的，不稳固）

纯正 tʃʰyn²²tʃeŋ²¹³，也说真正 tʃin⁴⁵tʃeŋ²¹³地道（~四川风味）

整齐 tʃeŋ³³tsʰi²²

满意 mæ³¹i²¹³，也说称心 tʃʰeŋ²¹³sin⁴⁵

迟 ti²²晚（来~了）

多 lɔ⁴⁵

少 ʃɔ³³

大 ta⁵³

细 si²¹³小

长 tiæ²²

短 luæ³³

宽 kʰuæ⁴⁵，也说阔 kʰua²⁴

窄 tʃa²⁴

厚 xa³¹

薄 pɔ⁵³

深 ʃin⁴⁵

浅 tsʰie³³

高 kau⁴⁵

低 li⁴⁵

矮 a³³
正 tʃeŋ²¹³
□mai³³ 歪
□mai³³ 斜
红 xø²²
粉红 fin³³xø²²
深红 ʃin⁴⁵xø²²
浅红 tsʰie³³xø²²
蓝 læ²²
浅蓝 tsʰie³³læ²²
深蓝 ʃin⁴⁵læ²²
天蓝 tʰie⁴⁵læ²²
绿 ly⁵³
草绿色 tsʰau³³ly⁵³ʃai²⁴ 草绿
水绿色 ʃy³³ly⁵³ʃai²⁴ 水绿
浅绿 tsʰie³³ly⁵³
白 pa⁵³
灰白 fø⁴⁵pa⁵³
苍白 tsʰɔŋ⁴⁵pa⁵³
漂白 pʰiu²¹³pa⁵³
灰 fø⁴⁵
深灰 ʃin⁴⁵fø⁴⁵
浅灰 tsʰie³³fø⁴⁵
银灰 n²²fø⁴⁵
黄 ɔŋ²²
杏黄 xeŋ³³ɔŋ²²
深黄 ʃin⁴⁵ɔŋ²²
浅黄 tsʰie³³ɔŋ²²，也说鸡蛋黄 tʃi⁴⁵tæ⁵³ɔŋ²²
青 tsʰeŋ⁴⁵
绿豆青 ly⁵³ta⁵³tsʰeŋ⁴⁵，也说豆青色 ta⁵³tsʰeŋ⁴⁵ʃai²⁴ 豆青
藏青 tsʰɔŋ⁵³tsʰeŋ⁴⁵

鸭蛋青 ɔ²⁴tæ⁵³tsʰeŋ⁴⁵
紫 tsɿ³³
玫瑰紫 mø²²kui²¹³tsɿ³³
莲藕色 lie²²au³¹ʃai²⁴，也说藕色 au³¹ʃai²⁴ 藕荷（色）
古铜色 ku³³tø²²ʃai²⁴
黑 xai²⁴
柑子色 kuæ⁴⁵tsɿ³³ʃai²⁴ 橘色
泥色 ni²²ʃai²⁴

二十六、副词、介词等

啱 ŋæ⁴⁵ 刚（我～来，没赶上）
啱好 ŋæ⁴⁵xau³¹ 刚好（～十块钱）
啱 ŋæ⁴⁵，也说啱啱 ŋæ⁴⁵ŋæ⁴⁵ 刚（不大不小，～合适）
喇⁼啱 la³¹ŋæ⁴⁵，也说啱好 ŋæ⁴⁵xau³¹ 刚巧（～我在那儿）
净 tsʰeŋ⁵³（～吃米，不吃面）
有一啲 iu³¹ȵie²⁴ti³³ 有点儿（天～冷）
可能 kʰɔ³³neŋ²² 怕（也许。～要下雨）
可能 kʰɔ³³neŋ²² 也许（明天～要下雨）
差一啲 tʃʰa⁴⁵ȵie²⁴ti³³ 差点儿（～摔了）
不……不 pu³¹……pu³¹ 非……不（非到九点不开会）
马上 mɔ³¹ʃæ⁵³（～就来）
趁早 tʃʰin²¹³tsau³³，也说赶早 kæ³³tsau³³ 趁早儿（～走吧）
随时 tsʰy²²ʃi²² 早晚（～来都行）
差不多 tʃʰɔ⁴⁵pu³¹lɔ⁴⁵，也说眼看 ŋæ³¹kʰæ²¹³（～就到期了）
好彩 xau³¹tsʰø³³ 幸亏（～你来了，要不然我们就走错了）

当面 loŋ⁴⁵mie⁵³（有话~说）

背后 pø⁵³xa⁵³，也说背倒 pø⁵³lɔ³³ 背地（不要~说）

一下 i²⁴⁻²²xɔ³¹，也说一起 i²⁴⁻²²tʃʰi³³ 一块儿（咱们~去）

一个人 i²⁴⁻²²kɔ²¹³in²² 自己（他~去）

顺便 ʃyn⁵³pie⁵³ 顺便儿（请他~给我买本书）

专门 tʃø⁴⁵min²²，也说故意 ku²¹³i²¹³（~捣乱）

到底 lau²¹³li³³ 到了儿（他~走了没有，你要问清楚）

根本 keŋ⁴⁵pin³³ 压根儿（他~不知道）

十分 ʃi⁵³fin⁴⁵

实在 ʃi⁵³tsʰø³¹（这人~好）

一共 i²⁴⁻²²kʰɔŋ⁵³

不要 pu³¹iɔ²¹³（慢慢儿走，~跑）

白 pa⁵³（不要钱。~吃）

白 pa⁵³（空。~跑一趟）

偏 pʰie⁴⁵（你不叫我去，我~去）

乱 luæ⁵³ 胡（~搞、说）

先 sie⁴⁵（你~走，我随后就来）

开始 xø⁴⁵tʃʰi³³，也说先 sie⁴⁵（他~不知道，后来才听人说的）

另外 leŋ⁵³ŋø⁵³（~还有一个人）

得 la²⁴ 被（~狗咬了一口）

把 pa³³（~门关上）

对 lø²¹³（你~他好，他就~你好）

对倒 lø²¹³lɔ³³ 对着（他~我直笑）

到 lau²¹³（~哪儿去？~哪天为止？）

在 tsʰø³¹，也说到 lau²¹³（扔~水里）

在 tsʰø³¹（~哪儿住？）

从 tsʰɔŋ²²，也说在 tsʰø³¹（~哪儿走？）

自从 tsʰʅ⁵³tsʰɔŋ²²，也说自在 tsʰʅ⁵³tsʰø³¹（~他走后，我一直不放心）

照 tʃɔ²¹³（~这样做就好；~我看不算错）

用 iɔŋ⁵³，也说丈 ˭tiæ⁵³ 使（你~毛笔写）

顺倒 ʃyn⁵³lɔ³³ 顺着（~这条大路一直走）

顺倒 ʃyn⁵³lɔ³³ 顺着（沿着。~河边走）

向 ʃiæ⁵³ 朝（~后头看看）

帮 pɔŋ⁴⁵，也说代 tø⁵³⁻²² 替（你~我写封信）

帮 pɔŋ⁴⁵，也说代 tø⁵³⁻²² 给（~大家办事）

得我 la²⁴ŋɔ³¹ 给我（虚用，加重语气。你~吃干净这碗饭！）

同 tø²² 和（这个~那个一样）

向 ʃiæ²¹³（~他打听一下）

问 min⁵³（~他借一本书）

把 pa³³……喊 xæ³¹……管……叫……（有些地方管白薯叫山药）

丈 ˭tiæ⁵³……当 loŋ⁴⁵……拿……当……（有些地方拿麦秸当柴烧）

从细 tsʰɔŋ²²si²¹³ 从小（他~就能吃苦）

往外 ɔŋ³¹ŋø⁵³ 向外（老王钱多，不~拿）

赶 kæ³³（你得在天黑以前~到）

二十七、量词

一张 i²⁴⁻²²tʃæ⁴⁵ 一把（椅子）

一个 i²⁴⁻²²kɔ²¹³，也说一枚 i²⁴⁻²²mø²²（奖章）

一本 i²⁴⁻²²pin³³（书）

一笔 i²⁴⁻²²pi²⁴（款）

一匹 i²⁴⁻²²pʰi²⁴（马）

一隻 i²⁴⁻²²tʃai²⁴，也说一个 i²⁴⁻²²kɔ²¹³ 一头（牛）

一封 i²⁴⁻²²fø⁴⁵（信）

一剂 i²⁴⁻²²tsi²¹³，也说一服 i²⁴⁻²²fu²⁴（药）

一帖 i²⁴⁻²²tʰie²⁴（药）

一味 i²⁴⁻²²ui⁵³（药）

一条 i²⁴⁻²²tiu²²一道（河）

一个 i²⁴⁻²²kɔ²¹³，也说一顶 i²⁴⁻²²leŋ³³（帽子）

一块 i²⁴⁻²²kʰua²¹³一锭（墨）

一大堆 i²⁴⁻²²ta⁵³lø⁴⁵，也说一大拨 i²⁴⁻²²ta⁵³pɔ²⁴⁻²²一档子（事）

一朵 i²⁴⁻²²lø³³（花儿）

一餐 i²⁴⁻²²tsʰæ⁴⁵一顿（饭）

一条 i²⁴⁻²²tiu²²（手巾）

一架 i²⁴⁻²²ka²¹³一辆（车）

一筒 i²⁴⁻²²tø²²，也说一柱 i²⁴⁻²²ty³¹/tʃy²¹³、一子 i²⁴⁻²²tsɿ³³一子儿（香）

一枝 i²⁴⁻²²tʃi⁴⁵（花儿）

一隻 i²⁴⁻²²tsai²⁴（手）

一口 i²⁴⁻²²kʰa³³，也说一盏 i²⁴⁻²²tʃæ³³（灯）

一张 i²⁴⁻²²tʃæ⁴⁵（桌子）

一桌 i²⁴⁻²²tʃɔ²⁴（酒席）

一场 i²⁴⁻²²tʃʰæ²²（雨）

一出 i²⁴⁻²²tʃʰy²⁴，也说一场 i²⁴⁻²²tʃʰæ²²（戏）

一张 i²⁴⁻²²tʃæ⁴⁵，也说一翻 i²⁴⁻²²fæ⁴⁵一床（被子）

一领 i²⁴⁻²²leŋ³³，也说一套 i²⁴⁻²²tʰau²¹³一身（棉衣）

一支 i²⁴⁻²²tʃi⁴⁵，也说一把 i²⁴⁻²²pɔ³³一杆（枪）

一支 i²⁴⁻²²tʃi⁴⁵一管（笔）

一条 i²⁴⁻²²tiu²²一根（头发）

一翕 i²⁴⁻²²pʰɔ⁴⁵一棵（树）

一颗 i²⁴⁻²²kʰɔ³³（米）

一粒 i²⁴⁻²²li⁵³（米）

一嚜 i²⁴⁻²²kau³¹，也说一块 i²⁴⁻²²kʰua²¹³（砖）

一个 i²⁴⁻²²kɔ²¹³，也说一隻 i²⁴⁻²²tsai²⁴一口（猪）

一个 i²⁴⁻²²kɔ²¹³一口儿（人）

两公婆 liæ³¹kø⁴⁵pɔ²²两口子（夫妻俩）

一间 i²⁴⁻²²kæ⁴⁵一家（铺子）

一架 i²⁴⁻²²ka²¹³（飞机）

一间 i²⁴⁻²²kæ⁴⁵（屋子）

一栋 i²⁴⁻²²loŋ⁵³一间（房子）

一领 i²⁴⁻²²leŋ³³，也说一件 i²⁴⁻²²tʃʰie⁵³一件儿（衣裳）

一行 i²⁴⁻²²xɔŋ²²（字）

一篇 i²⁴⁻²²pʰie⁴⁵（文章）

一页 i²⁴⁻²²ie²⁴，也说一篇 i²⁴⁻²²pʰie⁴⁵（书）

一节 i²⁴⁻²²tsie²⁴（文章）

一段 i²⁴⁻²²tuæ⁵³（文章）

一片 i²⁴⁻²²pʰie²¹³（好心）

一片 i²⁴⁻²²pʰie²¹³，也说一块 i²⁴⁻²²kʰua²¹³一片儿（肉）

一支 i²⁴⁻²²tʃi⁴⁵，也说一面 i²⁴⁻²²mie⁵³、一条 i²⁴⁻²²tiu²²（旗）

一层 i²⁴⁻²²tsʰeŋ²²（纸）

一股 i²⁴⁻²²ku³³（香味儿）

一渡 i²⁴⁻²²tu⁵³，也说一条 i²⁴⁻²²tiu²²、一座 i²⁴⁻²²tsʰɔ⁵³（桥）

一盘 i²⁴⁻²²pæ²²（棋）

一门 i²⁴⁻²²min²²（亲事）

一沓 i²⁴⁻²²tɔ⁵³一沓儿（纸）

一件 i²⁴⁻²²tʃʰie⁵³一桩（事情）

一缸 i²⁴⁻²²kɔŋ⁴⁵（水）

一膼 i²⁴⁻²²lɔ²²一把（米）

一捆 i$^{24-22}$k^{h}yn^{33} 一把儿（萝卜）
一包（花生）i$^{24-22}$pau^{45}
一卷 i$^{24-22}$kø^{33} 一卷儿（纸）
一捆 i$^{24-22}$k^{h}yn^{33}（行李）
一担 i$^{24-22}$læ^{213}（米）
一担 i$^{24-22}$læ^{213} 一挑（水）
一排 i$^{24-22}$pa^{22}（桌子）
一座 i$^{24-22}$tsɔ^{31}，也说一进 i$^{24-22}$tsin^{213}（院子）
一排 i$^{24-22}$pa^{22}，也说一串 i$^{24-22}$tʃ^{h}ø^{213} 一挂（鞭炮）
两隻 liæ^{31}tsai^{24} 一犋（牛）（两头叫一犋）
一句 i$^{24-22}$ky^{213}（话）
一个 i$^{24-22}$kɔ^{213}，也说一位 i$^{24-22}$ui^{53}（客人）
一双 i$^{24-22}$ʃɔŋ^{45}（鞋）
一对 i$^{24-22}$lø^{213}（花瓶）
一副 i$^{24-22}$fu^{213}（眼镜）
一套 i$^{24-22}$t^{h}au^{213}（书）
一种 i$^{24-22}$tʃɔŋ^{33}（虫子）
一帮 i$^{24-22}$pɔŋ^{45} 一伙儿（人）
一批 i$^{24-22}$p^{h}i^{45}（货）
一批 i$^{24-22}$p^{h}i^{45}，也说一帮 i$^{24-22}$pɔŋ^{45} 一拨儿（人）
一个 i$^{24-22}$kɔ^{213}
一起 i$^{24-22}$tʃ^{h}i^{33}
一窟 i$^{24-22}$k^{h}u^{45}，也说一窝 i$^{24-22}$vɔ^{45}（蜂）
一串 i$^{24-22}$tʃ^{h}ø^{213} 一嘟噜（葡萄）
一□ i$^{24-22}$k^{h}æ^{53} 一拃（大拇指与中指张开的长度）
一□ i$^{24-22}$k^{h}æ^{53} 一虎口（大拇指与食指张开的长度）
一振 i$^{24-22}$p^{h}a^{33} 一庹（两臂平伸两手伸直的长度）
一指 i$^{24-22}$tʃi^{33}（长）
一成 i$^{24-22}$tʃ^{h}eŋ^{22} 一成儿
一面 i$^{24-22}$mie^{53} 一脸（土）
一身 i$^{24-22}$ʃin^{45}（土）
一肚仔 i$^{24-22}$tu^{31}ti^{33} 一肚子（气）
一餐 i$^{24-22}$tsʰæ^{45}（吃）一顿
一次 i$^{24-22}$tsʰŋ^{213}（走）一趟
（打）一下 i$^{24-22}$xɔ^{31}
（看）一眼 i$^{24-22}$ŋæ^{31}
（吃）一口 i$^{24-22}$k^{h}a^{33}
一下 i$^{24-22}$xɔ^{31}，也说一阵一唡 i$^{24-22}$tʃ^{h}in^{53}ȵie^{24}ti^{33}（谈）一会儿
（下）一阵 i$^{24-22}$tʃin^{213}，也说一下 i$^{24-22}$xɔ^{31}（雨）
（闹）一场 i$^{24-22}$tʃ^{h}æ^{22}
（见）一面 i$^{24-22}$mie^{53}
一个 i$^{24-22}$kɔ^{213}，也说一尊 i$^{24-22}$tsyn^{45}（佛像）
一扇 i$^{24-22}$ʃie^{213}（门）
一幅 i$^{24-22}$fø^{24}（画儿）
一谤 i$^{24-22}$pɔŋ^{53} 一堵（墙）
一片 i$^{24-22}$p^{h}ie^{213} 一瓣（花瓣）
一个 i$^{24-22}$kɔ^{213}，也说一处 i$^{24-22}$tʃ^{h}y^{213}（地方）
一本 i$^{24-22}$pin^{33}，也说一部 i$^{24-22}$pu^{53}（书）
一班 i$^{24-22}$pæ^{45}（车）
一次 i$^{24-22}$tsʰŋ^{213}（洗）一水（衣服）
一窑 i$^{24-22}$iɔ^{22}（烧）一炉（陶器）
一团 i$^{24-22}$tuæ^{22}（泥）
一堆 i$^{24-22}$lø^{45}（雪）
一口 i$^{24-22}$k^{h}a^{33}
一架 i$^{24-22}$ka^{213}，也说一列 i$^{24-22}$lie^{53}（火车）

一大堆 i²⁴⁻²²tɑ⁵³lø⁴⁵，也说一系列 i²⁴⁻²² ʃi²¹³lie²⁴（问题）

一路 i²⁴⁻²²lu⁵³（公共汽车）

一师 i²⁴⁻²²sɿ⁴⁵（兵）

一旅 i²⁴⁻²²ly³¹（兵）

一团 i²⁴⁻²²tuæ²²（兵）

一营 i²⁴⁻²²jeŋ²²（兵）

一连 i²⁴⁻²²lie²²（兵）

一排 i²⁴⁻²²pa²²（兵）

一班 i²⁴⁻²²pæ⁴⁵（兵）

一组 i²⁴⁻²²tsu³³

一撮 i²⁴⁻²²tsɔ²⁴一撮（毛）

一撮 i²⁴⁻²²tsɔ²⁴，也说一卷 i²⁴⁻²²kø³³一轴（线）

一撮 i²⁴⁻²²tsɔ²⁴一绺（头发）

（写）一手 i²⁴⁻²²ʃiu³³（好字）

（写）一笔 i²⁴⁻²²pi²⁴（好字）

一票 i²⁴⁻²²pʰiu²¹³

（开）一届 i²⁴⁻²²ka²¹³（会议）

（做）一届 i²⁴⁻²²ka²¹³，也说一任 i²⁴⁻²²in⁵³（官）

（下）一盘 i²⁴⁻²²pæ²²（棋）

（请）一桌 i²⁴⁻²²tʃɔ²⁴（客）

（打）一圈 i²⁴⁻²²kʰø⁴⁵（麻将）

（打）一轮 i²⁴⁻²²lin²²一将（麻将）

（唱）一臺 i²⁴⁻²²tø²²（戏）

一啲啲 ȵia²⁴ti³³ti³³一丝儿（肉）

一啲啲 ȵia²⁴ti³³ti³³一点点（面粉）

一滴 i²⁴⁻²²teʔ²（雨）

一盒 i²⁴⁻²²xɔ⁵³一盒儿（火柴）

一盒 i²⁴⁻²²xɔ⁵³一匣子（手饰）

一箱 i²⁴⁻²²siæ⁴⁵一箱子（衣裳）

一书架 i²⁴⁻²²ʃy⁴⁵kɔ²¹³，也说一架仔 i²⁴⁻²² kɔ²¹³ti³³一架子（小说）

一拖箱 i²⁴⁻²²tʰɔ⁴⁵siæ⁴⁵一抽屉（文件）

一筐 i²⁴⁻²²kʰuaŋ⁴⁵，也说一箩 i²⁴⁻²²lɔ²²一筐子（菠菜）

一篮 i²⁴⁻²²læ⁴⁵，也说一篮 i²⁴⁻²²læ²²一篮子（梨）

一箩 i²⁴⁻²²lɔ²²一篓子（炭）

一灶 i²⁴⁻²²tsau²¹³，也说一炉 i²⁴⁻²²lu²²一炉子（灰）

一包 i²⁴⁻²²pau⁴⁵（书）

一袋仔 i²⁴⁻²²tø⁵³ti³³，也说一袋 i²⁴⁻²²tø⁵³一口袋（干粮）

一塘 i²⁴⁻²²tɔŋ²²，也说一池 i²⁴⁻²²tsʰɿ²²一池子（水）

一缸 i²⁴⁻²²kɔŋ⁴⁵（金鱼）

一瓶 i²⁴⁻²²peŋ²²一瓶子（醋）

一罐 i²⁴⁻²²kuæ²¹³一罐子（荔枝）

一坛 i²⁴⁻²²tæ²²，也说一埕 i²⁴⁻²²tʃʰeŋ²²一坛子（酒）

一壶 i²⁴⁻²²fu²²（茶）

一壶 i²⁴⁻²²fu²²一吊子（开水）

一桶 i²⁴⁻²²tʰø³³（汽油）

一盆 i²⁴⁻²²pin²²（洗澡水）

一锅 i²⁴⁻²²ku⁴⁵（饭）

一笼 i²⁴⁻²²lɔŋ²²（包子）

一盘 i²⁴⁻²²pæ²²（水果）

一碟 i²⁴⁻²²tie⁵³一碟儿（小菜）

一碗 i²⁴⁻²²uæ³³（饭）

一杯 i²⁴⁻²²pui⁴⁵（茶）

173

一盅 i²⁴⁻²²tʃɔŋ⁴⁵（烧酒）

一瓢 i²⁴⁻²²piu²²（汤）

一勺 i²⁴⁻²²ʃɔ⁵³，也说一瓢羹 i²⁴⁻²²piu²² keŋ⁴⁵⁻²²一勺子（汤、酱油）

个□两个 kɔ²¹³kʰɔ⁴⁵liæ³¹kɔ²¹³个把两个

百零个 pa²⁴leŋ²²kɔ²¹³，也说一百几十个 i²⁴⁻²²pa²⁴tʃi³³ʃi²²kɔ²¹³百把来个

千零人 tsʰie⁴⁵leŋ²²in²² 千把人

万几块钱 uæ⁵³tʃi³³kʰua²¹³tsʰie²²万把块钱

里零路 li³¹leŋ²²lu⁵³，也说里几路 li³¹tʃi³³lu⁵³里把路

里零两里路 li³¹leŋ²²liæ³¹li³¹lu⁵³，也说里几两里路 li³¹tʃi³³liæ³¹li³¹lu⁵³ 里把二里路

亩零两亩 mau³¹leŋ²²liæ³¹mau³¹，也说亩□两亩 mau³¹kʰø⁴⁵liæ³¹mau³¹ 亩把二亩

二十八、附加成分

……得很 la²⁴xeŋ³³，也说……得紧要 la²⁴tʃin³³iɔ²¹³

……要死 iɔ²¹³sɿ³³，也说……要命 iɔ²¹³meŋ⁵³

……不行 pu³¹xeŋ²²，也说……不得 la²⁴pu³¹

……死了 sɿ³³liu³³

……不了 pu³¹liu³³，也说……不得了 pu³¹la²⁴liu³³

最……不过 tsy²¹³……pu³¹ku²¹³

吃法 tʃʰie²⁴fa⁵³吃头儿（这个菜没~）

吃法 tʃʰie²⁴fa⁵³喝头儿（那个酒没~）

看法 kʰæ²¹³fa²⁴，也说看头 kʰæ²¹³ta²² 看头儿（这出戏有个~）

做法 tsɿ²¹³fa²⁴，也说值得做 tʃai⁵³la⁵³tsɿ²¹³ 干头儿

有奔头 iu³¹pin⁴⁵ta²² 奔头儿

苦头 kʰu³³ta²² 苦头儿

甜头 tie²²ta²² 甜头儿

了 liu³¹ 语气词（好了）

倒 lɔ³³ 动态助词，相当于"着"（走着）

得 la²⁴ 结构助词（做得好）

嘅 kɔ³³ 结构助词，相当于"的"（他的房子）

二十九、数字等

1. 日期

一号 i²⁴⁻²²xau⁵³（指日期，下同）

二号 i⁵³xau⁵³

三号 sæ⁴⁵xau⁵³

四号 sɿ²¹³xau⁵³

五号 n³¹xau⁵³

六号 liu⁵³xau⁵³

七号 tsʰi²⁴xau⁵³

八号 pɔ²⁴xau⁵³

九号 tʃiu³³xau⁵³

十号 ʃi⁵³xau⁵³

初一 tʃʰɔ⁴⁵i²⁴

初二 tʃʰɔ⁴⁵i⁵³

初三 tʃʰɔ⁴⁵sæ⁴⁵

初四 tʃʰɔ⁴⁵sɿ²¹³

初五 tʃʰɔ⁴⁵n³¹

初六 tʃʰɔ⁴⁵liu⁵³

初七 tʃʰɔ⁴⁵tsʰi²⁴

初八 tʃʰɔ⁴⁵pɔ²⁴

初九 tʃʰɔ⁴⁵tʃiu³³

初十 tʃʰɔ⁴⁵ʃi⁵³

2. 排行

老大 lau³¹ta⁵³

老二 lau³¹i⁵³

老三 lau³¹sæ⁴⁵

老四 lau³¹sʅ²¹³

老五 lau³¹n³¹

老六 lau³¹liu⁵³

老七 lau³¹tsʰi²⁴

老八 lau³¹pɔ²⁴

老九 lau³¹tʃiu³³

老十 lau³¹ʃi⁵³

老㞎 lau³¹ma³¹ 老幺

大伯 ta⁵³pa²⁴ 大哥

二伯 i⁵³pa²⁴ 二哥

㞎伯 ma³¹pa²⁴ 老末儿

3. 序数词

第一 ti⁵³i²⁴

第二 ti⁵³i⁵³

第三 ti⁵³sæ⁴⁵

第四 ti⁵³sʅ²¹³

第五 ti⁵³n³¹

第六 ti⁵³liu⁵³

第七 ti⁵³tsʰi²⁴

第八 ti⁵³pɔ²⁴

第九 ti⁵³tʃiu³³

第十 ti⁵³ʃi⁵³

4. 基数词

一 i²⁴

二 i⁵³

三 sæ⁴⁵

四 sʅ²¹³

五 n³¹

六 liu⁵³

七 tsʰi²⁴

八 pɔ²⁴

九 tʃiu³³

十 ʃi⁵³

十一 ʃi⁵³i²⁴

二十 i⁵³ʃi²²

二十一 i⁵³ʃi²²i²⁴

三十 sæ⁴⁵ʃi²²

三十一 sæ⁴⁵ʃi²²i²⁴

四十 sʅ²¹³ʃi²²

四十一 sʅ²¹³ʃi²²i²⁴

五十 n³¹ʃi²²

五十一 n³¹ʃi²²i²⁴

六十 liu⁵³ʃi²²

六十一 liu⁵³ʃi²²i²⁴

七十 tsʰi²⁴ʃi²²

七十一 tsʰi²⁴ʃi²²i²⁴

八十 pɔ²⁴ʃi²²

八十一 pɔ²⁴ʃi²²i²⁴

九十 tʃiu³³ʃi²²

九十一 tʃiu³³ʃi²²i²⁴

一百 i²⁴⁻²²pa²⁴

一千 i²⁴⁻²²tsʰie⁴⁵

一百一十 i²⁴⁻²²pa²⁴i²⁴⁻²²ʃi²²

一百一十个 i²⁴⁻²²pa²⁴i²⁴⁻²²ʃi²²kɔ²¹³

一百一十一 i²⁴⁻²²pa²⁴i²⁴ʃi²²i²⁴

一百一十二 i²⁴⁻²²pa²⁴i²⁴ʃi²²i⁵³

一百二十 i²⁴⁻²²pa²⁴i⁵³ʃi²²

一百三十 i²⁴⁻²²pa²⁴sæ⁴⁵ʃi²²

一百五十 i²⁴⁻²²pa²⁴n³¹ʃi²²

一百五十个 i²⁴⁻²²pa²⁴n³¹ʃi²²kɔ²¹³

两百五十 liæ³¹pa²⁴n³¹ʃi²² 二百五十

两百五十个 liæ³¹pa²⁴⁻²²n³¹ʃi²²kɔ²¹³ 二百五十个

三百一十 sæ⁴⁵pa²⁴i²⁴⁻²²ʃi⁵³

三百三十 sæ⁴⁵pa²⁴⁻²²sæ⁴⁵ʃi²²

三百六十 sæ⁴⁵pa²⁴⁻²²liu⁵³ʃi²²，也说三百六 sæ⁴⁵pa²⁴⁻²²liu⁵³

三百八十 sæ⁴⁵pa²⁴⁻²²pɔ²⁴ʃi²²，也说三百八 sæ⁴⁵pa²⁴⁻²²pɔ²⁴

一千一百 i²⁴⁻²²tsʰie⁴⁵i²⁴⁻²²pa²⁴

一千一百个 i²⁴⁻²²tsʰie⁴⁵i²⁴⁻²²pa²⁴kɔ²¹³

一千九百 i²⁴⁻²²tsʰie⁴⁵tʃiu³³pa²⁴⁻²²

一千九百个 i²⁴⁻²²tsʰie⁴⁵tʃiu³³pa²⁴⁻²²kɔ²¹³

三千 sæ⁴⁵tsʰie⁴⁵

五千 n³¹tsʰie⁴⁵

八千 pɔ²⁴tsʰie⁴⁵

一万 i²⁴⁻²²uæ⁵³

一万二千 i²⁴⁻²²uæ⁵³i⁵³tsʰie⁴⁵，也说一万二 i²⁴⁻²²uæ⁵³i⁵³

一万二千个 i²⁴⁻²²uæ⁵³i⁵³tsʰie⁴⁵kɔ²¹³，也说一万两千个 i²⁴⁻²²uæ⁵³liæ³¹tsʰie⁴⁵kɔ²¹³

三万五千 sæ⁴⁵uæ⁵³n³¹tsʰie⁴⁵，也说三万五 sæ⁴⁵uæ⁵³n³¹

三万五千个 sæ⁴⁵uæ⁵³n³¹tsʰie⁴⁵kɔ²¹³

零 leŋ²²

5. 数量词

一个 i²⁴⁻²²kɔ²¹³

两个 liæ³¹kɔ²¹³

三个 sæ⁴⁵kɔ²¹³

四个 sɿ²¹³kɔ²¹³

五个 n³¹kɔ²¹³

六个 liu⁵³kɔ²¹³

七个 tsʰi²⁴kɔ²¹³

八个 pɔ²⁴kɔ²¹³

九个 tʃiu³³kɔ²¹³

十个 ʃi⁵³kɔ²¹³

第一个 ti⁵³i²⁴⁻²²kɔ²¹³

第二个 ti⁵³i⁵³kɔ²¹³

第三个 ti⁵³sæ⁴⁵kɔ²¹³

第四个 ti⁵³sɿ²¹³kɔ²¹³

第五个 ti⁵³n³¹kɔ²¹³

第六个 ti⁵³liu⁵³kɔ²¹³

第七个 ti⁵³tsʰi²⁴kɔ²¹³

第八个 ti⁵³pɔ²⁴kɔ²¹³

第九个 ti⁵³tʃiu³³kɔ²¹³

第十个 ti⁵³ʃi⁵³kɔ²¹³

两斤 liæ³¹tʃin⁴⁵⁻²² 二斤（两斤）

二两 i⁵³liæ³³

两钱 liæ³¹tsʰie²² 二钱（两钱）

两厘 liæ³¹li²² 二厘（两厘）

两丈 liæ³¹tiæ⁵³（二丈）

两尺 liæ³¹tʃʰai²⁴ 二尺（两尺）

两寸 liæ³¹tsʰɔŋ²¹³ 二寸（两寸）

两分 liæ³¹fin⁴⁵ 二分（两分）

两里 liæ³¹li³¹ 二里（两里）

两担 liæ³¹læ²¹³（二担）

两斗 liæ³¹la³³ 二斗（两斗）

两升 liæ³¹ʃeŋ⁴⁵ 二升（两升）

两项 liæ³¹xɔŋ⁵³（二项）

两亩 liæ³¹mau³¹ 二亩（两亩）

几个 tʃi⁵³kɔ²¹³？

几多个 tʃi⁵³lɔ⁴⁵kɔ²¹³？也说好多个 xau³¹lɔ⁴⁵kɔ²¹³？

好几个 xau³¹tʃi⁵³kɔ²¹³

好多个 xau³¹lɔ⁴⁵kɔ²¹³ 好些个

一一啲 i²⁴⁻²²ȵia²⁴ti³³ 一些些

好一啲 xau³¹ȵia²⁴ti³³，也说多一啲 lɔ⁴⁵ȵia²⁴ti³³ 好一些

大一啲 ta⁵³ȵia²⁴ti³³ 大一些

一啲 ȵia²⁴ti³³ 一点儿

一啲啲 ȵia²⁴ti³³ti³³ 一点点

大一啲 ta⁵³ȵie²⁴ti³³ 大点儿

十几个 ʃi⁵³tʃi³³kɔ²¹³，也说十零个 ʃi⁵³leŋ²² kɔ²¹³ 十多个（比十个多）

百零个 pa²⁴leŋ²²kɔ²¹³ 一百多个

十零个 ʃi⁵³leŋ²²kɔ²¹³ 十来个（不到十个）

千数个 tsʰie⁴⁵ʃu³³kɔ²¹³，也说千几个 tsʰie⁴⁵ki⁴⁵⁻²²kɔ²¹³

百□个 pa²⁴kʰø⁴⁵kɔ²¹³ 百把个

半个 pæ²¹³kɔ²¹³

一半 i²⁴⁻²²pæ²¹³

两半 liæ³¹pæ²¹³ 两半儿

大半个 ta⁵³pæ²¹³kɔ²¹³ 多半儿

一大半个 i²⁴⁻²²ta⁵³pæ²¹³kɔ²¹³ 一大半儿

一个半 i²⁴⁻²²kɔ²¹³pæ²¹³

上下 ʃæ⁵³xɔ³¹

左右 tsɔ³³iu⁵³

6. 与数字相关的四字词

一来二去 i²⁴⁻²²lø²²i⁵³kʰi²¹³

一清二白 i²⁴⁻²²tsʰeŋ⁴⁵i⁵³pa⁵³⁻²²

一清二楚 i²⁴⁻²²tsʰeŋ⁴⁵i⁵³tʃʰu³³

一干二净 i²⁴⁻²²kæ²¹³i⁵³tsʰeŋ⁵³

一差三错 i²⁴⁻²²tʂʰa²¹³sæ⁴⁵tsʰɔ²¹³

一刀两断 i²⁴⁻²²lau⁴⁵liæ³¹tuæ³¹

一举二得 i²⁴⁻²²ky³³i⁵³la²⁴

一心一意 i²⁴⁻²²sin⁴⁵i²⁴⁻²²i²¹³

三心两意 sæ⁴⁵sin⁴⁵liæ³¹i²¹³

三番五次 sæ⁴⁵fæ⁴⁵n³¹tsʰɿ²¹³

三番两次 sæ⁴⁵fæ⁴⁵liæ³¹tsʰɿ²¹³

三年两年 sæ⁴⁵nie²²liæ³¹nie²²

三年五载 sæ⁴⁵nie²²n³¹tsai³³

三天两日 sæ⁴⁵tʰie⁴⁵liæ³¹n²⁴

三天两头 sæ⁴⁵tʰie⁴⁵liæ³¹ta²²

三日两早起 sæ⁴⁵n²⁴liæ³¹tsau³³tʃʰi³³

三日两夜 sæ⁴⁵n²⁴liæ³¹ia⁵³

三长两短 sæ⁴⁵tiæ²²liæ³¹luæ³³

三言两语 sæ⁴⁵ie²²liæ³¹y³¹

三三两两 sæ⁴⁵sæ⁴⁵liæ³¹liæ³¹

四平八稳 sɿ²¹³peŋ²²pɔ²⁴vin³³

四通八达 sɿ²¹³tʰɵ⁴⁵pɔ²⁴tɔ⁵³

四面八方 sɿ²¹³mie⁵³pɔ²⁴foŋ⁴⁵

四邻八舍 sɿ²¹³leŋ²²pɔ²⁴ʃa⁵³

四时八节 sɿ²¹³ʃi²²pɔ²⁴tsie²⁴

五零四散 n³¹leŋ²²sɿ²¹³sæ³³

五湖四海 n³¹fu²²sɿ²¹³xø³³

五花八门 n³¹fa⁴⁵pɔ²⁴min²²

七上八下 tsʰi²⁴ʃæ⁵³pɔ²⁴xɔ²¹³

七颠八倒 tsʰi²⁴lie⁴⁵pɔ²⁴lau³³

颠七倒八 lie⁴⁵tsʰi²⁴lau³³pɔ²⁴

乱七八糟 luæ⁵³tsʰi²⁴pɔ²⁴tsau⁴⁵

乌七八糟 u⁴⁵tsʰi²⁴pɔ²⁴tsau⁴⁵

七长八短 tsʰi²⁴tiæ²²pɔ²⁴luæ³³

七拼八凑 tsʰi²⁴pʰeŋ²¹³pɔ²⁴tsʰa²¹³

七手八脚 tsʰi²⁴ʃiu³³pɔ²⁴tʃɔ²⁴

七嘴八舌 tsʰi²⁴tsy³³pɔ²⁴ʃie²⁴

七言八语 tsʰi²⁴ie²²pɔ²⁴y³¹

千辛万苦 tsʰie⁴⁵sin⁴⁵uæ⁵³kʰu³³

千真万确 tsʰie⁴⁵tʃin⁴⁵uæ⁵³kʰɔ²⁴

千军万马 tsʰie⁴⁵kyn⁴⁵uæ⁵³mɔ³¹

千变万化 tsʰie⁴⁵pie²¹³uæ⁵³fa²¹³

千家万户 tsʰie⁴⁵kɔ⁴⁵uæ⁵³fu²¹³

千言万语 tsʰie⁴⁵ie²²uæ⁵³y³¹

三十、干支

甲 kɔ²⁴

乙 i²⁴

丙 peŋ³³

丁 leŋ⁴⁵

戊 u⁵³

己 ki³³

庚 keŋ⁴⁵

辛 sin⁴⁵

壬 in²²

癸 kʰui³³

子 tsʅ³³

丑 tʃʰiu³³

寅 in²²

卯 mau³¹

辰 ʃin²²

巳 sʅ³³

午 n³¹

未 ui⁵³

申 ʃin⁴⁵

酉 iu³¹

戌 sø²⁴

亥 xai⁵³

第四章 语法

第一节 词类（一）

一、名词

（一）常见语素构成的名词

1. 前置成分

鸬鹚话常见前置成分有"阿、老、初、第、死"，附在名词性语素前，构成具体名词，能产性不强。

（1）阿[a^{22}]，用于亲属称谓、名字前边。例如：阿公 a^{22}kø^{45} 爷爷|阿玛 a^{22}ma^{33} 爸爸|阿㜷 a^{22}na^{33} 奶奶|阿娘 a^{22}niæ^{22} 妈妈|阿婶 a^{22}ʃin^{33} 婶婶|阿伯 a^{22}pa^{24} 哥哥|阿姐 a^{22}tie^{213} 姐姐|阿亮 a^{22}liæ^{53}|阿牛 a^{22}ŋiu^{22}|阿娇 a^{22}tʃɔ^{45}。

（2）老[lau^{31}]，用于称谓、姓氏、排行、动物等语素前。例如：老公 丈夫|老婆 妻子|老弟 弟弟|老妹 妹妹|老表 表亲|老师|老将 象棋将、帅的统称|老李|老张|老大|老二|老三|老鼠仔 老鼠|老虎|老鸦 乌鸦。

（3）初[tʃʰɔ^{45}]，用于数词、名词或量词前，表序数或等级。例如：初一|初二|初三|初级|初步|初次。

（4）第[ti^{53}]，用于数词前，表序数。例如：第一|第三|第五|第七|第二个|第十个。

2. 后置成分

后置成分要比前置成分多，常见的有"仔、佬、婆、娘、公、牯、乸、法、头、崽、鬼"等。

（1）仔[ti^{33}]，具有实在意义，表示某一类人。例如：寡婆仔 寡妇|聋仔 聋子|哑仔 哑巴|癫仔 疯子|麻仔 脸上长麻子的人。

没有实在意义，作为附加成分构成表动物、器物等的名词。例如：猫仔 猫|猴仔 猴子|狮仔 狮子|蚁仔 蚂蚁|臊寡⁼仔 蟑螂|土狗仔 土鳖|帐仔 蚊帐|被仔 被子|帽仔 帽子|裙仔 裙子|碟仔 碟子|凿仔 凿子|起仔 改锥|肚仔 肚子|舌仔 舌头。

"仔"表示物之小者。例如：牛仔仔 牛犊|羊仔仔 羊羔|狗仔仔 小狗儿|鸭仔仔 小鸭子|鹅仔仔 小鹅儿|灶仔仔 蟋蟀|艇仔仔 舢板。后一个"仔"字表小。

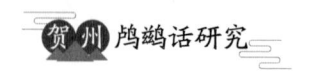

（2）佬[lau³¹]，表示某一类人

表示从事某种职业的人，略带贬抑戏谑色彩。例如：泥水佬_{泥水匠}｜种田佬_{庄稼汉}｜补锅仔佬_{补锅的人}｜撑船佬_{艄公}｜生意佬_{生意人}｜木匠佬_{木匠}｜剃头佬_{理发师}｜厨房佬_{厨师}｜拐仔佬_{扒手}｜江湖佬_{走江湖的人}｜和尚佬_{和尚}｜道士佬_{道士}。

表示某个地方的人，略含轻蔑意味。例如：外国佬_{外国人}｜日本佬_{日本人}｜北方佬_{北方人}｜湖南佬_{湖南人}｜城市佬_{城里人}｜农村佬_{乡下人}。

表示具有某种特征的人，含贬义。例如：寡公佬_{单身汉}｜光头佬_{光头的人}｜麻仔佬_{脸上长麻子的人}｜左手佬_{左撇子}｜□mai³³嘴佬_{歪嘴巴}。

（3）婆[pɔ²²]，表示某一类人。

表示某个地方的成年女性。例如：广西婆｜富川婆。

表示具有某种身份或某种特征的女性，略带轻蔑意味。例如：大肚婆_{孕妇}｜月婆_{坐月子的女人}｜癫婆_{疯疯癫癫的女人}｜三八婆_{行为不合规矩的女人}｜肥婆_{胖女人}｜二婚婆_{结第二次婚的女人}。

表示从事某种职业的女性。例如：看相婆_{看相的女人}｜接生婆_{接生的女人}｜媒人婆_{媒婆}｜嫖骟婆_{妓女}｜攞吃婆_{女乞丐}｜问仙婆_{巫婆}｜豆腐婆_{妓女}。

（4）娘[nia²²]

表示具有某种身份或某种特征的女性。例如：妹仔娘_{女孩儿}｜老板娘｜新妇娘_{新娘}。

表示雌性动物。例如：老虎娘_{母老虎}｜马娘_{母马}｜牛娘仔_{母牛}｜毛驴娘_{母驴}｜鸡娘_{母鸡}｜鸭娘_{母鸭}。

有时没有区分性别的作用，只是表示某事物。例如：篾娘_{篾黄}。

（5）公[kø⁴⁵]

表示具有某种身份或某种特征的男性。例如：新娘公_{新郎}｜三八公_{行为不规矩的男人}｜寡公_{鳏夫}。

表示雄性动物，此类不多见。例如：鸭公_{公鸭}｜猫仔公_{公猫}。

有时"公"没有实在意义，只作为附加成分构成词。例如：虾公_{大虾}｜篾公_{篾青}｜鼻公_{鼻子}｜热仔公_{月亮}｜雷公_雷。

（6）牯[ku³³]

表示雄性动物。例如：马牯_{公马}｜牛牯_{公牛}｜阉牯_{犍牛}｜毛驴牯_{公驴}｜狗牯_{公狗}。

个别用法意思虚化，只作为附加成分构成词。例如：蜢牯_{蝗虫}。

（7）牸[sɿ⁵³]

表示未生育的雌性动物。例如：牛牸_{小母牛}｜狗牸_{小母狗}。

（8）法[fa²⁴]

表示见解或方法、方式。例如：想法｜做法｜讲法｜煮法｜写法｜吃法｜挖法｜割法｜游法｜装法｜行法_{走法}｜坐法｜去法｜教法｜唱法｜洗法｜种法｜改法。

表示行为的价值、必要性，一般用于表示否定语气的句子里。例如："喇⁼事有哪家高兴法！""高兴法"是值得高兴、有必要高兴的意思。这句话意思就是："这事有什么值得高兴的！"

又如："看法"表示值得看、有必要看，"听法"表示值得听、有必要听，"笑法"表示值得笑、有必要笑，"跳法"表示值得跳、有必要跳，"骄傲法"表示值得骄傲、有必要骄傲，"伤心法"表示值得伤心、有必要伤心，"神气法"表示值得神气、有必要神气。但一般只用于"有哪家……法！"结构。

（9）头 [ta²²]

没有实在意义，作为附加成分构成一般名词。例如：热头太阳│晏头中午│日头白天│夜头夜晚│锄头│生灰头生石灰│芋头│萝□peŋ³³头萝卜│铺头铺子│灶头灶│脖头肩膀│拳头│手指头大拇指│脚趾头脚趾│心口头心口儿│派头│气头│劲头│风头│丫头丫环│货头姘头。

构成方位名词。例如：里头里面│外头外面│面前头跟前儿。

（10）崽 [tsø³³]

"崽"表示男性。例如：后生崽小伙子│野崽仔私生子│败家崽败家子│众人崽父亲不明的小孩（骂人话）│蠢崽小蠢子│死崽品行不端且不怕死的人│俙崽傻子│烂崽品行不端的人。

表人，不分男女。例如：伢仔崽婴儿│擡崽tsai³³崽tsø³³小孩儿│矮崽个子矮的人│养牛崽放牛娃。

表物之小者。例如：生鸡崽小公鸡│石头崽小石块│凳崽小板凳儿│镜崽小镜子。

（11）鬼 [ki³³]

表示某一类，含贬义。例如：懒鬼不愿做工的人│短命鬼夭折的人│赌钱鬼赌徒│烂吃鬼好吃懒做的人│大吃鬼好吃懒做的人。

（二）方位词

1. 高头 [kau⁴⁵ta²²]、上面 [ʃæ⁵³mie⁵³]

"高头""上面"相当于普通话的"上边"，指上边的具体空间位置用"高头"，指抽象事物或表面用"上面"。例如：

喇⁼璃⁼西仔应该放在高头，不应该放在底头。

la³¹li⁴⁵si⁴⁵⁻²²ti³³in⁴⁵kai⁴⁵xɔŋ²¹³tshø³¹kau⁴⁵ta²²，pu³¹in⁴⁵kai⁴⁵xɔŋ²¹³tshø³¹li³¹ta²²。

这东西应该放在上边，不应该放在下边。

大齐都昂倒头看高头啁人。

ta⁵³tshi²²tɔ⁴⁵ŋɔŋ³¹lɔ³³ta²²khæ²¹³kau⁴⁵ta²²kɔ³³in²²。

大家都仰着头看上边的人。

上面来人了冇。

ʃæ⁵³mie⁵³lø²²in²²liu³³piu³¹。

上面来人了没有。

上面印倒"中华人民共和国制造"几个字。

ʃæ⁵³mie⁵³in²¹³lɔ³³"tʃoŋ⁴⁵fa²²in²²min²²kɔŋ⁵³xɔ²²kɔ²⁴tʃi²¹³tshau⁵³tʃi³³kɔ²¹³sʅ⁵³。

上边印着"中华人民共和国制造"几个字。

2. 底头 [li³³ta²²]、下面 [xɔ⁵³mie⁵³]

"底头""下面"相当于普通话的"下边",指下边的具体空间位置用"底头",指抽象事物用"下面"。单用较自由。例如:

你不要只看高头,不看底头。

ni³¹pu³¹iɔ²¹³tsʅ³³khæ²¹³kau⁴⁵ta²²,pu³¹khæ²¹³li³³ta²²。

你别只看上边,不看下边。

底头哪家璃⁼西仔也怀得。

li³³ta²²la³³ka⁴⁵⁻²²li⁴⁵si⁴⁵⁻²²ti³¹ia³¹pia³¹la²⁴⁻³¹。

下边什么也没有。

从底头爬上来一个人。

tshɔŋ²²li³³ta²²pɔ²²ʃæ³¹lø²²i²⁴⁻²²kɔ²¹³in²²。

从下边爬上来一个人。

喇⁼个是小王,下面(啯)一个是小张,再下面(啯)一个是小李。

la³¹kɔ²¹³tʃhi³¹siu³³ɔŋ²²,xɔ⁵³mie⁵³(kɔ³³)i²⁴⁻²²kɔ²¹³tʃhi³¹siu³³tʃæ⁴⁵,tsø²¹³xɔ⁵³mie⁵³(kɔ³³)i²⁴⁻²²kɔ²¹³tʃhi³¹siu³³li³¹。

这是小王,下边(的)一个是小张,再下边(的)一个是小李。

喇⁼个问题我下面还要讲。

la³¹kɔ²¹³min⁵³ti²²ŋɔ³¹xɔ⁵³mie⁵³xæ²²iɔ²¹³kɔŋ³³。

这个问题我下边还要谈。

你成日跍在上面,拈⁼啊能了解到下面啯情况呢?

ni³¹ʃeŋ²²n²⁴mau⁴⁵tshø³¹ʃæ³¹mie⁵³,nie⁴⁵ti⁵³neŋ²²liu³¹kai³³lau²¹³xɔ⁵³mie⁵³kɔ³³tsheŋ²²khɔŋ²¹³nie⁴⁵?

你成天呆在上边,怎么能了解到下边(指下级机构)的情况呢?

182

3. 前面 [tsʰie²²mie⁵³]

"前面"相当于普通话的"前边"。例如：

前面有坐位，请到前面坐。
tsʰie²²mie⁵³iu³¹tsʰɔ³¹ui⁵³, tsʰeŋ³³lau²¹³tsʰie²²mie⁵³tsʰɔ³¹。
前边有坐位，请到前边坐。

前面来了一个人。
tsʰie²²mie⁵³lø²²liu³³i²⁴⁻²²kɔ²¹³in²²。
前边来了一个人。

他在前面跑，我在后面追。
tʰɔ⁴⁵tsʰø³¹tsʰie²²mie⁵³pʰau³³, ŋɔ³¹tsʰø³¹xa⁵³mie⁵³tʃy⁴⁵。
他在前边跑，我在后边追。

后面冇路，得从前面弯过去。
xa⁵³mie⁵³pia³¹lu⁵³, la²⁴tsʰɔŋ²²tsʰie²²mie⁵³uæ⁴⁵ku²¹³kʰi²¹³。
后边没路，得从前边绕过去。

我嘅前面是老张，老张嘅前面是老李。
ŋɔ³¹kɔ³³tsʰie²²mie⁵³tʃʰi³¹lau³¹tʃæ⁴⁵, lau³¹tʃæ⁴⁵kɔ³³tsʰie²²mie⁵³tʃʰi³¹lau³¹li³¹。
我的前边是老张，老张的前边是老李。

4. 后面 [xa⁵³mie⁵³]

"后面"相当于普通话的"后边"。例如：

前面坐冒了，后面还有坐位。
tsʰie²²mie⁵³tsʰɔ³¹mau⁵³liu³³, xa⁵³mie⁵³xæ²²iu³¹tsʰɔ³¹ui⁵³。
前边坐满了，后边还有坐位。

他走在前面，后面跟倒我哋几个。
tʰɔ⁴⁵tsa³³tsʰø³¹tsʰie²²mie⁵³, xa⁵³mie⁵³kø⁴⁵lɔ³³ŋɔ³¹ti³³tʃi³³kɔ²¹³。
他走在前边，后边跟着我们几个。

我在后面拈⁼哟追也追不上。
ŋɔ³¹tsʰø³¹xa⁵³mie⁵³nie⁴⁵ti³¹tʃy⁴⁵ia³¹tʃy⁴⁵pu³¹ʃæ³¹。
我在后边怎么追也追不上。

183

5. 里头 [li³¹ta²²]

鸬鹚话的"里头"相当于普通话的"里边"。例如：

里头有人。

li³¹ta²²iu³¹in²²。

里边有人。

到里头坐！

lau²¹³li³¹ta²²tsʰɔ³¹！

到里边坐！

心里头非常高兴。

sin⁴⁵li³¹ta²²fi⁴⁵tʃʰæ²²kau⁴⁵xeŋ²¹³。

心里边非常高兴。

里头房间比较细。

li³¹ta²²fɔŋ²²kæ⁴⁵pi³³kau²¹³si²¹³。

里边房间比较小。

前面可加"最、更、稍微"等程度副词，比较位置的远近。例如：

一入大院门就是我屋，稍微里头一哟是老张屋，最里头是老陈屋。

i²⁴⁻²²n²⁴ta⁵³ye⁵³min²²tsʰiu⁵³tʃʰi³¹ŋɔ³¹ø²⁴，ʃau⁴⁵ui⁴⁵li³¹ta²²ȵie²⁴ti³³tʃʰi³¹lau³¹tʃæ⁴⁵ø²⁴，tsy²¹³li³¹ta²²tʃʰi³¹lau³¹tʃʰin²²ø²⁴。

一进大院门就是我家，稍微里边一点儿是老张家，最里边是老陈家。

6. 外头 [mø⁵³ta²²]

"外头"相当于普通话的"外边""外面"。例如：

外头好热。

mø⁵³ta²²xau³¹ȵie⁵³。

外边很热。

外头有人敲门。

mø⁵³ta²²iu³¹in²²kʰau⁴⁵min²²。

外边有人敲门。

往外头走。

ɔŋ³¹mø⁵³ta²²tsa³³。

往外边走。

在外头上学。

tsʰø³¹mø⁵³ta²²ʃæ³¹ʃɔ⁵³。

在外边上学。

指物体表面。例如：

外头绑了两条索仔。

mø⁵³ta²²pɔŋ³³liu³³liæ³¹tiu²²sɔ²⁴ti³³。

外边捆了两道绳子。

与"里"对举，表示离中心位置远。前面可加"最、稍微"等程度副词。例如：

他在里头圈，老张立在稍微外头一哨，我在最外头。

tʰo⁴⁵tsʰø³¹li³¹ta²²kʰø⁴⁵，lau³¹tʃæ⁴⁵li²⁴tsʰø³¹ʃau⁴⁵ui⁴⁵⁻²²mø⁵³ta²²ȵie²⁴ti³³，ŋɔ³¹tsʰø³¹tsy²¹³mø⁵³ta²²。

他在里圈儿，老张站得稍微外边一点儿，我在最外边。

7. 中间 [tʃɔŋ⁴⁵kæ⁴⁵⁻²²]

与两端等距离的位置，或在两端的距离以内。例如：

相片上左边是我同老妹，右边是我嘅两个表阿伯，中间是我老头仔。

siæ²¹³pʰie²¹³ʃæ⁵³tsɔ³³pie⁴⁵tʃʰi³¹ŋɔ³¹tø²²lau³¹mø⁵³，iu⁵³pie⁴⁵tʃʰi³¹ŋɔ³¹kɔ³³liæ³¹kɔ²¹³piu³³a²²pa²⁴，tʃɔŋ⁴⁵kæ⁴⁵⁻²²tʃʰi³¹ŋɔ³¹lau³¹ta²²ti³³。

照上左边是我和妹妹，右边是我的两个表哥，中间是我父亲。

受名词性成分修饰，表示处所或者时间。例如：

你嘅坐位在第三排嘅中间。

ni³¹kɔ³³tsʰɔ³¹ui⁵³tsʰø³¹ti⁵³sæ⁴⁵pa²²kɔ³³tʃɔŋ⁴⁵kæ⁴⁵⁻²²。

你的座位在第三排的中间。

喇=一年中间他病了两次。

la³¹i²⁴⁻²²nie²²tʃɔŋ⁴⁵kæ⁴⁵⁻²²tʰɔ⁴⁵peŋ⁵³liu³³liæ³¹tsʰɿ²¹³。

这一年中间他病了两次。

我上半日割禾，中间敲了两次。

ŋɔ³¹ʃæ³¹pæ²¹³n²⁴kua²⁴u²²，tʃɔŋ⁴⁵kæ⁴⁵⁻²²tʰa³³liu³³liæ³¹tsʰɿ²¹³。

我上午割稻子，中间休息了两次。

与周围等距离的位置，或在周围的界限以内。例如：

老张从人群中间挤了出来。

lau³¹tʃæ⁴⁵tsʰɔŋ²²in²²kʰyn²²tʃɔŋ⁴⁵kæ⁴⁵⁻²²tsi³³liu³³tʃʰy²⁴lø²²。

老张从人群中间挤了出来。

指范围。例如：

我哋中间他最后生。

ŋɔ³¹ti³³tʃɔŋ⁴⁵kæ⁴⁵⁻²²tʰɔ⁴⁵tsy²¹³xa⁵³ʃeŋ⁴⁵。

我们之中他最年轻。

二、动词

（一）趋向动词

1. 入来 [n²⁴lø²²]、入去 [n²⁴kʰi²¹³]

鸬鹚话的"入来""入去"相当于普通话的"进来""进去"。

（1）动+入来/入去+（名）。表示人或事物随动作从外面到里面。"入来/入去"后的名词为受事或施事。例如：

水从眼仔流入来。

ʃy³³tsʰɔŋ²²ŋæ³³ti³³liu²²n²⁴lø²²。

水从洞口流进来。

他因为熬夜仔，两只眼睛都凹入去了。

tʰɔ⁴⁵in⁴⁵ui⁵³ŋau²²ia⁵³ti³³，liæ³¹tʃai²⁴tseŋ³¹tsen⁴⁵tɔ⁴⁵ɔ⁴⁵n²⁴kʰi²¹³liu³³。

他因为熬夜，两眼都凹进去了。

从外头丈⁼入来两张椅仔。

tsʰɔŋ²²mø⁵³ta²²tiæ⁵³n²⁴lø²²liæ³¹tʃæ⁴⁵i³³ti³³。

从外面拿进来两把椅子。

从旁门走入几个人去。

tsʰɔŋ²²pɔŋ²²min²²tsa³³n²⁴tʃi³³kɔ²¹³in²²kʰi²¹³。

从旁门走进几个人去。

186

"听入去"引申为愿意接受。例如：

我嘅话他还能听入去。

ŋɔ³¹kɔ³³fa⁵³tʰɔ⁴⁵xæ²²neŋ²²tʰeŋ²¹³n²⁴kʰi²¹³。

我的话他还能听进去。

厅＝家嘅意见他听不入去。

tʰeŋ⁴⁵kɔ⁴⁵⁻²²kɔ³³i²¹³kie²¹³tʰɔ⁴⁵tʰeŋ²¹³pu³¹n²⁴kʰi²¹³。

别人的意见他听不进去。

（2）动+入+名/处所+来/去。表示人或事物随动作进入某处。例如：

有个人从外头跑入屋里头来。

iu³¹kɔ²¹³in²²tsʰɔŋ²²mø⁵³ta²²pʰau³³n²⁴ø²⁴li³¹ta²²lø²²。

有个人从外面跑进家里来。

先把柴草搬入茅草屋去。

sie⁴⁵pa³³tʃʰa²²tsʰau³³pæ⁴⁵n²⁴mau²²tsʰau³³ø²⁴kʰi²¹³。

先把柴草搬进草房去。

谷都车入谷仓里来了。

kø²⁴tɔ⁴⁵tʃʰa⁴⁵n²⁴kø²⁴tsʰɔŋ⁴⁵li³¹lø²²liu³³。

稻谷都运进粮仓里来了。

还剩下几包谷放不入谷仓去。

xæ²²ʃeŋ⁵³xɔ³¹tʃi³³pau⁴⁵kø²⁴xɔŋ²¹³pu³¹n²⁴kø²⁴tsʰɔŋ⁴⁵kʰi²¹³。

还剩下几包稻谷存不进粮仓去。

2. 出来 [tʃʰy²⁴lø²²]、出去 [tʃʰy²⁴kʰi²¹³]

"动+出来"表示动作朝着说话人所在地，"动+出去"表示动作离开说话人所在地。

（1）动+出来/出去+（名）。"出来/出去"后面的名词一般为受事，间或有施事。表示人或事物随动作从里向外。例如：

我高兴得心都快跳出来了。

ŋɔ³¹kau⁴⁵xeŋ⁴⁵la²⁴sin⁴⁵tɔ⁴⁵kʰua²¹³tʰiu²¹³tʃʰy²⁴lø²²liu³³。

我高兴得心都快跳出来了。

后生崽，丈=一啲力气出来！
xa⁵³ʃeŋ⁴⁵tsø³³，tiæ⁵³ȵie²⁴ti³³lai⁵³tʃʰi²¹³tʃʰy²⁴lø²²！
小伙子，拿点儿干劲出来！

你丈=出办法来嘛。
ni³¹tiæ⁵³tʃʰy²⁴pæ⁵³fa²⁴lø²²ma³³。
你拿出办法来嘛。

今日车出去五十包榖。
tʃin⁴⁵n²⁴tʃʰa⁴⁵tʃʰy²⁴kʰi²¹³n³¹ʃi²²pau⁴⁵kø²⁴。
今天运出去五十袋稻榖。

不担心，水泼不出去。
pu³¹læ⁴⁵sin⁴⁵，ʃy³³pʰɔ²⁴pu³¹tʃʰy²⁴kʰi²¹³。
别担心，水洒不出去。

从屋里头跑出去一个人。
tsʰɔŋ²²ø²⁴li³¹ta²²pʰau³³tʃʰy²⁴kʰi²¹³i²⁴⁻²²kɔ²¹³in²²。
从屋里跑出去一个人。

表示人或事物随动作由隐蔽到显露。例如：

我看出来了。
ŋɔ³¹kʰæ²¹³tʃʰy²⁴lø²²liu³³。
我看出来了。

我认出他来了。
ŋɔ³¹n⁵³tʃʰy²⁴tʰɔ⁴⁵lø²²liu³³。
我认出他来了。

你猜得出来冇？
ni³¹tsʰai⁴⁵la²⁴tʃʰy²⁴lø²²piu³¹？
你猜得出来吗？

带"出去"的动词限于"讲、透露"等一两个，一般表示说话人不赞成这种行为。例如：

喇=件事你讲出去了？
la³¹tʃʰie⁵³sɿ⁵³ni³¹kɔŋ³³tʃʰy²⁴kʰi²¹³liu³³？
你把这件事说出去了？

不到最后决定嘅事讲出去不好。

pu³¹lau²¹³tsy²¹³xa⁵³kʰø²⁴teŋ⁵³kɔ³³sʅ⁵³kɔŋ³³tʃʰy²⁴kʰi²¹³pu³¹xau³¹。

没有最后决定的事嚷嚷出去不好。

"出来"表示动作完成，兼有使一种新的事物产生或从无到有的意思。名词经常放在"出"和"来"之间。例如：

办法已经恁出来了。

pæ⁵³fa²⁴i³³keŋ⁴⁵nin³³tʃʰy²⁴lø²²liu³³。

办法已经想出来了。

你哋嘅田一亩能产出几多斤谷来？

ni³¹ti³³kɔ³³tie²²i²⁴⁻²²mau³¹neŋ²²tʃʰæ³³tʃʰy²⁴tʃi⁵³lɔ⁴⁵tʃin⁴⁵kø²⁴lø²²？

你们的水田一亩能生产出多少斤稻谷来？

我哋已经腾出两间房间来了。

ŋɔ³¹ti³³i³³keŋ⁴⁵teŋ²²tʃʰy²⁴liæ³¹kæ⁴⁵fɔŋ²²kæ⁴⁵lø²²liu³³。

我们已经腾出两间屋子来了。

喇＝两日我挤不出时间来。

la³¹liæ³¹n²⁴ŋɔ³¹tsi³³pu³¹tʃʰy²⁴ʃi²²kæ⁴⁵lø²²。

这两天我挤不出时间来。

也可表示动作，人或物在某一方面获得了某种好的能力等。例如：

他嘅毛笔字练出来了。

tʰɔ⁴⁵kɔ³³mau²²pi²⁴sʅ⁵³lie⁵³tʃʰy²⁴lø²²liu³³。

他的毛笔字练出来了。

（2）动+出+名（处所）+来/去。表示动作，使人或物从某地方出来。例如：

急忙跑出屋去。

tʃi²⁴mɔŋ²²pʰau³³tʃʰy²⁴ø²⁴kʰi²¹³。

急忙跑出屋去。

把行李搬出门去。

pa³³xeŋ²²li³¹pæ⁴⁵tʃʰy²⁴min²²kʰi²¹³。

把行李搬出门去。

189

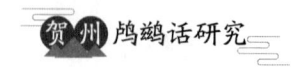

3. 上来 [ʃæ³¹lø²²]、上去 [ʃæ³¹kʰi²¹³]

"动+上来"表示动作朝着说话人所在地,"动+上去"表示动作离开说话人所在地。

（1）动+上来/上去+（名）。"上来/上去"后的名词一般为受事,间或有施事。表示人或事物随动作从低处到高处。例如：

跳上来了。

tʰiu²¹³ʃæ³¹lø²²liu³³。

跳上来了。

把箱仔扛上来。

pa³³siæ⁴⁵ti³³kʰɔŋ⁴⁵ʃæ³¹lø²²。

把箱子抬上来。

钓上来一个鲤瓜仔。

liu²¹³ʃæ³¹lø²²i²⁴⁻²²kɔ²¹³li³¹kua⁴⁵⁻²²ti³³。

钓上来一条鲤鱼。

从井里头攀上一个人来。

tsʰɔŋ²²tseŋ³³li³¹ta²²pʰæ⁴⁵ʃæ³¹i²⁴⁻²²kɔ²¹³in²²lø²²。

从井里爬上一个人来。

快跑上去。

kʰua²¹³pʰau³³ʃæ³¹kʰi²¹³。

快跑上去。

把行李搬上去。

pa³³xeŋ²²li³¹pæ⁴⁵ʃæ³¹kʰi²¹³。

把行李搬上去。

从下面□了一条索仔上去。

tsʰɔŋ²²xɔ⁵³mie⁵³kʰeŋ⁵³liu³³i²⁴⁻²²tiu²²sɔ²⁴ti⁵³ʃæ³¹kʰi²¹³。

从下边扔了一条绳子上去。

跳上去好多个消防队员。

tʰiu²¹³ʃæ³¹kʰi²¹³xau³¹lɔ⁴⁵kɔ²¹³siu⁴⁵fɔŋ²²tø⁵³ye²²。

跳上去好几个消防队员。

大江水浸不上来。
ta⁵³kɔŋ⁴⁵ʃy³³tsin²¹³pu³¹ʃæ³¹lø²²。
河水漫不上来。

我哋两个扛得上去。
ŋɔ³¹ti³³liæ³¹kɔ²¹³kʰɔŋ⁴⁵la²⁴ʃæ³¹kʰi²¹³。
我们俩抬得上去。

表示人或事物随动作趋近于某处。名词为施事。带名词时，动词和"上来（上去）"中间一般不能加"得、不"。例如：

又围上来一群人。
iu⁵³ui²²ʃæ³¹lø²²i²⁴⁻²²kʰyn²²in²²。
又围上来一群人。

从唎˭度攀上去。
tsʰɔŋ²²la³¹tu³³pʰæ⁴⁵ʃæ³¹kʰi²¹³。
从这儿爬上去。

我攀得上去。
ŋɔ³¹pʰæ⁴⁵la²⁴ʃæ³¹kʰi²¹³。
我爬得上去。

他再也追不上来了。
tʰɔ⁴⁵tsø²¹³ia³¹tʃy⁴⁵pu³¹ʃæ³¹lø²²liu³³。
他再也追不上来了。

表示人员或事物随动作由较低部门（层）到较高部门（层）。例如：

你是哪家下时调上来啊？
ni³¹tʃʰi³¹la³³ka⁴⁵⁻²²xɔ³¹ʃi²²tiu⁵³ʃæ³¹lø²²kɔ³³？
你是什么时候调上来的？

你哋把意见搜集上来冇？
ni³¹ti³³pa³³i²¹³kie²¹³ʃiu⁴⁵tsi²⁴ʃæ³¹lø²²piu³¹？
你们把意见搜集上来没有？

意见反映不上去拈˭哨得？
i²¹³kie²¹³fæ³³eŋ⁵³pu³¹ʃæ³¹kʰi²¹³nie⁴⁵ti³³la²⁴？
意见反映不上去怎么行？

191

"上去"表示添加或合拢于某处。例如：

又铺了一层禾秆上去。
iu⁵³pʰu⁴⁵liu³³i²⁴⁻²²tsʰeŋ²²u²²kuæ³³ʃæ³¹kʰi²¹³。
又铺了一层稻草上去。

螺丝扭上去了。
lɔ²²sʅ⁴⁵niu³³ʃæ³¹kʰi²¹³liu³³。
螺丝拧上去了。

方法不对，力拈"啲用得上去？
fɔŋ⁴⁵fa²⁴pu³¹lø²¹³，lai⁵³nie⁴⁵ti³³iɔŋ⁵³la²⁴ʃæ³¹kʰi²¹³？
方法不对，劲儿怎么使得上去呢？

"上来"表示成功地完成某一动作。动词和"上来"中间常加"得、不"。动词限于"讲、唱、答、回答、念"等少数几个。例如：

不晓得做哪家，我也讲不上来。
pu³¹ʃɔ⁵³la⁵³tsʅ²¹³la³³ka⁴⁵⁻²²，ŋɔ³¹ia³¹kɔŋ³³pu³¹ʃæ³¹lø²²。
不知为什么，我也说不上来。

这卟长嗰一段戏，你一个人唱得上来冇？
tʃie²¹³pu³¹tiæ²²kɔ³³i²⁴⁻²²tuæ⁵³ʃi²¹³，ni³¹i²⁴⁻²²kɔ²¹³in²²tʃʰæ²¹³la²⁴ʃæ³¹lø²²piu³¹？
这么长的一段戏，你一个人唱得上来吗？

喇"个问题你不一定答得上来。
la³¹kɔ²¹³min⁵³ti²²ni³¹pu³¹i²⁴teŋ⁵³lɔ²⁴⁻²²la²⁴ʃæ³¹lø²²。
这个问题你不一定答得上来。

喇"句话你一口气会念不上来。
la³¹ky²¹³fa⁵³ni³¹i²⁴⁻²²kʰa³³tʃʰi²¹³fø⁵³nie⁵³pu³¹ʃæ³¹lø²²。
这句话你一口气念不上来。

（2）形+上来。表示状态发展，兼有范围逐渐扩大的意思。形容词限于"热、凉、黑"等少数几个。例如：

屋里头慢慢热上来了。
ø²⁴li³¹ta²²mæ⁵³mæ⁵³n̠ie⁵³ʃæ³¹lø²²liu³³。
屋里慢慢热起来了。

192

眼看倒天慢慢晚上来了。

ŋæ³¹kʰæ²¹³lɔ³³tʰie⁴⁵mæ⁵³mæ⁵³uæ³¹ʃæ³¹lø²²liu³³。

眼看着天一点儿一点儿黑起来了。

过了八月十五，天就慢慢凉上来了。

ku²¹³liu³³pɔ²⁴ŋø²⁴ʃi⁵³n³¹，tʰie⁴⁵tsʰiu⁵³mæ⁵³mæ⁵³liæ²²ʃæ³¹lø²²liu³³。

过了中秋节，天气就慢慢凉起来了。

（3）动+上+名（处所）+来（去）。表示人或事物随动作从低处到高处。例如：

一帮蕴崽崽跑上山来。

i²⁴⁻²²pɔŋ⁴⁵lai⁴⁵tsai³³tsø³³⁻⁴⁵pʰau³³ʃæ³¹ʃæ⁴⁵lø²²。

一群孩子跑上山来。

大江水浸上岸来了。

ta⁵³kɔŋ⁴⁵ʃy³³tsin²¹³ʃæ³¹æ²¹³lø²²liu³³。

河水漫上岸来了。

一下跳上牛背去。

i²⁴⁻²²xɔ³¹tʰiu²¹³ʃæ³¹ŋiu²²pø⁵³kʰi²¹³。

一纵身跳上牛背去。

有些只表示朝着（或离开）说话人所在地。例如：

商店把油盐酱醋都送上门来了。

ʃæ⁴⁵lie²¹³pa³³iu²²ie²²tsiæ³¹tsʰu²¹³tɔ⁴⁵sø²¹³ʃæ³¹min²²lø²²liu³³。

商店把油盐酱醋都送上门来了。

4. 下来 [xɔ³¹lø²²]、下去 [xɔ³¹kʰi²¹³]

"动+下来"表示动作朝着说话人所在地，"动+下去"表示动作离开说话人所在地。

（1）动+下来（下去）+[名]。名词一般为受事，间或有施事。不带名词时，动词和"下来（下去）"中间可以加"得（不）"。

表示人或事物随动作由高处向低处。例如：

他从楼上走下来。

tʰɔ⁴⁵tsʰɔŋ²²la²²ʃæ⁵³tsa³³xɔ³¹lø²²。

他从楼上走下来。

193

把手放下来。

pa³³ʃiu³³xɔŋ²¹³xɔ³¹lø²²。

把胳膊放下来。

热头从西边慢慢落下去了。

n̠ie⁵³ta²²tsʰɔŋ²²si⁴⁵pie⁴⁵⁻²²mæ⁵³mæ⁵³lɔ²⁴xɔ³¹kʰi²¹³liu³³。

夕阳从西边渐渐沉下去了。

□一条索仔下去。

kʰeŋ⁵³i²⁴⁻²²tiu²²sɔ²⁴ti³³xɔ³¹kʰi²¹³。

扔一根绳子下去。

田基上跳下两隻蛤去。

tie²²ki⁴⁵ʃæ⁵³tʰiu²¹³xɔ³¹liæ³¹tʃai²⁴kua²⁴kʰi²¹³。

田埂上跳下两只青蛙。

表示人员、事物随动作由较高部门（层）到较低部门（层）或使离开原来的职位。例如：

他是上边派下来嗰。

tʰɔ⁴⁵tʃʰi³¹ʃæ⁵³pie⁴⁵pʰa²¹³xɔ³¹lø²²kɔ³³。

他是上边派下来的。

我哋嗰计划批下来了。

ŋɔ³¹ti³³kɔ³³tʃĩ²¹³fa⁵³pʰi⁴⁵xɔ³¹lø²²liu³³。

我们的计划批下来了。

温度已经降下来了。

vin⁴⁵tu⁵³i³³keŋ⁴⁵kɔŋ²¹³xɔ³¹lø²²liu³³。

温度已经降下来了。

会议嗰精神已经传达下去了。

fø⁵³i³¹kɔ³³tseŋ⁴⁵ʃin²²i³³keŋ⁴⁵tʃʰø²²tɔ⁵³xɔ³¹kʰi²¹³liu³³。

会议的精神已经传达下去了。

把箇个村主任撤下去了。

pa³³kɔ³³kɔ²¹³tsʰɔŋ⁴⁵tʃy³³in⁵³tʃʰie²⁴xɔ³¹kʰi²¹³liu³³。

把那个村主任撤下去了。

"下来"表示动作完成。有时兼有脱离的意思。例如：

把零件拆下来。

pa³³leŋ²²tʃʰie⁵³tʃʰa²⁴xɔ³¹lø²²。

把零件拆下来。

从本仔上曳下来一张纸。

tsʰɔŋ²²pin³³ti³³ʃæ⁵³ie⁵³xɔ³¹lø²²i²⁴⁻²²tʃæ⁴⁵tʃi³³。

从本子上撕下来一张纸。

喇⁼翕细龙眼树也能摘下百零斤龙眼来。

la³¹pʰɔ⁴⁵si²¹³lɔŋ²²ŋæ³¹ʃy⁵³ia³¹neŋ²²tʃa²⁴xɔ³¹pa²⁴leŋ²²tʃin⁴⁵lɔŋ²²ŋæ³¹lø²²。

这棵小龙眼树也能打下一百多斤龙眼来。

有时兼有固定的意思。例如：

车停了下来。

tʃʰa⁴⁵teŋ²²liu³³xɔ³¹lø²²。

车停了下来。

把你嘅想法写下来吧。

pa³³ni³¹kɔ³³siæ³³fa²⁴sie³³xɔ³¹lø²²pa⁴⁵⁻²²。

把你的想法写下来吧。

修路嘅方案定得下来定不下来？

siu⁴⁵lu⁵³kɔ³³fɔŋ⁴⁵æ²¹³teŋ⁵³la²⁴xɔ³¹lø²²teŋ⁵³pu³¹xɔ³¹lø²²?

修路的方案定得下来吗？

有时仅表示完成。例如：

我哋嘅方案到底批下来了。

ŋɔ³¹ti³³kɔ³³fɔŋ⁴⁵æ²¹³lau²¹³li³³pʰi⁴⁵xɔ³¹lø²²liu³³。

我们的方案到底批下来了。

算下来，用喇⁼种代用品还是合算嘅。

suæ²¹³xɔ³¹lø²²，iɔŋ⁵³la³¹tʃɔŋ³³tø⁵³iɔŋ⁵³pʰin³³xæ²²tʃʰi³¹xɔ²²suæ²¹³kɔ³³。

算下来，用这种代用品还是合算的。

195

"下来"表示动作从过去继续到现在。例如：

喇⁼是古代流传下来嘅一个故事。
la³¹tʃʰi³¹ku³³tø⁵³liu²²tʃʰø²²xɔ³¹lø²²kɔ³³i²⁴⁻²²kɔ²¹³ku²¹³sɿ⁵³。
这是古代流传下来的一个故事。

所有参加修路嘅人都坚持下来了。
sɔ³³iu³¹tsʰæ⁴⁵kɔ⁴⁵siu⁴⁵lɔ³³in²²tɔ⁴⁵tʃie⁴⁵tʃʰi²²xɔ³¹lø²²liu³³。
所有参加修路的人都坚持下来了。

有几个人坚持不下来，中途退出了。
iu³¹tʃi³³kɔ²¹³in²²tʃie⁴⁵tʃʰi²²pu³¹xɔ³¹lø²²，tʃɔŋ⁴⁵tu²²tʰø²¹³tʃʰy²⁴liu³³。
有几个人坚持不下来，中途退出了。

"下去"表示动作仍然继续进行。句中如有受事，一般放在动词前边。例如：

你再讲下去。
ni³¹tsø²¹³kɔŋ³³xɔ³¹kʰi²¹³。
你继续说下去。

少了两个人，工作还得做下去。
ʃɔ³³liu³³liæ³¹kɔ²¹³in²²，kø⁴⁵tsɔ²⁴xæ²²la²⁴tsɿ²¹³xɔ³¹kʰi²¹³。
少了两个人，工作还得做下去。

事情还不清楚，再讨论下去也冇用。
sɿ⁵³tsʰeŋ²²xæ²²pu³¹tsʰeŋ⁴⁵tʃʰu³³，tsɔ²¹³tʰau³³lyn⁵³xɔ³¹kʰi²¹³ia³¹pia³¹iɔŋ⁵³。
事情还不清楚，再讨论下去也没用。

他忍不下去了。
tʰɔ⁴⁵in³¹pu³¹xɔ³¹kʰi²¹³liu³³。
他忍耐不下去了。

（2）动+下+名（处所）+来（去）。表示人或事物随动作离开高处，到达低处。名词有时表示高处。例如：

沓水流下山来。
min²¹³ʃy³³liu²²xɔ³¹ʃæ⁴⁵lø²²。
泉水流下山来。

196

跑下楼去。
pʰau³³xɔ³¹la²²kʰi²¹³。
跑下楼去。

搬下车去。
pæ⁴⁵xɔ³¹tʃʰa⁴⁵kʰi²¹³。
搬下车去。

有时表示低处。例如：

奋不顾身嘓跳下水去抢救。
fin²¹³pu³¹ku²¹³ʃin⁴⁵kɔ³³tʰiu²¹³xɔ³¹ʃy³³kʰi²¹³tsʰiæ³³tʃiu²¹³。
奋不顾身地跳下河去抢救。

把它推下山沟去。
pa³³tʰɔ⁴⁵tʰø⁴⁵xɔ³¹ʃæ⁴⁵ka⁴⁵kʰi²¹³。
把它推下山沟去。

（3）形+下来（下去）

"下去"表示某种状态已经存在并将继续发展，强调继续发展的态势。形容词多用表示消极意义的。例如：

喇⁼个烂崽讲死都不变，等他坏下去算了。
la³¹kɔ²¹³læ⁵³tsø³³kɔŋ³³sŋ³³tɔ⁴⁵pu³¹pie²¹³，leŋ³³tʰɔ⁴⁵fai⁵³xɔ³¹kʰi²¹³suæ²¹³liu³³。
这个流氓怎么教育都不改好，让他坏下去算了。

你这卟软下去，他更加欺负你。
ni³¹tʃie²¹³pu³¹ye³¹xɔ³¹kʰi²¹³，tʰɔ⁴⁵keŋ⁴⁵kɔ⁴⁵tʃʰi⁴⁵fu⁵³ni³¹。
你继续这么软弱，他就更欺负你了。

他日夜操劳，一日日嘓瘦下去了。
tʰɔ⁴⁵n²⁴ia⁵³tsʰau⁴⁵lau²²，i²⁴⁻²²n²⁴n²⁴kɔ³³ʃa²¹³xɔ³¹kʰi²¹³liu³³。
他日夜操劳，一天一天地瘦下去了。

"下来"表示某种状态开始出现并继续发展，强调开始出现。形容词限于表示消极意义的。例如：

天色慢慢晚下来。
tʰie⁴⁵ʃai²⁴mæ⁵³mæ⁵³uæ³¹xɔ³¹lø²²。
天色渐渐黑下来。

碰到一啲啲困难就软下来，拈⁼啲得？

pʰɔŋ⁵³lau²¹³n̠ie²⁴ti³³ti³³kʰyn²¹³næ²²tsʰiu⁵³ye³¹xɔ³¹lø²²，nie⁴⁵ti³³la²⁴？

碰到一点儿困难就软下来，那还行？

声音慢慢低了下来。

ʃeŋ⁴⁵in⁴⁵mæ⁵³mæ⁵³li⁴⁵liu³³xɔ³¹lø²²。

声音慢慢低了下来。

5. 来来 [lø²²lø²²]、来去 [lø²²kʰi²¹³]

鸬鹚话的"来来"和"来去"相当于普通话的"回来"和"回去"，其用法如下："动+来来"表示动作朝着说话人所在地，"动+来去"表示动作离开说话人所在地。

（1）动+来来/来去+（名）。表示人或事物随动作从别处到原处。"来来/来去"名词一般为受事，间或有施事。例如：

他从对岸游来来了。

tʰɔ⁴⁵tsʰɔŋ²²lø²¹³æ²¹³iu²²lø²²lø²²liu³³。

他从对岸游回来了。

借嘅璃⁼西仔都还来去不曾？

tsie²¹³kɔ³³li⁴⁵si⁴⁵⁻²²tiɔ⁴⁵uæ²²lø²²kʰi²¹³pu³¹tsʰeŋ²²？

借的东西都还回来没有？

买来来一架拖拉机。

ma³¹lø²²lø²²i²⁴⁻²²kɔ²¹³tʰɔ⁴⁵la⁴⁵ki⁴⁵。

买回来一台拖拉机。

到了箇度就写封信来来。

lau²¹³liu³³kɔ³³tu³³tsʰiu⁵³sie³³fø⁴⁵sin²¹³lø²²lø²²。

到了那儿就写封信回来。

喊他送你来去。

xæ³¹tʰɔ⁴⁵sø²¹³ni³¹lø²²kʰi²¹³。

叫他送你回去。

车来去三件行李。

tʃʰa⁴⁵lø²²kʰi²¹³sæ⁴⁵tʃʰie⁵³xeŋ²²li³¹。

运回去三件行李。

今日还赶得来去冇？

tʃin⁴⁵n²⁴xæ²²kæ³³la²⁴lø²²kʰi²¹³piu³¹？

今天还赶得回去吗？

月底前先来去两个人。

ŋø²⁴li³³tsʰie²²sie⁴⁵lø²²kʰi²¹³liæ³¹kɔ²¹³in²²。

月底前先回去两个人。

（2）动+来+名（处所）+来/去。表示人或事物随动作从别处到原处。例如：

跍玛把我带来村里来了。

ma³¹ma³³pa³³ŋɔ³¹lø²¹³lø²²tsʰɔŋ⁴⁵li³¹lø²²liu³³。

叔叔把我带回村里来了。

把箱仔丈⁼来屋上来。

pa³³siæ⁴⁵ti³³tiæ⁵³lø²²ø²⁴ʃæ³¹lø²²。

把箱子拿回家来。

太夜了，赶不来去了。

tʰø⁵³ia⁵³liu³³，kæ³³pu³¹lø²²kʰi²¹³liu³³。

太晚了，赶不回去了。

6. 过来 [ku²¹³lø²²]、过去 [ku²¹³kʰi²¹³]

"动+过来"表示动作朝着说话人所在地，"动+过去"表示动作离开说话人所在地。

（1）动+过来（过去）+（名）。名词一般为受事，间或有施事。

表示人或事物随动作从一处到另一处。例如：

一帮孲崽崽跑过来。

i²⁴⁻²²pɔŋ⁴⁵lai⁴⁵tsai³³tsø³³⁻⁴⁵pʰau³³ku²¹³lø²²。

一群孩子跑过来。

你跑过来跑过去做哪家？

ni³¹pʰau³³ku²¹³lø²²pʰau³³ku²¹³kʰi²¹³tsɿ²¹³la³³ka⁴⁵⁻²²？

你跑来跑去干什么？

大江再阔，我哋也游得过去。

ta⁵³kɔŋ⁴⁵tsø²¹³kʰua²⁴，ŋɔ³¹ti³³ia³¹iu²²la²⁴ku²¹³kʰi²¹³。

河再宽，我们也游得过去。

天上飞过去几架飞机。
tʰie⁴⁵ʃæ⁵³fi⁴⁵ku²¹³kʰi²¹³tʃi³³kɔ²¹³fi⁴⁵ki⁴⁵。
天上飞过去几架飞机。

表示物体随动作改变方向。名词要放在"过"与"来（去）"之间。常用的动词限于"翻、转、扭、弯、掉"等少数几个。例如：

整整一夜翻过来又翻过去，总是睡不眼睏。
tʃeŋ³³tʃeŋ³³i²⁴⁻²²iɑ⁵³fæ⁴⁵ku²¹³lø²²iu⁵³fæ⁴⁵ku²¹³kʰi²¹³，tsø³³tʃʰi³¹ʃy⁵³pu³¹ŋæ³¹tʃʰy²¹³。
整整一夜翻过来又翻过去，总是睡不着。

他转过面来，我整=认出他是咛=个。
tʰɔ⁴⁵tʃø³³ku²¹³mie⁵³lø²²，ŋ³¹tseŋ³³n⁵³tʃʰy²⁴tʰɔ⁴⁵tʃʰi³¹neŋ⁴⁵kɔ²¹³。
他转过脸来，我才认出他是谁。

他扭过屁股去，挡住门口。
tʰɔ⁴⁵niu³³ku²¹³pʰi²¹³ku³³kʰi²¹³，lɔŋ³³ty⁵³min²²kʰa³³。
他扭过屁股去，挡住门口。

喇=管仔弯得过去冇？
la³¹kuæ³³ti³³uæ⁴⁵la²⁴ku²¹³kʰi²¹³piu³¹？
这管子弯得过去吗？

汽车掉过头去，一下就开走了。
tʃʰi²¹³tʃʰa⁴⁵tiu⁵³ku²¹³ta²²kʰi²¹³，i²⁴⁻²²xɔ³¹tsʰiu⁵³kʰø⁴⁵tsa³³liu³³。
汽车掉过头去，一下就开走了。

"过来"表示回到原来的、正常的或较好的状态。受事一般用"把"提前。例如：

他醒过来了。
tʰɔ⁴⁵seŋ³³ku²¹³lø²²liu³³。
他醒过来了。

医生把他救过来了。
i⁴⁵ʃeŋ⁴⁵⁻²²pa³³tʰɔ⁴⁵tʃiu²¹³ku²¹³lø²²liu³³。
医生把他救过来了。

攀到山顶仔，我咄都□得敨不过气来。
pʰæ⁴⁵lau²¹³ʃæ⁴⁵leŋ³³ti³³，ŋ³¹ti³³tɔ⁴⁵kʰai⁵³la²⁴tʰa³³pu³¹ku²¹³tʃʰi²¹³lø²²。
爬到山顶，我们都累得喘不过气来。

"过去"表示失去正常状态，多用于不好的意思。常用的动词限于"晕、昏迷、死"等少数几个。动词和"过去"中间一般不能加"得、不"。例如：

病人昏迷过去了。
peŋ⁵³in²²fin⁴⁵mi²²ku²¹³kʰi²¹³liu³³。
病人昏迷过去了。

他死过去了。
tʰɔ⁴⁵sɿ³³ku²¹³kʰi²¹³liu³³。
他死了。

"过去"表示事情通过、动作完毕。例如：

我喇⁼下记性不好，哪家书都是看过去就忘。
ŋo³¹la³¹xɔ³¹ki²¹³seŋ²¹³pu³¹xau³¹，la³³ka⁴⁵⁻²²ʃy⁴⁵tɔ⁴⁵tʃʰi³¹kʰæ²¹³ku²¹³kʰi²¹³tsʰiu⁵³mɔŋ⁵³。
我现在记性不好，什么书都是看过去就忘。

喇⁼呐细事，讲过去就算了。
la³¹ti³³si²¹³sɿ⁵³，kɔŋ³³ku²¹³kʰi²¹³tsʰiu⁵³suæ²¹³liu³³。
这点小事，说过去就算了。

他想瞒我，拈⁼呐瞒得过去？
tʰɔ⁴⁵siæ³³mæ²²ŋo³¹，nie⁴⁵ti³³mæ²²la²⁴ku²¹³kʰi²¹³？
他想瞒我，怎么瞒得过去？

（2）动+得/不+过来。表示能（不能）周到地完成。常涉及时间、空间、数量等因素。受事一般都放在前边。例如：

这卟大嘅一块地，你三日拈⁼呐忙得过来？
tʃie²¹³pu³¹ta⁵³kɔ³³i²⁴⁻²²kʰua²¹³ti⁵³，ni³¹sæ⁴⁵n²⁴nie⁴⁵ti³³mɔŋ²²la²⁴ku²¹³lø²²。
这么大的一块地，你三天怎么忙得过来？

工夫不多，我一个人也做得过来？
kø⁴⁵fu⁴⁵pu³¹lɔ⁴⁵，ŋo³¹i²⁴⁻²²kɔ²¹³in²²ia³¹tsʰi²¹³la²⁴ku²¹³lø²²。
活儿不多，我一个人也干得过来。

人太多，我怕照顾不过来。
in²²tʰø⁵³lɔ⁴⁵，ŋo³¹pʰɔ²¹³tʃɔ²¹³ku²¹³pu³¹ku²¹³lø²²。
人太多，我恐怕照顾不过来。

（3）动+过+名（处所）+来/去。表示人或事物随动作从某处经过。例如：

汽车开过桥来。

tʃʰi²¹³tʃʰa⁴⁵kʰø⁴⁵ku²¹³tʃʰɔ²²lø²²。

汽车开过桥来。

㜮崽崽跳过水沟来。

lai⁴⁵tsai³³tsø³³⁻⁴⁵tʰiu²¹³ku²¹³ʃy³³ka⁴⁵lø²²。

孩子们跳过沟来。

他把车崽推过桥去了。

tʰɔ⁴⁵pa³³tʃʰa⁴⁵tsø³³tʰø⁴⁵ku²¹³tʃʰɔ²²kʰi²¹³liu³³。

他把小车推过桥去了。

你游得过唎⁼条大江去冇？

ni³¹iu²²la²⁴ku²¹³la³¹tiu²²ta⁵³kɔŋ⁴⁵kʰi²¹³piu³¹？

你游得过这条河吗？

习用语"讲得过去"意为比较合情理，勉强以交代。常用于表示反问、揣测的句子。例如：

你年纪最大，不带个头，讲得过去冇？

ni³¹nie²²tʃi³³tsy²¹³ta⁵³，pu³¹lø²¹³kɔ²¹³ta²²，kɔŋ³³la²⁴ku²¹³kʰi²¹³piu³¹？

你年纪最大，不带个头，说得过去吗？

这啲做还讲得过去吧！

tʃie²¹³ti³³tsʅ²¹³xæ²²kɔŋ³³la²⁴ku²¹³kʰi²¹³pa⁴⁵⁻²²！

这么做还说得过去吧！

你这啲做整⁼讲得过去。

ni³¹tʃie²¹³ti³³tsʅ²¹³tseŋ³³kɔŋ³³la²⁴ku²¹³kʰi²¹³。

你这么做才说得过去。

"讲不过去"意为不合情理，无法交代。例如：

工作这卟忙，我再请假，实在讲不过去。

kø⁴⁵tsɔ²⁴tʃie²¹³pu³¹mɔŋ²²，ŋɔ³¹tsø²¹³tsʰeŋ³³kɔ²¹³，ʃi⁵³tsʰø³¹kɔŋ³³pu³¹ku²¹³kʰi²¹³。

工作这么忙，我再请假，实在说不过去。

202

"看得过去"意为比较合意。例如：

喇⁼璃⁼西仔还看得过去，你就买了吧。
la³¹li⁴⁵⁻²²si⁴⁵⁻²²ti³³xæ²²kʰæ²¹³la²⁴ku²¹³kʰi²¹³，ni³¹tsʰiu⁵³ma³¹liu³³pa⁴⁵⁻²²。
这东西还看得过去，你就买了吧。

"看不过去"意为不忍心、不能容忍。例如：

他这啲为难，我咃都看不过去。
tʰɔ⁴⁵tʃie²¹³ti³³ui²²næ²²，ŋɔ³¹ti³³tɔ⁴⁵kʰæ²¹³pu³¹ku²¹³kʰi²¹³。
他这样为难，我们都看不过去。

喇⁼个人蛮不讲理，大齐都看不过去。
la³¹kɔ²¹³in²²mæ²²pu³¹kɔŋ³³li³¹，ta⁵³tsʰi²²tɔ⁴⁵kʰæ²¹³pu³¹ku²¹³kʰi²¹³。
这个人胡搅蛮缠，大家都看不过去。

7. 起来 [tʃʰi³³lø²²]

（1）动+起来。后边可以带名词宾语，一般为受事，间或有施事。有时名词插在"起""来"之间。

表示人或事物随动作由下向上。例如：

五星红旗升起来了。
nɔ³¹seŋ⁴⁵xø²²tʃʰi²²ʃeŋ⁴⁵tʃʰi³³lø²²liu³³。
五星红旗升起来了。

丈⁼起来一嚿石头。
tiæ⁵³tʃʰi³³lø²²i²⁴⁻²²kau³¹ʃai⁵³ta²²。
捡起来一块石头。

我得了关节炎，右手有点伸不起来。
ŋɔ³¹la²⁴liu³³kuæ⁴⁵tsie²⁴ie²²，iu⁵³ʃiu³¹lie³³ʃin⁴⁵pu³¹tʃʰi³³lø²²。
我得了关节炎，右胳膊有点儿抬不起来。

昂起头来。
ŋɔŋ³¹tʃʰi³³ta²²lø²²。
抬起头来。

从后排立起来一个人。
tsʰɔŋ²²xa⁵³pa²²li²⁴tʃʰi³³lø²²i²⁴⁻²²kɔ²¹³in²²。
从后排站起来一个人。

表示动作完成，兼有聚拢或达到一定的目的、结果的意思。例如：

集中起来。
tsi²⁴tʃɔŋ⁴⁵tʃʰi³³lø²²。
集中起来。

火车是一节一节连起来嘅。
fu³³tʃʰa⁴⁵tʃʰi³¹i²⁴⁻²²tsie²⁴i²⁴⁻²²tsie²⁴lie²²tʃʰi³³lø²²kɔ³³。
火车是一节一节连起来的。

我想不起来了。
ŋɔ³¹siæ³³pu³¹tʃʰi³³lø²²liu³³。
我想不起来了。

表示动作开始，并有继续下去的意思。动词和"起来"中间一般不能加入"得、不"。例如：

哭起来。
kʰø²⁴tʃʰi³³lø²²。
哭起来。

讲起话来。
kɔŋ³³tʃʰi³³fa⁵³lø²²。
说起话来。

大齐唱不起来。
ta⁵³tsʰi²²tʃʰæ²¹³pu³¹tʃʰi³³lø²²。
大伙儿唱不起来。

作插入语或句子前一部分，有估计或着眼于某一方面的意思。不能加"得、不"。例如：

看起来，喇᷄件事他不会同意嘅。
kʰæ²¹³tʃʰi³³lø²²，la³¹tʃʰie⁵³sŋ⁵³tʰɔ⁴⁵pu³¹fø⁵³tø²²i²¹³kɔ³³。
看起来，这件事他不会同意的。

算起来，我呲不掂鱼已经有好几十年了。
suæ²¹³tʃʰi³³lø²²，ŋɔ³¹ti³³pu³¹pa⁵³y²²i³³keŋ⁴⁵iu³¹xau³¹tʃi³³ʃi²²nie²²liu³³。
算起来，我们不打鱼已经有好几十年了。

论起成本来，喇⁼种化肥是最低嗰。

lyn⁵³tʃʰi³³ʃeŋ²²pin³³lø²², la³¹tʃɔŋ³³fa²¹³fi²²tʃʰi³¹tsy²¹³li⁴⁵kɔ³³。

论起成本来，这种化肥是最低的。

他讲起话来，总是这卟不慌不忙嗰。

tʰɔ⁴⁵kɔŋ³³tʃʰi³³fa⁵³lø²², tsø³³tʃʰi³¹tʃie²¹³pu³¹pu³¹fɔŋ⁴⁵pu³¹mɔŋ²²kɔ³³。

他说起话来，总是那么不慌不忙的。

（2）形+起来。表示一种状态开始发展，程度继续加深。形容词多为积极意义的。例如：

忙起来。

mɔŋ²²tʃʰi³³lø²²。

忙起来。

他嗰身体正一日日好起来。

tʰɔ⁴⁵kɔ³³ʃin²¹³tʰi³³tʃeŋ⁴⁵i²⁴⁻²²n²⁴n²⁴xau³¹tʃʰi³³lø²²。

他的身体正一天天好起来。

天气慢慢暖和起来。

tʰie⁴⁵tʃʰi²¹³mæ⁵³mæ⁵³nuæ³¹xɔ²²tʃʰi³³lø²²。

天气渐渐暖和起来。

我喇⁼个人拈⁼啲吃哪家滋补品，都肥不起来。

ŋɔ³¹la³¹kɔ²¹³in²²nie⁴⁵ti³³tʃʰie²⁴la³³ka⁴⁵⁻²²tsʅ⁴⁵pu³³pʰin³³, tɔ⁴⁵fi²²pu³¹tʃʰi³³lø²²。

我这个人随便吃什么滋补品，也胖不起来。

他本来就理亏，拈⁼啲硬得起来？

tʰɔ⁴⁵pin³³lø²²tsʰiu⁵³li³¹kʰui⁴⁵, nie⁴⁵ti³³ŋeŋ⁵³la²⁴tʃʰi³³lø²²？

他本来就理亏，怎么硬得起来？

"动+起来"表示动作开始，并有继续进行的意思，强调的是开始的态势；"动+下去"表示动作已在进行并将继续进行，强调的是继续的态势。例如：

喇⁼个养鸡场既然已经搞起来了，就要坚持搞下去。

la³¹kɔ²¹³iæ³¹tʃi⁴⁵tʃʰæ²²ki²¹³ie²²i³³keŋ⁴⁵kau³¹tʃʰi³³lø²²liu³³, tsʰiu⁵³iɔ⁴⁵tʃie⁴⁵tʃʰi²²kau³¹xɔ³¹kʰi²¹³。

这个养鸡场既然已经搞起来了，就要坚持搞下去。

有时只表示动作的不同方向，例如：

热头升起来又落下去。

n̠ie⁵³ta²²ʃeŋ⁴⁵tʃʰi³³lø²²iu²²lɔ²⁴xɔ³¹kʰi²¹³。

太阳升起来又落下去。

"形+起来"表示状态开始，并有继续进行的意思，强调的是开始；"形+下去"表示状态已经存在发展并将发展下去，强调的是继续。例如：

天热起来了。

tʰie⁴⁵n̠ie⁵³tʃʰi³³lø²²liu³³。

天热起来了。

再这卟热下去拈˭啲得了！

tsø²¹³tʃie²¹³pu³¹n̠ie⁵³xɔ³¹kʰi²¹³nie⁴⁵ti³³la²⁴liu³³！

再这么热下去可怎么得了！

"起来"多用于积极意义的形容词，"下去"多用于消极意义的形容词。例如：

好起来xau³¹tʃʰi³³lø²²|坏下去fai⁵³xɔ³¹kʰi²¹³|肥起来fi²²tʃʰi³³lø²² 胖起来|瘦下去ʃa²¹³xɔ³¹kʰi²¹³|硬了起来ŋeŋ⁵³liu³³tʃʰi³³lø²²|软了下去ŋø³¹liu³³xɔ³¹kʰi²¹³|富裕起来fu²¹³y⁵³tʃʰi³³lø²²|贫困下去peŋ²²kʰyn²¹³xɔ³¹kʰi²¹³|光起来kɔŋ⁴⁵tʃʰi³³lø²² 亮起来|暗下去æ²¹³xɔ³¹kʰi²¹³。

8. 开来 [kʰø⁴⁵lø²²]

"动+开来"表示人或事物随动作分开。例如：

窗帘已经曳开来了。

tʃʰæ⁴⁵lie²²i³³keŋ⁴⁵ie⁵³kʰø⁴⁵lø²²liu³³。

窗帘已经拉开来了。

把箱仔挏开来。

pa³³siæ⁴⁵ti³³pa⁵³kʰø⁴⁵lø²²。

把箱子打开来。

表示事物随动作展开。例如：

喇˭首好听嘅民歌好快就传开来了。

la³¹ʃiu³³xau³¹tʰeŋ²¹³kɔ³³min²²kɔ⁴⁵xau³¹kʰua²¹³tsʰiu⁵³tʃʰø²²kʰø⁴⁵lø²²liu³³。

这首动听的民歌很快就传开来了。

流行性感冒在喇ᵌ度流行开来了。

liu²²xeŋ²²seŋ²¹³kæ³³mau⁵³tsʰø³¹la³¹tu³³liu²²xeŋ²²kʰø⁴⁵lø²²liu³³。

流行性感冒在这里蔓延开来了。

三、助动词

1. 肯 [kʰeŋ³³]

表示愿意、乐意。可以单独回答问题。否定用"不肯"。例如：

只要你肯下功夫，总可以学会嗰。

tsʅ³³iɔ⁴⁵ni³¹kʰeŋ³³xɔ³¹kø⁴⁵fu⁴⁵⁻²², tsø³³kʰɔ³³i³³ʃɔ⁵³fø⁵³kɔ³³。

只要你肯下功夫，总可以学会的。

拈ᵌ啲追问，他也不肯讲下去。

nie⁴⁵ti³³tʃy⁴⁵min⁵³, tʰɔ⁴⁵ia³¹pu³¹kʰeŋ³³kɔŋ³³xɔ³¹kʰi²¹³。

怎么追问，他也不肯讲下去。

肯不肯来？

kʰeŋ³³pu³¹kʰeŋ³³lø²²？

肯不肯来？

（1）单用时，前面不能加"好"；与某些动词短语连用，前面可以加"好"。例如：

好肯动脑筋。

xau³¹kʰeŋ³³tø³¹nau³¹tʃin⁴⁵。

很肯动脑筋。

好肯卖力气。

xau³¹kʰeŋ³³ma⁵³lai⁵³tʃʰi²¹³。

很肯卖力气。

（2）与形容词短语连用，多用于反问句和否定句。例如：

你肯安静一下冇？

ni³¹kʰeŋ³³æ⁴⁵tseŋ⁵³i²⁴⁻²²xɔ³¹piu³¹？

你可以安静一会儿吗？

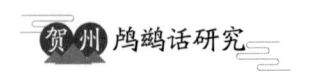

他对做工夫一直来不肯马虎，总是这卟认真。

tʰɔ⁴⁵lø²¹³tsʅ²¹³kø⁴⁵fu⁴⁵i²⁴⁻²²tʃai²⁴lø²²pu³¹kʰeŋ³³mɔ³¹fu³³，tsø³³tʃʰi³¹tʃie²¹³pu³¹n⁵³tʃin⁴⁵。

他对工作向来不肯马虎，总是这么认真。

（3）有时可以和"会"连用。例如：

把好房屋让出来，他哋会肯冇？

pa³³xau³¹fɔŋ²²ø²⁴ȵiæ⁵³tʃʰy²⁴lø²²，tʰɔ⁴⁵ti³³fø⁵³kʰeŋ³³piu³¹？

把好房子让出来，他们会肯吗？

只要你把道理讲清楚，我想他哋会肯嗰。

tsʅ³³iɔ⁴⁵ni³¹pa³³tau⁵³li³¹kɔŋ³³tsʰeŋ⁴⁵tʃʰu³³，ŋɔ³¹siæ³³tʰɔ⁴⁵ti³³fø⁵³kʰeŋ³³kɔ³³。

只要你把道理说清楚，我想他们会肯的。

（4）"不肯不"表示一定要，不等于"肯"。不常用。例如：

劝他不去，但是他不肯不去。

kʰø²¹³tʰɔ⁴⁵pu³¹kʰi²¹³，tæ⁵³tʃʰi³¹tʰɔ⁴⁵pu³¹kʰeŋ³³pu³¹kʰi²¹³。

劝他别去，可是他不肯不去。

2. 愿意 [ŋø⁵³i²¹³⁻²²]

表示做某事或发生某种情况符合心意。可带动词、形容词、小句作宾语，不能用"冇"否定。用法类似助动词。例如：

你愿意去就去。

ni³¹ŋø⁵³i²¹³⁻²²kʰi²¹³tsʰiu⁵³kʰi²¹³。

你愿意去就去。

我愿意安静一啲。

ŋɔ³¹ŋø⁵³i²¹³⁻²²æ⁴⁵tsʰeŋ⁵³ȵie²⁴ti³³。

我愿意安静一点儿。

厅⁼家不愿意得我哋听。

tʰeŋ⁴⁵kɔ⁴⁵⁻²²pu³¹ŋø⁵³i²¹³⁻²²la²⁴ŋɔ³¹ti³³tʰeŋ²¹³。

人家不愿意让我们听。

我参加，你愿意不愿意？

ŋɔ³¹tsʰæ⁴⁵kɔ⁴⁵，ni³¹ŋø⁵³i²¹³⁻²²pu³¹ŋø⁵³i²¹³⁻²²？

我参加，你愿意不愿意？

是他自家愿意啯，不是厅=家强迫啯。

tʃhi³¹thɔ⁴⁵tsʰɿ⁵³ka⁴⁵⁻²²ŋø⁵³i²¹³⁻²²kɔ³³, pu³¹tʃhi³¹theŋ⁴⁵kɔ⁴⁵⁻²²kʰiaŋ²²pʰɔ²⁴kɔ³³。

是他自己愿意的，不是别人强迫的。

你愿意大齐都去冇？

ni³¹ŋø⁵³i²¹³⁻²²ta⁵³tsʰi²²tɔ⁴⁵kʰi²¹³piu³¹?

你愿意大家都去吗？

（1）不能带名词宾语。例如：

他愿意办喇件事（*他愿意这件事）。

tʰɔ⁴⁵ŋø⁵³i²¹³⁻²²pæ⁵³la³¹tʃʰie⁵³sɿ⁵³。

他愿意办这件事。

（2）可受程度副词修饰。例如：

我非常愿意同你哋在一起。

ŋo³¹fi⁴⁵tʃʰæ²²ŋø⁵³i²¹³⁻²²tø²²ni³¹ti³³tsʰø³¹i²⁴⁻²²tʃʰi³³。

我非常愿意跟你们在一起。

看样子，他好像不太愿意。

kʰæ²¹³iæ⁵³tsɿ³³, tʰɔ⁴⁵xau³¹siæ⁵³pu³¹tʰø⁵³ŋø⁵³i²¹³⁻²²。

看样子，他好像不太愿意。

（3）前面可用助动词"会、可能、能"。"能"仅用于反问句。例如：

我想这啲办，你看他会愿意冇？

ŋo³¹siæ³³tʃie²¹³ti³³pæ⁵³, ni³¹kʰæ²¹³tʰɔ⁴⁵fø⁵³ŋø⁵³i²¹³⁻²²piu³¹?

我想这样办，你看他会愿意吗？

我想，他可能不愿意。

ŋo³¹siæ³³, tʰɔ⁴⁵kʰɔ³³neŋ²²pu³¹ŋø⁵³i²¹³⁻²²。

我想，他可能不愿意。

这啲做我能愿意冇？

tʃie²¹³ti³³tsɿ²¹³ŋo³¹neŋ²²ŋø⁵³i²¹³⁻²²piu³¹?

这样做我能愿意吗？

209

3. 敢 [kæ³³]

（1）表示有勇气做某事。可以单独用于回答问题，否定用"不敢"。例如：

敢想敢幹。

kæ³³siæ³³kæ³³kæ²¹³。

敢想敢干。

过去连想都不敢想啯事，喇下变成了现实。

ku²¹³kʰi²¹³lie²²siæ³³tɔ⁴⁵pu³¹kæ³³siæ³³kɔ³³sʅ⁵³，la³¹xɔ³¹pie²¹³ʃeŋ²²liu³³ʃie⁵³ʃi⁵³。

过去连想都不敢想的事，现在变成了现实。

你敢不敢去？敢！拈゠啲不敢？

ni³¹kæ³³pu³¹kæ³³kʰi²¹³？kæ³³！nie⁴⁵ti³³pu³¹kæ³³？

你敢不敢去？敢！怎么不敢？

"不敢不"表示肯定，有被迫、不得已的意思，不等于"敢"。例如：

你出来讲话，他哋不敢不听。

ni³¹tʃʰy²⁴lø²²kɔŋ³³fa⁵³，tʰɔ⁴⁵ti³³pu³¹kæ³³pu³¹tʰeŋ²¹³。

你出来说话，他们不敢不听。

他本来不愿意去，但是又不敢不去。

tʰɔ⁴⁵pin³³lø²²pu³¹ŋø⁵³i²¹³⁻²²kʰi²¹³，tæ⁵³tʃʰi³¹iu⁵³pu³¹kæ³³pu³¹kʰi²¹³。

他本来不愿意去，但是又不敢不去。

"敢"前还可以用"不"。例如：

喇几日落雨，路太滑，我不敢让他开车。

la³¹tʃi³³n²⁴lɔ²⁴y³¹，lu⁵³tʰø⁵³fa⁵³，ŋɔ³¹pu³¹kæ³³n̠iæ⁵³tʰɔ⁴⁵kʰø⁴⁵tʃʰa⁴⁵⁻²²。

这几天下雨，路太滑，我没敢让他开车。

我哋提过喇个要求，他不敢答应。

ŋɔ³¹ti³³ti²²ku²¹³la³¹kɔ²¹³iɔ⁴⁵tʃʰiu²²，tʰɔ⁴⁵pu³¹kæ³³lɔ²⁴eŋ²¹³。

我们提过这个要求，他不敢答应。

（2）表示有把握作某种判断。不能单独用于回答问题，否定用"不敢"。例如：

我敢讲他一定乐意接受喇个任务。

ŋɔ³¹kæ³³kɔŋ³³tʰɔ⁴⁵i²⁴⁻²²teŋ⁵³lɔ⁵³i²¹³tsie²⁴ʃiu⁵³la³¹kɔ²¹³in⁵³u⁵³。

我敢说他一定乐于接受这个任务。

他明时能不能来，我不敢肯定。
tʰɔ⁴⁵min²²ʃi²²neŋ²²pu³¹neŋ²²lø²², ŋɔ³¹pu³¹kæ³³kʰeŋ³³teŋ⁵³。
他明天能不能来，我不敢肯定。

4. 想 [siæ³³]

（1）思考。可带"了₁①、倒着、过"，可重叠。可带名词、动词、小句作宾语。例如：

他心里头想倒事。
tʰɔ⁴⁵sin⁴⁵li³¹ta²²siæ³³lɔ³³sɿ⁵³。
他心里想着事儿呢。

他想了靖⁼藕⁼呗整⁼回答。
tʰɔ⁴⁵siæ³³liu³³tʃʰeŋ³¹ŋæ³³ti³³tseŋ³³fø²²lɔ²⁴。
他想了一会儿才回答。

我想倒下一步棋拈⁼呗走。
ŋɔ³¹siæ³³lɔ³³xɔ³¹i²⁴⁻²²pu⁵³kʰi³¹nie⁴⁵ti³³tsa³³。
我在想下一步棋怎么走。

你好好想想喇句话有怀得道理?
ni³¹xau³¹xau³¹siæ³³siæ³³la³¹ky²¹³fa⁵³iu³¹pia³¹la³¹tau⁵³li³¹?
你好好想想这句话有没有道理?

我哪家都不想。
ŋɔ³¹la³³ka⁴⁵⁻²²tɔ⁴⁵pu³¹siæ³³。
我什么也不想。

我咃想办法帮帮他。
ŋɔ³¹ti³³siæ³³pæ⁵³fa²⁴pɔŋ⁴⁵pɔŋ⁴⁵⁻²²tʰɔ⁴⁵。
我们想办法帮助他。

喇⁼种办法一般人想都想不出来。
la³¹tʃɔŋ³³pæ⁵³fa²⁴i²⁴⁻²²pæ⁴⁵in²²siæ³³tɔ⁴⁵siæ³³pu³¹tʃʰy²⁴lø²²。
这种办法一般人想也想不出来。

把话想好了再讲。
pa³³fa⁵³siæ³³xau³¹liu³³tsø²¹³kɔŋ³³。
把话想好了再说。

---

① 了₁用在动词、形容词后，主要表示动作的完成或性状的实现。详见第360页的动态助词"了"。

211

他哋想得好周到。

tʰɔ⁴⁵ti³³siæ³³la²⁴xau³¹tʃiu⁴⁵lau²¹³。

他们想得真周到。

（2）料想、估计。可带小句作宾语。例如：

我想他一定会来嗰。

ŋɔ³¹siæ³³tʰɔ⁴⁵i²⁴⁻²²teŋ⁵³fø⁵³lø²²kɔ³³。

我想他一定会来的。

你想五点钟前我哋做得完冇？

ni³¹siæ³³n³¹lie³³tʃɔŋ⁴⁵tsʰie²²ŋɔ³¹ti³³tsʅ²¹³la²⁴uæ²²piu³¹？

你想五点前咱们做得完吗？

他想靖˭藕˭啲可能要落雨。

tʰɔ⁴⁵siæ³³tʃʰeŋ³¹ŋæ³³ti³³kʰɔ³³neŋ²²iɔ⁴⁵lɔ²⁴y³¹。

他想等一会儿可能要下雨。

我想，不至于吧。

ŋɔ³¹siæ³³，pu³¹tʃi²¹³y²²pa⁴⁵⁻²²。

我想，不至于吧。

你想不想过他会亲自来？

ni³¹siæ³³pu³¹siæ³³ku²¹³tʰɔ⁴⁵fø⁵³tsʰin⁴⁵tsʅ⁵³lø²²？

你想没想过他会亲自来？

5. 要 [iɔ²¹³]

（1）表示做某事的意志。一般不单独用于回答问题。例如：

我有话要对他讲。

ŋɔ³¹iu³¹fa⁵³iɔ²¹³lø²¹³tʰɔ⁴⁵kɔŋ³³。

我有话要对他说。

你要看冇？要看。

ni³¹iɔ²¹³kʰæ²¹³piu³¹？ iɔ²¹³kʰæ²¹³。

你要看吗？要看。

第四章　语法

表示否定通常不说"不要"，而是说"不想"或"不愿（意）"。例如：

我不想入去。

ŋɔ³¹pu³¹siæ³³n²⁴kʰi²¹³。

我不想进去。

他不愿同我哋一起去。

tʰɔ⁴⁵pu³¹ŋø⁵³tø²²ŋɔ³¹ti³³i²⁴⁻²²tʃʰi³³kʰi²¹³。

他不愿意同我们一起去。

前面可以加"想、打算"等。例如：

他想要来你屋看看。

tʰɔ⁴⁵siæ³³iɔ²¹³lø²²ni³¹ø²⁴kʰæ²¹³kʰæ²¹³。

他想要来你家看看。

你拰算要做哪家？

ni³¹pa⁵³suæ²¹³iɔ²¹³tsʅ²¹³la³³ka⁴⁵⁻²²？

你打算要做什么？

（2）表示须要、应该。例如：

借璃⁼西仔要还。

tsie²¹³li⁴⁵si⁴⁵⁻²²ti³³iɔ²¹³uæ²²。

借东西要还。

水果要洗干净整⁼能吃。

ʃy³³kɔ³³iɔ²¹³si³³kuæ⁴⁵tsʰeŋ⁵³tseŋ³³neŋ²²tʃʰie²⁴。

水果要洗干净才能吃。

我要不要留下来？

ŋɔ³¹iɔ²¹³pu³¹iɔ²¹³liu²²xɔ³¹lø²²？

我要不要留下来？

否定用"不要"。多用于禁止或劝阻。例如：

不要浪费水。

pu³¹iɔ²¹³lɔŋ⁵³fi²¹³ʃy³³。

不要浪费水。

213

不要随地吐痰。
pu³¹iɔ²¹³tsʰy²²ti⁵³tʰu²¹³tʃʰie²²。
不要随地吐痰。

你不要乱讲。
ni³¹pu³¹iɔ²¹³luæ⁵³kɔŋ³³。
你可不要瞎说。

大齐不要闹。
ta⁵³tsʰi²²pu³¹iɔ²¹³nau⁵³。
大家不要闹。

喇⁼件事不要讲出去。
la³¹tʃʰie⁵³sɿ⁵³pu³¹iɔ²¹³kɔŋ³³tʃʰy²⁴kʰi²¹³。
这件事不要声张出去。

请他不要多管闲事。
tsʰeŋ³³tʰɔ⁴⁵pu³¹iɔ²¹³lɔ⁴⁵kuæ³³xæ²²sɿ⁵³。
请他不要多管闲事。

你讲他听，千万不要麻痹大意。
ni³¹kɔŋ³³tʰɔ⁴⁵tʰeŋ²¹³，tsʰie⁴⁵uæ⁵³pu³¹iɔ²¹³mɔ²²pi²¹³ta⁵³i²¹³⁻²²。
你告诉他，千万不要麻痹大意。

前面可以加"应该、必须、得"等。例如：

应该提倡节约，一定要花嘅钱整⁼花。
in⁴⁵kai⁴⁵ti²²tʃʰæ²¹³tsie²⁴iɔ⁵³，i²⁴⁻²²teŋ⁵³iɔ²¹³fa⁵³kɔ³³tsʰie²²tseŋ³³fa⁵³。
应该提倡节约，必须要花的钱才花。

任何事情总得要先调查研究再下结论。
in⁵³xɔ²²sɿ²²tsʰeŋ²²tsø³³la²⁴iɔ²¹³sie⁴⁵tiu⁵³tsʰɔ²²ȵie⁴⁵tʃiu²¹³tsø²¹³xɔ³¹tʃie²⁴lyn⁵³。
任何事情总得要先调查研究再下结论。

（3）表示可能。例如：

看样子要落雨。
kʰæ²¹³iæ⁵³tsɿ³³iɔ²¹³lɔ²⁴y³¹。
看样子要下雨。

雨天大概要到月底才能结束。

y³¹tʰie⁴⁵ta⁵³kʰai²¹³iɔ²¹³lau²¹³ŋø²⁴li³³tsʰø²²neŋ²²tʃie²⁴ʃu²⁴。

雨天大概要到月底才能结束。

（4）将要。前面可以加"快、就"，句末常加"了₁₊₂"①。例如：

他要来来了。

tʰɔ⁴⁵iɔ²¹³lø²²lø²²liu³³。

他要回来了。

穀眼看就要割了了。

kø²⁴ŋæ³³kʰæ²¹³tʃiu⁵³iɔ²¹³kua²⁴liu³¹liu³³。

稻子眼看就要割完了。

他快要结婚了。

tʰɔ⁴⁵kʰua²¹³iɔ²¹³tʃie²⁴fin⁴⁵liu³³。

他快要结婚了。

（5）表示估计，用于比较句。"要"可以用在"比……"的前或后，也可以用在"得"后，意思不变。例如：

他要比我走得快一啲。（＝他比我要走得快一啲ᵗᵃ比ᵗᵃ比ᵗᵃ走得快些。|＝他比我走得要快一啲ᵗᵃ比ᵗᵃ比ᵗᵃ走得要快些。）

tʰɔ⁴⁵iɔ²¹³pi³³ŋɔ³¹tsa³³la²⁴kʰua²⁴ɲie²⁴ti³³。

他要比我走得快些。

你比我要了解得多。

ni³¹pi³³ŋɔ³¹iɔ²¹³liu³¹ka³³la²⁴lɔ⁴⁵。

你比我要了解得多。

地是同样嗰地，在他哋箇度产量要高得好多。

ti⁵³tʃʰi³¹tø²²iæ⁵³kɔ³³ti⁵³，tsʰø³¹tʰɔ⁴⁵ti³³kɔ³³tu³³tʃʰæ⁴⁵liæ⁵³iɔ²¹³kau⁴⁵la²⁴xau³¹lɔ⁴⁵。

地是同样的地，在他们那儿产量却要高好多。

喇⁼两张相片前一张要清楚一啲。

la³¹liæ³¹tʃæ⁴⁵siæ²¹³pʰie²¹³tsʰie²²i²⁴tʃæ⁴⁵iɔ²¹³tsʰen⁴⁵tʃʰu³³ɲie²⁴ti³³。

这两张照片前一张要清楚些。

---

①此处表示助词"了"兼有动态助词和语气词两种作用，读音为[liu³³]。具体可见第360页的动态助词"了"。

（3）(4)(5) 三项一般都不问"要不要……"，问"是不是要……"。例如：

天是不是要落雨？

tʰie⁴⁵tʃʰi³¹pu³¹tʃʰi³¹iɔ²¹³lɔ²⁴y³¹？

天是不是要下雨？

今年他是不是要结婚了？

tʃin⁴⁵nie²²tʰɔ⁴⁵tʃʰi³¹pu³¹tʃʰi³¹iɔ²¹³tʃie²⁴fin⁴⁵liu³³？

今年他是不是要结婚了？

喇两张相片前一张是不是要清楚一啲？

la³¹liæ³¹tʃæ⁴⁵siæ²¹³pʰie²¹³tsʰie²²i²⁴⁻²²tʃæ⁴⁵tʃʰi³¹tʃʰi³¹iɔ²¹³tsʰeŋ⁴⁵tʃʰu³³n̯ie²⁴ti³³？

这两张照片前一张是不是要清楚些？

6. 会 [fø⁵³]

(1) 懂得怎样做或有能力做某事。可以单独用于回答问题，否定用"不会"。例如：

他不但会插田，也会割禾。

tʰɔ⁴⁵pu³¹tæ⁵³fø⁵³tʃʰɔ²⁴tie²²，ia³¹fø⁵³kua²⁴u²²。

他不但会插秧，也会割稻子。

我不会插田。

ŋɔ³¹pu³¹fø⁵³tʃʰɔ²⁴tie²²。

我不会插秧。

以前他不拈꞊啲会讲普通话，喇꞊下会（讲）了。

i³³tsʰie²²tʰɔ⁴⁵pu³¹nie⁴⁵ti³³fø⁵³kɔŋ³³pʰu³³tʰø⁴⁵fa⁵³，la³¹xɔ³¹fø⁵³（kɔŋ³³）liu³³。

以前他不怎么会说普通话，现在会（说）了。

你会不会唱喇꞊首歌？

ni³¹fø⁵³pu³¹fø⁵³tʃʰæ²¹³la³¹ʃiu³³kɔ⁴⁵？

你会不会唱这首歌？

(2) 善于做某事。前面常加"真、最"等，不能单独用于回答问题，否定用"不会"。例如：

精抇细算，会过日子。

tseŋ⁴⁵pa⁵³si²¹³suæ²¹³，fø⁵³ku²¹³n̯²⁴tsɿ³³。

精打细算，会过日子。

他好会演戏。
tʰɔ⁴⁵xau³¹fø⁵³ie³³ʃi²¹³。
他很会演戏。

你真会讲。
ni³¹tʃin⁴⁵fø⁵³kɔŋ³³。
你真会说。

他喇⁼个人，最会看风使舵。
tʰɔ⁴⁵la³¹kɔ²¹³in²²la³³，tsy²¹³fø⁵³kʰæ²¹³fø⁴⁵ʃi³³tɔ³¹。
他这个人哪，最会看风使舵。

（3）有可能。通常表示将来的可能性，但也可以表示过去的和现在的可能性。可以单独用于问答问题，否定用"不会"。例如：

你一定会成功啯。
ni³¹i²⁴⁻²²teŋ⁵³fø⁵³ʃeŋ²²kø⁴⁵kɔ³³。
你一定会成功的。

他拈⁼啲会晓得啯？
tʰɔ⁴⁵nie⁴⁵ti³³fø⁵³ʃɔ⁵³la⁵³kɔ³³？
他怎么会知道的？

不想到会这卟顺利。
pu³¹siæ³³lau²¹³fø⁵³tʃie²¹³pu³¹ʃyn⁵³li⁵³。
没想到会这么顺利。

喇⁼下他不会在屋。
la³¹xɔ³¹tʰɔ⁴⁵pu³¹fø⁵³tsʰø³¹ø²⁴。
现在他不会在家。

他会不会去？会。
tʰɔ⁴⁵fø⁵³pu³¹fø⁵³kʰi²¹³？ fø⁵³。
他会不会去？会。

有时可以和"要""肯"连用。例如：

喇⁼下还不太清楚，情况会要向哪家方向发展。
la³¹xɔ³¹xæ²²pu³¹tʰɔ⁵³tsʰeŋ⁴⁵tʃʰu³³，tsʰeŋ²²kʰɔŋ²¹³fø⁵³iɔ²¹³ʃiæ²¹³la³³ka⁴⁵⁻²²fɔŋ⁴⁵ʃiæ²¹³fa²⁴tʃæ³³。
现在还不太清楚，情况会要向什么方向发展。

217

你喊他不去，他会肯冇？

ni³¹xæ³¹tʰɔ⁴⁵pu³¹kʰi²¹³, tʰɔ⁴⁵fø⁵³kʰeŋ³³piu³¹？

你叫他别去，他会肯吗？

"不会不"表示极大可能，意思接近"一定"。例如：

他晓得了，不会不来嘅。

tʰɔ⁴⁵ʃɔ⁵³la⁵³liu³³, pu³¹fø⁵³pu³¹lø²²kɔ³³。

他知道了，不会不来的。

他哋以前是同班同学，见了面不会不识得嘅。

tʰɔ⁴⁵ti³³i³³tsʰie²²tʃʰi³¹tø²²pæ⁴⁵tø²²xɔ⁵³, kie²¹³liu³³mie⁵³pu³¹fø⁵³pu³¹ʃai³¹la²⁴kɔ³³。

他们以前是同班同学，见了面不会不认识的。

四、特殊量词

（一）特殊个体量词

1. 个 [kɔ²¹³]

表意比较抽象，可以适用于很多名词，下边分别列举说明。

（1）用于人。例如：

一个妇女｜一个后生崽—个小伙子｜一个老师｜一个卖糖佬—个卖糖人｜一个癫佬—个疯子。

（2）用于动物。例如：

一个猪—口猪｜一个羊—只羊｜一个猫仔—只猫｜一个狗—条狗｜一个老虎—只老虎｜一个老鼠仔—只小老鼠｜一个虫—条虫。

（3）用于其他具体事物。例如：

一个嘴—个嘴巴｜一个下巴｜一个鼻公—个鼻子｜一个脚趾头—个脚趾｜一个锅仔—个锅头｜一个帽仔—顶帽子｜一个手套—只手套｜一个书包｜一个电话｜一个苹果｜一个水缸｜一个盒—个盒子｜一个学校—所学校｜一个教室—间教室｜一个星仔仔—颗星星｜一个古仔仔—个谜语。

（4）用于抽象事物。例如：

一个梦｜一个道理｜一个想法。

2. 条 [tiu²²]

用于长条形的事物。

（1）用于动物。例如：

一条蛇｜一条鳝鱼—条黄鳝｜一条蟮—条蚯蚓。

（2）用于植物。例如：

一条草—根草｜一条藤—根藤｜一条笋—根竹笋。

（3）用于其他事物。例如：

一条头毛—条头发｜一条裤仔—条裤子｜一条电线｜一条棍—根棍子｜一条路｜一条大江—条大河｜一条圳—条水沟｜一条题—道题目。

3. 其他量词

例如：

领[leŋ³³]：一领衣裳—件衣服。

翕[pʰɔ⁴⁵]：一翕树—棵树｜一翕草—棵草｜一翕菜—棵菜。

嘈[kau³¹]，用于团状物的物体：一嘈泥—团泥｜一嘈饭—团饭｜一嘈面—团面粉。

（二）不定量词"啲"

1. 啲 [ti³³]

表示事物或性状的不定量，大体相当于普通话的"些儿、点儿"。常和"一"组合，"一"的读音比较特殊，"一啲"读[n̠ie²⁴ti³³]。"一啲"后边可以出现名词性成分。例如：

买了一啲肉。

ma³¹liu³³n̠ie²⁴ti³³tʃa²⁴

买了一点儿肉。

锅仔里头有一啲菜。

ku⁴⁵ti³³li³¹ta²²iu³¹n̠ie²⁴ti³³tsʰø²¹³。

锅里有一点儿菜。

有一啲希望。

iu³¹n̠ie²⁴ti³³ʃi⁴⁵mɔŋ⁵³。

有一点儿希望。

多种一啲粮食。

lɔ⁴⁵tʃɔŋ²¹³n̠ie²⁴ti³³liæ²²ʃai⁵³。

多种些粮食。

讲了一啲哪家？

kɔŋ³³liu³³n̠ie²⁴ti³³la³³ka⁴⁵⁻²²？

说了些什么？

作了一啲重要嘅补充。
tsɔ²⁴liu³³n̠ie²⁴ti³³tɔŋ³¹iɔ²¹³kɔ³³pu³³tʃʰɔŋ⁴⁵。
作了些重要的补充。

"一啲"前边也可以出现谓词性成分。例如：
快一啲_{快些}｜留神一啲_{留神些}｜大声一啲_{大声些}｜细声一啲_{小声些}｜要看得远一啲_{要看得远些}｜他比我稍微高一啲_{他比我略微高些}。

2. 有啲 [iu³¹ti³³]

是"有一啲"的省略，后边可以带名词。例如：

有啲人喜欢跑步，有啲人喜欢拍球。
iu³¹ti³³in²²ʃi³³fæ⁴⁵pʰau³³pu⁵³，iu³¹ti³³in²²ʃi³³fæ⁴⁵pa⁵³tʃʰiu²²。
有些人喜欢跑步，有些人喜欢打球。

有啲田还要犁。
iu³¹ti³³tie²²xæ²²iɔ²¹³li²²。
有些田还要耕。

天气暖起来了，有啲花已经开了。
tʰie⁴⁵tʃʰi²¹³nuæ³¹tʃʰi³³lø²²liu³³，iu³¹ti³³fa⁴⁵i³³keŋ⁴⁵kʰø⁴⁵liu³³。
天气暖和起来了，有些花儿已经开了。

有啲人嘅讲话稍微长了一啲。
iu³¹ti³³in²²kɔ³³kɔŋ³³fa⁵³ʃiu⁴⁵ui⁴⁵tiæ²²liu⁵³n̠ie²⁴ti³³。
有些人的发言稍微长了一些。

有啲化验嘅结果正常，有啲化验嘅结果又不正常，所以还不能确诊。
iu³¹ti³³fa²¹³nie⁵³kɔ³³tʃie²⁴kɔ³³tʃeŋ²¹³tʃʰæ²²，iu³¹ti³³fa²¹³nie⁵³kɔ³³tʃie²⁴kɔ³³iu⁵³pu³¹tʃeŋ²¹³tʃʰæ²²，sɔ³³i³³xæ²²pu³¹neŋ²²kʰɔ²⁴tʃin³³。
有些化验的结果正常，有些化验的结果又不正常，所以还不能确诊。

据有啲人讲，喇⁼一带山区有蟒蛇。
ky²¹³iu³¹ti³³in²²kɔŋ³³，la³¹i²⁴⁻²²lø²¹³fæ⁴⁵kʰy⁴⁵iu³¹maŋ³¹ʃa²²。
据有些人说，这一带山区有蟒蛇。

"有啲"后边也可以出现谓词性成分。例如：

有啲看不过去。
iu³¹ti³³kʰæ²¹³pu³¹ku²¹³kʰi²¹³。
有些看不过去。

有啲生我嘅气。
iu³¹ti³³ʃeŋ⁴⁵ŋɔ³¹kɔ³³tʃʰi²¹³。
有些生我的气。

有啲危险。
iu³¹ti³³ui²²ʃie³³。
有些危险。

他喇⁼几日有啲不舒服。
tʰɔ⁴⁵la³¹tʃi³³n²⁴iu³¹ti³³pu³¹ʃy⁴⁵fu²⁴。
他这几天有些不舒服。

3. 某啲 [mau³¹ti³³]
表示某些人和事物。例如：

某啲人喇⁼样看，某啲人又箇样看，意见很不一致。
mau³¹ti³³in²²la³¹iæ⁵³kʰæ²¹³, mau³¹ti³³in²²iu⁵³kɔ³³iæ⁵³kʰæ²¹³, i³³kie²¹³xeŋ³³pu³¹i²⁴⁻²²tʃi²¹³。
某些人这样看，某些人又那样看，意见很不一致。

某啲地方嘅灾情还真不轻。
mau³¹ti³³ti⁵³kʰy⁴⁵kɔ³³tsai⁴⁵tsʰeŋ²²xæ²²tʃin⁴⁵pu³¹kʰeŋ⁴⁵。
某些地区的灾情还真不轻。

4. 喇⁼啲 [la³¹ti³³]
大体相当于普通话的"这些"。例如：

喇⁼啲年我一直在南方。
la³¹ti³³nie²²ŋɔ³¹i²⁴⁻²²tʃai²⁴tsʰø³¹næ²²fɔŋ⁴⁵。
这些年我一直在南方。

喇⁼啲书我都看过。
la³¹ti³³ʃy⁴⁵ŋɔ³¹tɔ⁴⁵kʰæ²¹³ku²¹³。
这些书我都看过。

5. 一啲啲 [nie²⁴ti³³ti³³]
"啲"重复，表示量小，是一点点之意。例如：

包里头有一啲啲糖。
pau⁴⁵li³¹ta²²iu³¹nie²⁴ti³³ti³³tɔŋ²²。
包里有一点点糖。

221

水缸里头一啲啲水都怀得了。
ʃy³³kɔŋ⁴⁵li³¹ta²²n̻ie²⁴ti³³ti³³ʃy³³tɔ⁴⁵pia³¹la³¹liu³³。
缸里一点点水都没有了。

一啲啲道理都怀得。
n̻ie²⁴ti³³ti³³tau⁵³li³¹tɔ⁴⁵pia³¹la³¹。
一点点道理都没有。

一啲啲肥肉都不吃。
n̻ie²⁴ti³³ti³³fi²²tʃa²⁴tɔ⁴⁵pu³¹tʃʰe²⁴。
一点点肥肉都不吃。

一日整⁼得一啲啲钱。
i²⁴⁻²²n²⁴tʃeŋ³³la²⁴n̻ie²⁴ti³³ti³³tsʰe²²。
一天才得一点点钱。

有一啲啲关系。
iu³¹n̻ie²⁴ti³³ti³³kuæ⁴⁵ʃi²¹³。
有一点点关系。

五、代词

（一）人称代词

1. 人称代词一览

表1　人称代词表

人称	单数	复数
第一称	我 [ŋɔ³¹]	我哋 [ŋɔ³¹ti³³]我们，我们 [ŋɔ³¹min²²]
第二人称	你 [ni³¹]	你哋 [ni³¹ti³³]你们，你们 [ni³¹min²²]
第三人称	他 [tʰɔ⁴⁵]	他哋 [tʰɔ⁴⁵ti³³]他们，他们 [tʰɔ⁴⁵min²²]
其他	自家 [sɿ⁵³ka⁴⁵⁻²²]自己 厅⁼家 [tʰeŋ⁴⁵kɔ⁴⁵⁻²²]别人、人家	大齐 [ta⁵³tsʰi²²]大家

2. 人称代词的用法

（1）第一人称代词

我 [ŋɔ³¹]，"我"，单数，说话人称自己。例如：

我不识得他，他是咛⁼个？
ŋɔ³¹puˀ³¹ʃai⁵³la²⁴tʰɔ⁴⁵, tʰɔ⁴⁵tʃʰi³¹neŋ⁵³kɔ²¹³?
我不认识他，他是谁？

夜头你来攞我吧！
ia⁵³ta²²ni³¹lø²²lɔ³¹ŋɔ³¹pa⁴⁵⁻²²!
晚上你来找我吧！

表示领属关系时，在"我"后加"啯"。例如：
我啯锁匙我的钥匙｜我啯书我的书｜喇⁼啲是我啯行李这是我的行李｜我有我啯爱好我有我的爱好。
但在亲属或有亲密关系的人的名称前，常不加"啯"。例如：
我阿伯我哥哥｜我邻居｜我同学。
在"屋上家、屋上里头家里、喇⁼度这里、箇度那里"等以及方位词前不加"啯"。例如：
你走过我屋上拈⁼啲不入来坐坐？
ni³¹tsa³³ku²¹³ŋɔ³¹ø²⁴ʃæ³¹nie⁴⁵ti³³puˀ³¹n²⁴lø²²tsʰɔ³¹tsʰɔ³¹?
你走过我家怎么不进来坐坐？

我喇⁼度好安静。
ŋɔ³¹la³¹tu³³xau³¹æ⁴⁵tsʰeŋ⁵³。
我这里很安静。

我箇度还有不曾用完啯纸，回头得你送来。
ŋɔ³¹kɔ³³tu³³xæ²²iu³¹puˀ³¹tsʰeŋ²²iɔŋ⁵³uæ²²kɔ³³tʃi³³, fø²²ta²²la²⁴ni³¹sø²¹³lø²²。
我那儿还有没用完的纸，回头给你送来。

我背后箇个人一直嗽。
ŋɔ³¹pø²¹³xa⁵³kɔ³³kɔ²¹³in²²i²⁴⁻²²tʃai²⁴sa²¹³。
我背后那个人老咳嗽。

在"喇⁼这（箇那）+数量词"前不加"啯"。例如：
我喇⁼个玩具是花了一个礼拜工夫整⁼做得啯。
ŋɔ³¹la³¹kɔ²¹³uæ²²ky²¹³tʃʰi³¹fa⁴⁵liu³³i²⁴⁻²²kɔ²¹³li³¹pa²¹³kø⁴⁵fu⁴⁵tseŋ³tsɿ²¹³la²⁴kɔ³³。
我这个玩具是花了一个星期工夫才做成的。

我箇啲本事你还不晓得！
ŋɔ³¹kɔ³³ti³³pin³³sɿ⁵³ni³¹xæ²²puˀ³¹ʃɔ⁵³la⁵³!
我那点本事你还不知道！

223

我箇个瓐崽崽够我操心嗰。

ŋɔ³¹kɔ³³kɔ²¹³lai⁴⁵tsai³³tsø³³⁻⁴⁵ka²¹³ŋɔ³¹tsʰau⁴⁵sin⁴⁵kɔ³³。

我那个孩子够我操心的。

跟自己的名字或表示自己身份的名词连用,"我"在前或在后。带感情色彩。例如:

我黄华坚决服从组织分配。

ŋɔ³¹ɔŋ²²fa²²kie⁴⁵kʰø⁴⁵fu²⁴tsʰɔŋ²²tsu³³tʃai²⁴fin⁴⁵pʰø²¹³。

我黄华坚决服从组织分配。

瓐崽崽出了错我做阿玛嗰也有责任。

lai⁴⁵tsai³³tsø³³⁻⁴⁵tʃʰy²⁴liu³¹tʃʰɔ²¹³ŋɔ³¹tsɿ²¹³a²²ma³³kɔ³³ia³¹iu³¹tsa²⁴in⁵³。

孩子出了错我做父亲的也有责任。

"你"和"我"或"你""我""他"用在平行的语句里,表示许多人共同或相互。例如:

你抪扫喇=间,我抪扫箇间,一下就都抪扫干净了。

ni³¹pa⁵³sau²¹³la³¹kæ⁴⁵, ŋɔ³¹pa⁵³sau²¹³kɔ³³kæ⁴⁵, i²⁴⁻²²xɔ³¹tsʰiu⁵³tɔ⁴⁵pa⁵³sau²¹³kuæ⁴⁵tsʰeŋ⁵³liu³³。

你打扫这间,我打扫那间,一会儿就都打扫干净了。

你也想唱,我也想唱,他也想唱,好多人都想唱。

ni³¹ia³¹siæ³³tʃʰæ²¹³, ŋɔ³¹ia³¹siæ³³tʃʰæ²¹³, tʰɔ⁴⁵ia³¹siæ³³tʃʰæ²¹³, xau³¹lɔ⁴⁵in²²tɔ⁴⁵siæ³³tʃʰæ²¹³。

你也想唱,我也想唱,他也想唱,好多人都想唱。

我哋[ŋɔ³¹ti³³],第一人称复数,说话人称包括自己在内的若干人。例如:

我哋大齐一起做。

ŋɔ³¹ti³³ta⁵³tsʰi²²i²⁴⁻²²tʃʰi³³tsɿ²¹³。

我们大家一起干。

任务已经交代得我哋了。

in⁵³u⁵³i³³keŋ⁴⁵kau⁴⁵tø⁵³la²⁴ŋɔ³¹ti³³liu³³。

任务已经交代给我们了。

表示领属关系时,在"我哋"后加"嗰"。例如:

我哋嗰关系我们的关系 | 我哋嗰账目我们的账目 | 我哋嗰友情我们的友情。

但在跟自己有关系的人、团体、处所的名称前，口语常不加"嗰"。例如：

我哋张老师_{我们张老师}｜我哋班主任_{我们班主任}｜我哋村长_{我们村长}｜我哋队长_{我们队长}｜我哋学校_{我们学校}｜我哋教室_{我们教室}｜我哋村_{我们村}｜我哋组_{我们组}。

在亲属名称前，用"我哋"或"我"，加"嗰"或不加"嗰"，情况不一。例如：

我（哋）阿嬷_{我（们）奶奶}｜我（哋）阿娘_{我（们）妈妈}｜我（哋）（嗰）阿娘_{我（们）（的）母亲}｜我（哋）（嗰）大姐_{我（们）（的）姐姐}｜我（哋）（嗰）二玛_{我（们）（的）二叔}｜我（哋）（屋上）老二_{我（们）（家）老二（第二个孩子）}。

在"屋上_家、屋上里头_{家里}、喇ᵋ度_{这里}、箇度_{那里}"以及方位词前，在"喇ᵋ这（箇那）+数量词"前，用法同"我"。

跟表示"我哋"的身份的名词连用，"我哋"在前。例如：

我哋后生崽冇经验，不能同你哋老人家比。

ŋɔ³¹ti³³xa⁵³ʃeŋ⁴⁵tsø³³pia³¹keŋ⁴⁵nie⁵³, pu³¹neŋ²²tø²²ni³¹ti³³lau³¹in²²ka⁴⁵pi³³.

我们新工人没经验，不能跟你们老工人比。

有时跟量词短语连用。例如：

我哋三个对你哋五个。

ŋɔ³¹ti³³sæ⁴⁵kɔ²¹³lø²¹³ni³¹ti³³n³¹kɔ²¹³.

我们三个对你们五个。

我哋喇ᵋ几个人还去不去？

ŋɔ³¹ti³³la³¹tʃi³¹kɔ²¹³in²²xæ²²kʰi²¹³pu³¹kʰi²¹³?

我们这几个人还去不去？

"我哋"活用，有时指"我"。带感情色彩，用于口语。例如：

你这卟不讲理，让我哋拈ᵋ呐办？

ni³¹tʃie²¹³pu³¹pu³¹kɔŋ³³li³¹, ȵiæ⁵³ŋɔ³¹ti³³nie⁴⁵ti³³pæ⁵³?

你这么不讲理，让我们怎么办？

"我哋"有时指"你们"或"你"。此种用法显得更亲切。例如：

（家长对儿女说）你要记住，我哋是农民，我哋嗰主要任务是种田。

ni³¹iɔ²¹³ki²¹³ty⁵³, ŋɔ³¹ti³³tʃʰi³¹nɔŋ²²min²², ŋɔ³¹ti³³kɔ³³tʃy³³iɔ²¹³in⁵³u⁵³ʃʰi³¹tʃɔŋ²¹³tie²².

你要记住，我们是农民，我们的主要任务是种好田地。

"我哋"实际是指你们或你。

225

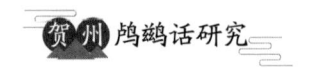

（2）第二人称代词

你[ni³¹]，单数第二人称代词，说话人称对方（一个人）。例如：

我好像见过你。

ŋɔ³¹xau³¹tsʰiæ⁵³kie²¹³ku²¹³ni³¹。

我好像见过你。

你在哪度工作？

ni³¹tsʰø³¹la³³tu³³kø⁴⁵tsɔ²⁴？

你在哪儿工作？

表示领属关系时，在"你"后加"嗰"。例如：

喇⁼是你嗰单车。

la³¹tʃʰi³¹ni³¹kɔ³³læ⁴⁵tʃa⁴⁵。

这是你的自行车。

你嗰要求我答应。

ni³¹kɔ³³iɔ⁴⁵tʃʰiu²²ŋɔ³¹lɔ²⁴eŋ²¹³。

你的要求我答应。

喇⁼要看你嗰表现如何。

la³¹iɔ²¹³kʰæ²¹³ni³¹kɔ³³piu³³ʃie⁵³y²²xɔ²²。

这要看你的表现如何。

在亲属或有亲密关系的人的名称前，不加结构助词"嗰"。例如：

你大姐_{你姐姐}｜你师傅｜你同学。

在"屋上_家、屋上里头_{家里}、喇⁼度_{这里}、箇度_{那里}"以及方位词前不加"嗰"。例如：

你屋上有几个人？

ni³¹ø²⁴ʃæ⁵³iu³¹tʃi³³kɔ²¹³in²²？

你家里有几口人？

你喇⁼度有昨日嗰报纸冇？

ni³¹la³¹tu³³iu³¹tsʰɔ²⁴n²⁴kɔ³³pau²¹³tʃi³³piu³¹？

你这里有昨天的报纸吗？

你箇度还有几多？

ni³¹kɔ³³tu⁵³xæ²²iu³¹tʃi³³lɔ⁴⁵？

你那儿还有多少？

你前面是咛˭个？

ni³¹tsʰie²²mie⁵³tʃʰi³¹neŋ⁵³kɔ²¹³？

你前头是谁？

在"喇˭这（箇那）+数量词"前不加"嗰"。例如：

你喇˭领衣裳是新做嗰？

ni³¹la³¹leŋ³¹i⁴⁵ʃæ²²tʃʰi³¹sin⁴⁵tsʅ²¹³kɔ³³？

你这件衣服是新做的？

你箇把锄头我明时还你。

ni³¹kɔ³³pa³³tʃʰu²²ta²²ŋɔ³¹meŋ²²ʃi²²uæ²²ni³¹。

你那把锄头我明天还你。

跟对方的名字或表示对方身份的名词连用，"你"在前或在后。带感情色彩。例如：

你老张真是有办法。

ni³¹lau³¹tʃæ⁴⁵tʃin⁴⁵tʃʰi³¹iu³¹pæ⁵³fa²⁴。

你老张真是有办法。

你喇˭个人拈˭呐这卟不讲理！

ni³¹la³¹kɔ²¹³in²²nie⁴⁵ti³³tʃie²¹³pu³¹pu³¹koŋ³³li³¹！

你这个人怎么这么不讲理！

喇˭就全在于村长你了。

la³¹tsʰiu⁵³tsʰø²²tsʰø³¹y²²tsʰɔŋ⁴⁵tʃæ³³ni³¹liu³³。

这就全在于村长你了。

泛指任何人。例如：

你要想发财，你就得辛苦一呐。

ni³¹iɔ²¹³siæ³³fa²⁴tsʰø²²，ni³¹tsʰiu⁵³la²⁴sin⁴⁵kʰu⁵³ȵie²⁴ti³³。

你要想发财，你就得辛苦一些。

有时实际上指"我"。例如：

喇˭个人不喜欢讲话，你问他十句，他整˭答你一句。

la³¹kɔ²¹³in²²pu³¹ʃi³³fæ⁴⁵koŋ³³fa⁵³，ni³¹min⁵³tʰɔ⁴⁵ʃi²²ky²¹³，tʰɔ⁴⁵tseŋ³³lɔ²⁴ni³¹i²⁴⁻²²ky²¹³。

这个人不喜欢讲话，你问他十句，他才答你一句。

"你"和"我","你"和"他","你""我""他"用在平行的语句里,都作主语或都作宾语,表示许多人参加。例如:

大齐你一句,我一句,议论纷纷。
ta⁵³tsʰi²²ni³¹i²⁴⁻²²ky²¹³, ŋɔ³¹i²⁴⁻²²ky²¹³, i³¹lyn⁵³fin⁴⁵fin⁴⁵。
大家你一句,我一句,议论纷纷。

分你一把,分他一把,一下就分完了。
fin⁴⁵ni³¹i²⁴⁻²²pa³³, fin⁴⁵tʰɔ⁴⁵i²⁴⁻²²pa³³, i²⁴⁻²²xɔ³¹tsʰiu⁵³fin⁴⁵uæ²²liu³³。
分你一把,分他一把,一会儿就分完了。

交互作主语和宾语,表示许多人相互怎么样。例如:

三个人你看倒我,我看倒你,都不讲话。
sæ⁴⁵kɔ²¹³in²²ni³¹kʰæ³¹lɔ³³ŋɔ³¹, ŋɔ³¹kʰæ³¹lɔ³³ni³¹, tɔ⁴⁵pu³¹kɔŋ³³fa⁵³。
三个人你看着我,我看着你,都不说话。

你拟得他,他拟得你,咛⁼个都不愿意接受。
ni³¹ʃø³³la²⁴tʰɔ⁴⁵, tʰɔ⁴⁵ʃø³³la²⁴ni³¹, neŋ⁵³kɔ²¹³tɔ⁴⁵pu³¹ŋø⁵³i²¹³tsie²⁴ʃiu⁵³。
你推给他,他推给你,谁都不愿意接受。

你哋[ni³¹ti³³],第二人称复数代词,说话人称对方的若干人或包括对方在内的若干人。例如:

你哋都是学生。
ni³¹ti³³tɔ⁴⁵tʃʰi³¹ʃɔ⁵³ʃeŋ⁴⁵⁻²²。
你们都是学生。

土地证已经发得你哋了。
tʰu³³ti⁵³tʃeŋ²¹³i³³keŋ⁴⁵fa²⁴la²⁴ni³¹ti³³liu³³。
土地证已经发给你们了。

表示领属关系时,在"你哋"后加结构助词"嗰"。例如:
你哋嗰书_{你们的书}｜你哋嗰责任_{你们的责任}｜你哋嗰意见_{你们的意见}｜你哋嗰顾虑_{你们的顾虑}
但在跟对方有关的人、团体、处所的名称前,口语常不加"嗰"。例如:
你哋村长_{你们村长}｜你哋黄师傅_{你们黄师傅}｜你哋小黄_{你们小黄}｜你哋村_{你们村}｜你哋队_{你们队}｜你哋组_{你们组}｜你哋屋上_{你们家}。

在"屋上_家、屋上里头_{家里}、喇⁼度_{这里}、箇度_{那里}"以及方位词前,在"喇⁼(箇)_{这那}+数量词"前,用法同"你"。跟表示"你哋"的身份的名词连用,"你哋"在前。例如:

你哋农民嗰工作够辛苦嗰。

ni³¹ti³³nɔŋ²²min²²kɔ³³kø⁴⁵tsɔ²⁴ka²¹³sin⁴⁵kʰu³³kɔ³³。

你们农民的工作够辛苦的。

有时跟量词短语连用。例如：

你来去把你哋三个人嗰土地证都搦来。

ni³¹lø²²kʰi²¹³pa³³ni³¹ti³³sæ⁴⁵kɔ²¹³in²²kɔ³³tʰu³³ti⁵³tʃeŋ²¹³tɔ⁴⁵ȵie²⁴lø²²。

你回去把你们三个人的土地证都拿来。

你哋几个组长考虑一下，看咛=个负责喇=项工作最合适。

ni³¹ti³³tʃi³³kɔ²¹³tsu³³tʃæ³³kʰau³³ly⁵³i²⁴⁻²²xɔ³¹，kʰæ²¹³neŋ⁵³kɔ²¹³fu⁵³tsa²⁴la³¹ʃæ⁵³kø⁴⁵tsɔ²⁴tsy²¹³xɔ²²ʃi²⁴。

你们几位组长考虑一下，看谁负责这项工作最合适。

（3）第三人称代词

他（她）[tʰɔ⁴⁵]，第三人称单数代词，说话人称自己和对方以外的第三者。例如：

他啱参加工作，请多帮助他。

tʰɔ⁴⁵ŋæ⁴⁵tsʰæ⁴⁵kɔ⁴⁵kø⁴⁵tsɔ²⁴，tsʰeŋ³³lɔ⁴⁵pɔŋ⁴⁵tsʰu⁵³tʰɔ⁴⁵。

他刚参加工作，请多帮助他。

她是我哋嗰村医。

tʰɔ⁴⁵tʃʰi³¹ŋɔ³¹ti³³kɔ³³tsʰɔŋ⁴⁵i⁴⁵。

她是我们村的大夫。

浓雾中看不清他是男是女。

nɔŋ²²u⁵³tʃɔŋ⁴⁵kʰæ²¹³pu³¹tsʰeŋ⁴⁵tʰɔ⁴⁵tʃʰi³¹næ²²tʃʰi³¹ny³¹。

浓雾中看不清他是男是女。

表示领属关系时，在"他"后加结构助词"嗰"。例如：

他嗰大褛是灰嗰。

tʰɔ⁴⁵kɔ³³ta⁵³lau⁴⁵tʃʰi³¹fø⁴⁵kɔ³³。

他的大衣是灰的。

墙上是他嗰照片。

tsʰiæ²²ʃæ⁵³tʃʰi³¹tʰɔ⁴⁵kɔ³³tʃɔ²¹³pʰie²¹³。

墙上是他的照片。

229

喇˭是他嘅特长。
la³¹tʃʰi³¹tʰɔ⁴⁵kɔ³³tɔ⁵³tiæ²²。
这是他的特长。

要注意他嘅情绪。
iɔ²¹³tʃy²¹³i²¹³tʰɔ⁴⁵kɔ³³tsʰeŋ²²sy⁵³。
要注意他的情绪。

在亲属或有亲密关系的人的名称前，口语常不加结构助词"嘅"。例如：
他阿伯_{他哥哥}｜她老公_{她丈夫}｜他同事。

在"家_{家庭}、屋上里头_{家里}、喇˭度_{这里}、箇度_{那里}"以及方位词前不加结构助词"嘅"。例如：

他家是新搬来嘅。
tʰɔ⁴⁵kɔ⁴⁵tʃʰi³¹sin⁴⁵pæ⁴⁵lø²²kɔ³³。
他家是新搬来的。

他箇度可能有你要嘅渔网。
tʰɔ⁴⁵kɔ³³tu³³kʰɔ³³neŋ²²iu³¹ni³¹iɔ²¹³kɔ³³y²²mɔŋ³¹。
他那里可能有你要的渔网。

锁匙在他箇度。
sɔ³³ʃi²²tsʰø³¹tʰɔ⁴⁵kɔ³³tu³³。
钥匙在他那儿呢。

在"喇˭这（箇）+数量词"前不加结构助词"嘅"。例如：

他喇˭几句话是真心话。
tʰɔ⁴⁵la³¹tʃi³³ky²¹³fa⁵³tʃʰi³¹tʃin⁴⁵sin⁴⁵fa⁵³。
他这几句话可是真心话。

他就爱卖弄他箇两下花架子。
tʰɔ⁴⁵tsʰiu⁵³ai²¹³ma⁵³lɔŋ⁵³tʰɔ⁴⁵kɔ³³liæ³¹xɔ³¹fa⁴⁵kɔ²¹³tsɿ³³。
他就爱卖弄他那两下花架子。

跟这个人的名字或表示他的身份的名词连用，"他"在前或带感情色彩。例如：

喇˭件事成不成就看他老张了。
la³¹tʃʰie⁵³sɿ⁵³ʃeŋ²²pu³¹ʃeŋ²²tsʰiu⁵³kʰæ²¹³tʰɔ⁴⁵lau³¹tʃæ⁴⁵liu³³。
这事儿成不成就看他老张了。

黄华他也提前到了。

ɔŋ²²fa²²tʰɔ⁴⁵ia³¹ti²²tsʰie²²lau²¹³liu³³。

黄华他也提前到了。

"你"和"他"用在平行的语句里，表示许多人共同或相互。例如：

你也唱，他也唱，大齐都唱。

ni³¹ia³¹tʃʰæ²¹³，tʰɔ⁴⁵ia³¹tʃʰæ²¹³，ta⁵³tsʰi²²tɔ⁴⁵tʃʰæ²¹³。

你也唱，他也唱，大伙儿都唱。

他哋（她哋）[tʰɔ⁴⁵ti³³]，第三人称复数代词，说话人称自己和对方以外的若干人。例如：

他哋是种菜新手。

tʰɔ⁴⁵ti³³tʃʰi³¹tʃɔŋ²¹³tsʰø²¹³sin⁴⁵ʃiu³³。

他们是种菜新手。

她哋都是村干部。

tʰɔ⁴⁵ti³³tɔ⁴⁵tʃʰi³¹tsʰɔŋ⁴⁵kæ²¹³pu⁵³。

她们都是村干部。

表示领属关系时，在"他哋"后加结构助词"嗰"。例如：

他哋嗰狗 他们的狗 ｜ 他哋嗰养猪场 他们的养猪场 ｜ 他哋嗰爱好 他们的爱好 ｜ 他哋嗰活动 他们的活动。

但在跟有关的人、团体、处所的名称前，口语中加不加"嗰"没有多大区别。例如：

他哋（嗰）村长 他们（的）村长 ｜ 他哋（嗰）王老师 他们（的）王老师 ｜ 他哋（嗰）托儿所 他们（的）托儿所 ｜ 他哋（嗰）菜园 他们（的）菜园 ｜ 他哋（嗰）学校 他们（的）学校。

在"屋上 家、屋上里头 家里、喇⁼度 这里、箇度 那里"以及方位词前，在"喇⁼这（箇那）+数量词"前，用法跟单数"他"相同。

跟人名或表示身份的名词连用，"他哋"在前或在后。例如：

他哋兄弟都喜欢钓鱼。

tʰɔ⁴⁵ti³³xø⁴⁵ti⁵³tɔ⁴⁵ʃi³³fæ⁴⁵liu²¹³y²²。

他们兄弟都喜欢钓鱼。

他哋湖南人是喜欢吃辣嗰。

tʰɔ⁴⁵ti³³fu²²næ²²in²²tʃʰi³¹ʃi³³fæ⁴⁵tʃʰie²⁴lɔ²⁴kɔ³³。

他们湖南人是喜欢吃辣的。

张师傅、黄师傅他咃都收工走了。
tʃæ⁴⁵sʅ⁴⁵fu²¹³、ɔŋ²²sʅ⁴⁵fu²¹³tʰɔ⁴⁵ti³³tɔ⁴⁵ʃiu⁴⁵kø⁴⁵tsa³³liu³³。
张师傅、黄师傅他们都收工走了。

二姨、表姐她咃在里头讲倒话。
i⁵³i²²、piu³³tie²¹³tʰɔ⁴⁵ti³³tsʰø³¹li³¹ta²²kɔŋ³³lɔ³³fa⁵³。
二姨、表姐她们在里边说着话呢。

有时"他咃"前面只有一个名字,"他咃"就有"和另外一些人"的意思。例如:

小黄他咃到河边看赛龙船去了。
siu³³ɔŋ²²tʰɔ⁴⁵ti³³lau²¹³xɔ²²pie⁴⁵kʰæ²¹³sa²¹³lɔŋ²²ʃø²²kʰi²¹³liu³³。
小黄他们到河边看赛龙舟了。

有时跟量词短语连用。例如:

他咃两个都来去屋上了。
tʰɔ⁴⁵ti³³liæ³¹kɔ²¹³tɔ⁴⁵lø²²kʰi²¹³ø²⁴ʃæ⁵³liu³³。
他们俩都回家去了。

他咃三个后生崽都是隔壁村嗰。
tʰɔ⁴⁵ti³³sæ⁴⁵kɔ²¹³xa⁵³ʃeŋ⁴⁵tsø³³tɔ⁴⁵tʃʰi³¹ka²⁴pi²⁴tsʰɔŋ⁴⁵kɔ³³。
他们三位小伙子都是隔壁的。

(4) 其他人称代词

自家[tsʅ⁵³ka⁴⁵⁻²²],复指句中已出现的人,与"别人"相对。主要有以下几种用法:
与人称代词或人名结合起来作主语、宾语。例如:

让我自家来搬。
ȵiæ⁵³ŋɔ³¹tsʅ⁵³ka⁴⁵⁻²²lø²²pæ⁴⁵。
让我自己来搬。

他自家晓得是拈゠啲回事。
tʰɔ⁴⁵tsʅ⁵³ka⁴⁵⁻²²ʃɔ⁵³la⁵³tʃʰi³¹nie⁴⁵ti³³fø²²sʅ⁵³。
他自己知道是怎么回事。

你这卟固执,只会害了你自家。
ni³¹tʃie²¹³pu³¹ku²¹³tʃai²⁴,tsʅ³³fø⁵³xai⁵³liu³³ni³¹tsʅ⁵³ka⁴⁵⁻²²。
你这么固执,会害了你自己。

也怪小黄自家不好，不把话讲清楚。
ia³¹kuai²¹³siu³³ɔŋ²²tsʅ⁵³ka⁴⁵⁻²²pu³¹xau³¹，pu³¹pa³³fa⁵³kɔŋ³³tsʰeŋ⁴⁵tʃʰu³³。
也怪小刘自己不好，没把话说清楚。

单独使用，作主语、宾语或修饰动词。例如：

我看了半日，自家都不看懂，拈⁼哟讲得你听。
ŋɔ³¹kʰæ²¹³liu³³pæ²¹³n²⁴，tsʅ⁵³ka⁴⁵⁻²²tɔ⁴⁵pu³¹kʰæ²¹³lø³³，nie⁴⁵ti³³kɔŋ³³la²⁴ni³¹tʰeŋ²¹³。
我看了半天，自己都没看懂，怎么讲给你听？

你这卟固执，害了厅⁼家，也害了自家。
ni³¹tʃie²¹³pu³¹ku²¹³tʃai²⁴，xai⁵³liu³¹tʰeŋ⁴⁵kɔ⁴⁵⁻²²，ia³¹xai⁵³liu³³tsʅ⁵³ka⁴⁵⁻²²。
你这么固执，害了别人，也害了自己。

我难得自家上街买菜。
ŋɔ³¹næ²²la²⁴tsʅ⁵³ka⁴⁵⁻²²ʃæ³¹ka⁴⁵ma³¹tsʰø²¹³。
我难得自己上街买菜。

你不会自家去同他讲？
ni³¹pu³¹fø⁵³tsʅ⁵³ka⁴⁵⁻²²kʰi²¹³tø²²tʰɔ⁴⁵kɔŋ³³？
你不会自己跟他说去？

还有用"自家+动／介+自家"的格式。例如：

他只好自家安慰自家。
tʰɔ⁴⁵tsʅ³³xau³¹tsʅ⁵³ka⁴⁵⁻²²æ⁴⁵ui⁵³tsʅ⁵³ka⁴⁵⁻²²。
他只好自己安慰自己。

你拈⁼哟总是自家囊⁼自家？
ni³¹nie⁴⁵ti³³tsø³³tʃʰi³¹tsʅ⁵³ka⁴⁵⁻²²nɔŋ²²tsʅ⁵³ka⁴⁵⁻²²？
你怎么老是自己哄自己？

不要自家同自家过不去。
pu³¹iɔ²¹³tsʅ⁵³ka⁴⁵⁻²²tø²²tsʅ⁵³ka⁴⁵⁻²²ku²¹³pu³¹kʰi²¹³。
别自己跟自己过不去。

修饰动词，有时也可用于事物。例如：

沓水自家喷了出来。
min²¹³ʃy³³tsʅ⁵³ka⁴⁵⁻²²pʰin²¹³liu³³tʃʰy²⁴lø²²。
泉水自己喷了出来。

单独使用，修饰名词。例如：

自家嘅崽崽_{自己的孩子}｜自家嘅事情_{自己的事情}｜学习主要靠自家嘅努力_{学习主要靠自己的努力}。

表示属于本人这一方面的人、处所或单位，可不带"嘅"。例如：

自家人_{自己人（=不是外人）}｜自家兄弟_{自己弟兄}｜自家身上_{自己身上}｜自家村_{自己村}｜自家屋上_{自己家里}。

厅⁼家[tʰeŋ⁴⁵kɔ⁴⁵⁻²²]_{别人、人家}，指称与"自己"相对的"别人"，也常指第三人称，还可以转指第一人称。

指称"别人"和第三人称。例如：

厅⁼家都已经到学校上课了，你还不起身！

tʰeŋ⁴⁵kɔ⁴⁵⁻²²tɔ⁴⁵i³³keŋ⁴⁵lau²¹³ʃɔ⁵³ʃau²¹³ʃæ³¹kʰɔ²¹³liu³³，ni³¹xæ²²pu³¹tʃʰi³³ʃin⁴⁵！

人家都已经到学校上课了，你还不起床！

厅⁼家都不理你，你还去揾厅⁼家。

tʰeŋ⁴⁵kɔ⁴⁵⁻²²tɔ⁴⁵pu³¹li³¹ni³¹，ni³¹xæ²²kʰi²¹³lɔ³¹tʰeŋ⁴⁵kɔ⁴⁵⁻²²。

人家都不理你，你还去找人家。

厅⁼家嘅事你不要理这卟多。

tʰeŋ⁴⁵kɔ⁴⁵⁻²²kɔ³³sɿ⁵³ni³¹pu³¹iɔ²¹³li³¹tʃie²¹³pu³¹lɔ⁴⁵。

别人的事你不要管这么多。

厅⁼家都急成喇⁼样了，你就不要同他开玩笑了。

tʰeŋ⁴⁵kɔ⁴⁵⁻²²tɔ⁴⁵tʃi²⁴ʃeŋ²²la³¹iæ⁵³liu³³，ni³¹tsʰiu⁵³pu³¹iɔ²¹³tø²²tʰɔ⁴⁵kʰø⁴⁵uæ²²siu²¹³liu³³。

人家都急成这样了，你就不要跟他开玩笑了。

转指第一人称。例如：

厅⁼家睡觉，你入来做哪家？

tʰeŋ⁴⁵kɔ⁴⁵⁻²²ʃy⁵³kau²¹³，ni³¹n²⁴lø²²tsɿ²¹³la³³ka⁴⁵⁻²²？

人家睡觉，你进来干什么？

厅⁼家等你半日了，你再不来我就走了。

tʰeŋ⁴⁵kɔ⁴⁵⁻²²leŋ³³ni³¹pæ²¹³n²⁴liu³³，ni³¹tsø²¹³pu³¹lø²²ŋɔ³¹tsʰiu⁵³tsa³³liu³³。

人家等你半天了，你再不来我就走了。

你看！膝头盖都跌出血了，你还笑厅⁼家！

ni³¹kʰæ²¹³！sø²⁴ta²²kø²¹³tɔ⁴⁵lie²⁴tʃʰy²⁴xø²⁴liu³³，ni³¹xæ²²siu²¹³tʰeŋ⁴⁵kɔ⁴⁵⁻²²！

你看！膝盖都跌出血了，你还笑人家！

234

大齐[ta⁵³tsʰi²²]大家，指一定范围内所有的人。在一定的语言环境中，还可以转指"我们""你们"或"他们"。例如：

大齐都同意。
ta⁵³tsʰi²²tɔ⁴⁵tø²²i²¹³。
大家都同意。

你不信你可以问问大齐。
ni³¹pu³¹sin²¹³ni³¹kʰɔ³¹i³³⁻⁴⁵ min⁵³min⁵³ta⁵³tsʰi²²。
你不信你可以问问大家。

小黄，你是拈哦做啊，讲出来得大齐听听。
siu³³oŋ²²，ni³¹tʃʰi³¹nie⁴⁵ti³³tsɿ²¹³kɔ³³，kɔŋ³³tʃʰy²⁴lø²²la²⁴ta⁵³tsʰi²²tʰeŋ²¹³tʰeŋ²¹³。
小黄，你是怎样做的，说出来让大家听听。

大齐不要吵，听我讲。
ta⁵³tsʰi²²pu³¹iɔ⁴⁵tʃʰau³³，tʰeŋ²¹³ŋɔ³¹kɔŋ³³。
大家不要吵，听我说。

他哋耍了好久，直到夜头，大齐整高兴啊走了。
tʰɔ⁴⁵ti³¹ʃua³³liu³¹xau³¹tʃʰi³³，tʃai²⁴lau²¹³ia⁵³ta²²，ta⁵³tsʰi²²tʃeŋ³³kau⁴⁵xeŋ⁴⁵kɔ³¹tsa³³liu³³。
他们玩了很久，直到晚上，大家才高兴地走了。

（二）指示代词

1. 指示代词一览

表2　指示代词表

	近指	远指	
指人或事物	喇[la³¹]这	箇[kɔ³³]那	那[nɔ⁵³]
	喇哋[la³¹ti³³]这些	箇哋[kɔ³³ti³³]那些	那哋[nɔ⁵³ti³³]那些
指处所	喇度[la³¹tu³³]这里	箇度[kɔ³³tu³³]那里	那度[nɔ⁵³tu³³]那里
	喇边[la³¹pie²²]这边	箇边[kɔ³³pie²²]那边	那边[nɔ⁵³pie²²]那边
指时间	喇下时[la³¹xɔ³¹ʃi²²]这时候	箇下时[kɔ³³xɔ³¹ʃi²²]那时候	那下时[nɔ⁵³xɔ³¹ʃi²²]那时候
指程度	这咘[tʃie²¹³pu³¹]（高）这么		这咘[tʃie²¹³pu³¹]（高）那么
指方式	这哋[tʃie²¹³ti³³]（做）这样	箇哋[kɔ³³ti³³]（做）那样	这哋[tʃie²¹³ti³³]（做）那样
	喇样[la³¹iæ⁵³]这样		

鸬鹚话的指示代词同普通话指示代词相比，在对应上有以下三点不同：

第一，指人或物、指处所、指时间的指示代词，有近指与远指之分。近指有"喇⁼"和"这"，"喇⁼"指人或事物、处所和时间，"这"指程度和方式。在书面语句式里，"这"也用于指人或事物、处所和时间。远指有"箇"与"那"、"箇啲"与"那啲"、"箇度"与"那度"、"箇边"与"那边"、"箇下时"与"那下时"几组异形词，"箇、箇啲、箇度、箇边、箇下时"一般用于口语句式，"那、那啲、那度、那边、那下时"一般用于书面语句式。

第二，指程度的指示代词，近指和远指在用词上没有区别，"这卟"[tʃie²¹³pu³¹]同时表示"这么"和"那么"的意思。在鸬鹚话里，如果要表示程度不同，就用肢体动作加以区分（一般是用手来说明）。

第三，指方式的指示代词"这啲"[tʃie²¹³ti³³]既表示近指"这样"，也表示远指"那样"。远指代词"箇啲"[kɔ³³ti³³]表示"那样"。

2. 一些指示代词的语法特点

（1）喇⁼[la³¹]，近指人或事物。用在名词、数量词前。例如：

喇⁼孻崽崽 la³¹lai⁴⁵tsai³³tsø³³⁻⁴⁵这孩子｜喇⁼几个人这几个人。

喇⁼事情好办。

la³¹sɿ⁵³tsʰeŋ²²xau³¹pæ⁵³。

这事情好办。

我哋都同意喇⁼三点意见。

ŋɔ³¹ti³³tɔ⁴⁵tø²²i²¹³la³¹sæ⁴⁵lie³³i²¹³kie²¹³。

我们都同意这三点意见。

喇⁼一次我赢了。

la³¹i²⁴⁻²²tsʰɿ²¹³ŋɔ³¹eŋ²²liu³³。

这一回我赢了。

喇⁼（+数量）+名。用在别的词语后，复指前面的事物。例如：

他哋喇⁼几个是新来啲。

tʰɔ⁴⁵ti³³la³¹tʃi³³kɔ²¹³tʃʰi³¹sin⁴⁵lø²²kɔ³³。

他们这几位是新来的。

茶叶喇⁼璃⁼西仔最容易染上别啲气味。

tʃʰɔ²²ie²⁴la³¹li⁴⁵si⁴⁵⁻²²ti³³tsy²¹³iɔŋ²²i⁵³ɲ̊ie³¹ʃæ³¹pie²⁴kɔ³³tʃʰi²¹³ui⁵³。

茶叶这东西最容易染上别的气味。

在旧年时我就认识老黄同老张喇˭两个人。
tsʰø³¹tʃʰiu⁵³nie²²ʃi²²ŋɔ³¹tsʰiu⁵³n⁵³ʃai⁵³lau³¹ɔŋ²²tø²²lau³¹tʃæ⁴⁵la³¹liæ³¹kɔ²¹³in²²。
在去年我就认识老黄和老张这两个人。

书面语结构"喇˭+我+名"。与普通话限于双音节抽象名词，复指上文用法相同。例如：

我国自行设计、自行建造嘅悬拉索大桥已经不止一座，喇˭一成就是以前根本不能想象嘅。
ŋɔ³¹kɔ²⁴tsʰŋ⁵³xeŋ²²ʃie²⁴kai²¹³、tsʰŋ⁵³xeŋ²²kie²¹³tsʰau⁵³kɔ³³ʃø²²la⁴⁵sɔ²⁴ta⁵³tʃʰɔ²²i³³keŋ⁴⁵pu³¹tʃi³³i²⁴⁻²²tsʰɔ⁵³，la³¹i²⁴⁻²²ʃeŋ²²tsʰiu⁵³tʃʰi³¹i³³tsʰie²²keŋ⁴⁵pin³³pu³¹neŋ²²siæ³³siæ⁵³kɔ³³。
我国自行设计、自行建造的悬拉索大桥已经不止一座，这一成就是以前根本不能想象的。

名词前有"喇˭"，又有领属性修饰语（一般不带"嘅"）时，"喇˭"放在后面。例如：

我哋喇˭一带 ŋɔ³¹ti³³la³¹i²⁴⁻²²lø²¹³ 我们这一带

屋里头喇˭个人是哖˭个？
ø²⁴li³¹ta²²la³¹kɔ²¹³in²²tʃʰi³¹neŋ⁴⁵kɔ²¹³？
屋里这人是谁？

名词前有"喇˭"，又有非领属性修饰语（一般不带"嘅"）时，"喇˭"放在前面。例如：

喇˭空酒瓶仔 这空酒瓶子│喇˭缎仔被面 这缎子被面。

喇˭+一+动/形。"喇˭"加强语气，同"这吓 这么、这啲 这样"。例如：

喇˭一转眼啱几年，你都成大人了。
la³¹i²⁴⁻²²lø²¹³ŋæ³¹næ⁴⁵tʃi³³nie²²，ni³¹tɔ⁴⁵ʃeŋ²²ta⁵³in²²liu³³。
这一转眼才几年，你都成大人了。

你喇˭一讲我就明白了。
ni³¹la³¹i²⁴⁻²²kɔŋ²³ŋɔ³¹tsʰiu⁵³meŋ²²pa⁵³liu³³。
你这一说我就明白了。

心里头喇˭一急，本来想讲嘅话也讲不出来了。
sin⁴⁵li³¹ta²²la³¹i²⁴⁻²²tʃi²⁴，pin³³lø²²siæ³³kɔŋ³³kɔ³³fa⁵³ia³¹kɔŋ³³pu³¹tʃʰy²⁴lø²²liu³³。
心里这一急，本来想说的话也说不出来了。

以上例句里的"喇⁼"在形容词前可以换成"这卟"，动词前可以换成"这哟"。用在动词、形容词前，表示夸张，同"这哟"或"这卟"。例如：

他做起工夫来喇⁼/这卟猛啊，咛⁼个也比不上。

tʰɔ⁴⁵tsɿ²¹³tʃʰi³³kø⁴⁵fu⁴⁵⁻²²lø²²la³¹/tʃie²¹³pu³¹maŋ³¹a²², neŋ⁴⁵kɔ²¹³ia³¹pi³³pu³¹ʃæ³¹。

他干起活儿来这猛啊，谁也比不上。

你喇⁼/这哟一喊，咛⁼个听得清你讲嗰哪家？

ni³¹la³¹/tʃie²¹³ti³³i²⁴⁻²²xæ³¹, neŋ⁴⁵kɔ²¹³tʰeŋ²¹³la²⁴tsʰeŋ⁴⁵ni³¹kɔŋ³³kɔ³³la³³ka⁴⁵⁻²²？

瞧这一喊，谁听得清你说的什么？

代替比较近的人或事物。代替人，限于在"是"字句里作主语。例如：

喇⁼是黄村长。

la³¹tʃʰi³¹ɔŋ²²tsʰɔŋ⁴⁵tʃæ³³。

这是黄村长。

喇⁼是新来嗰村医。

la³¹tʃʰi³¹sin⁴⁵lø²²kɔ³³tsʰɔŋ⁴⁵i⁴⁵⁻²²。

这是新来的村医。

代替事物，常用作主语。例如：

喇⁼很便宜_{这很便宜} | 喇⁼倒不错_{这倒不错} | 喇⁼最受欢迎_{这最受欢迎} | 喇⁼是一种新产品_{这是一种新产品} | 喇⁼得你_{这给你} | 喇⁼我晓得_{这我知道} | 喇⁼不解决问题_{这不解决问题}。

除与"箇、那"对举外，作宾语时一般要有上下文。例如：

你问喇⁼做哪家？

ni³¹min⁵³la³¹tsɿ²¹³la³³ka⁴⁵⁻²²？

你问这做什么？

他吔搦喇⁼做原料。

tʰɔ⁴⁵ti³³ȵie²⁴la³¹tsɿ²¹³ye²²liu⁵³。

他们拿这做原料。

用在小句开头，复指前文。例如：

你觉得热，喇⁼是因为你第一次到南方。

ni³¹kʰɔ²⁴la²⁴ȵie⁵³, la³¹tʃʰi³¹in⁴⁵ui²²ni³¹ti⁵³i²⁴⁻²²tsʰɿ²¹³lau²¹³næ²²fɔŋ⁴⁵。

你觉得热，这是因为你第一次到南方。

先种苗后淋水，喇⁼也可以。

sie⁴⁵tʃɔŋ²¹³miu²²xa⁵³lin²²ʃy³³，la³¹ia³¹kʰɔ³³i³³。

先栽苗后浇水，这也可以。

与"那"对举，用"这"不用"喇⁼"，表示众多事物，不确指某人或某事物。例如：

怕这怕那。

pʰɔ²¹³tʃie²¹³pʰɔ²¹³nɔ⁵³。

怕这怕那。

到了春耕，这也做，那也做，一双手都忙不过来了。

lau²¹³liu³³tʃʰyn⁴⁵keŋ⁴⁵，tʃie²¹³ia³¹tsɿ²¹³，nɔ⁵³ia³¹tsɿ²¹³，i²⁴⁻²²ʃɔŋ⁴⁵ʃiu³³tɔ⁴⁵mɔŋ²²pu³¹ku²¹³lø²²liu³³。

到了春耕，这也做，那也做，一双手都忙不过来了。

两姊妹这啊那嘅，讲了不少话。

liæ³¹tsɿ³³mø⁵³tʃie²¹³a²²nɔ⁵³kɔ³³，kɔŋ³³liu³³pu³¹ʃɔ³³fa⁵³。

姐儿俩这啊那的，说了不少话。

采哟这，摘哟那，一下就装满了一细筐。

tsʰa³³ti³³tʃie²¹³，tʃa²⁴ti³³nɔ⁵³，i²⁴⁻²²xɔ³¹tsʰiu⁵³tʃɔŋ⁴⁵mæ³¹liu³³i²⁴⁻²²si²¹³kʰuaŋ⁴⁵。

采点儿这，摘点儿那，一会儿就装满了一小筐。

后面与"就、才、都"等连用，常用"这"，有加强语气的作用。例如：

他这就来。

tʰɔ⁴⁵tʃie²¹³tsʰiu⁵³lø²²。

他这就来。

这都几点了，你还不敢？

tʃie²¹³tɔ⁴⁵tʃi³³lie³³liu³³，ni³¹xæ²²pu³¹tʰa³³？

这都几点了，你还不休息？

（2）喇⁼哟[la³¹ti³³]，指两个以上比较近的人或事物，表示"这些"的意思。例如：

喇⁼哟后生崽表现都好好。

la³¹ti³³xa⁵³ʃeŋ⁴⁵tsø³³piu³³ʃie⁵³tɔ⁴⁵xau³¹xau³¹。

这些青年表现都很好。

喇ᵇ啲机器我哋山区也用得上。
la³¹ti³³ki⁴⁵tʃʰi²¹³ŋɔ³¹ti³³ʃæ⁴⁵kʰy⁴⁵ia³¹iɔŋ⁵³la²⁴ʃæ³¹。
这些机器我们山区也用得上。

把喇ᵇ啲书放在我嘅柜桶里头。
pa³³la³¹ti³³ʃy⁴⁵xɔŋ²¹³tsʰø³¹ŋɔ³¹kɔ³³kʰi⁵³tʰø³³li³¹ta²²。
把这些书放在我的抽屉里。

代替名词，作主语、宾语。例如：

喇ᵇ啲都是新入学嘅学生。
la³¹ti³³tɔ⁴⁵tʃʰi³¹sin⁴⁵n²⁴ɔ⁵³kɔ³³xɔ⁵³ʃeŋ⁴⁵。
这些都是新入学的学生。

喇ᵇ啲就是我嘅意见。
la³¹ti³³tsʰiu⁵³tʃʰi³¹ŋɔ³¹kɔ³³i²¹³kie²¹³。
这些就是我的意见。

啱啱我讲嘅喇ᵇ啲不一定对。
ŋæ⁴⁵ŋæ⁴⁵ŋɔ³¹kɔŋ³³kɔ³³la³¹ti³³pu³¹i²⁴⁻²²teŋ⁵³lø²¹³。
刚才我讲的这些不一定对。

就剩下喇ᵇ啲了。
tsʰiu⁵³ʃeŋ⁵³xɔ³¹la³¹ti³³liu³³。
只剩下这些了。

（3）**喇ᵇ度 [la³¹tu³³]**，指称较近的处所，表示"这里"的意思。例如：

喇ᵇ度是村民图书室。
la³¹tu³³tʃʰi³¹tsʰɔŋ⁴⁵min²²tu²²ʃy⁴⁵ʃi²⁴。
这里是村民图书室。

喇ᵇ度冷，还是到屋里头去吧。
la³¹tu³³leŋ³¹，xæ²²tʃʰi³¹lau²¹³ø²⁴li³¹ta²²kʰi²¹³pa⁴⁵⁻²²。
这里冷，还是到屋里去吧。

喇ᵇ度不是第一次来了。
la³¹tu³³pu³¹tʃʰi³¹ti⁵³i²⁴⁻²²tsʰŋ̍²¹³lø²²liu³³。
这里不是第一次来了。

你用手扶倒喇⁼度。

ni³¹iɔŋ⁵³ʃiu³³fu²²lɔ³³la³¹tu³³。

你用手扶着这里。

直接放在人称代词或名词后，使非处所词成为处所词。例如：

我喇⁼度有一本《黄氏家族族谱》。

ŋɔ³¹la³¹tu³³iu³¹i²⁴⁻²²pin³³《ɔŋ²²sɿ⁵³kɔ⁴⁵tsu²⁴tsu²⁴pʰu³³》。

我这里有一本《黄氏家族族谱》。

我呲喇⁼度今年收成好好。

ŋɔ³¹ti³³la³¹tu³³tʃin⁴⁵nie²²ʃiu⁴⁵ʃeŋ²²xau³¹xau³¹。

我们这里今年收成很好。

修饰名词。通常要带"嘓"。例如：

喇⁼度嘓老师都是师范学院毕业嘓。

la³¹tu³³kɔ³³lau³¹sɿ⁴⁵tɔ⁴⁵tʃʰi³¹sɿ⁴⁵fæ⁵³ʃɔ⁵³ye⁵³pi²⁴ȵie²⁴kɔ³³。

这里的老师都是师范学院毕业的。

喇⁼度嘓风景真好！

la³¹tu³³kɔ³³fø⁴⁵keŋ³³tʃin⁴⁵xau³¹！

这里的景致真好！

他曾经把喇⁼度嘓茶树苗带到北方试种，但是不成功。

tʰɔ⁴⁵tsʰeŋ²²keŋ⁴⁵pa³³la³¹tu³³kɔ³³tʃʰɔ²²ʃy⁵³miu²²lø²¹³lau²¹³pai²⁴fɔŋ⁴⁵ʃi²¹³tʃɔŋ²¹³，tæ⁵³tʃʰi³¹pu³¹ʃeŋ²²kø⁴⁵。

他曾把这里的茶树苗带到北方试种，但是没成功。

用在介词后。例如：

往喇⁼度走 朝这里走 ｜ 从喇⁼度出发 从这里出发 ｜ 由喇⁼度往南 由这里往南 ｜ 喇⁼度一直往前 这里一直往前 ｜ 在喇⁼度坐倒 在这里坐着 ｜ 坐在喇⁼度 坐在这里 ｜ 到喇⁼度来 到这里来 ｜ 来到喇⁼度 来到这里 ｜ 向喇⁼度跑来 向这里跑来。

（4）**喇⁼下时** [la³¹xɔ³¹ʃi²²]，指现在、目前，表示"这会儿"的意思。用在动词前。例如：

你喇⁼下时到哪度去？

ni³¹la³¹xɔ³¹ʃi²²lau²¹³la³³tu³³kʰi²¹³？

你这会儿到哪儿去？

241

老黄喇=下时整=有空同我讲几句话。
lau³¹ɔŋ²²la³¹xɔ³¹ʃi²²tseŋ³³iu³¹kʰø⁴⁵tø²²ŋɔ³¹kɔŋ³³tʃi³³ky²¹³fa⁵³。
老黄这会儿才有空跟我说几句话。

大齐喇=下时都在地里忙倒。
ta⁵³tsʰi²²la³¹xɔ³¹ʃi²²tɔ⁴⁵tsʰø³¹ti⁵³li³¹mɔŋ²²lɔ³³。
大伙儿这会儿都在地里忙着呢。

用在主语前。例如：

喇=下时你跑来做哪家？
la³¹xɔ³¹ʃi²²ni³¹pʰau³³lø²²tsŋ²¹³la³³ka⁴⁵⁻²²？
这会儿你跑来干吗？

喇=下时雾散了。
la³¹xɔ³¹ʃi²²u⁵³sæ²¹³liu³³。
这会儿雾散了。

喇=下时人全走了。
la³¹xɔ³¹ʃi²²in²²tsʰø²²tsa³³liu³³。
这会儿人全走了。

作主语、宾语。例如：

喇=下时不是吹牛皮嗰时候。
la³¹xɔ³¹ʃi²²pu³¹tʃʰi³¹tʃʰy⁴⁵ŋiu²²pi²²kɔ³³ʃi²²xa⁵³。
这会儿不是聊天儿的时候。

喇=下时已经很夜了。
la³¹xɔ³¹ʃi²²i³³keŋ⁴⁵xeŋ³³ia⁵³liu³³。
这会儿已经很晚了。

直到喇=下时他还不曾搞明白。
tʃai²⁴lau²¹³la³¹xɔ³¹ʃi²²tʰɔ⁴⁵xæ²²pu³¹tsʰeŋ²²kau³¹meŋ²²pa⁵³。
直到这会儿他还没弄明白。

修饰名词。带"嗰"。例如：

喇=下时嗰事喇=下时办，不要拖。
la³¹xɔ³¹ʃi²²kɔ³³sŋ⁵³la³¹xɔ³¹ʃi²²pæ⁵³，pu³¹iɔ²¹³tʰɔ⁴⁵。
这会儿的事这会儿办，不要拖拉。

指这个时候。有明确的上下文时，指过去或将来的某个时间。例如：

旧年时喇⁼下时我正在广州。

tʃʰiu⁵³nie²²ʃi²²la³¹xɔ³¹ʃi²²ŋɔ³¹tʃeŋ²¹³tsʰø³¹kɔŋ³³tʃiu⁴⁵。

去年这会儿我正在广州。

等到后日喇⁼下时你就到屋上了。

leŋ³³lau²¹³xa⁵³n²⁴la³¹xɔ³¹ʃi²²ni³¹tsʰiu⁵³lau²¹³ø²⁴ʃæ⁵³liu³³。

等到后天这会儿你就到家了。

喇⁼下时他整⁼看清楚是咛⁼个。

la³¹xɔ³¹ʃi²²tʰɔ⁴⁵tseŋ³³kʰæ²¹³tsʰeŋ⁴⁵tsʰu³³tʃʰi³¹neŋ⁴⁵kɔ²¹³。

这会儿他才看清楚是谁。

（5）这卟[tʃie²¹³pu³¹]，指示程度，表示"这么"的意思。例如：

小黄已经有你这卟高了。

siu³³ɔŋ²²i³³keŋ⁴⁵iu³¹ni³¹tʃie²¹³pu³¹kau⁴⁵liu³³。

小黄已经有你这么高了。

书柜有床这卟宽，喇⁼度放不下。

ʃy⁴⁵kʰi⁵³iu³¹tʃʰɔŋ²²tʃie²¹³pu³¹kʰuæ⁴⁵，la³¹tu³³xɔŋ²¹³pu³¹xɔ³¹。

书柜有床这么宽，这儿放不下。

我嘅房间也就像你嘅这卟大。

ŋɔ³¹kɔ³³fɔŋ²²kæ⁴⁵ia³¹tsʰiu⁵³tsʰiæ⁵³ni³¹kɔ³³tʃie²¹³pu³¹ta⁵³。

我的书房也就像你的这么大。

事情哪度像你讲嘅这卟容易？

sŋ⁵³tsʰeŋ²²la³³tu³³tsʰiæ⁵³ni³¹kɔŋ³³kɔ³³tʃie²¹³pu³¹iɔŋ²²i⁵³？

事情哪儿像你说的这么容易？

"这卟"前面没有用来比较的事物。如果不是当面用手势比况，"这卟"就是虚指，有略带夸张、使语言生动的作用。例如：

真嘅，就是这卟大！

tʃin⁴⁵kɔ³³，tsʰiu⁵³tʃʰi³¹tʃie²¹³pu³¹ta⁵³！

真的，就是这么大！

飞得这卟高！
fi⁴⁵la²⁴tʃie²¹³pu³¹kau⁴⁵！
飞得这么高！

今日拈⁼哟这卟热闹？
tʃin⁴⁵n²⁴nie⁴⁵ti³³tʃie²¹³pu³¹ɲie⁵³nau⁵³？
今儿个怎么这么热闹？

有时"这卟"不表示比拟的程度，只强调说话人的感叹语气，类似"多么"。例如：

唎⁼个豬崽崽嗰字写得这卟靓！
la³¹kɔ²¹³lai⁴⁵tsai³³tsø³³⁻⁴⁵kɔ³³sʅ⁵³sie³³la²⁴tʃie²¹³pu³¹liaŋ⁵³！
这小孩儿的字写得这么漂亮！

山上空气这卟新鲜！
ʃæ⁴⁵ʃæ⁵³kʰø⁴⁵tʃʰi²¹³tʃie²¹³pu³¹sin⁴⁵sie⁴⁵⁻²²！
山上空气这么新鲜！

这卟+形+嗰+名。例如：

这卟好嗰人！
tʃie²¹³pu³¹xau³¹kɔ³³in²²！
这么好的人！

这卟凉嗰水！
tʃie²¹³pu³¹liæ²²kɔ³³ʃy³³！
这么凉的水！

这卟热嗰天！
tʃie²¹³pu³¹ɲie⁵³kɔ³³tʰie⁴⁵！
这么热的天！

这卟红嗰面！
tʃie²¹³pu³¹xø²²kɔ³³mie⁵³！
这么红的脸蛋儿！

这卟难嗰题目！
tʃie²¹³pu³¹næ²²kɔ³³ti²²mø⁵³！
这么难的题目！

这卟贵嗰衣裳！

tʃie²¹³pu³¹ki²¹³kɔ³³i⁴⁵ʃæ²²！

这么贵的衣服！

"大、长、多"等单音节形容词之后不能够省"嗰"，这与普通话有时可以省"的"不同。例如：

这卟大嗰岁数！

tʃie²¹³pu³¹ta⁵³kɔ³³sy²¹³ʃu²¹³！

这么大（的）岁数！

这卟大嗰力气！

tʃie²¹³pu³¹ta⁵³kɔ³³lai⁵³tʰi²¹³！

这么大（的）力气！

这卟短嗰时间完成了这卟多嗰工夫！

tʃie²¹³pu³¹luæ³³kɔ³³ʃi²²kæ⁴⁵uæ²²ʃeŋ²²liu³³tʃie²¹³pu³¹lɔ⁴⁵kɔ³³kø⁴⁵fu⁴⁵⁻²²！

这么短（的）时间完成了这么多（的）工作！

这卟长嗰时间不曾收到他嗰信了。

tʃie²¹³pu³¹tiæ²²kɔ³³ʃi²²kæ⁴⁵pu³¹tsʰeŋ²²ʃiu⁴⁵lau²¹³tʰɔ⁴⁵kɔ³³sin²¹³liu³³。

这么长（的）时间没收到他的信了。

这卟多嗰人，吵死了！

tʃie²¹³pu³¹lɔ⁴⁵kɔ³³in²²，tʃʰau³³sʅ³³liu³³！

这么多（的）人，吵死了！

否定式一般用"怀"或"怀得没有"，是对程度的否定，后面的动词限于表示心理活动。例如：

怀这卟高没这么高｜怀这卟宽没这么宽｜怀得这卟大没这么大｜怀得这卟容易没这么容易｜怀这卟喜欢没这么喜欢｜怀这卟吓人没这么吓人。

事情怀得你讲嗰这卟难办。

sʅ⁵³tsʰeŋ²²pia³¹la³¹ni³¹kɔŋ³¹kɔ³³tʃie²¹³pu³¹næ²²pæ⁵³。

事情没有你说的这么难办。

（6）**这啲**[tʃie²¹³ti³³]，指示方式，表示"这么、这样"的意思。用法有以下几点：

这啲+动。例如：

245

喇˭件事就这啲办吧。

la³¹tʃʰie⁵³sʅ⁵³tsʰiu⁵³tʃie²¹³ti³³pæ⁵³pa⁴⁵⁻²²。

这件事就这样办吧。

这啲走，哪家下时整˭走得到？

tʃie²¹³ti³³tsa³³，la³³ka⁴⁵⁻²²xɔ³¹ʃi²²tseŋ³³tsa³³la²⁴lau²¹³。

这样走，什么时候才能走到？

你就这啲认认真真学下去，一定可以学会啯。

ni³¹tsʰiu⁵³tʃie²¹³ti³³n⁵³n⁵³tʃin⁴⁵tʃin⁴⁵xɔ²⁴xɔ³¹kʰi²¹³，i²⁴⁻²²teŋ⁵³kʰɔ³³i³³xɔ²⁴fø⁵³kɔ³³。

你就这样认认真真学下去，一定可以学会的。

这啲+一+动词。"这啲"，加强语气。例如：

他就这啲一摆头，哪家也不讲。

tʰɔ⁴⁵tsʰiu⁵³tʃie²¹³ti³³i²⁴⁻²²pa³³ta²²，la³³ka⁴⁵⁻²²ia³¹pu³¹kɔŋ³³。

他就这样一摆头，什么也没有说。

动+这啲+动量/时量。"这啲"强调动作达到的数量。例如：

我就练过这啲两次，还不熟。

ŋɔ³¹tsʰiu⁵³lie⁵³ku²¹³tʃie²¹³ti³³liæ³¹tsʰʅ²¹³，xæ²²pu³¹ʃø⁵³。

我就练过这么两次，还不熟。

看了这啲一眼，心里头就明白了。

kʰæ²¹³liu³³tʃie²¹³ti³³i²⁴⁻²²ŋæ³¹，sin⁴⁵li³¹ta²²tsʰiu⁵³meŋ²²pa⁵³liu³³。

看了这么一眼，心里就明白了。

等了这啲/这么半日了，还不见人影。

leŋ³³liu³³tʃie²¹³ti³³/tʃie²¹³mɔ⁴⁵pæ²¹³n²⁴liu³³，xæ²²pu³¹kie²¹³in²²eŋ³³。

等了这么半天了，还不见人影儿。

代替某种动作或方式。例如：

这啲好不好？

tʃie²¹³ti³³xau³¹pu³¹xau³¹？

这样好不好？

这啲不行。
tʃie²¹³ti³³pu³¹xeŋ²²。
这样不行。

这啲不就解决了?
tʃie²¹³ti³³pu³¹tsʰiu⁵³ka³³kʰø²⁴liu³³?
这样不就解决了吗?

好，就这啲吧!
xau³¹，tsʰiu⁵³tʃie²¹³ti³³pa⁴⁵⁻²²!
好，就这样吧!

这啲也得，那啲也得，拈⁼啲都得。
tʃie²¹³ti³³ia³¹la²⁴，nɔ⁵³ti³³ia³¹la²⁴，nie⁴⁵ti³³tɔ⁴⁵la²⁴。
这样也成，那样也成，怎样都成。

（7）箇[kɔ³³]、那[nɔ⁵³]，指示比较远的人和事物。"箇"一般用于口语，"那"一般用于书面语。

用在名词、量词前。例如：

箇个薀崽崽那孩子｜箇/那晚上那晚上｜那远方嗰朋友那远方的朋友。

他决定亲自去攞箇个人。
tʰɔ⁴⁵kʰø²⁴teŋ⁵³tsʰin⁴⁵tsʰɿ⁵³kʰi²¹³lɔ³¹kɔ³³kɔ²¹³in²²。
他决定亲自去找那个人。

箇栋楼房就是村委会嗰办公楼。
kɔ³³tø⁵³la²²fɔŋ²²tsʰiu⁵³tʃʰi³¹tsʰɔŋ⁴⁵ui³¹fø⁵³kɔ³³pæ⁵³kø⁴⁵la²²。
那幢楼房就是村委会的办公楼。

你看箇几翕松树，长得几高!
ni³¹kʰæ²¹³kɔ³³tʃi³¹pʰɔ⁴⁵tsʰɔŋ²²ʃy⁵³，tʃæ³³la²⁴tʃi³³kau⁴⁵。
你看那几棵松树，长得多挺拔!

箇次我哋两个是在街上遇见嗰。
kɔ³³tsʰɿ²¹³ŋɔ³¹ti³³liæ³¹kɔ²¹³tʃʰi³¹tsʰø³¹ka⁴⁵ʃæ⁵³y⁵³kie²¹³kɔ³³。
那一次咱俩是在街上碰见的。

箇/那（+数量）+名，用在别的词语后，复指前面的事物。例如：

247

老黄箇个人真是一个好人。
lau³¹ɔŋ²²kɔ³³kɔ²¹³in²²tʃin⁴⁵tʃʰi³¹i²⁴⁻²²kɔ²¹³xau³¹in²²。
老黄那个人真是一个好人。

他哋箇/那几个组做工夫都不错。
tʰɔ⁴⁵ti³³kɔ³³/nɔ⁵³tʃi³³kɔ²¹³tsu³³tsɿ²¹³kø⁴⁵fu⁴⁵⁻²²tɔ⁴⁵pu³¹tsʰɔ²¹³。
他们那几个组干活都不错。

我讲嘅就是柴、米、油、盐那几样璃⁼西仔。
ŋɔ³¹kɔŋ³³kɔ³³tsʰiu⁵³tʃʰi³¹tʃʰa²²、mi³¹、iu²²、ie²²nɔ⁵³tʃi³³iæ⁵³li⁴⁵⁻²²si⁴⁵⁻²²ti³³。
我说的就是柴、米、油、盐那几样东西。

名词前有"箇/那",又有领属性修饰语(一般不带"嘅")时,"箇/那"放在后面。例如:

他箇/那本书。
tʰɔ⁴⁵kɔ³³/nɔ⁵³pin³³ʃy⁴⁵。
他那本书。

隔壁村箇/那个村长还不来。
ka²⁴pi²⁴tsʰɔŋ⁴⁵kɔ³³/nɔ⁵³kɔ²¹³tsʰɔŋ⁴⁵tʃæ³³xæ²²pu³¹lø²²。
隔壁村那位村长还没来。

名词前有"箇/那",又有非领属性修饰语(一般不带"嘅")时,"箇/那"放前面。例如:

箇/那木头屋那木头房子|箇/那玻璃窗仔那玻璃窗户|箇/那聪明薀崽崽那聪明孩子

代替比较远事物,常用作主语,用"那"不用"箇"。如果用"箇",后边要出现代替事物的词语,试比较:

那是村里嘅广场/箇度是村里嘅广场那里是村里的广场。
那都是我哋村嘅屋/箇啲(屋)都是我哋村嘅屋那都是我们村的房子。
那我晓得/箇啲事我晓得那我知道。

除与"喇⁼"对举外,作宾语时一般要有下文。例如:

买那做哪家?
ma³¹nɔ⁵³tsɿ²¹³la³³ka⁴⁵⁻²²?
买那干嘛?

农民丈⁼那做肥料。

nɔŋ²²min²²tiæ⁵³nɔ⁵³tsʅ²¹³fi²²liu⁵³。

农民们捡那当肥料。

用在双音方位词前。例如：

那上面写得很清楚。

nɔ⁵³ʃæ⁵³mie⁵³sie³³la²⁴xeŋ³³tsʰeŋ⁴⁵tʃʰu³³。

那上面写得很清楚。

那里头都是明年嗰谷种。

nɔ⁵³li³¹ta²²tɔ⁴⁵tʃʰi³¹meŋ²²nie²²kɔ³³kø²⁴tʃɔŋ³³。

那里面都是明年的谷种。

喇⁼呐的树苗全种在那四面。

la³¹ti³³ʃy⁵³miu²²tsʰø²²tʃɔŋ²¹³tsʰø³¹nɔ⁵³sʅ²¹³mie⁵³。

这些树苗全栽在那四周。

用在小句开头，复指前文。例如：

水圳快修到我咘村了！——那太好了！

ʃy³³tʃin²¹³kʰua²¹³siu⁴⁵lau²¹³ŋɔ³¹ti³³tsʰɔŋ⁴⁵liu³³！——nɔ⁵³tʰø⁵³xau³¹liu³³！

水渠快修到咱们村了！——那敢情好！

讲到喇⁼件事，那真嗰有一呐年头了。

kɔŋ³³lau²¹³la³¹tʃʰie⁵³sʅ⁵³，nɔ⁵³tʃin⁴⁵kɔ³³iu³¹n̩ie²⁴ti³³nie²²ta²²liu³³。

讲到这件事，那可真有年头了。

这种句子里用"那"或用"这"意思差不多，"那"都可以换成"喇⁼"。
与"这"对举，表示众多事物，不确指某人或某事物。例如：

这也不错，那也挺好，不晓得拣哪个好了。

tʃie²¹³ia³¹pu³¹tsʰɔ²¹³，nɔ⁵³ia³¹tʰeŋ³³xau³¹，pu³¹ʃɔ⁵³la⁵³kæ³³la³³kɔ²¹³xau³¹liu³³。

这也不错，那也挺好，不知挑哪个好了。

这一句，那一句，讲起来讲不完。

tʃie²¹³i²⁴⁻²²ky²¹³，nɔ⁵³i²⁴⁻²²ky²¹³，kɔŋ³³tʃʰi⁵³lø²²kɔŋ³³pu³¹uæ²²。

这一句，那一句，说起来没完。

等于"那些"。例如：

你看，那都是旧年时放养嘅鲫鱼。

ni³¹kʰæ²¹³，nɔ⁵³tɔ⁴⁵tʃʰi³¹tʃʰiu⁵³nie²²ʃi²²xɔŋ²¹³iæ³¹kɔ³³tsai²⁴n²²。

你看，那都是去年放养的鲫鱼。

引进表后果小句，起连接作用。同"那么"。例如：

你要是不肯一点一滴从细事做起，那就哪家事也做不成。

ni³¹iɔ²¹³tʃʰi³¹pu³¹kʰeŋ³³i²⁴⁻²²lie³³i²⁴⁻²²teʔ²tsʰɔŋ²²si²¹³sʅ⁵³tsʅ²¹³tʃʰi³³，nɔ⁵³tsʰiu⁵³la³³ka⁴⁵⁻²²sʅ⁵³ia³¹tsʅ²¹³pu³¹ʃeŋ²²。

你要是不肯一点一滴从小事做起，那就什么事也做不成。

他要不来得我哋当指导，那我哋就得另外擝人了。

tʰɔ⁴⁵iɔ²¹³pu³¹lø²²la²⁴ŋɔ³¹ti³³lɔŋ⁴⁵tʃi³³lau³³，nɔ⁵³ŋɔ³¹ti³³tsʰiu⁵³la²⁴leŋ⁵³ŋø⁵³lɔ³¹in²²liu³³。

他要不来给我们当指导，那我们就得另外找人了。

值得注意的是，鸬鹚话远指指示代词不能用来指代人称，这与普通话不同。比如以下句子不能说，"箇/那"要换成"他"：*箇/那是谁？→他是谁？|*箇/那是我哋村嘅村长→他是我哋村嘅村长那是我们村的村长。|*箇/那是我阿伯→他是我阿伯那是我哥哥。

（8）**箇度 [kɔ³³tu³³]、那度 [nɔ⁵³tu³³]**，称较远的处所，表示"那里"的意思。"箇度"一般用于口语，"那度"一般用于书面语。

作主语、宾语。例如：

箇度是村里嘅广场。

kɔ³³tu³³tʃʰi³¹tsʰɔŋ⁴⁵li³¹kɔ³³kɔŋ³³tʃʰæ²²。

那里是村里的广场。

箇度长倒好多高大嘅松树。

kɔ³³tu³³tʃæ³³lɔ³³xau³¹lɔ⁴⁵kau⁴⁵ta⁵³kɔ³³tsʰɔŋ²²ʃy⁵³。

那里长着许多高大的松树。

箇度热，喇⁼度凉静。

kɔ³³tu³³ȵie⁵³，la³¹tu³³liæ²²tsʰeŋ⁵³。

那里热，这里凉快。

箇度哖⁼个也不去过。

kɔ³³tu³³neŋ⁴⁵kɔ²¹³ia³¹pu³¹kʰi²¹³ku²¹³。

那里谁也没去过。

250

我哋去过箇度好几次了。

ŋɔ³¹ti³³kʰi²¹³ku²¹³kɔ³³tu³³xau³¹tʃi³³tsʰŋ²¹³liu³³。

我们去过那里好几次了。

直接放在人称代词或名词后，使非处所词成为处所词。例如：

我阿伯箇度_{我哥哥那里}｜老黄箇度_{老黄那里}｜江边箇度风景好_{河边那里风景好}。

我哋箇度有五架联合收割机。

ŋɔ³¹ti³³kɔ³³tu³³iu³¹n³¹kɔ²¹³lie²²xɔ²²ʃiu⁴⁵kua²⁴ki⁴⁵。

我们那里有5台联合收割机。

他嘅眼睛紧紧嘅䁽住舞台箇度。

tʰɔ⁴⁵kɔ³³ŋæ³¹tseŋ⁴⁵tʃin³³tʃin³³kɔ³³xau⁴⁵ty⁵³u³¹tø²²kɔ³³tu³³。

他的眼睛紧紧地盯住舞台那里。

修饰名词。通常要带"嘅"。例如：

箇度嘅村民对我哋好热情。

kɔ³³tu³³kɔ³³tsʰɔŋ⁴⁵min²²lø²¹³ŋɔ³¹ti³³xau³¹n̠ie⁵³tsʰeŋ²²。

那里的村民对我们热情极了。

我屋在江边，箇度嘅风景是好靓嘅。

ŋɔ³¹ø²⁴tsʰø³¹kɔŋ⁴⁵pie⁴⁵，kɔ³³tu³³kɔ³³fø⁴⁵keŋ³³tʃʰi³¹xau³¹liaŋ⁵³kɔ³³。

我家在河边，那里的风景是很漂亮的。

用在介词后。例如：

在箇度立倒_{在那里站着}｜立在箇度_{站在那里}｜到箇度去_{到那里去}｜送到箇度_{送到那里}。

往箇度行五里地就是黄屋村。

ɔŋ³¹kɔ³³tu³³xeŋ²²n³¹li³¹ti⁵³tsʰiu⁵³tʃʰi³¹ɔŋ²²ø²⁴tsʰɔŋ⁴⁵。

朝那里走五里地就是黄屋村。

从箇度跑过来一个瘟憨憨。

tsʰɔŋ²²kɔ³³tu³³pʰau³³ku²¹³lø²²i²⁴⁻²²kɔ²¹³lai⁴⁵tsai³³tsø³³⁻⁴⁵。

从那里跑过来一个小男孩。

由箇度往南就看见大钟山了。

iu²²kɔ³³tu³³ɔŋ³¹næ²²tsʰiu⁵³kʰæ²¹³kie²¹³ta⁵³tʃɔŋ⁴⁵ʃæ⁴⁵liu³³。

由那里往南就看见大钟山了。

从简度移种了两翕松树。

tsʰɔŋ²²kɔ³³tu³³i²²tʃɔŋ²¹³liu³³liæ³¹pʰɔ⁴⁵tsʰɔŋ²²ʃy⁵³。

从那里移栽了两棵松树。

（9）简下时 [kɔ³³xɔ³¹ʃi²²]，称过去或将来的某个时间，表示"那会儿"的意思。用在动词前作状语。例如：

你简下时还是个瑰崽崽。

ni³¹kɔ³³xɔ³¹ʃi²²xæ²²tʃʰi³¹kɔ²¹³lai⁴⁵tsai³³tsø³³⁻⁴⁵。

你那会儿还是个小孩呢。

简下时当农民，唎⁼下当工人。

kɔ³³xɔ³¹ʃi²²lɔŋ⁴⁵nɔŋ²²min²²，la³¹xɔ³¹lɔŋ⁴⁵kø⁴⁵in²²。

那会儿当农民，现在当工人。

等大学毕业以后，他简下时应该可以独立生活了。

leŋ³³ta⁵³ʃɔ⁵³pi²⁴ȵie²⁴i³¹xa⁵³，tʰɔ⁴⁵kɔ³³xɔ³¹ʃi²²eŋ⁴⁵kai⁴⁵kʰɔ³¹tø⁵³li²⁴ʃeŋ⁴⁵xɔ⁵³liu³³。

等大学毕业以后，他那会儿该可以独立生活了。

用在主语前。例如：

简下时我还细，不懂事。

kɔ³³xɔ³¹ʃi²²ŋɔ³¹xæ³³si²¹³，pu³¹lø³³sɿ⁵³。

那会儿我还小，不懂事。

再过几年我哋老了，简下时哪家事都要你哋去做了。

tsø²¹³ku²¹³tʃi³³nie²²ŋɔ³¹ti³³lau³¹liu³³，kɔ³³xɔ³¹ʃi²²la³³ka⁴⁵⁻²²sɿ⁵³tɔ⁴⁵iɔ²¹³ni³¹ti³³kʰi²¹³tsɿ²¹³liu³³。

再过几年我们老了，那会儿什么事都要你们去做了。

作主语。例如：

简下时是新中国成立前，同唎⁼下不一样。

kɔ³³xɔ³¹ʃi²²tʃʰi³¹sin³³tʃɔŋ⁴⁵kɔ²⁴ʃeŋ²²li²⁴tsʰie²²，tø²²la³¹xɔ³¹pu³¹i²⁴⁻²²iæ⁵³。

那会儿是新中国成立前，跟现在不一样。

修饰名词，带"啯"。例如：

第四章　语法

箇下时嗰事我还记得好多。
kɔ³³xɔ³¹ʃi²²kɔ³³sŋ⁵³ŋɔ³¹xæ²²ki²¹³la²⁴xau³¹lɔ⁴⁵。
那会儿的事我还记得很多。

用在其他词语后面，使所说的时间更明确。例如：
晏头箇下时_{中午那会儿}｜吃夜箇下时_{晚饭那会儿}。

日头下岭箇下时落了一阵细雨。
n²⁴ta²²xɔ³¹leŋ³¹kɔ²¹³xɔ³¹ʃi²²lɔ²⁴liu³³i²⁴⁻²²tʃin²¹³si²¹³y³¹。
傍晚那会儿下了一阵小雨。

我结婚箇下时你还在幼儿园。
ŋɔ³¹tʃie²⁴fin⁴⁵kɔ³³xɔ³¹ʃi²²ni³¹xæ²²tsʰɔ³¹iu²¹³i²²ye²²。
我结婚那会儿你还在幼儿园呢。

（10）这卟 [tʃie²¹³pu³¹]，指示程度，表示"那么"的意思。有时也讲"那么"，有（像）……+这卟/那么+形。前面有用来比较的事物。例如：

箇两翕枣树有碗口这卟/那么大。
kɔ³³liæ³¹pʰɔ⁴⁵tsau³³ʃy⁵³iu³¹uæ³¹kʰa³³tʃie²¹³pu³¹/nɔ⁵³mɔ⁴⁵ta⁵³。
那两棵枣树有碗口那么粗。

唎⁼种葡萄有糖这卟/那么甜。
la³¹tʃɔŋ³³pu²²tau²²iu³¹tɔŋ²²tʃie²¹³pu³¹/nɔ⁵³mɔ⁴⁵tie²²。
这种葡萄有糖那么甜。

我上中学嗰下时，个子像他唎⁼下这卟/那么高。
ŋɔ³¹ʃæ³¹tʃɔŋ⁴⁵ʃɔ⁵³kɔ³³xɔ³¹ʃi²²，kɔ²¹³tsŋ³³tsʰiæ⁵³tʰɔ⁴⁵la³¹xɔ³¹tʃie²¹³pu³¹/nɔ⁵³mɔ⁴⁵kau⁴⁵。
我上中学的时候，个子像他现在那么高。

做起来并不像讲嗰这卟/那么容易。
tsŋ²¹³tʃʰi³³lø²²peŋ²¹³pu³¹tsʰiæ⁵³kɔŋ³³kɔ³³tʃie²¹³pu³¹/nɔ⁵³mɔ⁴⁵iɔŋ²²i⁵³。
做起来并不像说的那么容易。

这卟/那么+形。前面没有用来比较的事物。如果不是当面用手势比况，"这卟/那么"就是虚指，有略带夸张、使语言生动的作用。例如：

真嗰，就是这卟/那么大。
tʃin⁴⁵kɔ³³，tsʰiu⁵³tʃʰi³¹tʃie²¹³pu³¹/nɔ⁵³mɔ⁴⁵ta⁵³。
真的，就是那么大。

253

屋里头都是这卟/那么干干净净嗰。

ø²⁴li³¹ta²²tɔ⁴⁵tʃʰi³¹tʃie²¹³pu³¹/nɔ⁵³mɔ⁴⁵kuæ⁴⁵kuæ⁴⁵tsʰeŋ⁵³tsʰeŋ⁵³kɔ³³。

屋子里都是那么干干净净的。

你这卟/那么喜欢，就送得你吧。

ni³¹tʃie²¹³pu³¹/nɔ⁵³mɔ⁴⁵ʃi³³fæ⁴⁵，tsʰiu⁵³sø²¹³la²⁴ni³¹pa⁴⁵⁻²²。

你那么喜欢，就送给你吧。

有时"这卟/那么"不表示比拟的程度，只强调说话人的感叹语气，类似"多么"。例如：

喇⁼度嗰秋天，天这卟/那么晴，风这卟/那么凉。

la³¹tu³³kɔ³³tsʰiu⁴⁵tʰie⁴⁵，tʰie⁴⁵tʃie²¹³pu³¹/nɔ⁵³mɔ⁴⁵tsʰeŋ²²，fø⁴⁵tʃie²¹³pu³¹/nɔ⁵³mɔ⁴⁵liæ²²。

这里的秋天，天空那么晴朗，秋风那么凉爽。

果然落雨了，落得这卟/那么大！

kɔ³³ie²²lɔ²⁴y³¹liu³³，lɔ²⁴la²⁴tʃie²¹³pu³¹/nɔ⁵³mɔ⁴⁵ta⁵³！

果然下雨了，下得那么大！

这卟/那么+形（+嗰）+名。例如：

这卟/那么好嗰稻种_{那么好的稻种}｜这卟/那么深嗰水_{那么深的水}｜这卟/那么热嗰茶_{那么热的茶}｜这卟/那么高嗰个子_{那么高的个儿}｜这卟/那么阔嗰衬衫_{那么宽的衬衫}｜这卟/那么浅嗰道理_{那么浅显的道理}｜这卟/那么靓嗰裙仔_{那么漂亮的裙子}。

"大、长、多、短"等单音节形容词之后有时可以省"嗰"。例如：

这卟/那么大（嗰）岁数_{那么大（的）岁数}｜这卟/那么大（嗰）力气_{那么大（的）力气}｜这卟/那么大（嗰）份量_{那么大（的）份量}｜这卟/那么短（嗰）时间完成了那么多（嗰）功夫_{那么短（的）时间完成了那么多（的）工作}。

否定式可以用"怀（得）_{没有}"，也可以用"不"，后面的动词限于表示心理活动。用"怀（得）_{没有}"，是对"有"的否定。例如：

怀（得）这卟/那么高_{没那么高}｜怀（得）这卟/那么困难_{没那么困难}｜怀（得）这卟/那么复杂_{没那么复杂}。

喇⁼种葡萄怀（得）糖这卟/那么甜。

la³¹tʃoŋ³³pu²²tau²²pia³¹（la³¹）tɔŋ²²tʃie²¹³pu³¹/nɔ⁵³mɔ⁴⁵tie²²。

这种葡萄没有糖那么甜。

喇˭段路怀（得）去村委这卟/那么远。
la³¹tuæ⁵³lu⁵³pia³¹（la³¹）kʰi²¹³tsʰɔŋ⁴⁵ui³¹tʃie²¹³pu³¹/nɔ⁵³mɔ⁴⁵ye³¹。
这段路没有去村委那么远。

怀（得）/不这卟/那么喜欢。
pia³¹（la³¹）/pu³¹tʃie²¹³pu³¹/nɔ⁵³mɔ⁴⁵ʃi³³fæ⁴⁵。
没那么喜欢。

用"不"，是对"是"的否定。形容词前面可以有程度副词，后面可以有补语。例如：

不这卟/那么□pu³¹tʃie²¹³pu³¹/nɔ⁵³mɔ⁴⁵nø²¹³ 不那么累|不这卟/那么酸pu³¹tʃie²¹³pu³¹/nɔ⁵³mɔ⁴⁵suæ⁴⁵ 不那么酸|不这卟/那么高兴pu³¹tʃie²¹³pu³¹/nɔ⁵³mɔ⁴⁵kau⁴⁵xeŋ⁴⁵ 不那么高兴。

屋里头不这卟/那么干净。
ø²⁴li³¹ta²²pu³¹tʃie²¹³pu³¹/nɔ⁵³mɔ⁴⁵kuæ⁴⁵tsʰeŋ⁵³。
屋子里不那么干净。

问题不这卟/那么太严重（*问题是那么太严重）。
min⁵³ti²²pu³¹tʃie²¹³pu³¹/nɔ⁵³mɔ⁴⁵tʰø³¹n̠ie²²tɔŋ³¹。
问题不那么太严重。

路不是这卟/那么难走了。
lu⁵³pu³¹tʃʰi³¹tʃie²¹³pu³¹/nɔ⁵³mɔ⁴⁵næ²²tsa⁵³liu³³。
路不是那么难走的了。

（11）这啲[tʃie²¹³ti³³]，指示方式，相当于普通话指示方式的"那么"。鸬鹚话也讲"那么"。有以下几种用法：

这啲/那么+动。例如：

像蛤一样在地上这啲/那么跳。
tsʰiæ⁵³kua²⁴i²⁴⁻²²iæ⁵³tsʰø³¹ti⁵³ʃæ⁵³tʃie²¹³ti³³/nɔ⁵³mɔ⁴⁵tʰiu²¹³。
像青蛙一样在地上那么跳。

夜很晚了，他还在门口外面这啲/那么坐倒，不愿入屋里头。
ia⁵³xeŋ³³uæ³¹liu³³，tʰɔ⁴⁵xæ²²tsʰø³¹min²²kʰa³³ŋø⁵³mie⁵³tʃie²¹³ti³³/nɔ⁵³mɔ⁴⁵tsʰø³¹lɔ³³，pu³¹ŋø⁵³n²⁴ø²⁴li³¹ta²²。
夜深了，他还在门口外面那么坐着，不愿进屋。

这啲/那么+一+动。"这啲/那么"加强语气。例如：

255

头这哟/那么一昂就走了。

ta²²tʃie²¹³ti³³/nɔ⁵³mɔ⁴⁵i²⁴⁻²²ŋoŋ³¹tsʰiu⁵³tsa³³liu³³。

头那么一扬就走了。

双手这哟/那么一撑，就跳过墙去了。

ʃɔŋ⁴⁵ʃiu³³tʃie²¹³ti³³/nɔ⁵³mɔ⁴⁵i²⁴⁻²²tʃʰeŋ²¹³，tsʰiu⁵³tʰiu²¹³ku²¹³tsʰiæ²²kʰi²¹³liu³³。

双手那么一按，就跳过去了。

动+这哟/那么+动量。"这哟/那么"强调动量。例如：

看了这哟/那么一眼。

kʰæ²¹³liu³³tʃie²¹³ti³³/nɔ⁵³mɔ⁴⁵i²⁴⁻²²ŋæ³¹。

看了那么一眼。

我就去过这哟/那么两次。

ŋo³¹tsʰiu⁵³kʰi²¹³ku²¹³tʃie²¹³ti³³/nɔ⁵³mɔ⁴⁵liæ³¹tsʰɿ²¹³。

就去过那么两次。

代替某种动作或方式。例如：

这哟/那么好不好？

tʃie²¹³ti³³/nɔ⁵³mɔ⁴⁵xau³¹pu³¹xau³¹？

那么好不好？

不要这哟/那么，不要弄坏了。

pu³¹iɔ²¹³tʃie²¹³ti³³/nɔ⁵³mɔ⁴⁵，pu³¹iɔ²¹³lɔŋ⁵³fai⁵³liu³³。

别那么，别弄坏了。

好，就这哟/那么吧！

xau³¹，tsʰiu⁵³tʃie²¹³ti³³/nɔ⁵³mɔ⁴⁵pa⁴⁵⁻²²！

好，就那么吧！

我认为这哟/那么不行。

ŋo³¹n⁵³ui²²tʃie²¹³ti³³/nɔ⁵³mɔ⁴⁵pu³¹xeŋ²²。

我认为那么不行。

（12）**箇哟**[kɔ³³ti³³]，相当于普通话的"那样"。鸬鹚话有时也讲"那样"。有以下用法：

指示性状，加"嗰"修饰名词，名词前有数量词时，"嗰"可省。例如：

简哟/那样嘅机会不多。

kɔ³³ti³³/nɔ⁵³iæ⁵³kɔ³³ki⁴⁵fø⁵³pu³¹lɔ⁴⁵。

那样的机会不多。

我哋也用简哟/那样嘅图纸。

ŋɔ³¹ti³³ia³¹iɔŋ⁵³kɔ³³ti³³/nɔ⁵³iæ⁵³kɔ³³tu²²tʃi³³。

我们也用那样的图纸。

哪有简哟/那样嘅事情？

la³³iu³¹kɔ³³ti³³/nɔ⁵³iæ⁵³kɔ³³sʅ⁵³tsʰeŋ²²？

哪有那样的事情？

有简哟/那样一种人。

iu³¹kɔ³³ti³³/nɔ⁵³iæ⁵³i²⁴⁻²²tʃɔŋ³³in²²。

有那样一种人。

简哟/那样几间烂屋冇人要。

kɔ³³ti³³/nɔ⁵³iæ⁵³tʃi³³kæ⁴⁵læ⁵³ø²⁴pia³¹in²²iɔ²¹³。

那样几间破房没人要。

代替某种动作或情况，作各种句子成分。例如：

喇⁼样/这哟不好，简哟/那样整⁼好。

la³¹iæ⁵³/tʃie²¹³ti³³pu³¹xau³¹，kɔ³³ti³³/nɔ⁵³iæ⁵³tseŋ³³xau³¹。

这样不好，那样才好。

简哟/那样是对嘅。

kɔ³³ti³³/nɔ⁵³iæ⁵³tʃʰi³¹lø²¹³kɔ³³。

那样是对的。

当然应该简哟/那样就简哟/那样。

lɔŋ⁴⁵ie²²eŋ⁴⁵kai⁴⁵kɔ³³ti³³/nɔ⁵³iæ⁵³tsʰiu⁵³kɔ³³ti³³/nɔ⁵³iæ⁵³。

当然应该那样就那样。

你再讲一次，简哟/那样，他就明白了。

ni³¹tsø²¹³kɔŋ³³i²⁴⁻²²tsʰʅ²¹³，kɔ³³ti³³/nɔ⁵³iæ⁵³，tʰɔ⁴⁵tsʰiu⁵³meŋ²²pa⁵³liu³³。

你再讲一遍，那样，他就明白了。

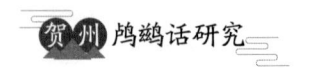

（三）疑问代词

1. 疑问代词一览

表3　疑问代词表

问人	哪[la³³]、哪个[la³³kɔ²¹³]、咛ᵚ个[neŋ⁴⁵kɔ²¹³]哪个、谁
问事物	哪[la³³]、哪家[la³³ka⁴⁵⁻²²]什么、哪个[la³³kɔ²¹³]、哪啲[la³³ti³³]哪些
问处所	哪度[la³³tu³³]哪里、哪家地方[la³³ka⁴⁵⁻²²ti⁵³fɔŋ⁴⁵⁻²²]什么地方
问时间	哪家下时[la³³ka⁴⁵⁻²²xɔ³¹ʃi²²]什么时候
问数量	几多[tʃi³³lɔ⁴⁵]、几个[tʃi³³kɔ²¹³]
问程度	几[tʃi³³]
问方式	拈ᵚ啲[nie⁴⁵ti³³]怎么、哪度[la³³tu³³]哪里
问原因	为哪家[ui⁵³la³³ka⁴⁵⁻²²]为什么

2. 一些疑问代词的用法

（1）**哪[la³³]**，表示疑问或虚指、任指。用在"数量（+名）"前，数词为"一"的时候常省略。

用于疑问，表示要求在同类事物中加以确指。例如：

我是小黄，你是哪个？
ŋɔ³¹tʃʰi³¹siu³³ɔŋ²²，ni³¹tʃʰi³¹la³³kɔ²¹³？
我是小黄，您是哪位呀？

哪本书是你嗰？
la³³pin³³ʃy⁴⁵tʃʰi³¹ni³¹kɔ³³？
哪本书是你的？

老黄哪天走？
lau³¹ɔŋ²²la³³tʰie⁴⁵tsa³³？
老黄哪天走？

你擝哪一家？
ni³¹lɔ³¹la³³i²⁴⁻²²kɔ⁴⁵？
您找哪一家？

用于虚指，表示不确定的一个。例如：

哪日有空我还要擝你谈谈。
la³³n²⁴iu³¹kʰø⁴⁵ŋɔ³¹xæ²²iɔ²¹³lɔ³¹ni³¹tæ²²tæ²²。
哪天有空我还要找你谈谈。

258

第四章 语法

用于任指，表示任何一个，后面常有"都、也"呼应，或者用两个"哪"一前一后呼应。例如：

哪种花色都得。
la³³tʃɔŋ³³fa⁴⁵ʃai²⁴tɔ⁴⁵la²⁴。
哪种花色都行。

喇ᵄ几领衣裳，哪一领也不合适。
la³¹tʃi³³leŋ³³i⁴⁵ʃæ²²，la³³i³⁴⁻²²leŋ³³ia³¹pu³¹xɔ²²ʃi²⁴。
这几件衣服，哪一件也不合适。

哪样嘅机器适合我哋山区就买哪样嘅。
la³³iæ⁵³kɔ³³ki⁴⁵tʃʰi²¹³ʃi²⁴xɔ²²ŋɔ³¹ti³³ʃæ⁴⁵kʰy⁴⁵tsʰiu⁵³ma³¹la³³iæ⁵³kɔ³³。
哪样的机器适合咱们山区就买哪样的。

在连用两个或多个的小句中做主语，前边的谓语动词是否定形式。例如：

游客第一次走入迷宫，分不出哪度是活道，哪度是死道。
iu²²kʰa²⁴ti⁵³i²⁴⁻²tsʰɿ²¹³tsa³³n²⁴mi²²kɔŋ⁴⁵，fin⁴⁵pu³¹tʃʰy²⁴la³³tu³³tʃʰi³¹xɔ⁵³tau⁵³，la³³tu³³tʃʰi³¹sɿ³³tau⁵³。
游客第一次走进迷宫，分不出哪是活道，哪是死道。

（2）咛ᵄ个 [neŋ⁴⁵kɔ²¹³]哪个、哪个 [la³³kɔ²¹³]，表示问人的疑问代词，在句中作主语、宾语和定语。例如：

你是咛ᵄ个？
ni³¹tʃʰi³¹neŋ⁴⁵kɔ²¹³？
你是哪个？

咛ᵄ个同我去？
neŋ⁴⁵kɔ²¹³tø²²ŋɔ³¹kʰi²¹³？
谁和我去？

咛ᵄ个嘅书？
neŋ⁴⁵kɔ²¹³kɔ³³ʃy⁴⁵？
谁的书？

哪个愿意留下？
la³³kɔ²¹³ŋø⁵³i²¹³liu²²xɔ³¹？
哪个愿意留下？

259

"哪个"还用来问事物，在句中作主语、宾语和定语。例如：

喇˭两个手机，哪个是你嗰？
la³¹liæ³¹kɔ²¹³ʃiu³³ki⁴⁵, la³³kɔ²¹³tʃʰi³¹ni³¹kɔ³³?
这两个手机，哪个是你的？

喇˭两个手机，你要哪个？
la³¹liæ³¹kɔ²¹³ʃiu³³ki⁴⁵, ni³¹iɔ²¹³la³³kɔ²¹³?
这两个手机，你要哪个？

哪个手机嗰颜色好看一啲？
la³³kɔ²¹³ʃiu³³ki⁴⁵kɔ³³ŋæ²²ʃai²⁴xau³¹kʰæ²¹³n̠ie²⁴ti³³?
哪个手机的颜色好看些？

（3）哪家[la³³ka⁴⁵⁻²²]什么，用在名词性成分前作修饰语。表示疑问。
加在指物或指人的名词前，问事物的性质或人的职务、身份等。例如：

喇˭度是哪家地方？
la³¹tu³³tʃʰi³¹la³³ka⁴⁵⁻²²ti⁵³fɔŋ⁴⁵?
这是什么地方？

你有哪家要紧事？
ni³¹iu³¹la³³ka⁴⁵⁻²²iɔ²¹³tʃin³³sɿ⁵³?
你有什么要紧事？

哪家下时了？
la³³ka⁴⁵⁻²²xɔ³¹ʃi²²liu³³?
什么时候啦？

他喜欢哪家工作？
tʰɔ⁴⁵ʃi³³fæ⁴⁵la³³ka⁴⁵⁻²²kø⁴⁵tsɔ²⁴?
他喜欢什么工作？

你攞哪家人？
ni³¹lɔ³¹la³³ka⁴⁵⁻²²in²²?
你找什么人？

260

第四章 语法

她是你哪家人？

tʰɔ⁴⁵tʃʰi³¹ni³¹la³³ka⁴⁵⁻²²in²²?

她是你什么人？

你咃喇﹦度需要哪家人员？

ni³¹ti³³la³¹tu³³sy⁴⁵iɔ²¹³la³³ka⁴⁵⁻²²in²²ye²²?

你们这儿需要什么人员？

"哪家"加在名词前，后面不带结构助词"嗰"。

加在名词前，用于是非问句。例如：

在本地你有哪家亲戚冇？

tsʰø³¹pin³³ti⁵³ni³¹iu³¹la³³ka⁴⁵⁻²²tsʰin⁴⁵tsʰai⁵³piu³¹?

在本地你有什么亲戚吗？

附近起了哪家新屋冇？

fu⁵³tʃʰin³¹tʃʰi³³liu³³la³³ka⁴⁵⁻²²sin⁴⁵ø²⁴piu³¹?

附近盖了什么新房子没有？

你吃过他做嗰哪家饭菜冇？

ni³¹tʃʰie²⁴ku²¹³tʰɔ⁴⁵tsɿ²¹³kɔ³³la³³ka⁴⁵⁻²²fæ⁵³tsʰø²¹³piu³¹?

你吃过他做的什么饭菜吗？

加在名词前，用于否定句。例如：

不用讲哪家客气话了，有困难就讲出来啰。

pu³¹iɔŋ⁵³kɔŋ³³la³³ka⁴⁵⁻²²kʰa²⁴tʃʰi²¹³fa⁵³liu³³，iu³¹kʰyn²¹³næ²²tsʰiu⁵³kɔŋ³³tʃʰy²⁴lø²²lɔ⁴⁵⁻²²。

甭说什么客气话了，有困难就说出来吧。

我嗰古仔讲出来也冇哪家新鲜嗰。

ŋɔ³¹kɔ³³ku³³ti³³kɔŋ³³tʃʰy²⁴lø²²ia³¹pia³¹la³³ka⁴⁵⁻²²sin⁴⁵sie⁴⁵kɔ³³。

我的故事讲出来也没什么新鲜的。

同大齐在一起，我从来不感觉哪家孤单。

tø²²ta⁵³tsʰi²²tsʰø³¹i²⁴⁻²²tʃʰi³¹，ŋɔ³¹tsʰɔŋ²²lø²²pu³¹kæ³³kʰɔ²⁴la³³ka⁴⁵⁻²²ku⁴⁵læ⁴⁵⁻²²。

跟大家在一起，我从来不感觉什么孤单。

加在名词前，用于肯定句。例如：

261

他伲正讲倒哪家事情。

tʰɔ⁴⁵ti³³tʃeŋ²¹³kɔŋ³³lɔ³³la³³ka⁴⁵⁻²²sʅ⁵³tsʰeŋ²²。

他们正在谈论什么事情。

窗仔外头好像有哪家声音。

tʃʰæ⁴⁵ti³³mø⁵³ta²²xau³¹tsʰiæ⁵³iu³¹la³³ka⁴⁵⁻²²ʃeŋ⁴⁵in⁴⁵⁻²²。

窗户外头好像有什么声音。

表示否定的情况。

引述别人的话，加"哪家"，表示不同意。例如：

哪家"不晓得"，昨日我还提醒倒你。

la³³ka⁴⁵⁻²²pu³¹ʃɔ⁵³la⁵³，tsʰɔ²⁴n²⁴ŋɔ³¹xæ²²ti²²seŋ³³lɔ³³ni³¹。

什么"不知道"，昨天我还提醒你来着。

看哪家电视，还不赶快做功课。

kʰæ²¹³la³³ka⁴⁵⁻²²tie⁵³ʃi⁵³，xæ²²pu³¹kæ³³kʰua²¹³tsʅ²¹³kɔŋ⁴⁵kʰɔ²¹³。

看什么电视，还不赶快做功课。

还散哪家步呀，你看看都几点了。

xæ²²sæ²¹³la³³ka⁴⁵⁻²²pu⁵³，ni³¹kʰæ²¹³kʰæ²¹³tɔ⁴⁵tʃi³³lie³³liu³³。

还散什么步呀，你看看都几点了。

有+哪家+形（+嗰）。表示不以为然。例如：

喇⁼件事有哪家难办。

la³¹tʃʰie⁵³sʅ⁵³iu³¹la³³ka⁴⁵⁻²²næ²²pæ⁵³。

这事有什么难办。

讲两句话有哪家不好意思嗰。

kɔŋ³³liæ³¹ky²¹³fa⁵³iu³¹la³³ka⁴⁵⁻²²pu³¹xau³¹i²¹³sʅ⁴⁵kɔ³³。

说两句话有什么不好意思的。

白开水有哪家不好吃嗰。

pa⁵³kʰø⁴⁵ʃy³³iu³¹la³³ka⁴⁵⁻²²pu³¹xau³¹tʃʰie²⁴kɔ³³。

白开水有什么不好喝的。

表示任指的情况。

262

用于"都、也"前，表示在所说的范围内无例外。例如：

只要大齐齐心，哪家困难都能解决。

tsʅ³³iɔ²¹³ta⁵³tsʰi²²tsʰi²²sin⁴⁵, la³³ka⁴⁵⁻²²kʰyn²¹³næ²²tɔ⁴⁵neŋ²²ka³³kʰø²⁴。

只要大家齐心，什么困难都能解决。

紫檀比哪家木头都珍贵。

tsʅ³³tæ²²pi³³la³³ka⁴⁵⁻²²mø⁵³ta²²tɔ⁴⁵tʃin⁴⁵ki²¹³。

紫檀比什么木头都珍贵。

两个"哪家"前后照应，表示前者决定后者。例如：

想去哪家地方就去哪家地方。

siæ³³kʰi²¹³la³³ka⁴⁵⁻²²ti⁵³fɔŋ⁴⁵tsʰiu⁵³kʰi²¹³la³³ka⁴⁵⁻²²ti⁵³fɔŋ⁴⁵。

想去什么地方就去什么地方。

哪家地方种哪家璃ᵂ西仔，要根据自然条件来定。

la³³ka⁴⁵⁻²²ti⁵³fɔŋ⁴⁵tʃɔŋ²¹³la³³ka⁴⁵⁻²²li⁴⁵si⁴⁵⁻²²ti³³, iɔ²¹³keŋ⁴⁵ky²¹³tsʰʅ⁵³ie²²tiu²²tʃʰie⁵³lø²²teŋ⁵³。

什么地方种什么庄稼，要根据自然条件来定。

准备了哪家节目就演哪家节目。

tʃyn³³pi⁵³liu³³la³³ka⁴⁵⁻²²tsie²⁴mø⁵³, tsʰiu⁵³ie³³la³³ka⁴⁵⁻²²tsie²⁴mø⁵³。

准备了什么节目就演什么节目。

用于列举。用在几个并列成分前。例如：

哪家缝缝补补、洗洗刷刷，都是阿姆啷事。

la³³ka⁴⁵⁻²²fø²²fø²²pu³³pu³³, si³³si³³ʃua²⁴ʃua²⁴, tɔ⁴⁵tʃʰi³¹a²²na³³kɔ³³sʅ⁵³。

什么缝缝补补、洗洗涮涮，都是奶奶的事儿。

哪家花啊草啊，种了一院仔。

la³³ka⁴⁵⁻²²fa⁴⁵a²²tsʰau³³a²², tʃɔŋ²¹³liu³¹i²⁴⁻²²ye⁵³ti³³。

什么花儿呀草呀，种了一院子。

充当主语、宾语。表示疑问，问事物。

作主语，限于"是"字句。例如：

哪家是你啷理想？

la³³ka⁴⁵⁻²²tʃʰi³¹ni³¹kɔ³³li³¹siæ³³?

什么是你的理想？

263

哪家是你最急需㘳?
la³³ka⁴⁵⁻²²tʃʰi³¹ɲi³¹tsy²¹³tʃi²⁴sy⁴⁵kɔ³³?
什么是你最急需的?

作宾语。例如:
你攞哪家? ni³¹lɔ³¹la³³ka⁴⁵⁻²²? 你找什么?
你想哪家? ni³¹siæ³³la³³ka⁴⁵⁻²²? 你想什么呢?
你买了哪家? ni³¹ma³¹liu³³la³³ka⁴⁵⁻²²? 你买了些什么?
你想看哪家? ni³¹siæ³³kʰæ²¹³la³³ka⁴⁵⁻²²? 你想看什么?

(电话里) 哪家? 你大声一㘳,哪家都听不见。
la³³ka⁴⁵⁻²²? ni³¹ta⁵³ʃeŋ⁴⁵ɲie²⁴ti³³, la³³ka⁴⁵⁻²²tɔ⁴⁵tʰeŋ²¹³pu³¹kie²¹³。
什么? 你大声点儿,什么都听不见。

代替不肯定的事物。一般只作宾语。
用于是非问句。例如:

你想不想吃一㘳哪家 (是问吃不吃,不是问吃什么)?
ni³¹siæ³³pu³¹siæ³³tʃʰie²⁴ɲie²⁴ti³³la³³ka⁴⁵⁻²²?
你想不想吃点儿什么?

还有哪家有/怀得? 赶快抓紧时间讲。
xæ²²iu³¹la³³ka⁴⁵⁻²²piu³¹/pia³¹la³¹? kæ³³kʰua²¹³tʃua³¹tʃin³³ʃi²²kæ⁴⁵kɔŋ³³。
还有什么没有? 赶快抓紧时间说。

用于否定句。例如:

怀得哪家,不用客气。
pia³¹la³¹la³³ka⁴⁵⁻²², pu³¹iɔŋ⁵³kʰa²⁴tʃʰi²¹³。
没有什么,甭客气。

见了面就明白了,我就不讲哪家了。
kie²¹³liu³³mie⁵³tsʰiu⁵³meŋ²²pa⁵³liu³³, ŋɔ³¹tsʰiu⁵³pu³¹kɔŋ³³la³³ka⁴⁵⁻²²liu³³。
见了面就明白了,我就不说什么了。

天气太热,用不着穿哪家。
tʰie⁴⁵tʃʰi²¹³tʰø⁵³ɲie⁵³, iɔŋ⁵³pu³¹tiu⁵³tʃʰø⁴⁵la³³ka⁴⁵⁻²²。
天气太热,用不着穿什么。

用于肯定句。例如：

我想吃一啲哪家。

ŋɔ³¹siæ³³tʃʰie²⁴n̠ie²⁴ti³³la³³ka⁴⁵⁻²²。

我想吃点儿什么。

她手里好像丈=倒个哪家。

tʰɔ⁴⁵ʃiu³³li³¹xau³¹tsʰiæ⁵³tiæ⁵³lɔ³³kɔ²¹³la³³ka⁴⁵⁻²²。

她手里好像攥着个什么。

他哋在一起像是讲倒哪家。

tʰɔ⁴⁵ti³³tsʰø³¹i²⁴tʃʰi³³tsʰiæ⁵³tʃʰi³¹kɔŋ³³lɔ³³la³³ka⁴⁵⁻²²。

他们聚在一起像是在议论什么呢。

表示否定。用在动词后，表示不满等。例如：

你跑哪家，还有事同你讲！

ni³¹pʰau³³la³³ka⁴⁵⁻²²，xæ²²iu³¹sʅ⁵³tø²²ni³¹kɔŋ³³。

你跑什么，还有事跟你说呢！

你在喇=度乱翻哪家！

ni³¹tsʰø³¹la³¹tu³³luæ⁵³fæ⁴⁵la³³ka⁴⁵⁻²²！

你在这儿乱翻什么！

他整日乱喊哪家！

tʰɔ⁴⁵tʃeŋ³³n²⁴luæ⁵³xæ³¹la³³ka⁴⁵⁻²²！

他整天瞎嚷嚷什么！

挤哪家！按次序来。

tsi³³la³³ka⁴⁵⁻²²！æ²¹³tsʰʅ²¹³sy⁵³lø²²。

挤什么！按次序来。

你晓得哪家！

ni³¹ʃɔ⁵³la⁵³la³³ka⁴⁵⁻²²！

你知道什么！

用在形容词后。例如：

重哪家！整=一百零斤。

tʰɔŋ³¹la³³ka⁴⁵⁻²²！tseŋ³³i²⁴⁻²²pa²⁴leŋ²²tʃin⁴⁵。

重什么！才一百来斤。

后生哪家啊，我都五十了。
xa⁵³ʃeŋ⁴⁵⁻²²la³³ka⁴⁵⁻²²a²², ŋɔ³¹tɔ⁴⁵n³¹ʃi²²liu³³。
年轻什么啊，我都五十了。

表示任指。用在"都、也"前，表示在所说范围内无例外。例如：

敲嗰下时，最好哪家都不想。
tʰa³³kɔ³³xɔ³¹ʃi²², tsy²¹³xau³¹la³³ka⁴⁵⁻²²tɔ⁴⁵pu³¹siæ³³。
休息的时候，最好什么都不想。

喇˜个瑆崽崽哪家都不怕。
la³¹kɔ²¹³lai⁴⁵tsai³³tsø³³⁻⁴⁵la³³ka⁴⁵⁻²²tɔ⁴⁵pu³¹pʰɔ²¹³。
这孩子什么都不怕。

他在屋上，哪家也不管。
tʰɔ⁴⁵tsʰø³¹ø²⁴ʃæ⁵³, la³³ka⁴⁵⁻²²ia³¹pu³¹kuæ³³。
他在家里，什么也不管。

抿紧倒嘴，哪家也不讲。
min³¹tʃin³³lɔ³³tsy³³, la³³ka⁴⁵⁻²²ia³¹pu³¹kɔŋ³³。
紧闭着嘴，什么也不说。

"哪家"单独成句，表示惊讶。例如：

哪家！都九点了，我哋得马上走了。
la³³ka⁴⁵⁻²²！tɔ⁴⁵tʃiu³³lie³³liu³³, ŋɔ³¹ti³³la²⁴mɔ³¹ʃæ⁵³tsa³³liu³³。
什么！都九点了，咱们得马上动身了。

哪家！你已经五十八岁了，看不出来。
la³³ka⁴⁵⁻²²！ni³¹i³³keŋ⁴⁵n³¹ʃi²²pɔ²⁴sy²¹³liu³³, kʰæ²¹³pu³¹tʃʰy²⁴lø²²。
什么！你已经五十八岁了，看不出来。

（4）**哪度**[la³³tu³³]，用于问处所，表示"哪里"的意思。
作主语。例如：

身上哪度不舒服？
ʃin⁴⁵ʃæ⁵³la³³tu³³pu³¹ʃy⁴⁵fu²⁴？
身上哪里不舒服？

266

哪度有这种花色嘚布料？

la³³tu³³iu³¹tʃie²¹³tʃɔŋ³³fa⁴⁵ʃai²⁴kɔ³³pu²¹³liu⁵³？

哪里有这种花色的布料？

作宾语。直接用在动词后或用在介词后。例如：

在哪度 tsʰø³¹la³³tu³³ 在哪里？｜住哪度 ty⁵³la³³tu³³ 住哪里？

喇⁼下到了哪度了？

la³¹xɔ³¹lau²¹³liu³³la³³tu³³liu³³？

现在到了哪里了？

他去哪度了？

tʰɔ⁴⁵kʰi²¹³la³³tu³³liu³³？

他上哪里去了？

从哪度来嘚？

tsʰɔŋ²²la³³tu³³lø²²kɔ³³？

从哪里来的？

修饰名词作定语，多带结构助词"嘚"。例如：

你是哪度人？

ni³¹tʃʰi³¹la³³tu³³in²²？

你是哪里人？

他讲嘚是哪度嘚方言？

tʰɔ⁴⁵kɔŋ³³kɔ³³tʃʰi³¹la³³tu³³kɔ³³fɔŋ⁴⁵ie²²？

他说的是哪里的方言？

喇⁼哟是哪度种嘚米？

la³¹ti³³tʃʰi³¹la³³tu³³tʃɔŋ²¹³kɔ³³mi³¹？

这是哪里种的大米？

用于虚指。例如：

昨日你不到过哪度去？

tsʰɔ²⁴n²⁴ni³¹pu³¹lau²¹³ku²¹³la³³tu³³kʰi²¹³？

昨天你没有到哪里去吗？

昨日你去过哪度有？
tsʰɔ²⁴n²⁴ni³¹kʰi²¹³ku²¹³la²¹³tu³³piu³¹？
昨天你去过哪里没有？

昨日你不去过哪度？
tsʰɔ²⁴n²⁴ni³¹pu³¹kʰi²¹³ku²¹³la³³tu³³？
昨天你没有去过哪里？

我好像在哪度看见过唎⁼个人。
ŋɔ³¹xau³¹tsʰiæ⁵³tsʰø³¹la³³tu³³kʰæ²¹³kie²¹³ku²¹³la³¹kɔ²¹³in²²。
我好像在哪里看见过这个人。

用于任指。
后边常用"都、也"呼应，前面可用"无论、不论、不管"等。例如：

做工夫哪度都一样。
tsɿ²¹³kø⁴⁵fu⁴⁵la³³tu³³tɔ⁴⁵i²⁴⁻²²iæ⁵³。
干活哪里都一样。

无论到哪度，都不忘学习。
u²²lyn⁵³lau²¹³la³³tu³³，tɔ⁴⁵pu³¹mɔŋ⁵³ʃɔ⁵³si²⁴。
无论到哪里，都不忘学习。

我今日要等人，哪度也不去。
ŋɔ³¹tʃin⁴⁵n²⁴iɔ²¹³leŋ³³in²²，la³³tu³³ia³¹pu³¹kʰi²¹³。
我今天要等人，哪里也不去。

前后两个"哪度"相呼应，表示条件关系。例如：

哪度有水，哪度就有生命。
la³³tu³³iu³¹ʃy³³，la³³tu³³tsʰiu⁵³iu³¹ʃeŋ⁴⁵meŋ⁵³。
哪里有水，哪里就有生命。

从哪度来，回哪度去。
tsʰɔŋ²²la³³tu³³lø²²，fø²²la³³tu³³kʰi²¹³。
从哪里来，回哪里去。

哪度困难就到哪度去。
la³³tu³³kʰyn²¹³næ²²tsʰiu⁵³lau²¹³la³³tu³³kʰi²¹³。
哪里困难就到哪里去。

268

用于反问。意在否定，没有处所意义。例如：

他哪度是广东人？他是广西人。
tʰɔ⁴⁵la³³tu³³tʃʰi³¹kɔŋ³³lø⁴⁵in²²？ tʰɔ⁴⁵tʃʰi³¹kɔŋ³³si⁴⁵in²²。
他哪里是广东人？他是广西人。

这卟多人一架车哪度坐得下？
tʃie²¹³pu³¹lɔ⁴⁵in²²i²⁴⁻²²kɔ²¹³tʃʰa⁴⁵la³³tu³³tsʰɔ³¹la²⁴xɔ³¹？
这么多人一辆车哪里坐得下？

我哪度有你力气大！
ŋɔ³¹la³³tu³³iu³¹ni³¹lai⁵³tʃʰi²¹³ta⁵³
我哪里有你劲儿大呀！

（5）哪家下时 [la³³ka⁴⁵⁻²²xɔ³¹ʃi²²]，加在指动作行为的动词或指事情的名词前，问动作行为或事情发生、存在的时间，表示"什么时候"的意思。在句中作状语和定语。例如：

学校哪家下时放假？
ʃɔ⁵³ʃau²¹³la³³ka⁴⁵⁻²²xɔ³¹ʃi²²xoŋ²¹³kɔ²¹³？
学校什么时候放假？

喇ⁿ呐是哪家下时唧事？
la³¹ti³³tʃʰi³¹la³³ka⁴⁵⁻²²xɔ³¹ʃi²²kɔ³³sɿ⁵³？
这是什么时候的事？

（6）几 [tʃi³³]、几多 [tʃi³³lɔ⁴⁵]，加在量词或名词前，问人或事物的数量，表示"多少"的意思。在句中作定语，"几多"还可以作主语和宾语。例如：

你屋上有几个人？
ni³¹ø²⁴ʃæ⁵³iu³¹tʃi³³kɔ²¹³in²²？
你家里有多少个人？

你屋上有几多田？
ni³¹ø²⁴ʃæ⁵³iu³¹tʃi³³lɔ⁴⁵tie²²？
你家有多少田？

几多我都要完。
tʃi³³lɔ⁴⁵ŋɔ³¹tɔ⁴⁵iɔ²¹³uæ²²。
多少我都要完。

269

你有几多我就要几多。

ni³¹iu³¹tʃi³³lɔ⁴⁵ŋɔ³¹tsʰiu⁵³iɔ²¹³tʃi³³lɔ⁴⁵。

你有多少我就要多少。

"几"用在形容词前问程度，在句中作状语。例如：

笡翕树有几高？

kɔ³³pʰɔ⁴⁵ʃy⁵³iu³¹tʃi³³kau⁴⁵？

那棵树有多高？

（7）拈啲[nie⁴⁵ti³³]，用在指动作行为的动词前，问动作行为的方式，表示"怎么"的意思。在句中作状语。例如：

喇⁼个鱼拈⁼啲煮？

la³¹kɔ²¹³y²²nie⁴⁵ti³³tʃy³³？

这条鱼怎么煮？

老黄屋上拈⁼啲去？

lau³¹ɔŋ²²ø²⁴ʃæ⁵³nie⁴⁵ti³³kʰi²¹³？

老黄家怎么去？

"拈⁼啲"还用来问原因。例如：

他拈⁼啲哭嘅？

tʰɔ⁴⁵nie⁴⁵ti³³kʰø²⁴kie³³？

他怎么哭了？

昨日你拈⁼啲不来？

tsʰɔ²⁴n²⁴ni³¹nie⁴⁵ti³³pu³¹lø²²？

昨天你怎么没来？

（8）为哪家[ui⁵³la³³ka⁴⁵⁻²²]，询问原因或目的，表示"为什么"的意思。具体用法如下。

为哪家+动/形。例如：

为哪家哭了？

ui²²la³³ka⁴⁵⁻²²kʰø²⁴liu³³？

为什么哭了？

270

第四章 语法

为哪家不讲话？

ui^{22}la^{33}ka$^{45-22}$pu^{31}kɔŋ^{33}fa^{53}？

为什么不说话？

孻崽崽为哪家总爱生病？

lai^{45}tsai^{33}tsø^{33}ui^{22}la^{33}ka$^{45-22}$tsø^{33}ai^{213}ʃeŋ^{45}peŋ^{53}？

孩子为什么总爱生病？

她为哪家这呙烦燥？

tʰɔ^{45}ui^{22}la^{33}ka$^{45-22}$tʃie^{213}ti^{33}fæ^{22}tsʰau^{213}？

她为什么那么烦燥？

今年夏天为哪家这卟热？

tʃin^{45}nie^{22}xɔ^{53}tʰie^{45}ui^{22}la^{33}ka$^{45-22}$tʃie^{213}pu^{31}n̠ie^{53}？

今年夏天为什么这么热？

为哪家+小句。例如：

为哪家小黄喇˸几日迟到？

ui^{22}la^{33}ka$^{45-22}$siu^{33}ɔŋ^{22}la^{31}tʃi^{24}n^{24}ti^{22}lau^{213}？

为什么小黄这几天迟到？

为哪家你又不完成作业？

ui^{22}la^{33}ka$^{45-22}$ni^{31}iu^{53}pu^{31}uæ^{22}ʃeŋ^{22}tsɔ^{24}n̠ie^{24}？

为什么你又不完成作业？

为哪家他最近瘦了？

ui^{22}la^{33}ka$^{45-22}$tʰɔ^{45}tsy^{213}tʃʰin^{31}ʃa^{213}liu^{33}？

为什么他最近瘦了？

"为哪家"还可以用在句尾。例如：

你这是为哪家？

ni^{31}tʃie^{213}tʃʰi^{31}ui^{22}la^{33}ka$^{45-22}$？

你这是为什么？

小黄今日不来做工，为哪家？

siu^{33}ɔŋ^{22}tʃin^{45}n^{24}pu^{31}lø^{22}tsɿ^{213}kø^{45}，ui^{22}la^{33}ka$^{45-22}$？

小黄今天没来干活，为什么？

271

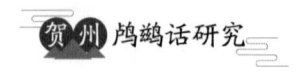

你为哪家不去？不为哪家。

ni³¹ui²²la³³ka⁴⁵⁻²²pu³¹kʰi²¹³？ pu³¹ui²²la³³ka⁴⁵⁻²²。

你为什么不去？不为什么。

第二节 词类（二）

一、副词

（一）否定副词

常用的否定副词有"不[pu³¹]、怀[pia³¹]、怀得[pia³¹la³¹]、不曾[pu³¹tsʰeŋ²²]、冇[piu³¹]"。下边分别说明。

1. 不[pu³¹]

（1）否定副词"不"用在动词、形容词前对动作、形状进行否定时与普通话相同。

不+动作动词：否定经常、习惯性的动作。例如：

他是个守时嘅人，从来不迟到。

tʰɔ⁴⁵tʃʰi³¹kɔ²¹³ʃiu³³ʃi²²kɔ³³in²²，tsʰɔŋ²²lø²²pu³¹ti²²lau²¹³。

他是个守时的人，从来不迟到。

不+能愿动词：否定主观意愿。例如：

他不（想）请我，所以我不（想）去吃他嘅结婚酒。

tʰɔ⁴⁵pu³¹（siæ³³）tsʰeŋ³³ŋɔ³¹，sɔ³³i³³ŋɔ³¹pu³¹（siæ³³）kʰi²¹³tʃʰie²⁴tʰɔ⁴⁵kɔ³³tʃie²⁴fin⁴⁵tsiu³³。

他不（想）请我，所以我不（想）去参加他的婚宴。

他不会讲鸬鹚话。

tʰɔ⁴⁵pu³¹fø⁵³kɔŋ³³lu²²tsʰɿ²²fa⁵³。

他不会说鸬鹚话。

昨日我病了，不能来做工。

tsʰɔ²⁴n²⁴ŋɔ³¹peŋ⁵³liu³³，pu³¹neŋ²²lø²²tsɿ²¹³kø⁴⁵。

昨天我病了，不能来干活。

不+形容词：否定性质。例如：

今日天气不热。

tʃin⁴⁵n²⁴tʰie⁴⁵tʃʰi²¹³pu³¹ȵie⁵³。

今天天气不热。

272

第四章 语法

她经常讲要减肥，其实她不肥。
tʰɔ⁴⁵keŋ⁴⁵tʃʰæ²²kɔŋ³³iɔ²¹³kæ³³fi²²，tʃʰi²²ʃi⁵³tʰɔ⁴⁵pu³¹fi²²。
她常常说得减肥，其实她不胖。

动/形+不+动/形：表示正反问。例如：

你到底听不听？
ni³¹lau²¹³li³³tʰeŋ²¹³pu³¹tʰeŋ²¹³？
你到底听不听？

他行不行？
tʰɔ⁴⁵xeŋ²²pu³¹xeŋ²²？
他行不行？

喇˭个菜辣不辣？
la³¹kɔ²¹³tsʰø²¹³lɔ²⁴pu³¹lɔ²⁴？
这个菜辣不辣？

动+不+补语：表示不可能。例如：

喇˭张桌仔我搬不动。
la³¹tʃæ⁴⁵tsɔ²⁴ti³³ŋɔ³¹pæ⁴⁵pu³¹tø³¹。
这张桌子我搬不动。

你立在喇˭度他看不到。
ni³¹li²⁴tsʰø³¹la³¹tu³³tʰɔ⁴⁵kʰæ²¹³pu³¹lau²¹³。
你站在这里他看不到。

喇˭件事情越来越讲不清了。
la³¹tʃʰie⁵³sɿ⁵³tsʰeŋ²²ye²⁴lø²²ye²⁴kɔŋ³³pu³¹tsʰeŋ⁴⁵liu³³。
这件事情越来越讲不清了。

也可以单独成句，用于回答问题。例如：

不，他不是这呣做嘅。
pu³¹，tʰɔ⁴⁵pu³¹tʃʰi³¹tʃie²¹³ti³³tsɿ²¹³kɔ³³。
不，他不是这么做的。

（2）"不"表示禁止或劝阻，相当于普通话的"别"或者"不要"。例如：
不着急 别着急｜不难过 别难过｜不出声 别出声｜不开玩笑 别开玩笑｜不冒冒失失啲 别冒冒失失的。

273

"不"用于作谓语的小句前，句子常带有熟语性。例如：

不一个人讲了算。

pu³¹i²⁴⁻²²kɔ²¹³in²²kɔŋ³³liu³³suæ²¹³。

别一个人说了算。

不自作主张。

pu³¹tsʰɿ⁵³tsɔ²⁴tʃy³³tʃæ⁴⁵。

别自作主张。

不整日张家长李家短嘅。

pu³¹tʃeŋ³³n²⁴tʃæ⁴⁵kɔ⁴⁵tiæ²²li³¹kɔ⁴⁵luæ³³kɔ³³。

别整天张家长李家短的。

鸬鹚话的"不"可以单用，用于接着对方的话说。例如：

我先走啰！不，不，我咃一伙走吧！

ŋɔ³¹sie⁴⁵tsa³³lɔ³³，pu³¹，pu³¹！ŋɔ³¹ti³³i²⁴⁻²²fu³³tsa³³pa⁴⁵⁻²²。

我先走啦！别，别，咱们一块走吧！

我提不出哪家意见了。不，你还是多提提吧！

ŋɔ³¹ti²²pu³¹tʃʰy²⁴la³³ka⁴⁵⁻²²i²¹³kie²¹³liu³³。pu³¹，ni³¹xæ²²tʃʰi³¹lɔ⁴⁵ti²²ti²²pa⁴⁵⁻²²。

我提不出什么意见了。别，你还是多提提吧！

2. 怀 [pia³¹]、怀得 [pia³¹la³¹]

（1）鸬鹚话"怀（或'怀得'）"大体相当于普通话的"没（或'没有'）"，表示领有、具有的否定。例如：

我怀得多余嘅钱。

ŋɔ³¹pia³¹la³¹lɔ⁴⁵y²²kɔ³³tsʰie²²。

我没有多余的钱。

他在读书方面怀得哪家前途。

tʰɔ⁴⁵tsʰø³¹tø⁵³ʃy⁴⁵fɔŋ⁴⁵mie⁵³pia³¹la³¹la³³ka⁴⁵⁻²²tsʰie²²tu²²。

他在读书方面没有什么前途。

饭早怀了。

fæ⁵³tsau³³pia³¹liu³³。

饭早没有了。

一时吓得他怀得了主意。

i²⁴⁻²²ʃi²²xa²⁴la²⁴tʰɔ⁴⁵pia³¹la³¹liu³³tʃy³³i²¹³。

一时吓得他没有了主意。

"怀（或'怀得'）+名"有时可受程度副词修饰。例如：

最怀得意思嘲是他嘲做法。

tsy²¹³pia³¹la³¹i²¹³sɿ⁴⁵kɔ³³tʃʰi³¹tʰɔ⁴⁵kɔ³³tsɿ²¹³fa²⁴。

最没有意思的是他的做法。

你嘲话非常怀得道理了。

ni³¹kɔ³³fa⁵³fi⁴⁵tʃʰæ²²pia³¹la³¹tau⁵³li³¹liu³³。

你的话太没有道理了。

"怀（或'怀得'）+名"用作连动句前一部分。例如：

我怀时间管喇゠啲事。

ŋɔ³¹pia³¹ʃi²²kæ⁴⁵kuæ³³la³¹ti³³sɿ⁵³。

我没有时间管这些事。

你怀办法让他也去冇？

ni³¹pia³¹pæ⁵³fa²⁴ȵiæ⁵³tʰɔ⁴⁵ia³¹kʰi²¹³piu³¹？

你没有办法让他也去吗？

我怀得饭吃，你得我一碗吧！

ŋɔ³¹pia³¹la³¹fæ⁵³tʃʰie²⁴，ni³¹la²⁴ŋɔ³¹i²⁴uæ³³pa⁴⁵⁻²²！

我没有书看，你给我找一本吧！

我怀哪家璃゠西仔送得你。

ŋɔ³¹pia³¹la³³ka⁴⁵⁻²²li⁴⁵si⁴⁵⁻²²ti³³sø²¹³la²⁴ni³¹。

我没有什么东西送给你。

（2）对存在的否定。句首常用时间、处所词语。不存在的主体一般在后边。例如：

今日怀得风。

tʃin⁴⁵n²⁴pia³¹la³¹fø⁴⁵。

今天没有风。

275

拈⁼啲怀得电了？

nie⁴⁵ti³³pia³¹la³¹tie⁵³liu³³？

怎么没有电了？

外头怀得人。

mø⁵³ta²²pia³¹la³¹in²²。

外面没有人。

柜仔里头哪家都怀得。

kʰi⁵³ti³³li³¹ta²²la³³ka⁴⁵⁻²²tɔ⁴⁵pia³¹la³¹。

柜子里什么也没有。

屋里头连一张椅仔都怀得。

ø²⁴li³¹ta²²lie²²i²⁴⁻²²tʃæ⁴⁵i³³ti³³tɔ⁴⁵pia³¹la³¹。

屋里连一把椅子都没有。

你讲啯喇⁼种事我哋箇度是怀得啯。

ni³¹kɔŋ³³kɔ³³la³¹tʃɔŋ³³sɿ⁵³ŋɔ³¹ti³³kɔ³³tu³³tʃʰi³¹pia³¹la³¹kɔ³³。

你说的这种事我们那儿是没有的。

可带兼语。例如：

怀得人讲我听喇⁼件事。

pia³¹la³¹in²²kɔŋ³³ŋɔ³¹tʰeŋ²¹³la³¹tʃʰie⁵³sɿ⁵³。

没有人告诉我这件事。

昨日怀得客人来。

tsʰɔ²⁴n²⁴pia³¹la³¹kʰa²⁴in²²lø²²。

昨天没有客人来。

"怀（或'怀得'）"后面的名词是动词的受事。例如：

喇⁼度怀得璃⁼西仔可吃。

la³¹tui³³pia³¹la³¹li⁴⁵si⁴⁵⁻²²ti³³kʰɔ³³tʃʰie²⁴。

这儿没有什么东西可吃。

箇啲年怀得好电影看。

kɔ³³ti³³nie²²pia³¹la³¹xau³¹tie⁵³eŋ³³kʰæ²¹³。

那些年没有好电影看。

兼语是表示任指的指示代词。例如：

怀得咛˭个会像你这呐处理问题嗰。
pia³¹la³¹neŋ⁴⁵kɔ²¹³fø⁵³tsʰiæ⁵³ni³¹tʃie²¹³ti³³tʃʰy³³li³¹min⁵³ti²²kɔ³³。
没有谁会像你这样处理问题的。

怀得哪家人来过我哋喇˭度。
pia³¹la³¹la³³ka⁴⁵⁻²²in²²lø²²ku²¹³ŋɔ³¹ti³³la³¹tu³³。
没有什么人来过我们这里。

怀得哪家事情值得注意嗰。
pia³¹la³¹la³³ka⁴⁵⁻²²sʅ⁵³tsʰeŋ²²tʃʰai²⁴la²⁴tʃy²¹³i²¹³kɔ³³。
没有什么事情值得注意的。

（3）"怀（或'怀得'）+数量"，表示数量不足。例如：

喇˭间屋怀得十平方米。
la³¹kæ⁴⁵ø²⁴pia³¹la³¹ʃi²²peŋ²²fɔŋ⁴⁵mi³¹。
这间屋子没有十平方米。

跑了怀得几步就立倒了。
pʰau³³liu³³pia³¹la³¹tʃi³³pu⁵³tsʰiu⁵³li²⁴lɔ³³liu³³。
跑了没有几步就站住了。

（4）表示不及。用于比较。
怀（或"怀得"）+这卟+形。例如：

问题怀得这卟严重。
min⁵³ti²²pia³¹la³¹tʃie²¹³pu³¹ȵie²²tɔŋ³¹。
问题没有那么严重。

喇˭度从来怀得这卟冷过。
la³¹tu³³tsʰɔŋ²²lø²²pia³¹la³¹tʃie²¹³pu³¹leŋ³¹ku²¹³。
这里从来没有这么冷过。

怀（或"怀得"）+名+形。例如：

我老弟怀得他聪明。
ŋɔ³¹lau³¹ti⁵³pia³¹la³¹tʰɔ⁴⁵tsʰø⁴⁵min²²。
我弟弟没有他聪明。

咛=个都跑得怀得他快。

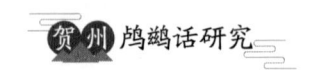

neŋ⁴⁵kɔ²¹³tɔ⁴⁵pʰau³³la²⁴pia³¹la³¹tʰɔ⁴⁵kʰua²¹³。

谁都跑得没有他快。

3. 不曾 [pu³¹tsʰeŋ²²]

鸬鹚话的"不曾"对应普通话否定副词"没有"的几种用法。

（1）否定客观动作发生或完成，只用于过去、现在，不能用于将来。例如：

他去了，我不曾去。

tʰɔ⁴⁵kʰi²¹³liu³³，ŋɔ³¹pu³¹tsʰeŋ²²kʰi²¹³。

他去了，我没有去。

不曾收到回信，可能他出差了。

pu³¹tsʰeŋ²²ʃiu⁴⁵lau²¹³fø²²sin²¹³，kʰɔ³³neŋ²²tʰɔ⁴⁵tʃʰy²⁴tʃʰai⁴⁵liu³³。

没有收到回信，可能他出差了。

我不曾看到你嘅锄头。

ŋɔ³¹pu³¹tsʰeŋ²²kʰæ²¹³lau²¹³ni³¹kɔ³³tʃʰu²²ta²²。

我没有看见你的锄头。

今日他不曾参加考试。

tʃin⁴⁵n²⁴tʰɔ⁴⁵pu³¹tsʰeŋ²²tsʰæ⁴⁵kɔ⁴⁵kʰau³³ʃi²¹³。

今天他没（有）参加考试。

我不曾记住他嘅电话号码。

ŋɔ³¹pu³¹tsʰeŋ²²ki²¹³ty⁵³tʰɔ⁴⁵kɔ³³tie⁵³fa⁵³xau⁵³mɔ³¹。

我没（有）记住他的电话号码。

（2）否定变化的出现。例如：

衣裳不曾干。

i⁴⁵ʃæ²²pu³¹tsʰeŋ²²kuæ⁴⁵。

衣服没有干。

天气还不曾暖。

tʰie⁴⁵tʃʰi²¹³xæ²²pu³¹tsʰeŋ²²nuæ³¹。

天气还没有暖和。

我不曾着急，就是有一啲担心。

ŋɔ³¹puˀ³¹tsʰeŋ²²tʃɔ²⁴tʃi²⁴，tsʰiu⁵³tʃʰi³¹iu³¹ɲie²⁴ti³³læ⁴⁵sin⁴⁵。

我没有着急，只是有点担心。

十年不见，她还不曾老，还是这卟靓

ʃi²²nie²²pu³¹kie²¹³，tʰɔ⁴⁵xæ²²pu³¹tsʰeŋ²²lau³¹，xæ²²tʃʰi³¹tʃie²¹³pu³¹liaŋ⁵³。

十年不见，她还没（有）老，还是那么漂亮。

昨日去面试，我不曾紧张，就是有一啲不好意思。

tsʰɔ²⁴n²⁴kʰi²¹³mie⁵³ʃi²¹³，ŋɔ³¹pu³¹tsʰeŋ²²tʃin³³tʃæ⁴⁵，tsʰiu⁵³tʃʰi³¹iu³¹ɲie²⁴ti³³pu³¹xau³¹i²¹³sɿ⁴⁵。

昨天去面试，我没（有）紧张，只是有点不好意思。

（3）"不曾"用于问句末尾，相当于普通话"没有"。用于问句末尾的有两种形式。"动/形+不曾"相当于普通话"动/形+没有"，用于单纯提问，不作推测。例如：

去了不曾_{去了没有？}｜看见不曾_{看见没有？}｜讨论不曾_{讨论没有？}｜衣裳干了不曾_{衣服干了没有？}

"不曾+动/形+咩"相当于普通话"没有+动/形+吗"，表示怀疑或惊讶，要求证实。例如：

老黄不曾去咩？

lau³¹ɔŋ²²pu³¹tsʰeŋ²²kʰi²¹³mie⁴⁵？

老黄没有去吗？

我哋吃过朝了，你哋不曾吃咩？

ŋɔ³¹ti³³tʃʰie²⁴ku²¹³tʃɔ⁴⁵liu³³，ni³¹ti³³pu³¹tsʰeŋ²²tʃʰie²⁴mie⁴⁵？

我们吃过早饭了，你们没有吃吗？

（4）鸬鹚话"不曾"像普通话"没有"一样，可以单独回答问题。例如：

他走了不曾？不曾。

tʰɔ⁴⁵tsa³³liu³³pu³¹tsʰeŋ²²？pu³¹tsʰeŋ²²。

他走了吗？没有。

你听讲不曾？不曾。

ni³¹tʰeŋ²¹³kɔŋ³³pu³¹tsʰeŋ²²？pu³¹tsʰeŋ²²。

你听说没有？没有。

4. 冇 [piu³¹]

鸬鹚话否定副词"冇"是"不有"[pu³¹iu³¹]的合音，用于句末，相当于普通话用在正反问句末尾的"没（有）"。例如：

还有饭冇？

xæ²²iu³¹fæ⁵³piu³¹？

还有没有饭？

你去过北京冇？

ni³¹kʰi²¹³ku²¹³pai²⁴keŋ⁴⁵piu³¹？

你到过北京没有到过？

喇⁼件事他晓得冇？他不晓得。

la³¹tʃʰie⁵³sɿ⁵³tʰɔ⁴⁵ʃɔ⁵³la⁵³piu³¹？ tʰɔ⁴⁵pu³¹ʃɔ⁵³la⁵³

这事情他知道不知道？他不知道。

喇⁼个字你认得冇？我不认得。

la³¹kɔ²¹³sɿ⁵³ni³¹n⁵³la²⁴piu³¹？ ŋɔ³¹pu³¹n⁵³la²⁴。

这个字你认得不认得？我不认得。

你还记得到冇？

ni³¹xæ²²ki²¹³la²⁴lau²¹³piu³¹？

你还记得不记得？

（二）程度副词

1. 好 [hau³¹]

鸬鹚话常用的程度副词是"好"，在鸬鹚话里只作状语，不能作补语。

（1）用在形容词前，表示程度高。例如：

好好_{很好}|好幸福嘅生活_{很幸福的生活}|表现得好积极_{表现得很积极}|情况好严重_{情况很严重}|在好远好远嘅地方_{在很远很远的地方}。

（2）在助动词或动词短语前，表示程度高。

好+助动。下列助动词可单独受"好"修饰。例如：

好应该_{很应该}|好应当_{很应当}|好可能_{很可能}。

下列助动词必须构成动词短语才能受"好"修饰：

好敢讲_{很敢讲}|好肯做_{很肯干}|好会唱_{很会唱}|好能够讲服人_{很能够说服人}。

下列助动词即使构成动词短语也不能受"好"修饰：

*好要写|*好应该做|*好得去。

好+动。限于一部分表示情绪、态度、理解、评价、状态的动词。例如：

好喜欢_{很喜欢}|好感激_{很感激}|好愿意_{很愿意}|好负责_{很负责}|好用功_{很用功}|好成功_{很成功}|大齐都好支持_{大家都很支持}|你哋两个好接近_{你们俩很接近}|当地嘅情况我好了解_{当地的情况我很了解}。

好+动宾短语。某些动词不能单独受"好"修饰，但带宾语后，动宾短语可受"好"修饰。例如：

好伤我嘅心_{很伤我的心}|好有礼貌_{很有礼貌}|好讲道理_{很讲道理}|好掌握政策_{很掌握政策}|好讲明问题_{很说明问题}|好感兴趣_{很感兴趣}|好有意思_{很有意思}|好怀力_{很没劲}|好佔地方_{很占地方}|好受尊敬_{很受尊敬}|好受欢迎_{很受欢迎}。

好+带"得、不"的动结式、动趋式。限于少数表示态度、情绪、感受、评价等的动词短语。例如：

好看得起_{很看得起}|好看不起（人）_{很看不起（人）}|好过意不去_{很过意不去}|好沉得住气_{很沉得住气}|好搦不定主意_{很拿不定主意}|好靠不住_{很靠不住}|好合得来_{很合得来}|好经不起检查_{很经不起检查}。

好+动+数量。动词后多带"了₁、过"。数词限"一、两、几"。例如：

好有两下_{很有两下子}|好去过几次_{很去过几回}|好攞了一段时间_{很找了一阵子}。

（3）用在"不……"前。例如：

好不细（*好不大）_{很不小}|好不轻（*好不重）_{很不轻}|好不简单（*好不复杂）_{很不简单}|好不认真（*好不马虎）_{很不认真}|好不赞成（*好不反对）_{很不赞成}|好不讲理_{很不讲理}。

（4）用在四字语前。限于一部分描写性的和表示态度、情绪、评价的成语。例如：

好平易近人_{很平易近人}|好提心吊胆_{很提心吊胆}|好耐人寻味_{很耐人寻味}|好孤陋寡闻_{很孤陋寡闻}。

（5）另外，在"得"后作补语，表示程度高用"很[xen³³]"不用"好"。例如：

好得很_{好得很}|糟得很_{糟得很}|粗心得很_{粗心得很}|热闹得很_{热闹得很}|喜欢得很_{喜欢得很}|受欢迎得很_{受欢迎得很}。

2. 非常 [fi⁴⁵tʃʰæ²²]

鸬鹚话副词"非常"跟普通话副词"非常"用法相同，表示程度极高。

（1）非常+形/动。例如：

非常大_{非常大}|非常好_{情绪非常好}|非常舒服_{非常舒服}|做得非常及时_{做得非常及时}|非常会讲话_{非常会说话}|非常能吃苦_{非常能吃苦}|非常心痛_{非常心疼}|非常喜欢_{非常喜欢}|非常感谢_{非常感谢}|非常同意_{非常同意}|非常解决问题_{非常解决问题}|非常有意思_{非常有意思}|非常感兴趣_{非常感兴趣}。

（2）非常之（嘅）+形/动。语意更强调、突出。例如：

问题非常之复杂|天气非常嘅热_{天气非常地热}|非常嘅感谢_{非常地感谢}。

3. 十分 [ʃi²²fin⁴⁵]

鸬鹚话副词"十分"跟普通话副词"十分"用法相同，表示程度高。多用于书面。

（1）十分+形。例如：

十分复杂嘅问题十分复杂的问题|喇⁼哋经验都十分宝贵这些经验都十分宝贵|态度十分亲切。

（2）十分+动。例如：

十分喜欢|十分感动|十分有意思|十分伤脑筋|十分沉得住气|十分过意不去。

4. 太 [tʰø⁵³]

鸬鹚话副词"太"跟普通话副词"太"用法相同。

（1）表示程度过头。多用于不如意的事情。句末常带"了$_{1+2}$"。

太+形。例如：

太大了|文章不能太长|太薄嘅纸不得太薄的纸不行|写得太简单了|车开得太快了。

太+动。例如：

你太相信他了|你太夸奖了|他太坚持己见了。

（2）表示程度高。

太+形/动。多用于赞叹，形容词、动词大多是褒义的。句末常带"了$_{1+2}$"。例如：

太好了！

tʰø⁵³xau³¹liu³³！

太好了！

最近我太忙，去不了你箇度。

tsy²¹³tʃʰin³¹ŋɔ³¹tʰø⁵³mɔŋ²²，kʰi²¹³pu³¹liu⁵³ni³¹kɔ³³tu³³。

最近我太忙，去不了你那里。

我太感谢你了。

ŋɔ³¹tʰø⁵³kæ³³tsʰie⁵³ni³¹liu³³。

我太感谢你了。

两兄弟长得太像了。

liæ³¹xø⁴⁵ti⁵³tʃæ³¹la²⁴tʰø⁵³tsʰiæ⁵³liu³³。

哥儿俩长得太像了。

你来得太及时了！

ni³¹lø²²la²⁴tʰø⁵³tʃi²⁴ʃi²²liu³³！

你来得太及时了！

喇⁼件事太让人高兴了！

la³¹tʃʰie⁵³sʅ⁵³tʰø⁵³ȵiæ⁵³in²²kau⁴⁵xeŋ⁴⁵liu⁵³！

这件事太让人高兴了！

喇ᵍ个古仔太吸引人了。
la³¹kɔ²¹³ku³³ti³³tʰø⁵³ʃi²⁴in³¹in²²liu³³。
这个故事太吸引人了。

太+形/动。加强否定程度。形容词、动词大多是褒义或中性的。例如：
太不好了|太不虚心|你风格太不高了|你太不照顾他了|太不讲道理了|太不应该了。
不+太+形/动。减弱否定程度，含婉转语气。例如：
不太好（比说"不好"语气轻）|不太满意（=有点不满意）|不太解决问题|喇件事你做得不太合适吧这件事你做得不太合适吧|他不太愿意住在喇ᵍ度他不太愿意住在这儿。

5. 更（加）[keŋ²¹³（kɔ⁴⁵）]

鸬鹚话副词"更（加）"跟普通话副词"更（加）"用法相同，表示程度增高。

（1）用于比较。多数含有原来也有一定程度的意思。
更+形。例如：

学习是为了更好嘅工作。
ʃɔ⁵³si²⁴tʃʰi³¹ui⁵³liu³³keŋ⁴⁵xau³¹kɔ³³kø⁴⁵tsɔ²⁴。
学习是为了更好地工作。

迎接更艰巨嘅任务。
in²²tsie²⁴keŋ⁴⁵kie⁴⁵ky²¹³kɔ³³in⁵³u⁵³。
迎接更艰巨的任务。

他比你来得更早。
tʰɔ⁴⁵pi³³ni³¹lø²²la²⁴keŋ⁴⁵tsau³³。
他比你来得更早。

比起过去来，喇ᵍ下嘅产品更多更好。
pi³³tʃʰi³³ku²¹³kʰi²¹³lø²²，la³¹xɔ³¹kɔ³³tʃʰæ³³pʰin³³keŋ⁴⁵lɔ⁴⁵keŋ⁴⁵xau³¹。
比起过去来，现在的产品更多更好。

更+动词短语。例如：

比以前更懂得道理了。
pi³³i³³tsʰie²²keŋ⁴⁵lø³³la²⁴tau⁵³li³¹liu³³。
比以前更懂得道理了。

更喜欢喇ᵍ个细地方了。
keŋ⁴⁵ʃi³³fæ⁴⁵la³¹kɔ²¹³si²¹³ti⁵³fɔŋ⁴⁵liu³³。
更喜欢这小地方了。

这呐做更合他嗰心意。

tʃie²¹³ti³³tsʅ²¹³keŋ⁴⁵xɔ²²tʰɔ⁴⁵kɔ³³sin⁴⁵i²¹³。

这样做更合他的心意。

更让我难做嗰是另一件事。

keŋ⁴⁵n̠iæ⁵³ŋɔ³¹næ²²tsʅ²¹³kɔ³³tʃʰi³¹leŋ⁵³i²⁴⁻²²tʃʰie⁵³sʅ⁵³。

更使我难做的是另一件事。

我更愿意养鸡。

ŋɔ³¹keŋ⁴⁵ŋø⁵³i²¹³iæ³¹tʃi⁴⁵。

我更愿意养鸡。

更+不+形/动。例如：

更不容易了|更不对了|更不明白了|更不愿意了|她比我姐更不爱讲话 她比我姐姐更不爱说话。

更+动+得（不）+……。否定形式居多。"得、不"后常用趋向动词和"了₁₊₂、到"等。例如：

更合得来了。

keŋ⁴⁵xɔ²²la²⁴lø²²liu³³。

更合得来了。

更沉得到气了。

keŋ⁴⁵tin²²la²⁴lau²¹³tʃʰi²¹³liu³³。

更沉得住气了。

更抓不到了。

keŋ⁴⁵tʃua³¹pu³¹lau²¹³liu³³。

更抓不到了。

喇⁼一次更决定不了了。

la³¹i²⁴⁻²²tsʰʅ²¹³keŋ⁴⁵kʰø²⁴teŋ⁵³pu³¹liu³¹liu³³。

这一次更决定不了了。

今日我更帮不了忙了。

tʃin⁴⁵n²⁴ŋɔ³¹keŋ⁴⁵pɔŋ⁴⁵pu³¹liu³¹mɔŋ²²liu³³。

今天我更帮不了忙了。

更看不见了。

keŋ⁴⁵kʰæ²¹³pu³¹kie²¹³liu³³。

更看不见了。

更讲不清楚了。

keŋ⁴⁵kʰæ²¹³pu³¹kie²¹³liu³³。

更说不清楚了。

（2）表示与同类事情相比更加突出。例如：

我佩服他嘅学问，更敬重他嘅品德。

ŋɔ³¹pʰø²¹³fu²⁴tʰɔ⁴⁵kɔ³³ʃɔ⁵³min⁵³，keŋ⁴⁵keŋ²¹³tʃʰɔŋ²²tʰɔ⁴⁵kɔ³³pʰin³³la²⁴。

我佩服他的学识，更敬重他的品德。

他不去街上，也不去地里，更不在屋上，不晓得去哪度了。

tʰɔ⁴⁵pu³¹kʰi²¹³ka⁴⁵ʃæ⁵³，ia³¹pu³¹kʰi²¹³ti⁵³li³¹，keŋ⁴⁵pu³¹tsʰø³¹ø²⁴ʃæ⁵³，pu³¹ʃɔ⁵³la⁵³kʰi²¹³la³³tu³³liu³³。

他没去街上，也没去地里，更没在家里，不知去哪儿了。

我不喜欢下象棋仔，更不喜欢捯□，只喜欢捯乒乓球。

ŋɔ³¹pu³¹ʃi³³fæ⁴⁵xɔ³¹siæ⁵³tʃʰi²²ti³³，keŋ⁴⁵pu³¹ʃi³³fæ⁴⁵pa⁵³pʰie⁵³，tsɿ³³ʃi³³fæ⁴⁵pa⁵³peŋ⁴⁵pʰaŋ⁴⁵tʃʰiu²²。

我不喜欢下棋，更不喜欢打扑克，只喜欢打乒乓球。

6. 最 [tsɿ²¹³]

鸬鹚话副词"最"跟普通话副词"最"用法大体相同，表示极端，胜过其余。

（1）最+形。

修饰名词。一般带"嘅"。否定式少用。例如：

最关键嘅地方_{最关键的地方}|最根本嘅原因_{最根本的原因}|一大筐最大最红最好嘅番薯_{一大筐最大最红最好的红薯}|喇⁼是最不好嘅办法_{这是最不好的办法}。

不带"嘅"直接修饰名词，结合紧凑，像一个复合词。形容词限于单音节。没有否定式。例如：

最高产量|最低温度|最大限度|最大降水量|最细范围_{最小范围}|最后胜利|最终目的|最近距离|最远目标|最快速度|最高气温|最低水位。

作谓语、补语。有否定式。例如：

他嘅声音最大。

tʰɔ⁴⁵kɔ³³ʃeŋ⁴⁵in⁴⁵tsɿ²¹³ta⁵³。

他的嗓音最洪亮。

喇˭度冬天来得最迟。

la³¹tu³³lø⁴⁵tʰie⁴⁵lø²²la²⁴tsy²¹³ti²²。

这里冬天来得最晚。

喇˭块地嘅穀收得最干净。

la³¹kʰua²¹³ti⁵³kɔ³³kø²⁴ʃiu⁴⁵la²⁴tsy²¹³kuæ⁴⁵tsʰeŋ⁵³。

这块地的稻子收得最干净。

喇˭度嘅璃˭西仔最不全了。

la³¹tu³³kɔ³³li⁴⁵si⁴⁵⁻²²ti³³tsy²¹³pu³¹tsʰø²²liu³³。

这里的东西最不全了。

喇˭个问题最不简单。

la³¹kɔ²¹³min⁵³ti²²tsy²¹³pu³¹kæ³³læ⁴⁵。

这个问题最不简单。

喇˭个地方最不干净。

la³¹kɔ²¹³ti⁵³fɔŋ⁴⁵⁻²²tsy²¹³pu³¹kuæ⁴⁵tsʰeŋ⁵³。

这个地方最不干净。

喇˭种花色最不好看了。

la³¹tʃɔŋ³³fa⁴⁵ʃai²⁴tsy²¹³pu³¹xau³¹kʰæ²¹³liu³³。

这种花色最不好看了。

修饰带时间、数量的动词短语，表示最大限度。例如：

最多一个礼拜就能办好。

tsy²¹³lɔ⁴⁵i²⁴⁻²²kɔ²¹³li³¹pa²¹³tsʰiu⁵³neŋ²²pæ⁵³xau³¹。

最多一个星期就能办妥。

我看一亩最少也得产八百斤。

ŋɔ³¹kʰæ²¹³i²⁴⁻²²mau³¹tsy²¹³ʃɔ³³ia³¹la²⁴tʃʰæ³³pɔ²⁴pa²⁴tʃin⁴⁵。

我看一亩最少也得产八百斤。

最快也得三个钟头才能赶到。

tsy²¹³kʰua²¹³ia³¹la²⁴sæ⁴⁵kɔ²¹³tʃɔŋ⁴⁵ta²²tsʰø²²neŋ²²kæ³³lau²¹³。

最快也得三个小时才能赶到。

随身带嘅物品最重不得超过二十公斤。
tsʰy²²ʃin⁴⁵lø²¹³kɔ³³u⁵³pʰin³³tsy²¹³tʃʰɔŋ²²pu³¹la²⁴tʃiu⁴⁵ku²¹³ʃi⁵³ʃi²²kø⁴⁵tʃin⁴⁵⁻²²。
随身携带的物品最重不得超过二十公斤。

最贵也要不了十块钱。
tsy²¹³ki²¹³ia³¹iɔ²¹³pu³¹liu³³ʃi²²kʰua²¹³tsʰie²²。
最贵也要不了十块钱。

最便宜也得十块钱整⁼买得下。
tsy²¹³pie²²i²²ia³¹la²⁴ʃi²²kʰua²¹³tsʰie²²tseŋ³³ma³¹la²⁴xɔ³¹。
最便宜也得十块钱才能买下。

最早也得明时才能去。
tsy²¹³tsau³³ia³¹la²⁴meŋ²²ʃi²²tsʰø²²neŋ²²kʰi²¹³。
最早也得明天才能去。

最晚不能超过十二点钟。
tsy²¹³uæ³¹pu³¹neŋ²²tʃʰiu⁴⁵ku²¹³ʃi²²i⁵³lie³³tʃɔŋ⁴⁵。
最晚不能超过十二点钟。

（2）最+动。动词限于表示情绪、评价、印象、态度等内心抽象活动的。例如：
最喜欢|最愿意|最了解|最应该|最守纪律|最说明问题|最同情我|最赞成这啲做_最赞成这样做_|最受人欢迎|最爱帮助厅⁼家_最爱帮幼别人_|最愿意拍篮球_最愿意打篮球_|最沉得住气|最靠不住|最不讲道理了|最不让人放心了。

我最不会动脑筋。
ŋɔ³¹tsy²¹³pu³¹fø⁵³tø³¹nau³¹tʃin⁴⁵。
我最不会动脑子。

最爱学习嘅豬崽。
tsy²¹³ai²¹³ʃɔ⁵³si²⁴kɔ³³lai⁴⁵tsai³³。
最爱学习的孩子。

箇日嘅天气是个最讨厌嘅天气。
kɔ³³n²⁴kɔ³³tʰie⁴⁵tʃʰi²¹³tʃi³¹kɔ²¹³tsy²¹³tʰau³³ie²¹³kɔ³³tʰie⁴⁵tʃʰi²¹³。
那天的天气是个最讨厌的天气。

喇⁼几个都是最受欢迎嘅人。

la³¹tʃi³³kɔ²¹³tɔ⁴⁵tʃʰi³¹tsy³¹ʃiu⁵³fæ⁴⁵in²²kɔ³³in²²。

这几位都是最受欢迎的人。

（3）最+方位词（或个别处所名词）。例如：

最上边|最下层|最东头 最东头儿|最西头 最西头儿|最左边|最右边|最前方|最前列|最顶上|最外头 最外边|最里头 最里头|站在场地嘅最中间 站在场子的最中间。

7. 特别 [tɔ⁵³pie⁵³]

（1）非常；与一般不同。修饰形容词或动词短语。例如：

他今日朝时头明起得特别早。

tʰɔ⁴⁵tʃin⁴⁵n²⁴tʃɔ⁴⁵ʃi²²ta²²meŋ²²tʃʰi³³la²⁴tɔ⁵³pie⁵³tsau³³。

他今天早上起得特别早。

节日嘅市场，显得特别闹热。

tsie²⁴n²⁴kɔ³³ʃi²¹³tʃʰæ²²，ʃie⁵³la²⁴tɔ⁵³pie⁵³nau⁵³n̩ie⁵³。

节日的市场，显得特别热闹。

喇⁼个菜特别受大齐欢迎。

la³¹kɔ²¹³tsʰø²¹³tɔ⁵³pie⁵³ʃiu⁵³ta⁵³tsʰi²²fæ⁴⁵in²²。

这个菜特别受大家欢迎。

（2）特地；着重。修饰动词。例如：

散会嘅下时，村长特别让我留下来。

sæ²¹³kʰua²¹³kɔ³³xɔ³¹ʃi²²，tsʰɔŋ⁴⁵tʃæ³³tɔ⁵³pie⁵³n̩iæ⁵³ŋɔ³¹liu²²xɔ³¹lø²²。

散会的时候，村长特别让我留下来。

喇⁼啲我是特别为你准备嘅。

la³¹ti³³ŋɔ³¹tʃʰi³¹tɔ⁵³pie⁵³ui²²ni³¹tʃyn³³pi⁵³kɔ³³。

这些我是特别为你准备的。

（3）从同类事物中提出某一事物加以说明；尤其"特别"后面多加"是"。前面可以是类名，也可以是列举同类事物。

特别（是）+名。例如：

摆渡，特别是细渡船摆渡，安全非常重要。

pa³³tu⁵³，tɔ⁵³pie⁵³tʃʰi³¹si²¹³tu⁵³ʃø²²pa³³tu⁵³，æ⁴⁵tsʰø²²fi⁴⁵tʃʰæ²²tʃʰɔŋ²²iɔ²¹³。

摆渡，特别是小渡船摆渡，安全非常重要。

288

第四章　语法

喇ⁿ个村嘅村民，特别是后生村民，学习养殖技术嘅积极性好高。

la³¹kɔ²¹³tsʰɔŋ⁴⁵kɔ³³tsʰɔŋ⁴⁵min²², tɔ⁵³pie⁵³tʃʰi³¹xa⁵³ʃeŋ⁴⁵tsʰɔŋ⁴⁵min²², ʃɔ⁵³si²⁴iæ³¹tʃi²⁴tsʅ⁴⁵ʃy²⁴kɔ³³tsi²⁴tʃi²⁴seŋ²¹³xau³¹kau⁴⁵。

这个村的农民，特别是青年村民，学习养殖技术的积极性很高。

各种鱼嘅吃法中他最喜欢嘅是清蒸、水煮，特别是红烧。

kɔ²⁴tʃɔŋ³³y²²kɔ³³tʃʰie²⁴fa²⁴tʃɔŋ⁴⁵tʰɔ⁴⁵tsy²¹³ʃi³³fæ⁴⁵kɔ³³tʃʰi³¹tsʰeŋ⁴⁵tʃeŋ⁴⁵、ʃy³³tʃy³³, tɔ⁵³pie⁵³tʃʰi³¹xø²²ʃɔ⁴⁵。

各种鱼的吃法中他最喜欢的是清蒸、水煮，特别是红烧。

特别（是）+动/小句。例如：

他非常喜欢桂剧，特别喜欢《刘三姐》。

tʰɔ⁴⁵fi⁴⁵tʃʰæ²²ʃi³³fæ⁴⁵kui²¹³ky²⁴, tɔ⁵³pie⁵³ʃi³³fæ⁴⁵《liu²²sæ⁴⁵tie²¹³》。

他非常喜欢桂剧，特别喜欢《刘三姐》。

因为增加了新嘅农用设备，特别是村民嘅积极性调动起来了，村里嘅生产好快就搞上去了。

in⁴⁵ui²²tseŋ⁴⁵kɔ⁴⁵liu³³sin³⁴kɔ³³nɔŋ²²iɔŋ⁵³ʃie²⁴pi⁵³, tɔ⁵³pie⁵³tʃʰi³¹tsʰɔŋ⁴⁵min²²kɔ³³tsi²⁴tʃi²⁴seŋ²¹³tiu²²tø³¹tʃʰi³³lø²²liu³³, tsʰɔŋ⁴⁵li³¹kɔ³³ʃeŋ⁴⁵tʃʰæ³³xau³¹kʰua²¹³tsʰiu⁵³kau³¹ʃæ³¹kʰi²¹³liu³³。

因为增加了新的农用设备，特别是村民的积极性调动起来了，村里的生产很快就搞上去了。

"特别是"引进的小句，其中的谓语如果与前面小句的谓语相同，省去。例如：

老师都喜欢他，特别是教语文嘅老师（更加喜欢他）。

lau³¹sʅ⁴⁵tɔ⁴⁵ʃi³³fæ⁴⁵tʰɔ⁴⁵, tɔ⁵³pie⁵³tʃʰi³¹kau²¹³y³¹vin²²kɔ³³lau³¹sʅ⁴⁵（keŋ⁴⁵kɔ⁴⁵ʃi³³fæ⁴⁵tʰɔ⁴⁵）。

老师们都喜欢他，特别是教语文的老师（更加喜欢他）。

大齐耍得好高兴，特别是小黄她哋。

ta⁵³tsʰi²²ʃua³³la²⁴xau³¹kau⁴⁵xeŋ²¹³, tɔ⁵³pie⁵³tʃʰi³¹siu³³ɔŋ²²tʰɔ⁴⁵ti³³

大家玩得很痛快，特别是小黄她们。

孻崽崽喜欢黄大伯，特别是箇啲喜欢听古仔嘅孻崽崽。

lai⁴⁵tsai³³tsø³³ʃi³³fæ⁴⁵ɔŋ²²ta⁵³pa²⁴, tɔ⁵³pie⁵³tʃʰi³¹kɔ³³ti³³ʃi³³fæ⁴⁵tʰeŋ²¹³ku³³ti³³kɔ³³lai⁴⁵tsai³³tsø³³。

孩子们喜欢黄大伯，特别是那些喜欢听故事的孩子。

289

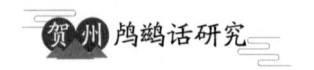

（三）时间副词

1. 整⁼[tʃeŋ³³]

（1）刚（刚）。表示事情在前不久发生。

用于单句。例如：

他整⁼走。

tʰɔ⁴⁵tseŋ³³tsa³³。

他刚走。

我整⁼从街上来来不久。

ŋɔ³¹tseŋ³³tsʰɔŋ²²ka⁴⁵ʃæ⁵³lø²²lø²²pu³¹tʃiu³³。

我刚从街上回来不久。

用于前一小句，后一小句用"就"呼应，表示两件事情紧接着发生。例如：

你拈⁼啲整⁼来就要走？

ni³¹nie⁴⁵ti³³tseŋ³³lø²²tsʰiu⁵³iɔ²¹³tsa³³？

你怎么刚来就要走？

我整⁼要去攞你，你就来了。

ŋɔ³¹tseŋ³³iɔ²¹³kʰi²¹³lɔ³¹ni³¹，ni³¹tsʰiu⁵³lø²²liu³³。

我刚要去找你，你就来了。

他整⁼来来到屋上，老黄就来攞他来了。

tʰɔ⁴⁵tseŋ³³lø²²lø²²lau²¹³ø²⁴ʃæ⁵³，lau³¹ɔŋ²²tsʰiu⁵³lø²²lɔ³¹tʰɔ⁴⁵lø²²liu³³。

他刚回到家里，老黄就来找他来了。

（2）表示事情发生或结束得晚，相当于普通话"才"或"再"。

前面有表时间晚、历时长的词语。例如：

他明时整⁼能到。

tʰɔ⁴⁵meŋ²²ʃi²²tseŋ³³neŋ²²lau²¹³。

他明天才能到。

都十二点了，他整⁼睡觉。

tɔ⁴⁵ʃi²²i⁵³lie³³liu³³，tʰɔ⁴⁵tseŋ³³ʃy⁵³kau²¹³。

都十二点了，他才睡觉。

催了几次他整⁼走。
tsʰy⁴⁵liu³³tʃi³³tsʅ²¹³tʰɔ⁴⁵tseŋ³³tsa³³。
催了几次他才走。

跳了三次整⁼跳过横竿。
tʰiu²¹³liu³³sæ⁴⁵tsʅ²¹³tseŋ³³tʰiu²¹³ku²¹³veŋ²²kuæ⁴⁵。
跳了三次才跳过横竿。

菜还不曾炒好，吃口烟整⁼讲。
tsʰø²¹³xæ²²pu³¹tsʰeŋ²²tʃʰau³³xau³¹，tʃʰie²⁴kʰa³³ie⁴⁵tseŋ³³kɔŋ³³。
菜还没炒好，抽斗烟再说。

这卟多苹果，吃一个整⁼讲。
tʃie²¹³pu³¹lɔ⁴⁵peŋ²²kɔ³³，tʃʰie²⁴i²⁴⁻²²kɔ²¹³tseŋ³³kɔŋ³³。
这么多苹果，吃一个再说。

坐一下整⁼讲，不着急。
tsʰɔ³¹i²⁴⁻²²xɔ³¹tseŋ³³kɔŋ³³，pu³¹tʃʰɔ⁵³tʃi²⁴。
坐一会儿再说，别着急。

下盘象棋仔整⁼讲。
xɔ³¹pæ²²tsʰiæ⁵³tʃʰi²²ti³³tseŋ³³kɔŋ³³。
下盘象棋再说。

看看厅⁼家拈⁼啲做整⁼讲。
kʰæ²¹³kʰæ²¹³tʰeŋ⁴⁵kɔ⁴⁵⁻²²nie⁴⁵ti³³tsʅ²¹³tseŋ³³kɔŋ³³。
看看别人怎么做再说。

借个锄头得我用用整⁼讲。
tsie²¹³kɔ²¹³tʃʰu²²ta²²la²⁴ŋɔ³¹iɔŋ⁵³iɔŋ⁵³tseŋ³³kɔŋ³³。
借把锄头给我用用再说。

前面有问原因的疑问词语。例如：

你做哪家整⁼来？
ni³¹tsʅ²¹³la³³ka⁴⁵⁻²²tseŋ³³lø²²？
你怎么才来？

291

你做哪家喇⁼下时整⁼讲呢？
ni³¹tsʅ²¹³la³³ka⁴⁵⁻²²la³¹xɔ³¹ʃi²²tseŋ³³kɔŋ³³nie⁴⁵?
你为什么这会儿才说呢？

拈⁼啲搞啯，整⁼搦来！
nie⁴⁵ti³³kau³¹kɔ³³，tseŋ³³ȵie²⁴lø²²！
怎么搞的，才拿来！

（3）表示数量少，程度低；只。例如：

一共整⁼十个，不够分配啯。
i²⁴⁻²²kɔŋ⁵³tseŋ³³ʃi²²kɔ²¹³，pu³¹ka²¹³fin⁴⁵pʰø²¹³kɔ³³。
一共才十个，不够分配的。

喇⁼个蘯崽崽整⁼六岁，已经识得不少字了。
la³¹kɔ²¹³lai⁴⁵tsai³³tsø³³tseŋ³³liu⁵³sy²¹³，i³³keŋ⁴⁵ʃai⁵³la²⁴pu³¹ʃɔ³³sʅ⁵³liu³³。
这孩子才六岁，已经认得不少字了。

他整⁼比我早到一日。
tʰɔ⁴⁵tseŋ³³pi³³ŋɔ³¹tsau³³lau²¹³i²⁴⁻²²n²⁴。
他才比我早到一天。

整⁼礼拜二，还早呢。
tseŋ³³li³¹pa²¹³i⁵³，xæ²²tsau³³nie⁴⁵。
才星期二，还早呢。

他一个人就插了一块田，我哋几个人合起来整⁼插一块田。
tʰɔ⁴⁵i²⁴⁻²²kɔ²¹³in²²tsʰiu⁵³tʃʰɔ²⁴liu³¹i²⁴⁻²²kʰua²¹³tie²²，ŋɔ³¹ti³³tʃi³³kɔ²¹³in²²xɔ²²tʃʰi³³lø²²tseŋ³³tʃʰɔ²⁴i²⁴⁻²²kʰua²¹³tie²²。
他一个人就插了一块田，我们几个人合起来才插一块田。

他整⁼是个中学生，不能要求太高。
tʰɔ⁴⁵tseŋ³³tʃʰi³¹kɔ²¹³tʃɔŋ⁴⁵ʃɔ⁵³ʃeŋ⁴⁵，pu³¹neŋ²²iɔ⁴⁵tʃʰiu²²tʰø⁵³kau⁴⁵。
他才是个中学生，你不能要求太高。

（4）强调确定语气。
整⁼+形。主要强调程度高。例如：

喇⁼整⁼好！
la³¹tseŋ³³xau³¹！
这才好呢！

292

昨日简场球整⁼精彩！

tsʰɔ²⁴n²⁴kɔ³³tʃʰæ²²tʃʰiu²²tseŋ³³tseŋ⁴⁵tsʰø³³！

昨天那场球才精彩呢！

他不晓得整⁼怪！

tʰɔ⁴⁵pu³¹ʃɔ⁵³la⁵³tseŋ³³kuai²¹³！

他不知道才怪呢！

整⁼+（是）……。含有"别的不是"的意味。例如：

你整⁼（是）讲大话！

ni³¹tseŋ³³（tʃʰi³¹）kɔŋ³³ta⁵³fa⁵³！

你才（是）撒谎！

你整⁼（是）死心眼！

ni³¹tseŋ³³（tʃʰi³¹）sʅ³³sin⁴⁵ŋæ³¹！

你才（是）死心眼儿！

整⁼+（不）+动。肯定句少用。例如：

我整⁼不去！

ŋɔ³¹tseŋ³³pu³¹kʰi²¹³！

我才不去呢！

让我去担粪水，我整⁼不做！

ȵiæ⁵³ŋɔ³¹kʰi²¹³læ⁴⁵fin²¹³ʃy³³，ŋɔ³¹tseŋ³³pu³¹tsʅ²¹³！

让我挑粪水，我才不干！

我整⁼懒得管！

ŋɔ³¹tseŋ³³læ³¹la²⁴kuæ³³！

我才懒得管呢！

2. 啱（啱）[ŋæ⁴⁵（ŋæ⁴⁵）]

（1）表示发生在不久前。修饰动词和少数表示变化的形容词。

指说话前不久发生。例如：

我啱啱来到一下。

ŋɔ³¹ŋæ⁴⁵ŋæ⁴⁵lø²²lau²¹³i²⁴⁻²²xɔ³¹。

我刚来一会儿。

啱啱出门。

ŋæ⁴⁵ŋæ⁴⁵tʃʰy²⁴min²²。

刚出门儿。

他啱啱从喇゠度走过，踩单车还能赶上。

tʰɔ⁴⁵ŋæ⁴⁵ŋæ⁴⁵tsʰɔŋ²²la³¹tu³³tsa³³ku²¹³，tsʰa³³læ⁴⁵tʃʰa⁴⁵xæ²²neŋ²²kæ³³ʃæ³¹。

他刚从这里走过，骑车还能赶上。

伤口啱啱好，还要多注意。

ʃæ⁴⁵kʰa³³ŋæ⁴⁵ŋæ⁴⁵xau³¹，xæ²²iɔ²¹³lɔ⁴⁵tʃy²¹³i²¹³。

伤口刚好，还要多注意。

心情啱啱平静下来。

sin⁴⁵tsʰeŋ²²ŋæ⁴⁵ŋæ⁴⁵peŋ²²tsʰeŋ⁵³xɔ³¹lø²²。

心情刚平静下来。

指紧挨在另一动作之前发生。后面常用"就、又"呼应，有时也说"啱……"。例如：

天啱啱光，村民就下地了。

tʰie⁴⁵ŋæ⁴⁵ŋæ⁴⁵kɔŋ⁴⁵，tsʰɔŋ⁴⁵min²²tsʰiu⁵³xɔ³¹ti⁵³liu³³。

天刚亮，村民就下地了。

小黄啱啱要走又着老黄喊住了。

siu³³ɔŋ²²ŋæ⁴⁵ŋæ⁴⁵iɔ²¹³tsa³³iu⁵³tiu⁵³lau³¹ŋ²²xæ³¹ty⁵³liu³³。

小黄刚要走又被老黄叫住了。

啱啱入屋，就有人来攞。

ŋæ⁴⁵ŋæ⁴⁵n²⁴ø²⁴，tsʰiu⁵³iu³¹in²²lø²²lɔ³¹。

刚进屋，就有人来找。

（2）正好在那一点上（指时间、空间、数量等；有"不早不晚、不前不后、不多不少、不……不……"的意思）。

啱+动/形。例如：

不大不细，啱啱好。

pu³¹ta⁵³pu³¹si²¹³，ŋæ⁴⁵ŋæ⁴⁵xau³¹。

不大不小，刚好。

长短啱啱合适。

tiæ²²luæ³³ŋæ⁴⁵ŋæ⁴⁵xɔ²²ʃi²⁴。

长短刚合适。

十二份材料，一人一份啱啱够。

ʃi²²i⁵³fin⁵³tsʰø²²liu⁵³，i²⁴⁻²²in²²i²⁴⁻²²fin⁵³ŋæ⁴⁵ŋæ⁴⁵ka²¹³。

十二份材料，一人一份刚够。

剩下嘅酒啱啱装满一瓶。

ʃeŋ⁵³xɔ³¹kɔ³³tsiu³³ŋæ⁴⁵ŋæ⁴⁵tʃɔŋ⁴⁵mæ³¹i²⁴⁻²²peŋ²²。

剩下的酒刚装满一瓶。

身高一米六，啱啱达到标准。

ʃin⁴⁵kau⁴⁵i²⁴⁻²²mi³¹liu⁵³，ŋæ⁴⁵ŋæ⁴⁵tɔ⁵³lau²¹³piu⁴⁵tʃyn³³。

身高一米六，刚达到标准。

啱+数量。例如：

行李啱啱二十公斤，不超过规定。

xeŋ²²li³¹ŋæ⁴⁵ŋæ⁴⁵ʃi⁵³ʃi²²kø⁴⁵tʃin⁴⁵，pu³¹tʃʰiu⁴⁵ku²¹³kʰui⁴⁵teŋ⁵³。

行李刚二十公斤，没超过规定。

到车站啱啱一点半钟，啱啱好。

lau²¹³tʃʰa⁴⁵tʃʰæ⁵³ŋæ⁴⁵ŋæ⁴⁵i²⁴⁻²²lie³³pæ²¹³tʃɔŋ⁴⁵，ŋæ⁴⁵ŋæ⁴⁵xau³¹。

到车站刚一点半，正好。

（3）表示勉强达到某种程度；仅仅。例如：

屋里头好暗，伸手啱啱见到五指。

ø²⁴li³¹ta²²xau³¹æ²¹³，ʃin⁴⁵ʃiu³³ŋæ⁴⁵ŋæ⁴⁵kie²¹³lau²¹³n³¹tʃi³³。

屋里挺黑，伸手刚见到五指。

声音好细，啱啱听得到。

ʃeŋ⁴⁵in⁴⁵xau³¹si²¹³，ŋæ⁴⁵ŋæ⁴⁵tʰeŋ²¹³la²⁴lau²¹³。

声音很小，刚听得到。

他身材高大，小黄啱啱到他脖头。

tʰɔ⁴⁵ʃin⁴⁵tsʰø²²kau⁴⁵ta⁵³，siu³³ɔŋ²²ŋæ⁴⁵ŋæ⁴⁵lau²¹³tʰɔ⁴⁵pɔ²⁴ta²²。

他身材高大，小黄刚到他肩头。

厅=家快到山顶仔了，我整=啫啫攀到半山。

tʰeŋ⁴⁵kɔ⁴⁵⁻²²kʰua²¹³lau²¹³ʃæ⁴⁵leŋ³³ti³³liu³³，ŋɔ³¹tseŋ³³ŋæ⁴⁵ŋæ⁴⁵pʰæ⁴⁵lau²¹³pæ²¹³ʃæ⁴⁵。

人家快到山顶了，我才刚爬到半山。

3. 老（是）[lau³¹（tʃʰi³¹）]

鸬鹚话副词"老（是）"跟普通话副词"老（是）"意思相同，都是一直、再三的意思，用法相近。

（1）老+动。例如：

不老开玩笑，讲啲正经啊。

pu³¹lau³¹kʰø⁴⁵uæ²²siu²¹³，kɔŋ³³ti³³tʃeŋ²¹³keŋ⁴⁵ kɔ³³。

别老开玩笑，说点儿正经的。

老得你添麻烦，真过意不去。

lau³¹la²⁴ni³¹tʰie⁴⁵mɔ²²fæ²²，tʃin⁴⁵ku²¹³i²¹³pu³¹kʰi²¹³。

老给您添麻烦，真过意不去。

几好耍啲地方，老去也就怀多大意思了。

tʃi³³xau³¹ʃua³³kɔ³³ti⁵³fɔŋ⁴⁵⁻²²，lau³¹kʰi²¹³ia³¹tsʰiu⁵³pia³¹lɔ⁴⁵ta³¹²¹³sɿ⁴⁵⁻²²liu³³。

多好玩的地方，老去也就没多大意思了。

（2）老+形。例如：

伢仔崽啲面老是这啲红。

ŋa²²ti³³tsø³³kɔ³³mie⁵³lau³¹tʃʰi³¹tʃie²¹³ti³³xø²²。

婴儿的脸蛋儿老这么红。

山村啲朝时头明，空气老是这啲新鲜。

ʃæ⁴⁵tsʰɔŋ⁴⁵kɔ³³tʃɔ⁴⁵ʃi²²ta²¹meŋ²²，kʰø⁴⁵tʃʰi²¹³lau³¹tʃʰi³¹tʃie²¹³ti³³sin⁴⁵sie⁴⁵⁻²²。

山村的早晨，空气老这么新鲜。

唎=几日胃里老难受。

la³¹tʃi³³n²⁴ui⁵³li³¹lau³¹næ²²ʃiu⁵³。

这几天胃里老难受。

他老闲不住。

tʰo⁴⁵lau³¹xæ²²pu³¹ty⁵³。

他老闲不住。

（3）老+四字语+嗰。例如：

老喜气洋洋嗰 老喜气洋洋的｜老红光满面嗰 老红光满面的｜老愁眉苦面嗰 老愁眉苦脸的｜老嘻嘻哈哈嗰 老嘻嘻哈哈的｜你拈=啲老慢慢腾腾嗰 你怎么老慢慢腾腾的？

（4）老+不/怀没+名/动。强调时间久。例如：

早就想去拜访你，可是老怀时间去。
tsau³³tsʰiu⁵³siæ³³kʰi²¹³pa²¹³fɔŋ³³ni³¹，kʰɔ³³tʃʰi³¹lau³¹pia³¹ʃi²²kæ⁴⁵kʰi²¹³。
早就想去拜访你，可是老没时间去。

喇=间屋老不住人，有股霉味。
la³¹kæ⁴⁵ø²⁴lau³¹pu³¹ty⁵³in²²，iu³¹ku³³mø²²ui⁵³。
这屋子老不住人，有股霉味儿。

4. 已经 [i³³keŋ⁴⁵]

鸬鹚话副词"已经"跟普通话副词"已经"的意思和用法相同，表示动作、变化完成或达到某种程度。

（1）已经+动。单个单音节动词必带"了$_{1+2}$"。例如：

他已经走了｜风已经停了｜化肥已经买了｜门已经开了｜问题已经讨论了｜我哋已经注意了｜前两年已经处理过一次｜事情已经结束｜问题已经解决｜我哋已经同意 我们已经同意。

（2）已经+形。限于形容词带"了$_{1+2}$"或"下来、起来、过来"等。例如：

壢崽崽已经大了。
lai⁴⁵tsai³³tsø³³i³³keŋ⁴⁵ta⁵³liu³³。
孩子已经大了。

谷已经熟了。
kø²⁴i³³keŋ⁴⁵ʃø⁵³liu³³。
稻谷已经熟了。

心情已经平静下来。
in⁴⁵tsʰeŋ²²i³³keŋ⁴⁵peŋ²²tsʰeŋ⁵³xɔ³¹lø²²。
心情已经平静下来。

我已经明白过来了。
ŋɔ³¹i³³keŋ⁴⁵meŋ²²pa⁵³ku²¹³lø²²liu³³。
我已经明白过来了。

(3)已经+动+数量。例如：

我哋已经走了十里路了。

ŋɔ³¹ti³³i³³keŋ⁴⁵tsa³³liu³³ʃi²²li³¹lu⁵³liu³³。

我们已经走了十里路了。

温度已经下降了六度。

vin⁴⁵tu⁵³i³³keŋ⁴⁵xɔ³¹kɔŋ²¹³liu³³liu⁵³tu⁵³。

温度已经下降了六度。

亩产已经突破一千斤。

mau³¹tʃʰæ³³i³³keŋ⁴⁵tʰu²⁴pʰɔ²¹³i²⁴⁻²²tsʰie⁴⁵tʃin⁴⁵⁻²²。

亩产已经突破一千斤。

(4)已经+数量。例如：

你整⁼二十八岁，我都已经五十了。

ni³¹tseŋ³³i⁵³ʃi²²pɔ²⁴sy²¹³，ŋɔ³¹tɔ⁴⁵i³³keŋ⁴⁵n³¹ʃi²²liu³³。

你才二十八岁，我都已经五十了。

已经两点了，该走了。

i³³keŋ⁴⁵liæ³¹lie³³liu³³，kai⁴⁵tsa³³liu³³。

已经两点了，该走了。

(5)用于否定式。例如：

天气已经不热了。

tʰie⁴⁵tʃʰi²¹³i³³keŋ⁴⁵pu³¹ȵie⁵³liu³³。

天气已经不热了。

喇⁼下已经不能改变计划了。

la³¹xɔ³¹i³³keŋ⁴⁵pu³¹neŋ²²kai³³pie²¹³kai²¹³fa⁵³liu³³。

现在已经不能改变计划了。

(6)"已经"后有"快、要、差不多"等副词时，指即将完成而尚未完成。例如：

火车已经快开了，他整⁼急急忙忙赶到。

fu³³tʃʰa⁴⁵i³³keŋ⁴⁵kʰua²¹³kʰø⁴⁵liu³³，tʰɔ⁴⁵tseŋ³³tʃi²⁴tʃi²⁴mɔŋ²²mɔŋ²²kæ³³lau²¹³。

火车已经快开了，他才急急忙忙赶到。

稍微等一下，我已经要写了了。

ʃau⁴⁵ui⁴⁵⁻²²leŋ³³i²⁴⁻²²xɔ³¹，ŋɔ³¹i³³keŋ⁴⁵iɔ²¹³sie³³liu³¹liu³³。

稍等一下，我已经要写完了。

天已经快暗了，我咃走吧！

tʰie⁴⁵i³³keŋ⁴⁵kʰua²¹³æ²¹³liu³³，ŋɔ³¹ti³³tsa³³pa⁴⁵⁻²²！

天已经快黑了，咱们走吧！

已经差不多两点了，拈⁼啲他还不来？

i³³keŋ⁴⁵tʃʰa⁴⁵puɁ³¹lɔ⁴⁵liæ³¹lie³³liu³³，nie⁴⁵ti³³tʰɔ⁴⁵xæ²²puɁ³¹lø²²？

已经差不多两点了，怎么他还不来？

5. 就 [tsʰiu⁵³]

（1）表示很短时间以内即将发生。

就+动。例如：

我就去。

ŋɔ³¹tsʰiu⁵³kʰi²¹³。

我就去。

你等靖⁼藕⁼啲，他马上就来来。

ni³¹leŋ³³tʃʰeŋ³¹ŋæ³³ti³³，tʰɔ⁴⁵mɔ³¹ʃæ³¹tsʰiu⁵³lø²²lø²²。

你等会儿，他马上就回来。

全镇啊篮球比赛明时就开始。

tsʰø²²tʃin²¹³kɔ³³læ²²tʃʰiu²²pi³³sa²¹³meŋ²²ʃi²²tsʰiu⁵³kʰø⁴⁵tʃʰi³³。

全镇的篮球比赛明天就开始。

就+形。例如：

天好快就光了。

tʰie⁴⁵xau³¹kʰua²¹³tsʰiu⁵³kɔŋ⁴⁵liu³³。

天很快就亮了。

我喇⁼头痛病靖⁼藕⁼啲就好。

ŋɔ³¹la³¹ta²²tʰø²¹³peŋ⁵³tʃʰeŋ³¹ŋæ³³ti³³tsʰiu⁵³xau³¹。

我这头痛病等一会儿就好。

299

穀眼看就熟了，赶紧准备割禾吧。

kø²⁴ŋæ³¹kʰæ²¹³tsʰiu⁵³ʃø⁵³liu³³，kæ³³tʃin³³tʃyn³³pi⁵³kua²⁴u²²pa⁴⁵⁻²²。

稻子眼看就熟了，赶紧准备收割吧。

（2）强调在很久以前已经发生。"就"前必有时间词语或其他副词。

就+动。例如：

他十五岁就参加了工作。

tʰɔ⁴⁵ʃi²²n³¹sy²¹³tsʰiu⁵³tsʰæ⁴⁵kɔ⁴⁵liu³³kø⁴⁵tsɔ²⁴。

他十五岁就参加了工作。

早在豱崽崽嗰下时我哋就识得了。

tsau³³tsʰø³¹lai⁴⁵tsai³³tsø³³kɔ³³xɔ³¹ʃi²²ŋɔ³¹ti³³tsʰiu⁵³ʃai⁵³la²⁴liu³³。

早在儿童时期我们就认识了。

喇ˉ个问题以前早就研究过了。

la³¹kɔ²¹³min⁵³ti²²i³³tsʰie²²tsau³³tsʰiu⁵³n̠ie⁴⁵tʃiu²¹³ku²¹³liu³³。

这问题以前早就研究过了。

小黄从细就肯学习。

siu³³ɔŋ²²tsʰɔŋ²²si²¹³tsʰiu⁵³kʰeŋ³³ʃɔ⁵³si²⁴。

小黄从小就肯学习。

就+形。例如：

事情早就清楚了。

sɿ⁵³tsʰeŋ²²tsau³³tsʰiu⁵³tsʰeŋ⁴⁵tʃʰu³³liu³³。

事情早就清楚了。

他嗰表现一直就好好。

tʰɔ⁴⁵kɔ³³piu³³ʃie⁵³i²⁴⁻²²tʃai²⁴tsʰiu⁵³xau³¹xau³¹。

他的表现一直就很好。

（3）表示两件事紧接着发生。

动+就+动。指两个连续的动作，"就"前必用动词短语，"就"后可用单个动词。

例如：

讲了就走_{说完就走}|讲干就干_{说干就干}|调头就跑_{扭头就跑}|放下背包就到地上做工夫_{放下背包就到地里干活}|送他上了火车，我就来来了_{送他上了火车，我就回来了}。

300

动+就+形。形容词表示的是动作的结果。例如：

再加一啲就冒了。

tsø²¹³kɔ⁴⁵ȵie²⁴ti³³tsʰiu⁵³mau⁵³liu³³。

再加一点就满了。

看见你就高兴。

kʰæ²¹³kie²¹³ni³¹tsʰiu⁵³kau⁴⁵xeŋ²¹³。

看见你就高兴。

看了了就明白了

kʰæ²¹³liu³¹liu³³tsʰiu⁵³meŋ²²pa⁵³liu³³。

看完就明白了。

一（刚、才）……就……。例如：

一看就会｜一听就明白｜天一光就走_{天一亮就走}｜一做起工夫来就哪家都忘了_{一干起活来就什么都忘了}｜啱出门就碰上老李_{刚出门就碰上老李}｜拈⁼啲整⁼来就要走_{怎么才来就要走？}

（4）加强肯定。

就+是（在）。例如：

喇⁼度就是我哋村。

la³¹tu³³tsʰiu⁵³tʃʰi³¹ŋɔ³¹ti³³tsʰɔŋ⁴⁵。

这儿就是我们村。

他屋就在巷里头。

tʰɔ⁴⁵ø²⁴tsʰiu⁵³tsʰø³¹xɔŋ⁵³li³¹ta²²。

他家就在这胡同里头。

就+动。"就"重读。表示意志坚决，不容改变。例如：

你不让做，我就要做。

ni³¹pu³¹ȵiæ⁵³tsʅ²¹³，ŋɔ³¹tsʰiu⁵³iɔ²¹³tsʅ²¹³。

你不让干，我就要干。

不去，不去，就不去。

pu³¹kʰi²¹³，pu³¹kʰi²¹³，tsʰiu⁵³pu³¹kʰi²¹³。

不去，不去，就不去。

我就不信我学不会。
ŋɔ³¹tsʰiu⁵³pu³¹sin²¹³ŋɔ³¹ʃɔ⁵³pu³¹fø⁵³。
我就不信我学不会。

就+动/形。主语重读，"就"轻读，表示主语已符合谓语所提的条件，无须另外寻找。例如：

老赵就学过鸬鹚话，你可以问他。
lau³¹tʃʰau³³tsʰiu⁵³ʃɔ⁵³ku²¹³lu²²tsʰɿ²²fa⁵³，ni³¹kʰɔ³³i³³min⁵³tʰɔ⁴⁵。
老赵就学过鸬鹚话，你可以问他。

你要嗰十字锄，我手上就有。
ni³¹iɔ²¹³kɔ³³ʃi²²sɿ⁵³tʃʰu²²，ŋɔ³¹ʃiu³³ʃæ⁵³tsʰiu⁵³iu³¹。
你要的镐，我手头就有。

喇⁼个花色就好。
la³¹kɔ²¹³fa⁴⁵ʃai²⁴tsʰiu⁵³xau³¹。
这个花色就好。

喇⁼度就很安静。
la³¹tu³³tsʰiu⁵³xeŋ³³æ⁴⁵tsʰeŋ⁵³。
这儿就很安静。

箇种规格就合适。
kɔ³³tʃɔŋ³³kʰui⁴⁵ka²⁴tsʰiu⁵³xɔ²²ʃi²⁴。
那种规格就合适。

（四）范围副词

1. 都 [tɔ⁴⁵]

（1）表示总括全部。除问话以外，所总括的对象必须放在"都"前。也可以说"全都"，总括的意思更明显。例如：

大齐都同意。
ta⁵³tsʰi²²tɔ⁴⁵tø²²i²¹³。
大伙儿都同意。

一日工夫把喇⁼啲事都办好了。
i²⁴⁻²²n²⁴kø⁴⁵fu⁴⁵⁻²²pa³³la³¹ti³¹sɿ⁵³tɔ⁴⁵pæ⁵³xau³¹liu³³。
一天工夫把这些事都办完了。

个个瑰崽崽都长得好结实。
kɔ²¹³kɔ²¹³lai⁴⁵tsai³³tsø³³tɔ⁴⁵tʃæ³³la²⁴xau³¹tʃie²⁴ʃi⁵³。
每个孩子都长得很结实。

所总括的对象可以用表示任指的疑问指代词。例如：

得咛⁼个都得。
la²⁴neŋ⁴⁵kɔ²¹³tɔ⁴⁵la²⁴。
给谁都行。

拈⁼啲办都可以。
nie⁴⁵ti³³pæ⁵³tɔ⁴⁵kʰɔ³³i³³。
怎么办都可以。

我哪家都不要。
ŋɔ³¹la³³ka⁴⁵⁻²²tɔ⁴⁵pu³¹iɔ²¹³。
我什么都不要。

哪家时侯都可以来攞我。
la³³ka⁴⁵⁻²²ʃi²²xa²²tɔ⁴⁵kʰɔ³³i³³lø²²lɔ³¹ŋɔ³¹。
什么时侯都可以来找我。

所总括的对象前可以用连词"不论、无论、不管"。例如：

不论大细工作，我哋都要把它做好。
pu³¹lyn⁵³ta⁵³si²¹³kø⁴⁵tsɔ²⁴，ŋɔ³¹ti³³tɔ⁴⁵iɔ²¹³pa³³tʰɔ⁴⁵tsɿ²¹³xau³¹。
不论大小工作，我们都要把它做好。

无论做哪家事情，他都非常认真。
u²²lyn⁵³tsɿ²¹³la³³ka⁴⁵⁻²²sɿ⁵³tsʰeŋ²²，tʰɔ⁴⁵tɔ⁴⁵fi⁵³tʃʰæ²²n⁵³tʃin⁴⁵。
无论干什么事情，他都非常认真。

不管刮风还是落雨，我都坚持练习游水。
pu³¹kuæ³³kua²⁴fø⁴⁵xæ²²tʃʰi³¹lɔ²²y³¹，ŋɔ³¹tɔ⁴⁵tʃie⁴⁵tʃʰi²²lie⁵³si⁵³iu²²ʃy³³。
不管刮风还是下雨，我都坚持练习游泳。

问话时总括的对象（疑问代词）放在"都"后。例如：

你都去过哪度？
ni³¹tɔ⁴⁵kʰi²¹³ku²¹³la³³tu³³？
你都去过哪儿？

303

老黄啱啱都讲了啲哪家？
lau³¹ɔŋ²²ŋæ⁴⁵ŋæ⁴⁵tɔ⁴⁵kɔŋ³³liu³³ti³³la³³ka⁴⁵⁻²²?
老黄刚才都说了些什么？

与"是"字合用，说明原因，有责备的意思。例如：

都是你，一个人耽误了大齐！
tɔ⁴⁵tʃʰi³¹ni³¹，i²⁴⁻²²kɔ²¹³in²²læ⁴⁵u⁵³liu³³ta⁵³tsʰi²²!
都是你，一个人耽误了大伙儿！

都是他不好，你就怀得一点责任咩？
tɔ⁴⁵tʃʰi³¹tʰɔ⁴⁵pu³¹xau³¹，ni³¹tsʰiu⁵³pia³¹la³¹ȵie²⁴ti³³tsa²⁴in⁵³mie⁴⁵?
都是他不好，你就没一点责任吗？

都是你一句话把他惹热火了。
tɔ⁴⁵tʃʰi³¹ni³¹i²⁴⁻²²ky²¹³fa⁵³pa³³tʰɔ⁴⁵ia³¹ȵie⁴⁵fu³³liu³³。
都是你一句话把他惹生气了。

（2）甚至。例如：

我都不晓得你会来。
ŋɔ³¹tɔ⁴⁵pu³¹ʃɔ⁵³la⁵³ni³¹fø⁵³lø²²。
我都不知道你会来。

好不好意思，我都忘了你嗰名字了。
xau³¹pu³¹xau³¹i²¹³sɿ⁴⁵，ŋɔ³¹tɔ⁴⁵mɔŋ⁵³liu³³ni³¹kɔ³³meŋ²²sɿ⁵³liu³³。
真抱歉，我都忘了你的名字了。

把他都闹醒了。
pa³³tʰɔ⁴⁵tɔ⁴⁵nau⁵³seŋ³³liu³³。
把他都吵醒了。

与"连"字同用，有强调语气的作用。例如：

连这卜重嗰病都治好了。
lie²²tʃie²¹³pu³¹tɔŋ³¹kɔ³³peŋ⁵³tɔ⁴⁵tʃi²¹³xau³¹liu³³。
连这么重的病都给治好了。

连书包里头嗰璃⁼西仔都淋湿了。
lie²²ʃy⁴⁵pau⁴⁵li³¹ta³¹kɔ³³li⁴⁵si⁴⁵⁻²²ti³³tɔ⁴⁵lin²²ʃi⁵³liu³³。
连书包里的东西都淋湿了。

连个人影都看不见。

lie²²kɔ²¹³in²²eŋ³³tɔ⁴⁵kʰæ²¹³pu³¹kie²¹³。

连个人影儿都看不见。

"都"字前后用同一个动词（前一肯定，后一否定）。例如：

我（连）动都不动。

ŋɔ³¹（lie²²）tø³¹tɔ⁴⁵pu³¹tø³¹。

我（连）动都没动。

曳都曳不住他。

ie⁵³tɔ⁴⁵ie⁵³pu³¹ty⁵³tʰɔ⁴⁵。

拉都拉不住他。

你拈˭咧问都不问我一声？

ni³¹nie⁴⁵ti³³min⁵³tɔ⁴⁵pu³¹min⁵³ŋɔ³¹i²⁴⁻²²ʃeŋ⁴⁵？

你怎么问都不问我一声？

一+量……都+动（否定式）。例如：

一口都不吃|一个人都不见|一声都不出—声都不吭。

"都"用于表示让步的小句，引出表示主要意思的小句。例如：

为了铺好入村啊水泥路，屋上都不来去，苦咧□咧算哪家？

ui²²liu³³pʰu⁴⁵xau³¹n²⁴tsʰɔŋ⁴⁵kɔ²¹³ʃy³³ni²²lu⁵³，ø²⁴ʃɛ⁵³tɔ⁴⁵pu³¹lø²²kʰi²¹³，kʰu³³ti³³nø²¹³ti³³suæ²¹³la³³ka⁴⁵⁻²²？

为了铺好进村的水泥路，家都不回，苦点儿累点儿算什么？

你都搬不动，我更不行了。

ni³¹tɔ⁴⁵pæ⁴⁵pu³¹tø³¹，ŋɔ³¹keŋ⁴⁵pu³¹xeŋ²²liu³³。

你都搬不动，我更不行了。

（3）已经。句末常用"了₂"或"了₁+了₂"。例如：

都十二点了，还不睡觉仔！

tɔ⁴⁵ʃi²²i⁵³lie³³liu³³，xæ²²pu³¹ʃy⁵³kau²¹³ti³³！

都十二点了，还不睡！

饭都□了，快吃吧！

fæ⁵³tɔ⁴⁵lɔ²¹³liu³³，kʰua²¹³tʃʰie²⁴pa⁴⁵⁻²²！

饭都凉了，快吃吧！

305

我都快六十了，该退休了。

ŋo³¹tɔ⁴⁵kʰua²¹³liu⁵³ʃi²²liu³³，kai⁴⁵tʰø²¹³ʃiu⁴⁵liu³³。

我都快六十了，该退休了。

2. 就 [tsʰiu⁵³]

（1）确定范围；只。

就+（有）+名。例如：

老两个就（有）一个崽。

lau³¹liæ³¹kɔ²¹³tsʰiu⁵³（iu³¹）i²⁴⁻²²kɔ²¹³tsø³³。

老两口就（有）一个儿子。

碗柜上就（有）简几个碗。

uæ³³kʰi⁵³ʃæ⁵³tsʰiu⁵³（iu³¹）kɔ³³tʃi²¹³kɔ²¹³uæ³³。

碗柜上就（有）那几个碗。

就+动+宾。"就"重读，表示动作只适用于宾语，不适用于宾语以外的事物。例如：

老黄就学过养猪（没学过别的养殖）。

lau³¹ɔŋ²²tsʰiu⁵³ʃɔ⁵³ku²¹³iæ³¹ny⁴⁵。

老黄就学过养猪。

我就要喇˙个（不要别的）。

ŋo³¹tsʰiu⁵³iɔ²¹³la³¹kɔ²¹³。

我就要这个。

就+小句。"就"重读，排除主语所指以外的事物。例如：

昨日就他不来（别人都来了）。

tsʰɔ²⁴n²⁴tsʰiu⁵³tʰɔ⁴⁵pu³¹lø²²。

昨天就他没来。

就我一个人去得了（别人都不必去）。

tsʰiu⁵³ŋɔ³¹i²⁴⁻²²kɔ²¹³in²²kʰi²¹³la²⁴liu³³。

就我一个人去行了。

（2）就+这样。表示没有其他情况。例如：

就这样，我哋来到了贺州。

tsʰiu⁵³tʃie²¹³iæ⁵³，ŋɔ³¹ti³³lø²²lau²¹³liu³³xɔ⁵³tʃiu⁴⁵。

就这样，我们来到了贺州。

就这样，他离开了我哋。

tsʰiu⁵³tʃie²¹³iæ⁵³，tʰɔ⁴⁵li²²kʰø⁴⁵liu³³ŋɔ³¹ti³³。

就这样，他离开了我们。

（3）强调数量多寡。例如：

就+动+数量。"就"重读，指说话人认为数量少。动词有时可省。例如：

他就要了三块钱，不多要。

tʰɔ⁴⁵tsʰiu⁵³iɔ²¹³liu³³sæ⁴⁵kʰua²¹³tsʰie²²，pu³¹lɔ⁴⁵iɔ²¹³。

他就要了三块钱，没多要。

老黄就讲了半个钟头，下面就讨论了。

lau³¹ɔŋ²²tsʰiu⁵³kɔŋ³³liu³³pæ²¹³kɔ²¹³tʃɔŋ⁴⁵ta²²，xɔ⁵³mie⁵³tsʰiu⁵³tʰau³³lyn⁵³liu³³。

老黄就讲了半小时，下边就讨论了。

去嗰人不多，我哋村就（去了）两个。

kʰi²¹³kɔ³³in²²pu³¹lɔ⁴⁵，ŋɔ³¹ti³³tsʰɔŋ⁴⁵tsʰiu⁵³（kʰi²¹³liu³³）liæ³¹kɔ²¹³。

去的人不多，我们村就（去了）两个。

我就（有）一个锄头，你不丈⁼走。

ŋɔ³¹tsʰiu⁵³（iu³¹）i²⁴⁻²²kɔ²¹³tʃʰu²²ta²²，ni³¹pu³¹tiæ⁵³tsa³³。

我就（有）一把锄头，你别拿走。

就+动+数量。"就"轻读，前面的词语重读，指说话人认为数量多。动词有时可省。例如：

他就要了三张票，不剩几张了。

tʰɔ⁴⁵tsʰiu⁵³iɔ²¹³liu³³sæ⁴⁵tʃæ⁴⁵pʰiu²¹³，pu³¹ʃeŋ⁵³tʃi³³tʃæ⁴⁵liu³³。

他就要了三张票，没剩几张了。

老黄就讲了两个钟头，厅⁼家都怀时间谈了。

lau³¹ɔŋ²²tsʰiu⁵³kɔŋ³³liu³³liæ³¹kɔ²¹³tʃɔŋ⁴⁵ta²²，tʰeŋ⁴⁵kɔ⁴⁵⁻²²tɔ⁴⁵pia³¹ʃi²²kæ⁴⁵tæ²²liu³³。

老黄就讲了两小时，别人都没时间谈了。

去嗰人不少，我哋村就（去了）七八个。

kʰi²¹³kɔ³³in²²pu³¹ʃɔ³³，ŋɔ³¹ti³³tsʰɔŋ⁴⁵tsʰiu⁵³（kʰi²¹³liu³³）tsʰi²⁴pɔ²⁴kɔ²¹³。

去的人不少，我们村就（去了）七八个。

307

一日就（跑）两次车站，够□□嘅。
i²⁴⁻²²n²⁴tsʰiu⁵³（pʰau³³）liæ³¹tsʅ²¹³tʃʰa⁴⁵tʃʰæ⁵³, ka²¹³nø²¹³kʰai⁵³kɔ³³。
一天就（跑）两趟车站，够累的。

我哋两个整=扛一百斤，厅=家一个人就（担）一百二十斤。
ŋɔ³¹ti³¹liæ³¹kɔ²¹³tseŋ³³kʰɔŋ⁴⁵i²⁴⁻²²pa²⁴tʃin⁴⁵, tʰeŋ⁴⁵kɔ⁴⁵⁻²²i²⁴⁻²²kɔ²¹³in²²tsʰiu⁵³（læ⁴⁵）i²⁴⁻²²pa²⁴i⁵³ʃi²²tʃin⁴⁵。
咱俩才抬一百斤，人家一个人就（挑）一百二十斤。

一+动+就+数量。"就"轻读，动词重读，指说话人认为数量多。例如：
一做就半日—干就半天｜一讲就一大篇—讲就一大篇｜一买就好多—买就很多。
有时没有数量词，仍然含有数量的意思。例如：

他就是爱下象棋仔，一下就怀完怀了。
tʰɔ⁴⁵tsʰiu⁵³tʃʰi³¹ai²¹³xɔ³¹tʃʰiæ⁵³tʃʰi²²ti³³, i²⁴⁻²²xɔ³¹tsʰiu⁵³pia³¹uæ²²pia³¹liu³¹。
他就是爱下棋，一下就没完没了。

（五）情状副词

1. 故意 [ku²¹³i²¹³]

明知不应或不必这样做而这样做；有意识地。常含贬意。例如：

讲话之前，先故意嗽两声。
kɔŋ³³fa⁵³tsʅ⁴⁵tsʰie²², sie⁴⁵ku²¹³i²¹³sa²¹³liæ³¹ʃeŋ⁴⁵。
说话之前，先故意咳嗽两声。

煮菜时故意放多一点盐。
tʃy³³tsʰø²¹³ʃi²²ku²¹³i²¹³xɔŋ²¹³lɔ⁴⁵i²⁴⁻²²lie³³ie²²。
做菜时故意多洒上一把盐。

讲到紧张嘅地方，故意要歇口气，吃口茶。
kɔŋ³³lau²¹³tʃin³³tʃæ⁴⁵kɔ³³ti⁵³fɔŋ⁴⁵⁻²², ku²¹³i²¹³iɔ²¹³tʰa³³kʰa³³tʃʰi²¹³, tʃʰie²⁴kʰa³³tʃʰɔ²²。
说到紧张的地方，故意要歇口气，喝口茶。

他故意不理睬我。
tʰɔ⁴⁵ku²¹³i²¹³pu³¹li³¹tsʰø³³ŋɔ³¹。
他故意不理睬我。

"故意"可以用在"是……的"中间。例如：

昨日迟到，我看你是故意嘅。
tshɔ²⁴n²⁴ti²²lau²¹³, ŋɔ³¹kʰæ²¹³ni³¹tʃʰi³¹ku²¹³i²¹³kɔ³³。
昨天迟到，我看你是故意的。

对不起，我不是故意嘅。
løxxx²¹³puxxx³¹tʃʰi³³, ŋɔ³¹puxxx³¹tʃʰi³¹ku²¹³i²¹³kɔ³³。
对不起，我不是故意的。

不理他，他是故意嘅。
pu³¹li³¹tʰɔ⁴⁵, tʰɔ⁴⁵tʃʰi³¹ku²¹³i²¹³kɔ³³。
别理他，他是故意的。

2. 稍微（为）[ʃiu⁴⁵ui⁴⁵⁻²²]

表示数量不多或程度不深。

（1）稍微+动。动词常重叠，或前面有副词"一"，或后面有"一啲、一下"。例如：

喇⁼张桌仔可不可以稍微挪动挪动？
la³¹tʃæ⁴⁵tʃɔ⁵³ti³³kʰɔ³³pu³¹kʰɔ³³i³³ʃau⁴⁵ui⁴⁵⁻²²nɔ²²tø³¹nɔ²²tø³¹?
这桌子可不可以稍微挪动挪动？

村长马上就来，请你稍微等一等。
tsʰŋ⁴⁵tʃæ³³mɔ³¹ʃæ³¹tsʰiu⁵³lø²², tsʰeŋ³³ni³¹ʃau⁴⁵ui⁴⁵⁻²²leŋ³³i²⁴⁻²²leŋ³³。
村长马上就来，请你稍微等一等。

只要稍微一鬆力气就会落后。
tsʅ³³iɔ²¹³ʃau⁴⁵ui⁴⁵⁻²²i²⁴⁻²²sø⁴⁵lai⁵³tʃʰi²¹³tsʰiu⁵³fø⁵³lɔ²⁴xa⁵³。
只要稍微一松劲就会落后。

我想稍微歇一下。
ŋɔ³¹siæ³³ʃau⁴⁵ui⁴⁵⁻²²tʰa³³i²⁴⁻²²xɔ³¹。
我想稍微休息一下。

汤里头稍微放了一啲盐。
tʰɔŋ⁴⁵li³¹ta²²ʃau⁴⁵ui⁴⁵⁻²²xɔŋ²¹³liu³³n̠ie²⁴ti³³ie²²。
汤里稍微放了一点盐。

（2）稍微+形+一啲。例如：

他比你稍微高一啲。

tʰɔ⁴⁵pi³³ni³¹ʃau⁴⁵ui⁴⁵⁻²²kau⁴⁵n̠ie²⁴ti³³。

他比你稍微高点儿。

你来得稍微晚了一啲。

ni³¹lø²²la²⁴ʃau⁴⁵ui⁴⁵⁻²²uæ³¹liu³³n̠ie²⁴ti³³。

你来得稍微晚了一点儿。

我嘅心情稍微平静了一啲。

ŋɔ³¹kɔ³³sin⁴⁵tsʰeŋ²²ʃau⁴⁵ui⁴⁵⁻²²peŋ²²tsʰeŋ⁵³liu³³n̠ie²⁴ti³³。

我的心情稍微平静了一些。

（3）稍微+不+形/动。限于"注意、小心"等。例如：

路好滑，稍微不小心就会跌倒。

lu⁵³xau³¹fa⁵³，ʃau⁴⁵ui⁴⁵⁻²²pu³¹siu³³sin⁴⁵tsʰiu⁵³fø⁵³lie²⁴lau³³。

路很滑，稍微不小心就会摔倒。

最近感冒流行，稍微一不注意就可能感染。

tsɿ²¹³tʃʰin³¹kæ³³mau⁵³liu²²xeŋ²²，ʃau⁴⁵ui⁴⁵⁻²²i²⁴⁻²²pu³¹tʃy²¹³i²¹³tsʰiu⁵³kʰɔ³³neŋ²²kæ³³n̠ie³¹。

最近感冒流行，稍微一不注意就可能感染。

（4）稍微+有一啲+动/形。例如：

做嗻ᵉ份工稍微有一啲吃力。

tsɿ²¹³la³¹fin⁵³kø⁴⁵ʃau⁴⁵ui⁴⁵⁻²²iu³¹n̠ie²⁴ti³³tʃʰie²⁴lai⁵³。

干这份活稍微有点儿吃力。

对新环境稍微有一啲不习惯。

lø²¹³sin⁴⁵fæ²²keŋ²¹³ʃau⁴⁵ui⁴⁵⁻²²iu³¹n̠ie²⁴ti³³pu³¹si²⁴kuæ²¹³。

对新环境稍微有点儿不习惯。

面色稍微有一啲苍白。

mie⁵³ʃai²⁴ʃau⁴⁵ui⁴⁵⁻²²iu³¹n̠ie²⁴ti³³tsʰɔŋ⁴⁵pa⁵³。

脸色稍微有点儿苍白。

夜头稍微有一啲□。

ia⁵³ta²²ʃau⁴⁵ui⁴⁵⁻²²iu³¹n̠ie²⁴ti³³nø²¹³。

晚上稍微有点儿疲倦。

（六）频率副词

1. 又 [iu⁵³]

"又"的用法大致可分三类：一、表示相继，与时间有关。二、表示累积，与时间无关。三、表示某些语气。

（1）表示一个动作（状态）重复发生，两个动作（状态）相继发生或反复交替。前后两小句重复同一动词，主语相同或不同。表示动作第二次出现。例如：

唎ᵌ个人昨日来过，今日又来了。

la³¹kɔ²¹³in²²tsʰɔ²⁴n²⁴lø²²ku²¹³，tʃin⁴⁵n²⁴iu⁵³lø²²liu³³。

这个人昨天来过，今天又来了。

他旧年生过唎ᵌ种病，今年又生了。

tʰɔ⁴⁵tʃʰiu⁵³nie²²ʃeŋ⁴⁵ku²¹³la³¹tʃɔŋ³³peŋ⁵³，tʃin⁴⁵nie²²iu⁵³ʃeŋ⁴⁵liu³³。

他去年犯过这种病，今年又犯了。

阿伯猜错了，老弟又猜错了，唎ᵌ个谜语难死了。

a²²pa²⁴tsʰai⁴⁵tsʰɔ²¹³liu³³，lau³¹ti⁵³iu⁵³tsʰai⁴⁵tsʰɔ²¹³liu³³，la³¹kɔ²¹³mi²²y³¹næ²²sɿ³³liu³³。

哥哥猜错了，弟弟又猜错了，这个谜语可难了。

我攞过一次，他又攞了一次，还是不攞倒。

ŋɔ³¹lɔ³¹ku²¹³i²⁴⁻²²tsʰɿ²¹³，tʰɔ⁴⁵iu⁵³lɔ³¹liu³³i²⁴⁻²²tsʰɿ²¹³，xæ²²tʃʰi³¹pu³¹lɔ³¹lɔ³³。

我找过一遍，他又找了一遍，还是没找着。

他低倒头走过来又走过去。

tʰɔ⁴⁵li⁴⁵lɔ³³ta²²tsa³³ku²¹³lø²²iu⁵³tsa³³ku²¹³kʰi²¹³。

他低着头走过来又走过去。

有时候没有前半句，光有后半句，暗含着以前有过这类事或照例该有这类事（"又"后常用"该、要"）。例如：

今年又是一个丰收年。

tʃin⁴⁵nie²²iu⁵³tʃʰi³¹i²⁴⁻²²kɔ²¹³fø⁴⁵ʃiu⁴⁵⁻²²nie²²。

今年又是一个丰收年。

外头又落雨了。

mø⁵³ta²²iu⁵³lɔ²⁴y³¹liu³³。

外面又下雨了。

你又发我嘅脾气了。

ni³¹iu⁵³fa²⁴ŋɔ³¹kɔ³³pi²²tʃʰi²¹³liu³³。

你又生我的气了。

冬天一到，我阿公又生曳哈病了。

lø⁴⁵tʰie⁴⁵i²⁴⁻²²lau²¹³，ŋɔ³¹a²²kø⁴⁵iu⁵³ʃeŋ⁴⁵ie⁵³xa⁴⁵peŋ⁵³liu³³。

冬天一到，我爷爷又该犯气喘病了。

一句之内，"又"前后重复同一动词，表示反复多次。例如：

洗了又洗|解释了又解释|讲了一次又讲一次 讲了一遍又讲一遍。

他做了又做，一直做到合要求为止。

tʰɔ⁴⁵tsɿ²¹³liu³³iu⁵³tsɿ²¹³，i²⁴⁻²²tʃai²⁴tsɿ²¹³lau²¹³xɔ²²iɔ⁴⁵tʃʰiu²²ui²²tʃi³³。

他做了又做，一直做到合要求为止。

"又"前后重复同一"一+量"，表示反复多次。例如：

我哋一次又一次嘅劝他。

ŋɔ³¹ti³³i²⁴⁻²²tsʰɿ²¹³iu⁵³i²⁴⁻²²tsʰɿ²¹³kɔ³³kʰø²¹³tʰɔ⁴⁵。

我们一次又一次地劝他。

一日又一日，不晓得等了几多日。

i²⁴⁻²²n²⁴iu⁵³i²⁴⁻²²n²⁴，pu³¹ʃɔ⁵³la⁵³leŋ³³liu³³tʃi³³lɔ⁴⁵n²⁴。

一天又一天，不知等了多少天。

一群又一群嘅燕子飞来来了。

i²⁴⁻²²kʰyn²²iu⁵³i²⁴⁻²²kʰyn²²kɔ³³ie²¹³tsɿ³³fi⁴⁵lø²²lø²²liu³³。

一群又一群的燕子飞回来了。

两小句动词不同，后句用"又"，表示两个动作先后相继。例如：

看了了《西游记》上册，又去借下册。

kʰæ²¹³liu³¹liu³³《si⁴⁵iu²²ki²¹³》ʃæ⁵³tʃʰa²⁴，iu⁵³kʰi²¹³tsie²¹³xɔ⁵³tʃʰa²⁴。

看完了《西游记》上册，又去借下册。

312

啱洗了衣裳，他又去忙别啯。

ŋæ⁴⁵si³³liu³³i⁴⁵ʃæ²², tʰɔ⁴⁵iu⁵³kʰi²¹³mɔŋ²²pie⁵³kɔ³³。

刚洗完衣服，他又去忙别的。

A又B，B又A。表示两个动作反复交替发生。例如：

装了又拆，拆了又装，直到自家觉得十分满意整˸停手。

tʃɔŋ⁴⁵liu³³iu⁵³tʃʰa²⁴, tʃʰa²⁴liu³³iu⁵³tʃɔŋ⁴⁵, tʃai²⁴lau²¹³tsʰŋ⁵³ka⁴⁵⁻²²kʰɔ²⁴la²⁴ʃi²²fin⁴⁵mæ³¹i²¹³tseŋ³³teŋ²²ʃiu³³。

装了又拆，拆了又装，直到自己觉得十分满意才罢手。

他跑一下又行一下，行一下又跑一下，提前赶到了工地。

tʰɔ⁴⁵pʰau³³i²⁴⁻²²xɔ³¹iu⁵³xeŋ²²i²⁴⁻²²xɔ³¹, xeŋ²²i²⁴⁻²²xɔ³¹iu⁵³pʰau³³i²⁴⁻²²xɔ³¹, ti²²tsʰie²²kæ³³lau²¹³liu³³kø⁴⁵ti⁵³。

他跑一阵又走一阵，走一阵又跑一阵，提前赶到了工地。

（2）表示几个动作、状态、情况累积在一起。
"又"用于后几项。例如：

他是个聪明人，又肯努力，所以不到半个月就都学会了。

tʰɔ⁴⁵tʃʰi³¹kɔ²¹³tsʰø⁴⁵min²²in²², iu⁵³kʰeŋ³³nu³¹lai⁵³, sɔ³³i³³pu³¹lau²¹³pæ²¹³kɔ²¹³ŋø²⁴tsʰiu⁵³tɔ⁴⁵xɔ⁵³fø⁵³liu³³。

他是个聪明人，又肯努力，所以不到半个月就都学会了。

箇一日啱好是三伏啯第一日，又是晏头，又怀风，不动也会出汗水。

kɔ³³i²⁴⁻²²n²⁴ŋæ⁴⁵xau³¹tʃʰi³¹sæ⁴⁵fu²⁴kɔ³³ti⁵³i²⁴⁻²²n²⁴, iu⁵³tʃʰi³¹æ²¹³ta²², iu⁵³pia³¹fø⁴⁵, pu³¹tø³¹ia³¹fø⁵³tʃʰy²⁴fæ⁵³ʃy³³。

那一天正好是三伏的第一天，又是中午，又没有风，不动也会出汗。

黄村长是县里啯模范干部，又是人民代表。

ɔŋ²²tsʰɔŋ⁴⁵tʃæ³³tʃʰi³¹ʃie⁵³li³¹kɔ³³mu²²fæ⁵³kæ²¹³pu⁵³, iu⁵³tʃʰi³¹in²²min²²tø⁵³piu³³。

黄村长是县里的模范干部，又是人民代表。

我想看又不想看，决定不了。

ŋɔ³¹siæ³³kʰæ²¹³iu⁵³pu³¹siæ³³kʰæ²¹³, kʰø²⁴teŋ⁵³pu³¹liu³³。

我想看又不想看，决定不下。

每一项都用"又"。例如：

唎⁼个瑒崽崽又会写又会算。

la³¹kɔ²¹³lai⁴⁵tsai³³tsø³³iu⁵³fø⁵³sie³³iu⁵³fø⁵³suæ²¹³。

这孩子又会写又会算。

山又高，路又滑，困难是不少。

ʃæ⁴⁵iu⁵³kau⁴⁵，lu⁵³iu⁵³fa⁵³，kʰyn²¹³næ²²tʃʰi³¹pu³¹ʃɔ³³。

山又高，路又滑，困难是不少。

同一架机器又翻地，又耙土，又下种。

tø²²i²⁴kɔ²¹³ki⁴⁵tʃʰi²¹³iu⁵³fæ⁴⁵ti⁵³，iu⁵³pɔ²²tʰu³³，iu⁵³xɔ³¹tʃŋ³³。

同一架机器又翻地，又耙土，又下种。

唎⁼度啊街道我好像又识得又不识得。

la³¹tu³³kɔ³³ka⁴⁵tau⁵³ŋɔ³¹xau³¹tsʰiæ⁵³iu⁵³ʃai⁵³la²⁴iu⁵³pu³¹ʃai⁵³la²⁴。

这儿的街道我好像又认得又不认得。

瑒崽崽又是慌，又是喜欢。

lai⁴⁵tsai³³tsø³³iu⁵³tʃʰi³¹fɔŋ⁴⁵，iu⁵³tʃʰi³¹ʃi³³fæ⁴⁵。

孩子们又是害怕，又是喜欢。

"又"前后重复同一形容词，表示程度高。例如：

细皮球，圆又圆。

si²¹³pi²²tʃʰiu²²，ye²²iu⁵³ye²²。

小皮球，圆又圆。

希望工作顺利又顺利，唎⁼只是一种空想。

ʃi⁴⁵mɔŋ⁵³kø⁴⁵tsɔ²⁴ʃyn⁵³li⁵³iu⁵³ʃyn⁵³li⁵³，la³¹tʃi³³tʃʰi³¹i²⁴⁻²²tʃŋ³³kʰø⁴⁵siæ³³。

希望工作顺利又顺利，这只是一种空想。

又+形₁/动₁+又+形₂/动₂。例如：

又节约成本，又能提高产品质量。

iu⁵³tsie²⁴iɔ²⁴ʃeŋ²²pin³³，iu⁵³neŋ²²ti²²kau⁴⁵tʃʰæ³³pʰin³³tʃai²⁴liæ²²。

又节约成本，又能提高产品质量。

又干净又轻便。

iu⁵³kuæ⁴⁵tsʰeŋ⁵³iu⁵³kʰeŋ⁴⁵pie⁵³。

又干净又轻便。

又经济又实惠。

iu⁵³keŋ⁴⁵tsi²¹³iu⁵³ʃi⁵³fø⁵³。

又经济又实惠。

（3）表示语气

表示转折。常和"可是、但是、却、虽然"相配合。例如：

心里头有好多话，嘴里头又讲不出来。

sin⁴⁵li³¹tʰa²²iu³¹xau³¹lɔ⁴⁵fa⁵³，tsy³³li³¹tʰa²²iu⁵³kɔŋ³³pu³¹tʃʰy²⁴lø²²。

心里有千言万语，嘴里又说不出来。

又怕冷又不愿多穿衣裳。

iu⁵³pʰɔ²¹³leŋ³¹iu⁵³pu³¹ŋø⁵³lɔ⁴⁵tʃʰø⁴⁵i⁴⁵ʃæ²²。

既怕冷又不愿多穿衣服。

加强否定。例如：

他又不会吃人，你慌哪家？

tʰɔ⁴⁵iu⁵³pu³¹fø⁵³tʃʰie²⁴in²²，ni³¹fɔŋ⁴⁵la³³ka⁴⁵⁻²²？

他又不会吃人，你怕什么？

事情是明摆倒嘅，厅＝家又不是不长眼睛，难道看不出来？

sʅ⁵³tsʰeŋ²²tʃʰi³¹meŋ²²pa³³lɔ³³kɔ³³，tʰeŋ⁴⁵kɔ⁴⁵⁻²²iu⁵³pu³¹tʃʰi³¹pu³¹tʃæ³³ŋæ³¹tseŋ⁴⁵，næ²²tau⁵³kʰæ²¹³pu³¹tʃʰy²⁴lø²²？

事情是明摆着的，人家又不是不长眼睛，难道看不出来？

他拈＝啲会晓得嘅？我又不讲他听。

tʰɔ⁴⁵nie⁴⁵ti³³fø⁵³ʃɔ⁵³la⁵³kɔ³³？ŋɔ³¹iu⁵³pu³¹kɔŋ³³tʰɔ⁴⁵tʰeŋ²¹³。

他怎么会知道的？我又没告诉他。

加强反问。句中用疑问指代词。例如：

落雨又有哪家关系？我哋照常做工。

lɔ²⁴y³¹iu⁵³iu³¹la³³ka⁴⁵⁻²²kuæ⁴⁵ʃi²¹³？ŋɔ³¹ti³³tʃɔ²¹³tʃʰæ²²tsʅ²¹³kø⁴⁵。

下雨又有什么关系？咱们照常干活。

唡˭啲花招又能呃咛˭个？
la³¹ti³³fa⁴⁵tʃɔ⁴⁵iu⁵³neŋ²²ŋa²⁴neŋ⁴⁵kɔ²¹³？
这点花招又能骗谁？

唡˭啲细事又费得了几大工夫？
la³¹ti³³si²¹³sɿ⁵³iu⁵³fi²¹³la²⁴liu³³tʃi³³ta⁵³kø⁴⁵fu⁴⁵⁻²²？
这点小事又费得了多大工夫？

2. 再 [tsø²¹³]

（1）表示一个动作（或一种状态）重复或继续。多指未实现的或经常性的动作。再+动。"再"前后常用相同的动词。例如：

我哋要学习、学习、再学习。
ŋɔ³¹ti³³iɔ²¹³xɔ⁵³si²⁴、xɔ⁵³si²⁴、tsø²¹³xɔ⁵³si²⁴。
我们要学习、学习、再学习。

去过了还可以再去。
kʰi²¹³ku²¹³liu³³xæ²²kʰɔ³³i³³tsø²¹³kʰi²¹³。
去过了还可以再去。

唡˭次失败了，下次再来。
la³¹tsʰɿ²¹³ʃi²⁴pa⁵³liu³³，xɔ⁵³tsʰɿ²¹³tsø²¹³lø²²。
这次失败了，下次再来。

不急，再坐一下。
pu³¹tʃi²⁴，tsø²¹³tsʰɔ³¹i²⁴⁻²²xɔ³¹。
别急，再坐一会儿。

我还能再见到你冇？
ŋɔ³¹xæ²²neŋ²²tsø²¹³kie²¹³lau²¹³ni³¹piu³¹？
我还能再见到你吗？

你敢再来比赛一次冇？
ni³¹kæ³³tsø²¹³lø²²pi³³sa²¹³i²⁴⁻²²tsʰɿ²¹³piu³¹？
你敢再赛一场吗？

一……再……。"再"前后用同一个单音节动词，可表示已然。例如：

不能一错再错了。
pu³¹neŋ²²i²⁴⁻²²tsʰɔ²¹³tsø²¹³tsʰɔ²¹³liu³³。
不能一错再错了。

喇˭件事情一拖再拖,到喇˭下还不曾结束。
la³¹tʃʰie⁵³sɿ⁵³tsʰeŋ²²i²⁴⁻²²tʰɔ⁴⁵tsø²¹³tʰɔ⁴⁵, lau²¹³la³¹xɔ³¹xæ²²pu³¹tsʰeŋ²²tʃie²⁴ʃu²⁴。
这事情一拖再拖,到现在还没结束。

人员一换再换,就是固定不下来。
in²²ye²²i²⁴⁻²²fæ⁵³tsø²¹³fæ⁵³, tsʰiu⁵³tʃʰi³¹ku²¹³teŋ⁵³pu³¹xɔ³¹lø²²。
人员一换再换,就是固定不下来。

用于假设句,后面常用"就、都"等呼应。例如:

你再哭,箇啲豨恩就都不同你去耍了。
ni³¹tsø²¹³kʰø²⁴, kɔ³³ti³³lai⁴⁵tsai³³tsʰiu⁵³tɔ⁴⁵pu³¹tø²²ni³¹kʰi²¹³ʃua³³liu³³。
你再哭,那些小朋友就都不跟你玩儿了。

你再推辞,大齐就有意见了。
ni³¹tsø²¹³tʰø⁴⁵tsʰɿ²², ta⁵³tsʰi²²tsʰiu⁵³iu³¹i²¹³kie²¹³liu³³。
你再推辞,大家就有意见了。

用于让步的假设句,含有"即使"或"无论怎么"的意思,后面常用"也、还是"呼应。例如:

你再拈˭啲劝,他还是不听。
ni³¹tsø²¹³nie⁴⁵ti³³kʰø²¹³, tʰɔ⁴⁵xæ²²tʃʰi³¹pu³¹tʰeŋ²¹³。
你再怎么劝,他还是不听。

再等也是喇˭几个人,不等了吧。
tsø²¹³leŋ³³ia³¹tʃʰi³¹la³¹tʃi³³kɔ²¹³in²², pu³¹leŋ³³liu³³pa⁴⁵⁻²²。
再等也是这几个人,别等了吧。

你再解释,他也不会同意啯。
ni³¹tsø²¹³kai³³ʃi²⁴, tʰɔ⁴⁵ia³¹pu³¹fø⁵³tø²²i²¹³kɔ³³。
你再解释,他也不会同意的。

(2)表示一个动作将要在某一情况下出现。
动作将在某一时间出现。例如:

今日来不及了,明时再回答大齐啯问题吧。
tʃin⁴⁵n²⁴lø²²pu³¹tʃi²⁴liu³³, meŋ²²ʃi²²tsø²¹³fø²²lɔ²⁴ta⁵³tsʰi²²kɔ³³min⁵³ti²²pa⁴⁵⁻²²。
今天来不及了,明天再回答大家的问题吧。

下半日再开会吧，上半日先让大齐准备准备。

xɔ³¹pæ²¹³n²⁴tsø²¹³kʰø⁴⁵fø⁵³pa⁴⁵⁻²², ʃæ⁵³pæ²¹³n²⁴sie⁴⁵ȵiæ⁵³ta⁵³tsʰi²²tʃyn³³pi⁵³tʃyn³³pi⁵³。

下午再开会吧，上午先让大家准备准备。

动作将在另一动作结束后出现。例如：

好好敨，等伤好了再参加比赛。

xau³¹xau³¹tʰa³³, leŋ³³ʃæ⁴⁵xau³¹liu³³tsø²¹³tsʰæ⁴⁵kɔ⁴⁵⁻²²pi³³sa²¹³。

好好休息，等伤好了再参加比赛。

先把问题调查清楚，（然后）再研究解决嘅办法。

sie⁴⁵pa³³min⁵³ti²²tiu²¹³tʃʰɔ²²tsʰeŋ⁴⁵tʃʰu³³, (ie²²xa⁵³) tsø²¹³ȵie⁴⁵tʃiu²¹³ka³³kʰø⁴⁵kɔ³³pæ⁵³fa²⁴。

先把问题调查清楚，（然后）再研究解决的办法。

不着急，一个讲完，一个再讲。

pu³¹tʃʰɔ⁵³tʃi²⁴, i²⁴⁻²²kɔ²¹³kɔŋ³³uæ²², i²⁴⁻²²kɔ²¹³tsø²¹³kɔŋ³³。

别着急，一个说完，一个再说。

（3）用在形容词前，表示程度增加。

（比……）+再+形。"形"后常有"一啲"。例如：

难道怀得（比喇ᵔ个）再合适一啲嘅冇？

næ²²tau⁵³pia³¹la³¹ (pi³³la³¹kɔ²¹³) tsø²¹³xɔ²²ʃi²⁴ȵie²⁴ti³³kɔ³³piu³¹？

难道没有（比这个）再合适一点儿的吗？

还可以做得（比喇ᵔ个）再好一啲。

xæ²²kʰɔ³³i³³tsʅ²¹³la²⁴ (pi³³la³¹kɔ²¹³) tsø²¹³xau³¹ȵie²⁴ti³³。

还可以写得（比这个）再精练些。

再+形+（也）不过了。等于"怀得比……更……"。例如：

你同我一伙去冇？那再好（也）不过了。

ni³¹tø²²ŋɔ³¹i²⁴⁻²²fu³³kʰi²¹³piu³¹？nɔ⁵³tsø²¹³xau³¹ (ia³¹) pu³¹ku²¹³liu³³。

你跟我一块儿去吗？那再好也没有了（不过了）。

把军民关系比作鱼水关系，是再好不过了。

pa³³kyn⁴⁵min²²kuæ⁴⁵ʃi²¹³pi³³tsɔ²⁴y²²ʃy⁵³kuæ⁴⁵ʃi²¹³, tʃʰi³¹tsø²¹³xau³¹pu³¹ku²¹³liu³³。

把军民关系比作鱼水关系，是再好不过了。

"形+得+不能+再+形+了$_{1+2}$"等于"形+到极点了"。形容词为单音节，前后相同。例如：

已经甜得不能再甜了。
i³³keŋ⁴⁵tie²²la²⁴pu³¹neŋ²²tsø²¹³tie²²liu³³。
已经甜得不能再甜了。

气球已经大得不能再大了，再吹就要爆了。
tʃʰi²¹³tʃʰiu²²i³³keŋ⁴⁵ta⁵³la²⁴pu³¹neŋ²²tsø²¹³ta⁵³liu³³，tsø²¹³tʃʰy⁴⁵tsʰiu⁵³iɔ²¹³pau²¹³liu³³。
气球已经大得不能再大了，再吹就要爆了。

他哋两个好得不能再好了！
tʰɔ⁴⁵ti³³liæ³¹kɔ²¹³xau³¹la²⁴pu³¹neŋ²²tsø²¹³xau³¹liu³³。
他们俩好得不能再好了！

再+形。等于"无论多……"。用于让步的假设。例如：

天再冷，风再大，我也不慌。
tʰie⁴⁵tsø²¹³leŋ³¹，fø⁴⁵tsø²¹³ta⁵³，ŋɔ³¹ia³¹pu³¹fɔŋ⁴⁵。
天再冷，风再大，我也不怕。

情况再严重，我哋也能想办法对付。
tsʰeŋ²²kʰɔŋ²¹³tsø²¹³ȵie²²tɔŋ³¹，ŋɔ³¹ti³³ia³¹neŋ²²siæ³³pæ⁵³fa²⁴lø²¹³fu²¹³。
情况再严重，我们也能想法对付。

再好嗰笔也禁不起你这啲用。
tsø²¹³xau³¹kɔ³³pi²⁴ia³¹tʃin²¹³pu³¹tʃʰi³³ni³¹tʃie²¹³ti³³iɔŋ⁵³。
再好的笔也禁不起你这么使呀。

（4）"再"和否定词合用。
否定词在前。表示动作不重复或不继续下去。例如：

唱了一个，不再唱了。
tʃʰæ²¹³liu³³i²⁴⁻²²kɔ²¹³，pu³¹tsø²¹³tʃʰæ²¹³liu³³。
唱了一个，不再唱了。

他走了之后不再来。
tʰɔ⁴⁵tsa³³liu³³tsɿ⁴⁵xa⁵³pu³¹tsø²¹³lø²²。
他走了之后没再来。

319

否定词在后，中间有时加"也"。表示动作不重复或不继续下去，但语气更强，有"永远"的意思。例如：

他再也不来了。

tʰɔ⁴⁵tsø²¹³ia³¹pu³¹lø²²liu³³。

他再也不来了。

他再不讲哪家，掉头就走了。

tʰɔ⁴⁵tsø²¹³pu³¹kɔŋ³³la³³ka⁴⁵⁻²²，lø²¹³ta²²tsʰiu⁵³tsa³³liu³³。

他再没说什么，掉头就走了。

你再（也）不讲喇͇ 啲客气话了，这是我咄应该做啯。

ni³¹tsø²¹³（ia³¹）pu³¹kɔŋ³³la³¹ti³³kʰa²⁴tʃʰi²¹³fa⁵³liu³³，tʃie²¹³tʃʰi³¹ŋɔ³¹ti³³in⁴⁵kai⁴⁵⁻²²tsʅ²¹³kɔ³³。

您再（也）别说这些客气话了，这是我们应该做的。

（5）另外，又。

再+一个。例如：

超额完成任务啯，一个是老黄，一个是老李，再一个是老张。

tʃʰiu⁴⁵ŋa²⁴uæ²²ʃeŋ²²in⁵³u⁵³kɔ³³，i²⁴⁻²²kɔ²¹³tʃʰi³¹lau³¹ɔŋ²²，i²⁴⁻²²kɔ²¹³tʃʰi³¹lau³¹li³¹，tsø²¹³i²⁴⁻²²kɔ²¹³tʃʰi³¹lau³¹tʃæ⁴⁵。

超额完成任务的，一个是老黄，一个是老李，再一个是老张。

再+怀得；再+还有；再+就是。例如：

只有一条路通向山顶仔，再怀得别啯路。

tsʅ³³iu³¹i²⁴⁻²²tiu²²lu⁵³tʰø⁴⁵ʃiæ²¹³ʃæ⁴⁵leŋ³³ti³³，tsø²¹³pia³¹la³¹pie⁵³kɔ³³lu⁵³。

只有一条路通向山顶，再没有别的路。

我咄村今年种了三百亩柑仔，再还有四十亩大果山楂。

ŋɔ³¹ti³³tsʰɔŋ⁴⁵tʃin⁴⁵nie²²tʃɔŋ²¹³liu³³sæ⁴⁵pa²⁴mau³¹kuæ⁴⁵ti³³，tsø²¹³xæ²²iu³¹sʅ²¹³ʃi²²mau³¹ta⁵³kɔ³³ʃæ⁴⁵tʃɔ⁴⁵⁻²²。

我们村今年种了三百亩橘子，再还有四十亩大果山楂。

懂客家话啯有小黄、小李、老张，再就是老陈。

lø³³kʰa²⁴kɔ⁴⁵⁻²²fa⁵³kɔ³³iu³¹siu³³ɔŋ²²、siu³³li³¹、lau³¹tʃæ⁴⁵，tsø²¹³tsʰiu⁵³tʃʰi³¹lau³¹tʃʰin²²。

懂客家话的有小王、小李、老张，再就是老陈。

（七）语气副词

1. 还 [xæ²²]

"还"表示的语气大体上可以分成平、扬、抑三类。此外还有一种以表示感情为主的用法。

（1）表示平的语气，不含轻重抑扬的意思。

表示动作或状态持续不变；仍然。例如：

他还在县城。
tʰɔ⁴⁵xæ²²tsʰø³¹ʃie⁵³ʃeŋ²²。
他还在县城。

老黄还不曾来来。
lau³¹ɔŋ²²xæ²²pu³¹tsʰeŋ²²lø²²lø²²。
老黄还没回来。

天还不冷。
tʰie⁴⁵xæ²²pu³¹leŋ³¹。
天还不是很冷。

你今后嘅路还长倒呢。
ni³¹tʃin⁴⁵xa⁵³kɔ³³lu⁵³xæ²²tiæ²²lɔ³³nie⁴⁵。
你今后的路还长着呢。

虽然（尽管、即使）……，……还……。表示动作或状态不因为有某种情况而改变。例如：

演出虽然已经结束，人们还不愿散去。
ie³³tʃʰy²⁴sui⁴⁵ie²²i³³keŋ⁴⁵tʃie²⁴ʃu²⁴，in²²min²²xæ²²pu³¹ŋø⁵³sæ²¹³kʰi²¹³。
演出虽然已经结束，人们还不愿散去。

即使有了一啲成绩，也还要继续努力。
tsi²⁴ʃi³³iu³¹liu³³ɲ̍ie²⁴ti³³ʃeŋ²²tsai²⁴，ia³¹xæ²²iɔ²¹³tʃi²¹³su⁵³nu³¹lai⁵³。
即使有了一些成绩，也还要继续努力。

不看我身体不好，做喇⁼个工作还可以。
pu³¹kʰæ²¹³ŋɔ³¹ʃin⁴⁵tʰi³³pu³¹xau³¹，tsɿ²¹³la³¹kɔ²¹³kø⁴⁵tsɔ²⁴xæ²²kʰɔ³³i³³。
别看我身体不好，做这个工作还行。

前一小句可以没有"虽然"等词。例如：

他已年过七十，精神还这卟饱满，脚步还是这卟轻快。
tʰɔ⁴⁵i³³nie²²ku²¹³tsʰi²⁴ʃi²², tseŋ⁴⁵ʃin²²xæ²²tʃie²¹³pu³¹pau³³mæ³¹, tʃɔ²⁴pu⁵³xæ²²tʃʰi³¹tʃie²¹³pu³¹kʰeŋ⁴⁵kʰua²¹³。
他已年过七十，精神还那么饱满，步子还那么轻快。

离市区远一啲，可是交通还好方便啯。
li²²ʃi²¹³kʰy⁴⁵ye³¹nie²⁴ti³³, kʰɔ³³tʃʰi³¹kau⁴⁵tʰø⁴⁵⁻²²xæ²²xau³¹fɔŋ⁴⁵pie⁵³kɔ³³。
离市区远一些，可是交通还挺方便的。

（2）表示扬的语气，把事情往大处、高处、重处说。
表示程度差别；更加。用于比较句。例如：

新猪栏比旧猪栏还要大一百平方米。
sin⁴⁵ny⁴⁵læ²²pi³³tʃʰiu⁴⁵ny⁴⁵læ²²xæ²²iɔ²¹³ta⁵³i²⁴⁻²²pa²⁴peŋ²²fɔŋ⁴⁵mi³¹。
新猪圈比旧猪圈还要大一百平方米。

箇种微型电池比喇⁼颗扣仔还细一啲。
kɔ³³tʃɔŋ³³ui⁴⁵ʃin²²tie⁵³tʃʰi²²pi³³la³¹kʰɔ³³kʰa²¹³ti³³xæ²²si²¹³nie²⁴ti³³。
那种微型电池比这颗钮扣还小一些。

他比你还细好几岁。
tʰɔ⁴⁵pi³³ni³¹xæ²²si²¹³xau³¹tʃi³³sy²¹³。
他比你还小好几岁呢。

表示项目、数量增加，范围扩大。例如：

你把他啯书包，还有衣裳，都同他带去。
ni³¹pa³³tʰɔ⁴⁵kɔ³³ʃy⁴⁵pau⁴⁵, xæ²²iu³¹i⁴⁵ʃæ²², tɔ⁴⁵tø²²tʰɔ⁴⁵lø²¹³kʰi²¹³。
你把他的书包，还有衣服，都给他带去。

除了他哋三个以外，小组里还有我。
tʃʰy²²liu³³tʰɔ⁴⁵ti³³sæ⁴⁵kɔ²¹³i³³ŋø⁵³, siu³³tsu³³li³¹xæ²²iu³¹ŋɔ³¹。
除了他们三个以外，小组里还有我。

旧啯矛盾解决了，新啯矛盾还会产生。
tʃʰiu⁵³kɔ³³mau²²tyn³¹ka³³kʰø²⁴liu³³, sin⁴⁵kɔ³³mau²²tyn³¹xæ²²fø⁵³tʃʰæ³³ʃeŋ⁴⁵。
旧的矛盾解决了，新的矛盾还会产生。

往背后一看，山底下还有不少人。

ɔŋ³¹pø²¹³xa⁵³i²⁴⁻²²kʰæ²¹³，ʃæ⁴⁵li³³xɔ⁵³xæ²²iu³¹pu³¹ʃɔ³³in²²。

往背后一看，山底下还有不少人。

这啲几个人哪度够，还得再来几个。

tʃie²¹³ti³³tʃi³³kɔ²¹³in²²la²⁴tu³³ka²¹³，xæ²²la²⁴tsø²¹³lø²²tʃi³³kɔ²¹³。

这么几个人哪儿够哇，还得再来几个。

喇˭个节目八点钟还要重播一次。

la³¹kɔ²¹³tsie²⁴mø⁵³pɔ²⁴lie³³tʃɔŋ⁴⁵xæ²²iɔ²¹³tʃʰɔŋ²²pɔ²¹³i²⁴⁻²²tsʰɿ²¹³。

这个节目八点钟还要重播一次。

气象预报讲明时风力还要增大，气温还要下降。

tʃʰi²¹³siæ⁵³y⁵³pau²¹³kɔŋ³³meŋ²²ʃi²²fø⁴⁵lai⁵³xæ²²iɔ²¹³tseŋ⁴⁵ta⁵³，tʃʰi²¹³vin⁴⁵xæ²²iɔ²¹³xɔ³¹kɔŋ²¹³。

气象预报说明天风力还要增大，气温还要下降。

不但（不仅，不光）……还……。表示进一层。意思跟上文所述相近，但语气更重。例如：

不但要把喇˭种病嗰病人医好，还要在本地区消灭喇˭种病。

pu³¹tæ⁵³iɔ²¹³pa³³la³¹tʃɔŋ³³peŋ⁵³kɔ³³peŋ⁵³in²²i⁴⁵xau³¹，xæ²²iɔ²¹³tsʰø³¹pin³³ti⁵³kʰy⁴⁵siu⁴⁵mie²⁴la³¹tʃɔŋ³³peŋ⁵³。

不但要把这种病的患者治好，还要在本地区消灭这种疾病。

后生崽不仅会开拖拉机，坏了还会修理。

xa⁵³ʃeŋ⁴⁵tsø³³pu³¹tʃin³³fø⁵³kʰø⁴⁵tʰɔ⁴⁵la⁴⁵ki⁴⁵，fai⁵³liu³³xæ²²fø⁵³siu⁴⁵li³¹。

小伙子不仅会开拖拉机，坏了还会修理。

光讲不得，还得做。

kɔŋ⁴⁵kɔŋ³³pu³¹la²⁴，xæ²²la²⁴tsɿ²¹³。

光说不行，还得干。

我哋不但增产了，还降低了百分之二十嗰成本。

ŋ³¹ti³³pu³¹tæ⁵³tseŋ⁴⁵tʃʰæ³³liu³³，xæ²²kɔŋ²¹³li⁴⁵⁻²²liu³³pa²⁴fin⁴⁵tsɿ⁴⁵iʃi²²kɔ³³ʃeŋ²²pin³³。

我们不但增产了，还降低了百分之二十的成本。

323

(3)表示抑的语气,把事情往小里、低里、轻里说。
表示勉强过得去。多修饰褒义形容词。例如:

最近身体㧺=啲样?还好,还好。
tsɿ²¹³tʃʰin³¹ʃin⁴⁵tʰi³³nie⁴⁵ti³³iæ⁵³? xæ²²xau³¹, xæ²²xau³¹。
最近身体怎么样?还好,还好。

喇=条索仔还比较结实。
la³¹tiu²²sɔ²⁴ti³³xæ²²pi³³kau²¹³tʃie²⁴ʃi⁵³。
这根绳子还比较结实。

喇=张画画得还可以。
la³¹tʃæ⁴⁵fa⁵³fa⁵³la²⁴xæ²²kʰɔ³³i³³。
这张画儿画得还可以。

有时候在形容词前面用动词"算","还"修饰"算"。例如:

还算不错,电话最后拰通了。
xæ²²suæ²¹³pu³¹tsʰɔ²¹³, tie⁵³fa⁵³tsɿ⁵³xa⁵³pa⁵³tʰø⁴⁵liu³³。
还算不错,电话最后打通了。

还算好,你不出门,要不然我又攞不倒你了。
xæ²²suæ²¹³xau³¹, ni³¹pu³¹tʃʰy²⁴min²², iɔ²¹³pu³¹ie²²ŋɔ³¹iu⁵³lɔ³¹pu³¹lɔ³³ni³¹liu³³。
还算好,你没出门,要不然我又找不着你了。

表示数量小、时间不到,等等。例如:

人还太少,组不成队。
in²²xæ²²tʰø⁵³ʃɔ³³, tsu³³pu³¹ʃeŋ²²tø⁵³。
人还太少,组不成队。

喇=块布还不够。
la³¹kʰua²¹³pu²¹³xæ²²pu³¹ka²¹³。
这块布还不够。

箇年我还只有五岁。
kɔ³³nie²²ŋɔ³¹xæ²²tsɿ³³iu³¹n³¹sɿ²¹³。
那年我还只有五岁。

还只有九点钟，不算夜。

xæ²²tsɿ³³iu³¹tʃiu³³lie³³tʃɔŋ⁴⁵, pu³¹suæ²¹³ia⁵³。

还只有九点钟，不算晚。

唎⁼下还早，可以再等等。

la³¹xɔ³¹xæ²²tsau³³, kʰɔ³³i³³tsø²¹³leŋ³³leŋ³³。

现在还早，可以再等等。

还……就……。例如：

还不曾到五点钟，他就起身了。

xæ²²pu³¹tsʰeŋ²²lau²¹³n³¹lie³³tʃɔŋ⁴⁵, tʰɔ⁴⁵tsʰiu⁵³tʃʰi³³ʃin⁴⁵liu³³。

还不过五点钟，他就起床了。

我还上小学嗰下时，我姐就上大学了。

ŋɔ³¹xæ²²ʃæ³¹siu³³ʃɔ⁵³kɔ³³xɔ³¹ʃi²², ŋɔ³¹tie²¹³tsʰiu⁵³ʃæ³¹ta⁵³ʃɔ⁵³liu³³。

我还上小学的时候，我姐姐就已经上大学了。

还+没（不到）……就……。例如：

我还不曾讲话，他就讲"晓得"了。

ŋɔ³¹xæ²²pu³¹tsʰeŋ²²kɔŋ³³fa⁵³, tʰɔ⁴⁵tsʰiu⁵³kɔŋ³³"ʃɔ⁵³la⁵³"liu³³。

我还没说话，他就说"知道"了。

热仔公还不曾升起，瘪崽崽嗰藏人仔仔就开始了。

ȵie⁵³tɿ³³kø⁴⁵xæ²²pu³¹tsʰeŋ²²ʃeŋ⁴⁵ʃʰi³³, lai⁴⁵tsai³³tsø³³kɔ³³tsʰɔŋ²²in²²ti³³ti³³tsʰiu⁵³kʰø⁴⁵tʃʰi³³liu³³。

月亮还没升起，孩子们的捉迷藏就开始了。

还不到半年，大楼就起好了。

xæ²²pu³¹lau²¹³pæ²¹³nie²², ta⁵³la²²tsʰiu⁵³tʃʰi³³xau³¹liu³³。

还不到半年，大楼就盖好了。

尚且。前一小句用"还"，作为陪衬，后一小句作出推论。这类也可以不用"还"而用"都"。例如：

细车还通不过，更不讲大车了。

si²¹³tʃʰa⁴⁵xæ²²tʰø⁴⁵pu³¹ku²¹³, keŋ⁴⁵pu³¹kɔŋ³³ta⁵³tʃʰa⁴⁵liu³³。

小车还通不过，更别说大车了。

325

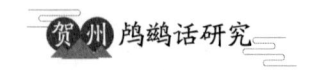

喇ᵍ啲书一个月还看不了，不用讲一个礼拜了。
la³¹ti³¹ʃy⁴⁵i²⁴⁻²²kɔ²¹³ŋø²⁴xæ²²kʰæ²¹³pu³¹liu³³，pu³¹iɔŋ⁵³kɔŋ³³i²⁴⁻²²kɔ²¹³li³¹pa²¹³liu³³。
这些书一个月还看不完，不用说一个星期了。

"还"常和"连"合用。例如：

连你还不能跑完一万米，我更不得了。
lie²²ni³¹xæ²²pu³¹neŋ²²pʰau³³uæ²²i²⁴⁻²²uæ⁵³mi³¹，ŋɔ³¹keŋ⁴⁵pu³¹la²⁴liu³³。
连你还不能跑完一万米呢，我更不行了。

（4）表示感情为主，意思与前面三项相近，但那是次要的。
表示超出预料，有赞叹的语气。例如：

落这卟大雨，不想到你还真准时到了。
lɔ²⁴tʃie²¹³pu³¹ta⁵³y³¹，pu³¹siæ³³lau²¹³ni³¹xæ²²tʃin⁴⁵tʃyn³³ʃi²²lau²¹³liu³³。
下这么大雨，想不到你还真准时到了。

还亏了你哋来得早，要不然，喇ᵍ啲工夫我一个人拈ᵍ啲做得了？
xæ²²kʰui⁴⁵liu³³ni³¹ti³³lø²²la²⁴tsau³³，iɔ²¹³pu³¹ie²²，la³¹ti³³kø⁴⁵fu⁴⁵⁻²²ŋɔ³¹i²⁴⁻²²kɔ²¹³in²²nie⁴⁵ti³³tsɿ²¹³la²⁴liu³¹？
还亏了你们来得早，要不然，这么些活儿我一个人怎么干得完呢？

表示应该怎样而不怎样，名不副实，有责备或讥讽的语气。例如：

亏你还是个伯伯呢，拈ᵍ啲也不让一下老妹。
kʰui⁴⁵ni³¹xæ²²tʃhi³¹kɔ²¹³pa²⁴⁻²²pa²⁴nie⁴⁵，nie⁴⁵ti³¹ia³¹pu³¹ȵiæ⁵³i²⁴⁻²²xɔ³¹lau³¹mø⁵³。
亏你还是大哥呢，怎么也不让着点妹妹！

亏你还读过书，喇ᵍ个字也不认得。
kʰui⁴⁵ni³¹xæ²²tø⁵³ku²¹³ʃy⁴⁵，la³¹kɔ²¹³sɿ⁵³ia³¹pu³¹n̩⁵³la²⁴。
亏你还上过学呢，这个字也不认得。

用于反问。例如：

都十二点了，你还讲早！
tɔ⁴⁵ʃi²²i⁵³lie³³liu³³，ni³¹xæ²²kɔŋ³³tsau³³！
都十二点了，你还说早！

他要能来还不早来！
tʰɔ⁴⁵iɔ²¹³neŋ²²lø²²xæ²²pu³¹tsau³³lø²²！
他要能来还不早来啦！

我哋吃喇⁼种人嘅亏还少咩？

ŋɔ³¹ti³³tʃʰie²⁴la³¹tʃɔŋ³³in²²kɔ³³kʰui⁴⁵xæ²²ʃɔ³³mie⁴⁵?

我们吃这种人的亏还少吗？

喇⁼还能假 la³¹xæ²²neŋ²²kɔ³³ 这还能假！

喇⁼还用问 la³¹xæ²²iɔŋ⁵³min⁵³ 这还用问！

还不快入屋去！

xæ²²pu³¹kʰua²¹³n²⁴ø²⁴kʰi²¹³！

还不快进屋去！

二、介词

（一）常用介词列举

1. 着 [tiu⁵³]

介词"着"表被动，相当于普通话的"被"。

（1）引出施事。前面的主语是动作的受动者。动词后面多有表示完成或结果的词语，或者动词本身包含此类成分。例如：

杯仔着他拰烂了。

pui⁴⁵ti³³tiu⁵³tʰɔ⁴⁵pa⁵³læ⁵³liu³³。

杯子被他打破了。

衣裳全着淋湿啰。

i⁴⁵ʃæ²²tsʰø²²tiu⁵³lin²²ʃi⁵³lɔ⁴⁵⁻²²。

衣服全被淋湿了。

我着一声雷公声惊醒。

ŋɔ³¹tiu⁵³i²⁴⁻²²ʃeŋ⁴⁵lui²²kø⁴⁵ʃeŋ⁴⁵keŋ⁴⁵seŋ³³。

我被一阵雷声惊醒。

锄头着人借走了。

tʃʰu²²ta²²tiu⁵³in²²tsie²¹³tsa³³liu³³。

锄头被人借走了。

小黄着大齐批评了一餐。

siu³³ɔŋ²²tiu⁵³ta⁵³tsʰi²²pʰi⁴⁵peŋ²²liu³³i²⁴⁻²²tsʰæ⁴⁵。

小黄被大家批评了一顿。

327

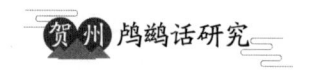

我啱出门又着他喊了来来。

ŋɔ³¹ŋæ⁴⁵tʃʰy²⁴min²²iu⁵³tiu⁵³tʰɔ⁴⁵xæ³¹liu⁵³lø²²lø²²。

我刚出门又被他叫了回来。

（2）"着"的宾语指动作的施事，动作的受事往往在主语的位置上出现。例如：

他着厅⁼家抓住了把柄。

tʰɔ⁴⁵tiu⁵³tʰeŋ⁴⁵kɔ⁴⁵⁻²²tʃua³¹ty⁵³liu³³pa³³peŋ²¹³。

他被人家抓住了把柄。

新买嘅单车就着他杈⁼穿了后轮。

sin⁴⁵ma³¹kɔ³³læ⁴⁵tʃa⁴⁵tsʰiu⁵³tiu⁵³tʰɔ⁴⁵kʰø²²tʃø⁴⁵liu³³xa⁵³lin²²。

新买的自行车就让他扎破了后带。

（3）"着……"后用单个动词，限于少数双音节词，"着"前要有助动词或表时间的词语。例如：

喇⁼句话可能着人误解。

la³¹ky²¹³fa⁵³kʰɔ³³neŋ²²tiu²²in²²u⁵³ka³³。

这句话可能被人误解。

你嘅建议已经着村长采纳。

ni³¹kɔ³³kie²¹³i⁵³i³³keŋ⁴⁵tiu⁵³tsʰɔŋ⁴⁵tʃæ³³tsʰa³³nɔ²⁴。

你的建议已经被村长采纳。

喇⁼一点必将着历史证明。

la³¹i²⁴⁻²²lie³³pi²⁴tsiæ⁴⁵tiu⁵³lai²⁴ʃi³³tʃeŋ²¹³meŋ²²。

这一点必将被历史证明。

啱啱砌起来嘅围墙又着拖拉机撞倒。

ŋæ⁴⁵ŋæ⁴⁵tsʰi²¹³tʃʰi³³lø²²kɔ³³ui²²tsʰiæ²²iu⁵³tʰɔ⁴⁵la⁴⁵ki⁴⁵tʃʰɔŋ⁵³lau³³。

刚刚砌起来的围墙又被拖拉机撞塌。

（4）动词后还可以带宾语，但限于以下几种：

宾语是主语的一部分或属于主语。例如：

鸡仔仔着老鼠仔曳去了一隻。

tʃi⁴⁵ti³³ti³³tiu⁵³lau³¹ʃy³³ti³³ie⁵³kʰi²¹³liu³¹i²⁴⁻²²tʃai²⁴。

小鸡被黄鼠狼叼去了一只。

第四章 语法

我着他吃了一个"车",喇⁼盘棋就输了。

ŋɔ³¹tiu⁵³tʰɔ⁴⁵tʃʰie²⁴liu³¹i²⁴⁻²²kɔ²¹³"ky⁴⁵", la³¹pæ²²tʃʰi²²tsʰiu⁵³ʃy⁴⁵liu³³。

我被他吃了一个"车",这盘棋就输了。

宾语是主语受动作支配而达到的结果。例如：

他着大齐选为村长。

tʰɔ⁴⁵tiu⁵³ta⁵³tsʰi²²sø³³ui²²tsʰɔŋ⁴⁵tʃæ³³。

他被大家选为小组长。

喇⁼啲树苗着他唎全部种到山界⁼上了。

la³¹ti³³ʃy⁵³miu²²tiu⁵³tʰɔ⁴⁵ti³³tsʰø²²pu⁵³tʃɔŋ²¹³lau²¹³ʃæ⁴⁵ka²¹³ʃæ⁵³liu³³。

这些树苗被他们种到山坡上了。

主语指处所。例如：

树杈仔着热头啯光线涂上一层金色。

ʃy⁵³tʃʰɔ²¹³ti³³tiu⁵³ȵie⁵³ta²²kɔ³³kɔŋ⁴⁵sie²¹³tu²²ʃæ³¹i²⁴⁻²²tsʰeŋ²²tʃin⁴⁵ʃai²⁴。

树梢被斜阳涂上一层金色。

窗仔上着工人扫上了绿漆。

tʃʰæ⁴⁵ti³³ʃæ⁵³tiu⁵³kø⁴⁵in²²sau²¹³ʃæ³¹liu³¹ly⁵³tsʰi²⁴。

窗台上被工人们刷上了绿漆。

着……把+动。"把"字后的名词或是属于主语,或是复指主语。例如：

牲口着索仔把脚缠倒了。

ʃeŋ⁴⁵kʰa³³tiu⁵³sɔ²⁴ti³³pa³³tiu⁵³tæ²²lau³³liu³³。

牲口被套绳把腿绊住了。

喇⁼个调皮鬼着我把他□走了。

la³¹kɔ²¹³tiu²²pi²²ki³³tiu⁵³ŋɔ³¹pa³³tʰɔ⁴⁵lø⁵³tsa³³liu³³。

这调皮鬼被我把他赶走了。

用在动词前,表示被动的动作,但不点明施动者。例如：

大壩着冲垮了。

ta⁵³pɔ²¹³tiu⁵³tʃʰɔŋ⁴⁵kʰua³³liu³³。

大坝被冲垮了。

329

喇¯种桉树着称为"速生桉"。

la³¹tʃɔŋ³³æʃy⁵³tiu⁵³tʃʰeŋ⁴⁵ui²²"su²⁴ʃeŋ⁴⁵æ⁴⁵⁻²²"。

这种桉树被称为"速生桉"。

普通话的"被"可以跟"给"配合起来用，鸬鹚话没有这种用法。例如，"杯子被他给打破了"在普通话里可以说，但鸬鹚话不能说"*杯仔着他得拰烂了"。

2. 把 [pa³³]

跟名词组合，用在动词前。"把"后的名词多半是后边动词的宾语，由"把"字提到动词前。

（1）表示处置。名词是后面及物动词的受动者。例如：

把钱交了。

pa³³tsʰie²²kau⁴⁵liu³³。

把钱交了。

把开拖拉机嘅技术学到手。

pa³³kʰø⁴⁵tʰɔ⁴⁵la⁴⁵ki⁴⁵kɔ³³tʃi⁴⁵ʃy²⁴ʃɔ⁵³lau²¹³ʃiu³³。

把开拖拉机的技术学到手。

把衣裳整理整理。

pa³³i⁴⁵ʃæ²²tʃeŋ³³li³¹tʃeŋ³³li³¹。

把衣服整理整理。

把房间收一下。

pa³³fɔŋ²²kæ⁴⁵ʃiu⁴⁵i²⁴⁻²²xɔ³¹。

把房间收拾一下。

（2）表示致使。后面的动词多为动结式。例如：

把禾苗都旱死了。

pa³³u²²miu²²tɔ⁴⁵fæ³¹sɿ³³liu³³。

把禾苗都旱死了。

把鞋都行烂了。

pa³³xa²²tɔ⁴⁵xeŋ²²læ⁵³liu³³。

把鞋都走破了。

把问题搞清楚。
pa³³min⁵³ti²²kau³¹tsʰeŋ⁴⁵tʃʰu³³。
把问题搞清楚。

咛⁼个把喇⁼条手巾整龌龊啊?
neŋ⁴⁵kɔ²¹³pa³³la³¹tiu²²ʃiu³³tʃin⁴⁵tʃeŋ³³ɔ²⁴tʃʰɔ⁵³kɔ³³?
谁把这块毛巾弄脏的?

动词或形容词后面常常用"得"字引进情态补语。例如：

把喇⁼个后生惵□得满身汗水。
pa³³la³¹kɔ²¹³xa⁵³ʃeŋ⁴⁵tsø³³nø²¹³la²⁴mæ³¹ʃin⁴⁵fæ⁵³ʃy³³。
把这小伙子累得浑身大汗。

把我冻得发震。
pa³³ŋɔ³¹leŋ³¹la²⁴fa²⁴tʃin²¹³。
把我冻得直哆嗦。

（3）拿；对。例如：

他能把你拈⁼啲样?
tʰɔ⁴⁵neŋ²²pa³³ni³¹nie⁴⁵ti³³iæ⁵³?
他能把你怎么样?

鸬鹚话"把"的用法特点跟普通话一样，在"把"字组成的连谓结构里，动词前后要有连带成分，至少是动词重叠形式，不能是单纯的单音节或双音节动词。

动词前头有修饰成分。例如：
把衣裳一脱 pa³³i⁴⁵fæ²²i²⁴⁻²²tʰɔ²⁴ 把衣服一脱|把鞋仔一□ pa³³xa²²ti³³i²⁴⁻²²kʰeŋ⁵³ 把鞋子一扔|不把废纸□满屋 pu³¹pa³³fi²¹³tʃi³³kʰeŋ⁵³mæ³¹ø²⁴ 别把废纸满屋子扔。

动词前头有介词结构。例如：
把袖仔往上卷 pa³³tsʰiu⁵³ti³³ɔŋ³¹ʃæ⁵³kø³³ 把袖子往上卷|把酒当水吃 pa³³tsiu³³lɔŋ⁴⁵ʃy³³tʃie²⁴ 把酒当水喝。

动词后头有补语。例如：
把薳崽崽抱回去 pa³³lai⁴⁵tsai³³tsø³³pau³¹fø²²kʰi²¹³ 把孩子抱回去。

把他气得连话也讲不出来了。
pa³³tʰɔ⁴⁵tʃʰi²¹³la²⁴lie²²fa⁵³ia³¹kɔŋ³³pu³¹tʃy²⁴lø²²liu³³。
把他气得连话也说不出来了。

331

把桌仔抹一下。

pa³³tʃɔ⁵³ti³³mɔ²⁴i²⁴⁻²²xɔ³¹。

把桌子抹一下（抹抹）。

把碗放在桌仔上。

pa³³uæ³³xɔŋ²¹³tsʰø³¹tʃɔ⁵³ti³³ʃæ⁵³。

把碗放在桌上。

把唎⁼封信带得小黄。

pa³³la³¹fø⁴⁵sin²¹³lø²¹³la²⁴siu³³ɔŋ²²。

把这封信带给小黄。

动词后头有动态助词"倒"或"了₁₊₂"。例如：

把头昂倒。

pa³³ta²²ŋɔŋ³¹lɔ³³。

把头抬着。

把介绍信丈⁼倒。

pa³³ka²¹³ʃau²¹³sin²¹³tiæ⁵³lɔ³³。

把介绍信拿着。

把茶吃了。

pa³³tʃʰɔ²²tʃʰie²⁴liu³³。

把茶喝了。

把衣裳脱了。

pa³³i⁴⁵ʃæ²²tʰɔ²⁴liu³³。

把衣服脱了。

动词后头有宾语。例如：

把菜淋了水 pa³³tsʰɔ²¹³lin²²liu³¹ʃy³³|把衣裳解了一件 pa³³i⁴⁵ʃæ²²ka²¹³liu³¹i²⁴⁻²²tʃʰie⁵³ 把衣服脱了一件|把生鸡头曳了毛 pa³³ʃeŋ⁴⁵tʃi⁴⁵ta²²ie⁵³liu³¹mau²² 把公鸡拔了毛|把他当作自家人 pa³³tʰɔ⁴⁵lɔŋ⁴⁵tsɔ²⁴tsʰi⁵³ka⁴⁵⁻²²in²² 把他当作自己人|把纸搓成一团 pa³³tʃi³³tsʰɔ⁴⁵ʃeŋ²²i²⁴⁻²²tuæ²² 把纸揉成一团儿|把锄头还得你 pa³³tʃʰu²²ta²²uæ²²la²⁴ni³¹ 把锄头还你|把唎⁼件事讲他听 pa³³la³¹tʃʰie⁵³sɿ⁵³kɔŋ³³tʰɔ⁴⁵tʰeŋ²¹³ 把这件事告诉他|把瓶里装冒水 pa³³peŋ²²li³¹tʃɔŋ⁴⁵mau⁵³ʃy³³ 把瓶里装满水|把伤口涂点红药水 pa³³ʃæ⁴⁵kʰa³³tu²²lie³¹xø²¹ɔ²⁴ʃy³³。

332

3. 向 [ʃæ²¹³]

跟名词组合，表示动作的方向。

"向"用在动词前。"向"后可加"倒"，但跟单音节方位词组合不能加。例如：

向前看|向左转|向倒西南飞去_{向着西南飞去}|向倒前面大声叫喊_{向着前面大声叫喊}。

"向"用在动词后，限于"走、奔、冲、飞、流、飘、滚、转、倒、驶、通、划、指、射、杀、投、引、推、偏"等少数单音节动词。"向"可加"了₁"。例如：

飞向南边树林里|流向河里|细路通向果园_{小路通向果园}|飘向天边|从胜利走向胜利。

引进动作的对象，跟指人的名词、代词组合，只用在动词前。例如：

向村民负责|向先进工作者学习|向隔壁老黄借了一把锄头|你哋需要哪家，向我哋要好了。

4. 朝 [tʃʰɔ²²]

表示动作针对的方向。"朝"只用在动词前。"朝"后可加"倒"，但跟单音方位词组合时不能加。例如：

朝前看。
tʃʰɔ²²tsʰie²²kʰæ²¹³。
朝前看。

大门朝东开。
ta⁵³min²²tʃʰɔ²²lø⁴⁵kʰø⁴⁵。
大门朝东开。

应该朝喇=方面想。
in⁴⁵kai⁴⁵tʃʰɔ²²la³¹fɔŋ⁴⁵mie⁵³siæ³³。
应该朝这方面想。

鱼群朝上游游去。
y²²kʰyn²²tʃʰɔ²²ʃæ⁵³iu²²iu²²kʰi²¹³。
鱼群朝上游游去。

他朝我摆手，我朝他点头。
tʰɔ⁴⁵tʃʰɔ²²ŋɔ³¹pa³³ʃiu³³，ŋɔ³¹tʃʰɔ²²tʰɔ⁴⁵lie³³ta²²。
他朝我挥手，我朝他点头。

小黄入来，大齐朝倒他笑。
siu³³ɔŋ²²n²⁴lø²²，ta⁵³tsʰi²²tʃʰɔ²²lɔ³³tʰɔ⁴⁵siu²¹³。
小黄进来，大伙儿朝着他笑。

5. 从 [tsʰɔŋ²²]

（1）表示起点。常跟"到、往、向"等配合使用。

指处所、来源，跟处所词语、方位词语组合。例如：

从东到西。

tsʰɔŋ²²lø⁴⁵lau²¹³si⁴⁵。

从东到西。

邮局从喇⁼度往南去。

iu²²ku²⁴tsʰɔŋ²²la³¹tu³³ɔŋ³¹næ²²kʰi²¹³。

邮局从这儿往南去。

我啱从街上来来。

ŋɔ³¹ŋæ⁴⁵tsʰɔŋ²²ka⁴⁵ʃæ⁵³lø²²lø²²。

我刚从街上回来。

前排从左起第四个人就是他。

tsʰie²¹pa²²tsʰɔŋ²²tsɔ³³tʃʰi³³ti⁵³sɿ²¹³kɔ²¹³in²²tsʰiu⁵³tʃʰi³¹tʰɔ⁴⁵。

前排从左起第四个人就是他。

指时间，跟时间词语、动词短语或小句组合。例如：

从早到晚｜从古到今｜从今以后｜从开始上学到喇⁼下 从开始上学到现在

从上次大齐得我提了意见，我就经常注意改正。

tsʰɔŋ²²ʃæ⁵³sʰɿ²¹³ta⁵³tsʰi²²la²⁴ŋɔ³¹ti²²liu³¹i²¹³kie²¹³，ŋɔ³¹tsʰiu⁵³keŋ⁴⁵tʃʰæ²²tʃy²¹³i²¹³kai³³tʃeŋ²¹³。

从上回大家给我提了意见，我就经常注意改正。

指范围，跟名词、动词短语或小句组合。例如：

从头到尾 tsʰɔŋ²²ta²²lau²¹³meŋ³¹｜从改良品种讲到加强田间管理 tsʰɔŋ²²ka³³liæ²²pʰin³³tʃɔŋ³³kɔŋ³³lau²¹³kɔ⁴⁵kʰiaŋ²²tie²²kæ⁴⁵kuæ³³li³¹。

从豬崽崽到大人都参加了他嘅婚礼。

tsʰɔŋ²²lai⁴⁵tsai³³tsø³³lau²¹³ta⁵³in²²tɔ⁴⁵tsʰæ⁴⁵kɔ⁴⁵⁻²²liu³¹tʰɔ⁴⁵kɔ³³fin⁴⁵li³¹。

从小孩到大人都参加了他的婚礼。

今日就从我吔来到喇⁼度箇个时候讲起。

tʃin⁴⁵n²⁴tsʰiu⁵³tsʰɔŋ²²ŋɔ³¹ti³³lø²²lau²¹³la³¹tu³³kɔ³³kɔ²¹³ʃi²²xa⁵³kɔŋ³³tʃʰi³³。

今天就从我们来到这里那个时候讲起。

334

指发展、变化，跟名、动、形、数量组合。例如：

从寡公佬到成家立业 tsʰɔŋ²²kua³³kø⁴⁵lau³¹lau²¹³ʃeŋ²²kɔ⁴⁵li²⁴ȵie²⁴ _{从单身汉到成家立业}｜从无到有 tsʰɔŋ²²u³³lau²¹³iu³¹｜从不了解到比较了解 tsʰɔŋ²²pu³¹liu³¹ka³³lau²¹³pi³³kau²¹³liu³¹ka³³｜从外行变成在行 tsʰɔŋ²²ŋø⁵³xɔŋ²²pie²¹³ʃeŋ²²tsʰø³¹xɔŋ²² _{从外行变成内行}｜由少到多，从一到十，从十到百 iu²²ʃɔ³³lau²¹³lɔ⁴⁵，tsʰɔŋ²²i²⁴lau²¹³ʃi²²，tsʰɔŋ²²ʃi²²lau²¹³pa²⁴。

（2）表示经过的路线、场所，跟处所词语、方位词语组合。例如：

我哋从细路走。

ŋɔ³¹ti³³tsʰɔŋ²²si²¹³lu⁵³tsa³³。

我们从小路走。

水从眼仔流出。

ʃy³³tsʰɔŋ²²ŋæ³³ti³³liu²²tʃʰy²⁴。

水从小孔流出。

大风从门口吹过。

ta⁵³fø⁴⁵tsʰɔŋ²²min²²kʰa³³tʃʰy⁴⁵ku²¹³。

大风从门口吹过。

老鼠仔啱啱从床底溜走了。

lau³¹ʃy³³ti³³ŋæ⁴⁵ŋæ⁴⁵tsʰɔŋ²²tʃʰɔŋ²²li³³liu⁴⁵tsa³³liu³³。

老鼠刚刚从床底溜走了。

（3）表示凭借、根据，跟名词组合。例如：

从经济上考虑。

tsʰɔŋ²²keŋ⁴⁵tsi²¹³ʃæ⁵³kʰau³³ly⁵³。

从经济上考虑。

从实际情况出发。

tsʰɔŋ²²ʃi⁵³tsi²¹³tsʰeŋ²²kʰɔŋ²¹³tʃʰy²⁴fa²⁴。

从实际情况出发。

从脚步声就能听出是你。

tsʰɔŋ²²tʃɔ²⁴pu⁵³ʃeŋ⁴⁵tsʰiu⁵³neŋ²²tʰeŋ²¹³tʃʰy²⁴tʃʰi³¹ni³¹。

从脚步声就能听出是你。

从他嘅神态看，应该怀得讲谎话。

tsʰɔŋ²²tʰɔ⁴⁵kɔ³³ʃin²²tʰø²¹³kʰæ²¹³，in⁴⁵kai⁴⁵pia³¹la³¹kɔŋ²²fɔŋ³³fa⁵³。

从他的神态看，应该没有说谎。

6. 丈⁼[tiæ⁵³]

"丈⁼"本是动词，意思是"拿"。虚化为介词后，相当于普通话介词"拿"或"用"。主要有两种用途。

（1）引进动作所凭借的工具、方法等。例如：

丈⁼脚踢tiæ⁵³tʃɔ²⁴tʰai²⁴ 用脚踢|丈⁼架车接他tiæ⁵³kɔ²¹³tʃʰa⁴⁵tsie²⁴tʰɔ⁴⁵ 拿辆车接他|丈⁼开水充茶tiæ⁵³kʰø⁴⁵ʃy³³tʃʰɔŋ⁴⁵tʃʰɔ²² 用开水沏茶。

两家嘅菜地应该丈⁼篱笆隔开。

liæ³¹kɔ⁴⁵kɔ³³tsʰø²¹³ti³¹in⁴⁵kai⁴⁵tiæ⁵³li²²pa⁴⁵ka²⁴kʰø⁴⁵。

两家的菜地应该拿篱笆隔开。

同一种食材可以丈⁼不同嘅方法来煮。

tø²²i²⁴⁻²²tʃɔŋ³³ʃai⁵³tsʰø²²kʰɔ⁴⁵³i³³tiæ⁵³pu³¹tø²²kɔ³³fɔŋ⁴⁵fa²⁴lø²²tʃy³³。

同一种食材可以用不同的方法来烹饪。

（2）用于处置句，引进所处置的对象。例如：

不要丈⁼他开玩笑。

pu³¹iɔ²¹³tiæ⁵³tʰɔ⁴⁵kʰø⁴⁵uæ²²siu²¹³。

不要拿他开玩笑。

丈⁼他当傻崽。

tiæ⁵³tʰɔ⁴⁵lɔŋ⁴⁵sɔŋ²²tsø³³。

拿他当傻子。

7. 在[tsʰø³¹]。跟时间、处所、方位等词语组合。

（1）表示时间

指一般动作发生的时间，"在"用在动词、形容词或主语前。例如：

洪峰在下半日三点半到达。

xø²²fø⁴⁵tsʰø³¹xɔ⁵³pæ²¹³n²⁴sæ⁴⁵lie³³pæ²¹³lau²¹³tɔ⁵³。

洪峰在下半日三点半到达。

我是在到了村委以后整‾听讲啁。

ŋɔ³¹tʃʰi³¹tsʰø³¹lau²¹³liu³¹tsʰoŋ⁴⁵ui³¹i³³xa⁵³tseŋ³³tʰeŋ²¹³kɔŋ³³kɔ³³。

我是在到了村委以后才听说的。

在当时，问题还不严重。

tsʰø³¹lɔŋ⁴⁵ʃi²²，min⁵³ti²²xæ²²pu³¹n̠ie²²tɔŋ³¹。

在当时，问题还不严重。

指出现、消失以及某些不明显的动作发生的时间，"在"用在动词后。单音节动词限于"生、死、定、处、改、放、排"等。例如：

生在一九四九年 ʃeŋ⁴⁵tsʰø³¹i²⁴tʃiu³³sʅ²¹³tʃiu³³nie²²|处在紧要关头 tʃʰy³³tsʰø³¹tʃin³³iɔ²¹³kuæ⁴⁵ta²²|时间定在后日上半日 ʃi²²kæ⁴⁵teŋ⁵³tsʰø³¹xa⁵³n²⁴ʃæ⁵³pæ²¹³n²⁴ 时间定在后天上午|喇‾件事放在以后再讲 la³¹tʃʰie⁵³sʅ⁵³xɔŋ²¹³tsʰø³¹i³³xa⁵³tsø²¹³kɔŋ³³ 这事放在以后再谈|村民大会改在礼拜四 tsʰoŋ⁴⁵min²²ta⁵³fø⁵³kai³³tsʰø⁵³li³¹pa²¹³sʅ²¹³。

双音节动词限于"出生、发生、出现、发现、布置、安排、确定"等。例如：

出生在一九四九年。

tʃʰy²⁴ʃeŋ⁴⁵tsʰø³¹i²⁴tʃiu³³sʅ²¹³tʃiu³³nie²²。

出生在一九四九年。

故事发生在好久以前。

ku²¹³sʅ⁵³fa²⁴ʃeŋ⁴⁵tsʰø³¹xau³¹tʃiu³³i³³tsʰie²²。

故事发生在很久以前。

庆祝活动安排在四月份。

kʰeŋ²¹³tʃu²⁴xɔ⁵³tø³¹æ⁴⁵pa²²tsʰø³¹sʅ²¹³ŋø²⁴fin⁵³。

庆祝活动安排在四月份。

（2）表示处所

指动作发生或事物存在的处所，"在"用在动词、形容词或主语前。例如：

在鱼塘里头养鱼。

tsʰø³¹y²²tɔŋ²²li³¹ta²²iæ³¹y²²。

在鱼塘里养鱼。

在黑板上写字。

tsʰø³¹xai²⁴pæ³³ʃæ⁵³sie³³sʅ⁵³。

在黑板上写字。

养蚕在南方好普遍。
iæ³¹tsʰæ²²tsʰø³¹næ²²fɔŋ⁴⁵xau³¹pʰu³³pʰie²¹³。
养蚕在南方很普遍。

在村民活动室里，大齐玩得好高兴。
tsʰø³¹tsʰɔŋ⁴⁵min²²xɔ⁵³tø³¹ʃi²⁴li³¹, ta⁵³tsʰi²²uæ²²la²⁴xau³¹kau⁴⁵xeŋ²¹³。
在村民活动室里，大家玩得很高兴。

在村里嗰中央有一个喷水池，在喷水池嗰两边是两排种满花草嗰花坛。
tsʰø³¹tsʰɔŋ⁴⁵li³¹kɔ³³tʃøŋ⁴⁵iæ⁴⁵⁻²²iu³¹tɕ²⁴⁻²²kɔ²¹³pʰin²¹³ʃy³³tʃʰi²², tsʰø³¹pʰin²¹³ʃy³³tʃʰi²²kɔ²¹³liæ³¹pie⁴⁵tʃʰi³¹liæ³¹pa²²tʃɔŋ²¹³mæ³¹fa⁴⁵tsʰau³³kɔ²¹³fa⁴⁵tæ²²。
在村里的中央有一个喷水池，在喷水池的两边是两排种满花草的花圃。

指出生、发生、产生、居留的处所，"在"可在动词后或前。例如：
住在村里|出生在广西|生长在广东|竹笋产在南方|事情发生在老黄屋上_{事情发生在老张家里}|在村里住|在广西出生|在广东生长|在老黄屋上发生了一件事_{在老张家里发生了一件事}。

指动作达到的处所，"在"用在动词后。例如：
跳在水里|跌在地上|看在眼里，记在心上|窗仔开在东墙上_{窗户开在东墙上}|一棍揞在牛肚仔上_{一棍打在牛肚子上}|平睡在床上_{平躺在床上}|行李寄存在你屋上_{行李寄存在你家}|病人昏倒在地上。

动词如果带受事宾语，宾语要有数量词，否则要用"把"字句或宾语前置句。例如：
写一个名字在上头_{写一个名字在上头}|把名字写在上头_{把名字写在上头}|名字写在上头（*写名字在上头）。

有些句子里边"在"可在动词前也可在动词后，但意思不同。例如：
在地上跳（跳的动作就在地上发生）|跳在地上（从别处跳到地上）
在牛背上揞了一棍_{在牛背上打了一棍}（有歧义，可以是"在牛背上向别处打棍"，也可以是"棍打在牛背上"）|一棍揞在牛背上_{一棍打在牛背上}（无歧义，只有"棍打在了牛背上"这一意义）。

动词如带有后附成分，"在"只能用在动词前面。例如：
在屋里坐倒（*坐倒在屋里）_{在屋里坐着}|在上面写清楚（*写清楚在上面）。

（3）表示范围
用在动词、形容词或主语前。例如：
我哋在养殖方面取得了好多经验。
ŋɔ³¹ti³³tsʰø³¹iæ³¹tʃi²⁴fɔŋ⁴⁵mie⁵³tsʰy³³la²⁴liu³¹xau³¹lɔ⁴⁵keŋ⁴⁵nie⁵³。
我们在养殖方面取得了很多经验。

他在学习上好努力。
tʰɔ⁴⁵tsʰø³¹ʃɔ⁵³si²⁴ʃæ⁵³xau³¹nu³¹lai⁵³。
他在学习上很努力。

在喇⁼方面，你要多帮助他。
tsʰø³¹la³¹fɔŋ⁴⁵mie⁵³，ni³¹iɔ²¹³lɔ⁴⁵pɔŋ⁴⁵tsʰɿ⁵³tʰɔ⁴⁵。
在这方面，你要多帮助他。

用在动词后。例如：

参军年龄控制在二十二岁以下。
tsʰæ⁴⁵kyn⁴⁵nie²²leŋ²²kʰɔŋ²¹³tʃai²¹³tsʰø³¹i⁵³ʃi²²sy²¹³i³³xɔ⁵³。
参军年龄控制在二十二岁以下。

旅客随身行李限制在二十公斤以内。
ly³¹kʰa²⁴tsʰy²²ʃin⁴⁵xeŋ²²li³¹xæ⁵³tʃai²¹³tsʰø³¹i⁵³ʃi²²kø⁴⁵tʃin⁴⁵⁻²²i³³nø⁵³。
旅客随身行李限制在二十公斤以内。

室温保持在二十四到二十六度之间。
ʃi²⁴vin⁴⁵pau³³tʃʰi²²tsʰø³¹i⁵³ʃi²²si²¹³lau²¹³i⁵³ʃi²²liu⁵³tu⁵³tsɿ⁴⁵kæ⁴⁵⁻²²。
室温保持在二十四到二十六度之间。

（4）表示条件。构成"在+动名词短语+下"的格式，用在动词或主语前。例如：

在大齐嗰救助下，把落水罐崽崽救上了岸。
tsʰø³¹ta⁵³tsʰi²²kɔ³³tʃiu²¹³tsʰɿ⁵³xɔ⁵³，pa³³lɔ²⁴ʃy³³lai⁴⁵tsai³³tsø³³tʃiu²¹³ʃæ³¹liu³¹ŋæ²¹³。
在大家的救助下，把落水儿童救上了岸。

在大齐嗰帮助下，小黄嗰进步好快。
tsʰø³¹ta⁵³tsʰi²²kɔ³³pɔŋ⁴⁵tsʰɿ⁵³xɔ⁵³，siu³³ɔŋ²²kɔ³³tsin²¹³pu⁵³xau³¹kʰua²¹³。
在大家的帮助下，小黄的进步很快。

（5）表示行为的主体。例如：

喇⁼种生活对他（而言）已经十分习惯了。
la³¹tʃɔŋ³³ʃeŋ⁴⁵xɔ⁵³tsʰø³¹tʰɔ⁴⁵i³³keŋ⁴⁵ʃi²²fin⁴⁵si²⁴kuæ²¹³liu³³。
这种生活对他（而言）已经十分习惯了。

在我看来，问题不难解决。
tsʰø³¹ŋɔ³¹kʰæ²¹³lø²²，min⁵³ti²²pu³¹næ²²ka³³kʰø²⁴。
在我看来，问题不难解决。

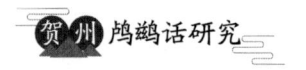

8. 同 [tø²²]。鸬鹚话表引进动作或比较对象的只有一个"同",普通话的介词"和、跟、与"都用"同"表示。

(1) 表共同,协同;跟。例如:

我旧年时同小黄住在一起。

ŋɔ³¹tʃʰiu⁵³nie²²ʃi²²tø²²siu³³ɔŋ²²ty⁵³tsʰø³¹i²⁴⁻²²tʃʰi³³。

我去年同小黄住在一起。

有事要同群众商量。

iu³¹sŋ⁵³iɔ²¹³tø²²kʰyn²²tʃɔŋ²¹³ʃæ⁴⁵liæ²²。

有事要同群众商量。

我同他经常在一起。

ŋɔ³¹tø²²tʰɔ⁴⁵keŋ⁴⁵tʃʰæ²²tsʰø³¹i²⁴⁻²²tʃʰi³³。

我同他经常在一起。

他同老黄见过几面。

tʰɔ⁴⁵tø²²lau³¹ɔŋ²²kie²¹³ku²¹³tʃi³³mie⁵³。

他和老黄见过几面。

你去同老黄商量一下。

ni³¹kʰi²¹³tø²²lau³¹ɔŋ²²ʃæ⁴⁵liæ²²i²⁴⁻²²xɔ³¹。

你去跟老黄商量一下。

我同你一起去。

ŋɔ³¹tø²²ni³¹i²⁴⁻²²tʃʰi³³kʰi²¹³。

我跟你一起去。

(2) 指示动作的对象;向;对;跟。例如:

他上半日已经同我告别了。

tʰɔ⁴⁵ʃæ³¹pæ²¹³n²⁴i³³keŋ⁴⁵tø²²ŋɔ³¹kau²¹³pie²⁴liu³³。

他上午已经同我告别了。

同坏人坏事作斗争。

tø²²fai⁵³in²²fai⁵³sŋ⁵³tsɔ²⁴la³³tʃeŋ⁴⁵。

同坏人坏事作斗争。

我好愿意同大齐讲一讲。
ŋɔ³¹xau³¹ŋø⁵³i²¹³tø²²ta⁵³tsʰi²²kɔŋ³³i²⁴⁻²²kɔŋ³³。
我很愿意和大家讲一讲。

我同你谈谈，好不好？
ŋɔ³¹tø²²ni³¹tæ²²tæ²²，xau³¹pu³¹xau³¹？
我和你谈谈，好不好？

他同咛˭个都一样。
tʰɔ⁴⁵tø²²neŋ⁴⁵kɔ²¹³tɔ⁴⁵i²⁴⁻²²iæ⁵³。
他跟谁都一样。

喇˭个锄头你同咛˭个借啯？
la³¹kɔ²¹³tʃʰu²²ta²²ni³¹tø²²neŋ⁴⁵kɔ²¹³tsie²¹³kɔ³³？
这个锄头你跟谁借的？

我同你掐听一件事。
ŋɔ³¹tø²²ni³¹pa⁵³tʰeŋ²¹³i²⁴⁻²²tʃʰie⁵³sɿ⁵³。
我跟你打听一件事。

（3）表示与某事物有联系。例如：

我同喇˭件事情无关。
ŋɔ³¹tø²²la³¹tʃʰie⁵³sɿ⁵³tsʰeŋ²²u²²kuæ⁴⁵。
我同这件事情无关。

喇˭件事同他有一啲牵连。
la³¹tʃʰie⁵³sɿ⁵³tø²²tʰɔ⁴⁵iu³¹n̠ie²⁴ti³³kʰie⁴⁵lie²²。
这事同他有些牵连。

他去不去同你有哪家相干？
tʰɔ⁴⁵kʰi²¹³pu³¹kʰi²¹³tø²²ni³¹iu³¹la³³ka⁴⁵⁻²²siæ⁴⁵kuæ⁴⁵⁻²²？
他去不去和你有什么相干？

（4）引进用来比较的对象；跟。例如：

同旧年时相比，产量增加了百分之二十。
tø²²tʃʰiu⁵³nie²²ʃi²²siæ⁴⁵pi³³，tʃʰæ⁴⁵liæ⁵³tseŋ⁴⁵kɔ⁴⁵liu³¹pa²⁴fin⁴⁵tsɿ⁴⁵⁻²²i⁵³ʃi²²。
同去年相比，产量增加了百分之二十。

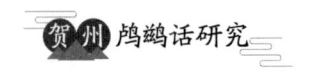

喇=种肥料同豆饼差不多。
la³¹tʃɔŋ³³fi²²liu⁵³tø²²ta⁵³peŋ³³tʃʰa⁴⁵pu³¹lɔ⁴⁵。
这种肥料和豆饼差不多。

他同我老弟嘅年龄相同。
tʰɔ⁴⁵tø²²ŋɔ³¹lau³¹ti⁵³kɔ³³nie²²leŋ²²siæ⁴⁵tø²²。
他和我弟弟的年龄相同。

他嘅手艺简直同他师傅不相上下。
tʰɔ⁴⁵kɔ³³ʃiu³³i⁵³kæ³³tʃai²⁴tø²²tʰɔ⁴⁵sɿ⁴⁵fu²¹³pu³¹siæ⁴⁵ʃæ⁵³xɔ⁵³。
他的手艺简直和他师傅不相上下。

同昨日比，气温下降了五度。
tø²²tsʰɔ²⁴n²⁴pi³³，tʃʰi²¹³vin⁴⁵xɔ³¹kɔŋ²¹³liu³¹n³¹tu⁵³。
跟昨天比，气温下降了五度。

喇=种萝明=头同梨一样甜。
la³¹tʃɔŋ³³lɔ²²peŋ³³ta²²tø²²li²²i²⁴⁻²²iæ⁵³tie²²。
这种萝卜跟梨一样甜。

否定词"不"用在"同"前，表示主观意愿。例如：

我不同他在一起。
ŋɔ³¹pu³¹tø²²tʰɔ⁴⁵tsʰø³¹i²⁴⁻²²tʃʰi³³。
我不跟他在一起。

我不同喇=个人见面。
ŋɔ³¹pu³¹tø²²la³¹kɔ²¹³in²²kie²¹³mie⁵³。
我不跟这个人见面。

否定词"不"用在"同"后，表示客观事实。例如：

我同他不在一起。
ŋɔ³¹tø²²tʰɔ⁴⁵pu³¹tsʰø³¹i²⁴⁻²²tʃʰi³³。
我跟他不在一起。

我同喇=个人不相识。
ŋɔ³¹tø²²la³¹kɔ²¹³in²²pu³¹siæ⁴⁵ʃai⁵³。
我跟这个人不相识。

否定词"不曾"在前和在后的意思相同。例如：

我不曾同他在一起。

ŋɔ³¹puʰ³¹tsʰeŋ²²tø²²tʰɔ⁴⁵tsʰø³¹i²⁴⁻²²tʃʰi³³。

我没跟他在一起。

我不曾同箇个人见面。

ŋɔ³¹puʰ³¹tsʰeŋ²²tø²²kɔ³³kɔ²¹³in²²kie²¹³mie⁵³。

我没跟这个人见面。

9. 照 [tʃɔ²¹³]

（1）向；朝。可加"倒"。例如：

照靶仔掊了一枪。

tʃɔ²¹³pa³³ti³³pa⁵³liu³¹i²⁴⁻²²tsʰiæ⁴⁵。

照靶子打了一枪。

照倒喇⁼个方向走。

tʃɔ²¹³lɔ³³la³¹kɔ²¹³fɔŋ⁴⁵ʃiæ²¹³tsa³³。

照着这个方向走。

（2）引进依据，"按""依"的意思。

照+名。可加"倒"。例如：

照计划执行 tʃɔ²¹³kai²¹³fa⁵³tʃi⁵³xeŋ²² | 照尺寸剪裁 tʃɔ²¹³tʃʰai²⁴tsʰɔŋ²¹³tsie³³tsʰø²² | 就照你讲嗰办 tʃʰiu⁵³tʃɔ²¹³ni³¹kɔŋ³³kɔ³³pæ⁵³ 就照你说的办 | 照实讲 tʃɔ²¹³ʃi⁵³kɔŋ³³（＝照实话讲）照实说。

照倒喇⁼个进度下去，不出十日就能完成。

tʃɔ²¹³lɔ³³la³¹kɔ²¹³tsin²¹³tu⁵³xɔ³¹kʰi²¹³，puʰ³¹tʃʰyʃi²²n²⁴tsʰiu⁵³neŋ²²uæ²²ʃeŋ²²。

照着这个进度下去，不出十天就能完成。

照+小句。可加"倒"。例如：

照每年增产百分之十计算。

tʃɔ²¹³mui³¹nie²²tseŋ⁴⁵tʃʰæ³³pa²⁴fin⁴⁵tsɿ⁴⁵⁻²²ʃi²²kai²¹³suæ²¹³。

照每年增产百分之十计算。

照倒两个人住一间房安排。

tʃɔ²¹³lɔ³³liæ³¹kɔ²¹³in²²ty⁵³i²⁴⁻²²kæ⁴⁵fɔŋ²²æ⁴⁵pa²²。

照着两个人住一间房安排。

343

照+名+看（讲）。表示某人具有某种看法。例如：

照我看，你哋在唎⁼度应该种上一排树。
tʃɔ²¹³ŋɔ³¹kʰæ²¹³，ni³¹ti³³tsʰø³¹la³¹tu³³in⁴⁵kai⁴⁵tʃɔŋ²¹³ʃæ³¹i²⁴⁻²²pa²²ʃy⁵³。
照我看，你们在这儿种上一排树。

照你这啲一讲，我心里也就安落了。
tʃɔ²¹³ni³¹tʃie²¹³ti³³i²⁴⁻²²kɔŋ³³，ŋɔ³¹sin⁴⁵li³¹ia³¹tsʰiu⁵³æ⁴⁵lɔ²⁴liu³³。
照你这么一说，我心里也就踏实了。

照讲该我去看他啯，他倒先来了。
tʃɔ²¹³kɔŋ³³kai⁴⁵ŋɔ³¹kʰi²¹³kʰæ²¹³tʰɔ⁴⁵kɔ³³，tʰɔ⁴⁵lau²¹³sie⁴⁵lø²²liu³³。
照说该我去看他的，他倒先来了。

10. 得 [la²⁴]

"得"的意思是给。

（1）引进交付、传递的接受者。
用在动词前。例如：
得我来封信 la²⁴ŋɔ³¹lø²²fø⁴⁵sin²¹³ 给我来封信｜得他去个电话 la²⁴tʰɔ⁴⁵kʰi²¹³kɔ²¹³tie⁵³fa⁵³ 给他去个电话。

屋上得小黄寄来了一个包裹。
ø²⁴ʃæ⁵³la²⁴siu³³ɔŋ²²ki²¹³lø²²liu³¹i²⁴⁻²²kɔ²¹³pau⁴⁵kɔ³³。
家里给小黄寄来了一个包裹。

村长得每家每户发了一份通知。
tsʰɔŋ⁴⁵tʃæ³³la²⁴mui³¹kɔ⁴⁵mui³¹fu²¹³fa²⁴liu³¹i²⁴⁻²²fin⁵³tʰø⁴⁵tʃi⁴⁵。
村长给每家每户发了一份通知。

用在动词后。例如：
留得你锁匙 liu²²la²⁴ni³¹sɔ³³ʃi²² 留你钥匙｜交得我一封信 kau⁴⁵la²⁴ŋɔ³¹i²⁴⁻²²fø⁴⁵sin²¹³ 交给我一封信。

村里发得他一份节日慰问品。
tsʰɔŋ⁴⁵li³¹fa²⁴la²⁴tʰɔ⁴⁵i²⁴⁻²²fin⁵³tsie²⁴n²⁴ui⁵³min⁵³pʰin³³。
村里发给他一份节日慰问品。

通知已经寄得他了。
tʰø⁴⁵tʃi⁴⁵i³³keŋ⁴⁵ki²¹³la²⁴tʰɔ⁴⁵liu³³。
通知已经寄给他了。

（2）引进动作的受益者。例如：

得黑板报写稿 la²⁴xai²⁴pæ³³pau²¹³sie³³kau³³ 给黑板报写稿｜得病人医病 la²⁴peŋ⁵³in²²i⁴⁵peŋ⁵³ 给病人治病｜
你得我当师傅 ni³¹la²⁴ŋɔ³¹lɔŋ⁴⁵sɿ⁴⁵⁻²²fu²¹³ 你给我当师傅。

（3）引进动作的受害者。例如：

对不起，喇⁼架车得你弄龌龊了。
lø²¹³pu³¹tɕʰi³³，la³¹kɔ²¹³tʃʰa⁴⁵la²⁴ni³¹lɔŋ⁵³ɔ²⁴tʃʰɔ⁵³liu³³。
对不起，这辆车给你弄脏了。

小心不要把玻璃得厅⁼家碰碎了。
siu³³sin⁴⁵pu³¹iɔ²¹³pa³³pɔ⁴⁵li⁴⁵⁻²²la²⁴tʰeŋ⁴⁵kɔ⁴⁵⁻²²pʰɔŋ⁵³sø²¹³liu³³。
小心别把玻璃给人家碰碎了。

拈⁼啲把屋里得我搞得这啲乱七八糟啊？
nie⁴⁵ti³³pa³³ø²⁴li³¹la²⁴ŋɔ³¹kau³¹la²⁴tʃie²¹³ti³³luæ⁵³tsʰi²⁴pɔ²⁴tsau⁴⁵kɔ³³？
怎么把屋里给我搞得这样乱七八糟的？

（4）"得我+动词"，用于命令句，有两种可能的意思，要根据上下文区别：
为我，替我。例如：

我嗰帽仔不晓得哪度去了，你得我揦一揦。
ŋɔ³¹kɔ³³mau⁵³ti³³pu³¹ʃɔ⁵³la⁵³la³³tuʰ³³kʰi²¹³liu³³，ni³¹la²⁴ŋɔ³¹lɔ³¹i²⁴⁻²²lɔ³¹。
我的帽子不知哪儿去了，你给我找一找。

出去嗰下时得我把门关好。
tʃʰy²⁴kʰi²¹³kɔ³³xɔ³¹ʃi²²la²⁴ŋɔ³¹pa³³min²²kuæ⁴⁵xau³¹。
出去的时候给我把门关好。

加强命令语气，表示说话的人的意志。例如：

你得我行开！
ni³¹la²⁴ŋɔ³¹xeŋ²²kʰø⁴⁵！
你给我走开！

你得我小心一啲！
ni³¹la²⁴ŋɔ³¹siu³³sin⁴⁵n̠ie²⁴ti³³！
你给我小心点！

345

看你一身泥，快得我把衣裳换了（不是换我的衣服）！
kʰæ²¹³ni³¹i²⁴⁻²²ʃin⁴⁵ni²²，kʰua²¹³la²⁴ŋɔ³¹pa³³i⁴⁵ʃæ²²fæ⁵³liu³³！
瞧你一身泥，快给我把衣服换了！

（5）朝；向；对。例如：

得老师行礼。
la²⁴lau³¹sʅ⁴⁵xeŋ²²li³¹。
给老师行礼。

得他道歉。
la²⁴tʰɔ⁴⁵tau⁵³kʰie²¹³。
给他道歉。

得疆崽崽讲古仔。
la²⁴lai⁴⁵tsai³³tsø³³kɔŋ³³ku³³ti³³。
给小朋友讲故事。

他得我使了个眼色。
tʰɔ⁴⁵la²⁴ŋɔ³¹ʃi³³liu³¹kɔ²¹³ŋæ³¹ʃai²⁴。
他给我使了个眼色。

"得"用在动词前，有时会产生歧义，要根据上下文判断。例如：

你得他拍个电话（意思是替他打电话通知别人），讲他在我喇˭度有事。
ni³¹la²⁴tʰɔ⁴⁵pa⁵³kɔ²¹³tie⁵³fa⁵³，kɔŋ³³tʰɔ⁴⁵tsʰø³¹ŋɔ³¹la³¹tu³³iu³¹sʅ⁵³。
你给他打个电话，说他在我这儿有事。

你得他拍个电话（意思是打电话通知他本人），喊他马上到喇˭度来。
ni³¹la²⁴tʰɔ⁴⁵pa⁵³kɔ²¹³tie⁵³fa⁵³，xæ³¹tʰɔ⁴⁵mɔ³¹ʃæ⁵³lau²¹³la³¹tu³³lø²²。
你给他打个电话，叫他马上到这儿来。

对不起，铅笔得你整失了（意思是把你的铅笔弄丢了）。
lø²¹³pu³¹tʃʰi³³，ye²²pi²⁴la²⁴ni³¹tʃeŋ³³ʃi²⁴liu³³。
对不起，铅笔给你弄丢了。

你看，铅笔得你整失了吧（意思是被你把铅笔弄丢了）。
ni³¹kʰæ²¹³，ye²²pi²⁴la²⁴ni³¹tʃeŋ³³ʃi²⁴liu³¹pa⁴⁵⁻²²。
你看，铅笔给你弄丢了吧。

11. 到 [lau²¹³]

（1）动+到+名（处所）。表示人或物随动作到达某地。例如：

他一直把我送到村口。

tʰɔ⁴⁵i²⁴⁻²²tʃai²⁴pa³³ŋɔ³¹sø²¹³lau²¹³tsʰɔŋ⁴⁵kʰa³³。

他一直把我送到村口。

通知已经发到村民屋上去了。

tʰø⁴⁵tʃi⁴⁵i³³keŋ⁴⁵fa²⁴lau²¹³tsʰɔŋ⁴⁵min²²ø²⁴ʃæ⁵³kʰi²¹³liu³³。

通知已经发到村民家里了。

天黑前我哋赶得到县里冇？

tʰie⁴⁵xai²⁴tsʰie²²ŋɔ³¹ti³³kæ³³la²⁴lau²¹³ʃie⁵³li³¹piu³¹？

天黑前咱们赶得到县里吗？

表示处所的宾语之后还可以加"来、去"。加"来"和加"去"的区别是前者表示动作朝着说话人所在地，后者表示动作离开说话人所在地。例如：

中学毕业后他又来来到老家来了。

tʃɔŋ⁴⁵ʃɔ⁵³pi²⁴n̠ie²⁴xa⁵³tʰɔ⁴⁵iu⁵³lø²²lau²¹³lau³¹kɔ⁴⁵lø²²liu³³。

中学毕业后他又回到家乡来了。

你快一呐赶到我屋上来。

ni³¹kʰua²¹³n̠ie²⁴ti³³kæ³³lau²¹³ŋɔ³¹ø²⁴ʃæ⁵³lø²²。

你快点赶到我家里来。

来，快把伤员扛到安全嗰地方去。

lø²²，kʰua²¹³pa³³ʃæ⁴⁵ye²²kʰɔŋ⁴⁵lau²¹³æ⁴⁵tsʰø²²kɔ³³ti⁵³fɔŋ⁴⁵⁻²²kʰi²¹³。

快把伤员抬到安全的地方去。

你把文件塞到哪度去了？

ni³¹pa³³vin²²tʃʰie⁵³sai²⁴lau²¹³la³³tu³³kʰi²¹³liu³³？

你把文件塞到哪儿去了？

你喇=是讲到哪度去了？

ni³¹la³¹tʃʰi³¹kɔŋ³³lau²¹³la³³tu³³kʰi²¹³liu³³？

你这是说到哪儿去了？

347

（2）动+到+名（时间）。表示动作继续到什么时间。名词为表示时间的词语，动词和"到"中间一般不能加"得、不"。例如：

等到明年暑假我再来看你。
leŋ³³lau²¹³meŋ²²nie²²ʃy³³kɔ²¹³ŋɔ³¹tsɔ²¹³lø²²kʰæ²¹³ni³¹。
等到明年暑假我再来看你。

大风刮到下半日两点整⁼停。
ta⁵³fø⁴⁵kua²⁴lau²¹³xɔ³¹pæ²¹³n²⁴liæ³¹lie³³tseŋ³³teŋ²²。
大风刮到下午两点才停止。

攞到天光还不曾攞倒他。
lɔ³¹lau²¹³tʰie⁴⁵kɔŋ⁴⁵xæ²²pu³¹tsʰeŋ²²lɔ³¹lɔ³³tʰɔ⁴⁵。
找到天亮还没有找着他。

（3）动/形+到+名。表示动作或性质状态达到某种程度。名词多为数量短语或表示程度的词语。例如：

他嘅视力已经减退到零点一了。
tʰɔ⁴⁵kɔ³³ʃi⁵³lai⁵³i³³keŋ⁴⁵kæ³³tʰø²¹³lau²¹³leŋ²²lie³³i²⁴liu³³。
他的视力已经减退到零点一了。

喇⁼口井已经拍到一百二十米深了。
la³¹kʰa³³tseŋ³³i³³keŋ⁴⁵pa⁵³lau²¹³i²⁴⁻²²pa²⁴i⁵³ʃi²²mi³¹ʃin⁴⁵liu³³。
这口井已经打到一百二十米深了！

事情已经发展到十分严重嘅地步。
sɿ⁵³tsʰeŋ²²i³³keŋ⁴⁵fa²⁴tʃæ³³lau²¹³ʃi²²fin⁴⁵ȵie²²tɔŋ³¹kɔ³³ti⁵³pu⁵³。
事情已经发展到十分严重的地步。

喇⁼度嘅冬天可以冷到零下十度。
la³¹tu³³kɔ³³lø⁴⁵tʰie⁴⁵kʰɔ³³i³³leŋ³¹lau²¹³leŋ²²xɔ⁵³ʃi²²tu⁵³。
这里的冬天可以冷到零下十度。

他坐了不到十分钟就不耐烦了。
tʰɔ⁴⁵tsʰɔ³¹liu³¹pu³¹lau²¹³ʃi²²fin⁴⁵tʃɔŋ⁴⁵tsʰiu⁵³pu³¹nø⁵³fæ²²liu³³。
他坐了不到十分钟就不耐烦了。

喇⁼种纸好也好不到哪度去。

la³¹tʃɔŋ³³tʃi³³xau³¹ia³¹xau³¹pu³¹lau²¹³la³³tu³³kʰi²¹³。

这种纸好也好不到哪儿去。

喇⁼个人真是坏到家了。

la³¹kɔ²¹³in²²tʃin⁴⁵tʃʰi³¹fai⁵³lau²¹³kɔ⁴⁵liu³³。

这个人真是坏到家了。

（4）形+到+动/小句。表示状态达到的程度。"到"的作用接近于引进结果、情态补语的助词"得"。例如：

船上平稳到跟平地上差不多。

ʃø²²ʃæ⁵³peŋ²²vin³³lau²¹³kø⁴⁵peŋ²²ti⁵³ʃæ⁵³tʃʰa⁴⁵pu³¹lɔ⁴⁵。

船上平稳到跟平地上差不多。

声音高到不能再高了。

ʃeŋ⁴⁵in⁴⁵⁻²²kau⁴⁵lau²¹³pu³¹neŋ²²tsø²¹³kau⁴⁵liu³³。

声音高到不能再高了。

有啲生物细到连眼睛都看不见。

iu³¹ti³³ʃeŋ⁴⁵u⁵³si²¹³lau²¹³lie²²ŋæ³¹tseŋ⁴⁵tɔ⁴⁵⁻²²kʰæ²¹³pu³¹kie²¹³。

有些生物小到连眼睛都看不见。

三、连词

1. 同 [tø²²]

（1）表示平等的联合关系。连接类别或结构相近的并列成分。例如：

工人同农民 kø⁴⁵in²²tø²²nɔŋ²²min²² 工人和农民

干部同群众都赞成这啲做。

kæ²¹³pu⁵³tø²²kʰyn²²tʃɔŋ²¹³tɔ⁴⁵tsæ²¹³ʃeŋ²²tʃie²¹³ti³³tsŋ²¹³。

干部和群众都赞成这样做。

他啯手是箇啲结实同有力。

tʰɔ⁴⁵kɔ³³ʃiu³³tʃʰi³¹kɔ³³ti³³tʃie²⁴ʃi⁵³tø²²iu³¹lai⁵³。

他的手是那样结实和有力。

我还要说明同补充几句。

ŋɔ³¹xæ²²iɔ²¹³ʃø²⁴meŋ²²tø²²pu³³tʃʰɔŋ⁴⁵tʃi³³ky²¹³。

我还要说明和补充几句。

（2）表选择，相当于"或"。常用于"无论、不论、不管"后。例如：

无论在数量同质量上都有好大嘅提高。

u²²lyn⁵³tsʰø³¹ʃu²¹³liæ⁵³tø²²tʃai²⁴liæ⁵³ʃæ⁵³tɔ⁴⁵iu³¹xau³¹ta⁵³kɔ³³ti²²kau⁴⁵。

无论在数量或质量上都有很大的提高。

不管是去同不去，我哋都要好好嘅考虑。

pu³¹kuæ³³tʃʰi³¹kʰi²¹³tø²²pu³¹kʰi²¹³，ŋɔ³¹ti³³tɔ⁴⁵iɔ²¹³xau³¹xau³¹kɔ³³kʰau³³ly⁵³。

不管是去或不去，我们都要好好地考虑。

去同不去，由你自家决定。

kʰi²¹³tø²²pu³¹kʰi²¹³，iu²²ni³¹tsʰŋ⁵³ka⁴⁵⁻²²kʰø²⁴teŋ⁵³。

去或不去，由你自己决定。

2. 还是 [xæ²²tʃʰi³¹]

连词"还是"用在复句中，相当于普通话表选择关系的"要么"和"还是"，例如：

去砍柴，还是去锄地？

kʰi²¹³kʰæ³³tʃʰa²²，xæ²²tʃʰi³¹kʰi²¹³tʃʰu²²ti⁵³？

去砍柴，要么就去挖地？

踩单车去，还是行路去？

tsʰa³³læ⁴⁵tʃʰa⁴⁵⁻²²kʰi²¹³，xæ²²tʃʰi³¹xeŋ²²lu⁵³kʰi²¹³？

骑自行车去，还是走路去？

3. 不是 [pu³¹tʃʰi³¹]

连词"不是"用在复句中，相当于普通话表假设关系的"要不、不然"，例如：

好彩丈⁼了把伞仔，不是就淋湿了。

xau³¹tsʰø³³tiæ⁵³liu³³pa³³sæ³³ti³³，pu³¹tʃʰi³¹tsʰiu⁵³lin²²ʃi⁵³liu³³。

幸亏拿了把伞，要不就淋湿了。

好彩快一哟，不是就搭不到车了。
xau³¹tsʰø³³kʰua²¹³ȵie²⁴ti³³, pu³¹tʃʰi³¹tsʰiu⁵³lɔ²⁴pu³¹lau²¹³tʃʰa⁴⁵liu⁵³。
幸亏快一点儿，要不就搭不上车了。

加一领衣裳，不是就冷着。
kɔ⁴⁵i²⁴⁻²²leŋ³³i⁴⁵ʃæ²², pu³¹tʃʰi³¹tsʰiu⁵³leŋ³¹tiu⁵³。
加一件衣服，要不会被冷着。

四、助词

（一）结构助词

1. 嘅 [kɔ³³]。 结构助词"嘅"相当于普通话的"的"。

（1）构成"嘅"字短语修饰名词。

名+嘅+名。例如：

我嘅阿伯_{我的哥哥}｜集体嘅力量_{集体的力量}｜府绸嘅衬衫_{府绸的衬衣}｜牛皮纸嘅信封_{牛皮纸的信封}。

动+嘅+名。例如：

走嘅人_{走的人}｜唱嘅歌_{唱的歌}｜考虑嘅问题_{考虑的问题}｜开往桂林嘅火车_{开往桂林的火车}。

形+嘅+名。例如：

聪明嘅人_{聪明的人}｜幸福嘅生活_{幸福的生活}｜新鲜嘅空气_{新鲜的空气}｜坚决嘅态度_{坚决的态度}｜普通嘅农民_{普通的农民}。

副+嘅+名。限于少数几个双音节副词。例如：

历来嘅习惯_{历来的习惯}｜万一嘅机会_{万一的机会}｜暂时嘅困难_{暂时的困难}｜一贯嘅表现_{一贯的表现}。

介词短语+嘅+名。介词限于"对、对于、关于"。例如：

对问题嘅看法_{对问题的看法}｜关于养殖嘅知识_{关于养殖的知识}。

象声词+嘅+名。例如：

当当嘅钟声_{当当的钟声}。

小句／四字语+嘅+名。例如：

你寄来嘅信_{你寄来的信}｜农业发展嘅速度_{农业发展的速度}｜两全其美嘅解决办法_{两全其美的解决办法}。

（2）构成"嘅"字短语代替名词。修饰名词的"嘅字短语"，在句子里往往可以代替整个组合。有的是名词已见于上文，避免重复；有的虽然不见于上文，但可以意会。例如：

我嘅笔忘带了，借你嘅用用。
ŋɔ³¹kɔ³³pi²⁴mɔŋ⁵³lø²¹³liu³³, tsie²¹³ȵi³¹kɔ³³iɔŋ⁵³iɔŋ⁵³。
我的笔忘带了，借你的使使。

351

去修水利啯（人）在村口集合。

kʰi²¹³siu⁴⁵ʃy³³li⁵³kɔ³³（in²²）tsʰø³¹tsʰɔŋ⁴⁵kʰa³³tsi²⁴xɔ²²。

去修水利的（人）在村口集合。

"啯"字短语代替名词，有一定的规律。

名+啯（+名）。中心名词泛指人或指具体物品，可省；指人的称谓或抽象事物，不能省。例如：

修水利啯（人）来了不曾？

siu⁴⁵ʃy³³li⁵³kɔ³³（in²²）lø²²liu³¹pu³¹tsʰeŋ²²？

修水利的（人）来了没有？

他啯行李多，我啯好少。

tʰɔ⁴⁵kɔ³³xeŋ²²li³¹lɔ⁴⁵，ŋɔ³¹kɔ³³xau³¹ʃɔ³³。

他的行李多，我的很少。

我哋啯老师年纪大一啲。

ŋɔ³¹ti³³kɔ³³lau³¹sʅ⁴⁵nie²²tʃi³³ta⁵³ȵie²⁴ti³³。

我们的老师年纪大些。

老黄啯意见明时去，我啯意见今日就走。

lau³¹ɔŋ²²kɔ³³i²¹³kie²¹³meŋ²²ʃi²²kʰi²¹³，ŋɔ³¹kɔ³³i²¹³kie²¹³tʃin⁴⁵n²⁴tsʰiu⁵³tsa³³。

老黄的意见是明天去，我的意见是今天就走。

形+啯（+名）。修饰语是限制性或分类性的，中心名词可省。例如：

两个 薯崽崽，大啯八岁，细啯三岁。

liæ³¹kɔ²¹³lai⁴⁵tsai³³tsø³³，ta⁵³kɔ³³pɔ²⁴sy²¹³，si²¹³kɔ³³sæ⁴⁵sy²¹³。

两个小孩，大的八岁，小的三岁。

问题很多，要解决主要啯。

min⁵³ti²²xeŋ³³lɔ⁴⁵，iɔ²¹³ka³³kʰø²⁴tʃy³³iɔ²¹³kɔ³³。

问题很多，要解决主要的。

得你一个大啯（鱼）

la²⁴ni³¹i²⁴⁻²²kɔ²¹³ta⁵³kɔ³³（y²²）

给你一条大的（鱼）。

352

动+嗰（+名）。中心名词如果能作前面动词的主语或宾语的，可省，反之则不能省。例如：

洗大澡嗰（人）好多。
si³³ta⁵³tsau³³kɔ³³（in²²）xau³¹lɔ⁴⁵。
游泳的（人）很多。

过去嗰（事情）就不讲了。
ku²¹³kʰi²¹³kɔ³³（sɿ⁵³tsʰeŋ²²）tsʰiu⁵³pu³¹kɔŋ³³liu³³。
过去的（事情）就不谈了。

讲嗰（古仔）是《牛郎织女》。
kɔŋ³³kɔ³³（ku³³ti³³）tʃʰi³¹《ŋiu²²lɔŋ²²tʃai²⁴ny³¹》。
讲的（故事）是《牛郎织女》。

原来安排种树嗰（时间）是礼拜三，喇˭下改到礼拜五（安排时间）。
ye²²lø²²æ⁴⁵pa²²tʃɔŋ²¹³ʃy⁵³kɔ³³tʃʰi³¹li³¹pa²¹³sæ⁴⁵，la³¹xɔ³¹kai³³lau²¹³li³¹pa²¹³n³¹。
原来安排种树的（时间）是星期三，现在改到星期五（安排时间）。

如动词已有宾语，只有当中心名词是表示动作的工具时才能省，反之则不能省。例如：

杯仔，筒个是吃药嗰。
pui⁴⁵ti³³，kɔ³³kɔ²¹³tʃʰi³¹tʃʰie²⁴iɔ²⁴kɔ³³。
杯子，那个是吃药的（吃药用杯子）。

小句+嗰（+名）。中心名词能作小句中动词的宾语的，可省，反之则不能省。例如：

他讲嗰（话）我不曾听清。
tʰɔ⁴⁵kɔŋ³³kɔ³³（fa⁵³）ŋɔ³¹pu³¹tsʰeŋ²²tʰeŋ²¹³tsʰeŋ⁴⁵。
他说的（话）我没听清（他说话）。

他讲嗰办法可以试试（*讲办法）。
tʰɔ⁴⁵kɔŋ³³kɔ³³pæ⁵³fa²⁴kʰɔ³³i³³ʃi²¹³ʃi²¹³。
他说的办法可以试试。

（3）构成"嗰"字短语修饰动词或形容词。

形+嗰+动。例如：

兴奋嗰讲 兴奋地说 ｜ 大声嗰笑 大声地笑 ｜ 谦虚嗰表示 谦虚地表示 ｜ 严肃嗰处理 严肃地处理。

353

动+嗰+动/形。例如：

雨不停嗰落 y³¹pu³¹teŋ²²kɔ³³lɔ²⁴ 雨不停地下｜讲不出嗰高兴 kɔŋ³³pu³¹tʃʰy²⁴kɔ³³kau⁴⁵xeŋ²¹³ 说不出地高兴｜着重嗰谈谈喇⁼个问题 tsɔ²⁴tɔŋ³¹kɔ³³tæ²²tæ²²la³¹kɔ²¹³min⁵³ti²² 着重地谈谈这个问题。

四字语或其他词语+嗰+动/形。例如：

自言自语嗰讲 tsʰɿ⁵³ie²²tsʰɿ⁵³y³¹kɔ³³kɔŋ³³ 自言自语地说｜或多或少嗰有了一啲进步 xɔ⁵³lɔ⁴⁵xɔ⁵³ʃɔ⁵³kɔ³³iu²¹¹liu³¹n.ie²⁴ti³³tsin²¹³pu⁵³ 或多或少地有了一些进步｜认识一步一步嗰深入 n⁵³ʃai²⁴i²⁴⁻²²pu⁵³i²⁴⁻²²pu⁵³kɔ³³ʃin⁴⁵n²⁴ 认识一步一步地深入｜像后生崽一样嗰有力 tsʰeu⁵³xa⁵³ʃeŋ⁴⁵tsø³³i²⁴⁻²²iæ⁵³kɔ³³i u³¹lai⁵³ 像年轻人一样地有力。

（4）构成"嗰"字短语作谓语。各种"嗰"字短语，前面如有"是"，构成"是……的"格式，都能作谓语。例如：

锄头是他嗰锄头是他的｜粮食是够嗰粮食是够的。

前面没有"是"，"嗰"字短语单独作谓语有一定限制。

名/代+嗰。限于表示领属关系或材料的。例如：

这帽仔我嗰。

tʃie²¹³mau⁵³ti³³ŋɔ³¹kɔ³³。

这帽子我的。

你箇提包真皮嗰冇？

ni³¹kɔ³³ti²²pau⁴⁵tʃin⁴⁵pi²²kɔ³³piu³¹？

你那提包真皮的吧。

形+嗰。可以是单音节形容词。例如：

喇⁼个苹果酸嗰 la³¹kɔ²¹³peŋ²²kɔ³³suæ⁵³kɔ³³ 这苹果酸的｜水缸冒嗰 ʃy³³kɔŋ⁴⁵mau⁴⁵kɔ³³ 水缸满的｜索仔鬆嗰 sɔ²⁴ti³³sø⁴⁵kɔ³³ 绳子松的。

可以是形容词生动形式。例如：

井水冰凉嗰 tseŋ³³ʃy³¹peŋ⁴⁵liæ²²kɔ³³ 井水冰凉的｜身上干干净净嗰 ʃin⁴⁵ʃæ⁵³kuæ⁴⁵kuæ⁴⁵tsʰeŋ⁵³tsʰeŋ⁵³kɔ³³ 身上干干净净的｜夜头静静嗰 ia⁵³ta²²tsʰeŋ⁵³tsʰeŋ⁵³kɔ³³ 夜里静悄悄的。

双音节形容词前面要加"好、够"等副词或某些助动词。例如：

你女好能干嗰 ni³¹ny³¹xau³¹neŋ²²kæ²³kɔ³³ 你女儿很能干的｜喇⁼件事够麻烦嗰 la³¹tʃie⁵³sɿ⁵³ka²¹³mɔ²²fæ²²kɔ³³ 这事够麻烦的｜他会冷静嗰 tʰɔ⁴⁵føʃleŋ³¹tsʰeŋ⁵³kɔ³³ 他会冷静的。

动/小句+嗰。例如：

喇⁼个锄头借来嗰 la³¹kɔ²¹³tʃʰu²²ta²²tsie²¹³lø²²kɔ³³ 这个锄头借来的｜拖拉机我买嗰 tʰɔ⁴⁵la⁴⁵ki⁴⁵ŋɔ³¹ma³¹kɔ³³ 拖拉机我买的。

四字词语+啯。例如：

桌仔上乱七八糟啯。

tʃɔ⁵³tiɜ³ʃæ⁵³luæ⁵³tsʰi²⁴pɔ²⁴tsau⁴⁵kɔ³³。

桌上乱七八糟的。

大齐有讲有笑啯。

ta⁵³tsʰi²²iu³¹kɔŋ³³iu³¹siu²¹³kɔ³³。

大伙儿有说有笑的。

（5）构成"啯"字短语用在"动+得"之后，表示结果的状态。

形+啯。限于形容词短语和形容词生动形式。例如：

写得好清楚啯_{写得很清楚的}｜烧得通红啯_{烧得通红的}｜擦得光光啯_{擦得亮亮的}｜玩得高高兴兴啯_{玩得痛痛快快的}｜晒得黑油油啯_{晒得黑油油的}。

四字词语+啯。例如：

翻得乱七八糟啯_{翻得乱七八糟的}｜搞得晕头转向啯_{搞得晕头转向的}。

（6）用在句子末尾，表示一定的语气。

表示肯定。用不用"啯"意思相同，但用"啯"后加强肯定的语气。例如：

他要走（不太肯定）。——他要走啯（肯定）!

我问过老黄（一般陈述）。——我问过老黄啯（加强语气）!

表示已然。某些句子末尾不用"啯"，表示事情尚未发生，用"啯"则表示已经发生。例如：

我踩单车去（未去）ŋɔ³¹tsʰa³³læ⁴⁵tʃʰa⁴⁵⁻²²kʰi²¹³_{我骑车去}。——我踩单车去啯（已去过）ŋɔ³¹tsʰa³³læ⁴⁵tʃʰa⁴⁵⁻²²kʰi²¹³kɔ³³_{我骑车去的。}

他哪家下时走（未走）tʰɔ⁴⁵la³³ka⁴⁵⁻²²xɔ³¹ʃi²²tsa³³_{他什么时候走}？——他哪家下时走啯（已走）tʰɔ⁴⁵la³³ka⁴⁵⁻²²xɔ³¹ʃi²²tsa³³kɔ³³_{他什么时候走的？}

（7）其他用法。

在某些动宾短语中间，插入指人的名词或代词加"啯"，表示某人是动作的对象。例如：

不生我啯气 pu³¹ʃeŋ⁴⁵ŋɔ³¹kɔ³³tʃʰi²¹³_{别生我的气}

开小黄啯玩笑 kʰø⁴⁵siu³³ɔŋ²²kɔ³³uæ²²siu²¹³_{开小黄的玩笑}

你是不是要告我啯狀？

ni³¹tʃʰi³¹pu³¹tʃʰi³¹iɔ²¹³kau²¹³ŋɔ³¹kɔ³³tʃʰɔŋ⁵³？

你是不是要告我的状？

在某些句子的动词和宾语中间加"嗰"，强调已发生的动作的主语、宾语、时间、地点、方式等。例如：

老黄发嗰言（=是老黄发嗰言），我不曾发言。
lau³¹ɔŋ²²fa²⁴kɔ³³ie²²，ŋɔ³¹pu³¹tsʰeŋ²²fa²⁴ie²²。
老黄发的言，我没发言。

来来坐嗰飞机（=回来是坐嗰飞机），两个钟头就到了。
lø²²lø²²tsʰɔ³¹kɔ³³fi⁴⁵ki⁴⁵，liæ³¹kɔ²¹³tʃɔŋ⁴⁵ta²²tsʰiu⁵³lau²¹³liu³³。
回来坐的飞机，两小时就到了。

我昨日上嗰街（=我是昨天上嗰街）ŋɔ³¹tsʰɔ²⁴n²⁴ʃæ³¹kɔ³³ka⁴⁵ 我昨天上的街。

你在哪度读嗰中学（=你是在哪度读嗰中学）?
ni³¹tsʰø³¹la³³tu³³tø⁵³kɔ³³tʃɔŋ⁴⁵ʃɔ⁵³?
你在哪儿念的中学？

用在句首某些短语后，强调原因、条件、情况等。用于口语。例如：

大白日嗰，还怕攞不到路？
ta⁵³pa⁵³n²⁴kɔ³³，xæ²²pʰɔ²¹³lɔ³¹pu³¹lau²¹³lu⁵³?
大白天的，还怕找不到路？

走啊走嗰，天色就黑下来了。
tsa³³a²²tsa³³kɔ³³，tʰie⁴⁵ʃai²⁴tsʰiu⁵³xai²⁴xɔ³¹lø²²liu³³。
走啊走的，天色可就黑了下来啦。

用在并列的词语后，表示"等等、之类"，跟"哪家嗰什么的"同义。例如：

衣裳、手巾嗰，放在喇=个背包里头。
i⁴⁵ʃæ²²、ʃiu³³tʃin⁴⁵kɔ³³，xɔŋ²¹³tsʰø³¹la³¹kɔ²¹³pø²¹³pau⁴⁵li³¹ta²²。
衣服、手巾的，放在这个背包里。

表示相乘（限于面积、体积）。例如：

两米嗰四米，是八平方米。
liæ³¹mi³¹kɔ³³sʅ²¹³mi³¹，tʃʰi³¹pɔ²⁴peŋ²²fɔŋ⁴⁵mi³¹。
两米的四米，是八平方米。

六平方米嗰三米，合是十八平方米。
liu⁵³peŋ²²fɔŋ⁴⁵mi³¹kɔ³³sæ⁴⁵mi³¹，xɔ²²tʃʰi³¹ʃi²²pɔ²⁴peŋ²²fɔŋ⁴⁵mi³¹。
六平方米的三米，合十八平方米。

2. 得 [la²⁴]

结构助词"得"表可能有两种形式：

（1）用在动词和补语之间。例如：

听得懂｜担得动 挑得动｜做得了｜放得入 塞得进｜行得动 走得动｜拍得赢他 打得赢他｜听得懂话｜看得清字。

（2）"得"后面没有补语，"得"直接作动词或形容词的补语，表示可能；"得"前面加"不"合起来作动词或形容词的补语，表示不可能。例如：

做得（能做）｜讲得（能讲）｜去得（能去）｜吃得（能吃）｜快得（能快）｜大得（能大）｜懒得（能懒）。

做不得（不能做）｜讲不得（不能讲）｜快不得（不能快）｜不做得（不能做）｜不讲得（不能讲）｜不快得（不能快）。

形容词用在"得"后面作补语，除了表可能以外，还表状态或程度。例如：

做得多｜写得快｜讲得好｜热得要死｜懒得要死。

（二）动态助词

1. 倒 [lɔ³³]

表示动态的助词，紧接动词、形容词之后。动词、形容词和"倒"的中间不能加入任何成分。

（1）表示动作正在进行。用在动词后，动词前可加副词"正、在、正在"。例如：

大齐跳倒唱倒。

ta⁵³tsʰi²²tʰiu²¹³lɔ³³tʃʰæ²¹³lɔ³³。

大家跳着唱着。

阿娘读倒信。

a²²niæ²²tø⁵³lɔ³³sin²¹³。

妈妈读着信。

他正拍倒电话。

tʰɔ⁴⁵tʃeŋ²¹³pa⁵³lɔ³³tie⁵³fa⁵³。

他正打着电话。

雨正落倒。

y³¹tʃeŋ²¹³lɔ²⁴lɔ³³。

雨正下着呢。

他哋正看倒节目。

tʰɔ⁴⁵ti³³tʃeŋ²¹³kʰæ²¹³lɔ³³tsie²⁴mø⁵³。

他们正看着节目呢。

一餐丰盛嘅结婚酒正煮倒。

i²⁴⁻²²tsʰæ⁴⁵fø⁴⁵ʃin⁵³kɔ³³tʃie²⁴fin⁴⁵tsiu³³tʃeŋ²¹³tʃy³³lɔ³³。

一场丰盛的婚宴正在操办着。

（2）表示状态的持续。可用在动词、形容词后。动词、形容词前一般不加"正、在、正在"。例如：

门开倒。

min²²kʰø⁴⁵lɔ³³。

门开着呢。

他穿倒一身新衣裳。

tʰɔ⁴⁵tʃʰø⁴⁵lɔ³³i²⁴⁻²²ʃin⁴⁵sin⁴⁵i⁴⁵ʃæ²²。

他穿着一身新衣服。

屋里头嘅灯还光倒。

ø²⁴li³¹ta²²kɔ³³leŋ⁴⁵xæ²²kɔŋ⁴⁵lɔ³³。

屋里的灯却还亮着。

（3）用于存在句，表示以某种姿态存在。这里的"动+倒"可以表示动作在进行中，但更多的是表示动作产生的状态。

名（处所）+动+倒+名（施事）。例如：

门口围倒一群人。

min²²kʰa³³ui²²lɔ³³i²⁴⁻²²kʰyn²²in²²。

门口围着一群人。

路旁长椅仔坐倒一对老年夫妇。

lu⁵³pɔŋ²²tiæ²²i³³tiʰɔ³¹lɔ³³i²⁴⁻²²lø²¹³lau³¹nie²²fu⁴⁵fu⁵³。

路旁长椅子坐着一对老年夫妇。

外面落倒蒙蒙细雨。

mø⁵³mie⁵³lɔ²⁴lɔ³³mɔŋ²²mɔŋ²²si²¹³y³¹。

外面下着蒙蒙细雨。

名（处所）+动+倒+名（受事）。例如：

脖头上扛倒一把锄头。

pɔ²⁴ta²²ʃæ⁵³kʰɔŋ⁴⁵lɔ³³i²⁴⁻²²pa³³tʃʰu²²ta²²。

肩上扛着一把锄头。

墙上挂倒一张相片。

tsʰiæ²²ʃæ⁵³kua²¹³lɔ³³i²⁴⁻²²tʃæ⁴⁵siæ²¹³pʰie²¹³。

墙上挂着一张相片。

水圳两旁种倒高高嘞桉树。

ʃy³³tʃin²¹³liæ³¹pɔŋ²²tʃɔŋ²¹³lɔ³³kau⁴⁵kau⁴⁵kɔ³³æ⁴⁵ʃy⁵³。

水渠两旁栽栽着高高的桉树。

动₁+倒+动₂构成连动式。动₁多为单音节动作动词，有时是一个动词重叠或两个动词连用。动₁与动₂的意义关系有多种。

表示两个动作同时进行，其中有的可以理解为动₁表示动₂的方式。例如：

坐倒讲 坐着讲｜抿倒嘴笑 抿着嘴笑｜红倒面讲 红着脸说｜硬倒头皮回答 硬着头皮回答｜低倒头不作声 低着头不作声｜冒倒大雨上山 冒着大雨上山｜讲倒看了我一眼 说着看了我一眼｜揢倒□了□份量 niæ²²lɔ³³tiæ⁵³liu²¹tiæ⁵³fin⁵³liæ²¹³ 拿着掂了掂份量｜争倒抢倒报名 争着抢着报名。

瑭崽崽笑倒闹倒跳进了河里。

lai⁴⁵tsai³³tsø³³siu²¹³lɔ³³nau⁵³lɔ³³tʰiu²¹³tsin²¹³liu³¹xɔ²²li³¹。

小孩儿笑着闹着跳进了河里。

动₁和动₂之间有一种手段和目的的关系。例如：

急倒开工 急着开工｜忙倒准备出发 忙着准备出发｜收倒不肯揢出来 藏着不肯拿出来｜领倒瑭崽崽向外走 leŋ³¹lɔ³³lai⁴⁵tsai³³tsø³³ʃiæ²¹³mø⁵³tsa³³ 领着孩子朝外走｜赶倒牛群往东边去了 kæ³³lɔ³³ŋu²²kʰyn²²ɔŋ³¹lø⁴⁵pie⁴⁵kʰi²¹³liu³³ 赶着牛群往东边去了｜喇⁻碗菜留倒得阿玛吃 la³¹uæ³³tsʰø²¹³liu²²lɔ³³a²⁴a²²ma³³tʃʰie²⁴ 这碗菜留着给爸爸吃。

动₁正在进行中出现动₂的动作。例如：

想倒想倒笑了起来。

siæ³³lɔ³³siæ³³lɔ³³siu²¹³liu³¹tʃʰi³³lø²²。

想着想着笑了起来。

讲倒讲倒不觉到了门口了。

kɔŋ³³lɔ³³kɔŋ³³lɔ³³pu³¹kʰɔ²⁴lau²¹³liu³¹min²²kʰa³³liu³³。

说着说着不觉到了门口了。

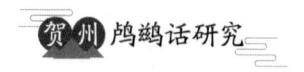

走倒走倒天色就暗了下来。

tsa³³lɔ³³tsa³³lɔ³³tʰie⁴⁵ʃai²⁴tsʰiu⁵³æ²¹³liu³¹xɔ³¹lø²²。

走着走着天色就暗了下来。

2. 了₁[liu³¹]、了₂[liu³³]

助词"了"有两个用法。"了₁"用在动词、形容词后，主要表示动作的完成或性状的实现。如动词有宾语，"了₁"用在宾语前。"了₂"是语气词，用在句末，主要肯定事态出现了变化或即将出现变化，有成句的作用。如动词有宾语，"了₂"用在宾语后。"了₂"用在动词、形容词后面，既表示动作的完成或性状的实现，也表示事态的变化。兼有动态助词和语气词两种作用，即"了₁₊₂"，读音与"了₂"[liu³³]相同。

（1）动+了₁+宾。

一般表示动作完成。例如：

我已经问了₁老黄。

ŋɔ³¹i³³keŋ⁴⁵min⁵³liu³¹lau³¹ɔŋ²²。

我已经问了老黄。

村长早就看出了₁问题。

tsʰɔŋ⁴⁵tʃæ³³tsau³³tsʰiu⁵³kʰæ²¹³tʃʰy²⁴liu³¹min⁵³ti²²。

村长早就看出了问题。

他接到电话，当时马上通知了₁小黄。

tʰɔ⁴⁵tsie²⁴lau²¹³tie⁵³fa⁵³，lɔŋ⁴⁵ʃi²²mɔ³¹ʃæ⁵³tʰø⁴⁵tsɿ⁴⁵⁻²²liu³¹siu³³ɔŋ²²。

他接到电话，当时马上通知了小黄。

我买了₁三张票。

ŋɔ³¹ma³¹liu³¹sæ⁴⁵tʃæ⁴⁵pʰiu²¹³。

我买了三张票。

老黄来了₁一封信。

lau³¹ɔŋ²²lø²²liu³¹i²⁴⁻²²fø⁴⁵sin²¹³。

老黄来了一封信。

会议通过了₁关于加强精神文明建设嘅决定。

fø⁵³i³¹tʰø⁴⁵ku²¹³liu³¹kuæ⁴⁵y²²kɔ⁴⁵kʰia²²tseŋ⁴⁵ʃin²²vin²²min²²kie²¹³ʃie²⁴kɔ³³kʰø²⁴teŋ⁵³。

会议通过了关于加强精神文明建设的决定。

不独立成句，有后续小句时，表示前一动作完成后再发生后一情况，或前一情况是后一情况的假设条件。例如：

看了₁电影我就来屋了₂。
kʰæ²¹³liu³¹tie⁵³eŋ³³ŋɔ³¹tsʰiu⁵³lø²²ø²⁴liu³³。
看了电影我就回家了。

啈换了₁衣裳，你又搞龌龊了₂！
ŋæ⁴⁵fæ⁵³liu³¹i⁴⁵ʃæ²²，ni³¹iu⁵³kau³¹ɔ²⁴tʃʰɔ⁵³liu³³！
才换了衣服，你又弄脏了！

你做了₁了₁₊₂功课，我整⁼让你帮我去办喇⁼件事。
ni³¹tsɿ²¹³liu³¹liu³³kɔŋ⁴⁵kʰɔ²¹³，ŋɔ³¹tseŋ³³ȵiæ⁵³ni³¹pɔŋ⁴⁵ŋɔ³¹kʰi²¹³pæ⁵³la³¹tʃʰie⁵³sɿ⁵³。
你做完了功课，我才让你替我去办这件事儿。

你吃了₁饭再去吧。
ni³¹tʃʰie²⁴liu³¹fæ⁵³tsø²¹³kʰi²¹³pa⁴⁵⁻²²。
你吃了₁饭再去吧。

句内有时量词语时，分两种情况。第一种情况是独立成句，表示动作从开始到完成的时间长短。例如：

他睡了₁一个钟头（已睡醒）。
tʰɔ⁴⁵ʃy⁵³liu³¹i²⁴⁻²²kɔ²¹³tʃɔŋ⁴⁵ta²²。
他睡了一个钟头。

喇⁼段路我哋走了₁四十分钟（已走完）。
la³¹tuæ⁵³lu⁵³ŋɔ³¹ti³³tsa³³liu³¹sɿ²¹³ʃi²²fin⁴⁵tʃɔŋ⁴⁵⁻²²。
这段路我们走了四十分钟。

喇⁼本书我大概看了₁四日（已看完。连续看四天或加起来共四天）。
la³¹pin³³ʃy⁴⁵ŋɔ³¹ta⁵³kʰai²¹³kʰæ²¹³liu³¹sɿ²¹³n²⁴。
这本书我大概看了四天。

他一共整⁼读了₁两年大学。
tʰɔ⁴⁵i²⁴⁻²²kɔŋ⁵³tseŋ³³tø⁵³liu³¹liæ³¹nie²²ta⁵³ʃɔ⁵³。
他一共才念了两年大学。

这里的时量也可以换成动量或物量（部分量）。例如：

喇⁼课书我读了₁三次（没有念第四遍）。

la³¹kʰɔ²¹³ʃy⁴⁵ŋɔ³¹tø⁵³liu³¹sæ⁴⁵tsʰɿ²¹³。

这课书我念了三遍。

喇⁼部电视剧我（只）看了₁一半（没有看全）。

la³¹pu⁵³tie⁵³ʃi⁵³ky²⁴ŋɔ³¹tsɿ³³kʰæ²¹³liu³¹i²⁴⁻²²pæ²¹³。

这部电视剧我（只）看了一半。

第二种情况是不独立成句，有后续小句时，表示前一动作经历了若干时间之后开始了后一动作或形成某一状态。动词前常加"啱、整⁼"。例如：

你走了₁十分钟他就来了₁₊₂。

ni³¹tsa³³liu³¹ʃi²²fin⁴⁵tʃɔŋ⁴⁵⁻²²tʰɔ⁴⁵tsʰiu⁵³lø²²liu³³。

你走了十分钟他就来了。

啱吃了₁不到半个钟头就呕了₁₊₂。

ŋæ⁴⁵tʃʰie²⁴liu³¹pu³¹lau²¹³pæ²¹³kɔ²¹³tʃɔŋ³³taʰ²²tsʰiu⁵³ua³³liu³³。

才吃了不到半个钟头就吐了。

她敨了₁两个月整⁼上班。

tʰɔ⁴⁵tʰa³³liu³¹liæ³¹kɔ²¹³ŋø²⁴tseŋ³³ʃæ³¹pæ⁴⁵。

她休息了两个月才上班。

她整⁼唱了₁一句就唱不下去了₁₊₂。

tʰɔ⁴⁵tseŋ³³tʃʰæ²¹³liu³¹i²⁴⁻²²ky²¹³tsʰiu⁵³tʃʰæ²¹³pu³¹xɔ³¹kʰi²¹³liu³³。

她才唱了一句就唱不下去了。

我啱看了₁五分钟书你又来摆麻烦了₁₊₂！

ŋɔ³¹ŋæ⁴⁵kʰæ²¹³liu³¹n³¹fin⁴⁵tʃɔŋ⁴⁵⁻²²ʃy⁴⁵ni³¹iu⁵³lø²²lɔ³¹mɔ²²fæ²²liu³³！

我刚看了五分钟书你又来找麻烦了！

这里的时量词语也可以换成动量词语或物量词语（部分量词语）。例如：

喇⁼课书我整⁼念了₁三次，还背不下来。

la³¹kʰɔ²¹³ʃy⁴⁵ŋɔ³¹tseŋ³³nie⁵³liu³¹sæ⁴⁵tsʰɿ²¹³，xæ²²pø⁵³pu³¹xɔ³¹lø²²。

这课书我才念了三遍，还背不下来。

饭我啱吃了₁一半就得人喊走了₁₊₂。

fæ⁵³ŋɔ³¹ŋæ⁴⁵tʃʰie²⁴liu³¹i²⁴⁻²²pæ²¹³tsʰiu⁵³la²⁴in²²xæ³¹tsa³³liu³³。

饭我刚吃了一半就让人叫走了。

以下这几类动词，不能加"了₁"：

不表示变化的动词"是、姓、好像、属于、觉得、认为、希望、需要、作为"，例如不能说"*他已经属于了老一辈|*我曾经希望了你去的"。

表示经常性动作的动词，例如不能说"*我以前每天早上六点钟起了床"。

连动句、兼语句中"了₁"一般用在后一动词之后。例如：

我去老黄屋上借了₁两把锄头。

ŋɔ³¹kʰi²¹³lau³¹ɔŋ²²ø²⁴ʃæ⁵³tsie²¹³liu³¹liæ³¹pa³¹tʃʰu²²ta²²。

我去老黄家里借了两把锄头。

啱啱他掂电话喊了₁一架车。

ŋæ⁴⁵ŋæ⁴⁵tʰɔ⁴⁵pa⁵³tie⁵³fa⁵³xæ³¹liu³¹i²⁴⁻²²kɔ²¹³tʃʰa⁴⁵。

刚才他打电话叫了一辆车。

昨日请农艺师得大齐讲了₁一次种养知识。

tsʰɔ²⁴n²⁴tsʰeŋ³³nɔŋ²²i⁵³sɿ⁴⁵la²⁴ta⁵³tsʰi²²kɔŋ³³liu³¹i²⁴⁻²²tsʰŋ²¹³tʃɔŋ²¹³iæ³¹tʃi⁴⁵ʃai²⁴。

昨天请农艺师给大家辅导了一次种养知识。

我已经喊他攞来了₁一份养鱼材料。

ŋɔ³¹i³³keŋ⁴⁵xæ³¹tʰɔ⁴⁵lɔ³¹lø²²liu³¹i²⁴⁻²²fin⁵³iæ³¹y²²tsʰø²²liu⁵³。

我已经叫他找来了一份养鱼材料。

连动句强调前一动作完成后才开始后一动作时，兼语句强调前动作完成时，"了₁"可用在前一动词后。例如：

我哋也攞了₁一个旅社住了₁一夜。

ŋɔ³¹ti³³ia³¹lɔ³¹liu³¹i²⁴⁻²²kɔ²¹³ly³¹ʃa⁵³ty⁵³liu³¹i²⁴⁻²²ia⁵³。

我们也找了一个旅馆住了一夜。

临时组织了₁一啲人去支援第五生产队。

lin²²ʃi²²tsu³³tʃai²⁴liu³¹ȵie²⁴ti³¹in²²kʰi²¹³tʃi⁴⁵ye²²ti⁵³n³¹ʃeŋ⁴⁵tʃʰæ³³tø⁵³。

临时组织了一些人去支援第五生产队。

前日请了₁一位老专家来作了₁一个养殖知识报告。
tsʰie²²n²⁴tsʰeŋ³³liu³¹i²⁴⁻²²ui⁵³lau³¹tʃø⁴⁵kɔ⁴⁵⁻²²lø²²tsɔ²⁴liu³¹i²⁴⁻²²kɔ²¹³iæ³¹tʃi²¹tʃi⁴⁵ʃai²⁴pau²¹³kau²¹³。
前天请了一位老专家来作了一个养殖知识报告。

（2）动+宾+了₂。肯定事态出现了变化。宾语可以是名词、动词、小句。例如：

刮风了₂（已经开始刮风）。
kua²⁴fø⁴⁵liu³³。
刮风了。

小黄也喜欢跳舞了₂（已经开始喜欢）。
siu³³ɔŋ²²ia³¹ʃi³³fæ⁴⁵tʰiu²¹³u³¹liu³³。
小黄也喜欢跳舞了。

他同意我去了₂（已经同意）。
tʰɔ⁴⁵tø²²i²¹³ŋɔ³¹kʰi²¹³liu³³。
他同意我去了。

也常常用来表示事态将有变化，前面常有副词"快"或助动词。例如：

吃饭了₂（可以或就要吃饭了）。
tʃʰie²⁴fæ⁵³liu³³。
吃饭了。

快放假了₂。
kʰua²¹³xɔŋ²¹³kɔ²¹³liu³³。
快放假了。

要落雨了₂。
iɔ²¹³lɔ²⁴y³¹liu³³。
要下雨了。

你应该来屋了₂。
ni³¹in⁴⁵kai⁴⁵lø²²ø²⁴liu³³。
你该回家了。

喇⁼下可以通知他来了₂。
la³¹xɔ³¹kʰɔ³³i³³tʰø⁴⁵tʃi⁴⁵tʰɔ⁴⁵lø²²liu³³。
现在可以通知他来了。

364

（3）动+了₁+宾+了₂。既表示动作已经完成，又表示事态有了变化。例如：

我已经写了₁回信了₂。

ŋɔ³¹i³³keŋ⁴⁵sie³³liu³¹fø²²sin²¹³liu³³。

我已经写了回信了。

喇⁼件事情我托了₁我咄村长了₂。

la³¹tʃʰie⁵³sɿ⁵³tsʰeŋ²²ŋɔ³¹tʰɔ²⁴liu³¹ŋɔ³¹ti³³tsʰɔŋ⁴⁵tʃæ³³liu³³。

这件事情我托了我们村长了。

我已经买了₁车票了₂。

ŋɔ³¹i³³keŋ⁴⁵ma³¹liu³¹tʃa⁴⁵pʰiu²¹³liu³³。

我已经买了车票了。

她两个女都进了₁大学了₂。

tʰɔ⁴⁵liæ³¹kɔ²¹³ny³¹tɔ⁴⁵tsin²¹³liu³¹ta⁵³ʃɔ⁵³liu³³。

她两个女儿都进了大学了。

句内有时量词语时，只表示动作从开始到目前为止经过的时间，不表示整个动作的完成。这个动作可能要继续下去也可能不继续下去。例如：

喇⁼本书我看了₁三日了₂（还得两天才能看完／不想看下去了）。

la³¹pin³³ʃy⁴⁵ŋɔ³¹kʰæ²¹³liu³¹sæ⁴⁵n̩²⁴liu³³。

这本书我看了三天了。

我来了₁两年了₂（已经很习惯了／应该换换地方了）。

ŋɔ³¹lø²²liu³¹liæ³¹nie²²liu³³。

我来了两年了。

他病了₁好一啲日子了₂（老不见好）。

tʰɔ⁴⁵peŋ⁵³liu³¹ȵie²⁴ti³³n̩²⁴tsɿ³³liu³³。

他病了好些日子了。

喇⁼块地种了₁三年穀了₂（明年应该换种别嗰了）。

la³¹kʰua²¹³ti⁵³tʃɔŋ²¹³liu³¹sæ⁴⁵nie²²kø²⁴liu³³。

这块地种了三年水稻了。

这里的时量词语换成动量词语或物量词语，也有类似的意思。例如：

已经读了₁三次了₂（再读两次就行了／可以不再读了）。

i³³keŋ⁴⁵tø⁵³liu³¹sæ⁴⁵tsʰɿ²¹³liu³³。

已经念了三遍了。

已经看了₁一半了₂（为什么不看完／何必非看完不可）。

i³³keŋ⁴⁵kʰæ²¹³liu³¹i²⁴⁻²²pæ²¹³liu³³。

已经看了一半了。

动词表示结束性动作时，"了₁"常可省略。例如：

他已经报（了₁）名了₂。

tʰɔ⁴⁵i³³keŋ⁴⁵pau²¹³（liu³¹）meŋ²²liu³³。

他已经报（了）名了。

老黄已经有（了₁）对象了₂。

lau³¹ɔŋ²²i³³keŋ⁴⁵iu³¹（liu³¹）lø²¹³siæ⁵³liu³³。

老黄已经有（了）对象了。

他已经到（了₁）屋上了₂。

tʰɔ⁴⁵i³³keŋ⁴⁵lau²¹³（liu³¹）ø²⁴ʃæ⁵³liu³³。

我已经到（了）家了。

旧年时我就满（了₁）三十岁了₂。

tʃʰiu⁵³nie²²ʃi²²ŋɔ³¹tsʰiu⁵³mæ³¹（liu³¹）sæ⁴⁵ʃi²²sy²¹³liu³³。

去年我就满（了）三十岁了。

（4）动+了（不带宾语）。这里的"了"一般是"了₂"或"了₁₊₂"，有时也可能是"了₁"。

动+了₂。只表示事态有了变化，不表示动作完成（未完成或无所谓完成）。例如：

歇了₂（已经开始休息）!

tʰa³³liu³³!

休息了!

他又哭了₂（还在哭）。

tʰɔ⁴⁵iu⁵³kʰø²⁴liu³³。

他又哭了。

366

喇˵个问题我解决了₂。
la³¹kɔ²¹³min⁵³ti²²ŋɔ³¹kaʰ³³kʰø²⁴liu³³。
这个问题我解决了。

常常用来表示事态将有变化，前面常有副词"快"或"要、该、可以"等助动词。例如：

歇了₂（可以休息了，该休息了）!
tʰa³³liu³³!
休息了!

来了₂！来了₂！（我这就来了）
lø²²liu³³！lø²²liu³³！
来了！来了！

他哋要走了₂。
tʰɔ⁴⁵ti³³iɔ²¹³tsa³³liu³³。
他们要走了。

水快开了₂。
ʃy³³kʰua²¹³kʰø⁴⁵liu³³。
水快开了。

衣裳快穿烂了₂。
i⁴⁵ʃæ²²kʰua²¹³tʃʰø⁴⁵læ⁵³liu³³。
衣服快穿破了。

动+了₁₊₂。表示动作完成并且事态已有改变。前面不能用"快、要"等，可用"已经"。例如：

我已经吃了₁₊₂，不得我煮饭了₁₊₂。
ŋɔ³¹i³³keŋ⁴⁵tʃʰie²⁴liu³³，pu³¹la²⁴ŋɔ³¹tʃy³³fæ⁵³liu³³。
我已经吃了，别给我做饭了。

他已经来了₁₊₂，不用拍电话了₁₊₂。
tʰɔ⁴⁵i³³keŋ⁴⁵lø²²liu³³，pu³¹iɔŋ⁵³pa⁵³tie⁵³fa⁵³liu³³。
他已经来了，不用打电话了。

他把单车踩走了₁₊₂。
tʰɔ⁴⁵pa³³læ⁴⁵tʃʰa⁴⁵⁻²²tsʰa³³tsa³³liu³³。
他把自行车骑走了。

367

喇⁼本书借出去了₁₊₂。

la³¹pin³³ʃy⁴⁵tsie²¹³tʃhy²⁴kʰi²¹³liu³³。

这本书借出去了。

衣裳洗干净了₁₊₂。

i⁴⁵ʃæ²²si³³kuæ⁴⁵tsʰeŋ⁵³liu³³。

衣服洗干净了。

动+了₁。不独立成句，有后续小句，表示这个动作完成后出现另一动作或出现某一状态。例如：

我听了₁好高兴。

ŋɔ³¹tʰeŋ²¹³liu³¹xau³¹kau⁴⁵xeŋ²¹³。

我听了很高兴。

喇⁼块玻璃可以裁了₁装窗仔。

la³¹kʰua²¹³pɔ⁴⁵li⁴⁵⁻²²kʰɔ³³i³³tsʰø²²liu³¹tʃɔŋ⁴⁵tʃhæ⁴⁵ti³³。

这块玻璃可以裁了装窗户。

也可以表示后一情况的假设条件。例如：

把衣裳穿好了₁再走。

pa³³i⁴⁵ʃæ²²tʃhø⁴⁵xau³¹liu³¹tsø²¹³tsa³³。

把衣服穿好了再走。

他看见了₁不知几高兴。

tʰɔ⁴⁵kʰæ²¹³kie²¹³liu³¹tʃi⁴⁵tʃi³³kau⁴⁵xeŋ²¹³。

他看见了该多高兴。

你早来了₁就好了₁₊₂。

ni³¹tsau³³lø²²liu³¹tsʰiu⁵³xau³¹liu³³。

你早来了就好了。

（5）形+了。形容词后面的"了"，可以表示一种变化已经完成，出现新的情况，应该算是"了₁₊₂"；但如果只着眼于当前的情况，也可以说只是"了₂"。例如：

孻崽崽大了₂，做父母嘅也就轻鬆多了₂。

lai⁴⁵tsai³³tsø³³ta⁵³liu³³，tsŋ²¹³fu⁵³mu³¹kɔ³³ia³¹tsʰiu⁵³kʰeŋ⁴⁵sø⁴⁵⁻²²lɔ⁴⁵liu³³。

孩子大了，做父母的也就轻松多了。

人老了₂，身体差了₂。

in²²lau³¹liu³³，ʃin⁴⁵tʰi³³tʃʰa⁴⁵liu³³。

人老了，身体差了。

头毛白了₂，皱纹也多了₂。

ta²²mau²²pa⁵³liu³³，tʃiu⁵³vin²²ia³¹lɔ⁴⁵liu³³。

头发白了，皱纹也多了。

喇⁼地方比以前闹热多了₂。

la³¹ti⁵³fɔŋ⁴⁵⁻²²pi³³tsʰie²²nau⁵³n̦ie⁵³lɔ⁴⁵liu³³。

这地方比以前热闹多了。

有的"形+了₂"只肯定已经出现的情况，不表示有过什么变化。如：

喇⁼个办法最好了₂。

la³¹kɔ²¹³pæ⁵³fa²⁴tsy²¹³xau³¹liu³³。

这个办法最好了。

喇⁼双鞋太细了₂。

la³¹ʃɔŋ⁴⁵xa²²tʰø⁵³si²¹³liu³³。

这双鞋太小了。

喇⁼架拖拉机可好了₂。

la³¹kɔ²¹³tʰɔ⁴⁵la⁴⁵ki⁴⁵kʰɔ³³xau³¹liu³³。

这台拖拉机可好了。

有的"形+了₂"表示即将出现的情况。例如：

一下天就光了₂。

i²⁴⁻²²xɔ³¹tʰie⁴⁵tsiu⁵³kɔŋ⁴⁵liu³³。

一会儿天就亮了。

头毛快全白了₂。

ta²²mau²²kʰua²¹³tsʰø²²pa⁵³liu³³。

头发快全白了。

（6）动词、形容词谓语句内有数量词（不包括直接修饰名词的，多为时量词语和动量词语）。有两个类型：一种是只有"了₁"，表示动作（变化）从开始到完成时的量，一般不联系现在，动作不再继续，常有后续。另一种是兼有"了₁"和"了₂"，

369

表示到目前为止动作（变化）延续或重复的量，联系现在，动作可以继续，常独立成句，句中常用"已经"。

动/形+了₁+数量。例如：

我在北京只住了₁半个月。
ŋɔ³¹tʃhø³¹pai²⁴keŋ⁴⁵tsɿ³³ty⁵³liu³¹pæ²¹³kɔ²¹³ŋø²⁴。
我在北京只住了半个月。

喇ᵓ张报纸我整ᵓ看了₁一半。
la³¹tʃæ⁴⁵pau²¹³tʃĩ³³ŋɔ³¹tseŋ³³khæ²¹³liu³¹i²⁴⁻²²pæ²¹³。
这张报纸我才看了一半。

钟敲了₁三下，信号灯也光了₁三下。
tʃɔŋ³³khau⁴⁵liu³¹sæ⁴⁵xɔ³¹，sin²¹³xau⁵³leŋ⁴⁵ia³¹kɔŋ⁴⁵liu³¹sæ⁴⁵xɔ³¹。
钟敲了三下，信号灯也亮了三下。

喇ᵓ个月只晴了₁三日。
la³¹kɔ²¹³ŋø²⁴tsɿ³³tsheŋ²²liu³¹sæ⁴⁵n²⁴。
这个月只晴了三天。

头毛白了₁好多。
ta²²mau²²pa⁵³liu³¹xau³¹lɔ⁴⁵。
头发白了许多。

独立成句，有后续小句时，表示前一动作经历了若干时间，开始了后一动作或形成某一状态。句中常用"啱（啱）……就"。例如：

我啱啱住了₁半个月她就催我来屋了₂。
ŋɔ³¹ŋæ⁴⁵ŋæ⁴⁵ty⁵³liu³¹pæ²¹³kɔ²¹³ŋø²⁴thɔ⁵³tshiu⁵³tshy⁴⁵ŋɔ³¹lø²²ø²⁴liu³³。
我才住了半个月她就催我回家了。

啱练了₁一次他就来捣乱了₁₊₂。
ŋæ⁴⁵lie⁵³liu³¹i²⁴⁻²²tshɿ²¹³thɔ⁴⁵tshiu⁵³lø²²lɔ³³luæ⁵³liu³³。
刚练了一回他就来捣乱了。

她歇了₁两个月啱啱上班。
tho⁴⁵tha³³liu³¹liæ³¹kɔ²¹³ŋø²⁴ŋæ⁴⁵ʃæ³¹pæ⁴⁵。
她休息了两个月才上班。

370

有些形容词的例子不表示有什么变化,只表示某一性质偏离标准。例如:

喇⁼双鞋大了₁一码。
la³¹ʃɔŋ⁴⁵xa²²ta⁵³liu³¹i²⁴⁻²²mɔ³¹。
这双鞋大了一号。

喇⁼领衣裳短了₁一啲。
la³¹leŋ³³i⁴⁵ʃæ²²luæ³³liu³¹n̠ie²⁴ti³³。
这件衣服短了点儿。

动/形+了₁+数量+了₂。动词(尤其是结束性动词)后面的"了₁"有时可以省略。例如:

我在北京已经住(了₁)半个月了₂。(再过几日就要走了)
ŋɔ³¹tsʰø³¹pai²⁴keŋ⁴⁵i³³keŋ⁴⁵tyˑ⁵³liu³¹pæ²¹³kɔ²¹³ŋø²⁴liu³³,(tsø²¹³ku²¹³tʃi³³n²⁴tsʰiu⁵³iɔ²¹³tsa³³liu³³)。
我在北京已经住(了)半个月了。

已经读(了₁)好几次了₂。(再读两次就可以不读了)
i³³keŋ⁴⁵tø⁵³(liu³¹)xau³¹tʃi³³tsʰŋ²¹³liu³³。(tsø²¹³tø⁵³liæ³¹tsʰŋ²¹³tsʰiu⁵³kʰɔ³³i³³pu³¹tø⁵³liu³³)
已经读(了)好几次了。

已经晴了₁三天了₂。
i³³keŋ⁴⁵tsʰeŋ²²liu³¹sæ⁴⁵tʰie⁴⁵liu³³。
已经晴了三天了。

他喇⁼下头毛白了₁好多了₂。
tʰɔ⁴⁵la³¹xɔ³¹ta²²mau²²pa⁵³liu³¹xau³¹lɔ⁴⁵liu³³。
他现在头发白了许多了。

喇⁼孲崽崽又高了₁一寸了₂。
la³¹lai⁴⁵tsai³³tsø³³iu⁵³kau⁴⁵liu³¹i²⁴⁻²²tsʰŋ²¹³liu³³。
这孩子又高了一寸了。

结束性动词带时量词语,表动作完成后到目前所经历的时间。如果是动宾式动词,"了₁"常常省去。例如:

他来了₁两年了₂。
tʰɔ⁴⁵lø²²liu³¹liæ³¹nie²²liu³³。
他来了两年了。

371

他阿公已经死了₁几十年了₂。
tʰɔ⁴⁵a²²kø⁴⁵i³³keŋ⁴⁵sɿ³³liu³¹tʃi³³ʃi²²nie²²liu³³。
他爷爷已经死了几十年了。

春节过去（了₁）半个月了₂。
tʃʰyn⁴⁵tsie²⁴ku²¹³kʰi²¹³（liu³¹）pæ²¹³kɔ²¹³ŋø²⁴liu³³。
春节过去（了）半个月了。

大会结束（了₁）好几日了₂。
ta⁵³fø⁵³tʃie²⁴ʃu²⁴（liu³¹）xau³¹tʃi³³n²⁴liu³³。
大会结束（了）好几天了。

他哋结婚三年了₂。
tʰɔ⁴⁵ti³³tʃie²⁴fin⁴⁵sæ⁴⁵nie²²liu³³。
他们结婚三年了。

今日他上街两次了₂。
tʃin⁴⁵n²⁴tʰɔ⁴⁵ʃæ³¹ka⁴⁵liæ³¹tsʰɿ²¹³liu³³。
今天他上了两次街了。

动+了₁+数量+宾。例如：

我一共整=读了₁两年大学。
ŋɔ³¹i²⁴⁻²²kɔŋ⁵³tseŋ³³tø⁵³liu³¹liæ³¹nie²²ta⁵³ʃɔ⁵³。
我一共才念了两年大学。

我喊了₁几声老黄，怀人答应。
ŋɔ³¹xæ³¹liu³¹tʃi³³ʃeŋ⁴⁵lau³¹ɔŋ²²，pia³¹in²²lɔ²⁴eŋ²¹³。
我叫了几声老黄，没人答应。

我讲了₁他几句，就走了₁₊₂。
ŋɔ³¹kɔŋ³³liu³¹tʰɔ⁴⁵tʃi³³ky²¹³，tsʰiu⁵³tsa³³liu³³。
我说了他几句，就走了。

动+了₁+数量+宾+了₂。例如：

我做了₁二十年农民了₂。
ŋɔ³¹tsɿ²¹³liu³¹i⁵³ʃi²²nie²²nɔŋ²²min²²liu³³。
我做了二十年农民了。

我已经讲了₂他好几次了₂。

ŋɔ³¹i³³keŋ⁴⁵kɔŋ³³liu³¹tʰɔ⁴⁵xau³¹tʃi³³tsʅ²¹³liu³³。

我已经说了他好几回了。

动+宾+动+了₁+数量。例如：

我做农民做了₁二十年，深知其中甘苦。

ŋɔ³¹tsʅ²¹³nɔŋ²²min²²tsʅ²¹³liu³¹i⁵³ʃi²²nie²²，ʃin⁴⁵tʃi⁴⁵⁻²²tʃʰi²²tʃɔŋ⁴⁵kuæ⁴⁵kʰu³³。

我做农民做了二十年，深知其中甘苦。

我排队排了₁好几次整ᵌ买到喇ᵌ本书。

ŋɔ³¹pa²²tø⁵³pa²²liu³¹xau³¹tʃi³³tsʅʰ²¹³tseŋ³³ma⁵³lau²¹³la³¹pin³³ʃy⁴⁵。

我排队排了好几次才买到这本书。

动+宾+动+了₁+数量+了₂。例如：

我做农民做了₁二十年了₂，喇ᵌ种情况还是第一次遇到。

ŋɔ³¹tsʅ²¹³nɔŋ²²min²²tsʅ²¹³liu³¹i⁵³ʃi²²nie²²liu³³，la³¹tʃɔŋ³³tsʰeŋ²²kʰɔŋ²¹³xæ²²tʃʰi³¹ti⁵³i²⁴⁻²²tsʰʅ²¹³y⁵³lau²¹³。

我做农民做了二十年了，这种情况还是第一次遇到。

我排队都已经排了₁三次了₂，还是不曾买到。

ŋɔ³¹pa²²tø⁵³tɔ⁴⁵i³³keŋ⁴⁵pa²²liu³¹sæ⁴⁵tsʰʅ²¹³liu³³，xæ²²tʃʰi³¹pu³¹tsʰeŋ²²ma³¹lau²¹³。

我排队都已经排了三次了，可还是没买上。

宾+动+了₁+数量+了₂。例如：

你修车已经修了₁三年了₂，喇ᵌ哟事情还难得倒你？

i³¹siu⁴⁵tʃʰa⁴⁵i³³keŋ⁴⁵siu⁴⁵liu³¹sæ⁴⁵nie²²liu³³，la³¹ti⁵³sʅ⁵³tsʰeŋ²²xæ²²næ²²la²⁴lau³³ni³¹?

你修车已经修了三年了，这点儿事情还难得倒你？

冷水澡我已经洗了₁十年了₂。

leŋ³¹ʃy³³tsau³³ŋɔ³¹i³³keŋ⁴⁵si³³liu³¹ʃi²²nie²²liu³³。

冷水澡我已经洗了十年了。

名词、数量词加"了₂"。表示已经或将要出现某种新情况。

名+了₂。隐含着一个表示变化的动词。例如：

春天了₂(=已经是春天了)。

tʃʰyn⁴⁵tʰie⁴⁵liu³³。

春天了。

373

中学生了₂(=已经当上中学生了)，还这卜好噪?

tʃɔŋ⁴⁵xɔ⁵³ʃeŋ⁴⁵⁻²²liu³¹, xæ²²tʃie²¹³pu³¹xau³¹tsʰau²¹³?

中学生了，还这么淘气?

快月底了₂(=快到月底了)，报表该汇总了₂。

kʰua²¹³ŋø²⁴li³³liu³³, pau²¹³piu³³kai⁴⁵fø⁵³tsɔ⁵³liu³³。

快月底了，报表该汇总了。

数量+了₂。隐含着动词"有"。例如:

半个月了₂(=已经有半个月了)，邮件还不到。

pæ²¹³kɔ²¹³ŋø²⁴liu³³, iu²²tʃʰie⁵³xæ²²pu³¹lau²¹³。

半个月了，邮件还没到。

四十岁了₂(=已经有四十岁了)。

sɿ²¹³ʃi²²sy²¹³liu³³。

四十岁了。

已经一百个了₂。

i³³keŋ⁴⁵i²⁴⁻²²pa²⁴kɔ²¹³liu³³。

已经一百个了。

五十斤了₂(=已经有五十斤了)，够了₁₊₂。

n̩³¹ʃi²²tʃin⁴⁵liu³³, ka²¹³liu³³。

五十斤了，够了。

3. 过 [ku²¹³]

表示动态的助词，有以下用法。

(1) 用在动词后，表示动作完结，后面可以带语气词"了₂"。例如:

吃过饭再去。

tʃʰie²⁴ku²¹³fæ⁵³tsø²¹³kʰi²¹³。

吃过饭再去。

赶到简度，球赛上半场已经拍过了₂。

kæ³³lau²¹³kɔ³³tu³³, tʃʰiu²²sa²¹³ʃæ⁵³pæ²¹³tʃʰø²²i³³keŋ⁴⁵pa²¹³ku²¹³liu³³。

赶到那儿，球赛上半场已经打过了。

等我问过了₂他再讲你听。

leŋ³³ŋɔ³¹min⁵³ku²¹³liu³³tʰɔ⁴⁵tsø²¹³kɔŋ³³ni³¹tʰeŋ²¹³。

等我问过了他再告诉你。

（2）用在动词后，表示过去曾经有这样的事情。动词前可加副词"曾经"。例如：

喇⁼部电视剧我看过。

la³¹pu⁵³tie⁵³ʃi⁵³ky²⁴ŋɔ³¹kʰæ²¹³ku²¹³。

这部电视剧我看过。

去北京啯事他同我提起过。

kʰi²¹³pai²⁴keŋ⁴⁵kɔ³³sŋ⁵³tʰɔ⁴⁵tø²²ŋɔ³¹ti²²tʃʰi³³ku²¹³。

去北京的事他跟我提起过。

我㗂谈过喇⁼个问题。

ŋɔ³¹ti³³tæ²²ku²¹³la³¹kɔ²¹³min⁵³ti²²。

我们谈过这个问题。

我攞过他不止一次。

ŋɔ³¹lɔ³¹ku²¹³tʰɔ⁴⁵pu³¹tʃi³³i²⁴⁻²²tsʰŋ²¹³。

我找过他不止一次。

我㗂走了不少地方，就是不到过北京。

ŋɔ³¹ti³³tsa³³liu³¹pu³¹ʃɔ³³ti⁵³fɔŋ⁴⁵⁻²²，tsʰiu⁵³tʃʰi³¹pu³¹lau²¹³ku²¹³pai²⁴keŋ⁴⁵。

我们走了不少地方，就是没有到过北京。

这类"动+过"都表示过去的事，句子里可以不提时间；如果提时间，必须用指确定时间的词语。例如：前年我去过长城。

否定式是"不（曾）+动+过"。例如：

喇⁼部电视剧我不（曾）看过。

la³¹pu⁵³tie⁵³ʃi⁵³ky²⁴ŋɔ³¹pu³¹（tsʰeŋ²²）kʰæ²¹³ku²¹³。

这部电视剧我没看过。

他一次也不（曾）攞过我。

tʰɔ⁴⁵i²⁴⁻²²tsʰŋ²¹³ia³¹pu³¹（tsʰeŋ²²）lɔ³¹ku²¹³ŋɔ³¹。

他一次也没找过我。

375

我不（曾）听人讲过唎⁼件事。

ŋo³¹pu³¹（tsʰeŋ²²）tʰeŋ²¹³in²²kɔŋ³³ku²¹³la³¹tʃʰie⁵³sʅ⁵³。

我没有听人说过这件事。

不敢浪费过一啲粮食。

pu³¹kæ³³lɔŋ⁵³fi²¹³ku²¹³n̯ie²⁴ti³³liæ²²ʃai⁵³。

没敢浪费过一点儿粮食。

问话形式有两种，一种是句末否定词"冇"（"不有"的合音），另一种是"动+不+动"正反问形式。例如：

你问过他冇？

ni³¹min⁵³ku²¹³tʰɔ⁴⁵piu³¹？

你问过他没有？/你问过他吗？

你问不问过他？

ni³¹min⁵³pu³¹min⁵³ku²¹³tʰɔ⁴⁵？

你问没问过他？

（3）形容词带"过"，一般需要说明时间，有同现在相比较的意思。例如：

他细下时肥过。

tʰɔ⁴⁵si²¹³xɔ³¹ʃi²²fi²²ku²¹³。

他小时候胖过。

前几日冷过一阵，唎⁼两日又热起来了。

tsʰie²²tʃi³³n²⁴leŋ³¹ku²¹³i²⁴⁻²²tʃin²¹³，la³¹liæ³¹n²⁴iu⁵³n̯ie⁵³tʃʰi³³lø²²liu³³。

前几天冷过一阵，这两天又热起来了。

否定式是"不曾+形+过"，"不曾"前常加用"从来、过去"等，形容词前常加用"这卟这么"。例如：

唎⁼个𤘅嵟嵟从来不曾这卟安静过。

la³¹lai⁴⁵tsai³³tsø³³tsʰɔŋ²²lø²²pu³¹tsʰeŋ²²tʃie²¹³pu³¹æ⁴⁵tsʰeŋ⁵³ku²¹³。

这个孩子从来没这么安静过。

我旧时不曾看见他这卟高兴过。

ŋo³¹tʃʰiu⁵³ʃi²²pu³¹tsʰeŋ²²kʰæ²¹³kie²¹³tʰɔ⁴⁵tʃie²¹³pu³¹kau⁴⁵xeŋ²¹³ku²¹³。

我过去没有看见他这么高兴过。

五、语气词

1. 了 [liu³³]

语气词"了"[liu³³]有两种使用情况,一是句末,且前面的是非谓词性词语,表示陈述肯定语气;二是用在句末,且前面的是谓词性词语,"了"兼表完成态(见上文"了₂")。例如:

落雨了。
lɔ²⁴y³¹liu³³。
下雨了。

我吃饭了。
ŋɔ³¹tʃʰie²⁴fæ⁵³liu³³。
我吃饭了。

他照相了。
tʰɔ⁴⁵tʃɔ²¹³siæ²¹³liu³³。
他照相了。

他不来了。
tʰɔ⁴⁵pu³¹lø²²liu³³。
他不来了。

水开了。
ʃy³³kʰø⁴⁵liu³³。
水开了。

你就不管了!
ni³¹tsʰiu⁵³pu³¹kuæ³³liu³³!
你就别管了!

不去了
pu³¹kʰi²¹³liu³³!
别去了!

2. 嗰 [kɔ³³]

语气词"嗰"用在句末,表示强调肯定语气,相当于普通话语气词"的"。例如:

他会来嗰。
tʰɔ⁴⁵fø⁵³lø²²kɔ³³。
他会来的。

今日不会落雨嗰。
tʃin⁴⁵n²⁴puˀ³¹fø⁵³lɔ²⁴y³¹kɔ³³。
今天不会下雨的。

窗仔是开开/倒嗰。
tʃʰæ⁴⁵ti³³tʃʰi³¹kʰø⁴⁵kʰø⁴⁵/lɔ³³kɔ³³。
窗子是开着的。

这吚做是可以嗰。
tʃie²¹³ti³³tsɿ²¹³tʃʰi³¹kʰɔ³³i³³kɔ³³。
这样做是可以的。

他自家要去嗰，不怪我。
tʰɔ⁴⁵tsʰɿ⁵³ka⁴⁵⁻²²iɔ²¹³kʰi²¹³kɔ³³，puˀ³¹kuai²¹³ŋɔ³¹。
他自己要去的，不怪我。

你拈ˀ吚嗰？哭嘅？
ni³¹nie⁴⁵ti³³kɔ³³？ kʰø²⁴kie³³？
你怎么的？哭了？

拈ˀ吚搞嗰？整＝丈＝来！
nie⁴⁵ti³³kau³¹kɔ³³？ tseŋ³³tiæ⁵³lø²²！
怎么搞的？才拿来！

拈ˀ吚这卟傻嗰！
nie⁴⁵ti³³tʃie²¹³puˀ³¹ʃɔ³¹kɔ³³！
怎么这么傻的！

3. 喔 [vɔ³³]

语气词"喔"用在句末，表示提醒或赞叹语气。例如：

路上注意喔！
lu⁵³ʃæ⁵³tʃy²¹³i²¹³vɔ³³！
路上小心啊！

378

天黑了就来屋喔！
tʰie⁴⁵xai²⁴liu³¹tsʰiu⁵³lø²²ø²⁴vɔ³³！
天黑了就回家啊！

一定要来喔！
i²⁴⁻²²teŋ⁵³iɔ²¹³lø²²vɔ³³！
一定要来啊！

箇个瑭崽崽好肯做喔！
kɔ³³kɔ²¹³lai⁴⁵tsai³³tsø³³xau³¹kʰeŋ³³tsʅ²¹³vɔ³³！
那个小孩儿好能干啊！

喇⁼度啯风景好看喔！
la³¹tu³³kɔ³³fø⁴⁵keŋ³³xau³¹kʰæ²¹³vɔ³³！
这里的风景好看啊！

喇⁼栋楼好高喔！
la³¹tø⁵³la²²xau³¹kau⁴⁵vɔ³³！
这栋楼真高啊！

第三节　句法特点

一、特殊语序

（一）表序词"先"

用在动词后作补语。例如：
你去先，我背后整⁼去。
ni³¹kʰi²¹³sie⁴⁵，ŋɔ³¹pø²¹³xa⁵³tseŋ³³kʰi²¹³。
你先去，我后面去。

你咘吃先，我背后整⁼吃。
ni³¹ti³³tʃʰie²⁴sie⁴⁵，ŋɔ³¹pø²¹³xa⁵³tseŋ³³tʃʰie²⁴。
你们吃嘛，我后面吃。

你走先一下，我等一下整⁼走。
ni³¹tsa³³sie⁴⁵i²⁴⁻²²xɔ³¹，ŋɔ³¹leŋ³³i²⁴⁻²²xɔ³¹tseŋ³³tsa³³。
你先去一会儿，我过一会儿去。

你跑先，他跑第二个，我跑尾狗⁼仔。

ni³¹pʰau³³sie⁴⁵，tʰɔ⁴⁵pʰau³³ti⁵³i⁵³kɔ²¹³，ŋɔ³¹pʰau³³meŋ³¹ka³³ti³³。

你先跑，他第二个跑，我跑最后。

你跑先，他第二个跑，我尾狗⁼仔整⁼跑。

ni³¹pʰau³³sie⁴⁵，tʰɔ⁴⁵ti⁵³i⁵³kɔ²¹³pʰau³³，ŋɔ³¹meŋ³¹ka³³ti³³tseŋ³³pʰau³³。

你先跑，他第二个跑，我最后跑。

（二）形容词"多"和"少"

用在动词前作状语，也可用在动词后作补语。例如：

多饮一啲 lɔ⁴⁵y²¹³n̠ie²⁴ti³³=饮多一啲 y²¹³lɔ⁴⁵n̠ie²⁴ti³³ 多喂一点儿

多担一啲 lɔ⁴⁵læ⁴⁵⁻²²n̠ie²⁴ti³³=担多一啲 læ⁴⁵lɔ⁴⁵⁻²²n̠ie²⁴ti³³ 多挑一点儿

多洗几领（衣裳）lɔ⁴⁵si³³tʃi³³leŋ³³=洗多几领（衣裳）si³³lɔ⁴⁵tʃi³³leŋ³³ 多洗几件（衣服）

多来几次 lɔ⁴⁵lø²²tʃi³³tsʰɿ²¹³=来多几次 lø²²lɔ⁴⁵tʃi³³tsʰɿ²¹³ 多来几回

多看几本 lɔ⁴⁵kʰæ²¹³tʃi³³pin³³=看多几本 kʰæ²¹³lɔ⁴⁵tʃi³³pin³³ 多看几本

少担几担柴 ʃɔ³³læ⁴⁵tʃi³³læ⁴⁵tʃʰa²²=担少几担柴 læ⁴⁵ʃɔ³³tʃi³³læ⁴⁵tʃʰa²² 少挑几担柴

少吃几杯酒 ʃɔ³³tʃʰie²⁴tʃi³³pui⁴⁵tsiu³³=吃少几杯酒 tʃʰie²⁴ʃɔ³³tʃi³³pui⁴⁵tsiu³³ 少喝几杯酒

少吃几碗饭 ʃɔ³³tʃʰie²⁴tʃi³³uæ³³fæ⁵³=吃少几碗饭 tʃʰie²⁴ʃɔ³³tʃi³³uæ³³fæ⁵³ 少吃几碗饭

少揩几针 ʃɔ³³pa⁵³tʃi³³tʃin⁴⁵=揩少几针 pa⁵³ʃɔ³³tʃi³³tʃin⁴⁵ 少打几针

（三）宾语和补语的语序

补语和宾语共现时，有"动+补+宾"和"动+宾+补"两种语序。例如：

揩不过你 pa⁵³pu³¹ku²¹³ni³¹=揩你不过 pa⁵³ni³¹pu³¹ku²¹³ 打不过你

喊不应他 xæ³¹pu³¹eŋ²¹³tʰɔ⁴⁵=喊他不应 xæ³¹tʰɔ⁴⁵pu³¹eŋ²¹³ 叫不应他

吃不下饭 tʃʰie²⁴pu³¹xɔ³¹fæ⁵³=吃饭不下 tʃʰie²⁴fæ⁵³pu³¹xɔ³¹ 吃不下饭

听不懂话 tʰeŋ²¹³pu³¹lø³³fa⁵³=听话不懂 tʰeŋ²¹³fa⁵³pu³¹lø³³ 听不懂话

等我一下 leŋ³³ŋɔ³¹i²⁴⁻²²xɔ³¹=等一下我 leŋ³³i²⁴⁻²²xɔ³¹ŋɔ³¹ 等我一下

揩他几棍 pa⁵³tʰɔ⁴⁵tʃi³³kyn²¹³=揩几棍他 pa⁵³tʃi³³kyn²¹³tʰɔ⁴⁵ 打他几棍

踢你一脚 tʰai²⁴ni³¹i²⁴⁻²²tʃɔ²⁴=踢一脚你 tʰai²⁴i²⁴⁻²²tʃɔ²⁴ni³¹ 踢你一脚

二、几种句式的特点

（一）双宾句

1. 间接宾语在前，直接宾语在后的双宾句

表示给予、问告、取得义的动词都可以带双宾语，构成间接宾语在前，直接宾语在后的双宾句，与普通话的双宾句的结构相同。例如：

得你一个梨 la²⁴ni³¹i²⁴⁻²²kɔ²¹³li²² _{给你一个梨}
得他十块钱 la²⁴tʰɔ⁴⁵ʃi²²kʰua²¹³tsʰie²² _{给他十块钱}
得我一本书 la²⁴ŋɔ³¹i²⁴⁻²²pin³³ʃy⁴⁵ _{给我一本书}
还他十块钱 uæ²²tʰɔ⁴⁵ʃi²²kʰua²¹³tsʰie²²
找你三块钱 tʃau³³ni³¹sæ⁴⁵kʰua²¹³tsʰie²²
送我一朵花 sø²¹³ŋɔ³¹i²⁴⁻²²lɔ³³fa⁴⁵
教你一个方法 kau²¹³ni³¹i²⁴⁻²²kɔ²¹³fɔŋ⁴⁵fa²⁴
问你一句话 min⁵³ni³¹i²⁴⁻²²ky²¹³fa⁵³
赔邻居一架单车 pø²²leŋ²²ky⁴⁵i²⁴⁻²²kɔ²¹³læ⁴⁵tʃʰa⁴⁵⁻²² _{赔邻居一辆自行车}
教女一个字 kau²¹³ny³¹i²⁴⁻²²kɔ²¹³sɿ⁵³ _{教女儿一个字}
收嘅你两箱酒 ʃiu⁴⁵kie³³ni³¹liæ³¹siæ⁴⁵tsiu³³ _{收了你两箱酒}
借得你一架车 tsie²¹³la²⁴ni³¹i²⁴⁻²²kɔ²¹³tʃʰa⁴⁵ _{借给你一辆车}
赊得他一斤酒 ʃa⁴⁵la²⁴tʰɔ⁴⁵i²⁴⁻²²tʃin⁴⁵tsiu³³ _{赊给他一斤酒}
赊嘅他一斤酒 ʃa⁴⁵kie³³tʰɔ⁴⁵i²⁴⁻²²tʃin⁴⁵tsiu³³ _{向他赊一斤酒}
差他一餐饭 tʃʰa⁴⁵tʰɔ⁴⁵i²⁴⁻²²tsʰæ⁴⁵fæ⁵³ _{欠他一顿饭}
差你两块钱 tʃʰa⁴⁵ni³¹liæ³¹kʰua²¹³tsʰie²² _{少你两块钱}
我哋喊她大姑 ŋɔ³¹ti³³xæ³¹tʰɔ⁴⁵ta⁵³ku⁴⁵ _{我们叫她大姑妈}

2. 直接宾语在前，间接宾语在后的双宾句

如果动词是"得_给"和"问"，也可以直接宾语在前，间接宾语在后。例如：

得一个梨你 la²⁴i²⁴⁻²²kɔ²¹³li²²ni³¹=得你一个梨 la²⁴ni³¹i²⁴⁻²²kɔ²¹³li²² _{给你一个梨}
得十块钱他 la²⁴ʃi²²kʰua²¹³tsʰie²²tʰɔ⁴⁵=得他十块钱 la²⁴tʰɔ⁴⁵ʃi²²kʰua²¹³tsʰie²² _{给他十块钱}
得一本书我 la²⁴i²⁴⁻²²pin³³ʃy⁴⁵ŋɔ³¹=得我一本书 la²⁴ŋɔ³¹i²⁴⁻²²pin³³ʃy⁴⁵ _{给我一本书}
问一句话你 min⁵³i²⁴⁻²²ky²¹³fa⁵³ni³¹=问你一句话 min⁵³ni³¹i²⁴⁻²²ky²¹³fa⁵³
问一个问题他 min⁵³i²⁴⁻²²kɔ²¹³min⁵³ti²²tʰɔ⁴⁵=问他一个问题 min⁵³tʰɔ⁴⁵i²⁴⁻²²kɔ²¹³min⁵³ti²²

3. "动词+间接宾语+得+直接宾语"结构

表示给予义动词的双宾句都可以转换为"动词+间接宾语+得+直接宾语"结

构。例如：

得你一个梨 la²⁴ni³¹i²⁴⁻²²kɔ²¹³li²²→得一个梨得你 la²⁴i²⁴⁻²²kɔ²¹³li²²la²⁴ni³¹ 给一个梨给你

得他十块钱 la²⁴thɔ⁴⁵ʃi²²khua²¹³tshie²² 给他十块钱→得十块钱得他 la²⁴ʃi²²khua²¹³tshe²²la²⁴thɔ⁴⁵ 给十块钱给他

得我一本书 la²⁴ŋɔ³¹i²⁴⁻²²pin³³ʃy⁴⁵ 给我一本书→得一本书得我 la²⁴i²⁴⁻²²pin³³ʃy⁴⁵la²⁴ŋɔ³¹ 给一本书给我

还他十块钱 uæ²²thɔ⁴⁵ʃi²²khua²¹³tshie²²→还十块钱得他 uæ²²ʃi²²khua²¹³tshie²²la²⁴thɔ⁴⁵ 还十块钱给他

找你三块钱 tʃau³³ni³¹sæ⁴⁵khua²¹³tshie²²→找三块钱得你 tʃau³³sæ⁴⁵khua²¹³tshie²²la²⁴ni³¹ 找三块钱给你

送我一朵花 sø²¹³ŋɔ³¹i²⁴⁻²²lɔ³³fa⁴⁵→送一朵花得我 sø²¹³i²⁴⁻²²lɔ³³fa⁴⁵la²⁴ŋɔ³¹ 送一朵花给我

教你一个方法 kau²¹³ni³¹i²⁴⁻²²kɔ²¹³fɔŋ⁴⁵fa²⁴→教一个方法得你 kau²¹³i²⁴⁻²²kɔ²¹³fɔŋ⁴⁵fa²⁴la²⁴ni³¹ 教一个方法给你

讲你一个好消息听 kɔŋ³³ni³¹i²⁴⁻²²kɔ²¹³xau³¹siu⁴⁵si²⁴theŋ²¹³ 告诉一个好消息→讲一个好消息得你听 kɔŋ³³i²⁴⁻²²kɔ²¹³xau³¹siu⁴⁵si²⁴la²⁴ni³¹theŋ²¹³ 告诉一个好消息给你

赔邻居一架单车 pø²²leŋ²²ky⁴⁵i²⁴⁻²²kɔ²¹³læ⁴⁵tʃha⁴⁵ 赔邻居一辆自行车→赔一架单车得邻居 pø²²i²⁴⁻²²kɔ²¹³læ⁴⁵tʃha⁴⁵la²⁴leŋ²²ky⁴⁵ 赔一辆自行车给邻居

教女一个字 kau²¹³ny³¹i²⁴⁻²²kɔ²¹³sɿ⁵³ 教女儿一个字→教一个字得女 kau²¹³i²⁴⁻²²kɔ²¹³sɿ⁵³la²⁴ny³¹ 教一个字给女儿

借得你一架车 tsie²¹³la²⁴ni³¹i²⁴⁻²²kɔ²¹³tʃha⁴⁵ 借给你一辆车→借一架车得你 tsie²¹³i²⁴⁻²²kɔ²¹³tʃha⁴⁵la²⁴ni³¹ 借一辆车给你

赊得他一斤酒 ʃa⁴⁵la²⁴thɔ⁴⁵i²⁴⁻²²tʃin⁴⁵tsiu³³ 赊给他一斤酒→赊一斤酒得他 ʃa⁴⁵i²⁴⁻²²tʃin⁴⁵tsiu³³la²⁴thɔ⁴⁵ 赊一斤酒给他

（二）比较句

1. 用形容词"一样"表示同样，没有差别。有以下几种形式：

（1）一样+嗰+名。例如：

两个村一样嗰地，一样嗰条件，为哪家产量差别这咔大？

liæ³¹kɔ²¹³tshɔŋ⁴⁵i²⁴⁻²²iæ⁵³kɔ³³ti⁵³，i²⁴⁻²²iæ⁵³kɔ³³tiu²²tʃhie⁵³，ui²²la³³ka⁴⁵⁻²²tʃhæ³³liæ⁵³tʃha⁵³pie²⁴tʃie²¹³pu³¹ta⁵³？

两个村子一样的地，一样的条件，为什么产量差别这么大？

喇＝两句话冇哪家不一样嗰地方。

la³¹liæ³¹ky²¹³fa⁵³pia³¹la³³ka⁴⁵⁻²²pu³¹i²⁴⁻²²iæ⁵³kɔ³³ti⁵³fɔŋ⁴⁵⁻²²。

这两句话没有什么不一样的地方。

382

（2）主语+一样/不一样。例如：

唎下男女都一样了。

la³¹xɔ³¹næ²²ny³¹tɔ⁴⁵i²⁴⁻²²iæ⁵³liu³³。

现在男女都一样了。

我哋两个嘅意见不一样。

ŋɔ³¹ti³³liæ³¹kɔ²¹³kɔ³³i²¹³kie²¹³pu³¹i²⁴⁻²²iæ⁵³。

我俩的意见不一样。

（3）一样/不一样+形。例如：

他哋两个嘅普通话讲得一样好。

tʰɔ⁴⁵ti³³liæ³¹kɔ²¹³kɔ³³pʰu³³tʰø⁴⁵fa⁵³kɔŋ³³la²⁴i²⁴⁻²²iæ⁵³xau³¹。

他们俩的普通话说得一样好。

两条铁丝不一样粗。

liæ³¹tiu²²tʰie²⁴sɿ⁴⁵pu³¹i²⁴⁻²²iæ⁵³tsʰu⁴⁵。

两条铁丝不一样粗。

唎⁼翕树同箇翕树一样高。

la³¹pʰɔ⁴⁵ʃy⁵³tø²²kɔ³³pʰɔ⁴⁵ʃy⁵³i²⁴⁻²²iæ⁵³kau⁴⁵。

这棵树和那棵树一样高。

我老弟同你老弟一样大。

ŋɔ³¹lau³¹ti⁵³tø²²ni³¹lau³¹ti⁵³i²⁴⁻²²iæ⁵³ta⁵³。

我弟同你弟一样大。

两隻鸡一样嘅。

liæ³¹tʃai²⁴tʃi⁴⁵i²⁴⁻²²iæ⁵³kɔ³³。

两只鸡一样的。

唎⁼翕树和箇翕树不一样高。

la³¹pʰɔ⁴⁵ʃy⁵³xɔ²²kɔ³³pʰɔ⁴⁵ʃy⁵³pu³¹i²⁴⁻²²iæ⁵³kau⁴⁵。

这棵树和那棵树不一样高。

两隻鸡不一样嘅。

liæ³¹tʃai²⁴tʃi⁴⁵pu³¹i²⁴⁻²²iæ⁵³kɔ³³。

两只鸡不一样的。

唎=间屋同箇间屋一样宽。

a³¹kæ⁴⁵ø²⁴tø²²kɔ³³kæ⁴⁵ø²⁴i²⁴⁻²²iæ⁵³kʰuæ⁴⁵。

这房子和那房子一样宽。

他同你一样肥。

tʰɔ⁴⁵tø²²ni³¹i²⁴⁻²²iæ⁵³fi²²。

他和你一样胖。

唎=啲衣裳同箇啲衣裳一样贵。

la³¹ti³³i⁴⁵ʃæ²²tø²²kɔ³³ti³³i⁴⁵ʃæ²²i²⁴⁻²²iæ⁵³ki²¹³。

这些衣服和那些一样贵。

唎=题同箇题一样难。

la³¹ti²²tø²²kɔ³³ti²²i²⁴⁻²²iæ⁵³næ²²。

这题和那题一样难。

（4）一样（+可以）+动。例如：

我右手虽然受过伤，但影响不大，一样可以做工、写字。

ŋɔ³¹iu⁵³ʃiu³³sui⁴⁵ie²²ʃiu⁵³ku²¹³ʃæ⁴⁵，tæ⁵³eŋ³³ʃiæ³³pu³¹ta⁵³，i²⁴⁻²²iæ⁵³kʰɔ³³i³³tsɿ²¹³kø⁴⁵、sie³³sɿ⁵³。

我右手虽然受过伤，但影响不大，一样可以干活、写字。

怀坐位立倒一样看。

pia³¹tsʰɔ³¹ui⁵³li²⁴lɔ³³i²⁴⁻²²iæ⁵³kʰæ²¹³。

没座位站着一样看。

（5）同……一样。例如：

我身高同小黄一样。

ŋɔ³¹ʃin⁴⁵kau⁴⁵⁻²²tø²²siu³³ɔŋ²²i²⁴⁻²²iæ⁵³。

我身高跟小黄一样。

我老妹长得同我阿娘一样。

ŋɔ³¹lau³¹mø⁵³tʃæ³³la²⁴tø²²ŋɔ³¹a²²niæ²²i²⁴⁻²²iæ⁵³。

我妹妹长得和我母亲一样。

2. 用形容词"一样"表示相似

（1）名+一样+嘅+名。用一种事物比况另一种事物。例如：

落了一夜雪，村里头桃树同李树上堆满了梨花一样嘅积雪。

lɔ²⁴liu³¹i²⁴ia⁵³sø²⁴，tsʰɔŋ⁴⁵li³¹ta²²tau²²ʃy⁵³tø²²li³¹ʃy⁵³ʃæ⁵³lø⁴⁵mæ³¹liu³¹li²²fa⁴⁵i²⁴⁻²²iæ⁵³kɔ³³tsai²⁴sø²⁴。

下了一夜雪，村里桃树同李树上堆满了梨花一样的积雪。

（2）像（好像、如同）……一样；当做（看做）……一样。例如：

像鲜血一样嘅颜色。

siæ⁵³sie⁴⁵xø²⁴i²⁴⁻²²iæ⁵³kɔ³³ŋæ²²ʃai²⁴。

像鲜血一样的颜色。

他跑得真快，好像飞一样。

tʰɔ⁴⁵pʰau³³la²⁴tʃin⁴⁵kʰua²¹³，xau³¹tsʰiæ⁵³fi⁴⁵i²⁴⁻²²iæ⁵³。

他跑得真快，好像飞一样。

她把我哋看做自家嘅亲崽女一样。

tʰɔ⁴⁵pa³³ŋɔ³¹ti³³kʰæ²¹³tsɿ²¹³tsʰɿ⁵³ka⁴⁵⁻²²kɔ³³tsʰin⁴⁵tsø³³ny³¹i²⁴⁻²²iæ⁵³。

她把我们看做自己的亲儿女一样。

3. 差比句

鸬鹚话差比句跟普通话没有多大差别，两种不同事物比较，基本格式是：A+比B+形+（数量）。

（1）"比"的前和后可以是名词、动词、形容词、小句，前和后的词类或结构一般相同（但可有省略）。例如：

担倒比扛倒轻。

læ⁴⁵lo³³pi³³kʰɔŋ⁴⁵lo³³kʰeŋ⁴⁵。

挑着比扛着轻。

他嘅力气比后生崽还大。

tʰɔ⁴⁵kɔ³³lai⁵³tʃʰi²¹³pi³³xa⁵³ʃeŋ⁴⁵tsø³³xæ²²ta⁵³。

他的力气比年轻人还大。

你不要争，我去比你去合适。

ni³¹pu³¹iɔ²¹³tʃeŋ⁴⁵，ŋɔ³¹kʰi²¹³pi³³ni³¹kʰi²¹³xɔ²²ʃi²⁴。

你别争，我去比你去合适。

鲤瓜仔比草鱼便宜。
li³¹kua⁴⁵⁻²²ti³³pi³³tsʰau³³y²²pie²²i²²。
鲤鱼比草鱼便宜。

喇⁼双鞋比箇双鞋贵。
la³¹ʃɔŋ⁴⁵xa²²pi³³kɔ³³ʃɔŋ⁴⁵xa²²ki²¹³。
这双鞋比那双鞋贵。

小黄比小李快。
siu³³ɔŋ²²pi³³siu³³li³¹kʰua²¹³。
小黄比小李快。

老弟比阿伯高。
lau³¹ti⁵³pi³³a²²pa²⁴kau⁴⁵。
弟弟比哥哥高。

苹果比梨仔甜。
peŋ²²kɔ³³pi³³li²²ti³³tie²²。
苹果比梨子甜。

小黄比小李细心。
siu³³ɔŋ²²pi³³siu³³li³¹si²¹³sin⁴⁵。
小黄比小李细心。

喇⁼条路比箇条路直。
la³¹tiu²²lu⁵³pi³³kɔ³³tiu²²lu⁵³tai⁵³。
这条路比那条路直。

喇⁼本书比箇本书厚。
la³¹pin³³ʃy⁴⁵pi³³kɔ³³pin³³ʃy⁴⁵xa³¹。
这本书比那本书厚。

今日温度比昨日高三度。
tʃin⁴⁵n²⁴vin⁴⁵tu⁵³pi³³tsʰɔ²⁴n²⁴kau⁴⁵sæ⁴⁵tu⁵³。
今天气温比昨天高三度。

我比你大两岁。
ŋɔ³¹pi³³ni³¹ta⁵³liæ³¹sy²¹³。
我比你大两岁。

他比我高一个头。

tʰɔ⁴⁵pi³³ŋɔ³¹kau⁴⁵i²⁴⁻²²kɔ²¹³ta²²。

他比我高一个头。

你哋比我哋多两亩田。

ni³¹ti³³pi³³ŋɔ³¹ti³³lɔ⁴⁵liæ³¹mau³¹tie²²。

你们比我们多两亩田。

（2）同一事物前后不同时期比较，"比"后限于时间词语。例如：

身体比过去结实了。

ʃin⁴⁵tʰi³³pi³³ku²¹³kʰi²¹³tʃie²⁴ʃi⁵³liu³³。

身体比过去结实了。

他今日比哪一天都高兴。

tʰɔ⁴⁵tʃin⁴⁵n²⁴pi³³la³³i²⁴⁻²²tʰie⁴⁵tɔ⁴⁵kau⁴⁵xeŋ²¹³。

他今天比哪一天都高兴。

（3）谓语形容词前后可带表示数量或程度的成分。例如：

小黄比我细五岁。

siu³³ɔŋ²²pi³³ŋɔ³¹si²¹³n³¹sy²¹³。

小黄比我小五岁。

他比你更快。

tʰɔ⁴⁵pi³³ni³¹keŋ²¹³kʰua²¹³。

他比你更快。

他嘅普通话比我好得多。

tʰɔ⁴⁵kɔ³³pʰu³³tʰø⁴⁵fa⁵³pi³³ŋɔ³¹xau³¹la²⁴lɔ⁴⁵。

他的普通话比我好得多。

（4）谓语如用动词，限于表示能力、愿望、爱好、增减的动词。例如：

他比我会下棋。

tʰɔ⁴⁵pi³³ŋɔ³¹fø⁵³xɔ³¹tʃʰi²²。

他比我会下棋。

产量比上个月增加百分之十。
tʰæ³³liæ⁵³pi³³ʃæ⁵³kɔ²¹³ŋø²⁴tseŋ⁴⁵kɔ⁴⁵pa²⁴fin⁴⁵tsɿ⁴⁵ʃi²²。
产量比上个月增加百分之十。

老妹比大姐喜欢唱歌。
lau³¹mø⁵³pi³³ta⁵³tie²¹³ʃi³³fæ⁴⁵tʃʰæ²¹³kɔ⁴⁵。
妹妹比姐姐喜欢唱歌。

（5）如果是表示一般行为的动词，限于"得"字句，"比"可在"得"前或后，意思相同。例如：

她唱得比老师还要好（＝她比她老师唱得还要好）。
tʰɔ⁴⁵tʃʰæ²¹³la²⁴pi³³lau³¹sɿ⁴⁵xæ²²iɔ²¹³xau³¹。
她唱得比老师还要好。

他种烟比种菜种得好（＝他种烟种得比种菜好）。
tʰɔ⁴⁵tʃɔŋ²¹³ie⁴⁵pi³³tʃɔŋ²¹³tsʰø²¹³tʃɔŋ²¹³la²⁴xau³¹。
他种烟比种菜种得好。

差比句的否定形式，是在介词"比"前加否定副词"不"，格式是：A+不比B+形+（数量）。例如：

鲤瓜仔不比草鱼便宜。
li³¹kua⁴⁵⁻²²ti³³pu³¹pi³³tsʰau³³y²²pie²²i²²。
鲤鱼不比草鱼便宜。

他不比我高出一个头。
tʰɔ⁴⁵pu³¹pi³³ŋɔ³¹kau⁴⁵tʃʰy²⁴⁻²²kɔ²¹³ta²²。
他没有高出我一个头。

4. 渐比句

渐比句表示程度的逐渐加深。普通话的渐比句的格式是："数量+比+数量+形"。前后两个数量词是重复的。鸬鹚话也是这种格式表达。例如：

喇゠啲天气一日比一日热。
la³¹ti³³tʰie⁴⁵tʃʰi²¹³i²⁴⁻²²n²⁴pi³³i²⁴⁻²²n²⁴n̠ie⁵³。
这天气一天比一天热。

日子一年比一年好。
n²⁴tsɿ³³i²⁴⁻²²nie²²pi³³i²⁴⁻²²nie²²xau³¹。
日子一年比一年好。

喇˭条大江啯水一年比一年少。

la³¹tiu²²ta⁵³kɔŋ⁴⁵kɔ³³ʃy³³i²⁴⁻²²nie²²pi³³i²⁴⁻²²nieʃɔ³³。

这条河的水一年比一年少。

温度一日比一日低。

vin⁴⁵tu⁵³i²⁴⁻²²n²⁴pi³³i²⁴⁻²²n²⁴li⁴⁵。

温度一天比一天低。

墫尘一日比一日多。

pʰø⁴⁵tʃʰin²²i²⁴⁻²²n²⁴pi³³i²⁴⁻²²n²⁴lɔ⁴⁵。

灰尘一天比一天多。

（三）处置句

处置句是用介词"把"将被处置的对象提到动词前，表示对这一对象的处置。例如：

他把簀呐菜洗干净了。

tʰɔ⁴⁵pa³³kɔ³³ti³³tsʰø²¹³si³³kuæ⁴⁵tsʰeŋ⁵³liu³³。

他把那些菜洗干净了。

把茶壶放在桌仔面上。

pa³³tʃʰɔ²²fu²²xɔŋ²¹³tsʰø³¹tʃɔ⁵³ti³³mie⁵³ʃæ⁵³。

把茶壶放到桌上。

把柴草堆成一堆。

pa³³tʃʰa²²tsʰau³³lø⁴⁵ʃeŋ²²i²⁴⁻²²lø⁴⁵。

把柴草摞成一堆。

把喇˭碗饭吃了！

pa³³la³¹uæ³³fæ⁵³tʃʰie²⁴liu³³！

把这碗饭吃了！

把家整干净一下。

pa³³kɔ⁴⁵tʃeŋ³³kuæ⁴⁵tsʰeŋ⁵³i²⁴⁻²²xɔ³¹。

把家收拾一下吧。

把唎⁼张桌仔抹一抹。

pa³³la³¹tʃæ⁴⁵tʃɔ⁵³ti³³mɔ²⁴i²⁴⁻²²mɔ²⁴。

把这张桌擦一擦。

把他当外头人。

pa³³tʰɔ⁴⁵lɔŋ⁴⁵mø⁵³ta²²in²²。

把他当外人。

他把簡架车整烂了。

tʰɔ⁴⁵pa³³kɔ³³kɔ²¹³tʃʰa⁴⁵tʃeŋ³³læ⁵³liu³³。

他把那辆车弄坏了。

要把门锁好。

iɔ²¹³pa³³min²²sɔ³³xau³¹。

要把门锁好。

句中的否定词有两种格式，一种是否定词出现在"把"字的前面，与普通话的结构一样，比如：

不要把书放在铺床！

pu³¹iɔ²¹³pa³³ʃy⁴⁵xɔŋ²¹³tsʰø³¹pʰu⁴⁵tʃʰɔŋ²²！

不要把书放到床上！

不要把茶杯抩烂了。

pu³¹iɔ²¹³pa³³tʃʰɔ²²pui⁴⁵pa⁵³læ⁵³liu³³。

不要把茶碗砸了。

另一种是否定词出现在动词的前面，但"把"字不能出现，这与普通话有很大的不同。例如：

不要关倒门！

pu³¹iɔ²¹³kuæ⁴⁵lɔ³³min²²！

不要把门关着！

不要当他外头人看待。

pu³¹iɔ²¹³lɔŋ⁴⁵tʰɔ⁴⁵mø⁵³ta²²in²²kʰæ²¹³tø⁵³。

不把他当外人看待。

390

他当我自家人看待。
thɔ⁴⁵lɔŋ⁴⁵ŋɔ³¹tsʰʅ⁵³ka⁴⁵⁻²²in²²kʰæ²¹³tø⁵³。
他把我当自己人看待。

(四) 被动句

鸬鹚话的被动句，用介词"着"[tiu⁵³]表示。例如：

筒渡桥着大水冲跑了。
kɔ³³tu⁵³tʃʰɔ²²tiu⁵³ta⁵³ʃy³³tʃʰɔŋ⁴⁵pʰau³³liu³³。
那座桥被大水冲走了。

钱着拐仔佬偷跑了。
tsʰie²²tiu⁵³kuai³³ti³³lau³¹tʰa⁴⁵pʰau³³liu³³。
钱被扒手偷走了。

筒啲菜着牛吃了。
kɔ³³ti³³tsʰø²¹³tiu⁵³ŋiu²²tʃʰie²⁴liu³³。
那些菜被牛吃了。

树叶着风吹跑了。
ʃy⁵³ie²⁴tiu⁵³fø⁴⁵tʃʰy⁴⁵pʰau³³liu³³。
树叶被风吹跑了。

我着他感动了。
ŋɔ³¹tiu⁵³tʰɔ⁴⁵kæ³³tø³¹liu³³。
我被他感动了。

鸡着人偷了。
tʃi⁴⁵tiu⁵³in²²tʰa⁴⁵liu³³。
鸡被人偷了。

杯仔着小黄掐烂了。
pui⁴⁵ti³³tiu⁵³siu³³ɔŋ²²pa⁵³læ⁵³liu³³。
杯子被小黄摔破了。

书着老鼠仔咬烂了。
ʃy⁴⁵tiu⁵³lau³¹ʃy³³ti³³ŋau³¹læ⁵³liu³³。
书被老鼠咬破了。

391

他着蛇咬伤了。

tʰɔ⁴⁵tiu⁵³ʃa²²ŋau³¹ʃæ³¹liu³³。

他被蛇咬伤了。

如果施事者不必或无法说出，"着"直接用在动词前。例如：

衣裳都着淋湿了。

i⁴⁵ʃæ²²tɔ⁴⁵tiu⁵³lin²²ʃi⁵³liu³³。

衣服都被淋湿了。

菜着旱死了。

tsʰø²¹³tiu⁵³fæ³¹sʅ³³liu³³。

菜被旱死了。

老黄着呃了。

lau³¹ɔŋ²²tiu⁵³ŋa²⁴liu³³。

老黄被骗了。

他着拍了。

tʰɔ⁴⁵tiu⁵³pa⁵³liu³³。

他被打了。

（五）疑问句

1. 是非问句

（1）纯用上升语调提问。例如：你攞我 ni³¹lɔ³¹ŋɔ³¹ 你找我？| 他不去 tʰɔ⁴⁵pu³¹kʰi²¹³ 他没去？

（2）在句末加表疑问的语气词"咩" [mæ⁴⁵]。例如：

他攞我咩 tʰɔ⁴⁵lɔ³¹ŋɔ³¹mie⁴⁵ 他找我吗？

他不去咩 tʰɔ⁴⁵pu³¹kʰi²¹³mie⁴⁵ 他没去啊？

他不来咩 tʰɔ⁴⁵pu³¹lø²²mie⁴⁵ 他没来啊？

（3）在句末附上"是冇"。这一格式专用于对某一问题的求证。问话者对所提问题实际上已有自己的估计、猜想，提出疑问，只是为了进一步加以证实。例如：

明时你阿娘来，是冇？

meŋ²²ʃi²²ni³¹a²²niæ²²lø²²，tʃʰi³¹piu³¹？

明天你妈妈来，是吗？

天落雨了，是冇？
tʰie⁴⁵lɔ²⁴y³¹liu³³，tʃʰi³¹piu³¹?
天下雨了，是吗？

他去赶墟了，是冇？
tʰɔ⁴⁵kʰi²¹³kæ³³xy⁴⁵liu³³，tʃʰi³¹piu³¹?
他去集市了，是吗？

2. 特指问句
鸬鹚话的特指问句跟普通话差不多，一般使用疑问代词表示特指对象。例如：

同咛ᵈ个买嗰？
tø²²neŋ⁴⁵kɔ²¹³ma³¹kɔ³³?
给谁买的？

明夜去哪度耍？
meŋ²²ia⁵³kʰi²¹³la³³tu³³ʃua³³?
明晚去哪里玩？

去学校有几远？
kʰi²¹³ʃɔ⁵³ʃau²¹³iu³¹tʃi³³ye³¹?
去学校有多远？

你阿娘拈ᵈ啲不来？
ni³¹a²²niæ²²nie⁴⁵ti³³pu³¹lø²²?
你妈怎么没来？

米在哪度？
mi³¹tsʰø³¹la³³tu³³?
米在哪儿？

我看电视剧，你看哪家？
ŋɔ³¹kʰæ²¹³tie⁵³ʃi⁵³ky²⁴，ni³¹kʰæ²¹³la³³ka⁴⁵⁻²²?
我看电视剧，你看什么？

3. 选择问句
鸬鹚话的选择问句跟普通话差不多，用"(是)……还是"形式表示，跟普通话不同的是，普通话句末可用"呢"，也可不用"呢"，鸬鹚话一律没有疑问语气词。例如：

393

先煮饭还是先煮菜？

sie⁴⁵tʃy³³fæ⁵³xæ²²tʃʰi³¹sie⁴⁵tʃy³³tsʰø²¹³？

先煮饭还是先煮菜（呢）？

钓鱼还是拍球？

liu²¹³y²²xæ²²tʃʰi³¹pa⁵³tʃʰiu²²？

钓鱼还是打球（呢）？

簡两个人咛⁼个揞你？是簡个高啁，还是簡个矮啁？

kɔ³³liæ³¹kɔ²¹³in²²neŋ⁴⁵kɔ²¹³pa⁵³ni³¹？ tʃʰi³¹kɔ³³kɔ²¹³kau⁴⁵kɔ³³，xæ²²tʃʰi³¹kɔ²¹³a³³kɔ³³？

那两个人谁打你？是那个高的，还是那个矮的？

簡个豴崽崽是你老弟，还是他老弟？

kɔ³³kɔ²¹³lai⁴⁵tsai³³tsø³³tʃʰi³¹ni³¹lau³¹ti⁵³，xæ²²tʃʰi³¹tʰɔ⁴⁵lau³¹ti⁵³？

那个小孩儿是你弟（呢），还是他弟（呢）？

4. 正反问句

鸪鹩话的正反问句有两种表示格式。

（1）用谓语肯定、否定相重叠的方式表示。例如：

你来不来？

ni³¹lø²²pu³¹lø²²？

你来不来？

你同意不同意？

ni³¹tø²²i²¹³pu³¹tø²²i²¹³？

你同意不同意？

喇⁼领衣裳好不好？

la³¹leŋ³³i⁴⁵ʃæ²²xau³¹pu³¹xau³¹？

这件衣服好不好？

喇⁼啲碗干净不干净？

la³¹ti³³uæ³³kuæ⁴⁵tsʰeŋ⁵³pu³¹kuæ⁴⁵tsʰeŋ⁵³？

这些碗干净不干净？

他吃嘅饭了，真不真？

tʰɔ⁴⁵tʃʰie²⁴kie³³fæ⁵³liu³³，tʃin⁴⁵pu³¹tʃin⁴⁵？

他吃过饭了，是不是真的？

他对喇ᵑ的事，愿意讲不愿意讲？

tʰɔ⁴⁵lø²¹³la³¹ti³³sʅ⁵³，ŋø⁵³i²¹³kɔŋ³³pu³¹ŋø⁵³i²¹³kɔŋ³³？

他对这些事，愿不愿意说？

双音动词或形容词用谓语肯定、否定相重叠的方式表示正反问时，又有两种形式。一是将整个双音动词或形容词作肯定、否定重叠。例如：

你咃商量不商量？

ni³¹ti³³ʃæ⁴⁵liæ²²pu³¹ʃæ⁴⁵liæ²²？

你们商量没商量？

喇ᵑ呐碗干净不干净？

la³¹ti³³uæ³³kuæ⁴⁵tsʰeŋ⁵³pu³¹kuæ⁴⁵tsʰeŋ⁵³？

这些碗干净不干净？

二是将第一个音节作肯定、否定重叠。例如：

你咃商不商量？

ni³¹ti³³ʃæ⁴⁵pu³¹ʃæ⁴⁵liæ²²？

你们商量没商量？

喇ᵑ呐碗干不干净？

la³¹ti³³uæ³³kuæ⁴⁵pu³¹kuæ⁴⁵tsʰeŋ⁵³？

这些碗干净不干净？

（2）在陈述句后面附加"谓词+冇"表示。例如：

你来冇？

ni³¹lø²²piu³¹？

你来不来？

你同意冇？

ni³¹tø²²i²¹³piu³¹？

你同意不同意？

喇ᵑ领衣裳好冇？

la³¹leŋ³³i⁴⁵ʃæ²²xau³¹piu³¹？

这件衣服好不好？

喇˭啲碗干净冇？
la³¹ti³³uæ³³kuæ⁴⁵tsʰeŋ⁵³piu³¹？
这些碗干净不干净？

他吃嘅饭了，真冇？
tʰɔ⁴⁵tʃʰie²⁴kie³³fæ⁵³liu³³，tʃin⁴⁵piu³¹？
他吃过饭了，是不是真的？

他对喇˭啲事，愿意讲冇？
tʰɔ⁴⁵lø²¹³la³¹ti³³sɿ⁵³，ŋø⁵³i²¹³kɔŋ³³piu³¹？
他对这些事，愿意说不愿意说？

如果普通话正反问句是用"没有"来问动作行为是否完成，鸬鹚话则用句末附加"不曾"和反问语气表示。例如：

你来不曾？
ni³¹lø²²pu³¹tsʰeŋ²²？
你来了没有？

你同意不曾？
ni³¹tø²²i²¹³pu³¹tsʰeŋ²²？
你同意了没有？

喇˭领衣裳做好不曾？
la³¹leŋ³³i⁴⁵ʃæ²²tsɿ²¹³xau³¹pu³¹tsʰeŋ²²？
这件衣服做好了没有？

喇˭啲碗干净不曾？
la³¹ti³³uæ³³kuæ⁴⁵tsʰeŋ⁵³pu³¹tsʰeŋ²²？
这些碗干净了没有？

他吃嘅饭不曾？
tʰɔ⁴⁵tʃʰie²⁴kie³³fæ⁵³pu³¹tsʰeŋ²²？
他吃过饭了没有？

他对喇˭啲事讲不曾？
tʰɔ⁴⁵lø²¹³la³¹ti³³sɿ⁵³kɔŋ³³pu³¹tsʰeŋ²²？
他对这些事说了没有？

第四节　语法例句

01. 喇⸗句话用鸬鹚话拈⸗咧讲？
    la³¹ky²¹³fa⁵³iɔŋ⁵³lu²²tsʰɿ²²fa⁵³nie⁴⁵ti³³kɔŋ³³?
    这句话用鸬鹚话怎么说？

02. 我应该来还是不应该来？
    ŋɔ³¹in⁴⁵kai⁴⁵lø²²xæ²²tʃʰi³¹pu³¹in⁴⁵kai⁴⁵lø²²?
    我应该来还是不应该来？

03. 你能来还是不能来？
    ni³¹neŋ²²lø²²xæ²²tʃʰi³¹pu³¹neŋ²²lø²²?
    你能来还是不能来？

04. 还有饭冇？
    xæ²²iu³¹fæ⁵³piu³¹?
    还有饭没有？

05. 你到过北京冇？
    ni³¹lau²¹³ku²¹³pai²⁴keŋ⁴⁵piu³¹
    你到过北京没有？

06. （喇⸗件事情）他晓得还是不晓得？
    (la³¹tʃʰie⁵³sɿ⁵³tsʰeŋ²²) tʰɔ⁴⁵ʃɔ⁵³la⁵³xæ²²tʃʰi³¹pu³¹ʃɔ⁵³la⁵³?
    （这事情）他知道不知道？

07. （喇⸗个字）你认得不认得？
    (la³¹kɔ²¹³sɿ⁵³) ni³¹n⁵³la²⁴pu³¹n⁵³la²⁴?
    （这个字）你认得不认得？

08. 你还记得不记得？
    ni³¹xæ²²ki²¹³la²⁴pu³¹ki²¹³la²⁴?
    你还记得不记得？

09. 我对不起他。
    ŋɔ³¹lø²¹³pu³¹tʃʰi³³tʰɔ⁴⁵。
    我对不起他。

10. 你前面走!

    ni³¹tsʰie²²mie⁵³tsa³³!

    你前面走!

11. 我讲过他听。

    ŋɔ³¹kɔŋ³³ku²¹³tʰɔ⁴⁵tʰeŋ²¹³。

    我告诉过他。

12. 喇˭个大，筒个细，喇˭两个璃˭西仔哪个好一啲?

    la³¹kɔ²¹³ta⁵³, kɔ³³kɔ²¹³si²¹³, la³¹liæ³¹kɔ²¹³li⁴⁵si⁴⁵⁻²²ti⁵³la³³kɔ²¹³xau³¹ȵie²⁴ti³³?

    这个大，那个小，这两个东西哪个好一点儿呢?

13. 喇˭个比筒个好。

    la³¹kɔ²¹³pi³³kɔ³³kɔ²¹³xau³¹。

    这个比那个好。

14. 筒个怀喇˭个好。

    kɔ³³kɔ²¹³pia³¹la³¹kɔ²¹³xau³¹。

    那个没有这个好。

15. 喇˭啲屋怀得筒啲屋好。

    la³¹ti³³ø²⁴pia³¹la³¹kɔ³³ti³³ø²⁴xau³¹。

    这些房子没有那些房子好。

16. 喇˭个有筒个大怀得?

    la³¹kɔ²¹³iu³¹kɔ³³kɔ²¹³ta⁵³pia³¹la³¹?

    这个有没有那个大?

17. 伯伯同老弟一样高。

    pa²⁴⁻²²pa²⁴tø²²lau³¹ti⁵³i²⁴⁻²²iæ⁵³kau⁴⁵。

    哥哥和弟弟一般高。

18. 老弟比伯伯还要高，老弟高过伯伯。

    lau³¹ti⁵³pi³³pa²⁴⁻²²pa²⁴xæ²²iɔ²¹³kau⁴⁵, lau³¹ti⁵³kau⁴⁵ku²¹³pa²⁴⁻²²pa²⁴。

    弟弟比哥哥更高，弟弟高过哥哥。

19. 我比不上他。

    ŋɔ³¹pi³³pu³¹ʃæ³¹tʰɔ⁴⁵。

    我比不上他。

20. 我同他比不得。
    ŋɔ³¹tø²²tʰɔ⁴⁵pi³³pu³¹la²⁴。
    我跟他比不得。

21. 喇⁼帮嗌嗌像猴子一样啊，到处乱攀。
    la³¹pɔŋ⁴⁵lai⁴⁵tsai³³tsø³³tsʰiæ⁵³xa²²tsɿ³³i²⁴⁻²²iæ⁵³kɔ³³, lau²¹³tʃʰy³³luæ⁵³pʰæ⁴⁵。
    这群孩子像猴儿似的，到处乱爬。

22. 你贵姓？我姓黄。
    ni³¹ki²¹³seŋ²¹³？ ŋɔ³¹seŋ²¹³ɔŋ²²。
    你贵姓？我姓黄。

23. 你姓黄，我也姓黄，我哋两个人都姓黄。
    ni³¹seŋ²¹³ɔŋ²², ŋɔ³¹ia³¹seŋ²¹³ɔŋ²², ŋɔ³¹ti⁵³liæ³¹kɔ²¹³in²²tɔ⁴⁵seŋ²¹³ɔŋ²²。
    你姓黄，我也姓黄，咱们两个人都姓黄。

24. （有人敲门）咛⁼个？
    neŋ⁴⁵kɔ²¹³？
    谁呀？

25. 老张呢？老张还在屋呢。
    lau³¹ɔŋ²²nie⁴⁵？ lau³¹ɔŋ²²xæ²²tsʰø³¹ø²⁴nie⁴⁵。
    老张呢？老张还在家里呢。

26. 他在做哪家？他在吃倒饭呢。
    tʰɔ⁴⁵tsʰø³¹tsɿ²¹³la³³ka⁴⁵⁻²²？ tʰɔ⁴⁵tsʰø³¹tʃʰe²⁴lɔ³³fæ⁵³。
    他在干什么呢？他在吃着饭呢。

27. 他还不曾吃饱啊？
    tʰɔ⁴⁵xæ²²pu³¹tsʰeŋ²²tʃʰie²⁴pau³³a²²？
    他还没有吃完吗？

28. 还不曾，大约还有靖⁼藕⁼哟就吃饱/了了。
    xæ²²pu³¹tsʰeŋ²², ta⁵³ɔ⁵³xæ²²iu³¹tʃʰeŋ³¹næ³³ti⁵³tsʰiu⁵³tʃʰie²⁴pau³³/liu³¹liu³³。
    还没有呢，大约再有一会儿就吃完了。

29. 他讲就走，扺⁼哟半日了还不曾走呢？
    tʰɔ⁴⁵kɔŋ³³tsʰiu⁵³tsa³³, nie⁴⁵ti³³pæ²¹³n²⁴liu³¹xæ²²pu³¹tsʰeŋ²²tsa³³nie⁴⁵？
    他说就走，怎么这半天了还没走呢？

30. 他正在箇度同一个朋友讲倒话。
    tʰɔ⁴⁵tʃeŋ²¹³tsʰø³¹kɔ³¹tu³³tø²²i²⁴⁻²²kɔ²¹³pø²²iu³¹kɔŋ³³lɔ³³fa⁵³。
    他正在那儿跟一个朋友说着话呢。

31. 你上/去哪度？上街去。
    ni³¹ʃæ³¹/kʰi²¹³la³³tu³³？ʃæ³¹ka⁴⁵kʰi²¹³。
    你上哪儿去？上街去。

32. 你去做哪家去？我去买菜去。
    ni³¹kʰi²¹³tsɿ²¹³la³³ka⁴⁵⁻²²kʰi²¹³？ŋɔ³¹kʰi²¹³ma³¹tsʰø²¹³kʰi²¹³。
    你去干什么去？我去买菜去。

33. 慢慢行！不要跑。
    mæ⁵³mæ⁵³xeŋ²²！pu³¹iɔ²¹³pʰau³³。
    好好儿的走！不要跑！

34. 你讲他听。
    ni³¹kɔŋ³³tʰɔ⁴⁵tʰeŋ²¹³。
    你告诉他。

35. 你对他讲。
    ni³¹lø²¹³tʰɔ⁴⁵kɔŋ³³。
    你对他说。

36. 拈⁼啲办？
    nie⁴⁵ti³³pæ⁵³？
    怎么办呢？

37. 不是那啲/样办，是要这啲/样办嗰。
    pu³¹tʃʰi³¹nɔ⁵³ti³³/iæ⁵³pæ⁵³，tʃʰi³¹iɔ²¹³tʃie²¹³ti³³/iæ⁵³pæ⁵³kɔ³³。
    不是那么办，是要这么办的。

38. 要几多整⁼够？
    iɔ²¹³tʃi³³lɔ⁴⁵tseŋ³³ka²¹³？
    要多少才够呢？

39. 太多了，要不得这卟多，只要喇⁼啲就够了。
    tʰø⁵³lɔ⁴⁵liu³³，iɔ²¹³pu³¹la²⁴tʃie²¹³pu³¹lɔ⁴⁵，tsɿ³³iɔ²¹³la³¹ti³³tsʰiu⁵³ka²¹³liu³³。
    太多了，要不了那么多，只要这么多就够了。

第四章 语法

40. 越讲越多，越走越远。
    ye²⁴kɔŋ³³ye²⁴lɔ⁴⁵，ye²⁴tsa³³ye²⁴ye³¹。
    越讲越多，越走越远。

41. 他今年几多岁？
    tʰɔ⁴⁵tʃin⁴⁵nie²²tʃi³³lɔ⁴⁵sy²¹³？
    他今年多大岁数？

42. 唎＝个璃＝西仔有几重呢？
    la³¹kɔ²¹³li⁴⁵si⁴⁵⁻²²ti³³iu³¹tʃi³³tɔŋ³¹nie⁴⁵？
    这个东西有多重呢？

43. 得我一本书！
    la²⁴ŋɔ³¹i²⁴⁻²²pin³³ʃy⁴⁵！
    给我一本书！

44. 他得我一本书。
    tʰɔ⁴⁵la²⁴ŋɔ³¹i²⁴⁻²²pin³³ʃy⁴⁵。
    他给我一本书。

45. 喊他快一啲攞我。
    xæ³¹tʰɔ⁴⁵kʰua²¹³ȵie²⁴ti³³lɔ³¹ŋɔ³¹。
    叫他快来找我。

46. 赶快把他请来！
    kæ³³kʰua²¹³pa³³tʰɔ⁴⁵tsʰeŋ³³lø²²！
    赶快把他请来！

47. 吃嘅饭要慢慢啲行，不要跑！
    tʃʰie²⁴kie³³fæ⁵³iɔ²¹³mæ⁵³mæ⁵³kɔ³³xeŋ²²，pu³¹iɔ²¹³pʰau³³！
    吃了饭要慢慢儿的走，不要跑！

48. 不关系。
    pu³¹kuæ⁴⁵ʃi²¹³。
    没关系。

49. 来嗅嗅唎＝朵花香不香！香得很，是不是？
    lø²²ʃɔŋ²¹³ʃɔŋ²¹³la³¹lø³³fa⁴⁵ʃiæ⁴⁵pu³¹ʃiæ⁴⁵！ʃiæ⁴⁵la²⁴xeŋ³³，tʃʰi³¹pu³¹tʃʰi³¹？
    来闻闻这朵花儿香不香！香得很，是不是？

401

50. 你是吃烟呢，还是吃茶？
    ni³¹tʃʰi³¹tʃʰie²⁴ie⁴⁵nie⁴⁵, xæ²²tʃʰi³¹tʃʰie²⁴tʃʰɔ²²?
    你是抽烟呢，还是喝茶？

51. 烟也好，茶也好，我都不爱。
    ie⁴⁵ia³¹xau³¹, tʃʰɔ²²ia³¹xau³¹, ŋɔ³¹tɔ⁴⁵pu³¹ai²¹³。
    烟也好，茶也好，我都不喜欢。

52. 医生喊你多睡一下。吃烟还是吃茶都不行。
    i⁴⁵ʃeŋ⁴⁵⁻²²xæ³¹ni³¹lɔ⁴⁵ʃy⁵³i²⁴⁻²²xɔ³¹。tʃʰie²⁴ie⁴⁵xæ²²tʃʰi³¹tʃʰie²⁴tʃʰɔ²²tɔ⁴⁵pu³¹xeŋ²²。
    医生叫你多睡一睡。抽烟或者喝茶都不行。

53. 不早了，快一啲去！
    pu³¹tsau³³liu³³, kʰua²¹³n̠ie²⁴ti³³kʰi²¹³!
    不早了，快去罢！

54. 喇⁼下时还早一啲呢，靖⁼藕⁼啲整⁼去好冇？
    la³¹xɔ³¹ʃi²²xæ²²tsau³³n̠ie²⁴ti³³nie⁴⁵, tʃʰeŋ³¹ŋæ³³ti³³tseŋ³³kʰi²¹³xau³¹piu³¹?
    这会儿还早着呢，等一会儿再去好不好？

55. 吃嘅饭整⁼去好不好/好冇？
    tʃʰie²⁴kie³³fæ⁵³tseŋ³³kʰi²¹³xau³¹pu³¹xau³¹/xau³¹piu³¹?
    吃了饭再去好不好？

56. 吃嘅饭整⁼去就来不及了。
    tʃʰie²⁴kie³³fæ⁵³tseŋ³³kʰi²¹³tsʰiu⁵³lø²²pu³¹tʃi²⁴liu³³。
    吃了饭再去就来不及了。

57. 不管你去不去，反正我是要去嘅。
    pu³¹kuæ³³ni³¹kʰi²¹³pu³¹kʰi²¹³, fæ³³tʃeŋ²¹³ŋɔ³¹tʃʰi³¹iɔ²¹³kʰi²¹³kɔ³³。
    不管你去不去，反正我是要去的。

58. 我非去不可！
    ŋɔ³¹fi⁴⁵kʰi²¹³pu³¹kʰɔ³³!
    我非去不可！

59. 我咇一边行一边讲。
    ŋɔ³¹ti³³i²⁴⁻²²pie⁴⁵xeŋ²²i²⁴⁻²²pie⁴⁵kɔŋ³³。
    咱们一边走一边儿说。

402

60. 讲了一次，又讲了一次。

    kɔŋ³³liu³¹i²⁴⁻²²tsʰʅ²¹³, iu⁵³kɔŋ³³liu³¹i²⁴⁻²²tsʰʅ²¹³。

    说了一遍，又说了一遍。

61. 喇⁼啲璃⁼西仔好是好，可是太贵。

    la³¹ti³³li⁴⁵si⁴⁵⁻²²ti³³xau³¹tʃʰi³¹xau³¹, kʰɔ³³tʃʰi³¹tʰø⁵³ki²¹³。

    这东西好是好，可是太贵。

62. 喇⁼啲璃⁼西仔贵是贵，可是结实。

    la³¹ti³³li⁴⁵si⁴⁵⁻²²ti³³ki²¹³tʃʰi³¹ki²¹³, kʰɔ³³tʃʰi³¹tʃie²⁴ʃi⁵³。

    这东西贵是贵，可是结实。

63. 他在哪度吃嘅饭？

    tʰɔ⁴⁵tsʰø³¹la³³tu³³tʃʰie²⁴kie³³fæ⁵³？

    他在哪儿吃的饭？

64. 他是在我度/屋吃嘅饭。

    tʰɔ⁴⁵tʃʰi³¹tsʰø³¹ŋɔ³¹tu³³/ø²⁴tʃʰie²⁴kie³³fæ⁵³。

    他是在我家里吃的饭。

65. 吃了喇⁼碗饭！

    tʃʰie²⁴liu³¹la³¹uæ³³fæ⁵³！

    吃了这碗饭！

66. 落雨了。

    lɔ²⁴y³¹liu³³。

    下雨了。

67. 雨不落了，就出热头了。

    y³¹pu³¹lɔ²⁴liu³³, tsʰiu⁵³tʃʰy²⁴ȵie⁵³ta²²liu³³。

    雨不下了，天要晴了。

68. 迟了就不好了，我咃快一啲走吧！

    ti²²liu³¹tsʰiu⁵³pu³¹xau³¹liu³³, ŋɔ³¹ti³³kʰua²¹³ȵie²⁴ti³³tsa³³pa⁴⁵⁻²²。

    迟了就不好了，咱们快点走吧！

69. 他咃正在讲倒话。

    tʰɔ⁴⁵ti³³tʃeŋ²¹³tsʰø³¹kɔŋ³³lɔ³³fa⁵³。

    他们正在说着话呢。

70. 桌仔上放倒一碗水。
    tʃɔ⁵³ti³³ʃæ⁵³xɔŋ²¹³lɔ³³i²⁴⁻²²uæ³³ʃy³³。
    桌上放着一碗水。

71. 坐倒吃好，还是立倒吃好？
    tsʰɔ³¹lɔ³³tʃʰie²⁴xau³¹，xæ²²tʃʰi³¹li²⁴lɔ³³tʃʰie²⁴xau³¹？
    坐着吃好，还是站着吃好？

72. 立倒！路上小心一啲！
    li²⁴lɔ³³！lu⁵³ʃæ⁵³siu³³sin⁴⁵n̠ie²⁴ti³³！
    站着！路上小心点！

73. 睡眼睏倒。
    ʃy⁵³ŋæ³¹tʃʰy²¹³lɔ³³。
    睡着了。

74. 猜中了。
    tsʰai⁴⁵tʃɔŋ²¹³liu³³。
    猜着了。

75. 凉着了。
    liæ²²tiu⁵³liu³³。
    着凉了。

76. 不要着急，慢慢来。
    pu³¹iɔ²¹³tʃɔ²⁴tʃi²⁴，mæ⁵³mæ⁵³lø²²。
    不要着急，慢慢儿的来。

77. 喇=啲果仔吃得还是不吃得？
    la³¹ti³³kɔ³³ti³³tʃʰie²⁴la²⁴xæ²²tʃʰi³¹pu³¹tʃʰie²⁴la²⁴？
    这些果子吃得吃不得？

78. 喇=啲是熟嗰，吃得。簡是生嗰，不吃得。
    la³¹ti³³tʃʰi³¹ʃø⁵³kɔ³³，tʃʰie²⁴la²⁴。kɔ³³tʃʰi³¹ʃeŋ⁴⁵kɔ³³，pu³¹tʃʰie²⁴la²⁴。
    这是熟的，吃得。那是生的，吃不得。

79. 我搦得动，他搦不动。
    ŋɔ³¹n̠ie²⁴la²⁴tø³¹，tʰɔ⁴⁵n̠ie²⁴pu³¹tø³¹。
    我拿得动，他拿不动。

80. 这卟重，重得连我都丈⁼不起。

tʃie²¹³pu³¹toŋ³¹, tɔŋ³¹la²⁴lie²²ŋɔ³¹tɔ⁴⁵tiæ⁵³pu³¹tʃʰi³³。

这么重，重得连我都拿不动了。

81. 他手巧妙，画得顶好看。

tʰɔ⁴⁵ʃiu³³tʃʰɔ³³miu⁵³, fa⁵³la²⁴leŋ³³xau³¹kʰæ²¹³。

他手巧，画得很好看。

82. 他忙得很，忙得连饭都忘记吃了。

tʰɔ⁴⁵mɔŋ²²la²⁴xeŋ³³, mɔŋ²²la²⁴lie²²fæ⁵³tɔ⁴⁵mɔŋ⁵³ki²¹³tʃʰie²⁴liu³³。

他忙得很，忙得连饭都忘了吃了。

83. 不要走了，住在我度/屋吧！

pu³¹iɔ²¹³tsa³³liu³³, ty⁵³tsʰø³¹ŋɔ³¹tu³³/ø²⁴pa⁴⁵⁻²²！

甭走了，住得我家里吧！

84. 屋上坐倒好多人，看书啯看书，看报啯看报，写字啯写字。

ø²⁴ʃæ⁵³tsʰɔ³¹lɔ³³xau³¹lɔ⁴⁵in²², kʰæ²¹³ʃy⁴⁵kɔ³³kʰæ²¹³ʃy⁴⁵, kʰæ²¹³pau²¹³kɔ³³kʰæ²¹³pau²¹³, sie³³sŋ⁵³kɔ³³sie³³sŋ⁵³。

屋里坐着很多的人，看书的看书，看报的看报，写字的写字。

85. 要讲他啯好话，不要讲他啯坏话。

iɔ²¹³koŋ³³tʰɔ⁴⁵kɔ³³xau³¹fa⁵³, pu³¹iɔ²¹³koŋ³³tʰɔ⁴⁵kɔ³³fai⁵³fa⁵³。

要说他的好话，不要说他的坏话。

86. 上次是咛⁼个请啯客？是我请啯。

ʃæ³¹tsʰŋ²¹³tʃʰi³¹neŋ⁴⁵kɔ²¹³tsʰeŋ³³kɔ³³kʰa²⁴？ tʃʰi³¹ŋɔ³¹tsʰeŋ³³kɔ³³。

上次是谁请的客？是我请的。

87. 你是哪年来啯？

ni³¹tʃʰi³¹la³³nie²²lø²²kɔ³³？

你是哪年来的？

88. 我是前年到嘅北京。

ŋɔ³¹tʃʰi³¹tsʰie²²nie²²lau²¹³kie³³pai²⁴keŋ⁴⁵。

我是前年到的北京。

405

第五章　语料

第一节　俗语

无所谓 u²²sɔ³³ui⁵³
半咸淡 pæ²¹³xæ²²tæ³¹
曳扯大炮 ie⁵³ta⁵³pʰau²¹³
露马脚 lu⁵³mɔ³¹tʃɔ²⁴
一笼蛇 i²⁴⁻²²lø²²ʃa²²
讲鬼话 kɔŋ³³ki³³fa⁵³
两头蛇 liæ³¹ta²²ʃa²²
天开眼 tʰie⁴⁵kʰø⁴⁵ŋæ³¹
三八货 sæ⁴⁵pɔ²⁴xɔ²¹³
不醒水 pu³¹seŋ³³ʃy³³
充大头 tʃʰɔŋ⁴⁵ta⁵³ta²²
神经佬 ʃin²²keŋ⁴⁵lau³¹
奔奔波波 pin⁴⁵pin⁴⁵pɔ⁴⁵pɔ⁴⁵
神神经经 ʃin²²ʃin²²keŋ⁴⁵keŋ⁴⁵
弄鬼弄怪 lɔŋ⁵³ki³³lɔŋ⁵³kuai²¹³
怀老怀少 pia³¹lau³¹pia³¹ʃɔ²¹³ 没老没少
将就将就 tsiæ⁴⁵tsʰiu⁵³tsiæ⁴⁵tsʰiu⁵³
怀头怀尾 pia³¹ta²²pia³¹meŋ³¹ 没头没尾
跳上跳下 tʰiu²¹³ʃɔ⁵³tʰiu²¹³xɔ⁵³
有屋有舍 iu³¹ø²⁴iu³¹ʃa⁵³
能上能下 neŋ²²ʃæ³¹neŋ²²xɔ³¹
推三推四 tʰø⁴⁵sæ⁴⁵tʰø⁴⁵sɿ²¹³
怀头怀脑 pia³¹ta²²pia³¹nau³¹ 没头没脑

有手有脚 iu³¹ʃiu³³iu³¹tʃɔ²⁴
狐狸花猫 fu²²li²²fa⁴⁵ȵiau²²
有斤有两 iu³¹tʃin⁴⁵iu³¹liæ³³
养蛇吃鸡 iæ³¹ʃa²²tʃʰie²⁴tʃi⁴⁵
牵肠挂肚 kʰie⁴⁵tʃʰɔŋ⁵³kua²¹³tu³¹
蛇头鼠眼 ʃa²²ta²²ʃy³³ŋæ³¹
四六四六 sɿ²¹³liu⁵³sɿ²¹³liu⁵³
三三八八 sæ⁴⁵sæ⁴⁵pɔ²⁴pɔ²⁴
家和万事兴 ka⁴⁵xɔ²²uæ⁵³sɿ⁵³xeŋ⁴⁵
同理不同亲 tø²²li³¹pu³¹tø²²tsʰin⁴⁵
大树好遮荫 ta⁵³ʃy⁵³xau³¹tʃa⁴⁵in⁴⁵
天晴防落雨 tʰie⁴⁵tsʰeŋ²²fɔŋ²²lɔ²⁴y³¹
针怀两头利 tʃin⁴⁵pia³¹liæ³¹ta²²li³³ 针没两头利
树大好乘凉 ʃy⁵³ta⁵³xau³¹ʃeŋ²²liæ²²
怀风不起浪 pia³¹fø⁴⁵pu³¹tʃʰi³³lɔŋ⁵³ 没风不起浪
头毛长见识短 ta²²mau²²tiæ²²kie²¹³ʃai⁵³luæ³³
一尺风三尺浪 i²⁴⁻²²tʃʰai²⁴fø⁴⁵sæ⁴⁵tʃʰai²⁴lɔŋ⁵³
肥水不流外人田 fi²²ʃy³³pu³¹liu²²mø⁵³in²²tie³¹
再好草地也有瘦牛 tsø²¹³xau³¹tsʰau³³ti⁵³ia³¹iu³¹ʃa²¹³ŋiu²²
老山猪不怕海螺角 lau³¹ʃæ⁴⁵ny⁴⁵pu³¹pʰɔ²¹³xø³³lɔ²²kɔ²⁴
老虎屁股摸不得 lau³¹fu³³pʰi²¹³ku³³mɔ⁴⁵pu³¹la²⁴

406

第二节　谚语

一、食谚

吃得肥来走得瘦 tʃʰie²⁴la²⁴fi²²lø²²tsa³³la²⁴ʃa²¹³。

外甥是狗，吃饱就走 mø⁵³ʃeŋ⁴⁵tʃʰi³¹ka³³，tʃʰie²⁴pau³³tsʰiu⁵³tsa³³。

口吃山崩 kʰa³³tʃʰie²⁴ʃæ⁴⁵peŋ⁴⁵。

民以吃为天 min²²i³³tʃʰie²⁴ui²²tʰie⁴⁵。

饭要一口一口吃，路要一步一步行 fæ⁵³iɔ²¹³i²⁴⁻²²kʰa³³i²⁴⁻²²kʰa³³tʃʰie²⁴，lu⁵³iɔ²¹³i²⁴⁻²²pu⁵³i²⁴⁻²²pu⁵³xeŋ²²。

吃苦在前，享福在后 tʃʰie²⁴kʰu³³tsʰø³¹tsʰie²²，ʃiæ³³fø²⁴tsʰø³¹xa⁵³。

吃过黄连苦，方知甘草甜 tʃʰie²⁴ku²¹³ɔŋ²²lie²²kʰu³³，fɔŋ⁴⁵tʃi⁴⁵kuæ⁴⁵tsʰau³³tie²²。

精抇_打细算，有吃有穿 tseŋ⁴⁵pa⁵³si²¹³suæ²¹³，iu³¹tʃʰie²⁴iu³¹tʃʰø⁴⁵。

坐吃山空 tsʰɔ³¹tʃʰie²⁴ʃæ⁴⁵kʰø⁴⁵。

男要勤，女要勤，三餐茶饭不求人 næ²²iɔ²¹³tʃʰin²²，ny³¹iɔ²¹³tʃʰin²²，sæ⁴⁵tsʰæ⁴⁵tʃʰɔ²²fæ⁵³pu³¹tʃʰiu²²in²²。

好吃不留种 xau²¹³tʃʰie²⁴pu³¹liu²²tʃɔŋ³³。

二、衣谚

人生在世，吃穿两字 in²²ʃeŋ⁴⁵tsʰø³¹ʃi²¹³，tʃʰie²⁴tʃʰø⁴⁵liæ³¹sɿ⁵³。

看菜吃饭，量体裁衣 kʰæ²¹³tsʰø³¹tʃʰie²⁴fæ⁵³，liæ²²tʰi³³tsʰø²²i⁴⁵。

三、住谚

人在屋檐下，不能不低头 in²²tsʰø³¹ø²⁴ie²²xɔ⁵³，pu³¹neŋ²²pu³¹li⁴⁵ta²²。

上梁不正，下梁□ ʃæ⁵³liæ²²pu³¹tʃeŋ²¹³，xɔ⁵³liæ²²mai³³ _{上梁不正，下梁歪}。

四、行谚

行得夜路多，总会遇到鬼 xeŋ²²la²⁴ia⁵³lu⁵³lɔ⁴⁵，tsø³³fø⁵³y⁵³lau²¹³ki³³。

在家千日好，出门半步难 tsʰø³¹ka⁴⁵tsʰie⁴⁵n²⁴xau³¹，tʃʰy²⁴min²²pæ²¹³pu⁵³næ²²。

三人行，必有我师 sæ⁴⁵in²²xeŋ²²，pi²⁴iu³¹ŋɔ³¹sɿ⁴⁵。

407

山高自有客行路，水深自有渡船人ʃæ⁴⁵kau⁴⁵tsʰɿ⁵³iu³¹kʰa²⁴xeŋ²²lu⁵³，ʃy³³ʃin⁴⁵tsʰɿ⁵³iu³¹tu⁵³ʃø²²in²²。

心中不做亏心事，不怕半夜来敲门sin⁴⁵tʃɔŋ⁴⁵pu³¹tsɿ²¹³kʰui⁴⁵sin⁴⁵sɿ⁵³，pu³¹pʰɔ²¹³pæ²¹³ia⁵³lø²²kʰau⁴⁵min²²。

不到龙潭心不死pu³¹lau²¹³lɔŋ²²tæ²²sin⁴⁵pu³¹sɿ³³。

在家尊父母，出门靠朋友tsʰø³¹kɔ⁴⁵tsyn⁴⁵fu⁵³mu³¹，tʃʰy²⁴min²²kʰau²¹³pø²²iu³¹。

有理走遍天下，无理寸步难行 iu³¹li³¹tsa³³pʰie²¹³tʰie⁴⁵xɔ⁵³，u²²li³¹tsʰɔŋ²¹³pu⁵³næ²²xeŋ²²。

五、言谈谚

讲鬼鬼到，讲人人到kɔŋ³³ki³³ki³³lau²¹³，kɔŋ³³in²²in²²lau²¹³。

见人讲人话，见鬼讲鬼话kie²¹³in²²kɔŋ³³in²²fa⁵³，kie²¹³ki³³kɔŋ³³ki³³fa⁵³。

酒后出真言tsiu³³xa⁵³tʃʰy²⁴tʃin⁴⁵ie²²。

言多必失 ie²²lɔ⁴⁵pi²⁴ʃi²⁴。

君子无戏言 kyn⁴⁵tsɿ³¹u²⁴ʃi²¹³ie²²。

牙齿当金用 ŋɔ²²tʃʰi³³lɔŋ⁴⁵tʃin⁴⁵iɔŋ⁵³。

吹牛不要本 tʃʰy⁴⁵ŋiu²²pu³¹iɔ²¹³pin³³。

祸从口出，病从口入 xɔ⁵³tsʰɔŋ²²kʰa³³tʃʰy²⁴，peŋ⁵³tsʰɔŋ²²kʰa³³n²⁴。

口不对心 kʰa³³pu³¹lø²¹³sin⁴⁵。

听君一席话，胜读十年书 tʰeŋ²¹³kyn⁴⁵i²⁴⁻²²tsʰi⁵³fa²²，ʃeŋ²¹³tø⁵³ʃi²²nie²²ʃy⁴⁵。

六、歌笑谚

七分锣鼓，三分唱tsʰi²⁴fin⁴⁵lɔ²²ku³³，sæ⁴⁵fin⁴⁵tʃʰæ²¹³。

起手不掯打笑面人tʃi³³ʃiu³³pu³¹pa⁵³siu²¹³mie⁵³in²²。

七、哭闹谚

大伯不讲二伯，大伯二伯差不多 ta⁵³pa²⁴pu³¹kɔŋ³³i⁵³pa²⁴，ta⁵³pa²⁴i⁵³pa²⁴tʃʰa⁴⁵pu³¹lɔ⁴⁵

大哥不讲二哥，大哥二哥差不多。

不见棺材不流泪，不见南墙不转头 pu³¹kie²¹³kuæ⁴⁵tsʰø²²pu³¹liu²²lui⁵³，pu³¹kie²¹³næ²²tsʰiæ²²pu³¹lø²¹³ta²²。

八、动物为喻谚

死鸡撑硬脚 sɿ³³tʃi⁴⁵tʃʰeŋ²¹³ŋeŋ⁵³tʃɔ²⁴。

蛇有蛇路，人有人计 ʃa²²iu³¹ʃa²²lu⁵³，in²²iu³¹in²²kai²¹³。

虎死留皮，人死留名 fu³³sɿ³³liu²²pi²²，in²²sɿ³³liu²²meŋ²²。

山中无老虎，猴子称大王 ʃæ⁴⁵tʃɔŋ⁴⁵u²²lau³¹fu³³，xa²²tsɿ³³tʃʰeŋ⁴⁵ta⁵³ɔŋ²²。

曳牛上树 ie⁵³ŋiu²²ʃæ³¹ʃy⁵³ 拉牛上树。

两虎相斗，必有一伤 liæ³¹fu³³siæ⁴⁵la³³，pi²⁴iu³¹i²⁴ʃæ⁴⁵。

九、打骂谚

掐虎不当亲兄弟，战场不当父子兵 pa⁵³fu⁵³pu³¹lɔŋ⁴⁵tsʰin⁴⁵xø⁴⁵ti⁵³，tʃæ²¹³tʃʰæ²²pu³¹lɔŋ⁴⁵fu⁵³tsɿ³³peŋ⁴⁵ 打虎不当亲兄弟，战场不当父子兵。

掐在子身，痛在娘心 pa⁵³tsʰø³¹tsɿ³³ʃin⁴⁵，tʰø²¹³tsʰø³¹niæ²²sin⁴⁵ 打在子身，痛在娘心。

忍得一时之气，免得百日之忧 n³¹la²⁴i²⁴ʃi²²tsɿ⁴⁵tʃʰi²¹³，mie³¹la²⁴pa²⁴n²⁴tsɿ⁴⁵iu⁴⁵。

进一步逼虎伤人，退一步天宽地阔 tsin²¹³i²⁴⁻²²pu⁵³pai²⁴fu³³ʃæ⁴⁵in²²，tʰø²¹³i²⁴⁻²²pu⁵³tʰie⁴⁵kʰuæ⁴⁵ti⁵³kʰɔ²⁴。

十、和尚谚

有样学样，怀样学和尚 iu³¹iæ⁵³ʃɔ⁵³iæ⁵³，pia³¹iæ⁵³xɔ⁵³xɔ²²ʃæ⁵³ 有样学样，没样学和尚。

不看僧面看佛面 pu³¹kʰæ²¹³tseŋ⁴⁵mie⁵³kʰæ²¹³fɔ⁵³mie⁵³。

钱财如粪土，仁义值千金 tsʰie²²tsʰø²²y²²fin²¹³tʰu³³，in²²i⁵³tʃʰai²⁴tsʰie⁴⁵tʃin⁴⁵。

便宜璃⁼西仔蚀了钱 pie²²i²²li⁴⁵si⁴⁵⁻²²ti³³ʃi⁴⁵liu³¹tsʰie²² 便宜东西折了钱。

钱财越花越少，学问越用越多 tsʰie²²tsʰø²²ye²⁴fa⁴⁵ye²⁴ʃɔ³³，xɔ⁵³min⁵³ye²⁴iɔŋ⁵³ye²⁴lɔ⁴⁵。

有便宜货，怀便宜钱 iu³¹pie²²i²²xɔ²¹³，pia³¹pie²²i²²tsʰie²² 有便宜货，没便宜钱。

有钱不乱花，有势不乱用 iu³¹tsʰie²²pu³¹luæ⁵³fa⁴⁵，iu³¹ʃi²¹³pu³¹luæ⁵³iɔŋ⁵³。

十一、病谚

久病床前怀孝崽 tʃiu³³peŋ⁵³tʃʰɔŋ²²tsʰie²²pia³¹xau²¹³tsø³³。

坐成懒，睡成病 tsʰɔ³¹ʃeŋ²²læ³¹，ʃy⁵³ʃeŋ²²peŋ⁵³。

七分病，三分药 tsʰi²⁴fin⁴⁵peŋ⁵³，sæ⁴⁵fin⁴⁵⁻²²iɔ²⁴。

409

良药苦口利于病 liæ²²iɔ²⁴kʰu³³kʰa³³li⁵³y²²peŋ⁵³。

心病无药医 sin⁴⁵peŋ⁵³u²²iɔ²⁴i⁴⁵。

同病相怜，同忧相救 tø²²peŋ⁵³siæ⁴⁵lie²²，tø²²iu⁴⁵siæ⁴⁵tʃiu²¹³。

十二、谦让谚

待人宽三分是福，处世让一步为高 tø⁵³in²²kʰuæ⁴⁵sæ⁴⁵fin⁴⁵tʃʰi³¹fø²⁴，tʃʰy³³ʃi²¹³ɲiæ⁵³i²⁴⁻²²pu⁵³ui²²kau⁴⁵。

量大肚大福大 liæ⁵³ta⁵³tu³¹ta⁵³fø²⁴ta⁵³。

大人肚里好撑船 ta⁵³in²²tu³¹li³¹xau³¹tʃʰeŋ²¹³ʃø²²。

前留三步好走，后留三步好行 tsʰie²¹²liu²²sæ⁴⁵pu⁵³xau³¹tsa³³，xa⁵³liu²²sæ⁴⁵pu⁵³xau³¹xeŋ²²。

事过心头凉 sɿ⁵³ku²¹³sin⁴⁵ta²²liæ²²。

不在人前夸海口，强中还有强中手 pu³¹tsʰø³¹in²²tsʰie²²kʰua⁴⁵xø³³kʰa³³，kʰiaŋ²²tʃɔŋ⁴⁵xæ²²iu³¹kʰiaŋ²²tʃɔŋ⁴⁵ʃiu³³。

多叫一声叔，少行十里路 lɔ⁴⁵tʃɔ²¹³i²⁴⁻²²ʃeŋ⁴⁵ʃu²⁴，ʃɔ³³xeŋ²²ʃi²²li³¹lu⁵³。

十三、数字谚

三心掰两意 sæ⁴⁵sin⁴⁵pa⁵³liæ³¹²¹³ 三心打两意。

一五一十 i²⁴n³¹i²⁴ʃi²² 喻拿不定注意。

三时风，四时雨 sæ⁴⁵ʃi²²fø⁴⁵，sɿ²¹³ʃi²²y⁵³ 喻变化多端。

三日掴鱼，两日晒网 sæ⁴⁵n²⁴pa⁵³y²²，liæ³¹n²⁴ʃa²¹³mɔŋ³¹ 三日打鱼，两日晒网。

十五个吊桶吊水，七上八下 ʃi⁵³n³¹kɔ²¹³liu²¹³tʰø³³liu²¹³ʃy³³，tsʰi²⁴ʃæ³¹pɔ²⁴xɔ³¹。

新屎缸，三日新 sin⁴⁵ʃi³³kɔŋ⁴⁵，sæ⁴⁵n²⁴sin⁴⁵。

一人传十，十人传百 i²⁴in²²tʃʰø²²ʃi²²，ʃi²²in²²tʃʰø²²pa²⁴。

一人得道，猪狗升天 i²⁴in²²la²⁴tau⁵³，ɲy⁴⁵ka³³ʃeŋ⁴⁵tʰie⁴⁵⁻²²。

十四、惊恐谚

越穷越见鬼，越冷越吹风 ye²⁴tʃʰɔŋ²²ye²⁴kie²¹³ki³³，ye²⁴leŋ³¹ye²⁴tʃʰy⁴⁵fø⁴⁵⁻²²。

屋漏偏逢连夜雨 ø²⁴la⁵³pʰie⁴⁵fø²²lie²²ia⁵³y³¹。

十五、是非谚

枪掯出头鸟，掌拍多嘴人 tsʰiæ⁴⁵pa⁵³tʃʰy²⁴ta²²liu³³，tʃæ³³pa⁵³lɔ⁴⁵tsy³³in²² 枪打出头鸟，掌打多嘴人。

十六、时间谚

千金难买天光觉 tsʰie⁴⁵tʃin⁴⁵⁻²²næ²²ma³¹tʰie⁴⁵kɔŋ⁴⁵kau²¹³。

一年之计在于春，一日之计在于晨 i²⁴⁻²²nie²²tsʅ⁴⁵kai²¹³tsʰø³¹y²²tʃʰyn⁴⁵，i²⁴⁻²²n²⁴tsʅ⁴⁵kai²¹³tsʰø³¹y²²ʃin²²。

良宵一刻值千金 liæ²²siu⁴⁵i²⁴⁻²²kʰa²⁴tʃʰai²⁴tsʰie⁴⁵tʃin⁴⁵⁻²²。

一寸光阴一寸金，寸金难买寸光阴 i²⁴⁻²²tsʰɔŋ²¹³kɔŋ⁴⁵in⁴⁵⁻²²i²⁴⁻²²tsʰɔŋ²¹³tʃin⁴⁵，tsʰɔŋ²¹³tʃin⁴⁵næ²²ma³¹tsʰɔŋ²¹³kɔŋ⁴⁵in⁴⁵⁻²²。

你做初一，我做十五 ni³¹tsʅ²¹³tʃʰɔ⁴⁵i²⁴，ŋɔ³¹tsʅ²¹³ʃi²²n³¹。

十七、计算谚

入门看面色，出门看天色 n²⁴min²²kʰæ²¹³mie⁵³ʃai²⁴，tʃʰy²⁴min²²kʰæ²¹³tʰie⁴⁵ʃai²⁴。

十八、瓜果谚

哪家藤结哪家瓜，哪家人讲哪家话 la³³ka⁴⁵⁻²²teŋ²²tʃie²⁴la³³ka⁴⁵⁻²²kua⁴⁵，la³³ka⁴⁵⁻²²in²²kɔŋ³³la³³ka⁴⁵⁻²²fa⁵³ 什么藤结什么瓜，什么人讲什么话。

十九、相对谚

尺有所短，寸有所长 tʃʰai²⁴iu³¹sɔ³³luæ³³，tsʰɔŋ²¹³iu³¹sɔ³³tiæ²²。

火要空心，人要虚心 fu³³iɔ²¹³kʰø⁴⁵sin⁴⁵⁻²²，in²²iɔ²¹³ʃy⁴⁵sin⁴⁵⁻²²。

积善成德，积恶成灾 tsi²⁴ʃie³¹ʃeŋ²²la²⁴，tsi²⁴ɔ²⁴ʃeŋ²²tsai⁴⁵。

子不嫌母丑，母不嫌家贫 tsʅ³³pu³¹ʃie²²mu³¹tʃʰiu³³，mu³¹pu³¹ʃie²²kɔ⁴⁵peŋ²²。

二十、天气农谚

二月二，犁头要下地 i⁵³ŋø²⁴i⁵³，li²²tau²²iɔ²¹³xɔ³¹ti⁵³。

春分秋分，日夜平分 tʃʰyn⁴⁵fin⁴⁵⁻²²tsʰiu⁴⁵fin⁴⁵⁻²²，n²⁴ia⁵³peŋ²²fin⁴⁵。

411

清明前后，种瓜种豆 tshen⁴⁵men²²tshie²²xa⁵³，tʃɔŋ²¹³kua⁴⁵tʃɔŋ²¹³ta⁵³。
立夏小满，河满缸满 li²⁴xɔ⁵³siu³³mæ³¹，xɔ²²mæ³¹kɔŋ⁴⁵mæ³¹。
小满不满，芒种大旱 siu³³mæ³¹pu³¹mæ³¹，mɔŋ²²tʃɔŋ²¹³ta⁵³fæ³¹。
小满水满，芒种平安 siu³³mæ³¹ʃy³³mæ³¹，mɔŋ²²tʃɔŋ²¹³peŋ²²æ⁴⁵。
芒种夏至，有吃懒不去 mɔŋ²²tʃɔŋ³³xɔ⁵³tʃi²¹³，iu³¹tʃhie²⁴læ³¹pu³¹khi²¹³。
四月八，冷死鸭 sɿ²¹³ŋø²⁴pɔ²⁴，leŋ³¹sɿ³³ɔ²⁴。
不怕五月五日雨，只怕六月六日风 pu³¹phɔ²¹³n³¹ŋø²⁴n³¹n³¹y³¹，tsɿ³³phɔ²¹³liu⁵³ŋø²⁴liu⁵³n²⁴fø⁴⁵。
不怕重阳雨，最怕十三阴 pu³¹phɔ²¹³tʃhɔŋ²²iæ²²y³¹，tsy²¹³phɔ²¹³ʃi²²sæ⁴⁵in⁴⁵。
七月秋风起，八月秋风凉 tshi²⁴ŋø²⁴tshiu⁴⁵fø⁴⁵tʃhi³³，pɔ²⁴ŋø²⁴tshiu⁴⁵fø⁴⁵liæ²²。
雨掯秋，加倍收，雷掯秋，对半收，风掯秋，会怀收 y³¹pa⁵³tshiu⁴⁵，kɔ⁴⁵pø²¹³ʃiu⁴⁵，lui²²pa⁵³tshiu⁴⁵，lø²¹³pæ²¹³ʃiu⁴⁵，fø⁴⁵pa⁵³tshiu⁴⁵，fø⁵³pia³¹ʃiu⁴⁵ 雨打秋，加倍收；雷打秋，对半收；风打秋，会没收。
白露种番薯，好过借米煮 pa⁵³lu⁵³tʃɔŋ²¹³fæ⁴⁵ʃy²²，xau³¹ku²¹tsie²¹³mi³¹tʃy³³。
霜降三，怀青苗 ʃɔŋ⁴⁵kɔŋ²¹³sæ⁴⁵，pia³¹tshen⁴⁵miu²² 霜降三，没青苗。
天上鱼鳞斑，天光晒穀不用翻 thie⁴⁵ʃæ⁵³y²²lin²¹pæ⁴⁵，thie⁴⁵kɔŋ⁴⁵⁻²²ʃa²¹³kø²⁴pu³¹iɔŋ⁵³fæ⁴⁵。
雷公先唱歌，有雨也不多 lui²²kø⁴⁵sie⁴⁵tʃhæ²¹³kɔ⁴⁵，iu³¹y³¹ia³¹pu³¹lɔ⁴⁵。
开门雨涟涟，晴朗在午前 khø⁴⁵min²²y³¹lie²²lie²²，tshen²²lɔŋ³¹tshø³¹n³¹tshie²²。
飞蛾扑火，大水将到 fi⁴⁵ŋɔ²²phø²⁴fu³³，ta⁵³ʃy³³tsiæ⁴⁵lau²¹³。
雨上加霜连夜雨 y³¹ʃæ⁵³kɔ⁴⁵ʃɔŋ⁴⁵lie²²ia⁵³y³¹。
九黄十收，十黄九收 tʃiu³³ɔŋ²²ʃi²²ʃiu⁴⁵，ʃi²²ɔŋ²²tʃiu³³ʃiu⁴⁵。
南闪三日，北闪对时；东闪西闪，无水洗板 næ²²ʃæ³³sæ⁴⁵n²⁴，pai²⁴ʃæ³³lø²¹³ʃi²²；lø⁴⁵ʃæ³³si⁴⁵ʃæ³³，u²²ʃy³³si³³pæ³³ 南方闪电，则三日内必下雨；北方闪电，则一天内下雨；东西两方闪电，则天旱。
热头射一射，落雨落到夜 nie⁵³ta²²ʃa⁵³i²⁴⁻²²ʃa⁵³，lɔ²⁴y³¹lɔ²⁴lau²¹³ia⁵³ 雨天清晨出日头，必整天下雨。

二十一、其他

月是故乡明，水是家乡甜 ŋø²⁴tʃhi³¹ku²¹³ʃiæ⁴⁵men²²，ʃy³³tʃhi³¹kɔ⁴⁵ʃiæ⁴⁵⁻²²tie²²。
亲人难分，故土难离 tshin⁴⁵in²²næ²²fin⁴⁵，ku²¹³thu³³næ²²li²²。
树高万丈，叶落归根 ʃy⁵³kau⁴⁵uæ⁵³tiæ⁵³，ie²⁴lɔ²⁴kui⁴⁵tʃin⁴⁵⁻²²。
无官一身轻 u²²kuæ⁴⁵i²⁴⁻²²ʃin⁴⁵khen⁴⁵⁻²²。
无风不起浪 u²²fø⁴⁵pu³¹tʃhi³³lɔŋ⁵³。
一样米养百样人 i²⁴⁻²²iæ⁵³mi³¹iæ³¹pa²⁴iæ⁵³in²²。
屙屎不出赖地硬 ɔ⁴⁵ʃi³³pu³¹tʃhy²⁴la⁵³ti⁵³ŋen⁵³。

412

扮猪吃老虎 pæ⁵³ny⁴⁵tʃʰie²⁴lau³¹fu³³。

亲不亲故乡人 tsʰin⁴⁵pu³¹tsʰin⁴⁵ku²¹³ʃiæ⁴⁵in²²。

狗吃糯米，怀变 ka³³tʃʰie²⁴nɔ⁵³mi³¹，pia³¹pie²¹³ 狗吃糯米，没变。

牛头不对马嘴 ŋiu²²ta²²pu³¹lø²¹²mɔ³¹tsy³³。

吃饭千人，主事一人 tʃʰie²⁴fæ⁵³tsʰie⁴⁵in²²，tʃy³³sɿ⁵³i²⁴in²²。

人老心不老，人穷志不穷 in²²lau³¹sin⁴⁵pu³¹lau³¹，in²²tʃʰɔŋ²²tʃi²¹³pu³¹tʃʰɔŋ²²。

世上无难事，只怕有心人 ʃi²¹³ʃæ⁵³u²²næ²²sɿ⁵³，tsɿ³³pʰɔ²¹³iu³¹sin⁴⁵in²²。

人不可貌相，海水不可斗量 in²²pu³¹kʰɔ⁵³mau⁵³siæ²¹³，xø³³ʃy³³pu³¹kʰɔ⁵³la³³liæ²²。

十年寒窗怀人问，一举成名天下扬 ʃi²¹³nie²²xæ²²tʃʰæ⁴⁵pia³¹in²²min⁵³，i²⁴⁻²²ky³³ʃeŋ²²meŋ²²tʰie⁴⁵xɔ⁵³iæ²² 十年寒窗没人问，一举成名天下扬。

朋友易得，知己难求 pø²²iu³¹i⁵³la²⁴，tsɿ⁴⁵ki³³næ²²tʃʰiu²²。

新官上任三把火 sin⁴⁵kuæ⁴⁵⁻²²fæ³¹in⁵³sæ⁴⁵pa³³fu³³。

正人先正己，待人先以礼 tʃeŋ²¹³in²²sie⁴⁵tʃeŋ²¹³⁻²²ki³³，tø⁵³in²²sie⁴⁵i³³li³¹。

懒人屎尿多 læ³¹in²²ʃi³³niu⁵³lɔ⁴⁵。

树大招风 ʃy⁵³ta⁵³tʃɔ⁴⁵fø⁴⁵⁻²²。

树大不挡荫 ʃy⁵³ta⁵³pu³¹lɔŋ³³in⁴⁵。

动嘴三分力 tø³¹tsy³³sæ⁴⁵fin⁴⁵lai⁵³。

好客主人多 xau²¹³kʰa²⁴tʃy³³in²²lɔ⁴⁵。

收人钱财，为人消灾 ʃiu⁴⁵in²²tsʰie²²tsʰø²²，ui²²in²²siu⁴⁵tsai⁴⁵⁻²²。

第三节　歇后语

一条大肠通到底 i²⁴⁻²²tiu²²ta⁵³tʃʰɔŋ⁵³tʰø⁴⁵lau²¹³li³³——直来直去 tai⁵³lø²²tai⁵³kʰi²¹³。

一盘清水见底 i²⁴⁻²²pæ²²tsʰeŋ⁴⁵ʃy³³kie²¹³li³³——清清楚楚 tsʰeŋ⁴⁵tsʰeŋ⁴⁵⁻²²tʃʰu⁴³tʃʰu³³。

一步一个脚印 i²⁴⁻²²pu⁵³i²⁴⁻²²kɔ²¹³tʃɔ²⁴in²¹³——实实在在 ʃi⁵³ʃi⁵³tsʰø³¹tsʰø³¹。

一条竹篙掐死一船人 i²⁴⁻²²tiu²²liu²⁴kau⁴⁵pa⁵³sɿ³³i²⁴⁻²²ʃø²²in²²——一句话得罪大齐 i²⁴⁻²²ky²¹³fa⁵³la²⁴tsʰø⁵³ta⁵³tsʰi²² 一条竹篙打死一船人——一句话得罪大家。

一百句 i²⁴⁻²²pa²⁴ky²¹³——还是五十双 xæ²²sɿ³¹n³¹ʃi²²ʃɔŋ⁴⁵。

二一添作五 i⁵³i²⁴tʰie⁴⁵tsɔ²⁴n³¹——一人一半 i²⁴⁻²²in²²i²⁴⁻²²pæ²¹³。

十二月讲话 ʃi²²i⁵³ŋø²⁴kɔŋ³³fa⁵³——冷言冷语 leŋ³¹ie²²leŋ³¹y³¹。

十指叉入嘴 ʃi²²tʃi³³tʃʰɔ⁴⁵n²⁴tsy³³——哑口无言 ɔ³³kʰa³³u²²ie²²。

413

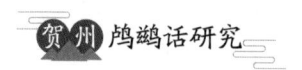

七月节吃月饼 tsʰi²⁴ŋø²⁴tsie²⁴tʃʰie²⁴ŋø²⁴peŋ³³——过早 ku²¹³tsau³³。

三个指头搦田螺 sæ⁴⁵kɔ²¹³tʃi³³ta²²n.ie²⁴tie²²lɔ²²——拑稳 pa⁵³vin⁵³ 三个指头拾田螺——打稳。

大年三十饫猪 ta⁵³nie²²sæ⁴⁵ʃi²²y²¹³ny⁴⁵——来不及 lø²²puʰ³¹tʃi²⁴ 大年三十喂猪——来不及。

大年初一翻皇历 ta⁵³nie²²tʰɔ⁴⁵i²⁴fæ⁴⁵ŋ²²lai⁵³——头一回 ta²²i²⁴⁻²²fø²²。

口干挖井 kʰa³³kuæ⁴⁵ua²⁴tseŋ³³——来不及 lø²²puʰ³¹tʃi²⁴。

日求三餐，夜求一宿 n²⁴tʃʰiu²²sæ⁴⁵tsʰæ⁴⁵⁻²²，ia⁵³tʃʰiu²²i²⁴⁻²²su²⁴——起码生活条件 tʃʰi³³mɔ³¹ʃeŋ⁴⁵xɔ⁵³tiu²²tʃʰie⁵³。

山高皇帝远 ʃæ⁴⁵kau⁴⁵⁻²²ɔŋ²²li²²ye³¹——管不到 kuæ³³puʰ³¹lau²¹³。

井水不犯河水 tseŋ³³ʃy³³puʰ³¹fæ⁵³xɔ²²ʃy³³——各不相干 kɔ²⁴puʰ³¹siæ⁴⁵kuæ⁴⁵⁻²²。

木匠佬担家 mø⁵³tsʰiæ⁵³lau³¹læ⁴⁵kɔ⁴⁵⁻²²——自造 tsʰŋ⁵³tsʰau⁵³ 木匠担家——自造。

太岁头上嘓土 tʰø⁵³sy²¹³ta²²ʃæ⁵³kɔ³³tʰu³³——动不得 tø³¹puʰ³¹la²⁴ 太岁头上的土——动不得。

见过大蛇屙屎 kie²¹³ku²¹³ta⁵³ʃa²²ɔ⁴⁵ʃi³³——见过大世面 kie²¹³ku²¹³ta⁵³ʃi²¹³mie⁵³。

牛头不对马嘴 ŋiu²²ta²²puʰ³¹lø²¹³mɔ³¹tsy³³——文不对题 vin²²puʰ³¹lø²¹³ti²²。

火上加油 fu³³ʃɔ⁵³kɔ⁴⁵iu²²——越烧越旺 ye²⁴ʃɔ⁴⁵ye²⁴ɔŋ⁵³。

火烧眼眉毛 fu³³ʃɔ⁴⁵ŋæ³¹mi²²mau²²——急在眼前 tʃi²⁴tsʰø³¹ŋæ³¹tsʰie²²。

拑肿面装胖仔 pa⁵³tʃɔŋ³³mie⁵³tʃɔŋ⁴⁵pʰaŋ²¹³ti³³——不懂装懂 puʰ³¹lø³³tʃɔŋ⁴⁵lø³³ 打肿面装胖仔——不懂装懂。

石板上拑针仔 ʃai⁵³pæ³³ʃæ⁵³pa⁵³tʃin⁴⁵ti³³——硬对硬 ŋeŋ⁵³lø²¹³ŋeŋ⁵³ 石板上打针仔——硬对硬。

半路出家 pæ²¹³luʰ³¹tʃʰy²⁴kɔ⁴⁵——从头学起 tsʰɔŋ²²ta²²xɔ⁵³tʃʰi³³。

老虎屁股 lau³¹fu³³pʰi²¹³ku³³——摸不得 mɔ⁴⁵puʰ³¹la²⁴。

老鼠仔入风箱 lau³¹ʃy³³ti³³n²⁴fø⁴⁵siæ⁴⁵⁻²²——两头受气 liæ³¹ta²²ʃiu⁵³tʃʰi²¹³ 老鼠进风箱——两头受气。

当日和尚撞日钟 lɔŋ⁴⁵n²⁴xɔ²²ʃæ⁵³tʃʰɔŋ⁵³n²⁴tʃɔŋ⁴⁵——得过且过 la²⁴ku²¹³tsʰie³³ku²¹³ 当日和尚撞日钟——得过且过。

第四节　发音人自由说话

扫码听录音

一、鸬鹚话介绍

这啲啦，欸，我简单介绍下我哋嘅鸬鹚屋嗰鸬鹚声 tʃie²¹³ti³³la⁵³，e，ŋɔ³¹kæ³³læ⁴⁵ka²¹³ʃɔ²¹xɔ³¹ŋɔ³¹ti³³kie³³lu²²tsʰŋ²²ø²⁴kɔ³¹lu²²tsʰŋ²²ʃeŋ⁴⁵

这样吧，我简单介绍一下我们鸬鹚屋的鸬鹚话

第五章 语料

嗰呢啲嗰根源，从哪度来。
kɔ³³nie⁴⁵ti³³kɔ³³tʃin⁴⁵ye²², tsʰɔŋ²²la³³tu³³lø²²。
的这个根源，从哪里来。

我哋呢拿=居住在贺州市八步区厦良村鸬鹚屋。
ŋɔ³¹ti³³nie⁴⁵na³¹ky⁴⁵ty⁵³tsʰɔ³¹xɔ³³tʃiu⁴⁵ʃi²¹³pɔ²⁴pu⁵³kʰy⁴⁵xɔ³³liæ²²tsʰɔŋ⁴⁵lu²²tsʰɿ²²ø²⁴。
我们呢居住在贺州市八步区厦良村鸬鹚屋。

鸬鹚屋是在哪度呢？
lu²²tsʰɿ²²ø²⁴tʃʰi³¹tsʰø³¹la³³tu³³nie⁴⁵?
鸬鹚屋是在哪里呢？

鸬鹚屋就是喇=下我哋老时嗰贺县，
lu²²tsʰɿ²²ø²⁴tsʰiu⁵³tʃʰi³¹la³¹xɔ³¹ŋɔ³¹ti³³lau³¹ʃi²²kɔ³³xɔ⁵³ʃie⁵³，
鸬鹚屋就是现在我们以前的贺县，

以前嗰贺县陶瓷厂对面，
i³³tsʰie²²kɔ³³xɔ⁵³ʃie⁵³tau²²tsʰɿ²²tʃʰæ³³lø²¹³mie⁵³，
以前的贺县陶瓷厂对面，

喇=下已经蟹=度定居，我哋定居有两百几年啰。
la³¹xɔ³¹i³³keŋ⁴⁵xai³¹tu³³teŋ⁵³ky⁴⁵, ŋɔ³¹ti³³teŋ⁵³ky⁴⁵iu³¹liæ³¹pa²⁴tʃi³³nie²²lɔ⁴⁵⁻²²。
现在已经在这里定居，我们定居有两百多年啰。

我哋嗰两百几年嘅历史呢，
ŋɔ³¹ti³³kɔ³³liæ³¹pa²⁴tʃi³³nie²²kie³³lai⁵³ʃi³³nie⁴⁵，
我们两百多年的历史呢，

我哋嗰始祖，由我哋嗰始祖在喇=个
ŋɔ³¹ti³³kɔ³³tʃʰi³³tsu³³, iu²²ŋɔ³¹ti³³kɔ³³tʃʰi³³tsu³³tsʰø³¹la³¹kɔ²¹³
我们的始祖，由我们的始祖在这

广西桂林大圩毛村搬到、
kɔŋ³³si⁴⁵⁻²²kui²¹³lin²²ta⁵³xy⁴⁵mau²²tsʰɔŋ⁴⁵pæ⁴⁵lau²¹³、
广西桂林大圩毛村搬到、

搬到喇=个广西嗰恭城，
pæ⁴⁵lau²¹³la³¹kɔ²¹³kɔŋ³³si⁴⁵⁻²²kɔ³³kɔŋ⁴⁵ʃeŋ²²，
搬到这个广西的恭城，

415

恭城，由恭城呢就迁到我哋八步。

kɔŋ⁴⁵ʃeŋ²²，iu²²kɔŋ⁴⁵ʃeŋ²²nie⁴⁵tsʰiu⁵³tsʰie⁴⁵lau²¹³ŋɔ³¹ti³³pɔ²⁴pu⁵³。

由恭城就迁到我们八步。

总共在恭城下来呢，有四叔侄一起下来嘅。

tsø³³kɔŋ⁵³tsʰø³¹kɔŋ⁴⁵ʃeŋ²²xɔ³¹lø²²nie⁴⁵，iu³¹sʅ²¹³ʃu²⁴tʃʰi⁵³i²⁴⁻²²tʃʰi³³xɔ³¹lø²²kɔ³³。

总共在恭城下来呢，有四叔侄一起下来的。

我哋嘅，欸，始祖喊做黄尚德。

ŋɔ³¹ti³³kɔ³³，e，tʃʰi³³tsu³³xæ³¹tsʅ²¹³ɔŋ²²ʃæ⁵³la²⁴。

我们的始祖叫做黄尚德。

这啲呢，我哋下来阿度已经是两百，

tʃie²¹³ti³³nie⁴⁵，ŋɔ³¹ti³³xɔ³¹lø²²a²²tu³³i³³keŋ⁴⁵tʃʰi³¹liæ³¹pa²⁴⁻²²，

这样呢，我们下来这里已经是两百，

到今年应该是两百九十七年。

lau²¹³tʃin⁴⁵nie²²in⁴⁵kai⁴⁵tʃʰi³¹liæ³¹pa²⁴⁻²²tʃiu³³ʃi²²tsʰi²⁴nie²²。

到今年应该是两百九十七年。

我哋一共下来有四叔侄，

ŋɔ³¹ti³³i²⁴⁻²²kɔŋ⁵³xɔ³¹lø²²iu³¹sʅ²¹³ʃu²⁴tʃʰi⁵³，

我们一共有四叔侄下来，

一个是在钟山嘅羊头大船屋，

i²⁴⁻²²kɔ²¹³tʃʰi³¹tsʰø³¹tʃɔŋ⁴⁵ʃæ⁴⁵⁻²²kɔ³³iæ²²ta²²ta⁵³ʃø²²ø²⁴，

一个是在钟山的羊头大船屋，

第二个呢就在我哋嘅八步区厦良、厦良村阿个鸬鹚屋，

ti⁵³i⁵³kɔ²¹³nie⁴⁵tsʰiu⁵³tsʰø³¹ŋɔ³¹ti³³kie³³pɔ²⁴puʅ⁵³kʰɣ⁴⁵xɔ⁵³liæ²²、xɔ⁵³liæ²²tsʰɔŋ⁴⁵a²²kɔ²¹³lu²²tsʰʅ²²ø²⁴，

第二个呢就在我们的八步区厦良、厦良村这个鸬鹚屋，

其次有个松柏嘅鸬鹚岛，

kʰi²²tsʰʅ²¹³iu³¹kɔ²¹³tsʰɔŋ²²pa⁵³kɔ³³lu²²tsʰʅ²²lau²¹³，

其次有个松柏的鸬鹚岛，

还有洲尾头嘅大鸭寨，有个呢喊做鸬鹚船。

xæ²²iu³¹tʃiu⁴⁵meŋ³¹ta²²kie³³ta⁵³ɔ²⁴tʃʰa⁵³，iu³¹kɔ²¹³nie⁴⁵xæ³¹tsʅ²¹³lu²²tsʰʅ²²ʃø²²。

还有洲尾头的大鸭寨，有个呢叫做鸬鹚船。

总共我哋喇⁼下代代，我哋排行得来嗰还有，
tsø³³kʰɔŋ²²ŋɔ³¹ti³³la³¹xɔ³¹tø³³tø⁵³，ŋɔ³¹ti³³paʔ²xɔŋ²²la²⁴lø²²kɔ³³xæ²²iu³¹，
总共我们现在一代一代，我们排行得下来的还有，

应该有三千几人在阿度。
in⁴⁵kai⁴⁵iu³¹sæ⁴⁵tsʰie⁴⁵tʃi³³in²tsʰø³¹a²²tu³³。
应该有三千多人在这里。

但是呢，我哋喇⁼三千几人
tæ⁵³tʃʰi³¹nie⁴⁵，ŋɔ³¹ti³³sæ⁴⁵tsʰie⁴⁵tʃi³³in²²
但是呢，我们这三千多人

流传我哋嗰鸬鹚话嗰话呢，
liu²²tʃʰø²²ŋɔ³¹ti³³kɔ³³lu²²tsʰŋ²²fa⁵³kɔ³³fa⁵³nie⁴⁵，
流传我们的鸬鹚话的话呢，

就是得我哋喇⁼下鸬鹚屋，正会讲我哋话了。
tsʰiu⁵³tʃʰi³¹la²⁴ŋɔ³¹ti³³la³¹xɔ³¹lu²²tsʰŋ²²ø²⁴，tʃeŋ²¹³⁻²²fø⁵³kɔŋ³³ŋɔ³¹ti³³fa⁵³liu³³。
就是剩下我们现在鸬鹚屋，才会讲我们的话了。

其次嗰话呢，还有松柏嗰鸬鹚岛，
kʰi²²tsʰŋ²¹³kɔ³³fa⁵³nie⁴⁵，xæ²²iu³¹tsʰɔŋ²²paʔ³kɔ³³lu²²tsʰŋ²²lau²¹³，
其次的话呢，还有松柏的鸬鹚岛，

可能有几十个人还会讲我哋嗰话。
kʰɔ³³neŋ²²iu³¹tʃi³³ʃi²²kɔ²¹³in²²xæ²²fø⁵³kɔŋ³³ŋɔ³¹ti³³kɔ³³fa⁵³。
可能有几十个人还会讲我们的话。

我哋过来到一直到喇⁼度不论大大细细，
ŋɔ³¹ti³³ku²¹³lø²²lau²¹³i²⁴⁻²²tʃi²⁴lau²¹³la³¹tu³³puʔ¹lɔŋ⁵³ta⁵³ta⁵³si²¹³si²¹³，
我们过来一直到这里不论大大小小，

我哋喇⁼下呢讲箇啲鸬鹚话，
ŋɔ³¹ti³³la³¹xɔ³¹nie⁴⁵kɔŋ³³kɔ³³ti³³lu²²tsʰŋ²²fa⁵³，
我们现在呢讲这些鸬鹚话，

从我哋老嗰到细嗰，
tsʰɔŋ²²ŋɔ³¹ti³³lau³¹kɔ³³lau²¹³si²¹³kɔ³³，
从我们老的到小的，

417

甚至两岁以下都还会讲我哋嗰话，
ʃin²¹³tʃi²¹³liæ³¹sy²¹³i³³⁻⁴⁵xɔ⁵³tu⁴⁵xæ²²fø⁵³kɔŋ³³ŋɔ³¹ti³³kɔ³³fa⁵³，
甚至两岁以下都还会讲我们的话，

我哋还能够保持。
ŋɔ³¹ti³³xæ²²neŋ²²ka²¹³pau³³tʃʰi²²。
我们还能够保持。

但是来讲呢其他几个村，
tæ⁵³tʃʰi³¹lø²²kɔŋ³³nie⁴⁵tʃʰi²²tʰɔ⁴⁵tʃi³³kɔ²¹³tsʰɔŋ⁴⁵，
但是来讲呢其他几个村，

一个大船屋，一个洲尾，还有个大鸭，
i²⁴⁻²²kɔ²¹³ta⁵³ʃø²²ø²⁴，i²⁴⁻²²kɔ²¹³tʃiu⁴⁵meŋ³¹，xæ²²iu³¹kɔ²¹³ta⁵³ɔ²⁴，
一个大船屋，一个洲尾，还有个大鸭，

他哋代代不会讲嗰了。
tʰɔ⁴⁵⁻²²ti³³tø⁵³tø⁵³pu³¹fø⁵³kɔŋ³³kɔ³³liu³³。
他们代代不会讲的了。

所以嗰话呢我哋想把我哋喇＝啲鸬鹚话，
sɔ³³⁻⁴⁵i³³⁻⁴⁵kɔ³³fa⁵³nie⁴⁵ŋɔ³¹ti³³siæ³³pa³³ŋɔ³¹ti³³la³¹ti³³lu²²tsʰn̩²²fa⁵³，
所以的话呢我们想把我们这些鸬鹚话，

传经这代、一代、代代人讲下去。
tʃʰø²²keŋ⁴⁵tʃie²¹³tø⁵³、i²⁴⁻²²tø⁵³、tø⁵³tø⁵³in²²kɔŋ³³xɔ³¹kʰi²¹³。
传经这代、一代、代代人讲下去。

我哋呢喇＝下还想把洲尾簡啲鸬鹚船，
ŋɔ³¹ti³³nie⁴⁵la³¹xɔ³¹xæ²²siæ³³pa³³tʃiu⁴⁵meŋ³¹kɔ³³ti³³lu²²tsʰn̩²²ʃø²²，
我们呢现在还想把洲尾那些鸬鹚船，

同近羊头嗰大船屋，
tø²²tʃʰin³¹iæ²²ta²²kɔ³³ta⁵³ʃø²²ø²⁴，
同羊头的大船屋，

簡啲下一代、簡啲瑶崽崽，
kɔ³³ti³³xɔ⁵³i²⁴⁻²²tø⁵³、kɔ³³ti³³lai⁴⁵tsai²²tsø³³，
那些下一代、那些小孩儿，

我哋对他讲过，
ŋɔ³¹ti³³lø²¹³tʰɔ⁴⁵kɔŋ³³ku²¹³，
我们对他们讲过，

最好你哋呢就把简啲孻崽崽到放、放假啊，
tsy²¹³xau³¹ni³¹ti³³nie⁴⁵tsʰiu⁵³pa³³kɔ³³ti³³lai⁴⁵tsai²²tsø³³lau²¹³xɔŋ²¹³、xɔŋ²¹³kɔ³³a²²，
最好你们呢就把那些小孩儿到放假啊，

那啲读书放假来来呢，
læ⁴⁵ti³³tø⁵³ʃy⁴⁵xɔŋ²¹³kɔ³³lø²²lø²²nie⁴⁵，
那些读书放假回来呢，

就下来我哋阿度住一段时间。
tsʰiu⁵³xɔ³¹lø²²ŋɔ³¹ti³³a²²tu³³ty⁵³i²⁴⁻²²tuæ⁵³ʃi²²kæ⁴⁵。
就下来我们这里住一段时间。

啊，我哋想把阿啲话呢，
a²²，ŋɔ³¹ti³³siæ³³pa³³a²²ti³³fa⁵³nie⁴⁵，
啊，我们想把那些话呢，

教他哋讲，讲他哋听。
kau²¹³tʰɔ⁴⁵ti³³kɔŋ³³，kɔŋ³³tʰɔ⁴⁵ti³³tʰeŋ²¹³。
教他们讲，讲他们听。

我哋还能够，以后还能够保持到我哋出外头，
ŋɔ³¹ti³³xæ²²neŋ²²ka²¹³i³³⁻⁴⁵xa⁵³⁻²¹³xæ²²neŋ²²ka²¹³pau³³tʃʰi²²lau²¹³ŋɔ³¹ti³³tʃʰy²⁴mø⁵³ta²²，
我们还能够，以后还能够保持到我们出外面，

简啲鸤鹅声——我哋喊做鸤鹅声，
kɔ³³ti³³lu²²tsʰɿ²²ʃeŋ⁴⁵——ŋɔ³¹ti³³xæ³¹tsɿ²¹³lu²²tsʰɿ²²ʃeŋ⁴⁵，
那些鸤鹅声——我们叫做鸤鹅声，

来到桂林呢我哋喊毛村话。
lø²²lau²¹³kui²¹³lin²²nie⁴⁵ŋɔ³¹ti³³xæ³¹mau²²tsʰɔŋ⁴⁵⁻²²fa⁵³。
来到桂林呢我们叫毛村话。

所以呢我哋在喇=度啊
sɔ³³i³³⁻⁴⁵nie⁴⁵ŋɔ³¹ti³³tsʰø³¹la³¹tu³³a²²，
所以呢我们在这里啊，

我希望、我还希望我哋箇啲宗族

ŋɔ³¹ʃi⁴⁵mɔŋ⁵³、ŋɔ³¹xæ²²ʃi⁴⁵mɔŋ⁵³ŋɔ³¹ti³³kɔ³³tsɔŋ⁴⁵tsʰu⁵³

我希望、我还希望我们那些宗族

能够还会讲我哋嘅语言。

neŋ²²ka²¹³xæ²²fø⁵³kɔŋ³³ŋɔ³¹ti³³kie³³y³¹ie²²。

能够还会讲我们的语言。

我相信以后呢，

ŋɔ³¹siæ⁴⁵sin²¹³i³³⁻⁴⁵xa⁵³nie⁴⁵，

我相信以后呢，

慢慢把几个村箇啲人，

mæ⁵³mæ⁵³pa³³tʃi³³kɔ²¹³tsʰɔŋ⁴⁵kɔ³³ti³³in²²，

慢慢把几个村那些人，

上来我哋喇˝度集中，

ʃæ²¹lø²²ŋɔ³¹ti³³la³¹tu³³tsi²⁴tʃɔŋ⁴⁵，

上来我们这里集中，

从细嗰开始应该是会讲嗰。

tsʰɔŋ²²si²¹³kɔ³³kʰø⁴⁵tʃʰi³³in⁴⁵kai⁴⁵tʃʰi³¹fø⁵³kɔŋ³³kɔ³³。

从小的开始应该是会讲的。

以后，两代人以后呢，

i³³⁻⁴⁵xa⁵³，liæ³¹tø⁵³in²²i³³⁻⁴⁵xa⁵³nie⁴⁵，

以后，两代人以后呢，

应该把我哋恢复

in⁴⁵kai⁴⁵pa³³ŋɔ³¹ti³³fø⁴⁵fu²⁴

应该把我们恢复

我哋讲来我哋嗰鸪鹆话。

ŋɔ³¹ti³³kɔŋ³³lø²²ŋɔ³¹ti³³kɔ³³lu²²tsʰɿ²²fa⁵³。

我们讲回我们的鸪鹆话。

阿啲是我一个愿望。

a²²ti³³tʃʰi³¹ŋɔ³¹i²⁴⁻²²kɔ²¹³ŋø⁵³mɔŋ⁵³。

那些是我一个愿望。

二、鸬鹚话骗话

欸，我哋呢是毛村人。
e, ŋɔ³¹ti³³nie⁴⁵tʃʰi³¹mau²²tsʰɔŋ⁴⁵⁻²²in²²。
我们呢是毛村人。

毛村人呢来屋我哋来到阿度，
mau²²tsʰɔŋ⁴⁵⁻²²in²²nie⁴⁵lø²²ø²⁴ŋɔ³¹ti³³lø²²lau²¹³a²²tu³³，
毛村人呢从家乡我们来到这里，

我哋嘅贺州就在箇鸬鹚屋居住，
ŋɔ³¹ti³³kɔ³³xɔ⁵³tʃiu⁴⁵tsʰiu⁵³tsʰø³¹kɔ³³lu²²tsʰŋ²²ø²⁴ky⁴⁵ty⁵³，
我们的贺州就在那鸬鹚屋居住，

就说呢我哋鸬鹚人，
tsʰiu⁵³ʃø²⁴nie⁴⁵ŋɔ³¹ti³³lu²²tsʰŋ²²in²²，
就说呢我们鸬鹚人，

鸬鹚人嘅话呢，我这下讲一下我哋日常生活、
lu²²tsʰŋ²²in²²kɔ³³fa⁵³nie⁴⁵，ŋɔ³¹tʃie²¹³xɔ³¹kɔŋ³³i²⁴⁻²²xɔ³¹ŋɔ³¹ti³³n²⁴tʃʰæ²²ʃeŋ⁴⁵xɔ⁵³、
鸬鹚人的话呢，我现在讲一下我们日常生活、

衣吃住行箇哟细节骗话，
i⁴⁵tʃie²⁴ty⁵³xeŋ²²kɔ³³ti³³si²¹³tsie²⁴pʰie²¹³fa⁵³，
衣食住行那些细节骗话，

对我哋呢讲一下。
tø²¹³⁻²²ŋɔ³¹ti³³nie⁴⁵kɔŋ³³i²⁴⁻²²xɔ³¹。
对我们呢讲一下。

以前我哋箇哟老人家啊，
i³³⁻⁴⁵tsʰie²²ŋɔ³¹ti³³kɔ³³ti³³lau³¹in²²kɔ⁴⁵a²²，
以前我们那些老人家啊，

欸，屋上有哟亲戚来啊，
e, ø²⁴ʃæ⁵³iu³¹ti³³tsʰin⁴⁵tsʰai⁵³lø²²a²²，
欸，家里有些亲戚来啊，

这哟呢就用自家箇哟骗话，
tʃie²¹³ti³³nie⁴⁵tsʰiu⁵³iɔŋ⁵³tsʰŋ⁵³ka⁴⁵⁻²²kɔ³³ti³³pʰie²¹³fa⁵³，
这样呢就用自己那些骗话，

对自家屋上嘅人讲。
tø²¹³tsʰɿ⁵³ka⁴⁵⁻²²ø²⁴ʃæ⁵³kɔ³³in²²kɔŋ³³。
对自己家里的人讲。

啊，比喻讲嘅话呢，
a²², pi³³y⁵³⁻²²kɔŋ³³kɔ³³fa⁵³nie⁴⁵,
啊，比如讲的话呢，

有个朋友来到自家屋，
iu³¹kɔ²¹³pø²²iu³¹lø²²lau²¹³tsʰɿ⁵³ka⁴⁵⁻²²ø²⁴,
有个朋友来到自己家里，

比喻讲，欸，我哋嘅厨房怀得油啰，
pi³³y⁵³⁻²²kɔŋ³³, e, ŋɔ³¹ti³³kɔ³³tʃʰy²²fɔŋ²²pia³¹la³¹iu²²lɔ⁴⁵⁻²²,
比喻讲，欸，我们的厨房没有油了，

怀得油嘅话呢，
pia³¹la³¹iu²²kɔ³³fa⁵³nie⁴⁵,
没有油的话呢，

我哋啲不能够讲怀得油，
ŋɔ³¹ti³³ti³³pu³¹neŋ²²ka³³kɔŋ³³pia³¹la³¹iu²²,
我们不能够讲没有油，

讲怀得油呢就不好意思啦。
kɔŋ³³pia³¹la³¹iu²²nie⁴⁵tsʰiu⁵³pu³¹xau³¹i²¹³sɿ⁴⁵la³³。
讲没有油呢就不好意思啦。

我哋啲利用箇啲骗话来讲，
ŋɔ³¹ti³³ti³³li⁵³iɔŋ⁵³kɔ³³ti³³pʰie²¹³fa⁵³lø²²kɔŋ³³,
我们利用那些骗话来讲，

欸，箇啲油喊哪家呢？
e, kɔ³³ti³³iu²²xæ³¹la³³ka⁴⁵⁻²²nie⁴⁵?
欸，那些油叫什么呢？

箇啲油喊做磨⁼朵⁼仔。
kɔ³³ti³³iu²²xæ³¹tsɿ²¹³mɔ⁵³lɔ³³ti³³。
那些油叫做磨⁼朵⁼仔。

这呤呢，欸，磨⁼朵⁼仔则喊油啰。
tʃie²¹³ti³³nie⁴⁵，e，mɔ⁵³lɔ³³ti³³teʔ⁵xæ³¹iu²²lɔ³³。
这样呢，欸，磨⁼朵⁼仔则是油了。

欸，他是在度，比喻讲在度住夜啊，
e，tʰɔ⁴⁵tʃʰi³¹tsʰø³¹tu³³，pi³³y⁵³⁻²²kɔŋ³³tsʰø³¹tu³³ty⁵³ia⁵³kɔ³³，
欸，他是在这里，比如讲在这里住夜的，

我呾还有被否，在呤我呾不得讲被，
ŋɔ³¹ti³³xæ²²iu³¹pi³¹fau³³⁻³¹，tsʰø³¹ti³³ŋɔ³¹ti³³pu³¹la³¹kɔŋ³³pi³¹，
我们还有被子没有，在这里我们不能讲被子，

一讲被等他听到呢就好像不好听，
i²⁴⁻²²kɔŋ³³pi³¹leŋ³³tʰɔ⁴⁵tʰeŋ²¹³lau²¹³nie⁴⁵tsʰiu⁵³xau⁵³tsʰiæ⁵³pu³¹xau³¹tʰeŋ²¹³，
一讲被子让他听到呢就好像不好听，

被我呾喊哪家呢？我呾喊臭⁼捞⁼子，
pi³¹ŋɔ³¹ti³³xæ³¹la³³ka⁴⁵⁻²²nie⁴⁵？ŋɔ³¹ti³³xæ³¹tʃʰiu²¹³lau²²tsɿ³³，
被子我们叫什么呢？我们叫臭⁼捞⁼子，

臭⁼捞⁼子形容是被。
tʃʰiu²¹³lau²²tsɿ³³ʃin²²iɔŋ²²tʃʰi³¹pi³¹。
臭⁼捞⁼子形容是被子。

箇个盐呢，盐喊哪家？
kɔ³³kɔ²¹³ie²²nie⁴⁵，ie²²xæ³¹la³³ka⁴⁵⁻²²？
那个盐呢，盐叫什么？

盐喊到磅⁼果⁼，磅⁼果⁼我呾喊盐。
ie²²xæ³¹lau²¹³pɔŋ⁵³kɔ³³，pɔŋ⁵³kɔ³³ŋɔ³¹ti³³xæ³¹ie²²。
盐叫做磅⁼果⁼，磅⁼果⁼我们叫盐。

欸，出去买一呤牛肉来吃嘛，
e，tʃʰy²⁴kʰi²¹³ma³¹ɲie²⁴ti³³ŋiu²²tʃa²⁴⁻²²lø²²tʃʰe²⁴ma³¹，
欸，出去买一点儿牛肉来吃嘛，

亦不好讲牛肉，我呾喊腾⁼子，
ie²⁴pu³¹xau³¹kɔŋ³³ŋiu²²tʃa²⁴⁻²²，ŋɔ³¹ti³³xæ³¹teŋ²²tsɿ³³，
也不好讲牛肉，我们叫腾⁼子，

423

腾⁼子则是代表牛肉。
teŋ²²tsɿ³³teʔ⁵tʃʰi³¹tø⁵³piu³³ŋiu²²tʃa²⁴⁻²²。
腾⁼子则是代表牛肉。

这哋呢，厅⁼个跑啰啵，落雨啰喂，
tʃe²¹³ti³³ne⁴⁵，tʰeŋ⁴⁵kɔ²¹³pʰau⁴⁵lɔ³³pɔ³³，lɔ²⁴y³¹lɔ³³vai³¹，
这样呢，人家走了，下雨了，

落雨跑了，伞仔啵不讲伞仔，
lɔ²⁴y³¹pʰau³³⁻⁴⁵liu³³，sæ²¹³ti³³pɔ³³pu³¹kɔŋ³³sæ²¹³ti³³，
下雨走了，雨伞不讲雨伞，

这哋呢我哋喊戚脚，戚脚——伞仔。
tʃie²¹³ti³³nie⁴⁵ŋɔ³¹ti³³xæ³¹tø⁵³tʃɔ²⁴，tø⁵³tʃɔ²⁴——sæ³³ti³³。
这样呢我们叫戚脚，戚脚——雨伞。

出去啵，怀得菜了，买该箇——外头有个猪。
tʃʰy²⁴kʰi²¹³pɔ³³，pia³¹la³³tsʰø²¹³liu³³，ma³¹kai⁴⁵kɔ³³——mø⁵³ta²²iu³¹kɔ²¹³ny⁴⁵。
出去了，没有菜了，买那个——外面有头猪。

猪喊哪家呢？猪我哋喊毛瓜。
ny⁴⁵xæ³¹la³³ka⁴⁵⁻²²nie⁴⁵？ny⁴⁵ŋɔ³¹ti³³xæ³¹mau²²kua⁴⁵。
猪叫什么呢？猪我们叫毛瓜。

箇杂⁼手，箇杂手呢我哋喊鸡。
kɔ³³tsʰɔ⁵³ʃiu³³，kɔ³³tsʰɔ⁵³ʃiu³³nie⁴⁵ŋɔ³¹ti³³xæ³¹tʃi⁴⁵。
那杂⁼手，那杂手呢我们叫鸡。

有哪家菜吃？欸，鸡呢我哋不讲鸡啦，
iu³¹la³³ka⁴⁵⁻²²tsʰø²¹³tʃʰie²⁴？e，tʃi⁴⁵nie⁴⁵ŋɔ³¹ti³³pu³¹kɔŋ³³tʃi⁴⁵la³³，
有什么菜吃？欸，鸡呢我们不讲鸡啦，

丈⁼杂⁼手来杀啰嘛，
tiæ⁵³tsʰɔ⁵³ʃiu³³lø²²ʃɔ²⁴lɔ³³ma³¹，
抓个鸡来杀了嘛，

鸡就代表于杂⁼手。
tʃi⁴⁵tsʰiu⁵³tø⁵³piu³³y²²tsʰɔ⁵³ʃiu³³。
杂⁼手就代表了鸡。

这啲呢，身上怀得银纸啵喂，
tʃie²¹³ti³³nie⁴⁵，ʃin⁴⁵ʃæ⁵³pia³¹la³¹n²²tʃi³³pɔ³³vai³¹，
这样呢，身上没有钱了，

这啲我哋不讲银纸，
tʃie²¹³ti³³ŋɔ³¹ti³³pu³¹kɔŋ³³n²²tʃi³³，
这样我们不叫钱，

我哋讲拍⁼假⁼仔。
ŋɔ³¹ti³³kɔŋ³³pʰa²⁴kɔ³³ti³³。
我们叫拍⁼假⁼仔。

啊，比喻讲想买点菜呢，
a²²，pi³³y⁵³⁻²²kɔŋ³³siæ³³ma³¹lie³³tsʰø²¹³nie⁴⁵，
啊，比如说想买点菜呢，

身上有银纸否？不讲银纸啰，银纸就不好听，
ʃin⁴⁵ʃæ⁵³iu³¹n²²tʃi³³fau³¹？ pu³¹kɔŋ³³n²²tʃi³³lɔ³³，n²²tʃi³³tsʰiu⁵³pu³¹xau³¹tʰeŋ²¹³，
身上有钱没有？不叫做钱了，钱就不好听，

你身上有拍⁼假⁼仔否？
ni³¹ʃin⁴⁵ʃæ⁵³iu³¹pʰa²⁴kɔ³³ti³³fau³¹？
你身上有拍⁼假⁼仔否？

银两这则是讲我哋讲拍⁼假⁼仔。
in²²liæ³¹tʃie²¹³teʔ⁵tʃʰi³¹kɔŋ³³ŋɔ³¹ti³³kɔŋ³³pʰa²⁴kɔ³³ti³³。
银两我们叫拍⁼假⁼仔。

箇啲鸭呢，则喊扁嘴，鸭则喊扁嘴。
kɔ³³ti³³ɔ²⁴nie⁴⁵，teʔ⁵xæ³¹pie³³tsy³³，ɔ²⁴teʔ⁵xæ³¹pie³³tsy³³。
那些鸭子呢，则叫扁嘴，鸭子则叫扁嘴。

狗，狗是喊地羊仔。
ka³³，ka³³tʃʰi³¹xæ³¹ti⁵³iæ²²ti³³。
狗，狗是叫地羊仔。

箇啲豆，豆喊哪家呢？
kɔ³³ti³³ta⁵³，ta⁵³xæ³¹la⁴⁵ka⁴⁵⁻²²nie⁴⁵？
那些豆，豆叫什么呢？

豆喊落生仔。
ta⁵³xæ³¹lɔ²⁴ʃeŋ⁴⁵⁻²²ti³³。
豆叫落生仔。

豆则代表喇⁼下我哋讲啯做油箇种、
ta⁵³teʔ⁵tø⁵piu³³la³¹xɔ³¹ŋɔ³¹ti³³kɔŋ³³kɔ³³tsɔ²¹³iu²²kɔ³³tʃɔŋ³³、
豆则代表现在我们讲的做油那种、

啊，豆事实上呢则喊普通话就讲花生。
a²², ta⁵³ʃi⁵³ʃi²²ʃæ⁵³nie⁴⁵teʔ⁵xæ³¹pʰu³³tʰø⁴⁵fa⁵³tsʰiu⁵³kɔŋ³³fa⁴⁵ʃeŋ⁴⁵。
啊，豆事实上呢普通话就叫花生。

这呦呢我哋喊落生仔。
tʃie²¹³ti³³nie⁴⁵ŋɔ³¹ti³³xæ³¹lɔ²⁴ʃeŋ⁴⁵⁻²²ti³³。
这样的我们叫落生仔。

叉⁼子，叉⁼子呢就是箇啲裤子，喊叉⁼子。
tʃʰɔ⁴⁵tsɿ³³，tʃʰɔ⁴⁵tsɿ³³nie⁴⁵tsʰiu⁵³tʃʰi³¹kɔ³³ti³³kʰu²¹³tsɿ³³，xæ³¹tʃʰɔ⁴⁵tsɿ³³。
叉⁼子，叉⁼子呢就是那些裤子，叫叉⁼子。

屙⁼仔二⁼呢，屙⁼仔二⁼啲指是猪肉，
ɔ⁴⁵ti³³i⁵³nie⁴⁵，ɔ⁴⁵ti³³i⁵³ti³³tʃʰi³¹ny⁴⁵tʃa²⁴，
屙⁼仔二⁼呢，屙⁼仔二⁼指是猪肉，

搞⁼仔二⁼则是鱼，我哋喊鱼喊搞⁼仔二⁼，不喊鱼。
kau⁴⁵ti³³i⁵³teʔ⁵tʃʰi³¹y²²，ŋɔ³¹ti³³xæ³¹y²²xæ³¹kau⁴⁵ti³³i⁵³，pu³¹xæ³¹y²²。
搞⁼仔二⁼则是鱼，我们叫鱼叫搞⁼仔二⁼，不就鱼。

喇⁼个待⁼仔二⁼呢，
la³¹kɔ²¹³tø⁵³ti³³i⁵³nie⁴⁵，
这个待⁼仔二⁼呢，

箇待⁼仔二⁼我哋讲人，
kɔ³³tø⁵³ti³³i⁵³ŋɔ³¹ti³³kɔŋ³³in²²，
那待⁼仔二⁼我们说是人，

阿个人我哋喊待⁼仔二⁼。
a²²kɔ²¹³in²²ŋɔ³¹ti³³xæ³¹tø⁵³ti³³i⁵³。
这个人我们叫待⁼仔二⁼。

426

箇蚬壳，蚬壳则是代表是碗。

kɔ³³ʃie³³kʰɔ²⁴，ʃie³³kʰɔ²⁴teʔ⁵tʃʰi³¹tø⁵³piu³³tʃʰi³¹uæ³³。

那蚬壳，蚬壳则是代表是碗。

艇仔仔是代表瓢羹。

tʰeŋ³³ti³³ti³³tʃʰi³¹tø⁵³piu³³piu²²keŋ²²。

艇仔仔是代表汤匙。

青丝仔呢，我哋喊烟，喊青丝仔。

tsʰeŋ⁴⁵sɿ⁴⁵⁻²²ti³³nie⁴⁵，ŋɔ³¹ti³³xæ³¹ie⁴⁵，xæ³¹tsʰeŋ⁴⁵sɿ⁴⁵⁻²²ti³³。

青丝仔呢，我们叫烟作青丝仔。

望天，我哋望天讲来屋啰。

mɔŋ⁵³tʰie⁴⁵，ŋɔ³¹ti³³mɔŋ⁵³tʰie⁴⁵kɔŋ³³lø²²ø²⁴lɔ⁴⁵⁻²²。

望天，我们望天是说回家了。

望天，这个则喊代表来屋。

mɔŋ⁵³tʰie⁴⁵，tʃie²¹³kɔ²¹³teʔ⁵xæ³¹tø⁵³piu³³lø²²ø²⁴。

望天，这个则是代表回家。

刷⁼仔二⁼我哋呢代表是米。

tʃʰɔ²⁴ti³³i⁵³ŋɔ³¹ti³³nie⁴⁵tø⁵³piu³³tʃʰi³¹mi³¹。

刷⁼仔二⁼我们呢代表是米。

厚⁼仔二⁼呢，我哋饭则喊厚⁼仔二⁼。

xa³¹ti³³i⁵³nie⁴⁵，ŋɔ³¹ti³³fæ⁵³teʔ⁵xæ³¹xa³¹ti³³i⁵³。

厚⁼仔二⁼呢，我们饭则叫厚⁼仔二⁼。

粥呢，则喊稀捞子，稀捞子则喊粥。

tʃu²⁴nie⁴⁵，teʔ⁵xæ³¹ʃi⁴⁵lau²²tsɿ³³，ʃi⁴⁵lau²²tsɿ³³teʔ⁵xæ³¹tʃu²⁴。

粥呢，则叫稀捞子，稀捞子则是粥。

苦练，苦练则代表来嗰睡觉仔嘅意思。

kʰu³³lie⁵³，kʰu³³lie⁵³teʔ⁵tø⁵³piu³³lø²²kɔ³³ʃy⁵³kau²¹³ti³³kie³³i⁵³sɿ⁴⁵⁻²²。

苦练，苦练则代表睡觉的意思。

菜仔二⁼呢则是酒。

tsʰø⁵³ti³³i⁵³nie⁴⁵teʔ⁵tʃʰi³¹tsiu³³。

菜仔二⁼呢则是酒。

427

买啲菜仔二⁼来来，代表是酒。
ma³¹ti³³tsʰø⁵³ti³³i⁵³lø²²lø²², tø⁵³piu³³tʃʰi³¹tsiu³³。
买点菜仔二⁼回来，代表是买酒。

青竹，青竹呢则代表白菜。
tsʰeŋ⁴⁵tʃu²⁴, tsʰeŋ⁴⁵tʃu²⁴nie⁴⁵teʔ⁵tø⁵³piu³³pa⁵³tsʰø²¹³⁻²²。
青竹，青竹呢则代表白菜。

箇个屙⁼仔则是把秤，把秤我哋喊屙⁼仔。
kɔ³³kɔ²¹³ɔ⁴⁵ti³³teʔ⁵tʃʰi³¹pɔ³³tʃʰeŋ²¹³, pɔ³³tʃʰeŋ²¹³ŋɔ³¹ti³³xæ³¹⁴⁵ti³³。
那个屙⁼仔则是把秤，秤我们叫屙⁼仔。

箇啲皮草，皮草呢则代表衣裳。
kɔ³³ti³³pi²²tsʰau³³, pi²²tsʰau³³nie⁴⁵teʔ⁵tø⁵³piu³³i⁴⁵ʃæ²²。
那些皮草，皮草呢则代表衣服。

它还有一个，阿个草包，代表一个人。
tʰæ⁴⁵xæ²²iu³¹i²⁴⁻²²kɔ²¹³, a²²kɔ²¹³tsʰau³³pau⁴⁵⁻²², tø⁵³piu³³i²⁴⁻²²kɔ²¹³in²²。
它还有一个，这个草包，代表一个人。

喇⁼个待⁼仔二⁼阿是代表个人，
la³¹kɔ²¹³tø⁵³ti³³i⁵³a²²tʃʰi³¹tø⁵³piu³³kɔ²¹³in²²,
这个待⁼仔二⁼也是代表一个人，

草包阿是个人。
tsʰau³³pau⁴⁵⁻²²a²²tʃʰi³¹kɔ²¹³in²²。
草包也是一个人。

箇啲蛋仔，蛋仔呢则是阿个璃⁼西仔，
kɔ³³ti³³tæ⁵³ti³³, tæ⁵³ti³³nie⁴⁵teʔ⁵tʃʰi³¹a²²kɔ²¹³li⁴⁵si⁴⁵⁻²²ti³³,
那些蛋，蛋这个东西，

喊个卵璃⁼西仔，
xæ³¹kɔ²¹³luæ³³li⁴⁵si⁴⁵⁻²²ti³³,
叫卵璃⁼西仔，

卵璃⁼西仔代表个鸡蛋仔。
luæ³³li⁴⁵si⁴⁵⁻²²ti³³tø⁵³piu³³kɔ²¹³tʃi⁴⁵tæ⁵³ti³³。
卵璃⁼西仔代表个鸡蛋。

428

还有个红皮呢，则是喊个火烧肉。
xæ²²iu³¹kɔ²¹³xø²²pi²²nie⁴⁵，teʔ⁵tʃʰi³¹xæ³¹kɔ²¹³fu³³ʃɔ⁴⁵tʃa²⁴。
还有个红皮呢，则是个烧猪肉。

我哋讲红皮，买啲红皮来来，
ŋɔ³¹ti³³kɔŋ³³xø²²pi²²，ma³¹ti³³xø²²pi²²lø²²lø²²，
我们说红皮，买点红皮回来，

则是喊买啲火烧肉来来。
teʔ⁵tʃʰi³¹xæ³¹ma³¹ti³³fu³³ʃɔ⁴⁵tʃa²⁴lø²²lø²²。
则是叫买点烧猪肉回来。

野⁼仔二⁼呢则是笪饼，
ia³¹ti³³i⁵³nie⁴⁵teʔ⁵tʃʰi³¹kɔ³³peŋ³³，
野⁼仔二⁼呢则是那饼，

笪饼我哋喊野⁼仔二⁼。
kɔ³³peŋ³³ŋɔ³¹ti³³xæ³¹ia³¹ti³³i⁵³。
那饼我们叫野⁼仔二⁼。

所以我哋老时嘅笪啲老前辈啊，
ʃɔ³³⁻⁴⁵i⁵³ŋɔ³¹ti³³lau³¹ʃi²²kie³³kɔ³³ti³³lau³¹tsʰe²²pø²¹³a²²，
所以我们以前那些老前辈啊，

用骗话啲用语比较背嘅啲，
iɔŋ⁵³pʰie²¹³fa⁵³kɔ³³iɔŋ⁵³y³¹pi³³kau²¹³pø⁵³kie⁵³ti⁵³kɔ³³，
用骗话的用语比较偏一点的，

啊，一般听啲是听不出啲，
a²²，i²⁴⁻²²pæ⁴⁵tʰeŋ⁵³kɔ³³tʃʰi³¹tʰeŋ²¹³pu³¹tʃʰy²⁴kɔ³³，
啊，一般听的是听不出的，

我哋用喇⁼啲用语。
ŋɔ³¹ti³³iɔŋ⁵³la³¹ti³³iɔŋ⁵³y³¹。
我们用这些用语。

所以我哋啲鸬鹚人呢，
ʃɔ³³i⁵³ŋɔ³¹ti³³kɔ³³lu²²tsʰŋ²²in²²nie⁴⁵，
所以我们的鸬鹚人呢，

429

有赖流传倒我哋箇啲骗话。
iu³¹lai²²liu²²tʃʰø²²lau³³ŋɔ³¹ti³³kɔ³³ti³³pʰie²¹³fa⁵³。
有赖流传着我们那些骗话。

得我哋以后嗰后人啊、后裔啊，
la²⁴ŋɔ³¹ti³³i³³⁻⁴⁵xa⁵³kɔ³³xa⁵³in²²a²²、xa²²i⁵³a²²，
给我们以后的后人啊、后裔啊，

明ˉ的ˉ唔的ˉ使用箇种骗话这啲讲好呢，
meŋ²²teʔ²n²²teʔ²sɿ⁵³iɔŋ³³kɔ³³tʃɔŋ²¹³pʰie²¹³fa⁵³tʃie²¹³ti³³kɔŋ³³xau³¹nie⁴⁵，
未曾能够使用好、讲好这些骗话呢，

这啲我哋就讲句不好听箇啲就是失礼，
tʃie²¹³ti³³ŋɔ³¹ti³³tsʰiu⁵³kɔŋ³³ky²¹³pu³¹xau³¹tʰeŋ²¹³kɔ³³ti³³tsʰiu⁵³tʃʰi³¹ʃi²⁴li³¹，
这些我们就讲句不好听的那就是失礼，

就讲啊自家咛ˉ来停啊啰。
tsʰiu⁵³kɔŋ³³a²²tsʰɿ⁵³ka⁴⁵⁻²²neŋ⁴⁵lø²²teŋ²²a²²lau²²。
就讲啊自己拿来停掉了。

就这个意思。具体呢
tsʰiu⁵³tʃie²¹³kɔ²¹³i²¹³sɿ⁴⁵。ky²¹³tʰi³³nie⁴⁵
就这个意思。具体呢

我是记倒箇啲是暂时是记倒是这多，
ŋɔ³¹tʃi³¹tʃi²¹³lɔ³³kɔ³³ti³³tʃʰi³¹tsʰæ⁵³ʃi²²tʃʰi³¹tʃi²¹³lɔ³³tʃi³¹tʃie²¹³lɔ⁴⁵，
我记的这些是暂时记了这么多，

应该我哋嘅老前辈还传到有其他嗰骗话。
in⁴⁵kai⁴⁵ŋɔ³¹ti³³kie³³lau³¹tsʰe²²pø²¹³⁻²²xæ²²tʃʰø²²lau³¹iu³¹kʰi²¹³tʰa⁴⁵kɔ³³pʰie²¹³fa⁵³。
应该我们的老前辈还传有其他的骗话。

但是呢，我老了，记不到这多啰。
tæ⁵³tʃʰi³¹nie⁴⁵，ŋɔ³¹lau³¹liu³³，tʃi²¹³pu³¹lau²¹³tʃie²¹³lɔ⁴⁵lɔ³³。
但是呢，我老了，记不了这么多了。

暂时就讲啊啲。
tsʰæ⁵³ʃi²²tsʰiu⁵³kɔŋ³³a²²ti³³。
暂时就讲这些。

主要参考文献

[1] 白云.广西疍家话语音研究[M].南宁：广西人民出版社，2007.

[2] 白云.灵川县大圩镇毛村话语音[J].桂林师范高等专科学校学报，2005，19（2）.

[3] 刘村汉.桂北平话与农村推普[C].南宁：广西民族出版社，2006.

[4] 韦冠英修.贺县志（民国十卷.铅印本）[M].梁培煐，龙先钰纂修.民国二十三年（1934）.

[5] 贺州市地方志编纂委员会.贺州市志[M].南宁：广西人民出版社，2001.

[6] 全文炳修，苏煜波等纂.贺县志（光绪八卷.铅印本）[M].清光绪十六年（1890）.

[7] 吕叔湘.现代汉语八百词（增订本）[M].北京：商务印书馆，1980.

[8] 钟梓强，邓玉荣.贺州市近郊鸬鹚屋的语言生活[J].文化遗产，2010（1）.

[9] 邓玉荣.广西贺县（莲塘）客家话音系[J].方言，1996（4）.

[10] 黄群.贺州市贺街本地话同音字汇[J].桂林师范高等专科学校学报，2006（3）.

[11] 麦耘.广西八步鹅塘"八都话"音系[J].方言，2008（1）.

后 记

读小学的时候我就知道有鸬鹚话这种方言。那时候邻居们帮一个叫财叔的农民积粪肥,每当耕种季节,财叔就来挑粪肥回去给农作物施肥。他说他住在曾屋,旁边有个村子叫鸬鹚屋,鸬鹚屋村民讲的话就叫鸬鹚话。当时我们听到鸬鹚话这个名称觉得很有趣,鸬鹚是一种会捕鱼的鸟,人讲的话怎么用鸟的名称来命名呢?那时候贺江上已看不到有人养鸬鹚捕鱼,但感觉中总把鸬鹚屋的村民与漓江上撑着竹排、竹排上蹲着几只鸬鹚的渔民联系在一起。后来外出上学,我家也从原来住的地方迁出了,与邻居们分开了,我再也没有见到过财叔。二十多年过去,慢慢地就淡忘了鸬鹚话这种方言。

2004年,我工作的学校聘广西师范大学刘村汉教授为外聘教授,指导学校的老师调查贺州方言。当时我正为自己在科研方面找不到路子而苦恼,于是就加入了调查方言的队伍。调查贺州方言的决定下来以后,很自然就想起小时候听过的鸬鹚话,于是便把鸬鹚话作为自己调查的对象。经过几次现场观摩,凭着初生牛犊不怕虎的劲头,2005年春天我就一个人到了鸬鹚屋找发音合作人。调查工作并没有想象的那么简单,我工作以后虽然教的是现代汉语,但由于没有学过方言调查方法,对方言调查从来没有做过深入的了解,连什么是训读字、又音字都不懂,更不用说深奥的音韵学知识了。可以说,我对方言调查和研究基本上是一无所知的,几年下来走了许多弯路,浪费了很多时间,也曾想过放弃。幸亏有刘村汉老师的指导、邓玉荣老师的鼓励,我陆陆续续写了几篇幼稚而粗糙的文章。这几篇文章现在看起来有非常多的错误,但它像儿童首次画出来的那些图画,虽然画得不对,却是儿童亲手完成的作品,能够激励作者不断地画下去,画出更美丽的图画来。当时我便像儿童依样画葫芦一样,断断续续把鸬鹚话调查做下来,一直到现在。

我觉得语言就是美术中的图画,图画有科学的透视规律,语言也隐含着严密的构造规则;图画表现的是视觉美,语言表现的是听觉美。汉语方言就像中国的国画,国画讲究人与自然的融合,只有深入了解才能看出其中的美来。汉语方言有四声八调,声韵的排列组合正是人自然发音的构造规则,每种构造规则都有它的韵律美,

后记

没有深入了解语言结构规则的人就很难体会到其中的美学意义，虽然有时候他们学讲某种话学得非常像，但最多也是迫于交流去掌握而已。2010年夏天我去八步航运社调查贺江船民历史的时候，问到讲白话（当地人对粤语的叫法）的人是否有本来讲鸬鹚话的，他们说有，是姓黄的，既会讲白话，又保留讲鸬鹚话，而且还学了几句，学得像模像样，感觉他们就是把鸬鹚话作为一种有趣的方言看待，犹如小时候的我。有一次我在家里提起调查鸬鹚话的事，我妈喃了一句："鸬鹚话不就是毛村话！有什么好调查的？"语气中显出很不值得一提的意味（笔者父辈为贺江船民。其实鸬鹚话在贺江船民中并不陌生）。他们哪里知道每一种语言或方言都是平等的，都有各自的价值。汉语方言研究应该是一件很美、很愉悦的事，就像画画一样能给人以美的享受。

现在，我完成的贺州鸬鹚话这幅"画"——如果还算得上是画的话，要是能给大家带来值得看一下的感觉，我就感到非常满足了。我能完成《贺州鸬鹚话研究》得感谢给我指导和帮助的各位老师。感谢刘村汉老师，是他带我走上了方言研究的道路，并指导我文章的写作；感谢邓玉荣老师，是他鼓励我一直坚持下来，走到今天；感谢庄初升老师，是他帮助我确定鸬鹚话的音系，特别是在中大学习的这一年，他教给了我学做汉语方言研究的系统知识；感谢覃远雄老师，他花了很多时间多次为我修改书稿，在书稿内容取舍上给予了我很大帮助。另外，还要感谢黄群老师、杨璧菀老师、刘宗艳老师，他们在我写作过程中也给予了指导和帮助。最后，还要感谢发音合作人黄山、黄子春、黄星记等人，十几年来坚持配合我的调查工作，尤其是黄山，他做了村委会主任以后，即使在繁忙的工作中也不厌其烦地回答我的询问，黄子春、黄星记同样也是在自身事务繁忙的情况下，进行录音、核对记音，随叫随到。做方言调查能碰到这样的发音合作人真是有幸。

由于本人水平有限，《贺州鸬鹚话研究》的内容难免有错漏之处，请各位学者、同仁不吝赐教。

2011年6月7日初稿

2024年12月定稿